山东省专升本考试指导用书

大学语文

文本精读

山科院专升本考试研究中心 组编

史 洁 主 编

周丽娜 副主编

山东教育出版社

图书在版编目（CIP）数据

大学语文. 文本精读 / 史洁主编 . — 济南：山东教育出版社，2021.7

山东省专升本考试指导用书

ISBN 978-7-5701-1780-2

I. ①大… Ⅱ. ①史… Ⅲ. ①大学语文课 – 成人高等教育 – 升学参考资料 Ⅳ. ①H19

中国版本图书馆CIP数据核字（2021）第 133837 号

SHANDONG SHENG ZHUANSHENGBEN KAOSHI ZHIDAO YONGSHU

DAXUE YUWEN

山东省专升本考试指导用书

大学语文

史洁/主编

主管单位: 山东出版传媒股份有限公司

出版发行: 山东教育出版社

地址：济南市市中区二环南路 2066 号 4 区 1 号　　邮编：250003

电话：（0531）82092660　　网址：www.sjs.com.cn

印　　刷：济南万方盛景印刷有限公司

版　　次：2021 年 7 月第 1 版

印　　次：2021 年 7 月第 1 次印刷

开　　本：787 毫米 × 1092 毫米　1/16

印　　张：40.5

字　　数：760 千

定　　价：108.00 元

（如印装质量有问题，请与印刷厂联系调换）印厂电话：0531–88985701

总 序

  专升本为广大专科学生提供了一个升入本科院校进行全日制深造并提升第一学历的途径。2020年，为落实党中央、国务院关于做好高校毕业生就业工作的精神，缓解疫情影响，进一步增加应届高职高专毕业生升学机会，山东省根据招生院校办学条件及生源情况，适度扩大了专升本招生计划。这加大了高职高专毕业生的升学比率，给渴望升本的专科学子们带来了福音。

  专升本考试因其科目的特殊性和题型的多样性，综合难度较大，选择一套高质量的指导用书可以使学生多一分成功的把握。为了让学生在备考专升本时有一套权威性强、科学性强、实用性强的专业书籍，山科院专升本考试研究中心特推出《山东省专升本考试指导用书》。本丛书包括大学语文、英语、计算机文化基础、高等数学四个学科近二十册。

  本丛书严格按照2020年最新考试大纲编写，覆盖了所有考点，内容翔实，语言简练，重点突出。丛书编者结合专升本各学科特点与命题特征，着重剖析命题要点，精讲考点与核心知识点，使考生在专升本复习过程中可以循序渐进、系统理解、全面把握，从而抓纲举目、以点带面。

  本丛书紧贴大纲要求，试题全面丰富，考试重难点突出，解析简练专业。考生能通过学习准确把握专升本考试中的知识点，并能有效改善知识结构，拓展思维空间，提升复习效率，从而突破专升本复习瓶颈，提高应试能力和技巧。

  本丛书兼具教学与考试指导用书的性质，既可以作为教材使用，也可以作为应届毕业生参加全省专升本考试的复习用书。

山科院专升本考试研究中心

2021年5月

前 言

　　根据山东省教育厅《关于调整普通高等教育专科升本科考试录取办法的通知》（鲁教学字〔2017〕21号）精神，自2020年起，大学语文成为山东省专升本考试的公共基础课考试科目。山东省教育招生考试院于2020年11月25日公布了《山东省2020年普通高等教育专科升本科招生考试大学语文（公共课）考试要求》（以下简称《要求》），明确了大学语文的考核内容与方式，并体现出"大语文"这一时代气息。

　　无论是《要求》指定的25篇大学语文参考篇目，还是《要求》规定的集传统文化、文学鉴赏、应用写作、规范表达为一体的考查内容，都需要广大考生更全面地提升综合能力和文学素养。为了使考生更全面、系统地了解山东省专升本的政策，更有效地投入大学语文的备考中，我们特根据山东省专升本的相关要求，编写了《山东省专升本考试指导用书·大学语文》。该书共分三册，分别是《大学语文·文本精读》《大学语文·考点精析与拓展》《大学语文·实训冲刺提升》。

　　《大学语文·文本精读》遵循"打好基础、突出实用、强调能力、适当延伸"的原则，融语文教育的人文性、工具性、实用性于一体，尊重最新考试要求，遵循语文学科教学规律，是帮助考生全面提升大学语文水平、实现升本梦想的得力助手。本书具有以下特点：

　　紧扣考试大纲。严格按照《要求》编写，教材主要内容为专升本考试指定参考的25篇文言文。

　　实战强化演练。本书特别注重考点的学习与实训，一方面对每篇课文进行精细注解与分析，另一方面对考生需要掌握的考试要点提纲挈领地加以归纳和强调，通过贴合真题难度与考查方式的练习题帮助考生掌握重点，明确备考方向，提高学习效率。

加强拓展训练。根据大学语文考试的要求与特点，本书对每课的文学、文化、文言常识进行了全面总结，对中国古典文学代表性作品进行了梳理与扩充，以充实考生的备考体系。

综合权威观点。在本教材的编写过程中，编者陆续研究了王力先生、郭锡良先生主编的《古代汉语》，参考了《论语》《史记》《古文观止》等典籍，借鉴了各种版本的《大学语文》通识教材。

建议广大考生结合本书的另外分册进行系统学习。《大学语文·考点精析与拓展》《大学语文·实训冲刺提升》以文言常识、文学常识、文体常识、文化常识几大模块为主线，以提升翻译能力、阅读分析能力、写作表达能力为宗旨，以历年真题实训、模拟练兵为手段，循序渐进，采用了知识输入—技能训练—考点剖析—真题模拟—知能提升的科学体例。

同学们，专升本考试是大家的"第二次高考"，是大家提升自身竞争力的重要机遇。希望本书能为大家助力、护航！预祝同学们成功！

编者

2021年5月

目 录

郑伯克段于鄢

《左传》

初①，郑武公娶于申②，曰武姜③，生庄公及共④叔段。庄公寤生⑤，惊姜氏，故名曰寤生，遂恶之。爱共叔段，欲立之。亟⑥请于武公，公弗许。

及庄公即位，为之请制⑦。公曰："制，岩⑧邑也，虢叔死焉⑨，佗邑唯命⑩。"请京⑪，使居之，谓之京城大⑫叔。

祭仲⑬曰："都城过百雉⑭，国之害也。先王之制，大都不过参国之一⑮；中，五之一；小，九之一。今京不度，非制也⑯。君将不堪⑰。"公曰："姜氏欲之，焉辟⑱害？"对曰："姜氏何厌之有⑲？不如早为之所⑳，无使滋蔓㉑！蔓，难图㉒也。蔓草犹不可除，况君之宠弟乎？"公曰："多行不义必自毙，子姑待之㉓。"

既而大叔命西鄙、北鄙贰于己㉔。公子吕㉕："国不堪贰，君将若之何㉖？欲与大叔，臣请事之；若弗与，则请除之，无生民心㉗。"公曰："无庸，将自及㉘。"

大叔又收贰以为己邑，至于廪延㉙。子封㉚曰："可矣，厚将得众㉛。"公曰："不义不暱㉜，厚将崩。"

大叔完聚㉝，缮甲兵㉞，具卒乘㉟，将袭郑。夫人将启之㊱。公闻其期，曰："可矣！"命子封帅㊲车二百乘以伐京。京叛大叔段，段入于鄢㊳，公伐诸鄢。五月辛丑㊴，大叔出奔共。

书㊵曰："郑伯克段于鄢。"段不弟㊶，故不言弟；如二君㊷，故曰克；称郑伯，讥失教㊸也；谓之郑志㊹，不言出奔，难之也㊺。

遂寘姜氏于城颍㊻，而誓之曰："不及黄泉㊼，无相见也！"既而悔之。颍考叔为颍谷封人㊽，闻之，有献于公。公赐之食，食舍㊾肉。公问之，对曰："小人有母，皆尝小人之食矣，未尝君之羹，请以遗㊿之。"公曰："尔有母遗，繄[51]我独无！"颍考叔曰："敢问何谓也[52]？"公语之故，且告之悔。对曰："君何患焉[53]！若阙地及泉[54]，隧而相见[55]，其谁曰不然[56]？"公从之。公入而赋[57]："大隧之中，其乐也融融[58]。"姜出而赋：

"大隧之外，其乐也泄泄⑤。" 遂为母子如初。

君子⑥曰："颍考叔，纯孝⑥也，爱其母，施⑥及庄公。《诗》曰：'孝子不匮，永锡尔类⑥。'其是之谓乎⑥！"

注 释

① 初：从前。② 郑武公：姬姓，名掘突；武，谥号。申：国名，姜姓，侯爵，故城在今河南南阳市北。③ 武姜：武，从夫谥；姜，母家的姓。④ 共：卫国邑名，今河南省辉县。⑤ 寤生：脚先出生，难产。"寤"与"牾"同。⑥ 亟：屡次。⑦ 制：又名虎牢，今河南荥阳县汜水镇。⑧ 岩：多山而险要。⑨ 虢（guó）叔：东虢君，为郑武公所灭。死焉：死于此。⑩ 佗邑：他邑，别的地方。唯命："唯命是听"的省略语。⑪ 京：郑邑名，在今河南荥阳县东南。⑫ 大：同"太"。⑬ 祭（zhài）仲：郑国大夫。⑭ 都：都邑。雉：量词，古城长三丈、高一丈为一雉。⑮ 参国之一：国都城墙的三分之一。参：三。⑯ 不度：不合法度。非制：不是先王的制度。⑰ 不堪：受不了。⑱ 辟：同"避"。⑲ 何厌之有："有何厌"的倒装。厌：同"餍"，满足。⑳ 为之所：给他安排地方。㉑ 滋蔓：滋长蔓延。㉒ 图：对付。㉓ 毙：同"踣"，跌倒。子：尊称对方。㉔ 既而：不久。鄙：边邑。贰：属附于两方面。㉕ 公子吕：字子封，郑大夫。㉖ 若之何：拿他怎么办。㉗ 无生民心：不要使人民产生贰心。㉘ 庸：同"用"。及：至。㉙ 收：取。廪延：在今河南延津县北。㉚ 子封：即公子吕。㉛ 厚：土地扩大。众：指老百姓。㉜ 暱：同"昵"，亲近。㉝ 完聚：修治城廓，聚集百姓。㉞ 缮：修理。甲：盔甲。兵：兵器。㉟ 具：准备。卒：步兵。乘：四匹马拉的战车。古时兵车一乘，配七十五人。上有甲士三人，后随步卒七十二人。㊱ 夫人：指武姜。启：开城门。㊲ 帅：同"率"。㊳ 鄢：郑邑，在今河南鄢陵县西北。㊴ 五月辛丑：五月二十三日。㊵ 书：指《春秋》经文记载。㊶ 不弟：不守弟道。㊷ 如二君：庄公和叔段之间的战争，如同两个敌国国君间的斗争。㊸ 失教：失去管教。㊹ 郑志：指郑庄公蓄意杀弟的意图。㊺ 不言出奔，难之也：《春秋》书法，凡记某人出奔，表示这人犯了罪。难之：难以下笔记叔段出奔共这件事。㊻ 寘：同"置"，安置，实为放逐。城颍：郑邑，在今河南临颍县西北。㊼ 黄泉：地下。㊽ 颍考叔：郑大夫。颍谷：郑边邑。封人：镇守边境的地方官。㊾ 舍：放在一边。㊿ 遗：赠送。51 繄：叹词，"噫"。52 何谓：谓何，说的是什么意思。53 何患：何必担心。54 阙：同"掘"。55 隧：动词，挖隧道，通过隧道。56 其：疑问词。然：这样。57 赋：赋诗。58 融融：和乐自得的样子。59 泄泄：舒畅貌。60 君子：《左传》作者自指。61 纯孝：笃孝。62 施（yì）及：扩大到。63《诗》：指《诗经》。不匮：指孝心没有竭尽的时候。永锡尔类：永远赐福给你的同类。64 其是之谓乎："其谓是乎"的倒装。

鉴赏

作为先秦历史散文的第一座高峰，《左传》较为系统地记述了春秋时代各国的政治、经济、军事和文化方面的事件，在一定程度上真实反映了那个时代的面貌。它模拟形象，描写个性，或用曲笔，或用直陈，或意在言中，或寄意言外。其间变化无穷，无不委婉尽致。

"郑伯克段于鄢"是《春秋》开篇的第一则故事，事件发生在公元前722年（周平王49年，鲁隐公元年，郑庄公22年）。文章通过叙述郑庄公家庭内部的矛盾，深刻揭露和嘲讽了统治阶级内部争权夺利、尔虞我诈和残酷奸诈的丑恶本质，反映了在极端利己主义的私有制社会里，统治阶级伦理道德的虚伪性。

本文是一篇完整而优美的叙事散文。文章按时间先后顺序记叙事件，具有完整的故事情节。第一部分介绍引发权力斗争的起因。作为母亲，武姜憎恨难产的长子寤生；出于偏爱，她力图废长立幼，但未获成功。在这里，个人的好恶引出了非同寻常的君位之争。第二部分为寤生即位以后，争夺君位的矛盾发展。因矛盾双方的关系是母子和兄弟，所以它蒙上了一层隐蔽和虚伪的色彩。郑庄公先是继续放纵叔段，在掌握了证据、弄清了共叔段出兵的日期以后，一举发兵扑灭了未遂的叛乱。文章的第七段采用《公羊传》《穀梁传》的形式，来解释《春秋》的抽象议论。第三部分属于事件的结果，揭示"阙地及泉，隧而相见"的丑剧。第四部分是作者的议论，表明作者的儒家的"纯孝"思想。他还故意用赞扬颍考叔的方法讥刺了郑庄公，这就是所谓意在言外的"春秋笔法"。

文章结构完整，情节波澜起伏，人物形象鲜明生动。尤其是把郑庄公老谋深算的性格刻画得淋漓尽致。郑庄公先封叔段于京，又听任叔段"不度"，"命西鄙北鄙贰于己"，既而"收贰以为己邑"，最后"伐诸鄢"。有人认为这些地方表现了庄公的"仁慈"和"忍让"，有人却认为他是有意"养成其恶"。文章除了说明"多行不义必自毙"之外，还涉及兄弟的"悌"，还通过颍考叔等人劝君表现君臣之义，通过庄公掘地见母的"伪孝"表现"孝"道。

• 本课知识点 •

一 文学常识 ▏▏▏▏▏▏

1.《左传》的作者、体例

2.《左传》在写人和叙事上的特点

3. 题目出自《春秋》

二 艺术特色 ▏▏▏▏▏▏

1. 人物形象

郑庄公：阴险狠毒，老谋深算，冷酷狡猾，奸诈虚伪。

共叔段：贪婪狂妄，愚昧无知。

姜氏：贪婪，偏狭昏愦。

颍考叔：仁孝，聪慧机智。

2. 艺术手法

描写战争详略得当；

成功地刻画了人物；

细节描写突出人物性格；

对比衬托手法的运用，使人物性格更为鲜明生动。

3. 细节描写

"庄公寤生"使姜氏受惊，姜氏由此厌之，表现了姜氏乖戾偏狭。

颍考叔"食舍肉"既写出了其纯孝，更突出了其聪慧机敏。

"隧而相见"表现了庄公与统治阶级宣扬的孝道的虚伪可笑。

4. 衬托手法

以共叔段的贪婪狂妄和愚昧无知，衬托庄公的老谋深算。

以姜氏的昏愦和贪婪，映衬庄公的精明和藏而不露。

以蔡仲和公子吕为国除害的迫切心情，衬托出庄公的城府之深，手段高明。

以颍考叔的"纯孝"反衬庄公的不孝与虚伪。

三 文言现象

通假字

庄公寤生	"寤"通"牾",倒着。
佗邑唯命	"佗"通"他",指示代词,别的,另外的。
谓之京城大叔	"大"通"太"。
大都不过参国之一	"参"通"三"。
姜氏欲之,焉辟害	"辟"通"避"。
姜氏何厌之有	"厌"通"餍",满足。
不义不暱,厚将崩	"暱"通"昵",亲近。
命子封帅车二百乘以伐京	"帅"通"率",率领。
无庸,将自及	"庸"通"用"。
段不弟	"弟"通"悌"。
遂寘姜氏于城颍	"寘"通"置",安置,这里是"放逐"的意思。
若阙地及泉	"阙"通"掘",挖。
永锡尔类	"锡"通"赐"。

词类活用

惊姜氏	惊,使动用法,使……受惊。
爱共叔段,欲立之	立,使动用法,使……立。
今京不度,非制也	度,名词作动词,合乎规定。
多行不义必自毙	义,名词作动词,符合义。
无生民心	生,使动用法,使……产生。
有献于公	献,动词作名词,进献的礼物。
公赐之食	食,动词作名词,美食、食物。
隧而相见	隧,名词作动词,挖隧道。

特殊句式

大叔又收贰以为己邑。	省略句
制,岩邑也。	判断句
郑武公娶于申。	介宾短语后置句
亟请于武公。	介宾短语后置句
有献于公。	介宾短语后置句
姜氏何厌之有?	宾语前置句

敢问何谓也? 宾语前置句

古今异义

都城过百雉

古义：城邑的城墙，两个词。

今义：京城，京都。

大叔又收贰以为己邑

古义：把……当作。

今义：认为。

四 成语及名句 ||||||

其乐融融

多行不义必自毙。

──── • 思考练习 • ────

1. 木文表现了什么样的主题?

2. 概括庄公、姜氏、共叔段、颍考叔的个性特征，并结合课文有关内容进行分析。

3. 本文关于共叔段、祭仲和公子吕的描写对庄公形象刻画有何作用?

4. 本文在尾声部分写庄公与姜氏"隧而相见""遂为母子如初",这样写有何用意?

5. 文末为什么要突出表现颖考叔的"纯孝"?

6. 分析说明本文在史料剪裁上的特点。

7. 举例说明细节描写对刻画人物性格的作用。

鞌之战

《左传》

二年春，齐侯伐我北鄙，围龙。顷公之嬖人卢蒲就魁门焉，龙人囚之。齐侯曰："勿杀！吾与而盟，无入而封。"弗听，杀而膊诸城上。齐侯亲鼓，士陵城，三日，取龙，遂南侵，及巢丘。

卫侯使孙良夫、石稷、宁相、向禽将侵齐，与齐师遇。石子欲还，孙子曰："不可。以师伐人，遇其师而还，将谓君何？若知不能，则如无出。今既遇矣，不如战也。"夏，有……（注：此处原文有缺，失新筑战事。）

石成子曰："师败矣。子不少须，众惧尽。子丧师徒，何以复命？"皆不对。又曰："子，国卿也。陨子，辱矣。子以众退，我此乃止。"且告车来甚众。齐师乃止，次于鞠居。新筑人仲叔于奚救孙桓子，桓子是以免。既，卫人赏之以邑，辞。请曲县、繁缨以朝，许之。仲尼闻之曰："惜也，不如多与之邑。唯器与名，不可以假人，君之所司也。名以出信，信以守器，器以藏礼，礼以行义，义以生利，利以平民，政之大节也。若以假人，与人政也。政亡，则国家从之，弗可止也已。"

孙桓子还于新筑，不入，遂如晋乞师。臧宣叔亦如晋乞师。皆主郤献子。晋侯许之七百乘。郤子曰："此城濮之赋也。有先君之明与先大夫之肃，故捷。克于先大夫，无能为役，请八百乘。"许之。郤克将中军，士燮佐上军，栾书将下军，韩厥为司马，以救鲁、卫。臧宣叔逆晋师，且道之。季文子师师会之。及卫地，韩献子将斩人，郤献子驰，将救之，至则既斩之矣。郤子使速以徇，告其仆曰："吾以分谤也。"

师从齐师于莘。六月壬申，师至于靡笄之下。齐侯使请战，曰："子以君师，辱于敝邑，不腆敝赋，诘朝请见。"对曰："晋与鲁、卫，兄弟也。来告曰：'大国朝夕释憾于敝邑之地。'寡君不忍，使群臣请于大国，无令舆师淹于君地。能进不能退，君无所辱命。"齐侯曰："大夫之许，寡人之愿也；若其不许，亦将见也。"齐高固入晋师，桀石以投人，禽之而乘其车，系桑本焉，以徇齐垒，曰："欲勇者贾余馀勇。"

　　癸酉①，师陈②于鞌。邴夏御③齐侯，逢丑父为右④。晋解张御郤克，郑丘缓⑤为右。齐侯曰："余姑翦灭此而朝食⑥。"不介马⑦而驰之。郤克伤于矢，流血及屦⑧，未绝鼓音，曰："余病⑨矣！"张侯⑩曰："自始合⑪，而矢贯余手及肘，余折⑫以御，左轮朱殷⑬，岂敢言病？吾子忍之！"缓曰："自始合，苟有险余必下推车，子岂识⑭之？然子病矣！"张侯曰："师之耳目在吾旗鼓⑮，进退从之。此车一人殿之可以集事⑯，若之何其以病败君之大事也？擐甲执兵⑰，固即⑱死也，病未及死，吾子勉之！"左并辔⑲，右援枹⑳而鼓，马逸不能止㉑，师从之。齐师败绩，逐之，三周华不注。

　　韩厥梦子舆㉒谓己曰："且辟左右㉓！"故中御而从㉔齐侯。邴夏曰："射其御者，君子也。"公曰："谓之君子而射之，非礼也。"射其左，越㉕于车下；射其右，毙于车中。綦毋张㉖丧车，从韩厥，曰："请寓乘㉗。"从左右，皆肘㉘之，使立于后，韩厥俛定其右㉙。逢丑父与公易位，将及华泉㉚，骖挂于木而止㉛。丑父寝于轏中，蛇出于其下，以肱击之，伤而匿之㉜，故不能推车而及㉝。韩厥执絷㉞马前，再拜稽首，奉觞㉟加璧以进曰："寡君使群臣为鲁、卫请，曰：'无令舆师陷入君地。'下臣不幸，属当戎行㊱，无所逃隐，且惧奔辟而忝㊲两君。臣辱㊳戎士，敢告不敏㊴，摄官承乏㊵。"丑父使公下㊶，如华泉取饮。郑周父御佐车、宛茷为右，载齐侯以免。韩厥献丑父，郤献子将戮之。呼曰："自今无有代其君任患者，有一于此，将为戮乎？"郤子曰："人不难㊷以死免其君，我戮之不祥。赦之以劝事君者。"乃免之。

注　释

　　① 癸酉：鲁成公二年六月十七日。② 陈：列阵。③ 邴（bǐng）：姓，同"丙"。御：即驭，驾驭车马。④ 逢丑父：齐大夫。右：一名骖乘。当时制度，一车乘三人：驾车的人居中，地位尊贵的在左，位于右边的名骖乘，以有勇力精武艺的人担任。⑤ 郑丘缓：复姓郑丘，名缓。⑥ 朝食：早餐。⑦ 不介马：不给马披甲。⑧ 屦：麻鞋。⑨ 病：受伤。⑩ 张侯：即解张，齐大夫。张为名，侯为字，古人名字连用相称时，名在字前。⑪ 合：敌对双方接触，发生战斗。⑫ 折：折断箭杆。⑬ 左轮朱殷：流下的血将左边车轮染为红黑色。⑭ 识：知道。⑮ 师之耳目在吾旗鼓：战斗时，将士从听到的鼓声和看到的旗语接受指挥官发出的号令。⑯ 集事：成事，指战事成功。⑰ 擐（huàn）甲执兵：穿着甲衣拿着兵器。⑱ 即：就。⑲ 辔：马缰绳。古代战车用四马拉动，驾驭者左右手所执缰绳各控制两马。左并辔：将右手所执的缰绳，一并由左手把握。⑳ 枹（fú）：一作"桴"，鼓槌。右援枹：用右手握住鼓槌。㉑ 马逸不能止：马奔跑起来只凭左手不能控制住。㉒ 子舆：韩厥之父。㉓ 且辟左右：一作"且辟左右"。辟左右，周代车战，惟主师所在车，主帅居中，御者在左。韩厥非主帅，本应居左。梦中闻父亲嘱咐，与御者易位而居中。㉔ 从：追击。㉕ 越：坠落。㉖ 綦（qí）

母张：姓綦毋，名张，晋大夫。㉗ 寓乘：寄乘车中。㉘ 肘：用肘部推。㉙ 俛：俯。定：放平。
㉚ 华泉：泉水名，在华不注山下。㉛ 骖：驾车四马，在左右两侧的马称为骖。挂：绊住，勒马绳为
树木所挂。㉜ 輈（zhàn）：以竹木制成的车厢。胘：手臂自腕至肘部分。"丑父寝于輈中"至"伤而
匿之"四句是补充叙述前事。㉝ 及：追及，赶上。㉞ 縶（zhí）：勒马绳。执縶：一说是将帅在车前
见敌国君主的礼仪。㉟ 觞：饮酒器。㊱ 属当戎行：适为军旅之士。㊲ 辟：避开。忝：辱。㊳ 辱：
谦词。㊴ 不敏：谦词，不才。㊵ 摄官：代理职务。承乏：补上缺位。这是以谦词表示要代为承当职
务，实则是俘虏齐侯以归晋军。㊶ 丑父使公下：逢丑父与齐侯交换座位后，假装齐侯，命令假为车
右的齐侯下车逃逸。㊷ 难：把……看作难事。

鉴赏

　　公元前589年，晋齐之间爆发了著名的鞌之战。本文记述了此战激烈的战斗场面。
晋齐鞌之战本质是争霸战争，很难从道义上判定正义在哪一方。因此，作者对战争双
方没有表现出倾向性，而是如实地记载历史事实，真实性就成为这篇文字的最大特
色。不按照个人的好恶剪裁史料，客观地记录历史的细节，这使《左传》成为春秋时
代的百科全书。同《左传》许多篇章着力表现正义感、仁义观念、忠孝品德、深谋远
虑的智慧不同，这篇文章崇尚不怕牺牲、勇猛无畏的精神。

　　作者对齐顷公形象的描绘极其成功。虽然此人作为统帅有勇无谋，急躁轻敌，导
致齐国战败，但是他身先士卒，英勇杀敌，对于一个君主来说，实属不易。对于晋军
的战斗精神，作者也如实地加以记叙，突出了战士为了国家舍生忘死、一往无前的英
雄气概。这种客观的记录使人们对战争的双方有了全面的了解，既可以看到双方的战
斗精神，而且可以发现他们的思想、道德观念在战争中的重要作用，其中，礼的观念
在他们心灵中占据的地位尤其突出。

　　在西周时期，礼是维护中原地区政治结构、社会秩序和人伦关系的主要手段，
但是到了春秋时代，礼崩乐坏，周天子的权威不断削弱，各诸侯国逐鹿中原，战乱不
休。尽管如此，从此文的记述中我们仍然可以看到礼在战时和战后各类活动中发挥了
十分复杂的作用。

• **本课知识点** •

一 文学常识 ||||||

1. 编年体
2. 《左传》
3. "春秋三传"

二 文化常识 ||||||

"六艺"

谦敬辞

古代礼仪

三 文言现象 ||||||

通假字

鞌之战	"鞌"通"鞍"。
师陈于鞌	"陈"通"阵"。
余姑翦灭此而朝食	"翦"通"剪"。
齐师败绩	"绩"通"迹"。
旦辟左右	"辟"通"避"。
韩厥俛，定其右	"俛"通"俯"。
韩厥执絷马前	"絷"通"霺"。
奉觞加璧以进	"奉"通"捧"。
无令舆师陷入君地	"无"通"毋"。

词类活用

师陈于鞌	陈，名词作动词，摆开阵势。
不介马	介，为……披上铠甲。
不介马而驰之	驰，使动用法，使……奔驰。
马逸，不能止，师从之	止，使动用法，使……停止。

右援枹而鼓	鼓，名词作动词，击鼓。
三周华不注	周，名词作动词，绕圆周。
从左右，皆肘之	肘，名词作动词，用胳膊肘去碰。
臣辱戎士	辱，使动用法，使……受辱。
人不难以死免其君	难，意动用法，以……为难。
人不难以死免其君	免，使动用法，使……免于祸患。
乃免之	免，使动用法，使……免于死亡。

特殊句式

若之何……	表示反问的固定句式
郤克伤于矢……	被动句
将为戮乎？	被动句

古今异义

余病矣

古义：伤得很重。

今义：名词，疾病。

擐甲执兵，固即死也

古义：武器。

今义：士兵。

故中御而从齐侯

古义：追赶。

今义：依顺、按照、跟随。

毙于车中

古义：倒下去。

今义：死。

再拜稽首

古义：表示一个动作进行了两次。

今义：又，表示继续下去会怎样。

—————— • 思考练习 • ——————

1. 下列句子中加粗的字解释有错误的一项是（　　　）。

　　① 余**姑**翦灭此而朝食　　　　　　姑：副词。译为"姑且"。

　　② 郤克伤**于**矢　　　　　　　　　于：介词。表示被动。

　　③ 有一**于**此，将为戮乎　　　　　于：介词。表示动作行为的对象，译为"对"。

　　④ 伤**而**匿之　　　　　　　　　　而：连词。表示并列关系。

　　⑤ 自始合，**而**矢贯余手及肘　　　而：连词。表示修饰关系。

　　⑥ 若之何其**以**病败君之大事也　　以：连词。因为。

　　⑦ 赦之**以**劝事君者　　　　　　　以：连词。相当于"来"。

　　A. ①②⑤　　　　　　　　　　　　B. ①⑤⑦

　　C. ③④⑥　　　　　　　　　　　　D. ②⑤⑦

2. 左丘明（前502—前422），华夏人，丘穆公吕印的后代。本名丘明，因其先祖曾任楚国的左史官，故在姓前添"左"字。左氏世为鲁国太史，至丘明则约与孔子（前551—前479）同时，而年辈稍晚。左丘明"如周，观书于周史"，既熟悉诸国史事，又深刻理解孔子思想。他是当时著名史家、学者与思想家，最重要的贡献在于其所著＿＿＿＿＿与＿＿＿＿＿二书。

3. 概括文中人物的性格。

4. 翻译下列语句。

　　（1）师之耳目在吾旗鼓，进退从之。此车一人殿之可以集事，若之何其以病败君之大事也？

　　（2）擐甲执兵，固即死也，病未及死，吾子勉之！

　　（3）人不难以死免其君，我戮之不祥。赦之以劝事君者。

召公谏厉王弭谤^①

《国语》

厉王虐,国人谤王^②。召公告曰:"民不堪命矣^③!"王怒,得卫巫^④,使监谤者。以告^⑤,则杀之。国人莫敢言,道路以目^⑥。

王喜,告召公曰:"吾能弭谤矣,乃不敢言^⑦。"召公曰:"是障之也^⑧。防民之口,甚于防川^⑨。川壅而溃,伤人必多;民亦如之^⑩。是故为川者决之使导,为民者宣之使言^⑪。故天子听政^⑫,使公卿至于列士献诗^⑬,瞽献曲^⑭,史献书^⑮,师箴^⑯,瞍赋^⑰,矇诵^⑱,百工^⑲谏,庶人传语^⑳,近臣尽规^㉑,亲戚补察^㉒,瞽史^㉓教诲,耆艾修之^㉔,而后王斟酌焉^㉕。是以事行而不悖^㉖。民之有口也,犹土之有山川也,财用于是乎出^㉗;犹其有原隰衍沃也,衣食于是乎生^㉘。口之宣言也,善败于是乎兴^㉙;行善而备败,所以阜财用衣食者也^㉚。夫民虑之于心而宣之于口,成而行之,胡可壅也^㉛?若壅其口,其与^㉜能几何?"

王弗听,于是国人莫敢出言。三年,乃流王于彘^㉝。

> **注 释**

① 本篇选自《国语·周语上》。召公:一作"邵公",召穆公,名虎,西周宗室召康公之孙,周王的卿士。厉王(前878—前842年):名胡,周夷王之子,历史上著名的暴君。弭谤:消弭民间对帝王的各种议论指责,即以政治高压手段压制思想言论自由。弭,停止,消除。谤,公开批评指责别人的过失。② 国人:当时对居住于国都的人的通称。③ 本句:一作"召公告王曰"。命:暴虐的政令。④ 卫巫:卫国的巫者。自称通神灵,有谤必知。巫,古代以降神事鬼为职业者。⑤ 以告:把谤者报告给厉王。⑥ 道路以目:路上相遇,只是以目示意,不敢交谈。⑦ 乃:竟,终于。⑧ 这只是用暴力堵住人民的口(并不能使谤言真正消除)。障,一作"鄣",堵住。⑨ 堵住人民的口(不许说话,所引起的灾难),比堵塞河流(所造成的危害)还要来得厉害。防,防止。甚,比……更严重,超过。⑩ 河流被堵塞,一旦决堤泛滥,伤人必然很多,人民的情况也同样如此。壅,堵塞。溃,

水冲破堤坝。⑪治河要排除淤塞使水流通畅，治民要疏导他们敢于说话。为，治理。决，排除，疏浚，挖开。导，通畅。宣，放，疏通，开导。⑫听政：治理政事。⑬公：三公。卿，一称"卿士"，西周王朝的执政官。列士：上士、中士、下士，当时最低级的贵族阶层。旧传周王朝公、卿、大夫、士各级贵族对政治有所讽谏，用献诗的方式来表达，所献之诗，可能就是采自民间的风谣之类。⑭瞽：古指无目盲人，这里指盲乐官，又称太师。⑮史献书：史官献书（作为治国的借鉴）。⑯师箴：少师献箴纠正天子过失。箴，一种寓有劝诫意义的文体，与后世"格言"相近。此处用为动词，即进箴言规劝。少师，次于太师的乐官。⑰瞍赋：瞍朗诵公、卿、列士所献的诗给天子听。瞍，眼中无眸子的人。赋，即今所谓"朗诵"。⑱矇：眼中有眸子而不能见物的人。《周礼》曰："矇主弦歌、讽诵。"⑲百工：为天子服役的各种手工艺者。一说即"百官"。⑳庶人传语：平民百姓对政事的意见只能经由官吏间接地传达。㉑近臣尽规：亲近天子的仆从等尽情规谏。㉒亲戚：这里指与天子同宗的大臣。补察：弥补天子的过失，审察天子的施政。㉓瞽：乐太师。史：太史公，掌阴阳、天时、礼法等书。㉔耆：古称六十岁者。艾：古称五十岁者，这里泛指年老有德的人。修：修饰整理。之：指瞽、史的教诲以及各方面的劝谏内容。㉕然后由天子考虑取舍，付之行动。斟：取。酌：考虑，思考。㉖因此天子的一切行事不致与情理相违背。悖，逆，违背，背理。㉗人民有口，如同土地上有山川，财物、器用由这里生产出来。（山川是宣地气而出财用的，人的口也是表心声而论成败的）。犹，如同。㉘如同土地之有原（地宽阔平坦）、隰（地低洼潮湿）、衍（地低平）、沃（地肥沃可灌溉），人们的衣食资源才由此产生。㉙从人民的口头议论中，国家政事的好坏都可反映出来。兴，起，发。㉚人民认为好的就加以推行，认为坏的就注意防范，这才能丰富人民的财物、器用和衣食。所以，用来……的方法。备，防备。阜，厚、增多。㉛人民心里想什么就会从口中说出来，一旦考虑成熟，自然地会发于言语之间，怎么能加以堵塞呢？成，成熟。行，这里有"自然流露"的含意。胡，怎么。㉜与：在此作"助"解。㉝三年：过了三年，指公元前842年。召公谏厉王止谤的事当在公元前845年。流，放逐。彘，地名，在今山西省霍县东北。

鉴赏

　　本文是《国语》名篇，记述了周厉王暴虐无道而遭流放的事情。周厉王是西周的一个暴君，他任用谀臣荣夷公推行所谓的"专利"政策，专事搜括，甚至霸占了老百姓赖以生存的山林川泽，激起了民众的愤怒；又以暴力压制舆论，鼓励告密。老百姓一度敢怒不敢言。于是召公劝谏厉王，阐明"防民之口，甚于防川"的道理。但厉王还是坚持用恐怖手段对付人民。在忍无可忍的情况下，公元前841年，人民终于举行了武装起义，这就是著名的"国人暴动"，是我国历史上有记载的最早的奴隶与平民的大起义。厉王被放逐到了彘地，朝政遂由召公与周公共同主持，史称"共和行政"。公元前841年也就成了我国纪年的开始，被称为共和元年。

《国语》这部国别体史书是以记言为主的，本文在结构上以召公的谏言为主体，形成谏因、谏言、谏果的三段式。首尾叙事，中间记言，事略言详，记言为主，既体现了《国语》的一般特点，又有其独特性。

本文通过对周厉王暴虐无道、弭谤拒谏而被人民流放一事的记叙，说明了统治者必须倾听人民的呼声、注意人民利益的道理，不让人民讲话、一意孤行的做法是不利于政权巩固的。所谓"水能载舟，亦能覆舟"，绝不可无视人民的力量。

本文在写作上也颇具特色，分述如下：

首先是叙事简明，语言精练。全文虽仅263个字，又以记言为主体，却能将事情的前因后果一一交代清楚。叙事上作者运用两条线索展开：一条是厉王的"虐""怒""弗听"；一条是人民的"谤王""道路以目"和"莫敢出言"。两条线索的交织便形成了矛盾的两个方面，简洁明快地讲清了事情的发生、发展，以及矛盾斗争的最后结果——"流王于彘"。

其次是记言层次井然，逻辑严密。召公的进谏是文章的重点，写得言简意赅而又层层推进。一番谏言，既有道理，又有办法，更有忠告；还多次运用比喻，从正反两方面阐述主旨，具有不可辩驳的逻辑力量。

最后是比喻贴切形象，增强了文章的说服力。文章多次设譬，有从消极方面设譬的，如把百姓之口比作河水——"防民之口，甚于防川"，更有从积极方面设譬的，如治民如治水，为民者当"宣之使言"。后一个譬喻又是前一个譬喻的继续与深入，明主不应消极地"防"而应积极地"宣"，这就与召公的说理紧紧地融为一体了，从而大大增强了文章的说服力。

━━━━ • 本课知识点 • ━━━━

一 文学常识

1. 国别体

2.《国语》

3. "春秋外传"

二 文化常识

1. 古书体例

（　　）体——《春秋》《左传》

（　　）体——《史记》《汉书》《三国志》《后汉书》

（　　）体——《论语》

（　　）体——《国语》《战国策》

2. 年龄称谓

襁褓　孩提　总角　垂髫　豆蔻　及笄　弱冠　而立

不惑　知天命　艾　花甲　耆　古稀　耋　耄　期颐

3. 盲人称谓

瞽　瞍　矇

4. 关于谥号

"谥号"是古代对死去的帝妃、诸侯、大臣以及其他地位很高的人，按其生平事迹进行评定后，给予的或褒或贬或同情的称号，用以高度概括一个历史人物的生平，始于西周。属褒奖的有文、武、景、烈、昭、穆、明、睿、康、庄、宣、懿等；属于贬责的有炀、厉、灵等；属于同情的有哀、怀、愍、悼等。

三 文言现象

通假字

召公谏厉王弭谤 　　　　　　　　　　　　"弭"通"弥"。

词类活用

防民之口，甚于防川 　　　　　　　　　　名词作动词，堵塞，防止，防备。

师箴瞍赋 　　　　　　　　　　　　　　　名词作动词，朗诵。

道路以目 　　　　　　　　　　　　　　　名词作动词，用眼神示意。

行善而备败，其所以阜财用衣食者也。 　　使动用法，使……丰富，增加。

特殊句式

是障之也。 　　　　　　　　　　　　　　判断句

使（之）监谤者。 　　　　　　　　　　　省略句

民之有口，犹土之有山川也。 　　　　　　判断句

是以事行而不悖。 　　　　　　　　　　　宾语前置句

夫民虑之于口，而宣之于口。　　　　　介宾短语后置句

召公告（厉王）曰："民不堪命矣！"　　省略句

三年，（民）乃流王于彘。　　　　　　省略句

古今异义

民不堪命

古义：可以，能忍受、能承受。

今义：比；如此。

道路

古义：本文指路人。

今义：地面上供人或车马行走的部分；两地之间的通道。

重点虚词

1. 之

① 以告，则杀之。　　　　　　　　　代词，代指卫巫报告的指责议论朝政者。

② 川壅而溃，伤人必多；民亦如之。　代词，这样。

③ 民之有口也，犹土之有山川也。　　助词，用于主谓之间，取消句子独立性。

2. 以

① 以告，则杀之。　　　　　　　　　介词，把。

② 道路以目。　　　　　　　　　　　介词，用。

③ 是以事行而不悖。　　　　　　　　介词，因为。

3. 于

① 防民之口，甚于防川。　　　　　　介词，比。

② 口之宣言也，善败于是乎兴。　　　介词，从。

③ 三年，乃流王于彘。　　　　　　　介词，到。

四 成语及名句

道路以目

防民之口，甚于防川。

———————— • 思考练习 • ————————

1. 我国第一部叙事详备的编年体史书是（　　　）。

　　A.《春秋》　　　　　　　　　　　　B.《左传》

　　C.《国语》　　　　　　　　　　　　D.《资治通鉴》

2. 先秦历史散文著作中，尤其擅长描写战争的是（　　　）。

　　A.《春秋》　　　　　　　　　　　　B.《左传》

　　C.《论语》　　　　　　　　　　　　D.《孟子》

3. 下列著作约成书于西汉的是（　　　）。

　　A.《左传》　　　　　　　　　　　　B.《论语》

　　C.《诗经》　　　　　　　　　　　　D.《战国策》

4. 下列句中加点"以"字的意义和用法，不同于其它三项的一项是（　　　）。

　　A. 国人莫敢言，道路以目。（《国语·召公谏厉王弭谤》）

　　B. 命子封帅车二百乘以伐京。（《左传·郑伯克段于鄢》）

　　C. 王好战，请以战喻。（《孟子·寡人之于国也》）

　　D. 寡人不敢以先王之臣为臣。（《战国策·冯谖客孟尝君》）

5. 翻译下列语句。

　　（1）夫民虑之于心而宣之于口，成而行之，胡可壅也？

　　（2）厉王虐，国人谤王。召公告王曰："民不堪命矣！"

句践灭吴

《国语》

越王句践①栖②于会稽③之上，乃号令于三军曰："凡我父兄昆弟④及国子姓⑤，有能助寡人谋而退吴者，吾与之共知⑥越国之政。"大夫种⑦进对曰："臣闻之，贾人夏则资皮，冬则资絺⑧。旱则资舟，水则资车，以待乏也。夫虽无四方之忧⑨，然谋臣与爪牙之士⑩，不可不养而择也。譬如蓑笠，时雨既至，必求之。今君王既栖于会稽之上，然后乃求谋臣，无乃⑪后⑫乎？"句践曰："苟得闻子大夫⑬之言，何后之有？"执其手而与之谋。遂使之行成⑭于吴。

夫差将欲听，与之成。子胥谏曰："不可！夫吴之与越也，仇雠敌战之国也。三江⑮环之，民无所移。有吴则无越，有越则无吴。将不可改于是矣。员闻之，陆人居陆，水人居水。夫上党之国⑯，我攻而胜之，吾不能居其地，不能乘其车；夫越国，吾攻而胜之，吾能居其地，吾能乘其舟。此其利也，不可失也已。君必灭之！失此利也，虽悔之，亦无及已。"

越人饰美女八人纳之太宰嚭⑰，曰："子苟赦越国之罪，又有美于此者将进之。"太宰嚭谏曰："嚭闻古之伐国者，服之⑱而已；今已服矣，又何求焉？"夫差与之成而去之。

句践说于国人曰："寡人不知其力之不足也，而又与大国执仇，以暴露百姓之骨于中原⑲，此则寡人之罪也。寡人请更！"于是葬死者，问伤者，养生者；吊有忧，贺有喜；送往者，迎来者；去民之所恶，补民之不足。然后卑事夫差，宦士三百人于吴，其身亲为夫差前马⑳。

句践之地，南至于句无㉑，北至于御儿㉒，东至于鄞㉓，西至于姑蔑㉔，广运百里㉕。乃致其父母、昆弟而誓之，曰："寡人闻，古之贤君，四方之民归之，若水之归下也。今寡人不能，将帅二三子㉖夫妇以蕃㉗。"令壮者无取㉘老妇，令老者无取壮妻；女子十七不嫁，其父母有罪；丈夫二十不取，其父母有罪。将免㉙者以告，公令医守之。生丈夫，二壶酒，一犬；生女子，二壶酒，一豚㉚；生三人，公与之母㉛；生二人，公与之饩㉜。当室者㉝死，三年释其政㉞；支子死，三月释其政；必哭泣葬埋之如其子。令孤子、寡妇、疾疹㉟、贫病者，纳㊱宦其子。其达士，洁其居，美其服，饱其食，而摩厉㊲之于义。四方之士来者，必庙礼之㊳。句践载稻与脂于舟以行。国之孺子之游者，无不餔也，无不歠㊴也：必问其名。非其身之所种则不食，非其夫人之所织则不衣。十年不收于国，民俱有三年之食。

国之父兄请曰："昔者夫差耻吾君于诸侯之国，今越国亦节矣，请报之。"句践辞曰："昔者之战也，非二三子之罪也，寡人之罪也。如寡人者，安与知耻？请姑无庸战。"父兄又请曰："越四封㊵之内，亲吾君也，犹父母也。子而思报父母之仇，臣而思报君之仇，其有敢不尽力者乎？请复战！"句践既许之，乃致其众而誓之，曰："寡人闻古之贤君，不患其众之不足也，而患其志行之少耻也。今夫差衣㊶水犀之甲㊷者亿有三千㊸，不患其志行之少耻也，而患其众之不足也。今寡人将助天灭之。吾不欲匹夫之勇也，欲其旅㊹进旅退。进则思赏，退则思刑；如此，则有常赏㊺。进不用命，退则无耻；如此，则有常刑。"

果行，国人皆劝㊻。父勉其子，兄勉其弟，妇勉其夫，曰："孰是君也，而可无死乎？"是故败吴于囿㊼，又败之于没㊽，又郊败之。遂灭吴。

注释

① 句践：春秋末越国国君，越王允常之子，公元前497年至前465年在位。允常初曾与吴王阖闾互相攻伐，允常死，吴乃乘越之丧伐越，竟为句践所败，阖闾伤指而死。句，同"勾"。② 栖：本指居住，此指退守。③ 会（kuài）稽：山名，在今浙江绍兴东南。④ 昆弟：兄弟。⑤ 国子姓：国君的同姓，即百姓。⑥ 知：主持，管理。⑦ 种：即文种，字子禽，楚国郢人，入越后，与范蠡同助句践，终灭吴。功成，种为句践所忌，赐剑自杀。⑧ 絺（chī）：细葛布。⑨ 四方之忧：指外患。⑩ 爪牙之士：指武士，勇猛的将士。⑪ 无乃：恐怕。⑫ 后：迟。⑬ 子大夫：对大夫（文种）的尊称。⑭ 行成：求和并达成协议。⑮ 三江：指浙江（即钱塘江）、松江（即吴淞江）和浦阳江。近人认为三江也可理解为多条水道的总称。⑯ 上党之国：即高地。这里泛指中原各诸侯国。党，处所。⑰ 太宰嚭：太宰，官名，相当于正卿。嚭，人名，姓伯，本为楚人，因避祸奔吴。⑱ 服之：使之降服，屈服。⑲ 中原：此指原野。⑳ 前马：仪仗队中乘马开道的人。㉑ 句（gōu）无：地名，在今浙江诸暨南。句，同"勾"。㉒ 御儿：地名，在今浙江嘉兴。㉓ 鄞（yín）：地名，在今浙江宁波。㉔ 姑蔑：地名，在今浙江衢州东北。㉕ 广运百里：方圆百里。东西为广，南北为运。㉖ 二三子：你们，指百姓。㉗ 蕃：繁殖人口。㉘ 取：同"娶"。㉙ 免：同"娩"，指生育。㉚ 豚（tún）：小猪，

也泛指猪。㉛ 母：乳母。㉜ 饩（xì）：口粮。㉝ 当室者：负担家务的长子。㉞ 政：通"征"，赋役。㉟ 疹：疾病。㊱ 纳：收容，供养。㊲ 摩厉：同"磨砺"，这里有激励的意思。㊳ 庙礼之：在宗庙里接见，以示尊重。㊴ 歠（chuò）：同"啜"，给水饮。㊵ 封：疆界。㊶ 衣：动词，穿。㊷ 水犀之甲：用水犀皮做的铠甲。㊸ 亿有三千：言吴兵有十万三千人。亿，这里指十万。㊹ 旅：俱，共同。指军队有纪律地同进退。㊺ 常赏：合于常规的赏赐，下文"常刑"指合于常规的刑罚。㊻ 劝：勉励。㊼ 囿（yòu）：即笠泽，吴地名，今太湖一带。㊽ 没：吴地名。

• 本课知识点 •

一 文学常识 ⅠⅠⅠⅠⅠⅠ

　　1. 国别体

　　2.《国语》

　　3."春秋外传"

二 文化常识 ⅠⅠⅠⅠⅠⅠ

　　春秋五霸

三 文言现象 ⅠⅠⅠⅠⅠⅠ

通假字

帅二三子夫妇以蕃	"帅"通"率"。"蕃"通"繁"。
令壮者无取老妇	"取"通"娶"。
将免者以告	"免"通"娩"。
三年释其政	"政"通"征"。
摩厉之于义	"摩厉"通"磨砺"。
国之孺子……无不餔也，无不歠也	"餔"通"哺"。"歠"通"啜"。
亿有三千	"有"通"又"。
其有敢不尽力者乎	"其"通"岂"。

词类活用

助寡人谋而退吴者	使动用法，使……退兵、击退。

与之成而去之	使动用法，使……去。
服之而已	使动用法，使……服。
暴露百姓之骨于中原	使动用法，使……暴露。
洁其居，美其服，饱其食	使动用法，使……清洁、华美、吃饱。
昔者夫差耻吾君于诸侯之国	使动用法，使……蒙受耻辱。
非其夫人之所织则不衣／今夫差衣水犀之甲者亿有三千	
	名词作动词，穿。
宦士三百人于吴	使动用法，使……做奴仆。
请报之	为动用法，为……报仇。
孰是君也，而可无死乎	为动用法，为……效死。
必庙礼之	名词作状语，在庙堂。
必庙礼之	名词作动词，以礼相待。
又郊败之	名词作状语，在郊外。

特殊句式

越王句践栖于会稽山上。	介宾短语后置句
何后之有？	宾语前置句
（句践）执其手与之谋。	省略句
行成于吴。	介宾短语后置句
又有美于此者将进之	介宾短语后置句
又有于此美者将进之？又何求焉？	宾语前置句
夫吴之与越也，仇雠敌战之国也。	判断句
十年不收于国。	介宾短语后置句
四方之士来者，必庙礼之。	省略句
国之孺子之游者，无不餔也。	定语后置　判断句
此则寡人之罪也／非二三子之罪也。	判断句
无乃……	固定句式。表推测或反问，恐怕……吧？

古今异义

爪牙

古义：武士，重臣。得力的帮手。

今义：坏人的党羽、帮凶。

今寡人不能

古义：无能。

今义：不可以。

将帅二三子夫妇以蕃

古义：你们。

今义：两三个儿子。

丈夫

古义：男子。

今义：女子的配偶。

暴露百姓之骨于中原

古义：日晒夜露。

今义：隐蔽的缺陷、问题等显露出来。

中原

古义：原野。

今义：黄河中下游地区。

劝

古义：劝勉，勉励。

今义：劝说。

—— • 思考练习 • ——

一、填空题

《国语》是中国最早的_____体著作，成书时代大约在战国初年，共二十一卷，分《____语》《鲁语》《齐语》《晋语》《郑语》《楚语》《吴语》《____语》八部分，记叙了由西周穆王二年起到东周贞定五十六年共538年各国内政外交等事件。司马迁说："左丘失明，厥有《国语》。"从此一般都认为《国语》是由_____编著。由于《国语》在内容上比较接近《左传》，又具有同样的史料价值，所以《国语》又有_____之称。《国语》的文字质朴简练，文学成就虽不及《左传》，但也是先秦时期一部重要的散文著作。

二、选择题

1. 下列语句没有通假字的一项是（　　　　）。

　　A. 今夫差衣水犀之甲者亿有三千　　　　　　B. 三年释其政

　　C. 将免者以告　　　　　　　　　　　　　　D. 又败之于没

2. 对下列各句中画线词语的解释，错误的一项（　　　　）。

　　A. 果行　果：果然。　　　　　　　　　　　B. 乃致其众而誓之　致：招集。

　　C. 今越国亦节矣　节：克制。　　　　　　　D. 欲其旅进旅退　旅：共同。

3. （多选题）勾践成功灭吴的原因是（　　　　）。

　　A. 发现并重用人才。

　　B. 利用夫差好美色、贪财货的弱点。

　　C. 勾践采取了一系列收买人心的政策。

　　D. 以顺服夫差作掩护休养生息，国人上下齐心，同仇敌忾。

三、翻译题

1. 如寡人者，安与知耻？请姑无庸战！

2. 进不用命，退则无耻，如此，则有常刑。

3. 越王问于大夫种曰："吾欲伐吴，可乎？"对曰："可矣，吾赏厚而信，罚严而必。君欲知之，何不试焚宫室？"于是遂焚宫室，人莫救之。乃下令曰："人之救火死者，比死敌之赏；救火而不死者，比胜敌之赏；不救火者，比降北之罪。"人之涂其体，被濡衣而赴火者，左三千人，右三千人，此知必胜之势也。（《韩非子·内储说上》）试翻译《韩非子》节选中，划横线的句式。

苏秦始将连横说秦①

《战国策》

苏秦始将连横说秦惠王，曰："大王之国，西有巴、蜀、汉中之利，北有胡貉、代马之用，南有巫山、黔中之限，东有殽、函之固。田肥美，民殷富，战车万乘，奋击百万，沃野千里，蓄积饶多，地势形便，此所谓天府，天下之雄国也。以大王之贤，士民之众，车骑之用，兵法之教，可以并诸侯，吞天下，称帝而治。愿大王少留意，臣请奏其效。"

秦王曰："寡人闻之：毛羽不丰满者，不可以高飞；文章不成者，不可以诛罚；道德不厚者，不可以使民；政教不顺者，不可以烦大臣。今先生俨然不远千里而庭教之，愿以异日②。"

苏秦曰："臣固疑大王之不能用也。昔者神农伐补遂③，黄帝伐涿鹿而禽蚩尤④，尧伐驩兜⑤，舜伐三苗⑥，禹伐共工⑦，汤伐有夏⑧，文王伐崇⑨，武王伐纣⑩，齐桓任战而伯天下。由此观之，恶有不战者乎？古者使车毂击驰，言语相结，天下为一；约从连横⑪，兵革不藏；文士并饬，诸侯乱惑；万端俱起，不可胜理；科条既备，民多伪态；书策稠浊，百姓不足；上下相愁，民无所聊；明言章理，兵甲愈起；辩言伟服，战攻不息；繁称文辞，天下不治；舌敝耳聋，不见成功；行义约信，天下不亲。于是乃废文任武，厚养死士，缀甲厉兵，效胜于战场。夫徒处而致利，安坐而广地，虽古五帝、三王、五伯，明主贤君，常欲坐而致之，其势不能，故以战续之。宽则两军相攻，迫则杖戟相撞，然后可建大功。是故兵胜于外，义强于内，威立于上，民服于下。今欲并天下，凌万乘，诎⑫敌国，制海内，子元元⑬，臣诸侯，非兵不可。今之嗣主，忽于至道，皆惽于教，乱于治，迷于言，惑于语，沉于辩，溺于辞。以此论之，王固不能行也。"

说秦王书十上而说不行。黑貂之裘敝，黄金百斤尽，资用乏绝，去秦而归。嬴縢履蹻⑭，负书担橐，形容枯槁，面目犁黑⑮，状有愧色。归至家，妻不下纴⑯，嫂不为炊，父母不与言。苏秦喟然叹曰："妻不以我为夫，嫂不以我为叔，父母不以我为子，是皆秦之罪也！"乃夜发书，陈箧数十，得太公《阴符》之谋[17]，伏而诵之，简练以为揣摩。读书欲睡，引锥自刺其股，血流至足。曰："安有说人主不能出其金玉锦绣，取卿相之尊者乎？"期年，揣摩成，曰："此真可以说当世之君矣。"

于是乃摩燕乌集阙[18]，见说赵王[19]于华屋之下，抵掌而谈。赵王大说，封为武安君，受相印。革车百乘，锦绣千纯，白璧百双，黄金万溢[20]，以随其后。约从散横，以抑强秦。故苏秦相于赵，而关不通。当此之时，天下之大，万民之众，王侯之威，谋臣之权，皆欲决于苏秦之策。不费斗粮，未烦一兵，未战一士，未绝一弦，未折一矢，诸侯相亲，贤于兄弟。夫贤人在而天下服，一人用而天下从。故曰："式[21]于政，不式于勇；式于廊庙之内，不式于四境之外。"当秦之隆，黄金万溢为用，转毂连骑，炫熿[22]于道，山东之国从风而服，使赵大重。且夫苏秦，特穷巷掘门[23]、桑户棬枢之士耳[24]，伏轼撙衔[25]，横历天下，廷说诸侯之王，杜左右之口，天下莫之伉[26]。

将说楚王，路过洛阳，父母闻之，清宫除道，张乐设饮，郊迎三十里。妻侧目而视，侧耳而听；嫂蛇行匍伏，四拜自跪而谢。苏秦曰："嫂，何前倨而后卑也？"嫂曰："以季子之位尊而多金。"苏秦曰："嗟乎！贫穷则父母不子，富贵则亲戚畏惧。人生世上，势位富厚，盖可以忽乎哉？"

注 释

① 本文选自《战国策·秦策一》，又作《苏秦以连横说秦》。苏秦：战国时洛阳人，字季子，著名的纵横家。连横：指秦国与函谷关以东的个别国家联合起来，以分化、打击其它六国。与之相对的策略是"合纵"，即指楚、齐、燕、赵、魏、韩六国的联合抗秦。秦惠王，名驷，秦国国君，公元前337年至前311年在位。② 愿以异日：请以后再说。③ 补遂：古国名。④ 黄帝伐涿鹿而禽蚩尤：涿鹿，山名，在今河北涿鹿东南。蚩尤，传说中的九黎部落首领，与黄帝交战，兵败被杀。禽：通"擒"。⑤ 驩（huān）兜：尧的臣，因作乱而被放逐。⑥ 三苗：古代部落名，也称苗、有苗。分布在今河南南部到洞庭湖、江西鄱阳一带，传说舜迁有苗至今甘肃敦煌一带。⑦ 共工：尧舜时的水官，据说很残暴。⑧ 有夏：夏朝，此指夏桀。有，词头，无实义。⑨ 文王伐崇：文王即姬昌。崇，商代的一个小国名，这里指助纣为虐的崇侯虎。⑩ 武王伐纣：武王是周的开国君主，文王之子。⑪ 约从（zòng）：即合纵。⑫ 诎：同"屈"，使屈服。⑬ 子元元：以百姓为自己的儿子，这里是治理的意思。子，以……为儿子。元元，百姓。⑭ 羸（léi）縢（téng）履蹻（qiāo）：裹着绑腿，穿着草鞋。⑮ 黧（lí）黑：一作"犁"。黄黑色。⑯ 纴（rèn）：织布机。⑰ 太公《阴符》：指姜太公的兵法《阴符经》。⑱ 摩燕乌集阙：走近宫殿前。摩，走近。燕乌集阙，宫殿名。⑲ 赵王：指

赵肃侯。⑳ 溢：通"镒"（yì）。黄金二十四两为一镒。㉑ 式：使用。㉒ 炫煌：显赫、辉煌。煌，同"煌"。㉓ 掘门：掘墙为门。㉔ 桑户棬（quān）枢：桑户，用桑树做门板。棬枢：用弯木做门轴。㉕ 撙（zǔn）衔：拉着马勒头。㉖ 伉：同"抗"，匹敌。

鉴赏

《苏秦始将连横说秦》颇能代表《战国策》的风格，与《左传》文风迥异。《左传》凝练，言简意赅；《战国策》舒放，铺陈夸张。《左传》深沉含蓄，耐人寻味；《战国策》则驰辩骋说，富于气势。此外，本文在语言方面还大量使用排偶句，渲染气氛，使文气贯通，气势奔放，具有震撼人心的力量，充分显示了纵横家的风格。

本篇通过描写苏秦的言行和心理特征，再现了一个相当典型的战国策士的形象。文中对于苏秦妻、嫂和父母"前倨而后卑"的刻画，也反映了当时社会风气的某些方面。作者用笔多有渲染夸张，语言生动；某些描写似小说家言，惟妙惟肖，耐人寻味。

本文写作特色：

（1）运用对比手法。写苏秦得势前后其家人不同的态度，既从侧面烘托了苏秦的人物形象，又反映出战国时代崇尚功利、淡薄亲情的炎凉世态。

（2）文章在人物肖像动作神态的描写方面十分细致生动。描写苏秦说秦王不行、落魄而归时的形容神态，写苏秦刻苦攻读、引锥刺股的细节，写其嫂"蛇行匍伏"的丑态，皆为传神之笔。

（3）善于运用铺陈排比和夸张渲染的艺术手法。苏秦说秦惠王之词，内容上罗列排比，句式上多用四字句进行铺排，所述之事往往夸大其辞，务求动听，表现了战国策士纵横辟阖、铺张扬厉的文风。

• 本课知识点 •

一　文学常识

1.《战国策》的体例、文学价值

2. 刘向

二　文化常识

战国末年，出现了研究"纵横之术"的纵横家。所谓"纵"，指"合纵"，它的代表者为苏秦。他主张把东方六国——齐、楚、燕、赵、魏、韩联合起来，抗击秦国。所谓"横"，指"连横"，它的代表者为张仪，他主张以秦国为中心，运用远交近攻的策略联合东方的某些国家，攻击另外一些国家，采用"各个击破"的策略。最终，秦国通过"连横"的方式，击败了六国，统一了中国。

三 文言常识

通假字

南有巫山、黔中之限	通"险"，险隘
东有肴、函之固	通"崤"，崤山
黄帝伐涿鹿而禽蚩尤	通"擒"，捉拿
齐桓任战而伯天下	通"霸"，称霸
缀甲厉兵，效胜于战场	通"砺"，磨砺
虽古五帝三王五伯，明主贤君	通"霸"，霸主
凌万乘，诎敌国	通"屈"，使屈服
嬴縢履蹻，负书担囊	通"累"，缠绕；通"屩"，草鞋
封为武安君，受相印	通"授"，授予
白璧百双，黄金万溢	通"镒"，金二十两
转毂连骑，炫熿于道	通"煌"，光亮，显赫
特穷巷掘门桑户棬枢之士耳	通"窟"，窟窟
天下莫之能伉	通"抗"，抗衡，匹敌
人生世上，势位富贵，盖可忽乎哉	通"盍"，何

词类活用

夫徒处而致利，安坐而广地	使动用法，可译为"扩大"
宽则两军相攻，迫则杖戟相撞	名作动，执、持
凌万乘，诎敌国	使动用法，使……屈服
子元元，臣诸侯	意动用法，以……为子；使动用法，使……臣服
臣诸侯，非兵不可	名作动，发动战争
嬴縢履蹻	名作动，穿着
今先生俨然不远千里而庭教之	意动用法，以……为远；名作状，在朝廷上
乃夜发书，陈箧数十	名作状，在晚上
故苏秦相于赵而关不通	名作动，做宰相

廷说诸侯之王，杜左右之口	名作状，在朝廷上
张乐设饮，郊迎三十里	名作状，在郊外
嫂蛇行匍伏，四拜自跪而谢	名作状，像蛇一样
嫂何前倨而后卑也	名作状，在以前；后来
贫穷则父母不子	名作动，（把儿子）当做儿子

特殊句式

皆愍于教，乱于治，迷于言，惑于语，沉（沈）于辩，溺于辞。	
	被动句
此所谓天府，天下之雄国也。	判断句
是皆秦之罪也。	判断句
乃夜发书，陈箧数十。	定语后置句
天下莫之能伉。	宾语前置句

古今异义

战车万乘，奋击百万

古义：奋力击敌的士兵，精兵。

今义：奋勇攻击。

文章不成者不可以诛罚

古义：国家法令制度。

今义：写出的文章。

形容枯槁，面目犂（犂）黑

古义：容貌。

今义：指对事物的形象或性质加以描述。

简练以为揣摩

古义：选择。

今义：简洁明了。

嫂蛇行匍伏，四拜自跪而谢

古义：道歉。

今义：感谢。

富贵则亲戚畏惧

古义：亲属，本文指父母妻嫂；"亲"，指族内；"戚"，指族外。

今义：跟自己家庭有婚姻关系的家庭或其他成员。

烦大臣

古义：相烦、劳烦。

今义：苦闷，多而乱。

相关成语

抵掌而谈　悬梁刺股　前倨后恭（卑）

· 思考练习 ·

1. 下列各组句子中，加点词的意义和用法相同的一组是（　　）。

   A. 父母不与言　　　　　　　备他盗之出入与非常也

   B. 黄金万镒为用　　　　　　当横行天下，为汉家除残去秽

   C. 转毂连骑，炫煌于道　　　会于会稽山阴之兰亭

   D. 以季子之位尊而多金　　　郯子之徒，其贤不及孔子

2. 以下六句话分别编为四组，都属于苏秦"合纵"之策产生的政治影响的一组是（　　）。

   ① 革车百乘，锦绣千纯　　② 约从散横，以抑强秦

   ③ 皆欲决于苏秦之策　　　④ 诸侯相亲，贤于兄弟

   ⑤ 山东之国，从风而服　　⑥ 贫穷则父母不子，富贵则亲戚畏惧

   A. ①②④　　　　B. ②③⑥　　　　C. ③④⑤　　　　D. ①⑤⑥

3. 对原文有关内容的理解和分析，下列表述不正确的一项是（　　）。

   A. 苏秦只身赴秦，企图说服秦惠王采用连横策略并吞诸侯，但秦惠王认为诸侯很强大，时机不成熟，拒绝了苏秦的建议。

   B. 游说秦王落空，苏秦落魄回家发愤苦读，精研太公兵法；一年后说服赵王采用"合纵"之术，然后奔波各国，建立军事联盟，最终名利双收。

   C. 文中运用语言、动作、神态等多种描写手法写出苏秦得势前后的不同遭遇，刻画细致传神，对比鲜明，展现了战国时代崇尚功利、淡薄亲情的炎凉世态。

   D. 苏秦或说秦王"并诸侯"，或说赵王"抑强秦"，其外交政策相反但实质上目的相同，即获取个人的尊位与富贵。

冯谖客孟尝君①

《战国策》

　　齐人有冯谖②者，贫乏不能自存。使人属孟尝君③，愿寄食门下。孟尝君曰："客何好？"曰："客无好也。"曰："客何能？"曰："客无能也。"孟尝君笑而受之④，曰："诺。"

　　左右以君贱之也，食以草具⑤。居有顷⑥，倚柱弹其剑，歌曰："长铗归来乎⑦，食无鱼！"左右以告⑧。孟尝君曰："食之，比门下之客⑨。"居有顷，复弹其铗，歌曰："长铗归来乎，出无车！"左右皆笑之，以告。孟尝君曰："为之驾⑩，比门下之车客。"于是乘其车，揭⑪其剑，过⑫其友，曰："孟尝君客我⑬！"居有顷，复弹其剑铗，歌曰："长铗归来乎，无以为家⑭！"左右皆恶之，以为贪而不知足。孟尝君曰："冯公有亲乎？"对曰："有老母。"孟尝君使人给其食用，无使乏。于是冯谖不复歌。

　　后孟尝君出记⑮，问门下诸客："谁习计会⑯，能为文收责于薛者乎⑰？"冯谖署⑱曰："能。"孟尝君怪之，曰："此谁也？"左右曰："乃歌夫'长铗归来'者也！"孟尝君笑曰："客果有能也，吾负之⑲，未尝见也。"请而见之。谢⑳曰："文倦于事㉑，愦于忧㉒，而性懧㉓愚，沉于国家之事，开罪㉔于先生。先生不羞㉕，乃有意欲为收责于薛乎？"冯谖曰："愿之。"于是约车治装㉖，载券契而行㉗，辞曰："责收毕，以何市而反㉘？"孟尝君曰："视吾家所寡有者。"驱而之薛㉙。使吏召诸民当偿者，悉来合券㉚。券徧合，起，矫命㉛以责赐诸民，因烧其券，民称万岁㉜。长驱到齐㉝，晨而求见。孟尝君怪其疾㉞也，衣冠而见之，曰："责毕收乎？来何疾也？"曰："收毕矣！""以何市而反？"冯谖曰："君云'视吾家所寡有者'，臣窃计，君宫中积珍宝，狗马实外厩㉟，美人充下陈㊱；君家所寡有者，以义耳。窃以为君市义。"孟尝君曰："市义奈何？"曰："今君有区区之薛，不拊爱子其民㊲，因而贾利之㊳；臣窃矫君命，以责赐诸民，因烧其券，民称万岁。乃臣所以为君市义也。"孟尝君不说㊴，曰："诺，先生休矣㊵！"

　　后期年㊶，齐王㊷谓孟尝君曰："寡人不敢以先王之臣为臣㊸！"孟尝君就国㊹于薛。

未至百里(45)，民扶老携幼，迎君道中。孟尝君顾谓冯谖："先生所为文市义者，乃今日见之。"

冯谖曰："狡兔有三窟，仅得免其死耳；今君有一窟，未得高枕而卧也。请为君复凿二窟。"孟尝君予车五十乘，金五百斤，西游于梁(46)。谓惠王(47)曰："齐放(48)其大臣孟尝君于诸侯，诸侯先迎之者，富而兵强。"于是梁王虚上位(49)，以故相为上将军(50)，遣使者黄金千斤，车百乘，往聘孟尝君。冯谖先驱，诫孟尝君曰："千金，重币也；百乘，显使也；齐其闻之矣！"梁使三反(51)，孟尝君固辞不往也。

齐王闻之，君臣恐惧，遣太傅赍黄金千金(52)，文车二驷(53)，服剑(54)一，封书谢孟尝君曰："寡人不祥(55)，被于宗庙之祟(56)，沉于谄谀之臣(57)，开罪于君。寡人不足为(58)也，愿君顾先王之宗庙，姑反国统万人乎(59)？"冯谖诫孟尝君曰："愿请先王之祭器，立宗庙于薛(60)。"庙成，还报孟尝君曰："三窟已就，君姑高枕为乐矣！"

孟尝君为相数十年，无纤介(61)之祸者，冯谖之计也。

注释

① 本篇选自《战国策·齐策四》。② 冯谖：孟尝君的门客。"谖"字一本作"煖"，又或作"驩"，读音皆与"谖"同。③ 属：通"嘱"，嘱托。孟尝君：名田文，时为齐相，为人轻财好客，门下食客常有数千人。④ 受之：接受了他的请求。⑤ 食以草具：给他吃粗劣的食物。⑥ 居有顷：过了不久。⑦"长铗"句：意思说："长铗啊，咱们回去吧。"铗，剑把，代指剑。⑧ 左右以告：左右的人把此事告诉给孟尝君。⑨ 比门下之客：同门下食鱼客的待遇一样。比，仿照。按孟尝君将门下食客分为三等，上客食肉，中客食鱼，下客食菜。⑩ 为之驾：为冯谖准备车马。⑪ 揭：举起。⑫ 过：拜访。⑬ 客我：以客之身份待我。⑭ 无以为家：没有财物赡养家庭。⑮ 出记：拿出账簿来。记，记账的册子。一说：文书。⑯ 计会：即今之会计。⑰ 文：孟尝君自称。责：通"债"。下同。薛：地名，孟尝君的封地。⑱ 署：签上名字。⑲ 负之：对不起他。⑳ 谢：致歉。㉑ 倦于事：为事务所困倦。意思说事务繁忙。㉒ 愦于忧：因忧虑而心意烦乱。愦：昏乱。㉓ 懧：同"懦"，懦弱。㉔ 开罪：得罪。㉕ 不羞：不以简慢相待为耻辱。㉖ 约车治装：准备车辆，整理行装。㉗ 券契：指关于债务的契约。券：也是契的意思。㉘ 何市：买什么。反：同"返"。㉙ 驱而之薛：赶着车到薛邑去。㉚ 合券：指验对债券。古代的契约，由借贷双方各持其半，作为凭证；验对债券时，必须两相符合。㉛ 矫命：假托孟尝君的命令。㉜ 民称万岁：以示对孟尝君的感戴。㉝ 长驱：驱车直前，不在中途停留。㉞ 疾：迅速。㉟ 外厩：宫外的牲口棚。㊱ 下陈：下列，下位。㊲ 拊：通"抚"。子其民：以其民为子。㊳ 贾利之：以商贾的手段向民众谋利。㊴ 说：通"悦"。㊵ 休矣：算了吧。休，息，止。㊶ 期年：一作"朞"。满一年。㊷ 齐王：指齐湣王，前300至前284年在位。㊸"寡人"句：

我不敢把先王的大臣当作自己的大臣使用。按这是一种辞令，实际是要废孟尝君为相。先王：指湣王父齐宣王。㊹ 就国：指到自己的封地去。㊺ 未至百里：距离薛地尚有一百里。㊻ 梁：即魏国。时魏都大梁（今河南开封），因此亦称梁国。㊼ 惠王：梁惠王，前370至前319年在位。㊽ 放：放逐。意思说不再任用孟尝君为相。㊾ 虚上位：空出高官的职位。㊿“以故相”句：把原来的相调任为上将军（以空出相位安排孟尝君）。(51) 三反：多次往返。(52) 太傅：官名。赍：携带财物以赠人。(53) 文车二驷：绘有文采的车子两辆。四匹马驾一辆车称“驷”。(54) 服剑：佩剑。(55) 不祥：不善，不好。(56)“被于”句：遭到神鬼降下的灾祸。(57)“沉于”句：被阿谀奉承的臣下所迷惑。(58) 不足为：不值得称说。为，谓。一说：辅佐。(59) 反国：返回齐国国都。统，治理。(60)“立宗庙”句：在薛邑建立先王的宗庙。这样可以增加薛邑的重要性，巩固和加强孟尝君的地位。(61) 纤芥：形容极其微小。

鉴赏

本文通过冯谖成为孟尝君的门客后，先弹铗试探，后为孟尝君焚券市义、游说诸侯、建立宗庙，开凿“三窟”，巩固其政治地位的记叙，赞颂了冯谖重实践、戒浮华、有谋略的政治才能和果断的办事作风，表现了“策士”在战国时期政治生活中的重大作用，同时也肯定了作为王室贵族的孟尝君礼贤下士的贤明德行。

文章的重点在于描写冯谖为巩固孟尝君的政治地位而设计献策：先写冯谖初为门客时受的冷遇及其“三歌”的表现；后写冯谖去薛地收债“市义”，先凿“一窟”；再写冯谖说诸侯、建宗庙，为孟尝君增凿“二窟”及“三窟”。

对冯谖这一人物，文章采用了先抑后扬的手法进行塑造。冯谖穷而困窘，求食于孟尝君，突出其“无好”“无能”，且长歌三次，以致引起左右之人的“贱之”“笑之”“恶之”，这是“抑”。后来，冯谖为孟尝君收债“市义”，表现他浓厚的“民本”思想和高明的政治见解；游说诸侯，在诸侯国中大造舆论，提高孟尝君的政治声誉，给齐湣王施加压力，为以后重用孟尝君作舆论准备，表明他过人的谋略；修建宗庙，进一步提高和巩固孟尝君在王室宗族中的正统地位，使其地位牢不可破，表现他深谙王室之规和权谋之术。这是“扬”。抑扬手法的使用，使全文情节曲折，波澜迭起，悬念丛生，引人入胜。

对孟尝君的描绘，采用了对比手法。先是孟尝君与来人、左右之人的对比。当来人介绍冯谖“无好”“无能”时，他“笑而受之”；当左右之人将冯谖的“三歌”向他“告之”“笑之”“恶之”时，他却不以为然，一一满足了冯谖的要求。在对比中表现了他的宽容与大度。后来，当他发现冯谖确有才能时，立刻改变“贱之”的态度，引以为疚，深感有愧，赔礼道歉；当他被逐至薛，受到百姓欢迎时，立刻改变原来对“市义”的不快，转向冯谖说："先生所为文市义者，乃今日见之。"孟尝君对冯谖态度前后转变的对比，表明了他是一位重视人才、善于接受意见和教训的贤明的政治家。

全文语言简洁流畅、生动形象，极富含蓄蕴藉之力。

———————— • 本课知识点 • ————————

一 文学常识

1.《战国策》的体例、文学价值

2. 刘向

二 艺术特色

人物形象

1. 冯谖

"奇人奇计"，足智多谋，深思远虑，潇洒无稽，报效知己。

2. 孟尝君

有政治远见，堪称慧眼识人，具有宽人责己、礼贤下士的品德。

写作手法

1. 故事情节曲折，生动有趣；

2. 欲扬先抑，层层深入；

3. 细节描写、侧面描写等手法的运用；

4. 通过人物的对话、动作来揭示人物的心理。

细节描写

1. "三次弹铗"

2. "收债市义"中写孟尝君"衣冠而见之""孟尝君不说"

侧面描写

孟尝君及其手下人对冯谖态度的映衬，从不同侧面塑造了冯谖的形象。

三 文言现象

通假字

使人属孟尝君　　　　　　　　　"属"通"嘱"，嘱托，转达意愿。

能为文收责于薛者乎	"责"通"债"。
性懧愚	"懧"通"懦",懦弱。
何市而反	"反"通"返",返回。
券徧合	"徧"通"遍",普遍,都。
孟尝君不说	"说"通"悦",高兴
寡人不祥	"祥"通"详",审慎。
无纤介之祸者	"介"通"芥",小草。
不拊爱子其民	"拊"通"抚",抚爱。

词类活用

孟尝君客我	客:意动用法,当成……客人。
孟尝君怪之	怪:意动用法,感到……奇怪。
先生不羞	羞:意动用法,为……羞愧。
孟尝君怪其疾	怪:意动用法,认为……奇怪。
不拊爱子其民	子:意动用法,以……为子,把……当作子。
于是梁王虚上位	虚:使动用法,使……空出来。
衣冠而见之	名词作动词,穿、戴好衣、冠。
因而贾利之	名词作动词,用商贾之道谋取。
西游于梁	名词作状语,向西。
晨而求见	名词作状语,在早晨。

古今异义

就国于薛

古义:封邑。

今义:国家。

迎君道中

古义:半路。

今义:路途中。

特殊句式

乃歌夫"长铗归来"者也。	判断句
乃臣所以为君市义也。	判断句
千金,重币也;百乘,显使也。	判断句
孟尝君为相数十年,无纤介之祸者,冯谖之计也。	判断句

左右以（之）告（之）。	省略句
乃有意欲为（吾）收责于薛乎？	省略句
以（之）何市而反？	省略句
贫乏不能自存。	宾语前置句
客何好？客何能？	宾语前置句
以何市而反？	宾语前置句
愿寄食（于）门下。	状语后置句、省略句
食以草具。	介宾短语后置句
乃有意欲为收责于薛乎？	介宾短语后置句
迎君（于）道中。	状语后置、省略句
齐放其大臣孟尝君于诸侯。	介宾短语后置句
齐人有冯谖者。	定语后置句
使吏召诸民当偿者。	定语后置句
诸侯先迎之者。	定语后置句

重要虚词

1. 以

左右以君贱之	动词；认为，以为。
食以草具	介词，用，拿。
左右以告	介词，把。
无以为家	介词，用来。

2. 乃

乃臣所以为君市义也	动词，就是。
先生所为文市义者，乃今日见之	副词，才。

3. 其

齐其闻之矣	表示推测语气的副词，大概，可能。
因烧其券	远指代词，那。
孟尝君怪其疾	第三人称代词，他。
齐放其大臣孟尝君于诸侯	代词，自己的。

4. 为

寡人不足为也	动词，辅佐。
无以为家	动词，养活。

为之驾   动词，给。

寡人不敢以先生之臣为臣   动词，作为。

乃有意欲为收责于薛乎   介词，替、给。

请为君复凿二窟   介词，替、给。

5. 乎

冯公有亲乎   用在句末，表示疑问。

能为文收责于薛者乎   用在句末，表示疑问。

乃有意欲为收责于薛乎   用在句末，表示反问。

姑反国统万人乎   用在句末表示感叹，相当于"啊"。

• 思考练习 •

1. 《战国策》是一部_____体史书，是西汉末年_____整理编定而成的。

2. 《战国策》主要记叙战国时期_____的言行及其纵横捭阖的斗争。

3. 孟尝君是著名的"_____"之一。

4. 冯谖为孟尝君"焚券市义"行为中蕴含着_____思想。

5. 冯谖再三弹铗而歌的真正目的是什么？

6. 从刻画冯谖形象看，文中的"左右""贱之""笑之""恶之"有何作用？

7. 文中孟尝君的性格特征是什么？

子路曾皙冉有公西华侍坐①

《论语》

子路、曾皙、冉有、公西华侍坐②。子曰："以吾一日长乎尔③，毋吾以也④。居则曰⑤：不吾知也⑥。如或知尔，则何以哉？⑦"

子路率尔而对曰⑧："千乘之国⑨，摄乎大国之间⑩，加之以师旅⑪，因之以饥馑⑫，由也为之⑬，比及三年⑭，可使有勇，且知方也⑮。"夫子哂之⑯。

"求，尔何如⑰？"

对曰："方六七十，如五六十⑱，求也为之，比及三年，可使足民⑲。如其礼乐，以俟君子。"

"赤，尔何如？"

对曰："非曰能之，愿学焉。宗庙之事，如会同⑳，端章甫㉑，愿为小相焉㉒。"

"点，尔何如？"

鼓瑟希㉓，铿尔㉔，舍瑟而作㉕。对曰："异乎三子者之撰㉖。"

子曰："何伤乎㉗！亦各言其志也。"

曰："莫春者㉘，春服既成，冠者五六人㉙，童子六七人，浴乎沂㉚，风乎舞雩㉛，咏而归㉜。"

夫子喟然叹曰："吾与点也㉝。"

三子者出，曾皙后。曾皙曰："夫三子者之言何如？"

子曰："亦各言其志也已矣。"

曰："夫子何哂由也？"

曰："为国以礼，其言不让，是故哂之㉞。唯求，则非邦也与㉟？安见方六七十，如五六十，而非邦也者！唯赤，则非邦也与？宗庙会同，非诸侯而何！赤也为之小，孰能为之大㊱？"

注 释

① 本文选自《论语·先进》。《论语》主要记述孔子的言行、思想，成书约在战国初年。孔子名丘，字仲尼，春秋末期鲁国人，儒家学派的创始者，我国古代著名的政治家、思想家和教育家。② "子路"句：四人皆孔子弟子。子路：名仲由，字子路，亦称季路。曾皙：名曾点，字皙。冉有：名冉求，字子有。公西华：名公西赤，字子华。侍：陪侍。③ 长：年长。尔：汝，你们。④ 毋：无，不要。以：通"已"，止，指止而不言。⑤ 居：平居，常时。⑥ 不吾知：不知吾，不了解我。⑦ 何以：指怎么样做。以，用。⑧ 率尔：不加思索的样子。⑨ 千乘之国：指中等诸侯国。乘（shèng）：指一辆兵车。古代军赋合一，兵车数目与国之大小直接有关，故以兵车之数代国之大小。⑩ 摄：夹。⑪ 师旅：军队，这里指战争。⑫ 因：仍，继之。饥馑：指饥荒。《老子》云："大军之后，必有凶年。"⑬ 为之：指治理它。⑭ 比及：等到。⑮ 方：义理、道理，指礼义。⑯ 哂（shěn）：微笑。⑰ 何如：如何，指打算如何做。⑱ "方六"两句：是说方圆六七十里，或者五六十里的小国。如，或者。⑲ 足民：使民众富足。⑳ "宗庙"二句：指诸侯们祭祀祖先的活动、诸侯之间的盟会及共同朝见天子等。㉑ 端：玄端，指礼服。章甫：礼帽名。㉒ 相：相礼的人。指在各种正式场合，负责司仪之类事情的人。古代相有各种身份，小相，是地位低的相。公西华这样说是表示谦逊。㉓ 瑟：乐器名，形似琴，二十五弦。希：同"稀"，少。㉔ 铿尔：铿是象声词，铿尔是琴瑟声，这里指鼓瑟最后收尾的声音。㉕ 舍：放下。作：起身。㉖ 撰：具，指其他三人的想法。一说撰通"僎"，善言，或指好的打算。㉗ 伤：妨碍。㉘ 莫春：晚春。莫，同"暮"。㉙ 冠者：指成年人。古代男子二十而冠。㉚ 沂：沂水，源出尼山，西流入泗水，经曲阜故城南。㉛ 风：通"讽"，诵读。《汉书·仲长统传》："讽于舞雩之下，咏归高堂之上。"舞雩（yú）：指雩坛，设祭祈雨之处，在沂水上。因设祭时有乐舞，故称舞雩。㉜ 咏：歌唱。归：燕游而返。㉝ 喟（kuì）然：表示慨叹的样子。与：赞同。㉞ "为国"三句：意思是指子路自许能以礼义治国，不谦逊，所以才笑他。让，谦让。㉟ "则非"句：意思是，冉求所说，就不是治理国家之事吗？邦，国。㊱ 大：指地位高的相礼者，是承上公西赤自言："愿为小相"而言。之：指诸侯。

鉴 赏

《论语》大都为语录、对话的形式，简短精练，含蓄隽永；有些篇文字稍长，能约略表现出人物的不同情态和某方面的性格特点。本文再现了孔子善于启发、诱导的长者之风，也形象地表现了几个弟子的不同性格和抱负。文章自然流畅，用笔准确，孔子师生几人的音容笑貌跃然纸上，是《论语》中文学性较强的篇章之一。

• 本课知识点 •

一 文学常识

1. 孔子
2. 语录体
3. 《论语》

二 文化常识

1. 儒家学派
2. "四书五经"

三 文言现象

通假字

鼓瑟希，铿尔。	希，通"稀"，稀疏。
莫春者，春服既成。	莫，通"暮"，暮春，阴历三月。
唯求则非邦也与?	与，通"欤"，语气词。

词类活用

端章甫	端，名作动，穿礼服；章甫，名作动，戴礼帽。
风乎舞雩	风，名作动，吹风。
三子者出，曾皙后。	后，名作动，落后。
赤也为之小，孰能为之大。	小、大，形作名，小相、小事；大相、大事。
由也为之，比及三年，可使有勇。	勇，形容词作名词，勇气。

特殊句式

以吾一日长乎尔。	介词短语后置句
毋吾以也。	宾语前置句
不吾知也。	宾语前置句
如或知尔，则何以哉?	宾语前置句
夫三子者之言何如?	宾语前置句

加之以师旅，因之以饥馑。	介词短语后置句
异乎三子者之撰。	介词短语后置句
浴乎沂，风乎舞雩，咏而归。	介词短语后置句
为国以礼。	介词短语后置句

古今异义

如会同，端章甫。

古义：诸侯相见、诸侯共同朝见天子。

今义：跟有关方面会合起来（办事）。

加之以师旅。

古义：泛指侵略的军队。

今义：军队编制单位之一。

重点实词

①居则曰	居：闲居，平时在家。
②摄乎大国之间	摄：夹、迫近。
③加之以师旅	加：加到……上。
④比及三年	比：等。
⑤且知方也	方：道，是非准则。
⑥舍瑟而作	舍：放下；作，起。
⑦异乎三子者之撰	撰：陈述、才能。
⑧何伤乎？	何伤：何妨。
⑨咏而归	咏：唱歌。
⑩吾与点也	与：赞成。

重点虚词

以

①以吾一日长乎尔	介词，因为。
②毋吾以也	动词，认为。
③则何以哉	动词，做。
④加之以师旅	介词，用。

如

| ①如或知尔 | 假如。 |
| ②方六七十，如五六十 | 或者。 |

③ 如其礼乐　　　　　　　至于。

而

① 子路率尔而对　　　　　连词，表修饰。

② 舍瑟而作　　　　　　　连词，表顺接。

③ 非诸侯而何　　　　　　连词，表并列。

一词多义

方

① 方六七十，如五六十　　方圆、纵横。

② 且知方也　　　　　　　道，是非准则。

尔

① 以吾一日长乎尔　　　　代词，你们。

② 子路率尔而对　　　　　助词，形容词词尾，表状态（……的样子）。

③ 铿尔　　　　　　　　　助词，相当于"然"。

④ 尔何如　　　　　　　　你。

如

① 如或知尔　　　　　　　假如。

② 如五六十　　　　　　　或者。

③ 如其礼乐　　　　　　　至于。

④ 宗庙之事，如会同　　　或者。

为

① 由也为之　　　　　　　管理，治理。

② 愿为小相焉　　　　　　做。

—————— • 思考练习 • ——————

一、理解性默写

1.《子路、曾皙、冉有、公西华侍坐》中，孔子没有直接让弟子言志，而是先用温和自谦的话打消学生的顾虑，为他们创造一个轻松、亲切、活跃的环境。他说："_____。"

2.《侍坐》中面对孔子的提问，个性鲁莽却率真的子路急忙回答道："_____。"

3.《侍坐》中面对孔子的询问，曾皙描绘了一幅在大自然里沐浴临风，一路酣歌的美丽动人的景象："_____。"

4. 孔子认为"礼"在国家治理中有重要地位。在《侍坐》中他嗤笑子路是因为子路："_____。"

5.《子路、曾皙、冉有、公西华侍坐》中，从言谈、动作、神态可以看出四个学生不同的性格特点。子路的性格直率，从"_____"可以看出；冉有比较谦虚，从他述志时说"_____"中可以看出；公西华更谦虚，从"_____"几句对话可以看出；曾皙从容洒脱而又谦恭，从"_____"的动作神态中可以看出。

二、翻译下列语句

1. 以吾一日长乎尔，毋吾以也。

2. 千乘之国，摄乎大国之间，加之以师旅，因之以饥馑。

3. 比及三年，可使足民。如其礼乐，以俟君子。

4. 鼓瑟希，铿尔，舍瑟而作，对曰："异乎三子者之撰。"

5. 为国以礼，其言不让，是故哂之。

季氏将伐颛臾①

《论语》

季氏将伐颛臾②。冉有、季路见于孔子曰:"季氏将有事③于颛臾。"

孔子曰:"求,无乃尔是过与④?夫颛臾,昔者先王以为东蒙主⑤,且在邦域之中⑥矣,是社稷之臣也,何以伐为?"

冉有曰:"夫子⑦欲之。吾二臣者,皆不欲也。"

孔子曰:"求,周任⑧有言曰:'陈力就列,不能者止⑨。'危⑩而不持,颠⑪而不扶,则将焉用彼相矣⑫!且尔言过矣。虎兕出于柙⑬,龟玉毁于椟中⑭,是谁之过与?"

冉有曰:"今夫颛臾固而近于费⑮,今不取,后世必为子孙忧⑯。"

孔子曰:"求,君子疾夫舍曰欲之,而必为之辞⑰。丘也闻有国有家者⑱,不患寡而患不均,不患贫而患不安⑲。盖均无贫,和⑳无寡,安无倾㉑。夫如是,故远人㉒不服,则修文德以来之㉓;既来之,则安㉔之。今由与求也,相夫子,远人不服,而不能来也;邦分崩离析,而不能守也㉕,而谋动干戈于邦内㉖。吾恐季孙之忧,不在颛臾,而在萧墙之内也㉗。"

注 释

①本文选自《论语·季氏》,标题摘用文章首句。②季氏:鲁国大夫季孙氏,这里指季康子,名肥。颛臾:鲁国的附庸国,风姓,据传为伏羲之后,故地在今山东费县。③有事:指有军事行动。④"无乃"句:意思是,恐怕要责怪你吧!是,表示宾语前置的虚词。过,责备。⑤东蒙主:东蒙山的主祭者。东蒙即蒙山,在今山东蒙阴、费县。⑥在邦域之中:在鲁国的封域之内,指其为鲁国附庸。邦,国。域,界。⑦夫子:指季康子。⑧周任:古代一位有名的史官。⑨"陈力"二句:衡量自己的能力而就任一定职位,不能胜任就退出。陈,陈列,有衡量之意。止,停止,指辞去职位。⑩危:倾倒。⑪颠:跌坠。⑫相:指瞽者之相,即辅助盲人的人。孔子这里是用比喻的说法。⑬虎兕:指野兽。兕,独角犀牛。柙:关野兽的木笼。⑭龟玉:指占卜用的龟甲和祭祀使用

的玉圭。椟：匣子。⑮ 固：指城郭坚固而兵甲坚利。费：季孙氏的采邑，在今山东费县。⑯ 为：成为。忧：名词，祸患，忧患的事。⑰ "君子疾夫"二句：君子痛恨那些不明说自己有贪欲，而一定要寻找一些托辞的人。疾，痛恨。舍，放弃，这里指避而不谈。辞，托辞，借口。⑱ 有国有家者：指诸侯国君主和卿大夫，诸侯有国，大夫有家。⑲ "不患"两句：据俞樾说，此处有误，应作"不患贫而患不均，不患寡而患不安"。贫，指财物匮乏。寡，指民众缺少。⑳ 和：团结，和睦。㉑ 倾：倾危，颠覆。㉒ 远人：指封域之外的人。㉓ 文德：指文教礼乐，即所谓德政。来：使之来，指归附。㉔ 安：安居，这里用为使动，意为使之安。㉕ "邦分崩"两句：国家不团结、不统一，而不能维护它。当时鲁国公室的权力被孟孙、叔孙、季孙三氏所把持，鲁君有名无实，所以孔子这样说。守，守护，维护。㉖ 干戈：指战争。干，盾。戈，戟。颛臾是鲁国附庸，对其用兵，等于是国内的战争。㉗ "吾恐"三句：我恐怕季孙氏的忧患，不在于颛臾方面，而是在于鲁国内部吧。萧墙，宫门内的墙屏。

鉴赏

本文见于《论语·季氏》，主要记述了孔子和冉有的一场对话。对话针对季氏企图发动战争，攻打小国颛臾的问题进行讨论，明确表现出孔子对季氏将攻打颛臾举动的强烈反对。

这是一篇以驳难为主的议论文，虽然仍为语录体，但风格、体制同一般《论语》的文章稍有不同。本文主要申述孔子反对诸侯国的大夫通过战争手段扩大自己势力的思想。文章层次感很强，论述中引用古语、使用比喻论证、反诘等手法，启发人进一步思考，收到了很好的论辩效果。

冉有、子路为季氏家臣，特别是冉有在季氏攻打颛臾问题上态度暧昧。为此，孔子以盲人护理者和虎兕龟玉看管者的失职为喻，批评冉有身为季氏家臣，却并未尽到规劝阻止季氏的责任。同时针对冉有所谓今不取颛臾，"后世必为子孙忧"的观点，提出"均无贫，和无寡，安无倾"以及"修文德"以"来"远人的主张，并敏锐而深刻地指出"季孙之忧，不在颛臾，而在萧墙之内也"。由此，孔子反对武力征伐，主张"仁者爱人"的思想得到了很好地体现。

———— • **本课知识点** • ————

一 文学常识 ||||||

1. 孔子的地位、思想及其主张

2. 《论语》的作者、体例、内容

3. 本文的体裁：驳论文

二 论证方法 ||||||

1. 全文论证方法   驳论点

2. 陈力就列，不能者止。   演绎论证

3. 危而不持，颠而不扶。   类比论证 比喻论证

4. 虎兕出于柙，龟玉毁于椟中。 类比论证 比喻论证

三 修辞手法 ||||||

1. 虎兕出于柙，龟玉毁于椟中。   比喻

2. 危而不持，颠而不扶，则将焉用彼相矣？ 比喻 反诘

3. 何以伐为？则将焉用彼相矣？是谁之过与？ 反诘

四 成语及名句 ||||||

分崩离析 祸起萧墙 开柙出虎 虎兕出柙 季孙之忧 大动干戈

陈力就列，不能者止。

既来之，则安之。

不患寡而患不均，不患贫而患不安。

盖均无贫，和无寡，安无倾。

五 文言现象 ||||||

通假字

无乃尔是过与   "与"通"欤"，句末语气词，无意义。

是谁之过与   "与"通"欤"，句末语气词，无意义。

词类活用

故远人不服，则修文德以来之	使动用法，使……来。
既来之，则安之	使动用法，使……安定。
今由与求也，相夫子，远人不服，而不能来也	使动用法，使……来。
无乃尔是过与	名词活用为动词，责备。
后世必为子孙忧	动词活用为名词，指忧患的事。
吾恐季孙之忧	动词活用为名词，指忧患的事。
今由与求也，相夫子	名词活用为动词，辅助。

特殊句式

求，无乃尔是过与?	宾语前置
何以伐为?	宾语前置
季氏将有事于颛臾。	介宾短语后置
虎兕出于柙，龟玉毁于椟中。	介宾短语后置
今夫颛臾，固而近于费。	介宾短语后置
谋动干戈于邦内。	介宾短语后置
是社稷之臣也。	判断句

古今异义

昔者先王以为东蒙主，且在邦域之中矣

古义：以之为的省略，可译为"把它作为"。

今义：认为。

季氏将有事于颛臾

古义：用兵。

今义：泛指有事情。

陈力就列，不能者止

古义：没有能力。

今义：办不到。

丘也闻有国有家者

"国"，古义：邦国。

今义：国家。

"家"，古义：卿大夫的封地。

今义：家庭。

思考练习

1. 下列句子中加点词语的解释错误的一项是（　　　）。

    A. 陈力就列，不能者止　就：担任　　　　　　B. 则将焉用彼相矣　　相：辅助

    C. 既来之，则安之　　　安：使……安定　　　D. 和无寡，安无倾　　倾：倾覆

2. 比较下列两组句子中加点字的意义，判断正确的一项是（　　　）。

    ① 冉有、季路见于孔子　② 子见夫子乎　③ 不患寡而患不均　④ 时有患疟疾者

    A. ①与②相同，③与④不同。　　　　　　　　B. ①与②不同，③与④相同。

    C. ①与②相同，③与④也相同。　　　　　　　D. ①与②不同，③与④也不同。

3. 下列各句中对加点词的解释，正确的一项是（　　　）。

    A. 无乃尔是过与　　　　　　　　　　过：过错

    B. 君子疾夫舍曰欲之而必为之辞　　舍：舍弃，回避

    C. 则将焉用彼相矣　　　　　　　　相：辅助

    D. 盖均无贫，和无寡，安无倾　　　倾：倾诉

4. 下列句子中加点词的意义和用法相同的一项是（　　　）。

    A. 昔者先王以为东蒙主　　　　　　　　　　　不能者止

    B. 且在邦域之中矣　　　　　　　　　　　　　既来之，则安之

    C. 危而不持，颠而不扶，则将焉用彼相矣　　故远人不服，则修文德以来之

    D. 不患寡而患不均，不患贫而患不安　　　　不在颛臾，而在萧墙之内也

5. 以下五句话中，全都体现孔子治国安邦原则的一组是（　　　）。

    ① 君子疾夫舍曰欲之而必为之辞　② 不患寡而患不均，不患贫而患不安

    ③ 远人不服，则修文德以来之　　④ 均无贫，和无寡，安无倾

    ⑤ 吾恐季孙之忧，不在颛臾，而在萧墙之内也

    A. ①②③　　　　　　B. ②③④　　　　　　C. ③④⑤　　　　　　D. ①③⑤

6. 下列各句中加点词语的意义与现代汉语相同的一项是（　　　）。

    A. 季氏将有事于颛臾

    B. 夫颛臾，昔者先王以为东蒙主

    C. 陈力就列，不能者止

    D. 邦分崩离析，而不能守也，而谋动干戈于邦内

7. 下列对原文有关内容的分析和概括，不正确的一项是（　　）。

A. 本文是一篇典型的驳论文，围绕"季氏将伐颛臾"这一观点展开反驳，通过孔子与冉有、季路之间的对话，批驳了季氏兼并颛臾的企图，阐明了"治国以礼""为政以德"的主张。

B. 第2段孔子对弟子的批驳，语势跌宕起伏，说理层层深入，表达非常丰富，令人叹为观止。

C. 第3段语言的主要特点是形式整齐，音调和谐，气势贯通，层次性极强，给人以深刻的印象。

D. 本文通过对心态、表情、动作的刻画，使人物的形貌和个性如在眼前。例如，孔子在大是大非面前的当仁不让，直面邪恶，充分地显示了出来。

8. 将下列语句翻译成现代汉语。

（1）君子疾夫舍曰欲之而必为之辞。

（2）吾恐季孙之忧，不在颛臾，而在萧墙之内也。

逍遥游

《庄子》

北冥有鱼①，其名为鲲②。鲲之大，不知其几千里也。化而为鸟，其名为鹏。鹏之背，不知其几千里也。怒而飞③，其翼若垂天之云④。是鸟也，海运则将徙于南冥⑤。南冥者，天池也。《齐谐》者⑥，志怪者也⑦。《谐》之言曰："鹏之徙于南冥也，水击三千里⑧，搏扶摇而上者九万里⑨，去以六月息者也⑩。"野马也⑪，尘埃也，生物之以息相吹也⑫。天之苍苍，其正色邪⑬？其远而无所至极邪？其视下也，亦若是则已矣。且夫水之积也不厚⑭，则其负大舟也无力⑮。覆杯水于坳堂之上⑯，则芥为之舟⑰，置杯焉则胶⑱，水浅而舟大也。风之积也不厚，则其负大翼也无力。故九万里则风斯在下矣⑲，而后乃今培风；背⑳负青天而莫之夭阏者㉑，而后乃今将图南㉒。

蜩与学鸠笑之曰㉓："我决起而飞㉔，抢榆枋㉕，时则不至，而控于地而已矣㉖，奚以之九万里而南为㉗？"适莽苍者㉘，三餐而反㉙，腹犹果然㉚；适百里者，宿舂粮㉛；适千里者，三月聚粮。之二虫又何知㉜！

小知不及大知㉝，小年不及大年㉞。奚以知其然也？朝菌不知晦朔㉟，蟪蛄不知春秋㊱，此小年也。楚之南有冥灵者㊲，以五百岁为春㊳，五百岁为秋；上古有大椿者，以八千岁为春，八千岁为秋，此大年也。而彭祖乃今以久特闻㊴，众人匹之㊵，不亦悲乎！

汤之问棘也是已㊶。穷发之北有冥海者㊷，天池也。有鱼焉，其广数千里，未有知其修者㊸，其名为鲲。有鸟焉，其名为鹏，背若太山㊹，翼若垂天之云，搏扶摇羊角而上者九万里㊺，绝云气㊻，负青天，然后图南，且适南冥也㊼。斥鷃笑之曰㊽："彼且奚适也？我腾跃而上，不过数仞而下㊾，翱翔蓬蒿之间㊿，此亦飞之至也[51]。而彼且奚适也？"此小大之辩也[52]。

故夫知效一官[53]，行比一乡[54]，德合一君[55]，而征一国者[56]，其自视也亦若此矣。而宋荣子犹然笑之[57]。且举世而誉之而不加劝[58]，举世而非之而不加沮[59]，定乎内外之分[60]，辩乎荣辱之境[61]，斯已矣。彼其于世未数数然也[62]。虽然，犹有未树也[63]。夫列子御风而行(64)，泠然善也(65)，旬有五日而后反(66)。彼于致福者(67)，未数数然也。此虽免乎行，犹有所待者也(68)。若夫乘天地之正(69)，而御六气之辩(70)，以游无穷者(71)，彼且恶乎待哉(72)！故曰：至人无己(73)，神人无功(74)，圣人无名(75)。

注释

① 北冥：北方大且深的海。冥，同“溟”，海，海水深而黑称为冥海。下文“南冥”之“冥”同。② 鲲：鱼卵，这里借为大鱼名。③ 怒：振奋的样子。④ 垂天之云：垂在天空中的云。垂，作动词；一说天边之云，垂，通“陲”，边际。⑤ 海运：海动，指海的翻腾。海动必伴以大风，故鹏可乘风南徙。⑥ 齐谐：书名，指出自齐国、记载恢异诡怪之事的书；一说人名。⑦ 志：记。⑧ 水击：犹言击水；击，拍击。⑨ 搏：一作“抟”，拍，附。扶摇，一名飚，旋风。⑩ 息：风，一说休息、止息。⑪ 野马：形容春日野外沼泽中阳光下游气蒸腾，远望就象野马奔驰一样。⑫ 生物：指野马、尘埃等一切被风吹动的生物。⑬ 正色：本色。⑭ 厚：深厚，多。⑮ 负：载。⑯ 覆：倾倒。坳堂，堂上低洼之处。⑰ 芥：小草。⑱ 置：放；胶，粘住。⑲ 斯：指鹏。⑳ 培：凭，乘。这是一种形象的比拟说法，形容大鹏乘风而行，犹如骑于风背之上。㉑ 夭阏：阻拦。夭，折，这里指遮拦。阏，阻塞。㉒ 图南：打算向南飞。㉓ 蜩：蝉。学鸠，学飞之鸠，即小鸠。㉔ 决：迅急尽力的样子。㉕ 抢：碰撞，冲撞；一说集，指鸟落在树上。榆，榆树；枋，檀木。一说一种树，木材可做车；一说方柱形木材。㉖ 时：有时。则，或许。控，投落。㉗ 奚以……为：相当于“为什么要……呢？”之，往。㉘ 莽苍：郊野苍苍茫茫的景色，这里代指郊野。㉙ 三餐：指一日。反，同“返”。㉚ 果然：饱的样子。㉛ 宿：一夜。舂，以杵在臼中捣米，去其皮壳。㉜ 之：此。二虫，指蜩与学鸠。㉝ 小知：才智小的人。不及，比不上。知，通“智”；大知，才智大的。㉞ 小年：寿命短的人。年，寿命。大年，寿命长的人。㉟ 朝菌：一种朝生暮死的菌类。晦，黑夜。朔，平明。㊱ 蟪蛄：寒蝉。㊲ 冥灵：一种树，据说此树以叶生为春，叶落为秋，以二千岁为一年；一说是海中灵龟。㊳ 岁：年。㊴ 彭祖：名铿，封于彭城，传说中的长寿人物，据说其历虞夏至商，寿七百岁。乃今，而今。以久特闻，以长寿而特别著称于世。㊵ 匹之：与他相比。匹，比。㊶ 汤：商汤，商朝第一代君王。棘，即夏革，商汤之臣。汤之问棘事见《列子·汤问篇》。是已，是也。㊷ 穷发：不毛之地，旨极荒凉遥远的地方。发，草木植被。㊸ 修：长。㊹ 太山：即泰山，高大巍峨的山。㊺ 羊角：旋风，形容旋风旋转时形如羊角。㊻ 绝：凌越。㊼ 且：将，将要。㊽ 斥鷃：一作“斥鴳”，生活在小湖泽中的一种小鸟；斥，小泽；鷃，小雀；之，指大鹏。㊾ 仞：周人以七尺为一仞；一说八尺。㊿ 翱翔：鸟回旋飞翔，这里指小鸟嬉闹；蓬、蒿，两种小草。(51) 飞之至：飞翔的最高限度；至，极，最。(52) 小：指斥鴳；大，指鹏。辩，同辨，区别。(53) 知：通智；效，指胜任。(54) 行：品行；比，合。(55) 德：德性。(56) 而：古声与“能”通，才能、能耐。征，取信。(57) 宋荣子：即先秦思想家宋钘，齐国稷下学

者，生活于齐威王、齐宣王时代，其学说渊源于道家，而又多吸收墨家思想，是宋尹学派的代表人物。一说宋，宋国；荣，姓。子，对男子的尊称。犹然，舒徐、从容不迫的样子。㊿举世：全世。誉，称颂，赞誉。劝，勉，努力。㊾非：责难，非议。沮，灰心，沮丧。⑥⓪定：确定。内，指自己，我。外，物，指外在的客观世界；分，分别。⑥①辩：通"辨"，区分，辨别。境，界限。⑥②彼：指宋荣子。数数，常，频。⑥③树：立，建树，指立德。⑥④列子：姓列，名御寇，郑人。相传列子能够御风而行。御风，犹言乘风。⑥⑤泠然：轻妙的样子；善，好。⑥⑥旬有五日：一旬又五日，即十五天。反，通"返"。⑥⑦彼：指列子。福，指无所不顺。⑥⑧有所待：有所依靠、凭借的东西（指风）。⑥⑨乘：驾驭，顺着。天地之正，指万物之性，自然之道；正，指宇宙间的自然规律。⑦⓪御：因循。六气，指天地间所具有的阴、阳、风、雨、晦、明等自然现象。辩，通"变"，变化。⑦①无穷：指时间的无终无始，空间的无边无际。⑦②恶：何，什么。⑦③至人：庄子认为修养最高的人。下文"神人""圣人"义相近。无己：忘却自己的形骸。清除外物与自我的界限，达到忘掉自己的境界。即物我不分。⑦④神人：这里指精神世界完全能超脱于物外的人。无功：忘却社会上所有的功业。⑦⑤圣人：这里指思想修养臻于完美的人。无名：忘却人世间的各种名位。不追求名誉地位，不立名。

• 本课知识点 •

一 文学常识

1. 庄子
2.《庄子》

二 文化常识

道家学派

三 文言现象

通假字

北冥有鱼	冥：通"溟"。
小知不及大知	知：通"智"。
此小大之辩也	辩：通"辨"。
旬有五日而后反	有：通"又"；反，通"返"。

| 而征一国 | 而：通"能"，一说"耐"。 |
| 御六气之辩 | 辩：通"变"，变化。 |

词类活用

奚以之九万里而南为	名词用作动词，往南飞。
德合一君	使动用法，使……满意。
彼于致福者	使动用法，使……到来。
而征一国者	使动用法，使……信任。

特殊句式

1. 判断句

（1）此小大之辩也。

（2）《齐谐》者，志怪者也。

（3）穷发之北，有冥海者，天池也。

2. 省略句

（1）翱翔（于）蓬蒿之间。

（2）且举世誉之而（宋荣子）不加劝。

（3）众人匹（于）之。

（4）众人匹之，（众人）不亦悲乎？

3. 宾语前置句

（1）奚以之九万里而南为？

（2）奚以知其然也？

（3）彼且奚适也？

（4）而莫之夭阏者。

4. 介词短语后置句

（1）覆杯水于坳堂之上。

（2）翱翔蓬蒿之间（于蓬蒿之间翱翔）。

古今异义

腹犹果然

古义：食饱之状。

今义：副词，表示事实与所说或所料相符。

众人匹之

古义：一般人。

今义：多数人，大家。

虽然，犹有未树也。

古义：虽然这样。

今义：转折连词。

穷发之北

古义：毛，草木植被。

今义：头发。

小年不及大年

古义：寿命长的。

今义：丰收年；春节。

一词多义

（1）辩

此小大之辩也　　　　　　　　　　通"辨"，区别。

而御六气之不辩　　　　　　　　　　通"变"，变化。

（2）知

之二虫又何知　　　　　　　　　　动词，知道。

小知不及大知　　　　　　　　　　名词，智慧。

（3）名

北冥有鱼，其名为鲲　　　　　　　名词，名称。

圣人无名　　　　　　　　　　　　名词，声名。

（4）息

去以六月息者也　　　　　　　　　名词，气息，这里指风。一说休息。

生物之以息相吹也　　　　　　　　名词，气。

文言虚词

1.之

（1）助词，的。　　　鹏之背，不知其几千里也/其翼若垂天之云

（2）助词，主谓之间取消句子独立性。

　　　　　　　　　　鹏之徙于南冥也/生物之以息相吹也/且夫水之积也不厚

（3）代词，它。　　　而莫之夭阏者

（4）代词，他。　　　举世誉之而不加劝/众人匹之，不亦悲乎

（5）代词，这些。　　之二虫又何知

（6）动词，到，往。　　奚以之九万里而南为

2.而

（1）连词，表修饰。　　怒而飞/抟扶摇而上者九万里/决起而飞

（2）连词，表转折。

而宋荣子犹然笑之/且举世誉之而不加劝/而彭祖乃今以久特闻

（3）连词，表并列。　　若夫乘天地之正，而御六气之辩

（4）连词，表承接。　　而控于地而已矣

3.则

（1）连词，就。　　海运则将徙于南冥

（2）连词，或者。　　时则不至

（3）连词，那么。　　则其负大舟也无力

4.然

（1）代词，这样。　　　　奚以知其然也/虽然，犹有未树也

（2）形容词词尾，……的样子。　　未数数然也

5.以

（1）介词，把。　　以五百岁为春

（2）介词，用。　　生物之以息相吹也

（3）介词，凭。　　奚以知其然也

6.且

（1）连词，而且。　　且举世誉之而不加劝

（2）连词，还。　　彼且恶乎待哉

（3）副词，将要。　　且适南冥也

7.于

（1）介词，在。　　覆杯水于坳堂之上

（2）介词，对于。　　彼其于世

8.其

（1）用在选择问句中，是……还是……　　其正色邪？其远而无所至极邪？

（2）代词，它的。　　　　其名为鹏

（3）代词，它。　　　　其负大舟也无力

• 思考练习 •

1. 对下列句中加点的词解释有误的一项是（　　）。

    A. 神人无功，圣人无名　　　　无名：没有名声。

    B. 而彭祖乃今以久特闻　　　　乃今：在今天，现在。

    C. 天之苍苍，其正色也　　　　正色：真正的颜色。

    D. 而后乃今将图南　　　　　　图南：计划向南飞。

2. 下列各组句子中，加点的词的意义和用法不相同的一组是（　　）。

    A. 奚以知其然也　　　　　　　虽然，犹有未树也

    B. 而莫之夭阏者　　　　　　　之二虫又何知

    C. 以五百岁为寿　　　　　　　具告以事

    D. 且举世誉之而不加劝　　　　而彭祖乃今以久特闻

3. 下列解说错误的一项是（　　）。

    A.《逍遥游（节选）》是《庄子》中有代表性的一篇文章，从内容到形式，都最能体现庄子文章的特色。

    B.《逍遥游（节选）》的主旨在于说明人应当抛弃一切物累，以获取最大的自由。

    C.《逍遥游（节选）》一文想象丰富，比喻灵活，文笔舒卷自如，令人叹服。

    D. 庄子代表了当时先进阶级的思想主张，追求绝对自由，不与统治者合作。

4. 翻译下列句子。

    （1）我决起而飞，抢榆枋而止，时则不至，而控于地而已矣，奚以之九万里而南为？

    （2）且举世誉之而不加劝，举世非之而不加沮，定乎内外之分，辩乎荣辱之境，斯已矣。

秋水（节选）

《庄子》

秋水时至，百川灌河，泾流①之大，两涘渚崖之间②，不辩牛马③。于是焉河伯④欣然自喜，以天下之美为尽在己；顺流而东行，至于北海，东面而视，不见水端。于是焉河伯始旋⑤其面目，望洋向若而叹曰⑥："野语⑦有之，曰'闻道百，以为莫己若'⑧者，我之谓也。且夫我尝闻少仲尼之闻而轻伯夷之义者⑨，始吾弗信；今我睹子之难穷也⑩，吾非至于子之门，则殆矣，吾长见笑于大方之家⑪。"

北海若曰："井鼃⑫不可以语于海者，拘于虚⑬也；夏虫⑭不可以语于冰者，笃⑮于时也；曲士不可以语于道者，束于教⑯也。今尔出于崖涘⑰，观于大海，乃知尔丑⑱，尔将可与语大理⑲矣。天下之水，莫大于海，万川归之，不知何时止而不盈；尾闾⑳泄之，不知何时已而不虚㉑；春秋不变，水旱不知。此其过江河之流，不可为量数。而吾未尝以此自多者，自以比㉒形于天地，而受气于阴阳，吾在天地之间，犹小石、小木之在大山也。方㉓存乎见少，又奚以自多！计四海之在天地之间也，不似礨空㉔之在大泽乎？计中国之在海内，不似稊米之在大仓乎㉕？号物之数谓之万，人处一焉；人卒㉖九州，谷食之所生㉗，舟车之所通㉘，人处一焉，此其比万物也，不似豪末之在于马体乎㉙？五帝之所连㉚，三王㉛之所争，仁人之所忧，任士㉜之所劳，尽此矣。伯夷辞之以为名，仲尼语之以为博，此其自多也，不似尔向之自多于水乎？"

注 释

① 泾流：直涌的水流。② 两涘（sì）：两岸。涘，河岸。渚（zhǔ）崖：小洲的边沿。渚，水中的小块陆地。③ 不辩牛马：形容河面阔大，两岸景物模糊不清。辩，通"辨"。④ 河伯：黄河之神。⑤ 旋：改变。⑥ 望洋：连绵词，远视的样子。若：海神，即下文的"北海若"。⑦ 野语：俗语。⑧ 莫己若：即莫若己，没有谁比得上自己。下文的"我之谓也"，即谓我也。⑨ 尝闻：曾听说。少：以……为少，贬低。仲尼：即孔子，字仲尼。伯夷：孤竹君之子，他不受君位，不食周粟，

饿死在首阳山。一般认为他很有节义。⑩ 子：您。本指北海若，这里借指大海。穷：尽。⑪ 长：长久地。见：被。大方之家：指得大道的人。方，道。⑫ 鼃（wā）：同"蛙"，两栖动物。⑬ 虚：通"墟"，指所居之处。⑭ 夏虫：夏生夏死的昆虫。⑮ 笃（dǔ）：专守。可引申为拘限。⑯ 教：指不合大道的俗教、俗学。⑰ 崖涘：代指黄河。⑱ 丑：指思想境界的浅陋。⑲ 大理：大道。⑳ 尾闾：指大海的排水处。㉑ 已：止。虚：指水尽。㉒ 比：借为"庇"，寄托。㉓ 方：正。㉔ 礨（lěi）空：石块的小孔穴。㉕ 稊（tí）：一种形似稗的草，果实像小米，故称稊米。大仓：大谷仓。大，通"太"。㉖ 卒：借为"萃"，会聚，聚集。㉗ 所生：生长的地方。㉘ 所通：通行的地方。㉙ 豪末：毫毛的末梢，形容其微不足道。豪，通"毫"。㉚ 五帝：指黄帝、颛顼、帝喾、唐尧、虞舜。所连：指五帝所连续禅让的对象（天下）而言。㉛ 三王：泛指夏、商、周三代的帝王。㉜ 任士：指以救世为己任的贤能之士。

鉴赏

《庄子》在先秦散文中最富于浪漫色彩。本文节选自《庄子·秋水》，是一篇以对话方式展开说理的论说文，亦兼得寓言之美。以河伯与海若的对话为主要表述方式，将河伯的自以为多和海若的未尝自多形成鲜明对比，批判了"自多"的思想。

在整体构思上，本文通篇采用寓言形式说理。作者虚构了一个河伯与北海若对话的寓言故事，通过两个神话人物的对话来阐述观点，极大地增强了文章的文学性。

本文分为两部分：

第一部分（第一自然段），导论，写河伯观念的变化。初与百川比，河伯欣然自喜，"以天下之美为尽在己"，认为自己是天下最大的了。后与北海若比，河伯才知自己并非天下最大，引出与北海若的对话。

第二部分（第二自然段），本论，写北海若的观点：一切都是相对的，没有什么可自多的。北海若的这段对话可分四层：第一层"曲士不可语道"，而河伯观于大海，已认识到自己的不足，因而"可与语大理矣"。第二层"天下之水，莫大于海"，"而吾未尝以此自多"，为什么呢？因为大小、多少都是相对的，海比河大，却比天小，所以没什么可自多的。第三层进一步阐述说明大小、多少都是相对的：四海和天地比，四海小；中国和海内比，中国小；人和万物与九州比，人都是小的。第四层所谓五帝、三王、仁人、任士所从事的事业都不过是"毫末"，伯夷辞让周王授予的职位，不食周粟，饿死首阳山；孔子谈论"仁""礼"，也都是"毫末"。伯夷为名，孔子为博，都是"自多"，都是错的。

论证上，多用形象比喻说明抽象道理，用比喻说理多是由个别到个别的比较论证法。运用比较论证法中，又包含性质相似的类比论证法，如"拘于虚"之井蛙、"笃于时"之夏虫与"束于教"之曲士之间的比较，便是类比论证；还包含性质相反的对比论证法，如"束于教"之"曲士"与"观于大海"，已知己丑、可与语大理的河伯之间的比较，便是对比论证。

• 本课知识点 •

一 文学常识 ||||||

1. 庄子的地位、思想及其主张

2.《庄子》的作者、风格、内容

3. 本文的体裁：寓言

二 文章内容 ||||||

1. 文章主旨

2. 本文论证特点：以小见大

3. 人的认识会受到诸多条件的限制

三 论证方法 ||||||

1. 伯夷辞之以为名，仲尼语之以为博。　　　　举例论证

2. 井蛙不可以语于海者，拘于虚也；夏虫不可以语于冰者，笃于时也；曲士不可以语于道者，束于教也。　　　　比喻论证　类比论证　对比论证

3. 计四海之在天地之间也，不似礨空之在大泽乎？计中国之在海内，不似稊米之在大仓乎？号物之数谓之万，人处一焉；人卒九州，谷食之所生，舟车之所通，人处一焉；此其比万物也，不似豪末之在于马体乎？　　　　类比论证

四 修辞方法 ||||||

1. 计四海之在天地之间也，不似礨空之在大泽乎？　　　反诘、比喻

2. 计中国之在海内，不似稊米之在大仓乎？　　　反诘、比喻

3. 此其比万物也，不似豪末之在于马体乎？　　　反诘、比喻

4. 井蛙不可以语于海者，拘于虚也；夏虫不可以语于冰者，笃于时也；曲士不可以语于道者，束于教也。　　　　　　　　　　　　　　排比、比喻

五　成语演化

井底之蛙　望洋兴叹　洋洋自得（洋洋得意）　贻笑大方　大方之家

六　文言现象

通假字

不辩牛马	"辩"通"辨"，辨别，识别。
泾流之大	"泾"通"径"。
井蛙不可以语于海者，拘于虚也	"虚"通"墟"，狭小的居处。
不似稊米之在大仓乎	"大"通"太"。
此其比万物也，不似豪末之在于马体乎	"豪"通"毫"，毫毛。

词类活用

顺流而东行	"东"，名词用作状语，向东。
少仲尼之闻	"少"，形容词意动用法，认为……少。
轻伯夷之义	"轻"，形容词意动用法，认为……轻。

特殊句式

莫己若……	宾语前置句
我之谓也。	判断句、宾语前置句
又奚以自多？	宾语前置句
天下之水，莫大于海……	介宾短语后置
井蛙不可以语于海者，拘于虚也。	被动句、判断句
夏虫不可以语于冰者，笃于时也。	被动句、判断句
曲士不可以语于道者，束于教也。	被动句、判断句
吾长见笑于大方之家。	被动句

古今异义

秋水时至，百川灌河

古义：黄河。

今义：所有河流。

至于北海

古义："至"，动词"到"，"于"，介词。

今义：表示达到某种程度，或表示另提一事。

于是焉河泊始旋其面目

古义：脸色，表情。

今义：脸的形状，相貌。

吾长见笑于大方之家

古义：深明大义的人，或专通某种学问的人。

今义：不吝啬；自然，不拘束；不俗气。

观于大海，乃知尔丑

古义：鄙陋。

今义：丑陋。

• 思考练习 •

1. 在《秋水》中，庄子用"夏虫不可以语于冰者"作喻来说明（　　）。

　A. 人的认识受空间限制　　　　　　　　B. 人的认识受时间限制

　C. 人的认识受先天素质限制　　　　　　D. 人的认识受后天教育限制

2.《秋水》一文中，庄子用"井蛙不可以语于海者"作喻来说说明（　　）。

　A. 人的认识受时间限制

　B. 人的认识受空间限制

　C. 人的认识受后天教育限制

　D. 人的认识受先天素质限制

3. 下列文章中，批判仲尼的认识有限的是（　　）。

　A.《季氏将伐颛臾》　　　　　　　　　　B.《赵威后问齐使》

　C.《寡人之于国也》　　　　　　　　　　D.《秋水》

4. 先秦诸子中，激烈抨击"窃钩者诛，窃国者为诸侯；诸侯之门，而仁义存焉"黑暗
　社会现实的是（　　）。

　A. 孔子　　　　　　　　　　　　　　　　B. 孟子

　C. 庄子　　　　　　　　　　　　　　　　D. 荀子

5. 庄子用五帝、三王、仁人、任士、伯夷、仲尼来证明人的认识是有限的，这种论证方法是（　　）。

    A. 例证法　　　　　　　　　　　　　B. 演绎法

    C. 对比法　　　　　　　　　　　　　D. 类比法

6. 下列论据，通过类比法来阐析人的认识是有限的这一观点的有（　　）。

    A. 井蛙不可以语于海

    B. 四海之在天地之间，似礨空之在大泽

    C. 曲士不可以语于道

    D. 仁人之所忧，任士之所劳

    E. 伯夷辞之以为名，仲尼语之以为博

7. 下列文章中具有寓言性质的有（　　）。

    A.《寡人之于国也》　　　　　　　　B.《秋水》

    C.《种树郭橐驼传》　　　　　　　　D.《论毅力》

    E.《谏逐客书》

8. 本文的主旨是什么？在客观上有何思想意义？

9. 试谈本篇中的景物描写对表现主旨所起的作用。

齐桓晋文之事

《孟子》

齐宣王^①问曰："齐桓^②、晋文^③之事，可得闻乎？"

孟子对曰："仲尼之徒无道^④桓文之事者，是以^⑤后世无传焉，臣未之闻也。无以，则王^⑥乎？"

曰："德何如，则可以王矣？"曰："保^⑦民而王，莫^⑧之能御也。"

曰："若寡人者，可以保民乎哉？"

曰："可。"

曰："何由知吾可也？"

曰："臣闻之胡龁^⑨曰：王坐于堂上，有牵牛而过堂下者。王见之，曰：'牛何之^⑩？'对曰：'将以衅钟^⑪。'王曰：'舍之！吾不忍其觳觫^⑫，若^⑬无罪而就^⑭死地。'对曰：'然则废衅钟与？'曰：'何可废也？以羊易之。'不识有诸^⑮？"

曰："有之。"

曰："是心足以王矣。百姓皆以王为爱^⑯也，臣固知王之不忍也。"

王曰："然，诚有百姓者。齐国虽褊小^⑰，吾何爱一牛？即不忍其觳觫，若无罪而就死地，故以羊易之也。"

曰："王无异^⑱于百姓之以王为爱也。以小易大，彼恶^⑲知之？王若隐^⑳其无罪而就死地，则牛羊何择^㉑焉？"

王笑曰："是诚何心哉？我非爱其财而易之以羊也，宜乎百姓之谓我爱也。"

曰："无伤^㉒也，是乃仁术^㉓也，见牛未见羊也。君子之于禽兽也：见其生，不忍见其死；闻其声，不忍食其肉。是以君子远庖厨^㉔也。"

王说^㉕，曰："《诗》云：'他人有心，予忖度之。'夫子之谓也。夫^㉖我乃^㉗行之，反而求之，不得吾心；夫子言之，于我心有戚戚^㉘焉。此心之所以合于王者，何也？"

曰："有复^㉙于王者曰：'吾力足以举百钧^㉚，而不足以举一羽；明^㉛足以察秋毫^㉜之末，而不见舆薪㉝。’则王许㉞之乎？”

曰：“否。”

“今恩足以及禽兽，而功不至于百姓者，独㉟何与？然则一羽之不举，为不用力焉；舆薪之不见，为不用明焉；百姓之不见㊱保㊲，为不用恩焉。故王之不王㊳，不为也，非不能也。”

曰：“不为者与不能者之形㊴，何以异㊵？”

曰：“挟太山㊶以超北海㊷，语㊸人曰：‘我不能。’是诚不能也。为长者折枝㊹，语人曰：‘我不能。’是不为也，非不能也。故王之不王，非挟太山以超北海之类也；王之不王，是折枝之类也。老吾老，以及人之老；幼吾幼，以及人之幼㊺：天下可运于掌。《诗》云：‘刑㊻于寡妻㊼，至于兄弟，以御㊽于家邦。’——言举㊾斯㊿心加诸(51)彼而已。故推恩足以保四海，不推恩无以保妻子；古之人所以大过人者，无他焉，善推其所为而已矣。今恩足以及禽兽，而功不至于百姓者，独何与？权(52)，然后知轻重；度(53)，然后知长短。物皆然，心为甚。王请度之！抑(54)王兴甲兵，危(55)士臣，构怨(56)于诸侯，然后快于心(57)与？”

王曰：“否，吾何快于是？将以求吾所大欲也。”

曰：“王之所大欲，可得闻与？”

王笑而不言。

曰：“为肥甘(58)不足于口与？轻暖(59)不足于体与？抑(60)为采色不足视于目与？声音不足听于耳与？便嬖(61)不足使令于前与？王之诸臣皆足以供之，而王岂为是哉？”

曰：“否，吾不为是也。”

曰：“然则王之所大欲可知已：欲辟(62)土地，朝(63)秦楚，莅(64)中国(65)而抚四夷也。以若(66)所为，求若所欲，犹缘木而求鱼也。”

王曰：“若是其甚与？”

曰：“殆(67)有甚焉。缘木求鱼，虽不得鱼，无后灾；以若所为，求若所欲，尽心力而为之，后必有灾。”

曰：“可得闻与？”

曰：“邹(68)人与楚人战，则王以为孰胜？”

曰：“楚人胜。”

曰：“然则小固不可以敌大，寡固不可以敌众，弱固不可以敌强。海内之地，方千里者九(69)，齐集有其一(70)；以一服八，何以异于邹敌楚哉？盖(71)亦(72)？反其本(73)矣。今王发政施仁(74)，使天下仕者皆欲立于王之朝，耕者皆欲耕于王之野，商贾(75)皆欲藏于王之市，行旅皆欲出于王之涂㊐，天下之欲疾㊐其君者，皆欲赴愬㊐于王。其若是，孰能御之？"

王曰："吾惛㊐，不能进于是矣。愿夫子辅吾志㊐，明以教我。我虽不敏㊑，请尝试之。"

曰："无恒产㊒而有恒心者，惟士为能㊓。若民，则无恒产，因无恒心。苟无恒心，放辟邪侈㊔，无不为已。及陷于罪，然后从而刑之，是罔㊕民也。焉有仁人在位罔民而可为也？是故明君制㊖民之产，必使仰足以事父母，俯足以畜妻子；乐岁终身饱，凶年免于死亡；然后驱而之善，故民之从之也轻㊗。今也制民之产，仰不足以事父母，俯不足以畜妻子；乐岁终身苦，凶年不免于死亡。此惟救死而恐不赡㊘，奚暇治㊙礼义哉？王欲行之，则盍㊚反其本矣。五亩之宅，树之以桑，五十者可以衣帛矣。鸡豚狗彘之畜，无失其时㊛，七十者可以食肉矣。百亩之田，勿夺其时㊜，八口之家可以无饥矣。谨㊝庠序㊞之教，申㊟之以孝悌㊠之义，颁白㊡者不负戴于道路矣。老者衣帛食肉，黎民不饥不寒，然而不王者，未之有也。"

> **注 释**

① 齐宣王：姓田，名辟疆，战国初齐国国君。② 齐桓：即齐桓公，名小白，春秋时齐国国君。③ 晋文：即晋文公，名重耳，春秋时晋国国君。齐桓公、晋文公与秦穆公、楚庄王、宋襄公合称"春秋五霸"。④ 道：称道。⑤ 以：同"已"，停止。⑥ 王（wàng）：动词，行王道以统一天下。⑦ 保：安。⑧ 莫：代词，没有人。⑨ 胡龁（hé）：人名，齐宣王的近臣。⑩ 何之：到哪里？之，往。⑪ 衅（xìn）钟：古代新钟铸成，宰杀牲口，取血涂钟行祭，叫做"衅钟"。⑫ 觳觫（hú sù）：形容牛临死时恐惧颤抖的样子。⑬ 若：如此。⑭ 就：走向。⑮ 诸：兼词，相当于"之乎"。⑯ 爱：吝啬。⑰ 褊（biǎn）小：狭小。⑱ 无异：不要感到奇怪。异，对……感到奇怪。⑲ 恶（wū）：疑问代词，怎么，哪里。⑳ 隐：痛惜，哀怜。㉑ 择：区别。㉒ 无伤：没有妨碍，等于说没有关系。㉓ 仁术：仁道，行仁政的途径。㉔ 庖厨：厨房。㉕ 说：通"悦"，高兴。㉖ 夫：句首助词。㉗ 乃：这样。㉘ 戚戚：内心有所触动的样子。㉙ 复：禀报。㉚ 钧：古代重量单位，一钧相当于现在的15公斤。㉛ 明：视力。㉜ 秋毫：鸟兽秋天新生的细密羽毛，意思是非常纤细。㉝ 舆薪：整车的柴。㉞ 许：相信，认可。㉟ 独：相当于"究竟"，副词。㊱ 见：表示被动。㊲ 不见保：没有受到安抚。㊳ 王（wàng）：成就王业，取得天下。㊴ 形：表现。㊵ 何以异：怎样区别？㊶ 太山：一说即泰山。高大的山。㊷ 北海：渤海。㊸ 语（yù）：告诉。㊹ 为长者折枝：对长辈弯腰作揖。枝，通"肢"，肢体。一说，折枝，就是折树枝。㊺ "老吾老"四句：前一老字，作敬爱解。前一幼字，作爱抚解，皆动词。㊻ 刑：通"型"，作榜样。㊼ 寡妻：正妻。㊽ 御：治理。㊾ 举：拿，拿起。

(50) 斯：此，这样。(51) 诸："之于"的合音，兼词。(52) 权：用秤称。(53) 度：用尺量。(54) 抑：难道，岂，副词，表示反诘。(55) 危：使动用法，使军士臣下受到危害。(56) 构怨：结怨。(57) 快于心：心里痛快。(58) 肥甘：肥美甘甜的食物。(59) 轻暖：轻而且暖的衣裘。(60) 抑：还是，连词，表示选择。(61) 便嬖（pián bì）：君主左右受宠爱的人。(62) 辟：开拓。(63) 朝：使动用法，使秦、楚来朝见。(64) 莅（lì）：临，统治。(65) 中国：中原地区。(66) 若：如此。(67) 殆：恐怕，可能。(68) 邹：当时的一个小国，在今山东邹城一带。(69) 方千里者九：纵横各一千里的地方有九块。这是当时流行的说法。《礼记·王制》："凡海之内九州，州方千里。"(70) 齐集有其一：齐国的土地总算起来，也只有九分之一。古代计算面积是截长补短加以计算。集，会集。(71) 盖：通"盍"，何不。(72) 亦：语气词，用在句首或句中加强语气。(73) 本：指王道。(74) 发政施仁：发布政令，施行仁义。(75) 商贾（gǔ）：商人。(76) 涂：通"途"，道路。(77) 疾：憎恨。(78) 愬（sù）：同"诉"，控诉。(79) 惛（hūn）：不明白，糊涂。(80) 辅吾志：帮助（实现）我的志愿。(81) 敏：聪慧，通达。(82) 恒产：人民赖以维持生活的固定产业。恒，常。(83) 惟士为能：只有士人才能够做到。士，有知识、有学问的人。(84) 放辟邪侈：指放荡、邪僻和过分的事。辟，通"僻"，邪。侈，过度。(85) 罔：同"网"，用网捕捉，陷害、坑害的意思。(86) 制：制定，规定。(87) 轻：轻易，容易。(88) 不赡（shàn）：不足。赡，富足，充足。(89) 治：这里是讲求的意思。(90) 盍：何不。(91) 无失其时：指不要错过家禽家畜生长繁殖的时节。(92) 勿夺其时：不要耽误他们的农时。夺，使丧失，耽误。(93) 谨：认真对待，重视。(94) 庠序：泛指学校。(95) 申：反复陈说。(96) 孝悌：孝敬父母，敬爱兄长。(97) 颁白：须发花白。颁，通"斑"。

本课知识点

一 文学常识

1. 孟子

2.《孟子》

二 文章内容

《齐桓晋文之事》节选自《孟子·梁惠王上》，主要记述孟子劝说齐宣王放弃霸道，采纳"保民而王"的主张发政施仁的经过，生动准确地阐明了儒家的"仁政"主张，鲜明地表现了《孟子》因势利异、善于论辩的写作特点。

三 文言现象

通假字

无以，则王乎？	以：通"已"，停止。
然则废衅钟与？	与：通"欤"，语气词，表疑问。
王说。	说：通"悦"，高兴。
放辟邪侈，无不为已。	已：通"矣"，表确定语气。
刑于寡妻	刑：通"型"，作榜样。
然则王之所大欲，可知已。	已：通"矣"，语气词，相当于"了"。
盖亦反其本矣？	盖：通"盍"，何不。反，通"返"，回、归。
行旅皆欲出于王之涂。	涂：通"途"，道路。
其君者皆欲赴愬于王。	愬：通"诉"，控诉、控告。
是罔民也。	罔：通"网"，张开罗网捕捉，引申为陷害。
颁白者不负戴于道路矣。	颁：通"斑"，头发花白，常比喻老人。

词类活用

齐桓、晋文之事可得闻乎？	闻：使动，使……听到。
无以，则王乎？	王：名词作动词，行王道，成就王业，取得天下。
王无异于百姓之以王为爱也。	异：意动用法，对……感到奇怪。
是以君子远庖厨也。	远：形容词作动词，远离。
明足以察秋毫之末。	明：形容词作名词，视力。
老①吾老②，以及人之老。	老①，形容词作动词，尊敬，爱护；老②，形容词作名词，老人。
幼①吾幼②，以及人之幼。	幼①，形容词作动词，爱护；幼②，形容词作名词，幼儿，孩童。
刑于寡妻	刑：名词作动词，作榜样。
为肥甘不足于口与？	肥甘：形容词作名词，肥美的食物。
轻暖不足于体与？	轻暖：形容词作名词，轻暖的衣服。
危士臣	危：使动用法，使……受到危害。
朝秦楚	朝：使动用法，使……来朝见。
然则小固不可以敌大。	小：形容词作名词，小的国家；大，形容词作名词，大的国家。

寡固不可以敌众。	寡：形容词作名词，人口稀少的国家；众，形容词作名词，人口众多的国家。
弱固不可以敌强。	弱：形容词作名词，弱小的国家；强，形容词作名词，强大的国家。
然后从而刑之。	刑：名词作动词，处罚。
是罔民也。	罔：名词作动词，张开罗网捕捉，引申为陷害。
树之以桑。	树：名词作动词，种。
谨庠序之教。	谨：形容词作动词，谨慎从事，重视。

特殊句式

是乃仁术也。	判断句
是罔民也。	判断句
是诚不能也。	判断句
夫子之谓也。	判断句
是折枝之类也。	判断句
牛何之。	宾语前置句
何以异？	宾语前置句
何由知吾可也？	宾语前置句
臣未之闻也。	宾语前置句
未之有也。	宾语前置句
莫之能御也。	宾语前置句
舆薪之不见。	宾语前置句
夫子之谓也。	宾语前置句
然则一羽之不举。	宾语前置句
有牵牛而过（于）堂下者。	省略句
将以（之）衅钟。	省略句
将以（之）求吾所大欲也。	省略句
及（其）陷于罪。	省略句
必使（之）仰足以事父母。	省略句
王坐于堂上。	介词短语后置句
构怨于诸侯。	介词短语后置句
使天下仕者皆欲立于王之朝。	介词短语后置句

我非爱其财，而易之以羊也。	介词短语后置句
树之以桑。	介词短语后置句
百姓之不见保。	被动句
宜乎百姓之谓我爱也。	主谓倒置句

一词多义

① 道

（1）仲尼之徒无道桓文之事者　　　谈论。

（2）唯恐道途显晦　　　道路。

（3）师道之不传也久矣　　　风尚。

（4）道芷阳间行　　　取道。

（5）彼与彼年相若也，道相似也　　　修养和学业。

② 之

（1）齐桓晋文之事可得闻乎　　　的。

（2）牛何之　　　去、往。

（3）臣闻之胡龁曰　　　代词。

③ 舍

（1）舍南舍北皆春水　　　房屋。

（2）舍之！吾不忍其觳觫　　　释放。

（3）逝者如斯乎，不舍昼夜　　　停止。

（4）唐浮图慧褒始舍于其址　　　筑舍定居。

（5）锲而不舍　　　舍弃，放弃。

④ 诚

（1）诚有百姓者　　　的确、确实。

（2）是诚何心也　　　真的，此处可译为"究竟"。

（3）帝感其诚，命夸娥氏二子负二山　　　真诚。

（4）楚诚能绝齐　　　果真，如果。

------- • 思考练习 • -------

一、理解性默写

　　1. 孟子希望齐宣王能够推己及人，懂得推恩的语句是：_____。

　　2. 孟子认为让百姓向善的前提是：_____。

　　3. 孟子理想的王道境界是：_____。

二、翻译下列语句

1. 保民而王，莫之能御也。

2. 王无异于百姓之以王为爱也。以小易大，彼恶知之？

3. 王若隐其无罪而就死地，则牛羊何择焉？

4. 夫我乃行之，反而求之，不得吾心；夫子言之，于我心有戚戚焉。

5. 故王之不王，非挟太山以超北海之类也；王之不王，是折枝之类也。

6. 老吾老，以及人之老；幼吾幼，以及人之幼：天下可运于掌。

7. 抑王兴甲兵，危士臣，构怨于诸侯，然后快于心与？

8. 然则王之所大欲可知已：欲辟土地，朝秦楚，莅中国而抚四夷也。以若所为，求若所欲，犹缘木而求鱼也。

9. "刑于寡妻，至于兄弟，以御于家邦。"——言举斯心加诸彼而已。

劝　学

《荀子》

　　君子曰：学不可以已。青，取之于蓝而青于蓝①；冰，水为之而寒于水。木直中绳，輮以为轮②，其曲中规，虽有槁暴，不复挺者，輮使之然也。故木受绳则直，金就砺则利，君子博学而日参省乎己，则知明而行无过矣。故不登高山，不知天之高也；不临深谿，不知地之厚也；不闻先王之遗言，不知学问之大也。干、越、夷、貉之子③，生而同声，长而异俗，教使之然也。

　　《诗》曰："嗟尔君子，无恒安息。靖共尔位④，好是正直。神之听之，介尔景福⑤。"神莫大于化道⑥，福莫长于无祸。

　　吾尝终日而思矣，不如须臾之所学也；吾尝跂而望矣，不如登高之博见也。登高而招，臂非加长也，而见者远；顺风而呼，声非加疾也，而闻者彰。假舆马者，非利足也，而致千里；假舟楫者，非能水也，而绝江河⑦。君子生非异也⑧，善假于物也。

　　南方有鸟焉，名曰蒙鸠，以羽为巢，而编之以发，系之苇苕。风至苕折，卵破子死。巢非不完也，所系者然也。西方有木焉，名曰射干，茎长四寸，生于高山之上，而临百仞之渊。木茎非能长也，所立者然也。蓬生麻中，不扶而直；白沙在涅⑨，与之俱黑。兰槐之根是为芷，其渐之滫⑩，君子不近，庶人不服。其质非不美也，所渐者然也。故君子居必择乡，游必就士，所以防邪辟而近中正也。

　　物类之起，必有所始；荣辱之来，必象其德。肉腐出虫，鱼枯生蠹；怠慢忘身，祸灾乃作。强自取柱，柔自取束。邪秽在身，怨之所构。施薪若一，火就燥也；平地若一，水就湿也。草木畴生，禽兽群焉，物各从其类也。是故质的张而弓矢至焉⑪，林木茂而斧斤至焉，树成荫而众鸟息焉，醯酸而蚋聚焉⑫。故言有召祸也，行有招辱也，君子慎其所立乎。

　　积土成山，风雨兴焉；积水成渊，蛟龙生焉；积善成德，而神明自得，圣心备焉。故不积跬步，无以致千里；不积小流，无以成江海。骐骥一跃，不能十步；驽马十驾^⑬，功在不舍。锲而舍之，朽木不折；锲而不舍，金石可镂。蚓无爪牙之利^⑭，筋骨之强，上食埃土，下饮黄泉，用心一也；蟹六跪而二螯^⑮，非蛇蟺之穴无可寄托者，用心躁也。是故无冥冥^⑯之志者，无昭昭之明；无惛惛^⑰之事者，无赫赫之功。行衢道者不至，事两君者不容。目不能两视而明，耳不能两听而聪。螣蛇无足而飞^⑱，鼫鼠五技而穷^⑲。《诗》曰："尸鸠在桑^⑳，其子七兮。淑人君子，其仪一兮。其仪一兮，心如结兮^㉑。"故君子结于一也。

注　释

①青：靛青，青色的颜料。蓝：蓼蓝，草本植物，叶可提取靛青。②輮："煣"的假借字，以火烤木使之曲。一说通"揉"。③干：小国名，为吴所灭，此处指吴国。夷：古代东方的部族。貉（mò）：古代北方的部族。④靖共尔位：敬慎地守着你的职位。靖，同"静"。共，同"恭"。⑤介：助，给予。景：大。⑥化道：指受到道的熏染，使气质有所变化。⑦绝：渡过。⑧生：通"性"，指生性，天性。⑨涅：黑泥。⑩其：作"若"解。渐：浸渍。滫（xiǔ）：臭汁。⑪质：箭靶。的：靶心。⑫醯（xī）：醋。蜹（ruì）：一种小飞虫，蚊之属。⑬驽马：庸劣的马。十驾：指十日之程。马拉车一天，叫一驾。⑭利：锋利。⑮六跪：六条腿。蟹实际上是八条腿。跪，蟹脚。一说，海蟹后面的两条腿只能划水，不能用来走路或自卫，所以不能算在"跪"里面。螯，螃蟹等节肢动物身前的大爪，形如钳。⑯冥冥：这里指专心致志的样子。⑰惛惛：指埋头苦干的样子。⑱螣（téng）蛇：龙类，相传能兴云雾而游于其中。⑲鼫（shí）鼠：其形似兔，专食农作物。相传它有五种技能："能飞不能上屋，能缘（爬树）不能穷木（爬到树顶），能游不能渡谷，能穴（掘洞）不能掩身，能走不能先人。"⑳尸鸠：布谷鸟。传说尸鸠喂养其子，早晨从上而下，日暮从下而上，平均对待，始终如一。㉑结：固结，凝结，聚结，比喻专心一致，坚定不移。

鉴　赏

《劝学》是荀子的代表作，也是《荀子》一书开宗明义的第一篇。它较全面地阐述了荀子的教育思想。全文由两大部分组成：第一部分，论述了学习的重要性；第二部分，论述了学习的步骤、内容、途径等有关问题。以"学不可以已"作为贯穿全文的中心思想。

整篇文章条理清晰，中心突出，基本上是每一段讨论一个问题，而且总是在开头或结尾处给出明确的交代。荀子通过严谨、朴实的写作教导我们要善于学习，掌握学习的方法才能取得优异的成绩，并且要有持之以恒的毅力，才能克服自身的不足，学有所成。

荀子的文章素有"诸子大成"的美称，铺陈扬厉，说理透辟，行文简洁，精练有味，警句迭出，耐人咀嚼。

《劝学》中的比喻灵巧多样、运用自如。阐述观点，论证道理，有的从正面设喻（"积土成山，风雨兴焉；积水成渊，蛟龙生焉；积善成德，而神明自得，圣心备焉"），有的从反面设喻（"不积跬步，无以至千里；不积小流，无以成江海"）；有的单独设喻，有的连续设喻；有的同类并列，有的正反对照；有的只设喻而把道理隐含其中，有的先设喻再引出要说的道理。句式整齐而富于变化，文章错落有致，生气勃勃。

《劝学》在写作上的再一个特点是大量运用短句排比和正反对比。文章一开始就是一组排比："青，取之于蓝，而青于蓝；冰，水为之，而寒于水"。这样的排比句式富于论辩色彩，又富有文学韵味，甚或有一种音乐的节奏感流动其中。同样，在对比手法的运用上，《劝学》也很有特色。如在说明学习要善于积累的道理时，作者先后以"骐骥"与"驽马"、"朽木"与"金石"作对比，说明"驽马十驾，功在不舍"，"锲而舍之，朽木不折；锲而不舍，金石可镂"，充分显示出"不舍"对于学习的重大意义。在阐述学习要专心致志的道理时，作者又用"蚓"和"蟹"作对比，前者"无爪牙之利，筋骨之强"，却能"上食埃土，下饮黄泉"，后者虽有"六跪而二螯"，却"非蛇蟮之穴无可寄托"。道理何在？就在于前者"用心一也"，后者"用心躁也"。鲜明的对比，强烈的反衬，增强了说理的分量。

• 本课知识点 •

一 文学常识

荀子

《荀子》

二 文言现象

通假字

𫐓以为轮	"𫐓"通"煣"或"揉"。
虽有槁暴，不复挺者。	"有"通"又"，"暴"通"曝"。

则知明而行无过矣。　　　　　"知"通"智"。

君子生非异也。　　　　　　　"生"通"性"。

词类活用

君子博学而日参省乎己	日：名词作状语，每天，天天。
上食埃土，下饮黄泉	上、下：名词作状语，向上、向下。
假舟楫者，非能水也	水：名词作动词，游水。
木直中绳，輮以为轮	輮：使动用法，使……弯曲。
其曲中规	曲：形容词作名词，曲度，弧度。
登高而招，臂非加长也	高：形容词作名词，高处。
积善成德	善：形容词作名词，善行。
故木受绳则直	直：形容词作动词，变直，形容词用作动词。
假舆马者，非利足也	利：形容词的使动用法，使……快，走得快。
用心一也	一：数词用作形容词，专一。
不积小流，无以成江海	流：动词作名词，流水。

特殊句式

（1）判断句

虽有槁暴，不复挺者，輮使之然也。

登高而招，臂非加长也。

蟹六跪而二螯，非蛇鳝之穴无可寄托者，用心躁也。

（2）介词短语后置句

青，取之于蓝，而青于蓝。

冰，水为之，而寒于水。

善假于物也

（3）定语后置句

见者远。

蚓无爪牙之利，筋骨之强。

（4）省略句

輮（之）以（之）为轮。

輮（之）使之然也。

（5）被动句

金石可镂。

（6）固定句式

无以至千里（"无以……"意为"没有用来……的办法"）。

古今异义

博学

古义：广博地学习，广泛地学习。

今义：知识、学识的渊博。

参

古义：① 验，检查。② 叁。

今义：参加，参考。

疾

古义：强。

今义：疾病，快。

假

古义：凭借，借助。

今义：与"真"相对。

绳

古义：墨线。

今义：绳子，绳索。

金

古义：金属制的刀剑。

今义：金银。

爪牙

古义：爪子和牙齿。

今义：坏人的党羽、帮凶。

用心

古义：因为用心。

今义：读书用功或对某事肯动脑筋。

用

古义：因为。

今义：使用。

跪

古义：脚或腿。

今义：跪下。

江

古义：长江。

今义：泛指一切江河。

寄托

古义：寄居存身。

今义：托付、把抽象思想感情放在具体人身或事物上。

步

古义：托身，寄居存身。

今义：托付、把抽象思想感情放在具体人身或事物上。

一词多义

1. 于

（1）寒于水（　　　　　　　　　）

（2）善假于物也（　　　　　　　　　）

（3）取之于蓝（　　　　　　　　　）

2. 而

（1）君子博学而日参省乎己（　　　　　　　　　）

（2）则知明而行无过矣（　　　　　　　　　）

（3）终日而思矣（　　　　　　　）

（4）而见者远（　　　　　　　）

（5）锲而舍之（　　　　　　　）

（6）积善成德，而神明自得（　　　　　　　　　）

（7）青，取之于蓝而青于蓝（　　　　　　　　　）

（8）锲而不舍（表假设，如果）（　　　　　　　　　）

（9）蟹六跪而二螯（　　　　　　　）

3. 者

（1）假舟楫者（　　　　　　　）

（2）不复挺者（　　　　　　　）

4.焉

（1）风雨兴焉（　　　　　　　　）

（2）圣心备焉（　　　　　　　　）

5.利

（1）金就砺则利（　　　　　　　　）

（2）非利足也（　　　　　　　　）

6.之

（1）不如须臾之所学也（　　　　　　　　）

（2）青取之于蓝，而青于蓝（　　　　　　　　）

7.假

（1）善假于物也（　　　　　　　　）

（2）乃悟前狼假寐，盖以诱敌（　　　　　　　　）

（3）以是人多以书假余（　　　　　　　　）

8.疾

（1）顺风而呼，声非加疾也（　　　　　　　　）

（2）君有疾在腠理（　　　　　　　　）

9.绝

（1）忽然抚尺一下，群响毕绝（《口技》）（　　　　　　　　）

（2）自云先世避秦时乱，率妻子邑人来此绝境（《桃花源记》）（　　　　　　　　）

（3）以为妙绝（《口技》）（　　　　　　　　）

（4）假舟楫者，非能水也，而绝江河（《劝学》）（　　　　　　　　）

（5）楚诚能绝齐，秦愿献商于之地六百里（《屈原列传》）（　　　　　　　　）

10.强

（1）蚓无爪牙之利，筋骨之强（《劝学》）（　　　　　　　　）

（2）策勋十二转，赏赐百千强（《木兰诗》）（　　　　　　　　）

（3）乃自强步，日三四里（《触龙说赵太后》）（　　　　　　　　）

—————— • 思考练习 • ——————

1. 选出对加横线字词解释不正确的一项（　　）。

  A. 学不可以已　　　　　　　　　　停止

  B. 木直中绳，輮以为轮　　　　　　合乎

  C. 故木受绳则直，金就砺则利　　　磨砺

  D. 君子博学而日参省乎己　　　　　检察

2. 下列各项中没有通假字的一项是（　　）。

  A. 木直中绳，輮以为轮。

  B. 虽有槁暴，不复挺者。

  C. 则知明而行无过矣。

  D. 金就砺则利。

3. 下列各组加横线的虚词意义和用法正确的一项（　　）。

  （1）青，取之于蓝，而胜于蓝　　　（2）冰，水为之，而寒于水

  （3）君子博学而日参省乎己　　　　（4）则知明而行无过也

  A.（1）（2）不同，（3）（4）相同　　　B.（1）（2）相同，（3）（4）不同

  C.（1）（2）不同，（3）（4）不同　　　D.（1）（2）相同，（3）（4）相同

4. 从文言句式特点看，不同于其他三句的一句是（　　）。

  A. 蚓无爪牙之利，筋骨之强。　　　B. 何陋之有？

  C. 句读之不知，惑之不解。　　　　D. 然而不王者，未之有也。

5. 请分析《劝学》论证的艺术特色。

察 传

《吕氏春秋》

夫得言不可以不察①，数传而白为黑，黑为白。故狗似玃②，玃似母猴③，母猴似人，人之与狗则远矣。此愚者之所以大过④也。

闻而审则为福矣⑤，闻而不审，不若无闻矣。齐桓公闻管子于鲍叔⑥，楚庄闻孙叔敖于沈尹筮⑦，审之也，故国霸诸侯也⑧。吴王闻越王勾践于太宰嚭⑨，智伯闻赵襄子于张武⑩，不审也，故国亡身死也。

凡闻言必熟论⑪，其于人必验之以理。鲁哀公⑫问于孔子曰："乐正夔一足⑬，信乎？"孔子曰："昔者舜欲以乐传教⑭于天下，乃令重黎举夔于草莽之中而进之⑮，舜以为乐正。夔于是正六律⑯，和五声⑰，以通八风⑱，而天下大服。重黎又欲益求人⑲，舜曰：'夫乐，天地之精⑳也，得失之节㉑也，故唯圣人为能和，乐之本也㉒。夔能和之，以平㉓天下。若夔者一而足㉔矣。'故曰'夔一足'，非'一足'也。"

宋之丁氏，家无井而出溉汲㉕，常一人居外㉖。及其家穿井，告人曰："吾穿井得一人。"有闻而传之者曰："丁氏穿井得一人。"国人道之，闻㉗之于宋君，宋君令人问之于丁氏，丁氏对曰："得一人之使㉘，非得一人于井中也。"求闻之若此，不若无闻也。

子夏之㉙晋，过卫，有读史记㉚者曰："晋师三豕涉河㉛。"子夏曰："非也，是己亥也。夫'己'㉜与'三'相近，'豕'㉝与'亥'相似。"至于晋而问之，则曰："晋师己亥涉河"也。

辞㉞多类非而是，多类是而非。是非之经㉟，不可不分，此圣人之所慎也。然则何以慎？缘物之情及人之情，以为所闻，则得之矣㊱。

注 释

① 察：审察。② 玃：大母猴。③ 母猴：又叫沐猴，猕猴，比玃稍小。④ 过：用如动词，指犯错误。⑤ 审：审察。⑥ 齐桓公：名小白，春秋"五霸"之首。管仲：名夷吾，春秋时代大政治家。

鲍叔：鲍叔牙。管仲年轻时候和鲍叔牙是朋友。后来鲍叔牙事齐公子小白，管仲事公子纠。小白与公子纠争位，公子纠败，管仲被囚，鲍叔牙劝小白重用管仲，管仲终于辅佐小白建立了霸业。⑦楚庄：楚庄王侣，春秋"五霸"之一。沈尹筮：楚国大夫，名筮。沈，邑名，尹，官名。楚庄王想请他为相，他推辞，另荐楚国隐士孙叔敖。孙叔敖为相十二年，庄王遂成霸业。⑧霸：称霸。⑨吴王：吴王夫差，公元前495年即位，至前473年为越王勾践所败，自杀。太宰嚭：吴国的太宰伯嚭。公元前494年越王勾践为吴王夫差所败，他贿赂太宰嚭，请求讲和，夫差不听伍子胥的劝谏，听信了伯嚭的话，后来勾践发愤图强，反而灭掉了吴国。⑩智伯：名瑶。赵襄子：名无恤。都是春秋时晋国大夫。张武：智伯的家臣。张武先教智伯灭掉晋大夫范氏、中行氏，以后又教他向韩、赵、魏三家要求割地，韩、魏都答应了，只有赵襄子不肯。智伯便率领韩、魏攻打赵襄子，把赵襄子围在晋阳。后来赵襄子用张孟谈计，暗地联合韩、魏，灭了智伯。⑪熟论：仔细考虑研究。⑫鲁哀公：名将，公元前494年—前468年在位。⑬乐正：乐官之长。夔：人名，相传为舜时的乐正。一足：独脚。⑭传教：传播教化。⑮重黎：人名，相传为颛顼的后代，尧的掌管时令的官，后为舜臣。草莽：草野，指民间。⑯正：定。六律：我国古代十二种音律中的黄钟、大簇、姑洗、蕤宾、夷则、无射。⑰和：协调。五声：我国古代音乐中的五种音阶，即宫、商、角、徵、羽。⑱通：调和。八风：八方的风，又叫八卦之风，即东风、南风、西风、北风、东南风、东北风、西南风、西北风。这里指阴阳之气。⑲益求人：多找些象夔这样的人。⑳精：精华。我国古代认为音乐是协合天地自然的音响而成，所以说是"天地之精"。㉑节：关键。古人很重视音乐，认为音乐的兴废，是一个国家治乱的关键。㉒这两句依许维遹说，应为："故唯圣人为能和；和，乐之本也。"大意是：只有圣人才能做到和，而和是音乐中最根本的东西。㉓平：使……安定。㉔足：够。㉕溉：灌注。汲：从井中打水。㉖一人居外：派一人住在外面，专管打水。㉗闻：使……闻。㉘使：使用。意思是说，现在家里有了井，无须专派一人住在外面打水，等于多得到一人使用。㉙之：到……去。㉚史记：记载历史的书。㉛豕：猪。涉河：过黄河。㉜己：古文字与"三"相似。㉝亥：古文字与"豕"同形。㉞辞：言辞。㉟经：界，界线。㊱缘：循着。为：指审察。这句大意是，遵循事物的规律和人的情理，用这种方法来审察自己所听到的传闻，就可以得到真实的情况。

鉴赏

本文是《吕氏春秋·慎行论》的末篇，《慎行论》共有六篇：《慎行》《无义》《疑似》《壹行》《求人》《察传》。本文和《疑似》堪称姊妹篇。《疑似》讲要善于辨察事物的相似，不要被表面现象所迷惑，"亡国之主似智，亡国之臣似忠"，故"疑似之迹，不可不察"。"疑似"即相似。本文讲的是要善于辨察传闻之言，不要轻信谣传，"辞多类非而是，多类是而非"，故"是非之经，不可不分"。"经"即界限。

本文举例具体，论证充分，阐明了对于道听途说的传言要根据情理来考察，然后决定信与不信的道理。文章运用"乐正夔一足""丁氏穿井得一人""晋师三豕涉河"三个实例反复论证对于传闻必须审慎考察。

同时，文章列举正反两方面的史实以诫当世。文章采用对比手法，说明"闻而审则为福"，如齐桓公从鲍叔牙那里听说了管仲而用之，遂霸天下，"闻而不审，不若无闻"，如吴王夫差听信太宰嚭而宽容勾践，终于国亡身死。

考察辨析传闻，需"验之以理""缘物之情及人之情"，就是根据情理考察其是非真假，绝不能人云亦云，盲目信从。

文章论点明确，论据条理生动，说理透彻，逻辑清晰，耐人寻味。

● 本课知识点 ●

一 文学常识 ||||||

1. 吕不韦

2.《吕氏春秋》

3. 本文的体裁：议论文

二 文章内容 ||||||

1. 文章论点：得言须审察

2. 本文论证方法：事例论证、对比论证

三 文言现象 ||||||

词类活用

此愚者之所以大过也	名词活用作动词，犯错误。
夔于是正六律，和五声，以通八风	
	使动用法，"正"，使……正；"和"，使……调和。
夔能和之，以平天下	使动用法，使……安定。
国人道之	名词作动词，议论。

特殊句式

此愚者之所以大过也。	判断句
夫乐，天地之精也，得失之节也。	判断句
非也，是己亥也。	判断句
是非之经，不可不分，此圣人之所慎也。	判断句
齐桓公闻管子于鲍叔。	介宾短语后置句
楚庄闻孙叔敖于沈尹筮。	介宾短语后置句
吴王闻越王勾践于太宰嚭。	介宾短语后置句
智伯闻赵襄子于张武。	介宾短语后置句
非得一人于井中。	介宾短语后置句
其于人必验之以理。	介宾短语后置句
常（派）一人居（于）外。	省略句
故国霸（于）诸侯。	省略句
以（之）为所闻，则得之矣。	省略句
舜以（之）为乐正。	省略句
闻之于宋君。	被动句
然则何以慎？	宾语前置句

古今异义

有读史记者

古义：记载历史的书。

今义：专指司马迁编写而成的一部史书。

晋师三豕涉河

古义：黄河。

今义：天然的或人工的大水道。

———————— • 思考练习 • ————————

1. 对下列句子中加点的词的解释，不正确的一项是（　　　）。

　A. 闻而审，则为福矣　　　审：考察

　B. 乐正夔一足，信乎　　　信：相信

C.夔于是正六律　　　　　　正：定

D.是非之经，不可不分　　　经：原则，道理

2.下列各组句子中，加点词的意义和用法不相同的一组是（　　　）。

A.① 齐桓公闻管子于鲍叔　　② 爱其子，择师而教之；于其身也，则耻师焉

B.① 昔者舜欲以乐传教于天下　② 将以衅钟

C.① 子夏之晋过卫　　　　　② 又有剪发杜门，佯狂不知所之者

D.① 以为所闻，则得之矣　　② 如或知尔，则何以哉

3.下列各句中，与"吴王闻越王勾践于太宰嚭"句式相同的一项是（　　　）。

A.暴见于王　　　　　　　　　B.王语暴以好乐

C.嬴乃夷门抱关者也　　　　　D.譬若以肉投馁虎，何功之有哉

4.谈谈本文的现代启示。

谏逐客书①

李 斯

臣闻吏议逐客，窃以为过矣②。

昔缪公③求士，西取由余于戎④，东得百里奚⑤于宛，迎蹇叔⑥于宋，来丕豹、公孙支于晋⑦。此五子者，不产于秦，而缪公用之，并⑧国二十，遂霸西戎。孝公用商鞅之法⑨，移风易俗，民以殷盛，国以富强，百姓乐用⑩，诸侯亲服⑪，获⑫楚、魏之师，举地千里，至今治强⑬。惠王用张仪之计⑭，拔三川之地⑮，西并巴、蜀，北收上郡⑯，南取汉中⑰，包九夷，制鄢、郢⑱，东据成皋之险⑲，割膏腴之壤，遂散六国之从⑳，使之西面事秦，功施到今㉑。昭王得范雎㉒、废穰侯、逐华阳㉓，强公室，杜私门㉔，蚕食诸侯，使秦成帝业。此四君者，皆以客之功。由此观之，客何负㉕于秦哉？向使四君却客而不内㉖，疏士而不用，是使国无富利之实，而秦无强大之名㉗也。

今陛下致昆山㉘之玉，有随、和之宝㉙，垂明月之珠㉚，服太阿之剑㉛，乘纤离㉜之马，建翠凤之旗㉝，树灵鼍㉞之鼓，此数宝者，秦不生一焉，而陛下说㉟之，何也？必秦国之所生然后可，则是夜光之璧不饰朝廷，犀、象之器㊱不为玩好，郑、卫㊲之女不充后宫，而骏良駃騠不实外厩㊳，江南金锡不为用，西蜀丹青不为采㊴。所以饰后宫、充下陈㊵、娱心意、说耳目者，必出于秦然后可，则是宛珠之簪、傅玑之珥、阿缟之衣、锦绣之饰不进于前㊶，而随俗雅化、佳冶窈窕赵女不立于侧也㊷。夫击瓮叩缶㊸，弹筝搏髀㊹，而歌呼呜呜快耳㊺目者，真秦之声㊻也。郑、卫、桑间、韶、虞、武、象者㊼，异国之乐也。今弃击瓮叩缶而就郑、卫，退弹筝而取韶、虞，若是者何也？快意当前，适观㊽而已矣。今取人则不然，不问可否，不论曲直，非秦者去，为客者逐。然则是所重者，在乎色、乐、珠、玉，而所轻者，在乎人民也。此非所以跨海内、制诸侯之术也㊾。

臣闻地广者粟多，国大者人众，兵强则士勇。是以太山不让㊿土壤，故能成其大；河海不择细流，故能就其深㈤；王者不却众庶，故能明其德㈥。是以地无四方，民无异国，四时充美，鬼神降福，此五帝三王㊼之所以无敌也。今乃弃黔首以资敌国㊾，却宾客以业诸侯㊿，使天下之士，退而不敢西向，裹足不入秦，此所谓"藉寇兵而赍盗粮"者也⑤。

夫物不产于秦，可宝者多；士不产于秦，而愿忠者众。今逐客以资敌国，损民以益仇，内自虚而外树怨于诸侯，求国无危，不可得也⑤。

秦王乃除逐客之令，复李斯官。

注　释

①本文见于《史记·李斯列传》，是李斯写给秦王的一篇奏章。战国末期，秦国统一六国的大势逐步形成，六国在秦的客卿日益增多，他们的活动对秦国贵族的权力形成了威胁。贵族们就以韩国人郑国说秦修建渠灌，是想借此使秦投入大量人力物力，从而减少军事上对韩国的压力，实际上是以"国际间谍"为口实，怂恿秦王"诸侯人来事秦者，大抵为其主游间于秦耳。请一切逐客"。于是，秦王下了逐客令。当时身为客卿的李斯也在被逐之列，因此上书劝谏。秦王读此文后，遂取消逐客令，并任李斯为廷尉。②吏：指秦宗室大臣。客，客卿。指别国人在秦国做官者。窃，私下，谦词。过，失误。③缪：通"穆"。缪公，秦穆公（公元前659年—公元前621年），名任好，春秋五霸之一。④由余：晋国人，后入戎。穆公以礼招致，用其计谋伐戎，灭十二戎国，开地千里。戎，春秋时我国西部少数民族的统称。⑤百里奚：楚国宛（今河南南阳）人，原是虞国大夫，晋灭虞被俘，被作为晋献公女儿的陪嫁奴仆送给秦国。他逃回家乡，为楚国边兵所执。秦穆公听说他有才干，以五张五投羊（黑羊）皮赎回，任用为相，号称五羖大夫。⑥蹇叔：岐（今陕西岐山）人，寓居于宋，由百里奚推荐，秦穆公用重金聘他为上大夫。⑦来：一作"求"。丕豹，晋国人，因其父被杀，逃到秦国，穆公任他为大将。公孙支，字子桑，岐人，游于晋，秦穆公任他为大夫。⑧并：兼并，合并。⑨孝公：即战国时的秦孝公（公元前361年—公元前338年），名渠梁。商鞅，本卫国的庶公子，姓公孙，名鞅，又称卫鞅，因秦孝公封他以商於之地（今陕西商县），故称商鞅、商君。任秦相约十年，实行变法，使秦富强。⑩乐用：乐于为国家效力。⑪亲服：亲附听命。⑫获：俘获，这里引申为战胜。获楚魏之师，指秦孝公二十二年（公元前340年），商鞅率秦军大败魏军，魏国割河西之地求和；同年，又打败楚军。⑬举地：攻取土地。治强，安定强大。⑭惠王：即秦惠文王（公元前337年—公元前311年），也称秦惠王，孝公之子，名驷。张仪，魏国人，惠文王时曾任秦相，用连横之计，破坏六国的合纵策略。⑮拔：攻取。三川之地，本属韩国，在今河南西北地区。因境内有黄河、洛水、伊水，故称"三川"。秦攻占后，设三川郡。⑯巴、蜀：皆古国名，在今四川东北部和西部，秦吞并后设巴郡、蜀郡。上郡，本魏地，在陕西西北部一带，惠文王十年（公元前328年），秦派公子华与张仪攻魏，魏国以上郡十五县献秦求和。⑰汉中：本楚地，在今陕西南部和湖北西北

部。公元前312年，秦攻占汉中六百里地，设置汉中郡。⑱ 包：囊括，此处指并吞。九夷，泛指当时楚境的少数民族。制，箝制、抑制。鄢，楚地（今湖北宜城），曾为楚都。郢，楚都（今湖北江陵）。此以鄢、郢指代楚国。⑲ 成皋：又名虎牢（今河南荥阳西北），险要之地。⑳ 膏腴：肥沃。六国之从（纵），指燕、赵、韩、魏、齐、楚东方六国联合抗秦的"合纵"联盟。㉑ 西面：面向西。事，侍奉。施，延续。㉒ 昭王：即秦昭襄王（公元前306年—公元前251年），惠文王之子。范雎，魏国人，逃到秦国，后为昭襄王的相，提出"远交近攻"策略。㉓ 穰侯、华阳：均为昭襄王母宣太后之弟，曾在朝专权。范雎建议昭襄王把两人驱逐出关。㉔ 强公室：使王室强固。杜，杜塞。私门，指私家、贵族豪门，与"公室"相对而言。㉕ 负：辜负。㉖ 向使：当初假使。却，拒绝。内，同"纳"，接纳。㉗ 名：名声。㉘ 昆山：昆仑山。㉙ 随：为春秋时的小国（今湖北境内），相传随侯以药敷治一条受伤的大蛇，后蛇衔珠相报，故称"随侯珠"。和，即卞和，春秋时楚人，曾于山中得一璞玉，献给楚厉王，琢成美玉，厉王以为诳，砍其左足。武王即位，再献之，又被以为诳，砍右足。及文王立，乃抱璞泣于荆山下。王使人雕琢其璞，果得美玉，故称"和氏璧"。㉚ 明月之珠：夜光珠。㉛ 太阿之剑：相传为春秋时吴国冶匠干将与欧冶子合铸的宝剑之一。㉜ 纤离：骏马名。㉝ 建：竖立。翠凤之旗，用翠凤的羽毛装饰的旗帜。㉞ 鼍：鳄鱼类动物，俗名猪婆龙，皮可制鼓。㉟ 说：同"悦"。㊱ 犀象之器：用犀牛角、象牙制成的器物。㊲ 郑、卫：均为东周时国名，当时认为郑、卫多美女。㊳ 駃騠：良马名。厩，马棚。㊴ 丹青：绘画的颜料。采，彩饰。㊵ 下陈：此借指宫中地位低下的姬侍。㊶ 宛珠之簪：嵌有宛（今河南南阳）地出产的珠的簪子。傅，同"附"。玑，不圆的珠子，此为泛指。珥，耳饰、耳环。阿缟，齐国东阿（今山东东阿）出产的白色绢。㊷ 随俗雅化：随着时尚的变化而打扮得时髦漂亮。佳冶，美好艳丽。窈窕，体态优美。㊸ 叩缶：打击瓦器。秦以瓮、缶之类作为打击乐器，故秦声粗犷、质朴。㊹ 搏髀：拍着大腿打拍子。㊺ 快耳：意即好听。㊻ 声：乐声。㊼ 郑、卫：指郑、卫两国的乐曲。桑间，原为地名，在卫国濮水之滨（今河南濮阳地区），相传为卫国男女欢会歌唱之地，此指桑间地方的音乐。韶、虞，相传为舜时的乐曲。武、象，周代乐名。㊽ 适观：适于观赏。㊾ 跨：占据，据有。海内，古人以为中国四周皆海，海内为国土。㊿ 让：辞退。51 择：选择区别，有"舍弃"之意。就，成就，造成。52 众庶：民众百姓。明其德，使其德望昭著。53 五帝三王：泛指古代著名帝王。按《史记》说法，以黄帝、颛顼、帝喾、尧、舜为五帝；以夏、商、周三代开国之王，即夏禹、商汤和周文王、周武王为三王。54 黔首：百姓。资，资助，供给。55 业诸侯：使诸侯成就功业。56 藉寇兵：借给贼寇武器。藉，借。赍盗粮，送给偷盗者粮食。57 益仇：使仇敌得益。自虚，使自己虚弱。

鉴赏

　　这篇文采斐然的论说文被司马迁全文收录在《史记·李斯列传》中，成为一篇千古传诵的名文。

立意高远是本文具有强大说服力的一个首要因素。本文的中心在于论证驱逐客卿是错误之举的观点，但是作者并没有从逐客或一己的立场来阐明这一问题，而是从秦国的富强和统一天下的高度来论证逐客之非。这样立论，文章的起点就高，意义就更深远。

层层推进、结构严谨是本文的又一特色。上书的正文按内容可分成五段。第一段开头的一句就开门见山，直接揭示中心论点，简洁明快，而又语气委婉，不失谦恭，颇具策略。第二段通过铺陈史实说明客卿对秦国富强所起的重大作用。第三段罗列秦王所喜爱享用的珍宝、美色、乐舞，指出它们都非秦国所产，以此事实与逐客之举相对比，揭示秦王的重物轻人及其与统一天下的大业背道而驰的实质。第四段以自然与人事的种种现象作比喻，说明兼容广纳才能成其强大，批评逐客的举动足以削弱自身、助长敌国。二、三、四段是文章的主体部分，分别从历史、现实、未来三个角度，按先后轻重的顺序逐一论证。引述史实是为了揭示秦国富强的重要原因在于任用客卿，逐客的错误是通过假设句婉转地表达出来的，还未触及统一天下的核心问题。展示秦王的现实行为则突现出秦王的重物轻人，一针见血地指出"此非所以跨海内、制诸侯之术也"，从而落实到国家根本大计的关键问题上。最后所罗列的种种事实更是体现了无庸置疑的普遍规律，如今反其道而行之，等于"藉寇兵而赍盗粮"，不仅不能取天下，而且会导致国家危亡，这就将逐客的危害推到了极处。如此论证，层层深入，最后第五段的结论也就水到渠成了。这一段呼应上文，总结全篇。论"物"与"士"的两句分别收结第三段与第二段，下面论"资敌""益仇"则收结第四段之意，最后"求国无危，不可得也"则遥应篇首，点明逐客之危害，总收全文。

文章采用罗列事实、正反对比的论证方法，因而极具说服力，在具体运用中又能变化多姿，各臻其妙。铺陈排比手法的运用使得本文气势充沛，增强了辩说力与感染力。铺陈中大量运用排比句和对偶句，形成流泻畅达的气势和铿锵和谐的音调，使得文章更富于论辩色彩。这种文章风格带有战国时代策士气盛雄辩的特色，开了汉赋的先河。但是李斯此文雄肆驰骋之中又有婉转跌宕，尤其运用反诘句和假设句形成一系列的对比，更使文气有曲折起伏之势。

● 本课知识点 ●

一 文学、文体常识 ||||||

1. "书"的涵义

2. 本文出处

3. 李斯

4. 本文体裁：应用文、议论文

二 文化常识 ||||||

法家

三 论证方法 ||||||

1. 是以泰山不让土壤，故能成其大；河海不择细流，故能就其深；王者不却众庶，故能明其德。 类比论证 比喻论证

2. 此四君者，皆以客之功。由此观之，客何负於秦哉！向使四君却客而不纳，疏士而不用，是使国无富利之实，而秦无强大之名也。 归纳论证 假设论证 对比论证

3. 然则是所重者在乎色乐珠玉，而所轻者在乎人民也。此非所以跨海内、制诸侯之术也。 类比论证 归谬法

4. 用"此所谓藉寇兵而赍盗粮者也"来证明驱逐客卿是错误的。 类比论证

5. 用"损民以益仇"来证明驱逐客卿是错误的。 对比论证

四 修辞方法 ||||||

是以泰山不让土壤，故能成其大；河海不择细流，故能就其深；王者不却众庶，故能明其德。 排比 对偶

五 文章内容 ||||||

1. 中心论点

2. 文章结构层次

3. 文章最终使得秦王收回成命的原因

六 文言现象 ||||||||

通假字

昔缪公求士	通"穆"。
而陛下说之	通"悦"，高兴，喜欢。
遂散六国之从	通"纵"，合纵。
向使四君却客而不内	通"纳"，接纳。
宛珠之簪，傅玑之珥	通"附"，附着，缀着。
此数宝者，秦不生一焉，而陛下说之	通"悦"，高兴，喜欢。

词类活用

西取由余于戎	名词作状语，向西。
来丕豹、公孙支于晋	使动用法，"使……来"。
夫物不产于秦，可宝者多	名作动，作为宝物。
蚕食诸侯，使秦成帝业	名词作状语，像蚕吃桑叶一样。
王者不却众庶，故能明其德	使动用法，使……退却；使……明显，或解释为"宣扬"。
却宾客以业诸侯	使动用法，使……退却；使……成就功业。
遂散六国之从，使之西面事秦	散，使动用法，使……解散；西，名作状，向西。
强公室，杜私门	使动用法，使……加强。
并国二十，遂霸西戎	名词作动词，称霸。
向使四君却客而不内	使动用法，使……退却。
歌呼呜呜快耳目者，真秦之声也	使动用法，使……畅快。
国以富强，百姓乐用	意动用法，以……为乐。
包九夷，制鄢、郢	名作动，囊括。
西并巴、蜀，北收上郡，南取汉中	名词作状语，向西、向北、向南。
此数宝者，秦不生一焉，而陛下说之	意动用法，喜欢，以……为乐。
所以饰后宫，充下陈，娱心意，说耳目者，必出于秦然后可	使动用法，使……欢娱，愉悦。

使天下之士退而不敢西向	名词作状语,向西。
内自虚而外树怨于诸侯,求国无危,不可得	名词作状语,在内部;在外部。
快意当前,适观而已矣	使动用法,使……畅快。
非秦者去,为客者逐	使动用法,使……离开。

特殊句式

此非所以跨海内、制诸侯之术也。	判断句
是使国无富利之实,而秦无强大之名也。	判断句
西取由余于戎。	介宾短语后置句
东得百里奚于宛,迎蹇叔于宋,来邳豹、公孙支于晋。	
	介宾短语后置句
此五子者,不产于秦……	介宾短语后置句
民以殷盛,国以富强。	省略句
由此观之,客何负于秦哉?	介宾短语后置句
是以地无四方,民无异国,四时充美。	宾语前置句
江南金锡不为用,西蜀丹青不为采。	被动句
歌呼呜呜快耳目者,真秦之声也。	判断句
郑……象者,异国之乐也。	判断句
此五帝三王之所以无敌也。	判断句
此所谓"藉寇兵而赍盗粮"者也。	判断句
内自虚而外树怨于诸侯,求国无危,不可得。	介宾短语后置句
百姓乐用。	被动句
是以太山不让土壤,故能成其大。	宾语前置句

———————————— • 思考练习 • ————————————

1. 李斯为什么要写这篇文章?他的目的达到了吗?

2. 从立意方面说说，本文为什么能够说服秦王收回逐客的成命？

3. 秦国历史上的国君很多，李斯为何在文章中独独以穆公、孝公、惠王、昭王为例来说明用客的重要性？本文在选材上有什么特点？

4. 李斯为什么要对秦王所喜好的珍宝、美色、音乐等进行铺张描写？

5. 本文主要使用了什么论证方法？结合文中具体内容加以说明。

6. 本文哪些地方使用了比喻？有何作用？

7. 试分析本文的写作特点。

鸿门宴

《史记》

　　楚军夜击阬秦卒二十余万人新安城南，行，略定秦地。至函谷关，有兵守关，不得入①。又闻沛公已破咸阳②。项羽大怒，使当阳君等击关。项羽遂入，至于戏西③。沛公军霸上，未得与项羽相见④。沛公左司马曹无伤使人言于项羽曰："沛公欲王关中，使子婴为相，珍宝尽有之⑤。"项羽大怒，曰："旦日飨士卒，为击破沛公军⑥！"当是时，项羽兵四十万，在新丰鸿门；沛公兵十万，在霸上⑦。范增说项羽曰："沛公居山东时，贪于财货，好美姬；今入关，财物无所取，妇女无所幸，此其志不在小⑧。吾令人望其气，皆为龙虎，成五采，此天子气也⑨。急击勿失！"

　　楚左尹项伯者，项羽季父也，素善留侯张良⑩。张良是时从沛公，项伯乃夜驰之沛公军，私见张良，具告以事，欲呼张良与俱去，曰："毋从俱死也⑪！"张良曰："臣为韩王送沛公，沛公今事有急，亡去不义，不可不语⑫。"良乃入，具告沛公。沛公大惊，曰："为之奈何？"张良曰："谁为大王为此计者？"曰："鲰生说我曰'距关，无内诸侯，秦地可尽王也。'故听之⑬。"良曰："料大王士卒足以当项王乎⑭？"沛公默然，曰："固不如也！且为之奈何？"张良曰："请往谓项伯，言沛公不敢背项王也⑮。"沛公曰："君安与项伯有故⑯？"张良曰："秦时与臣游，项伯杀人，臣活之⑰。今事有急，故幸来告良⑱。"沛公曰："孰与君少长⑲？"良曰："长于臣。"沛公曰："君为我呼入，吾得兄事之⑳。"张良出，要项伯㉑。项伯即入见沛公。沛公奉卮酒为寿，约为婚姻，曰："吾入关，秋毫不敢有所近，籍吏民、封府库而待将军㉒。所以遣将守关者，备他盗之出入与非常也㉓。日夜望将军至，岂敢反乎！愿伯具言臣之不敢倍德也㉔。"项伯许诺，谓沛公曰："旦日不可不蚤自来谢项王㉕！"沛公曰："诺。"于是项伯复夜去，至军中，具以沛公言报项王；因言曰："沛公不先破关中，公岂敢入乎！今人有大功而击之，不义也。不如因善遇之㉖。"项王许诺。

　　沛公旦日从百余骑来见项王，至鸿门，谢曰："臣与将军戮力而攻秦，将军战河北，臣战河南，然不自意能先入关破秦，得复见将军于此㉗。今者有小人之言，令将军与臣有郤㉘。"项王曰："此沛公左司马曹无伤言之。不然，籍何以至此？"项王即日因留沛公与饮。项王、项伯东向坐；亚父南向坐——亚父者，范增也；沛公北向坐；张良西向侍㉙。范增数目项王，举所佩玉玦以示之者三，项王默然不应㉚。范增起，出，召项庄，谓曰："君王为人不忍，若入前为寿，寿毕，请以剑舞，因击沛公于坐，杀之㉛。不者，若属皆且为所虏㉜！"庄则入为寿，寿毕，曰："君王与沛公饮，军中无以为乐，请以剑舞。"项王曰："诺。"项庄拔剑起舞，项伯亦拔剑起舞，常以身翼蔽沛公，庄不得击㉝。于是张良至军门见樊哙㉞。樊哙曰："今日之事何如？"良曰："甚急！今者项庄拔剑舞，其意常在沛公也。"哙曰："此迫矣！臣请入，与之同命㉟！"哙即带剑拥盾入军门。交戟之卫士欲止不内，樊哙侧其盾以撞，卫士仆地㊱。哙遂入，披帷西向立，瞋目视项王，头发上指，目眦尽裂㊲。项王按剑而跽曰："客何为者㊳？"张良曰："沛公之参乘樊哙者也㊴。"项王曰："壮士！赐之卮酒！"则与斗卮酒㊵。哙拜谢，起，立而饮之。项王曰："赐之彘肩㊶！"则与一生彘肩。樊哙覆其盾于地，加彘肩上，拔剑切而啗之㊷。项王曰："壮士！能复饮乎？"樊哙曰："臣死且不避，卮酒安足辞！夫秦王有虎狼之心，杀人如不能举，刑人如恐不胜，天下皆叛之㊸。怀王与诸将约曰：'先破秦入咸阳者王之。'今沛公先破秦入咸阳，毫毛不敢有所近，封闭宫室，还军霸上，以待大王来。故遣将守关者，备他盗出入与非常也。劳苦而功高如此，未有封侯之赏，而听细说，欲诛有功之人，此亡秦之续耳，窃为大王不取也㊹！"项王未有以应，曰："坐！"樊哙从良坐。坐须臾，沛公起如㊺厕，因招樊哙出。

　　沛公已出，项王使都尉陈平召沛公㊻。沛公曰："今者出，未辞也，为之奈何！"樊哙曰："大行不顾细谨，大礼不辞小让㊼。如今人方为刀俎，我为鱼肉，何辞为㊽！"于是遂去。乃令张良留谢㊾。良问曰："大王来何操㊿？"曰："我持白璧一双，欲献项王；玉斗一双，欲与亚父[51]。会其怒，不敢献，公为我献之[52]。"张良曰："谨诺。"当是时，项王军在鸿门下，沛公军在霸上，相去四十里，沛公则置车骑，脱身独骑，与樊哙、夏侯婴、靳强，纪信等四人持剑盾步走，从郦山下，道芷阳，间行[53]。沛公谓张良曰："从此道至吾军，不过二十里耳，度我至军中，公乃入。"沛公已去，间至军中，张良入谢曰："沛公不胜桮杓，不能辞；谨使臣良奉白璧一双，再拜献大王足下；玉斗一双，再拜奉大将军足下[54]。"项王曰："沛公安在？"良曰："闻大王有意督过之，脱身独去，已至军矣[55]。"项王则受璧，置之坐上。亚父受玉斗，置之地，拔剑撞而破之，曰："唉！竖子不足与谋[56]！夺项王天下者，必沛公也！吾属今为之虏矣！"沛公至军，立诛杀曹无伤。

注 释

① 行：继续进军。略：夺取。定：平定。函谷关：在今河南省灵宝县西南。② 沛公：即刘邦。咸阳：秦王朝国都。③ 戏西：戏水之西。戏水在今陕西省临潼县东。④ 军：作动词用，驻军。霸上：亦作"灞上"，即灞河西白鹿原，在今陕西长安县东。⑤ 左司马：司马，掌军政之官，此称左司马，时沛公的属官当有右司马。王：这里用作动词，称王。关中：秦的心脏地区，因四周有关，故称关中。子婴：秦朝的最后一个王，秦二世的侄子。公元前206年，刘邦入关，子婴出降，秦亡。⑥ 旦日：明日。飨：（以酒食）犒赏。⑦ 新丰：在今陕西省临潼县东，本是秦的骊邑，刘邦称帝后，改名新丰。鸿门：山坡名，在新丰东十七里，后名项王营。⑧ 范增：项羽的主要谋臣。山东：战国时泛称六国之地为山东，因六国在崤山函谷关以东。幸：古代称受君主的亲近、宠爱叫"幸"。⑨ 望其气：这是迷信说法。秦汉时的方士，多自称有望气之术，说望云气就可测知吉凶。皆为龙虎，成五彩：即所谓的"真龙气"。⑩ 左尹：官名，令尹之佐。项伯：名缠字伯。张良：刘邦的主要谋士，刘邦称帝后，封张良为留侯。⑪ 具告以事：即"以事具告"。毋从俱死：不要跟着（刘邦）一道去送死。⑫ 臣：旧时谦称。为韩王送沛公：项梁立楚怀王后，张良劝说项梁立韩王成，张良为申徒（即司徒）。后良引兵从沛公，西向进入武关。这是张良自述往事，说明他和刘邦的关系。事见《史记·留侯世家》。亡去：逃去。语：告知。⑬ 鲰生：浅陋无知的小人。鲰：杂小鱼名，喻小人。章炳麟《新方言·释言》："古人凡言短小，义兼愚陋。高祖骂人，一曰'鲰鱼'，二曰'竖儒'，三曰'腐儒'，皆同意。"距：通"拒"，把守。内：同"纳"。⑭ 当：抵挡。⑮ 背：违反，背叛。⑯ 故：旧交谊。⑰ 臣活之：我救了他（项伯）的命。活：动词，使动用法。⑱ 幸：蒙。⑲ 孰：其，谁。少长：年岁大小。⑳ 兄事之：以侍奉兄长之礼来侍奉他。㉑ 要：同"邀"。㉒ 奉：捧。卮：酒器。为寿：祝其健康长寿。古代进酒于尊长之前而致祝词，叫上寿，即为寿。毫：细毛。秋毫：兽类新秋更生之毛，喻微细。籍吏民：登记官吏人民于簿籍上，即造好吏民清册。将军：指项羽。㉓ 备：防范。非常：意外变故。㉔ 倍德：忘恩负义。倍：背，负。㉕ 蚤：同"早"。谢项王：向项王谢罪。㉖ 善遇之：好好地对待他。㉗ 从百余骑：带着一百多人。从：随从。骑：一人一马。河北：泛指黄河以北。下句"河南"，亦泛指黄河以南。不自意：自己没料到。㉘ 有郤：有裂痕，比喻关系不好。㉙ 东向坐：古代在室内以坐西边面向东为尊。亚父：是仅次于父亲的意思，这是对范增的尊称。侍：侍候，陪从。㉚ 目：以目示意。玉玦：环形有缺口的玉，古人借喻决心或断绝。㉛ 项庄：项羽堂弟。不忍：不忍心，心肠软弱。若：你。㉜ 不者：否则，不然的话。不：同"否"。若属：你们。㉝ 翼蔽：象鸟用翅膀那样遮蔽、掩护。㉞ 樊哙：沛人，与刘邦一同起义，屡立战功。㉟ 与之同命：跟他（指项羽）拚命。㊱ 交戟：持戟交叉。戟：古兵器。㊲ 披帷：揭开帷帐。瞋目：张大眼睛，表示愤怒。头发上指，目眦（zì）尽裂：头发向上竖起，眼眶都要裂开了，形容极端愤怒。㊳ 跽：半

跪。客何为者：来客是干什么的？㊴ 参乘：即骖乘，古人车右陪乘的人，指近侍警卫。㊵ 斗卮：一大杯。斗：大酒器。㊶ 彘肩：整条猪腿。㊷ 覆其盾于地：把他的盾牌反合在地上。加彘肩上：把猪腿安放在反合的盾牌上。啗：同“啖”，吃。㊸ 杀人如不能举，刑人如恐不胜：杀人多得不能全数，加刑于人唯恐不重。举：全。胜：尽，引申有“极”的意思。㊹ 细说：小人的话。续：继承者。不取：不采取（亡秦的老路）。㊺ 如：往。㊻ 都尉：武官。陈平：当时是项羽部队中的都尉，第二年即离楚归汉，成为刘邦的主要谋士。㊼ 大行不顾细谨，大礼不辞小让：干大事的不计较细枝末节，行大礼的不讲究琐细的谦让。㊽ 人方为刀俎，我为鱼肉：人家正做刀和砧板，我们正做鱼和肉。俎：切肉的砧板。㊾ 留谢：留下（向项王）辞谢。㊿ 操：执持，携带。(51) 璧：玉器，圆形，中有小孔。玉斗：玉制的酒器。(52) 会其怒：适逢他们愤怒。(53) 置车骑：放弃车马。置：抛弃。夏侯婴：沛人，刘邦好友，从刘邦起义，后因功封汝阴侯。靳强：曲沃人，从刘邦击项羽，因功封汾阳侯。纪信：刘邦部将，后项羽围刘邦于荥阳，纪信假装刘邦诳楚军，刘邦因而得脱，纪信则被项羽烧死。步走：徒步逃跑。走：逃。郦山：即骊山，在鸿门西。道芷阳，间行：取道芷阳，抄近路走。芷阳：在今陕西省长安县东白鹿原霸川上的西阪。(54) 间至军中：由小路到军中。不胜：禁不起。桮杓：同“杯勺”，酒器，这里作为酒的代称。足下：古代对人的敬称，这里指项羽。大将军：指范增。(55) 督过：责备。(56) 竖子：小子，庸人。

鉴赏

《项羽本纪》是《史记》中思想性和艺术性高度结合的典范之一。项羽是楚国贵族的后代，在陈胜、吴广的农民起义军迅猛发展、正待西行入关的时候，项羽随叔父项梁在吴（今江苏省苏州市）起兵，策应了农民起义军。他屡经战阵，所向无敌，为推翻暴秦的统治，作出了很大贡献，但后来在和刘邦争夺天下的斗争中惨遭失败。作者司马迁用饱蘸个人感情的笔触，描写了项羽一生的经历，生动细致地刻画出这个失败的英雄富有个性的形象，既有深情的歌颂，也有充满惋惜之情的批评，但歌颂多于批评。全文最精彩的是“钜鹿之战”“鸿门宴”“垓下被围”三个故事。

《鸿门宴》描述的故事发生在公元前206年。这是一个剑拔弩张、杀机毕露的“宴会”。作者让双方的主要人物上场，通过他们的言行，描绘了一场惊心动魄的斗争。本文就集中地叙述了刘、项这两个集团这场斗争的经过。第一段，叙述刘项矛盾的原因及两军对峙的形势。项羽发怒、范增鼓动，点出“鸿门宴”前的紧张局面及刘邦处境的危险。第二段，叙写刘邦施展政治手段，设法挽救危机局面的情况。项伯为刘邦所利用，在项羽面前釜底抽薪，使双方矛盾开始缓和。这里初步揭示了刘邦机智善变的性格，也初步表现了项羽骄横粗直、易于满足的弱点。第三段，叙写鸿门宴上刘、项双方展开正面冲突和斗争的紧张场面。这是本文的主体部分。文章以项羽和范增在认识上的矛盾为线索，有声有色地写了刘邦谢罪、范增举玦、项庄舞剑、樊哙闯宴等四个紧张场面，集中而细致地表现双方矛盾和人物思想性格不断发展变化的过程，使故事情节进入高潮，从而揭示了刘胜、项败的趋势和原因。第四段，叙写刘邦逃席回营并周密部署结束鸿门宴的情况。这是故事情节的结尾。刘邦虽然是仓促逃走，间道而归，实际是征服了项羽、挫败了范增，因机权变，胜利回营。项羽集团一场充满杀机的宴会，反而被刘邦以智斗挫败，内部徒增更多的矛盾。第五段，叙写刘邦回营，惩办内奸曹无伤。回应了故事发生的因由，结束了全文。

本文在写作上有几大特色：

一、故事情节完整、曲折、生动。全文选自《项羽本纪》，但能独立成篇，主要是作者很注意事件的完整性。他大体上是按时间顺序来写，围绕鸿门宴这一件大事，有开端、发展、高潮和结局。刘邦、项羽两大军事集团的斗争，双方主要人物在事件中的地位和作用，主动和被动的相互转化，事件的重大意义，全都写得很清楚，既纷纭复杂，又条理井然。特别是事件写得很曲折，此起彼伏，引人入胜。

二、通过尖锐复杂的矛盾冲突塑造人物形象，通过人物富有个性的语言、行动来展示人物的精神世界和不同的性格。

三、本文语言有很高的艺术成就。叙述语言简洁生动，人物语言富有个性特点，人物动作、表情的简洁勾勒，紧张场面的突出描绘，都取得了很好的艺术效果。刘邦委婉周密的言辞，樊哙激昂慷慨的斥责，使人如见其人，如闻其声；项庄舞剑、樊哙闯宴的描述，使人如临其境。

《鸿门宴》是一篇非常成功的文学作品，是思想性和艺术性的完美结合，是我国文学史上一颗璀璨的明珠。

● 本课知识点 ●

一 文学、文体常识

1.《史记》

2.司马迁

3.纪传体

二 文言现象 ||||||

通假字

皆为龙虎，成五采。	"采"通"彩"。
距关，毋内诸侯。	"距"通"拒"，把守。"内"通"纳"，接纳。
交戟之卫士欲止不内。	"内"通"纳"，接纳。
旦日不可不蚤自来谢项王。	"蚤"通"早"，早些，尽早。
令将军与臣有郤。	"郤"通"隙"，隔阂。
具告以事/具告沛公	"具"通"俱"，全，都。
愿伯具言臣之不敢倍德也。	"倍"通"背"，违背。
要项伯	"要"通"邀"，邀请。
不者	"不"通"否"，不然。
因击沛公于坐/置之坐上	"坐"通"座"，座位。

词类活用

名词作动词

①沛公军霸上。	军：驻军。
②沛公欲王关中。	王：称王。
③亡去不义。	义：恪守道义。
④秦地可尽王也。	王：称王。
⑤籍吏民。	籍：造官吏名册和户籍册或登记。
⑥若入前为寿。	前：上前。
⑦范增数目项王。	目：使眼色，以目示意。
⑧今人有大功而击之，不义也。	义：恪守道义。
⑨刑人如恐不胜。	刑：以刀割刺，指施加肉刑，杀。
⑩道芷阳间行。	道：取道。

形容词作动词

①素善留侯张良。	善：交好。
②秋毫不敢有所近。	近：接触、占有。

形容词作名词

①君安与项伯有故。	故：旧交情。
②今事有急，故幸来告良。	急：危急的事。

名词作状语

① 项伯乃夜驰之沛公军。　　　　　　夜：在夜里。

② 吾得兄事之。　　　　　　　　　　兄：像对待兄长一样。

③ 日夜望将军至。　　　　　　　　　日夜：每日每夜。

④ 于是项伯复夜去。　　　　　　　　夜：在夜里。

⑤ 常以身翼蔽沛公。　　　　　　　　翼：像鸟张开翅膀一样。

⑥ 头发上指。　　　　　　　　　　　上：向上。

⑦ 四人持剑盾步走。　　　　　　　　步：用步行的方式。

⑧ 道芷阳间行。　　　　　　　　　　间：从小路。

动词作名词

此亡秦之续耳。　　　　　　　　　　续：后续者。

使动用法、意动用法

① 项伯杀人，臣活之。　　　　　　　活：使……活。

② 沛公旦日从百余骑来见项王。　　　从：使……跟从。

③ 交戟之卫士欲止不内。　　　　　　止：使……停止。

④ 樊哙侧其盾以撞。　　　　　　　　侧：使……侧过来。

⑤ 先破秦入咸阳者王之。　　　　　　王：使……为王，一说以……为王。

⑥ 拔剑撞而破之。　　　　　　　　　破：使……破。

特殊句式

一、判断句

1. 此天子气也。

2. 此其志不在小。

3. 亚父者，范增也。

4. 沛公之参乘樊哙者也。

5. 夺项王天下者必沛公也。

6. 楚左尹项伯者，项羽季父也。

7. 所以遣将守关者，备他盗之出入与非常也。

8. 此亡秦之续耳。

9. 如今人方为刀俎，我为鱼肉。

10. 今人有大功而击之，不义也。

11. 夺项王天下者必沛公也。

二、被动句

1. 不者，若属皆且为所虏。

2. 若属今为之虏矣。

三、宾语前置句

1. 客何为者？

2. 何辞为？

3. 大王来何操？

4. 沛公安在？

5. 籍何以至此？

6. 然不自意能先入关破秦。

四、介词短语后置句

1. 曹无伤使人言于项羽曰……

2. 贪于财货。

3. 具告（之）以事。

4. 长于臣。

5. 将军战（于）河南，臣战（于）河北。

6. 得复见将军于此。

7. 劳苦而功高如此。

8. 因击沛公于坐。

五、定语后置句

1. 玉斗一双

2. 白璧一双

六、省略句

1. 欲呼张良与（之）俱去。

2. 为（我）击破沛公军。

3. 急击（之）勿失（时机）。

4. 则与（之）斗卮酒。

5. 则与（之）一生彘肩。

6. 竖子不足与（之）谋。

7. 具告（之）以事。

8. 交戟之士欲止（之）不内。

9. 毋从（其）俱死也。

10. 项王即日因留沛公与（其）饮。

11. 加彘肩（于其）上。

12. 沛公军（于）霸上。

13. 沛公居（于）山东时。

14. 置之（于）坐上。

15. 置之（于）地。

16. 将军战（于）河南，臣战（于）河北。

17. 卫士仆（于）地。

18. 沛公欲王（于）关中。

七、固定句式

1. 孰与君少长？ 　　　　　　与……相比，哪一个……

2. 军中无以为乐 　　　　　　没有用来……的

3. 财物无所取，妇女无所幸 　没有……的

4. 料大王士卒足以当项王乎 　足够用来

古今异义

山东

古义：崤山以东。

今义：指山东省。

婚姻

古义：结为儿女亲家，女方之父为婚，男方之父为姻。

今义：由结婚而形成的夫妻关系。

所以

古义：……的原因/用来……的。

今义：表因果关系的连词。

游

古义：交往。

今义：游玩。

出入

古义：偏义复词，进入。

今义：并列式，出进。

非常

古义：不同寻常的变故。

今义：副词，很。

谢

古义：道歉；

今义：感谢。

今人

古义：现在别人（指沛公）；

今义：现在的人，与古人相对。

河北

古义：黄河以北。

今义：河北省。

河南

古义：黄河以南。

今义：河南省。

细说

古义：小人离间之言。

今义：仔细说来。

—————— • 思考练习 • ——————

一、填空题

1. 司马迁，西汉时期著名的史学家、文学家、思想家。字子长，夏阳（现在陕西省韩城南）人。与同时期的_____合称"文章两司马"。

2.《史记》是我国第一部_____，又是"二十四史"的开篇，具有很高的史学价值和文学价值，鲁迅称之为"_____"。

二、理解性默写

1. 表达大丈夫应不拘小节之意的句子是：_____。

2. 比喻一个人说话和行动的真实意图另有所指的句子是：_____。

3. 形容己方处于危险境地的句子是：_____？

4.形容秦王杀人如麻，有虎狼之心的句子是：＿＿＿＿＿＿＿＿＿＿＿＿＿＿＿＿。

三、翻译下列语句

1.旦日飨士卒，为击破沛公军！

2.鲰生说我曰："距关，毋内诸侯，秦地可尽王也。"

3.沛公默然，曰："固不如也。且为之奈何？"

4.所以遣将守关者，备他盗之出入与非常也。

5.交戟之卫士欲止不内，樊哙侧其盾以撞，卫士仆地。

6.如今人方为刀俎，我为鱼肉，何辞为？

孙子吴起列传

《史记》

孙武传

孙子武者，齐人也。以兵法见于吴王阖庐。阖庐曰："子之十三篇^①，吾尽观之矣，可以小试勒兵乎^②？"对曰："可。"阖庐曰："可试以妇人乎？"曰："可。"于是许之。出宫中美女，得百八十人。孙子分为二队，以王之宠姬^③二人各为队长，皆令持戟^④。令人曰："汝知而^⑤心与左右手、背乎？"妇人曰："知之"。孙子曰："前，则视心；左，视左手；右，视右手；后，即视背。"妇人曰："诺。"约束既布^⑥，乃设鈇钺^⑦，即三令五申^⑧之。于是鼓^⑨之右，妇人复大笑。孙子曰："约束不明，申令不熟，将之罪也。"复三令五申而鼓之左，妇人复大笑。孙子曰"约束不明，申令不熟，将之罪也；既已明而不如法^⑩者，吏士之罪也^⑪。"乃欲斩左右队长。吴王从台上观，见且斩爱姬，大骇。趣使使下令曰^⑫："寡人已知将军能用兵矣。寡人非此二姬，食不甘味^⑬，愿勿斩也。"孙子曰："臣既已受命为将，将在军，君命有所不受^⑭。"遂斩队长二人以徇^⑮。用其次为队长，于是复鼓之。妇人左右前后跪起皆中规矩绳墨^⑯，无敢出声。于是孙子使使报王曰："兵既整齐，王可试下观之，唯王所欲用之，虽赴水火犹可也。"吴王曰："将军罢休就舍^⑰，寡人不愿下观。"孙子曰："王徒^⑱好其言，不能用其实。"于是阖庐知孙子能用兵，卒以为将。西破强楚，入郢，北威齐晋，显名诸侯，孙子与^⑲有力焉。

注 释

① 十三篇：指孙武撰写的《孙子兵法》，也叫《孙子》，是我国最早最杰出的兵书。现存《孙子》十三篇是《始计》《作战》《谋攻》《军形》《兵势》《虚实》《军争》《九变》《行军》《地形》《九地》《火攻》《用间》。② 小试：以小规模的操演作试验。勒兵：用兵法统率指挥军队。勒，约束、统率。③ 姬：侍妾。④ 戟：古代青铜制的兵器。具有戈和矛的特征，能直刺，又能横击。⑤ 而：你

的，你们的。⑥ 约束：用来控制管理的号令、规定。布：发布，颁布。⑦ 设鈇钺：设置刑戮之具，表明正式开始执法。鈇，铡刀，用作腰斩的刑具。钺，古兵器，刃圆或平，持以砍斫。⑧ 三令五申：多次重复地交待清楚。三、五是虚数。⑨ 鼓：击鼓发令。⑩ 不如法：不按照号令去做。⑪ 吏士：指两个队长。⑫ 趣：通"促"。催促。使使：派遣使者。⑬ 甘味：感觉到味道的甜美。⑭ 这二句的意思是将帅领兵打仗，应根据实地情况充分发挥自己的指挥才能。君主的命令可以不接受，以免受到牵制。⑮ 徇：示众。⑯ 中：符合。规矩：校正圆形和方形的器具。绳墨：木工用以正曲直的墨线。这里均借指军令、纪律。⑰ 就舍：回到宾馆。⑱ 徒：只。⑲ 与：参与。

孙膑传

孙武①既死，后百余岁有孙膑②。膑生阿、鄄③之间，膑亦孙武之后世子孙也。孙膑尝与庞涓俱学兵法。庞涓既事魏④，得为惠王将军，而自以为能不及孙膑，乃阴使召孙膑⑤。膑至，庞涓恐其贤于己，疾之⑥，则以法刑断其两足而黥之⑦，欲隐勿见⑧。齐使者如梁⑨，孙膑以刑徒阴见⑩，说齐使。齐使以为奇⑪，窃载与之齐⑫。齐将田忌善而客待之⑬。

忌数与齐诸公子驰逐重射⑭。孙子见其马足不甚相远，马有上、中、下、辈⑮。于是孙子谓田忌曰："君弟重射，臣能令君胜。"⑯田忌信然之⑰，与王及诸公子逐射千金⑱。及临质⑲，孙子曰："今以君之下驷与彼上驷⑳，取君上驷与彼中驷，取君中驷与彼下驷。"既驰三辈毕，而田忌一不胜而再胜㉑，卒得王千金。于是忌进㉒孙子于威王。威王问兵法，遂以为师。

其后魏伐赵，赵急，请救于齐。齐威王欲将㉓孙膑，膑辞谢曰："刑余之人不可。㉔"于是乃以田忌为将，而孙子为师㉕，居辎车㉖中，坐为计谋。田忌欲引兵之赵，孙子曰："夫解杂乱纷纠者不控卷㉗，救斗者不搏撠㉘，批亢捣虚㉙，形格势禁㉚，则自为解耳。今梁赵相攻，轻兵锐卒必竭于外㉛，老弱罢于内㉜。君不若引兵疾走大梁㉝，据其街路，冲其方虚㉞，彼必释赵而自救。是我一举解赵之围而收弊于魏也㉟。"田忌从之，魏果去邯郸㊱，与齐战于桂陵㊲，大破梁军。

后十三岁，魏与赵攻韩，韩告急于齐㊳。齐使田忌将而往，直走大梁。魏将庞涓闻之，去韩而归，齐军既已过而西矣㊴。孙子谓田忌曰："彼三晋之兵素悍勇而轻齐㊵，齐号为怯㊶，善战者因其势而利导之㊷。兵法，百里而趣利者蹶上将，五十里而趣利者军半至㊸。使齐军入魏地为十万灶，明日为五万灶，又明日为三万灶㊹。"庞涓行三日，大喜，曰："我固知齐军怯，入吾地三日，士卒亡者过半矣。"乃弃其步军，与其轻锐倍日并行逐之㊺。孙子度其行，暮当至马陵㊻。马陵道陕㊼，而旁多阻隘，可伏兵，乃斫大树白而书之曰⁴⁸："庞涓死于此树之下。"于是令齐军善射者万弩⁴⁹，夹道而伏，期曰："暮见火举而俱发⁵⁰。"庞涓果夜至斫木下，见白书，乃钻火烛之⁵¹。读其书未毕，齐军万弩俱发，魏军大乱相失⁵²。庞涓自知智穷兵败，乃自刭⁵³，曰："遂成竖子之名！"齐因乘胜尽破其军，虏魏太子申以归⁵⁴。孙膑以此名显天下，世传其兵法。

注 释

① 孙武：春秋时代著名的军事家，著有《孙子兵法》。② 膑：古代的一种刑罚，挖去膝盖骨。周代改膑刑为刖刑，砍断两足；但典籍中仍常用"膑"来指刖刑。孙膑的名字不传于后世，因为受过刖刑，所以称之为"孙膑"。③ 阿：齐国地名，在今山东阳谷县附近。鄄：齐国地名，在今山东鄄城县。④ 事魏：为魏国服务。⑤ 阴：暗地里，秘密地。使：派人。⑥ 疾：妒忌。这个意义后来写作"嫉"。⑦ 以法刑断其两足：指对他实行刖刑。以法刑：根据法律用刑。黥：古代的一种刑罚，刺面后涂上墨，又称"墨刑"。⑧ 隐：这里是使动用法，"使……隐"，"使……不显露"的意思。见：出现。这句是说，想使孙膑不能露面。⑨ 如：到……去。梁：魏国从迁都大梁（今河南开封市）后，又称为"梁"。⑩ 以：以……的身份。刑徒：受过刑的罪犯。⑪ 奇：指有特别的才能。⑫ 窃载：偷偷地载到车上。与之齐：和他一起到齐国去。"与"后面省略代词宾语"之"（他），文中的"之"是动词，"到……去"的意思。⑬ 田忌：齐国的宗室。善：意思是认为他有才能。客待之：把他当做客人对待。"客"是名词作状语。⑭ 数：屡次。诸公子：指诸侯的不继承君位的各个儿子。驰逐：驾马比赛。重射：下很大的赌注打赌。射：打赌。⑮ 马足：指马的足力。辈：等级。⑯ 弟：但，只管。臣：古人对人讲话时常谦称自己为臣，并非只对君才能称臣。⑰ 信然之：相信孙膑的话，认为孙膑的话对。这句中"信""然"共一个宾语"之"。⑱ 逐射千金：下千金的赌注赌驾马比赛的胜负。⑲ 及：等到。临质：指临比赛的时候。质：双方找人评定是非。这里指比赛。⑳ 驷：古代称同驾一车的四马为"驷"。与：对付。㉑ 再胜：胜两次。㉒ 进：推荐。㉓ 将：以……为将。㉔ 谢：婉言推辞。刑余之人：受过刑的人。㉕ 师：此处指军师，和上文"遂以为师"的"师"不同。㉖ 辎车：有帷的车。㉗ 大意是：解乱丝不能整团地抓住了去拉。杂乱纷纠：指乱丝。喻事之杂乱。控：引，拉。卷：指卷起来的乱丝。一说"卷即拳也"。㉘ 大意是，劝解打架不能在双方相持很紧张的地方去搏击。撇：弯起胳膊去拉住东西。这里指打架的人互相揪住。㉙ 批亢：指打击要害处。批：击。亢：喉咙。捣虚：指冲击敌人的空虚之处。㉚ 形格势禁：是两个并列的主谓结构，指形式禁止相斗。格：止。㉛ 轻兵：轻装的士兵。㉜ 罢：通"疲"。㉝ 走：趋向，奔向。大梁：魏的国都，在今河南开封市。㉞ 街路：指要道。方虚：正当空虚之处。㉟ 是：这样。收弊于魏：对魏可以收到使它疲惫的效果。弊：通"弊"，疲惫，指力量削弱。疲惫困乏。㊱ 邯郸：赵的国都。在今河北邯郸市。㊲ 桂陵：魏地。在今山东菏泽市东北。"围魏救赵"的事发生于魏惠王十七年（公元前353年）。

根据银雀山出土的《孙膑兵法》记载，在桂陵之战中庞涓被擒。㊳ 马陵之战发生在魏惠王二十八至二十九年（公元前342—前341年）。关于此次战役，《史记·魏世家》的记载是"魏伐赵，赵告急齐"，《史记·田敬仲完世家》的记载是"魏伐赵，赵与韩亲，共击魏，赵不利……韩氏请救于齐"，和这里不一样。㊴ 齐军已经越过（国境）而向西进了。㊵ 三晋之兵：指魏军。三晋：指魏、赵、韩。晋是春秋时一个强大的诸侯国，后来它的三家大夫分晋，成了魏、赵、韩三国。㊶ 号为怯：被称为胆小的。㊷ 因其势：根据客观情势。利导之：顺着有利的方向加以引导。㊸ 趣利：跑去争利。趣：通"趋"，趋向。蹶：跌，挫折。这里是使动用法，"使……受挫折"的意思。军半至：军队只有一半能到达，意思是在行军途中军队损耗过半。这些话见《孙子·军争》，文字不尽相同。㊹ 逐日减灶是为了造成齐军逐日逃亡的假象，引诱魏军"倍日兼行"，使之处于"百里而趣利"的不利地位。㊺ 轻锐：轻兵锐卒。倍日兼行：两天的路程并作一天走。㊻ 度其行：估量其行程。马陵：魏地，在今山东鄄城县。㊼ 陕："狭"的本字。㊽ 斫大树白：把大树砍白了。指把树皮砍掉。斫：砍。书：写。㊾ 善射者万弩：善射箭的弩手一万人。㊿ 期：约。发：（箭）射出去。(51) 见白书：看到树白上的字。书：字。钻火：钻木取火，这里指取火。烛：照。(52) 相失：彼此失去联系。(53) 刭：用刀割脖子。《史记·魏世家》说庞涓是被杀的。(54) 太子申：魏惠王的太子，名申。马陵之役，魏以太子申为上将军，以庞涓为将。以：而。

吴起传

吴起者，卫人也，好用兵。尝学于曾子①，事鲁君。齐人攻鲁，鲁欲将吴起，吴起取齐女为妻②，而鲁疑之。吴起于是欲就名③，遂杀其妻，以明不与齐也④。鲁卒以为将。将而攻齐，大破之。

鲁人或恶吴起曰⑤："起之为人，猜忍人也⑥。其少时，家累千金，游仕不遂⑦。遂破其家。乡党⑧笑之，吴起杀其谤己者三十余人，而东出卫郭⑨门。与其母诀⑩，啮⑪臂而盟曰：'起不为卿相，不复入卫。'遂事曾子。居顷之，其母死，起终不归。曾子薄⑫之，而与起绝⑬。起乃之鲁，学兵法以事鲁君。鲁君疑之，起杀妻以求将。夫鲁小国，而有战胜之名，则诸侯图⑭鲁矣。且鲁卫兄弟之国⑮也，而君用起，则是弃卫。"鲁君疑之，谢⑯吴起。

吴起于是闻魏文侯贤，欲事之。文侯问李克曰："吴起何如人哉？"李克曰："起贪⑰而好色，然用兵司马穰苴不能过也。"于是魏文侯以为将，击秦，拔⑱五城。

起之为将，与士卒最下者同衣食。卧不设席，行不骑乘，亲裹赢粮⑲，与士卒分劳苦。卒有病疽⑳者，起为吮㉑之。卒母闻而哭之。人曰："子卒也，而将军自吮其疽，何哭为。"母曰："非然也㉒。往年吴公吮其父，其父战不旋踵㉓，遂死于敌。吴公今又吮其子，妾不知其死所矣。是以哭之。"

文侯以吴起善用兵，廉平㉔，尽能得士心，乃以为西河守，以拒秦、韩。

魏文侯既卒，起事其子武侯。武侯浮西河而下㉕，中流㉖，顾而谓吴起曰："美哉乎山河之固，此魏国之宝也！"起对曰："在德不在险㉗。昔三苗氏左洞庭，右彭蠡，德义不修㉘，禹灭之。夏桀之居，左河济，右泰华，伊阙在其南，羊肠在其北，修政不仁，汤放㉙之。殷纣之国，左孟门，右太行，常山在其北，大河经其南，修政不德，武王杀之。由此观之，在德不在险。若君不修德，舟中之人尽为敌国也㉚。"武侯曰："善。"

（即封）吴起为西河守，甚有声名。魏置相，相田文。吴起不悦，谓田文曰："请与子论功，可乎？"田文曰："可。"起曰："将三军，使士卒乐死，敌国不敢谋，子孰与起㉛？"文曰："不如子。"起曰："治百官，亲万民，实府库，子孰与起？"文曰：不如子。"起曰："守西河而秦兵不敢东乡㉜，韩赵宾从㉝，子孰与起？"文曰："不如子。"起曰："此三者，子皆出吾下，而位加㉞吾上，何也？"文曰："主少国疑㉟，大臣未附，百姓不信，方是之时，属㊱之于子乎？属之于我乎？"起默然良久，曰："属之子矣。"文曰："此乃吾所以居子之上也。"吴起乃自知弗如田文。

田文既死，公叔为相，尚㊲魏公主，而害㊳吴起。公叔之仆曰："起易去也。"公叔曰："奈何？"其仆曰："吴起为人节廉而自喜名㊴也。君因先与武侯言曰：'夫吴起贤人也，而侯之国小，又与强秦壤界㊵，臣窃恐起之无留心也。'武侯即曰：'奈何？'群因谓武侯曰：'试延以公主㊶，起有留心则必受之，无留心则必辞矣。以此卜㊷之。'君因召吴起而与归，即令公主怒而轻㊸君。吴起见公主之贱㊹君也，则必辞。"于是吴起见公主之贱魏相，果辞魏武侯。武侯疑之而弗信也。吴起惧得罪，遂去，即之楚。

楚悼王素闻吴起贤，至则相楚。明法审令㊺，捐不急之官㊻，废公族疏远者㊼，以抚养战斗之士。要㊽在强兵，破驰说之言纵横者㊾。于是南平百越；北并陈蔡，却三晋；西伐秦。诸侯患楚之强。

故楚之贵戚尽欲害吴起㊿。及悼王死，宗室[51]大臣作乱而攻吴起，吴起走之王尸而伏之[52]。击起之徒因射刺吴起，并中[53]悼王。悼王既葬，太子立，乃使令尹尽诛射吴起而并中王尸者。坐射起而夷宗者七十余家[54]。

太史公曰：世俗所称师旅[55]，皆道《孙子》十三篇，吴起《兵法》，世多有，故弗论，论其行事所施设[56]者。语曰[57]："能行之者未必能言，能言之者未必能行。"孙子筹策[58]庞涓明矣，然不能蚤救患于被刑[59]。吴起说武侯以形势不如德，然行之于楚，以刻暴少恩亡其躯[60]。悲夫！

注释

① 尝：曾经。② 取：同“娶”。③ 就名：成就名声。就，完成。④ 不与齐：不亲附齐国。与，亲附。⑤ 或：有的人。恶：诋毁，说坏话。⑥ 猜忍：猜疑而残忍。⑦ 游仕：外出谋求作官。遂：遂心、如愿。⑧ 乡党：乡里。《周礼》二十五家为闾，四闾为族，五族为党，五党为州，五州为乡。⑨ 郭：外城。⑩ 诀：决绝、长别。⑪ 啮（niè）臂而盟：咬胳膊发誓。⑫ 薄：轻视，瞧不起。⑬ 绝：断绝关系。⑭ 图：算计，谋取。⑮ 鲁卫兄弟之国：鲁卫两国皆出姬姓，所以叫兄弟之国。⑯ 谢：疏远而不信任。⑰ 贪：贪恋。此指贪求成就名声。⑱ 拔：攻克，夺取。⑲ 嬴粮：剩余的军粮。一说担负粮食。⑳ 病疽：患毒疮病。㉑ 吮：聚拢嘴唇吸，嘬。㉒ 非然也：不是这么说啊。意思说，不是为其子受宠而哭。㉓ 旋踵：快得看不见脚跟转动。旋，旋转。踵，脚跟。㉔ 廉平：廉洁不贪，待人公平。㉕ 浮西河而下：从西河泛舟，顺流而下。浮，泛舟。㉖ 中流：水流的中央。㉗ 这一句的意思是说，要使国家政权稳固，在于施德于民，而不在于地理形势的险要。㉘ 德义不修：不施德政，不讲信义。㉙ 放：放逐。㉚ 这一句的意思是说，同舟共济的人，也会都变成敌人。敌国，仇敌。㉛ 子孰与起：您跟我比，哪一个更好。孰与，与……比，哪一个……。田文，《吕氏春秋》作“商文”。㉜ 不敢东乡：不敢向东侵犯。乡，同“向”。面对着。㉝ 宾从：服从、归顺。实为结成同盟。㉞ 加：任，居其位。㉟ 主少国疑：国君年轻，国人疑虑。㊱ 属：同“嘱”。委托、托付。㊲ 尚：匹配。古代臣娶君之女叫尚。㊳ 害：畏忌。㊴ 节廉而自喜名：有骨气而又好名誉声望。节，气节、节操。廉，锋利、有棱角。㊵“而侯之国”二句：当时秦未变法，国力未强；而魏国之文侯、武侯时代，国力为天下第一，今乃谓其“国小”，皆与实情不合，显为后人编造。壤界：国土相连。㊶ 延：聘请，邀请。这句的意思是说，用请吴起娶魏公主的办法探试。㊷ 卜：判断、推断的意思。㊸ 轻：鄙薄，轻视。㊹ 贱：蔑视。㊺ 明法：使法规明确，依法办事。审令：令出必行。审，察。㊻ 捐不急之官：淘汰裁减无关紧要的冗员。捐，弃置。㊼ 这一句的意思是，把疏远的王族成员的按例供给停止了。㊽ 要：致力于。㊾ 破：揭穿，剖析。驰说：往来奔走的游说。纵横：齐、楚、赵、韩、魏、燕六国形成南北关系的纵线联合，用以抵抗秦国，叫合纵；六国分别与秦国形成东西关系的联盟，叫连横。注：吴起相楚先于苏秦说赵五十年，距秦孝公用商鞅变法尚早，不应有纵横家。㊿ 故楚之贵戚：指以往被吴起停止供给的疏远贵族。(51) 宗室：同一祖宗的贵族。(52) 走之王尸而伏之：逃跑过去俯伏在悼王的尸体上。(53) 中：击中，正中目标。(54) 坐：因犯……罪。夷宗：灭族。夷，灭尽，杀绝。(55) 称：称道，称誉。师旅：古代军制以二千五百人为师，五百人为旅，因以师旅作为军队的通称。(56) 施设：设施、安排。(57) 语曰：常言道，俗话说。(58) 筹策：谋划。(59) 这一句的意思是说，却不能提前自免于砍断两足的苦刑。蚤：通“早”。(60) 刻暴少恩：指前文“捐不急之官，废公族疏远者”。刻，刻薄。少恩，少施恩惠。亡：丧送。

鉴 赏

这是我国古代三位著名军事家的合传。作者将不同时代、不同经历、不同国度的三位军事家，以及纷繁复杂的政治、军事事件，通过"兵法"连缀在一起。

《孙子兵法》十三篇，是杰出的军事著作，历来被推崇为"兵经"。本传通过"吴宫教战"实写孙武号令之严明，通过吴王打败强楚、攻克郢都、威镇齐晋、名显诸侯表现孙武的军事才能及其兵法的实用价值。

作者既写孙膑的不幸遭遇，又写他的军事才能——田忌赛马，围魏救赵，马陵道智斗庞涓，充分表现了孙膑过人的智谋和卓越的战略、战术思想。

写吴起既是杰出的军事家，还是很有见地的政治家。他规劝魏武侯：政权的稳固，在于对百姓施以恩德而不在于山川形势的险要。他在魏、楚都积极革新政治，和官僚贵族作斗争，为魏、楚两国富国强兵作出了卓越的贡献。

另外，庞涓善妒、吴起杀妻等，均体现了作者"不虚美不隐恶"的"实录精神"。

—————— • 本课知识点 • ——————

一 文学常识 ‖‖‖

　　1. 司马迁
　　2.《史记》

二 文化常识 ‖‖‖

　　兵家
　　纵横家

三 文言现象 ‖‖‖

　　词类活用

同衣食	名词用作动词，穿衣，吃饭。
武侯浮西河而下	名词作状语，从西河。
修政不德	名词作动词，施德政。
在德不在险	形容词用作名词，险要的地势。

相田文	名词用作动词，让……做丞相。
至则相楚	名词作动词，做丞相。
南平百越/北并陈蔡/西伐秦	名词作状语，向南；向北；向西。
却三晋	使动用法，使……后退，击退。

特殊句式

吴起者，卫人也。	判断句
且鲁卫兄弟之国也。	判断句
而君用起则是弃卫。	判断句
夫鲁小国。	判断句
此乃吾所以居子之上也。	判断句
与士卒最下者……	定语后置句
卒有病疽者	定语后置句

古今异义词

约束

古义：号令，法令。

今义：限制，使不越出范围。

于是

古义：在这个时候。

今义：连词。

以为

古义："以之为"的省略。

今义：认为。

一词多义

卒

① 夫以疾病之卒御狐疑之众。	步兵，士兵。
② 初，鲁肃闻刘表卒。	死。
③ 卒相与欢，为刎颈之交。	终于，最终。
④ 五万兵难卒合。	通"猝"，突然，仓猝。

徒

① 郯子之徒，其贤不及孔子。	一类人。
② 秦城恐不可得，徒见欺。	徒然，白白地。

③ 徒以吾两人在也。　　　　　　　　　　　　　只，不过。

④ 班白者多徒行。　　　　　　　　　　　　　　步行。

⑤ 仲尼之徒无道桓文之事者，是以后世无传焉。　门人、弟子。

谢

① 因宾客至蔺相如门谢罪。　　　　　　　　　　认错，道歉。

② 阿母谢媒人："女子先有誓，老姥岂敢言。"　　推辞，拒绝。

③ 侯生视公子色终不变，乃谢客就车。　　　　　告别，告辞。

④ 多谢后世人，戒之慎勿忘。　　　　　　　　　告诉，劝戒。

⑤ 凋谢　　　　　　　　　　　　　　　　　　　死。

【谢病】因病引退或托病谢绝会客。

【谢事】辞去官职。

或

① 或曰："梅以曲为美，直则无姿。"　　　　　　有人。

② 所守或匪亲，化为狼与豺。　　　　　　　　　倘若。

③ 云霞明灭或可睹　　　　　　　　　　　　　　也许，或许。

④ 以田宅或金帛为抵当　　　　　　　　　　　　或者。

• 思考练习 •

1. 下列对文化常识的解说，不正确的一项是（　　　）。

　A. 殷纣为商代末代国君，在位期间统治失控，好酒淫乐，暴敛酷刑，是有名的暴君。

　B. 武王是周文王之子，继承其父遗志，联合众多部族与商激战，灭商，建立周王朝。

　C. 三晋，春秋末韩、赵、燕三家分晋，战国时期的韩、赵、燕三国，史上又称"三晋"。

　D. 令尹，春秋战国时期楚国设置的最高官位，辅佐楚国国君，执掌全国的军政大权。

2. 下列对原文有关内容的概括与分析，不正确的一项是（　　　）。

　A. 吴起怜恤士卒，带兵屡建奇功。他本是卫国人，先是率鲁军抗齐得胜，后又率魏军攻陷秦国五城；这些战功都和他善于为将、与士卒同甘共苦密不可分。

　B. 吴起劝告魏侯，修德重于据险。魏武侯沿西河而下时，指出江河之固是魏国之宝；吴起表示，治国依据山河险固不如推行德政，修德才能免于国家灭亡。

C. 吴起声名渐起，遭到公叔嫉妒。他虽然对田文担任魏相表示不悦，但不久就平复了心情。而公叔继田文后为相，他深表不满，担心被害，于是逃往楚国。

D. 吴起为楚建功，反而受到祸害。他到楚国后虽然屡建奇功，而原本的楚国贵戚却想加害与他，施暴者乱箭射击吴起；太子继位之后，这才诛杀作乱之人。

3. 对下列句中加点词语的解释，正确的一项是（   ）。

A. 孙膑以刑徒阴见   阴：暗中   B. 田忌一不胜而再胜   再：第二次

C. 齐将田忌善而客待之   客：客气   D. 明日为五万灶   明日：明天

4. 下列句子分别编为四组，全都表现孙膑军事才能的一组是（   ）。

① 刑馀之人不可   ② 夹道而伏，期曰："暮见火举而俱发。"

③ 与齐战于桂陵，大破梁军   ④ 孙子度其行，暮当至马陵

⑤ 马陵道狭，而旁多阻隘，可伏兵   ⑥ 据其街路，冲其方虚，彼必释赵而自救

A. ①③⑤   B. ②③⑥   C. ②⑤⑥   D. ②④⑥

5. 下列对原文的相关概括和分析，不正确的一项是（   ）。

A. 孙膑原在魏国，因受迫害而沦为刑徒，后来，他说服了齐国使者，得以逃到齐国，并帮助齐国取得重大的军事胜利。

B. 在魏国攻打赵国时，田忌按孙膑所说趁机攻打魏国空虚的都城大梁，于是魏军果然去了邯郸，在桂陵与齐军交战，结果被打败。

C. 马陵道之役的胜利，是在孙膑充分掌握敌我情况并准确分析的基础上取得的。

D. 文章刻画人物的性格面貌，生动逼真。写孙膑的出谋献策，往往只说做法，不讲原因，到了后来才看到它的作用。这种写法，曲折有趣，引人入胜。

6. 请将下列语句翻译成现代汉语。

（1）约束不明，申令不熟，将之罪也。

（2）善战者因其势而利导之。

（3）与其轻锐倍日并行逐之。

（4）文曰："此乃吾所以居子之上也。"吴起乃自知弗如田文。

（5）及悼王死，宗室大臣作乱而攻吴起，吴起走之王尸而伏之。

巫山巫峡

《水经注》

  江水又东①，迳②巫峡，杜宇③所凿以通江水也。郭仲产云："按《地理志》，巫山在县西南"，而今县东有巫山，将郡县居治④无恒故也。"

  江水历峡，东，迳新崩滩。此山汉和帝永元十二年崩，晋太元二年又崩。当崩之日，水逆流百余里，涌起数十丈。今滩上有石，或圆如箪，或方似笥⑤，若此者甚众，皆崩崖所陨⑥，致怒湍流，故谓之新崩滩。其颓⑦岩所余，比之诸岭，尚为竦桀⑧。

  其下十余里，有大巫山，非惟三峡所无，乃当抗峰岷峨，偕岭衡疑⑨；其翼附⑩群山，并概⑪青云，更就霄汉辨其优劣耳。神孟涂所处。《山海经》曰："夏后启之臣孟涂，是司神于巴，巴人讼于孟涂之所，其衣有血者执之，是请生，居山上，在丹山西。"郭景纯云："丹山在丹阳，属⑫巴。"

  丹山西即巫山者也。又帝女居焉⑬，宋玉所谓："天帝之季女⑭，名曰瑶姬，未行⑮而亡，封于巫山之阳⑯，精魂为草，实为灵芝。"所谓巫山之女，高唐之阻⑰，旦为行云，暮为行雨，朝朝暮暮，阳台之下。"旦早视之，果如其言。故为立庙，号朝云焉。其间首尾一百六十里，谓之巫峡，盖因山为名也。

  自三峡七百里中，两岸连山，略无阙处⑱。重岩叠嶂，隐天蔽日，自非⑲亭午夜分，不见曦月。至于夏水襄陵⑳，沿溯㉑阻绝，或王命急宣㉒，有时朝发白帝，暮到江陵，其间千二百里，虽乘奔御风㉓，不以疾㉔也。春冬之时，则素湍绿潭㉕，回清倒影㉖，绝巘㉗多生怪柏，悬泉瀑布，飞漱㉘其间，清荣峻茂㉙，良㉚多趣味。每至晴初霜旦，林寒涧肃，常有高猿长啸，属引㉛凄异，空谷传响，哀转久绝㉜。故渔者歌曰："巴东三峡巫峡长，猿鸣三声泪沾裳。"㉝

注释

  ① 东：向东流。② 迳：通"径"，经过。③ 杜宇：古代传说中蜀国的国王，据说他派人凿通

巫峡。④ 居治：指政府机关所在地。⑤ 箪：古代盛饭的圆形竹器。笥：古代盛饭或盛衣服的方形竹器。这里都形容石头的形状和的大小。⑥ 陨：坠落。⑦ 颓：坍塌。⑧ 竦桀：高耸的样子。⑨ 抗峰岷峨，偕岭衡疑：跟岷山、峨眉山争高低，与衡山、九嶷山相并列。⑩ 翼附：遮蔽统领。⑪ 并概：并比。⑫ 属：隶属。⑬ 焉：兼词，相当于"于之"，在那里。⑭ 季女：小女儿。季，排行次序最小的。⑮ 行：出嫁。⑯ 阳：山南为阳，水北为阳。⑰ 阻：险要的地方。⑱ 略无，完全没有。阙，通"缺"，中断、空缺。⑲ 自非：如果不是。⑳ 襄陵：漫上山陵。襄，上。陵，丘陵，小山包。㉑ 沿：顺流而下（的船）。溯，逆流而上（的船）。㉒ 或王命急宣：有时候皇帝的命令要紧急传达。或，有时。宣，宣布、传达。㉓ 虽：即使。奔，奔驰的马。御，驾着。㉔ 不以：不认为。一说不如。此句谓和行船比起来，即使是乘奔御风也不被认为是（比船）快；或为"以"当是"似"之误。疾：快。㉕ 素湍：白色的急流。素，白色的。绿潭，碧绿的潭水。㉖ 回清倒影：回旋的清波，倒映出山石林木的倒影。㉗ 绝巘（yǎn）：极高的山峰。绝，极高。巘，山峰。㉘ 飞漱：急流冲荡。漱：冲刷。㉙ 清荣峻茂：水清，树荣，山高，草盛。㉚ 良：实在，的确。㉛ 属引：连续不断。属（zhǔ）：连续。引：延长。㉜ 哀转久绝：悲哀婉转，很久才消失。转，通"啭"。绝，消失。㉝ 巴东：汉郡名，在现在重庆东部云阳，奉节，巫山一带。沾，打湿。三声，几声。这里不是确数。裳（古音cháng），衣裳。

鉴赏

　　本文以凝练、生动的笔墨，描写出了三峡的雄奇险拔、清幽秀丽的景色，同时也抒发了作者对祖国大好河山的欣赏之情。

• 本课知识点 •

一 文学常识

　　1.郦道元

　　2.《水经注》

二 文化常识

　　三峡：瞿塘峡、巫峡、西陵峡。

三 文言现象

通假字

略无阙处	"阙"通"缺",空缺这里指中断。
哀转久绝	"转"通"啭",宛转地鸣叫。

词类活用

① 虽乘奔御风,不以疾也。　　奔:动词用作名词,奔驰的快马。

② 回清倒影　　　　　　　　　清:形容词用作名词,清波。

③ 晴初霜旦　　　　　　　　　霜:名词用作动词,降霜、下霜。

④ 空谷传响　　　　　　　　　空谷:名词作状语,在空荡的山谷里。

⑤ 素湍绿潭　　　　　　　　　湍:形容词用作名词,指急流。

特殊句式

① (三峡)两岸连山……　　　省略句

② (两岸)重岩叠嶂……　　　省略句

③ 有时朝发(于)白帝,暮到江陵。

省略句

古今异义

或王命急宣

古义:有时。

今义:常用于选择复句的关联词。

至于夏水襄陵

古义:一个动词"到"和一个介词"于"。

今义:常连在一起,表示另提一事。

虽乘奔御风

古义:即使。

今义:虽然。

泪沾裳

古义:古人的下衣。

今义:衣服。

不以疾也

古义:快。

今义:疾病。

良多趣味
·
古义：真，实在。

今义：好。

属引凄异
·
古义：连续。

今义：属于。

猿鸣三声泪沾裳
· ·
古义：几声，不是确数。

今义：汉语声调三声。

一词多义

① 自

自三峡七百里中（在）

自非亭午夜分（如果）

② 绝

沿溯阻绝（断绝）

绝巘多生怪柏（极，最）

哀转久绝（消失）

率妻子邑人来此绝境（与世隔绝）

群响毕绝（停止）

以为妙绝（极点）

③ 清

回清倒影（清波）

清荣峻茂（水清）

④ 属

属引凄异（动词，连续）

属予作文以记之（通"嘱"，嘱咐）

有良田美池桑竹之属（类）

⑤ 良

清荣峻茂，良多趣味（实在，的确）

此皆良实，志虑忠纯（善良）

⑥疾

虽乘奔御风，不以疾也（快）

鳏、寡、孤、独、废疾者皆有所养（病）

───── • 思考练习 • ─────

1. 文章第①段写出了山的什么特点？第②段写出了水的什么特点？

2. 第③段写三峡春冬景色时，既描写了"＿＿＿＿＿＿＿＿＿＿"的静景，也描写了"＿＿＿＿＿＿＿＿＿＿"的动景，动静结合，相得益彰。

3. 文中引用"巴东三峡巫峡长，猿鸣三声泪沾裳"，"泪沾裳"与前文中写猿声的＿＿＿＿和＿＿＿＿形成照应。（每格限填一字）

4. 课文写三峡四时风光，为什么从"山"写起？为什么不按春夏秋冬的顺序来写？

5. 翻译下列句子。

（1）虽乘奔御风，不以疾也。

（2）清荣峻茂，良多趣味。

张中丞传后叙①

韩　愈

元和二年四月十三日夜，愈与吴郡张籍阅家中旧书②，得李翰所为《张巡传》③。翰以文章自名④，为此传颇详密。然尚恨有阙者：不为许远立传⑤，又不载雷万春⑥事首尾。

远虽材若不及巡者，开门纳巡⑦，位本在巡上。授之柄⑧而处其下，无所疑忌，竟与巡俱守死，成功名，城陷而虏，与巡死先后异耳⑨。两家子弟材智下⑩，不能通知⑪二父志，以为巡死而远就虏，疑畏死而辞服于贼。远诚畏死，何苦守尺寸之地，食其所爱之肉⑫，以与贼抗而不降乎？当其围守时，外无蚍蜉蚁子之援⑬，所欲忠者，国与主耳，而贼语以国亡主灭⑭。远见救援不至，而贼来益众，必以其言为信；外无待⑮而犹死守，人相食且尽，虽愚人亦能数日而知死所矣。远之不畏死亦明矣！乌有城坏其徒俱死，独蒙愧耻求活？虽至愚者不忍为，呜呼！而谓远之贤而为之邪？

说者又谓远与巡分城而守，城之陷，自远所分始⑯。以此诟远，此又与儿童之见无异。人之将死，其藏腑必有先受其病者；引绳而绝之，其绝必有处。观者见其然，从而尤之，其亦不达于理矣！小人之好议论，不乐成人之美，如是哉！如巡、远之所成就，如此卓卓，犹不得免，其他则又何说！

当二公之初守也，宁能知人之卒不救，弃城而逆遁？苟此不能守，虽避之他处何益？及其无救而且穷也，将其创残饿羸⑰之余，虽欲去，必不达。二公之贤，其讲之精矣⑱！守一城，捍天下，以千百就尽之卒，战百万日滋之师，蔽遮江淮，沮遏⑲其势，天下之不亡，其谁之功也！当是时，弃城而图存者，不可一二数；擅强兵坐而观者，相环也。不追议此，而责二公以死守，亦见其自比于逆乱，设淫辞而助之攻也。

愈尝从事于汴徐二府⑳，屡道于两府间，亲祭于其所谓双庙㉑者。其老人往往说巡、远时事云：南霁云之乞救于贺兰也㉒，贺兰嫉巡、远之声威功绩出己上，不肯出师救；爱霁云之勇且壮，不听其语，强留之，具食与乐，延霁云坐。霁云慷慨语曰："云来时，睢阳之人，不食月余日矣！云虽欲独食，义不忍；虽食，且不下咽！"因拔所佩刀，断一指，血淋漓，以示贺兰。一座大惊，皆感激为云泣下。云知贺兰终无为云出师意，即驰去；将出城，抽矢射佛寺浮图，矢著其上砖半箭，曰："吾归破贼，必灭贺兰！此矢所以志也。"愈贞元中过泗州㉓，船上人犹指以相语。城陷，贼以刃胁降巡，巡不屈，即牵去，将斩之；又降霁云，云未应。巡呼云曰："南八㉔，男儿死耳，不可为不义屈！"云笑曰："欲将以有为也；公有言，云敢不死！"即不屈。

张籍曰："有于嵩者，少依于巡；及巡起事，嵩常㉕在围中。籍大历中于和州乌江县见嵩㉖，嵩时年六十余矣。以巡初尝得临涣县尉㉗，好学无所不读。籍时尚小，粗问巡、远事，不能细也。云：巡长七尺余，须髯若神。尝见嵩读《汉书》，谓嵩曰："何为久读此？"嵩曰："未熟也。"巡曰："吾于书读不过三遍，终身不忘也。"因诵嵩所读书，尽卷不错一字。嵩惊，以为巡偶熟此卷，因乱抽他帙㉘以试，无不尽然。嵩又取架上诸书试以问巡，巡应口诵无疑。嵩从巡久，亦不见巡常读书也。为文章，操纸笔立书，未尝起草。初守睢阳时，士卒仅㉙万人，城中居人户，亦且数万，巡因一见问姓名，其后无不识者。巡怒，须髯辄张。及城陷，贼缚巡等数十人坐，且将戮。巡起旋，其众见巡起，或起或泣。巡曰："汝勿怖！死，命也。"众泣不能仰视。巡就戮时，颜色不乱，阳阳如平常。远宽厚长者，貌如其心；与巡同年生，月日后于巡，呼巡为兄，死时年四十九。"嵩贞元初死于亳宋间㉚。或传嵩有田在亳宋间，武人夺而有之，嵩将诣州讼理，为所杀。嵩无子。张籍云。

注 释

① 张中丞：即张巡（709—757），中丞，张巡驻守睢阳时朝廷所加的官衔。② 元和二年：公元807年。元和，唐宪宗李纯的年号（806—820）。张籍（约767—约830）：字文昌，吴郡（治所在今江苏省苏州市）人，唐代著名诗人，韩愈学生。③ 李翰：字子羽，赵州赞皇（今河北省元氏县）人，官至翰林学士。与张巡友善，客居睢阳时，曾亲见张巡战守事迹。张巡死后，有人诬其降贼，因撰《张巡传》上肃宗，并有《进张中丞传表》。④ 自名：自许。⑤ 许远（709—757）：字令威，杭州盐官（今浙江省海宁县）人。安史乱时，任睢阳太守，后与张巡合守孤城，城陷被掳往洛阳，至偃师被害。事见两唐书本传。⑥ 雷万春：张巡部下勇将。按：此当是"南霁云"之误，如此方与后文相应。⑦ 开门纳巡：肃宗至德二载（757年）正月，叛军安庆绪部将尹子奇带兵十三万围睢阳，许远向张巡告急，张巡自宁陵率军入睢阳城。⑧ 柄：权柄。⑨ 城陷而虏二句：此年十月，睢阳陷落，张巡、许远被虏。张巡与部将被斩，许远被送往洛阳邀功。⑩ 两家句：据《新唐书·许远传》载，安史乱平定后，大历年间，张巡之子张去疾轻信小人挑拨，上书代宗，谓城破后张巡等被害，惟许远独

存，是屈降叛军，请追夺许远官爵。诏令去疾与许远之子许岘及百官议此事。两家子弟即指张去疾、许岘。⑪ 通知：通晓。⑫ 食其句：尹子奇围睢阳时，城中粮尽，军民以雀鼠为食，最后只得以妇女与老弱男子充饥。当时，张巡曾杀爱妾、许远曾杀奴仆以充军粮。⑬ 蚍（pí）蜉（fú）：黑色大蚁。蚁子：幼蚁。⑭ 而贼句：安史乱时，长安、洛阳陷落，玄宗逃往西蜀，唐室岌岌可危。⑮ 外无待：睢阳被围后，河南节度使贺兰进明等皆拥兵观望，不来相救。⑯ 说者句：张巡和许远分兵守城，张守东北，许守西南。城破时叛军先从西南处攻入，故有此说。⑰ 羸（léi）：瘦弱。⑱ 二公二句：谓二公功绩前人已有精当的评价。此指李翰《进张中丞传表》所云："巡退军睢阳，扼其咽领，前后拒守，自春徂冬，大战数十，小战数百，以少击众，以弱击强，出奇无穷，制胜如神，杀其凶丑九十余万。贼所以不敢越睢阳而取江淮，江淮所以保全者，巡之力也。"⑲ 沮（jǔ）遏：阻止。⑳ 愈尝句：韩愈曾先后在汴州（治所在今河南省开封市）、徐州（治所在今江苏省徐州市）任推官之职。唐称幕僚为从事。㉑ 双庙：张巡、许远死后，后人在睢阳立庙祭祀，称为双庙。㉒ 南霁云（？—757）：魏州顿丘（今河南省清丰县西南）人。安禄山反叛，被遣至睢阳与张巡议事，为张所感，遂留为部将。贺兰：复姓，指贺兰进明。时为御史大夫、河南节度使，驻节于临淮一带。㉓ 贞元：唐德宗李适年号（785—805）。泗州：唐属河南道，州治在临淮（今江苏省泗洪县东南），当年贺兰屯兵于此。㉔ 南八：南霁云排行第八，故称。㉕ 常：通"尝"，曾经。㉖ 大历：唐代宗李豫年号（766—779）。和州乌江县：在今安徽省和县东北。㉗ 以巡句：张巡死后，朝廷封赏他的亲戚、部下，于嵩因此得官。临涣：故城在今安徽省宿县西南。㉘ 帙（zhì）：书套，也指书本。㉙ 仅：几乎。㉚ 亳（bó）：亳州，治所在今安徽省亳县。宋：宋州，治所在睢阳。

鉴赏

　　《张中丞传后叙》是唐代文学家韩愈所创作的一篇散文，是作者在阅读李翰所写的《张巡传》后，对有关材料作的补充，对有关人物的议论，所以题为"后叙"。

　　此文写于唐宪宗元和二年（807年），这年韩愈正四十岁，已召回京师任国子博士。此时距安史之乱已有四十多年了，唐朝在恢复生产、稳定社会秩序等方面都初见成效。韩愈政治主张的一个重要方面是反对藩镇割据和维护中央集权，《张中丞传后叙》即表达了这一思想。

　　此文是一篇议论与叙事相结合的散文，融议论、叙事、抒情、描写于一炉，体现了韩愈文章多变的特色。文中表彰张巡、许远抗击安史叛军的功绩，驳斥对张、许的诬蔑、中伤，以此来歌颂抗击藩镇作乱的英雄人物。元和元年（806年）宪宗开始制裁藩镇。在这样的政治背景之下，韩愈重新阐扬张、许功绩，无疑是有意义的。

　　第一段是引子，借评论李翰的《张巡传》，作一些必要的交代。真正的议论是从第二段开始。张、许二人中，许远受诬更重，第二段便主要为许远辩诬。第三段以"人死"和"绳断"作比喻，用归谬法，指出其"不达于理"。随后发出感愤，斥责"小人之好议论，不乐成人之美"，指向一种带有普遍性的社会现象，不仅增强了文章的气势，而且非常能引起人的共鸣。第四段接着为整个睢阳保卫战辩护。先驳死守论，由申述不能弃城逆遁的原因，转入从正面论证"守一城，捍天下"的重大意义。文章第五、六两段展开对英雄人物轶事的描写。

● 本课知识点 ●

一 文学常识

1. 韩愈
2. 本文体裁：后叙
3. "古文运动"
4. "唐宋八大家"

二 文言现象

通假字

远虽材若不及巡者	"材"通"才"，才能。
然尚恨有阙者	"阙"通"缺"，遗漏，缺少，不足。
嵩常在围中	"常"通"尝"，曾经。
其藏腑必有先受其病者	"藏"通"脏"，脏腑。

词类活用

城陷而虏，与巡死先后异耳	形容词作动词，一个在先，一个在后。
云虽欲独食，义不忍	名作状，在道义上。
城陷，贼以刃胁降巡	使动用法，使……投降。
屡道于两府间	名作动，取道，来往。
将其创残饿羸之余	形作名，受伤、伤残、饥饿、衰弱的人。
矢著其上砖半箭	名作状，半箭深。

| 小人之好议论，不乐成人之美如是哉 | 意动用法，以……为乐。 |
| 云笑曰 | 动作状，笑着。 |

特殊句式

疑畏死而辞服于贼。	介宾短语后置句，省略句
死，命也。	判断句
何为久读此？	宾语前置句
为所杀。	被动句
城陷而虏，与巡死先后异耳。	被动句
当其围守时……	被动句
城之陷自远所分始。	被动句
嵩贞元初死于亳宋间。	介宾短语后置句
而贼语以国亡主灭。	介宾短语后置句
所欲忠者，国与主耳。	判断句

古今异义

两家子弟材智下，不能通知二父志

古义：深知，深入了解。

今义：下发的文书。

虽愚人亦能数日而知死处矣

古义：计算日子。

今义：几天。

观者见其然，从而尤之

古义：从，跟从，而，表承接。

今义：连词。

愈尝从事于汴、徐二府

古义：任职，供职。

今义：投身到（事业中去）；处理。

其老人往往说巡、远时事

古义：处处，到处。

今义：常常。

一座大惊，皆感激为云泣下

古义：感动激奋。

今义：因对方的好意产生好感。

又不载雷万春事首尾

古义：始末，事迹详情。

今义：前后；始末。

颜色不乱

古义：脸色。

今义：色彩。

其老人往往说巡、远时事

古义：当时的事。

今义：近期的国内外大事。

霁云慷慨语曰

古义：充满正气，情绪激昂。

今义：大方，不吝啬。

重要虚词

1. 为

为此传颇详密	因为。
不为许远立传	给，替。
得李翰所为张巡传	写。
尝见嵩读汉书，谓嵩曰：何为久读此	因为。
亦不见巡常读书也，为文章	写。
呼巡为兄	做。
嵩将诣州讼理，为所杀	被。
必以其言为信	作为，当作。
虽至愚者不忍为	做。
而谓远之贤而为之邪	做。
皆感激，为云泣下	为了。
云知贺兰终无为云出师意，即驰去	给，替。
不可为不义屈	被。
欲将以有为也	作为。

2. 于

疑畏死而辞服于贼	向。

有于嵩者，少依于巡	引出动作对象。
籍大历中于和州乌江县见嵩	引出地点。
吾于书读不过三遍，终身不忘也	对于。
与巡同年生，月日后于巡	比。
亦见其自比于逆乱	接动作的对象。
屡道于两府间	在。
南霁云之乞救于贺兰也	接对象，向。

3. 所

所欲忠者	所……者，……的人
无所疑忌	……的事

4. 以

以与贼抗而不降乎	用来。
翰以文章自名	凭借。
以巡初尝得临涣县尉，好学，无所不读	表原因，因为。
因乱抽他帙以试	表承接。
嵩又取架上诸书，试以问巡	用，省略"之"，以之问巡。
而贼语以国亡主灭	把。
必以其言为信	认为。
以此诟远	表原因。
而责二公以死守	因为。
以示贺兰	用来。
欲将以有为也	按照。

5. 因

嵩惊，以为巡偶熟此卷，因乱抽他帙以试，无不尽然	于是。
因拔所佩刀断一指	于是，就。

6. 之

或传嵩有田在亳、宋间，武人夺而有之	指代"田"。
授之柄而处其下	代张巡。
何苦守尺寸之地	结构助词，的。
食其所爱之肉	的。

远之不畏死亦明矣	主谓间，取独。
而谓远之贤而为之邪	第一个"之"：主谓间，取独。
	第二个"之"：代事。
此又与儿童之见无异	结构助词，的。
人之将死	主谓间，取独。
引绳而绝之	代绳。
从而尤之	代许远。
当二公之初守也	主谓间，取独。
宁能知人之卒不救	主谓间，取独。
虽避之他处何益？	往，到。
天下之不亡，其谁之功也	第一个"之"：主谓间，取独。
	第二个"之"：的。
南霁云之乞救于贺兰也	主谓间，取独。
爱霁云之勇且壮	结构助词，的。

———— • 思考练习 • ————

1. 下列对原文有关内容的分析和概括，正确的一项是（　　）。

   A. 李翰给许多人作传，都写得很好，特别是《张巡传》。可他就是不愿意给许远作传。

   B. 张巡为人勇于承担责任，在睢阳时不受许远的官职比自己高的约束，指挥许远守卫睢阳城。

   C. 作者认为天下兴亡，匹夫有责，因此痛斥了那些丢掉城池只想保全性命的人和拥有强兵却安坐观望的人。

   D. 文章以"人死"和"绳断"作比喻，斥责"小人之好议论，不乐成人之美"，虽然肯定张巡、许远对国家作出了卓越贡献，可还是认为他们这种愚忠思想不可取。

2. 下列句子补出的成分不正确的一项是（　　）。

   A. 巡不屈，即牵（巡）去。

   B. （贼）又降霁云，云未应（贼）。

   C. （霁云）不听其语，强留之。

D. 愈贞元中过泗州，船上人犹指（志）以相语。

3. 从课文行文方式看，本文的最大特色是（　　　　）。

A. 叙事与议论并重 　　　　　　　　　B. 着重叙事

C. 分叙主要人物事迹 　　　　　　　　D. 着重刻画人物

4. 下列四项是用细节描写来写南霁云的一项是（　　　　）。

A. 记忆超人 　　　　　　　　　　　　B. 拔刀断指

C. 抽矢射贺兰 　　　　　　　　　　　D. 怒则须髯张

5. 本文刻画的主要人物较多，其中作者歌颂的三个主要人物是（　　　　）。

A. 张巡、张籍、雷万春 　　　　　　　B. 李翰、张巡、许远

C. 张巡、许远、南霁云 　　　　　　　D. 雷万春、许远、南霁云

6. 文中在写南霁云拔刀断指时说："一座大惊，皆感激为云泣下。"从刻画南霁云的形象来说，这种表现方法是（　　　　）。

A. 对比反衬 　　　　　　　　　　　　B. 心理刻画

C. 表情描写 　　　　　　　　　　　　D. 侧面烘托

7. 在《张中丞传后叙》"以千百就尽之卒，战百万日滋之师"的句子中运用的修辞手法和表现手法是（　　　　）。

A. 对偶和对比 　　　　　　　　　　　B. 对偶和反衬

C. 排比和对比 　　　　　　　　　　　D. 比喻和暗示

8. 《张中丞传后叙》中张巡、许远坚守的孤城（　　　　）。

A. 徐州 　　　　　　　　　　　　　　B. 泗州

C. 睢阳 　　　　　　　　　　　　　　D. 长安

9. "后叙"是一种怎样的文体？韩愈为什么要写《张中丞传后叙》？

10.阅读韩愈《张中丞传后叙》中的一段文字，回答文后问题。

　　南霁云之乞救于贺兰也，贺兰嫉巡、远之声威、功绩出己上，不肯出师救。爱霁云之勇且壮，不听其语，强留之，具食与乐，延霁云坐。霁云慷慨语曰："云来时，睢阳之人不食月余日矣。云虽欲独食，义不忍；虽食，且不下咽！"因拔所配刀，断一指，血淋漓，以示贺兰。一座大惊，皆感激为云泣下。云知贺兰终无为云出师意，即驰去。将出城，抽矢射佛寺浮图，矢著其上砖半箭，曰："吾归破贼，必灭贺兰，此矢所以志也。"

（1）作者选用了哪些细节刻画南霁云的形象？

（2）从这段文字看，南霁云的性格特点是什么？

（3）本段中除了用人物语言、动作描写南霁云外，还用了什么手法来表现这个人物？

钴鉧潭^①西小丘记

柳宗元

得西山^②后八日，寻^③山口西北道^④二百步^⑤，又得钴鉧潭^⑥。西二十五步，当湍^⑦而浚者为鱼梁。梁之上有丘焉^⑧，生竹树。其石之突怒^⑨偃蹇，负土而^⑩出，争为奇状者，殆^⑪不可数。其嵚然^⑫相累而下者，若牛马之饮于溪；其冲然^⑬角列而上者，若熊罴^⑭之登于山。

丘之小不能^⑮一亩，可以笼^⑯而有之。问其主，曰："唐氏之弃地，货^⑰而不售。"问其价，曰："止四百。"余怜^⑱而售之。李深源、元克己时同游，皆大喜，出自意外。即更^⑲取器用，铲刈秽草，伐去恶木，烈火而焚之。嘉木立，美竹露，奇石显。由其中^⑳以望，则山之高，云之浮，溪之流，鸟兽之遨游，举^㉑熙熙然回巧献技，以效^㉒兹丘之下。枕席而卧，则清泠^㉓之状与目谋，瀯瀯^㉔之声与耳谋，悠然而虚者与神谋，渊然而静者与心谋。不匝旬^㉕而得异地者二，虽^㉖古好事之士，或^㉗未能至焉。

噫！以兹丘之胜^㉘，致之沣^㉙、镐^㉚、鄠^㉛、杜^㉜，则贵游之士争买者，日增千金而愈不可得。今弃是州^㉝也，农夫渔父过而陋^㉞之，贾四百，连岁^㉟不能售。而我与深源、克己独喜得之，是其^㊱果有遭乎！书于石，所以^㊲贺兹丘之遭也。

注释

① 钴鉧（gǔ mǔ）潭：潭名。钴鉧，熨斗。潭的形状像熨斗，故名。② 西山：山名，在今湖南零陵县西。③ 寻：通"循"，沿着。④ 道：行走。⑤ 步：指跨一步的距离。沿着山口向西北走两百步。⑥ 潭：原选本无，据中华书局版《柳河东集》补。⑦ 湍（tuān）：急流。浚（jùn）：深水。而：连接两个词，起并列作用。鱼梁：用石砌成的拦截水流、中开缺口以便捕鱼的堰。正当水深流急的地方是一道坝。⑧ 焉：用于句中，表示语气停顿一下。⑨ 突怒：形容石头突出隆起。偃蹇（yǎn jiǎn）：形容石头高耸的姿态。⑩ 而：连接先后两个动作，起顺承作用。⑪ 殆：几乎，差不多。⑫ 嵚（qīn）然：倾斜。相累，相互重叠，彼此挤压。⑬ 冲（chòng）然：向上或向前的

样子。角列：争取排到前面去。一说，像兽角那样排列。⑭罴（pí）：人熊。⑮不能：不足，不满，不到。⑯笼：包笼，包罗。⑰货：卖，出售。不售：卖不出去。⑱怜：爱惜。售之：买进它，这里的"售"是买的意思。⑲更：轮番，一次又一次。器用：器具，工具。刈（yì）：割。⑳其中：小丘的当中。以：同"而"，起顺承作用。㉑举：全。熙熙然：和悦的样子。回巧：呈现巧妙的姿态。技：指景物姿态的各自的特点。㉒效：效力，尽力贡献。兹：此，这。㉓清泠（líng）：形容景色清凉明澈。谋：这里是接触的意思。㉔潆潆：象声词，像水回旋的声音。㉕匝（zā）旬：满十天。匝，周。旬，十天为一旬。㉖虽：即使，纵使，就是。好（hào）事：爱好山水。㉗或：或许，只怕，可能。焉：表示估量语气。㉘胜：指优美的景色。㉙沣（fēng）：水名。流经长安（今陕西西安市）。㉚镐：地名。在今西安市西南。㉛鄠（hù）：地名，在今陕西户县北。㉜杜：地名。在今陕西长安县东南。㉝是州，这个州。指永州。㉞陋：鄙视，轻视。㉟连岁：多年，接连几年。㊱其：岂，难道。遭遇：遇合，运气。㊲所以：用来……的。所，助词，以，介词。"所"先与介词"以"相结合，然后再与动词"贺"（包括它后面的宾语）组成名词性的词组，表示祝贺这小土山运气的手段。

鉴赏

山水游记是柳宗元散文中的精品，最为脍炙人口。山水游记在柳宗元手里发展成为一种独立的文学体裁，柳宗元也因而被称为"游记之祖"。柳宗元山水游记并非单纯的景物描摹，也是作者悲剧人生和审美体验的结晶。将悲情沉潜于作品之中，形成了柳宗元山水游记的"凄神寒骨"之美。

柳宗元政治上失意，贬谪到永州，写下八篇著名的游记，《钴鉧潭西小丘记》是其第三篇。作者用简练生动的语言对小土丘作了逼真的描写。把奇石非常形象地比作"若牛马之饮于溪""若熊罴之登于山"，就把呆石写活了。勾描小土丘的自然形态而又传神的写法，把景色写得像一幅精美的浮雕，令人有深刻的印象。写小土丘因乱草、恶木的包围遮掩，成为弃地，借以自喻受到排挤，被贬谪远方，表达了怀才不遇的沉重心情。文章写景和抒情巧妙地融合在一起，多用拟人手法，静物动写，栩栩如生，情景交融。

· 本课知识点 ·

一　文学、文体常识

1. 柳宗元

2. 本文体裁：记

3. "古文运动"

4. "唐宋八大家"

二　文言现象

词类活用

（1）寻山口西北道二百步　　　西北：名词作状语，向西北。道，名词作动词，
　　　　　　　　　　　　　　　　行走。

（2）角列而上　　　　　　　　名词作状语，像兽角一样。

（3）可以笼而有之　　　　　　名词作动词，用笼子装。

（4）唐氏之弃地，货而不售　　名词作动词，卖。

（5）李深源、元克己时同游　　名词作状语，当时。

（6）伐去恶木，烈火而焚之　　使动用法，使……烈，燃起。

（7）枕席而卧　　　　　　　　名词作动词，枕头石头，以地作席。

（8）日增千金而愈不可得。　　名词作状语，每日，天天。

（9）农夫渔父过而陋之　　　　意动用法，认为……粗陋，鄙视。

特殊句式

当湍而浚者为鱼梁。	判断句
若牛马之饮于溪……若熊罴之登于山。	介词短语后置句
其石之突怒偃蹇，负土而出，争为奇状者。	介词短语后置句
山之高，云之浮，溪之流，鸟兽之遨游。	介词短语后置句
不匝旬而得异地者二。	定语后置句
今弃是州也。	被动句

古今异义

丘之小不能一亩，可以笼而有之。

古义：不足，不满。

今义：不可以。

虽古好事之士，或未能至焉。

古义：爱好山水。

今义：好的事情或好管闲事、喜欢多事。

所以贺兹丘之遭也。

古义：用来……的方法。

今义：因果连词。

• 思考练习 •

1. 文章不止一处强调了小丘廉价。先在文中勾画出这些句子，理解其意思，然后说说为什么要这样写。

2. 第一段描写小丘的石头时用了"争"字与"奇"字，如何理解这两个字？

3. "而我与深源、克己独喜得之，是其果有遭乎！"这句话中的"果有遭"，一般都认为有两层意思。请分析。

4. 结合全文，说说作者如何用小丘的遭遇来自比的。

5. "由其中以望，则山之高，云之浮，溪之流，鸟兽之遨游，举熙熙然回巧献技，以效兹丘之下。"这句话中的前四个"之"字起什么样的作用？有什么样的表达效果？

岳阳楼记

范仲淹

庆历四年春，滕子京谪守巴陵郡①。越明年②，政通人和，百废具兴。乃重修岳阳楼，增其旧制③，刻唐贤、今人诗赋于其上，属④予作文以记之。

予观夫巴陵胜状，在洞庭一湖。衔远山，吞长江，浩浩汤汤⑤，横无际涯；朝晖夕阴，气象万千。此则岳阳楼之大观也。前人之述备矣，然则北通巫峡，南极潇、湘，迁客骚人⑥，多会于此，览物之情，得无异乎？

若夫淫雨霏霏，连月不开；阴风怒号，浊浪排空；日星隐曜，山岳潜形；商旅不行，樯倾楫摧；薄暮冥冥，虎啸猿啼。登斯楼也，则有去国⑦怀乡，忧谗畏讥，满目萧然，感极而悲者矣。

至若春和景明，波澜不惊，上下天光，一碧万顷；沙鸥翔集，锦鳞游泳；岸芷汀兰⑧，郁郁青青。而或长烟一空，皓月千里；浮光耀金，静影沉璧；渔歌互答，此乐何极！登斯楼也，则有心旷神怡，宠辱皆忘，把酒临风，其喜洋洋者矣。

嗟夫！予尝求古仁人之心，或异二者之为，何哉？不以物⑨喜，不以己悲。居庙堂⑩之高，则忧其民；处江湖⑪之远，则忧其君。是进亦忧，退亦忧。然则何时而乐耶？其必曰"先天下之忧而忧，后天下之乐而乐"欤！噫！微⑫斯人，吾谁与归⑬？

时六年九月十五日。

注 释

① 滕子京：名宗谅，字子京，河南（今河南洛阳）人。和范仲淹是同年进士，因被人诬陷，贬官至岳州。谪：古时京官受处分降职出任外官或犯罪流放。② 越：及，到。明年：第二年。③ 旧制：原来的规模。④ 属：同"嘱"，嘱咐，委托。⑤ 汤（shāng）汤：水流急、水势大的样子。⑥ 迁客：被贬谪的官员。骚人：屈原作《离骚》，后人即称诗人为"骚人"。⑦ 去国：离开京城。⑧ 芷：香草名。汀：水中或水边的平地。⑨ 物：外物，这里指环境遭遇。⑩ 庙堂：宗庙和殿堂，指朝廷。

⑪江湖：民间。⑫微：没有。⑬归：归依。

鉴赏

岳阳楼在今湖南岳阳西，下临洞庭湖，是著名的风景名胜，始建于唐朝，北宋年间由巴陵郡守滕子京重修。《岳阳楼记》作于庆历六年（1046年），是范仲淹应滕子京之邀而为岳阳楼作的记。当时范仲淹因"庆历新政"失败，被贬谪，居远州。此文将写景与议论巧妙地结合在一起，表达了作者"先天下之忧而忧，后天下之乐而乐"的高尚情操。宋人王辟之曾说：庆历中，滕子京谪守巴陵，治最为天下第一。政成，增修岳阳楼，属范文正公为记。苏子美书石，邵䗋篆额，亦皆一时精笔。世谓之"四绝"云。

本文第一段，说明作记的缘由，着重写滕子京在谪守期间的政绩。第一句中的"谪"字是全文的关键。"政通人和，百废具兴"，赞美了滕子京，也为下文阐发主旨设下伏笔。第二段，不对岳阳楼本身作具体描写，而是由岳阳楼的大观过渡到登楼览物的心情。"迁客"远承"谪"字，又引出览物的不同感受。第三段，写览物而悲者；第四段，写览物而喜者。两段采取对比的写法，一阴一晴，一悲一喜，两相对照，情随景生，情景交融，有诗一般的意境。这两段描写引出了最后一段，点明了文章的主旨。"不以物喜，不以己悲"，否定、超越了前两段所写的两种览物之情，从而表现出一种更高的思想境界——以天下的忧乐而忧乐。孟子说："达则兼善天下，穷则独善其身。"这已成为传统时代许多士大夫的信条。但范仲淹进一步提出"居庙堂之高，则忧其民；处江湖之远，则忧其君"，"先天下之忧而忧，后天下之乐而乐"，语句体现出的吃苦在前、享乐在后的精神，至今仍有积极的教育意义。

《岳阳楼记》思想境界崇高。与范仲淹同时代的文学家欧阳修为他撰写碑文，说范仲淹从小就有志于天下，常自诵曰："士当先天下之忧而忧，后天下之乐而乐也。"

文章分叙事、写景、抒情、议论几部分，事、景、情、论紧密结合，记事简明，写景铺张，抒情真切，议论精确，言少意丰。文章还运用对偶、对比，加强了作品的感染力，而且骈散结合，富有韵味和诗意。

• 本课知识点 •

一 文学、文体常识

1. 范仲淹
2. 本文体裁：记

二 文化常识

表示古代官职调动的词语：除、拜、转、贬、谪、迁、乞骸骨等。

三 文言现象

通假字

属予作文以记之	"属"，通"嘱"，嘱托。
百废具兴	"具"，通"俱"，全，皆，都。

词类活用

百废具兴	动词作名词，荒废了的事业。
先天下之忧而忧	名词作状语，在……之前。
后天下之乐而乐	名词作状语，在……之后。
忧谗畏讥	名词作动词，别人说坏话。
刻唐贤今人诗赋于其上	形容词作名词，贤明之人。
而或长烟一空	形容词作动词，消散。
北通巫峡，南极潇湘	名词活用作状语，向北；向南。
或异二者之为	动词活用作名词，这里指心理活动。

句式分析

此则岳阳楼之大观也。	判断句
（滕子京）属予作文以记之。	省略句
刻唐贤今人诗赋于其上。	介词短语后置句
迁客骚人，多会于此。	介词短语后置句
居庙堂之高……处江湖之远……	定语后置句

微斯人，吾谁与归？　　　　　　　宾语前置句

古今异义

1.气象万千

古义：景色和事物。

今义：天气变化；气象万千形容景色和事物多种多样、非常壮观。

2.微斯人

古义：（如果）没有。

今义：微小。

3.此则岳阳楼之大观也

古义：景象。

今义：看。

4.横无际涯

古：广远。

今：与"竖"相对。

5.浊浪排空

古：冲向天空。

今：全部去除掉。

6.予观夫巴陵胜状

古：指示代词，表远指，相当于"那"。

今：丈夫，夫人。

7.前人之述备矣

古：详尽。

今：准备。

8.增其旧制

古：规模。

今：制度。

9.作文

古：写文章。

今：作文。

10.至若春和景明

古：日光。

今：景色、景物。

11. 则有去国怀乡

古：国都。

今：国家。

12. 则有去国怀乡

古：离开。

今：前往。

13. 予尝求古仁人之心

古：曾经。

今：品尝。

14. 越明年

古：及，到。

今：越过。

15. 宠辱偕忘

古：荣耀。

今：恩宠。

16. 沙鸥翔集

古：群鸟停息在树上。

今：集体，集中。

17. 进亦忧

古：在朝廷做官。

今：前进。

18. 退亦忧

古：不在朝廷做官。

今：后退。

一词多义

明

（1）越明年（到了第二年，就是庆历五年）

（2）至若春和景明（明媚）

以

（1）属予作文以记之（来）

（2）不以物喜，不以己悲（因为）

夫

（1）予观夫巴陵胜状（那）

（2）嗟夫（表句尾感叹）

观

（1）予观夫巴陵胜状（看）

（2）此则岳阳楼之大观也（景象）

极

（1）北通巫峡，南极潇湘（直到）

（2）此乐何极（穷尽，尽头）

（3）感极而悲者矣（表示程度深）

或

（1）或异二者之为（或许）

（2）而或长烟一空（有时）

空

（1）浊浪排空（天空）

（2）长烟一空（消散）

通

（1）政通人和（顺利）

（2）北通巫峡（通向）

和

（1）政通人和（和乐）

（2）春和景明（和煦）

一

（1）一碧万顷（一片）

（2）长烟一空（全）

（3）在洞庭一湖（全部）

则

（1）然则何时而乐耶（那么）

（2）此则岳阳楼之大观也（就是）

（3）居庙堂之高则忧其民（就）

归

（1）微斯人，吾谁与归（归依）

（2）云归而岩穴暝（聚拢）

• **思考练习** •

---

1. 填空题。

《岳阳楼记》作者是_____朝_____。岳阳楼与武汉的_____、南昌的_____并称为江南三大名楼。楼因诗显，岳阳楼因其文而名垂千古。请你写出让长江另外两座楼闻名的诗人及名句。

_____

2. 理解性默写。

（1）文中称述滕子京在岳州的政绩的语句（8字）：_____。

（2）描绘作者眼中洞庭湖胜景的语句：_____。

（3）文中交代洞庭（岳阳）独特的地理位置的语句（8字）：_____。

（4）迁客骚人登临岳阳楼时感物伤怀，有两种截然不同的心境。

写出这两种（一悲一喜）不同心境（各8字）的语句是：_____。

（5）春日洞庭湖鱼鸟自在，草木葱郁，美不胜收。

写出文中描绘这样美景的文句（16字）：_____。

（6）用文中原句解说"进亦忧，退亦忧"的意义：_____。

3. 翻译下列语句。

（1）衔远山，吞长江，浩浩汤汤，横无际涯；朝晖夕阴，气象万千。

（2）若夫淫雨霏霏，连月不开；阴风怒号，浊浪排空。

（3）至若春和景明，波澜不惊，上下天光，一碧万顷。

秋声赋^①

欧阳修

　　欧阳子方夜读书^②，闻有声自西南来者。悚然^③而听之，曰："异哉！"初淅沥以萧飒^④，忽奔腾而砰湃^⑤，如波涛夜惊，风雨骤至。其触于物也，鏦鏦铮铮^⑥，金铁皆鸣；又如赴敌之兵^⑦，衔枚^⑧疾走，不闻号令，但闻人马之行声。予谓童子："此何声也？汝出视之。"童子曰："星月皎洁，明河^⑨在天，四无人声，声在树间。"

　　余曰："噫嘻悲哉^⑩！此秋声也，胡为^⑪而来哉？盖夫秋之为状也：其色惨淡，烟霏云敛^⑫；其容清明，天高日晶^⑬；其气栗冽，砭人肌骨^⑭；其意萧条，山川寂寥^⑮。故其为声也，凄凄切切，呼号愤发。丰草绿缛而争茂，佳木葱茏而可悦^⑯；草拂之而色变^⑰，木遭之而叶脱，其所以摧败零落者，乃其一气之余烈^⑱。夫秋，刑官也，于时为阴^⑲；又兵象也，于行用金^⑳；是谓天地之义气，常以肃杀而为心^㉑。天之于物，春生秋实^㉒。故其在乐也，商声主西方之音，夷则为七月之律^㉓。商，伤也^㉔，物既老而悲伤；夷，戮也^㉕，物过盛而当杀。"

　　"嗟乎！草木无情，有时飘零。人为动物，惟物之灵^㉖，百忧感其心，万事劳其形，有动于中，必摇其精^㉗。而况思其力之所不及，忧其智之所不能，宜其渥然丹者为槁木^㉘，黟然黑者为星星^㉙。奈何非金石之质，欲与草木而争荣^㉚。念谁为之戕贼，亦何恨乎秋声！^㉛"

　　童子莫对，垂头而睡。但闻四壁虫声唧唧，如助予之叹息。

注　释

　　① 本文选自《欧阳文忠公文集·居士集》卷十五。作于宋仁宗嘉祐四年，作者时年五十三岁，在京城任翰林学士、给事中，充御试进士详定官。② 欧阳子：作者自称。方，正在。③ 悚然：惊骇的样子。④ 淅沥：雨声。萧飒，风声。这里的"淅沥以萧飒"均指风声，与下句"风雨骤至"相应。⑤ 砰湃：同"澎湃"，波涛激动声。这里的"奔腾而砰湃"也形容风声，与下句"如波涛夜惊"

相应。⑥ 锵锵：金属器具撞击声。⑦ 赴敌：奔走袭击敌人。⑧ 衔枚：古代秘密行军，士兵口中衔枚（形如筷子），以防说话，保证军队悄悄进发。⑨ 明河：天河、银河。⑩ 余曰：一作予曰。噫嘻，感叹声。悲哉，宋玉《九辩》："悲哉，秋之为气也！"⑪ 胡为：何为，即"为何"。⑫ 惨淡：指秋天草木枯黄，阴暗无色。烟霏云敛，烟云飘散聚合。⑬ 天高日晶：天特别高，太阳特别明。⑭ 慄冽：同"凛冽"，寒冷。砭，针刺。⑮ 寂寥：寂寞空虚。⑯ "丰草"二句：绿缛（rù），草色茂盛。葱茏，树木繁荣。⑰ 草拂之：即绿草一接触到秋气。之，指秋气。⑱ 一气：天地之气，此指秋气。余烈，余威。⑲ "夫秋"二句：《周礼》把官职分为天、地、春、夏、秋、冬六类。因秋天有肃杀之气，所以把掌管刑法、狱讼的刑官分属于秋。于时为阴，古时以阴阳二气配四时，春夏为阳，秋冬为阴。《汉书·律历志》："秋为阴中，万物以成。"⑳ "兵象"二句：古代以秋治兵，故言"兵象"，即战争之象。用五行配合四时，春属木，夏属火，秋属金，冬属水，故言"于行用金"。于行，在五行之中。㉑ 天地之义气：天地阴阳二气正常的变化谓之义气。肃杀，指万物凋蔽。《礼记·乡饮酒》："天地肃杀，此天地之义气也。"㉒ 春生秋实：草木春天生长，秋天结实。㉓ "故其"三句：秋气表现在音乐上，它是五音中的商音，代表西方；它是十二律中的夷则，属于七月。商声，宫、商、角、徵、羽为五音，五音与五行相配，金为商，与四方相配，西方为商。夷则，十二律之一，十二律与十二月相配，夷则与七月相对应。《礼记·月令》："孟秋之月，其音商，律中夷则。"㉔ 商，伤也：商的意思就是悲伤。这是以声为训。㉕ 夷，戮也：夷的意思就是杀戮。夷、戮在古代是同义词，这是以义为训。㉖《尚书·泰誓上》曰："惟人，万物之灵。"㉗ "百忧"四句：由草木的飘零而联想到有感情的人，人受外物的影响而忧愁劳苦，一触动内心，就要消耗人的精神，故人比草木更易衰老。形，身体。有动于中，必摇其精，《庄子·在宥》："必静必清，无劳汝形，无摇汝精，乃可以长生。"中，内心，一说通"衷"。精，精力，元气。㉘ 渥（wò）丹：红而有光泽。《诗·秦风·终南》："颜如渥丹。"槁木，枯木。㉙ 黟（yī）：黑貌。星星，形容头发中的点点白色。左思《白发赋》："星星白发，出于鬓垂。"㉚ "奈何"二句：言人为万物之灵，并没有金石那样坚固，为什么要与草木争取短暂的繁荣。㉛ "念谁"二句：想想是什么给人带来残害，也就不再怨恨秋声了。意在告诫人们，是人自己的忧心劳形残害自己，不同于草木受秋气的伤害。戕害，残害。

鉴赏

本文作于嘉祐四年（1059年），欧阳修时年53岁，这是作者继《醉翁亭记》后又一名篇。文章骈散结合，铺陈渲染，词采讲究，是宋代文赋的典范。

文章采用第一人称，由秋声起兴，极力渲染秋风的萧瑟，万物的凋零；并且联系人生，发出了世事艰难，人生易老的沉重感慨。文章第一段写作者夜读时听到秋声，从而展开了对秋声的描绘。灯下夜读，是一幅静态的图画，作者正处于凝神的状态中。声音的出现以动破静，引起了作者的注意，同时，也就引发文思。作者用丰富的比喻，把难以捉摸的秋声写得具体可感。由"初"到"忽"，再到"触于物"，按由远而近、由小到大的顺序表现秋声夜至的动态过程，突出了秋声变化的急剧和来势的猛烈。

这篇赋以"有声之秋"与"无声之秋"的对比作为基本结构框架，精心布局，文势一气贯串而又曲折变化，作者从凄切悲凉的秋声起笔，为下文铺写"有声之秋"蓄势；然后由草木经秋而摧败零落，写到因人事忧劳而使身心受到戕残，由自然界转到社会人生，这是"无声之秋"；最后归结出全篇主旨："念谁为之戕贼，亦何恨乎秋声！"

此赋写秋以立意新颖著称，从题材上讲，悲秋是我国古典文学的永恒题材，但作者选择了新的角度人手，虽然承袭了写秋天肃杀萧条的传统，但却烘托出人事忧劳更甚于秋的肃杀这一主题，作者的心情虽因屡遭贬谪而郁闷，但他借秋声告诫世人：不必悲秋、恨秋、怨天尤人，而应自我反省。这一立意，抒发了作者难有所为的郁闷心情，以及自我超脱的愿望。

作者仔细观察、精密构思，多样化地用比喻、烘托把难以捉摸的秋声写得可听、可感、可见，并把秋声、秋景和自己的秋感有机地融合在一起，贴切自然，渲染出极强烈的抒情气氛。中间穿插童子的对话，文气更加生动，结尾摇曳生姿。语言上骈散兼行、讲究排比、铺张，注意音调、韵节，但又写得灵活、流畅，自由飘洒，如散文诗一样。《秋声赋》在文体上的贡献很大。为"赋"体打开了一条新的出路，即赋的散文化，使赋的形式活泼起来，既部分保留了骈赋、律赋的铺陈排比、骈词俪句及设为问答的形式特征，又呈现出活泼流动的散体倾向，且增加了赋体的抒情意味。在艺术上有着独到之处，代表着以文为赋的宋赋的较高水平。

• 本课知识点 •

一 文学、文体常识

1. 欧阳修

2. 本文体裁：赋

3. "千古文章四大家"

二 文言现象 ||||||

通假字

忽奔腾而砰湃	"砰湃"通"澎湃",波涛汹涌的声音。
其气慄冽,砭人肌骨	"慄冽"通"凛冽",寒冷得刺骨。
有动于中	"中"通"衷",内心。

词类活用

欧阳子方夜读书	夜,名词作状语,在夜里。
四无人声	四,数词作名词,四处。
如波涛夜惊	夜,名词作状语,在夜里。
春生秋实	实,名词作动词,结果实。
百忧感其心	感:使……有感触。
万事劳其形	劳:使……劳累。

特殊句式

欧阳子方夜读书,闻有声自西南来者。	定语后置
其所以摧败零落者,乃其一气之余烈。	判断句
商,伤也。	判断句
夫秋,刑官也。	判断句
胡为而来哉?	宾语前置句

古今异义

如赴敌之兵

古义:军队。

今义:士兵。

天之于物

古义:自然。

今义:天空。

金铁皆鸣

古义:兵器。

今义:金属名。

其容清明

古义:清朗明净。

今义：二十四节气之一。

物过盛而当**杀**

古义：必定衰败。

今义：应杀死。

黟然黑者为**星星**

古义：点点白发。

今义：一种天体，或表示细而小的点儿。

重要虚词

而

（1）闻有声自西南来者，悚然而听之。   表修饰。

（2）初淅沥以萧飒，忽奔腾而砰湃。   表并列，并且。

（3）丰草绿缛而争茂   表并列，并且。

（4）佳木葱茏而可悦   表顺承，相当于"就"。

（5）草拂之而色变，木遭之而叶脱。   表承接，就。

（6）物既老而悲伤，物过盛而当杀。   表承接，就。

（7）童子莫对，垂头而睡。   表修饰。

（8）而况思其力之所不及   表转折。

（9）危而不持，颠而不扶   表假设，相当于"如果"，一般用在主谓之间。

（10）学而时习之，不亦说乎   表顺承，相当于"而且"。

者

（1）欧阳子方夜读书，闻有声自西南来者。   表定语后置，助词。

（2）宜其渥然丹者为槁木，黟然黑者为星星。   代词，代指头发。

（3）其所以摧败零落者，乃其一气之余烈。   表判断语气，助词。

以

（1）初淅沥以萧飒……   并列连词，相当于"而"。

（2）是谓天地之义气，常以肃杀而为心。   介词，把。

（3）奈何以非金石之质，欲与草木而争荣？   介词，凭，用。

之

（1）盖夫秋之为状也……   主谓之间取消句子独立性。

（2）草拂之而色变，木遭之而叶脱。   代词，指代秋风。

（3）是谓天地之义气，常以肃杀而为心。　　助词，的。

（4）而况思其力之所不及，忧其智之所不能。位于主谓之间，取消句子独立性。

一词多义

1.既

物既老而悲伤（已经，……以后）

将军既帝室之胄（既然）

既克，公问其故（已经，……以后）

肴核既尽，杯盘狼藉（全，都）

2.金

金铁皆鸣（金属，引申为武器）

于行用金（五行之一）

请献十金（汉以后银一两为一金）

3.及

而况思其力之所不及（到达）

其贤不及孔子（比得上）

一人飞升，仙及鸡犬（涉及，牵连）

怀王悔，追张仪，不及（赶上，追上）

● 思考练习 ●

1.下列每组句子中加点词语的意义和用法相同的一项是（　　　　）。

　A.悚然而听之　　　　忽奔腾而砰湃

　B.万事劳其形　　　　而况思其力之所不及

　C.天之于物　　　　　其触于物也

　D.淅沥以萧飒　　　　丰草绿缛而争茂

2.下列判断错误的一项是（　　　　）。

　A.本文在文体上属文赋，既有骈赋、律赋的铺陈排比、骈词俪句，又呈现出活泼流动的散体倾向。

　B.文章既承袭了写秋天肃杀萧条的传统，又烘托出人事忧劳更甚于秋的肃杀这一主题，使文章在立意上有所创新。

C. 文章对秋状的描绘，是为了烘托秋声"凄凄切切，呼号愤发"。

D. 作者采用了排比、对偶、对比、双关等多种修辞手法，极力渲染秋气对自然界万物的摧残。

3. 下列句子中的"为"的用法与意思与例句相同的一项是（　　　　）。

例：夷则为七月之律

A. 常以肃杀而为心

B. 如今人方为刀俎，我为鱼肉

C. 而为秦人积威之所劫

D. 故其为声也

4. 作者是从_____、_____、_____、_____四个方面描绘"秋状"的。

5. 翻译下列句子。

（1）此秋声也。胡为而来哉？

（2）其所以摧败零落者，乃其一气之余烈。

前赤壁赋

苏 轼

壬戌之秋①，七月既望，苏子与客泛舟游于赤壁之下。清风徐来，水波不兴。举酒属②客，诵"明月"之诗，歌"窈窕"之章。少焉，月出于东山之上，徘徊于斗牛③之间。白露横江，水光接天。纵一苇之所如，凌万顷之茫然。浩浩乎如冯虚御风，而不知其所止；飘飘乎如遗世独立，羽化④而登仙。

于是饮酒乐甚，扣舷而歌之。歌曰："桂棹兮兰桨，击空明兮泝流光。渺渺兮予怀，望美人兮天一方。"客有吹洞箫者，倚歌而和之。其声呜呜然，如怨如慕，如泣如诉，余音袅袅，不绝如缕，舞幽壑之潜蛟，泣孤舟之嫠妇⑤。

苏子愀然，正襟危坐，而问客曰："何为其然也？"客曰："'月明星稀，乌鹊南飞'，此非曹孟德之诗乎？西望夏口⑥，东望武昌⑦，山川相缪⑧，郁乎苍苍，此非孟德之困于周郎者乎？方其破荆州，下江陵，顺流而东也，舳舻⑨千里，旌旗蔽空，酾酒临江，横槊⑩赋诗，固一世之雄也，而今安在哉？况吾与子渔樵于江渚之上，侣鱼虾而友麋鹿，驾一叶之扁舟，举匏尊⑪以相属。寄蜉蝣⑫于天地，渺沧海之一粟；哀吾生之须臾，羡长江之无穷；挟飞仙以遨游，抱明月而长终。知不可乎骤得，托遗响于悲风。"

苏子曰："客亦知夫水与月乎？逝者如斯，而未尝往也；盈虚者如彼，而卒莫消长也。盖将自其变者而观之，则天地曾不能以一瞬；自其不变者而观之，则物与我皆无尽也。而又何羡乎？且夫天地之间，物各有主，苟非吾之所有，虽一毫而莫取。惟江上之清风，与山间之明月，耳得之而为声，目遇之而成色，取之无禁，用之不竭。是造物者之无尽藏也，而吾与子之所共适⑬。"

客喜而笑，洗盏更酌，肴核既尽，杯盘狼藉。相与枕藉乎舟中⑭，不知东方之既白。

注 释

①壬戌：宋神宗元丰五年，即1082年。②属：这里指劝酒。③斗牛：即南斗星和牵牛星。④羽化：道教认为人能够飞天成仙，称成仙为化羽。⑤嫠（lí）妇：寡妇。⑥夏口：汉水下游入长江的地方，古称夏口，又称汉口。⑦武昌：三国吴时武昌县，今湖北鄂城。⑧缪：同"缭"，连结，盘绕。⑨舳（zhú）舻（lú）：舳，船后掌舵处。舻，船前摇棹处。⑩槊（shuò）：长矛。⑪匏（páo）尊：葫芦做的酒器。匏，葫芦的一种。尊，一作"樽"。⑫蜉（fú）蝣（yóu）：小飞虫，夏季生活在水边，成虫只能生活几个小时。⑬共适：共享。一作：共食。⑭枕藉（jiè）：相互靠着睡觉。

鉴 赏

宋神宗元丰二年（1079），御史李定等新党人物，摘集苏轼讽刺新法的诗句，以讽刺朝政的罪名将苏轼逮捕下狱，这是历史上著名的"乌台诗案"。苏轼获释后，被贬为黄州（今湖北黄冈）团练副使。本文作于元丰五年，苏轼在黄州已经谪居三年。虽长期被贬谪，政治上失意苦闷，但他能淡然处之，以达观的胸怀寻求精神上的解脱，经常"与田父野老相从溪山间"，寄情于山水和诗酒中。本文就是苏轼与友人同游黄冈赤壁时所作。后来，苏轼再次游览赤壁，同样也留下了赋作，人们以"前、后赤壁赋"称之。黄冈赤壁并不是三国赤壁大战的地方，人们将前者称为"文赤壁"，将后者称为"武赤壁"。后者发生在今湖北蒲圻。

以往的游记散文，大多以纪游写景或于纪游中借景抒情为主，而东坡却开创了一种新的写法。在文章中，并不着意写景，而是以阐明哲理，发表议论为主。借题发挥，借景立论的独特风貌贯串于字里行间。《前赤壁赋》就是这种新型游记的一篇代表作，分体现了苏轼散文自然本色、平易明畅的特色。本文主要抒发月夜泛舟赤壁的感受。以游赤壁为线索，先描绘了一个诗情画意的境界，接着主客触景生情，由悲凉的箫声引发出无限的感慨。继而便以主客问答的方式提出矛盾。客人之言，抚今追昔，从历史英雄人物的兴衰沉浮感慨人生的无常。写客人之悲，实则是为下文苏子的开导之词蓄势。苏子针对客人的感触，从宇宙的变化说到人生的哲理，借"水月"的"盈虚"为喻，说明天地永恒，万物与人生"变"与"不变"的辩证法。他认为从变化的方面看，天地变化一刻也不停，而人生很短暂，这自然可悲；但从不变的角度来看，天地与我同生，万物与我同一，都会无穷无尽。由此看来，人生荣辱、毁誉的变化是必然的，也是不足为念的，无须悲观失望，应该抱以乐观旷达的情怀，到大自然中去寻求精神的寄托。实际上，主与客的对话都反映了作者的思想意识，客人的话是作者内心痛苦的显现，作者来解答又是作者的自我宽慰。这一问一答，阐明了苏轼对人生的哲学思考，既有合理积极的一面，也含有随遇而安、惟与自然相适应的消极思想。

这篇赋的艺术特色：

"情、景、理"融合。全文不论抒情还是议论始终不离江上风光和赤壁故事，形成了情、景、理的融合。通篇以景来贯串，风和月是主景，山和水辅之。作者抓住风和月展开描写与议论。文章分三层来表现作者复杂矛盾的内心世界：首先写月夜泛舟大江，饮酒赋诗，使人沉浸在美好景色之中而忘怀世俗的快乐心情；再从凭吊历史人物的兴亡，感到人生短促，变动不居，因而跌入现实的苦闷；最后阐发变与不变的哲理，申述人类和万物同样是永久地存在，表现了旷达乐观的人生态度。写景、抒情、说理达到了水乳交融的程度。

"以文为赋"的体裁形式。此文既保留了传统赋体的那种诗的特质与情韵，同时又吸取了散文的笔调和手法，打破了赋在句式、声律的对偶等方面的束缚，更多是散文的成分，使文章兼具诗歌的深致情韵，又有散文的透辟理念。散文的笔势笔调，使全篇文情郁郁顿挫，如"万斛泉涌"喷薄而出。与赋的讲究对偶不同，它相对更为自由，如开头的一段"壬戌之秋，七月既望，苏子与客泛舟游于赤壁之下"，全是散句，参差疏落之中又有整饬之致。以下直至篇末，大多押韵，但换韵较快，而且换韵处往往就是文意的一个段落，这就使本文特别宜于诵读，并且极富声韵之美，体现了韵文的长处。

意象连贯，结构严谨。景物的连贯，不仅在结构上使全文俨然一体，精湛缜密，而且还沟通了全篇的感情脉络，起伏变化。起始时写景，是作者旷达、乐观情状的外观；"扣舷而歌之"则是因"空明""流光"之景而生，由"乐甚"向"愀然"的过渡；客人寄悲哀于风月，情绪转入低沉消极；最后仍是从眼前的明月、清风引出对万物变异、人生哲理的议论，从而消释了心中的感伤。景物的反复穿插，丝毫没有给人以重复拖沓的感觉，反而在表现人物悲与喜的消长的同时再现了作者矛盾心理的变化过程，最终达到了全文诗情画意与议论理趣的完美统一。

———— • 本课知识点 • ————

一 文学、文体常识 ||||||

1. 苏轼

2. "三苏"

3. "宋四家"

4. "苏门四学士"

5. 豪放派

二 文言现象 ||||||

通假字

举酒属客	"属"通"嘱",致意,此处引申为"劝酒"。
浩浩乎如冯虚御风	"冯"通"凭",乘。
山川相缪	"缪"通"缭"盘绕,环绕。
杯盘狼籍	"籍"通"藉",凌乱。
举匏尊以相属	"尊"通"樽",酒杯。
扣舷而歌之	"扣"通"叩",敲打。

词类活用

歌窈窕之章/扣舷而歌之	歌:名词作动词,歌咏。
羽化而登仙	羽:名词作状语,像长了翅膀似的。
击空明兮溯流光	空明:形作名,月光下的清波。
舞幽壑之潜蛟	舞:使用动法,使……起舞。
泣孤舟之嫠妇	泣:使用动法,使……哭泣。
正襟危坐	正:使用动法,使……端正,整理。
乌鹊南飞……西望夏口	南、西:名使……作状语,朝南;往西。
下江陵	下:名词作动词,攻下。
顺流而东也	东:名词作动词,向东进军。
况吾与子渔樵于江渚之上	渔樵:名词作动词,打渔砍柴。

侣鱼虾而友麋鹿	侣、友：意动用法，以……为伴侣，以……为朋友。
不知东方之既白	白：形作动，天色发白，变亮。

特殊句式

渺渺兮予怀。	主谓倒装句
游于赤壁之下。	介词短语后置句
凌万顷之茫然。	定语后置句
何为其然也？	宾语前置句
客有吹洞箫者。	定语后置句
（其声）如怨如慕，如泣如诉。	省略句
（其声）舞幽壑之潜蛟	省略句
此非孟德之困于周郎者乎？	被动句
固一世之雄也。	判断句
此非曹孟德之诗乎？	判断句
舳舻（连接）千里。	省略句
安在哉？	宾语前置句
寄（如）蜉蝣于天地，渺（如）沧海之一粟。	
	省略句
又何羡乎！	宾语前置句
是造物者之无尽藏也。	判断句

古今异义

1. 望美人兮天一方

古义：内心所思慕的人。古人常用来作为圣主贤臣或美好事物的象征。

今义：美貌的人。

2. 白露横江

古义：白茫茫的水气。

今义：二十四节气之一。完全不知道的样子。

3. 凌万顷之茫然

古义：越过。

今义：欺辱，欺侮。

4.凌万顷之茫然

古义：辽阔的样子。

今义：完全不知道的样子。

5.况吾与子渔樵于江渚之上

古义：对人的尊称，多指男子。

今义：儿子。

6.徘徊于斗牛之间

古义：斗宿和牛宿，都是星宿名。

今义：1.驱牛相斗比胜负的游戏。2.相斗的牛。3.挑逗牛与牛或牛与人相斗。

一词多义

1.望

七月既望（名词，阴历的每月十五日）

望美人兮天一方（动词，眺望，向远处看）

2.歌

扣舷而歌（唱）

歌曰（歌词）

倚歌而和之（歌声）

3.如

纵一苇之所如（往）

浩浩乎如冯虚御风（像）

飘飘乎如遗世独立（像）

4.然

其声呜呜然（象声词词尾，……的样子）

何为其然也（这样）

5.长

抱明月而长终（永远）

而卒莫消长也（增长）

6.于

苏子与客泛舟游于赤壁之下（在）

月出于东山之上（从）

徘徊于斗牛之间（在）

此非孟德之困于周郎者乎（介词，被。）

托遗响于悲风（给、向、对）

7. 之

凌万顷之茫然（助词，定语后置的标志词）

倚歌而和之（代词，代"歌"）

哀吾生之须臾（助词，取独）

—— 思考练习 ——

1. 下列各句中加点的词与现代汉语词义基本相同的一项是（   ）。

A. 白露横江

B. 徘徊于斗牛之间

C. 凌万顷之茫然

D. 挟飞仙以遨游

2. 下列解说，不正确的一项是（   ）。

A. 赋，原指铺陈描写的手法（《诗经》六义），以文体雏形出现的是屈原的辞赋，唐以后出现的文赋，是散文化文体，用韵自由，句式参差，清新流畅，如杜牧的《阿房宫赋》及苏轼的《赤壁赋》。

B. 壬戌，中国传统纪年方式，按天干和地支组合而成，前面的"壬"是天干，后面的"戌"是地支。天干一共十个，地支十二个。

C. 既望：既，过了；望，农历小月十五日，大月十六日。

D. 美人：代指有美貌的人。古诗文多用以指自己所怀念向往的人。

3. 下列对原文有关内容的概括和分析，不正确的一项是（   ）。

A. 第①段，写夜游赤壁的情景。作者"与客泛舟游于赤壁之下"，投入大自然怀抱之中，尽情领略其间的清风、明月、白露，水波之美。

B. "少焉，月出于东山之上，徘徊于斗牛之间"，"徘徊"二字，生动形象地描绘出了柔和的月光似对游人有极为依恋和脉脉含情的感情。

C. 第②段，写作者饮酒放歌的欢乐和客人愉悦的箫声。作者饮酒乐极，扣舷而歌，以抒发其思"美人"而不得见的怅惘、失意的胸怀。

D. 第⑤段，写客听了作者的一番谈话后，转悲为喜，开怀畅饮，"相与枕藉乎舟中，不知东方之既白"。照应开头，极写游赏之乐，而至于忘怀得失、超然物外的境界。

4. 把下列句子翻译成现代汉语。

（1）况吾与子渔樵于江渚之上，侣鱼虾而友麋鹿。

（2）寄蜉蝣于天地，渺沧海之一粟。哀吾生之须臾，羡长江之无穷。

戊午上高宗封事①

胡　铨

绍兴②八年十一月日，右通直郎枢密院编修臣胡铨③，谨斋沐裁书④，昧死百拜，献于皇帝陛下。

臣谨按⑤：王伦本一狎邪小人⑥，市井无赖，顷缘宰相无识⑦，遂举以使虏⑧。专务诈诞⑨，欺罔天听⑩，骤得美官，天下之人切齿唾骂。今者无故诱致虏使，以"诏谕江南"为名⑪，是欲臣妾我也⑫，是欲刘豫我也⑬！刘豫臣事⑭丑虏，南面称王，自以为子孙帝王万世不拔⑮之业，一旦豺狼改虑，捽⑯而缚之，父子为虏。商鉴不远⑰，而伦又欲陛下效之！

夫天下者，祖宗之天下也，陛下所居之位，祖宗之位也。奈何以祖宗之天下为金虏⑱之天下，以祖宗之位为金虏藩臣之位⑲！陛下一屈膝，则祖宗庙社之灵尽污夷狄，祖宗数百年之赤子尽为左衽⑳，朝廷宰执尽为陪臣，天下之士大夫皆当裂冠毁冕㉒，变为胡服㉓，异时豺狼无厌之求，安知不加我以无礼如刘豫也哉！夫三尺童子㉔，至无识也，指犬豕㉕而使之拜，则怫然怒㉖；今丑虏㉗则犬豕也，堂堂大国，相率而拜犬豕，曾童孺之所羞，而陛下忍为之邪？

伦之议乃曰："我一屈膝，则梓宫可还，太后可复，渊圣可归，中原可得㉘。"呜呼！自变故㉙以来，主和议者，谁不以此说啖㉚陛下哉？然而卒无一验，则虏之情伪已可知矣。而陛下尚不觉悟，竭民膏血㉛而不恤，忘国大仇而不报，含垢忍耻㉜，举天下而臣之甘心焉㉝。就令虏决可和，尽如伦议，天下后世谓陛下何如主㉞？况丑虏变诈㉟百出，而伦又以奸邪济之㊱，则梓宫决不可还，太后决不可复，渊圣决不可归，中原决不可得。而此膝一屈，不可复伸，国势陵夷㊲，不可复振，可为痛哭流涕长太息㊳矣。

向者陛下间关海道㊴，危如累卵㊵，当时尚不忍北面㊶臣敌，况今国势稍张，诸将尽锐，士卒思奋。只如顷者敌势陆梁㊷，伪豫入寇㊸，固㊹尝败之于襄阳，败之于淮上㊺，败之于涡口㊻，败之于淮阴㊼，较之往时蹈海之危㊽，固已万万㊾。倘不得已而至于用兵，则我岂遽出虏人下哉(50)？今无故而反臣之，欲屈万乘之尊(51)，下穹庐之拜(52)，三军之士不战而气已索(53)，此鲁仲连(54)所以义不帝秦，非惜夫帝秦之虚名，惜夫天下大势有所不可也。今内而百官，外而军民，万口一谈，皆欲食伦之肉。谤议汹汹(55)，陛下不闻，正恐一旦变作，祸且不测。臣窃谓不斩王伦，国之存亡未可知也。

虽然，伦不足道也，秦桧以心腹大臣(56)而亦为之。陛下有尧、舜之资，桧不能致陛下如唐、虞(57)，而欲导陛下为石晋(58)。近者礼部侍郎(59)曾开等引古谊以折之，桧乃厉声责曰："侍郎知故事(60)，我独不知！"则桧之遂非愎谏(61)，已自可见。而乃建白(62)，令台谏(63)侍臣佥议可否，是盖畏天下议己，而令台谏侍臣共分谤耳。有识之士，皆以为朝廷无人，吁，可惜哉！孔子曰："微管仲，吾其被发左衽矣。"(64)夫管仲，霸者之佐耳(65)，尚能变左衽之区，而为衣裳之会(66)。秦桧，大国之相也，反驱衣冠(67)之俗，而为左衽之乡。则桧也，不唯陛下之罪人，实管仲之罪人矣。

孙近傅会桧议(68)，遂得参知政事(69)。天下望治有如饥渴，而近伴食中书(70)，漫不敢可否事(71)。桧曰敌可讲和，近亦曰可和；桧曰天子当拜(72)，近亦曰当拜。臣尝至政事堂(73)，三发问而近不答，但曰"已令台谏侍从议矣。"呜呼！参赞大政(74)徒取容充位如此(75)！有如(76)虏骑长驱，尚能折冲御侮耶(77)？臣窃谓秦桧、孙近亦可斩也。

臣备员枢属(78)，义不与桧等共戴天(79)。区区(80)之心，愿断三人头，竿之藁街，然后羁留(81)虏使，责以无礼，徐兴问罪之师(82)，则三军之士不战而气自倍。不然，臣有赴东海而死(83)尔，宁能处小朝廷(84)求活邪！

小臣狂妄，冒渎天威(85)，甘俟斧钺(86)，不胜陨越(87)之至！

注释

① 封事：密封的奏章。古时群臣上奏章表，一般不用封缄，如事涉机密，为防泄露，就封以皂囊（黑色丝织口袋）。② 绍兴：南宋皇帝赵构年号，1131年至1162年。十一月日：十一月某日。③ 右通直郎：官职，六品文官。枢密院：官署名称。宋代枢密院主要管理军事机密及边防等事，与中书省并称"二府"，同为最高国务机关。枢密院长官枢密使、知枢密院事以士人充任，副职间用武臣。编修：官职名，掌修国史、实录。枢密院设编修官，负责编纂记述。绍兴五年，胡铨任枢密院编修官。④ 斋沐：斋戒沐浴，以示虔诚。裁书：裁笺作书，写信。这里指写此封事。⑤ 谨按：恭敬论述。按，经过考察核实得出的结论。⑥ 王伦：字正道，莘县（今山东莘县）人。1137年（绍兴七年），徽宗和宁德后死于金国，王伦任迎奉梓宫使，出使金国，答应割地议和。1138年（绍兴八年），王伦出使金国，不久即与金国使臣同回临安。绍兴九年，王伦再次出使金国被拘，六年后拒绝降金，自云："臣今将命被留，欲污以伪职，臣敢爱一死以辱命！"遂被金国君主勒死。《宋史》

对王伦颇多贬词，赵翼《廿二史札记》有为其辩白之语，可供参考。狎邪：行为放荡，品行不端。⑦顷：不久以前。缘：因为。宰相：指秦桧，时任宰相，力主与金讲和。北宋末年任御史中丞，与宋徽宗、宋钦宗一起被金人俘获。被释南归后，两任南宋宰相，前后执政十九年。曾以"莫须有"的罪名处死岳飞而遗臭万年。⑧举：推举。使房：出使金朝。房，对敌人蔑称。下文丑房、犬戎、夷狄等，皆有蔑视意。⑨专务诈诞：只说些欺诈虚妄的话。⑩欺罔天听：一作：斯罔天听。这是骗取皇帝的信任。天听，天子的听闻。⑪"今者"句：绍兴八年金国国君派遣萧哲、张通古为江南诏谕使，同王伦使宋，以"诏谕"为名，即将宋视为属国，因为古代国君告知臣下或百姓才叫"诏谕"，故引起宋朝士人抗议。据《宋史·王伦传》："金主亶为设宴三日，遣签书宣会院事萧哲、左司郎中张通古为江南诏谕使，偕伦来。朝论以金使肆嫚，抗论甚喧，多归罪伦。"⑫臣妾我：使我为臣妾。男称臣，女称妾，表示被统治的身份。⑬刘豫我：使我变成刘豫那样的附庸。刘豫，字彦游，阜城（今河北交河）人，南宋叛臣，金傀儡政权伪齐皇帝。金兵南下不久降金，1130年（建炎四年），被金人立为"大齐"皇帝，建都大名（今属河北），后迁汴京（今河南开封）。统治河南、陕西之地，配合金兵攻宋。1137年（绍兴七年）被废黜，父子二人皆为阶下囚，后迁居临潢（今内蒙古巴林左旗附近）而死。⑭臣事：像臣子那样去侍奉。⑮不拔：不可拔除，不可动摇。形容牢固。⑯捽（zuó）：泛指抓，揪。⑰商鉴不远：即殷鉴不远，宋人避宋太祖父赵弘殷讳，改殷为商。语出《诗·大雅·荡》："殷鉴不远，在夏后之世。"谓殷人子孙应以夏的灭亡为鉴戒，后来泛指可以作为后人鉴戒的往事。文中是指刘豫称臣而终被金人诛杀的教训。⑱房：犬戎旧时对我国少数民族的蔑称。⑲藩臣之位：附属国的臣子之位。⑳赤子：比喻百姓，人民。衽：衣襟。我国古代汉族习惯上衣襟右掩，称为右衽；而少数民族的服装，衣襟左掩。这里是以左衽作为受金人统治的代名词。㉑宰执：指宰相等执掌国家政事的重臣。㉒冠（guān）：指古代官吏所戴的礼帽。冕：古代天子、诸侯、卿、大夫等行朝仪、祭礼时所戴的礼帽。㉓胡服：少数民族的服装。㉔三尺童子：谓小儿。㉕犬豕（shǐ）：狗和猪。比喻鄙贱之人。㉖怫然：愤怒貌。㉗丑房：对敌人的蔑称。㉘"则梓宫"四句：梓（zǐ）宫，皇帝、皇后的灵柩，此指宋徽宗赵佶的灵柩。赵佶于绍兴五年死于金国。太后，指高宗生母韦贤妃，与徽宗同被俘金国。高宗即位后，遥尊其母为皇太后。后迎归宋朝。渊圣，指宋钦宗赵桓，渊圣为宋钦宗的尊号。宋赵鼎《建炎笔录》："靖康初，（种）师道入枢府，渊圣尝问曰：'在小官时，颇有见知者否？'"㉙变故：指靖康之变。公元1127年，金兵南下，攻克汴京，俘房徽钦二帝。㉚啖（dàn）：喂食，引申为利诱。㉛膏血：犹言民脂民膏。㉜含垢忍耻：忍受耻辱。㉝举天下而臣之甘心焉：甘心拿着天下而臣事金国。㉞何如主：怎样的君主。㉟变诈：欺诈。㊱济之：指王伦帮助金朝。㊲陵夷：由盛到衰，衰颓，衰落。㊳长太息：深深地叹息。㊴向者陛下间关海道：指建炎三至四年（1129—1130）宋高宗在金兵追击下从建康（今南京）逃往杭州、明州（今宁波）并航海到温州一事。间关，谓道路崎岖难行。㊵累卵：把鸡蛋堆叠起来，比喻极其危险。㊶北面：古代君主面朝南坐，臣子朝见君主则面朝北，所以对人称臣称为北面。㊷ 陆梁：跳跃貌，引申为嚣张、猖獗。㊸ 伪豫：指刘豫的伪政权。伪，不合法的。㊹ 固：通“故”，已经。败之于襄阳：指1134年（高宗绍兴四年），岳飞击溃刘豫大将李成，收复襄阳等地。事见《宋史·岳飞传》。㊺ 败之于淮上：指绍兴四年韩世忠击溃金及刘豫大军，追至淮水一事。事见《宋史·韩世忠传》。㊻ 败之于涡口：指绍兴六年杨沂中（又名存中）、张宗颜大败刘豫三十万大军事。事见《宋史·杨存中传》。涡口，涡水入淮水之口，在今安徽省怀远县东北。㊼ 败之于淮阴：绍兴四年，“帝亲征，王师大捷于淮阴”，事见《宋史·章谊传》。又绍兴三年，赵立破金兵于淮阴。㊽ 蹈海之危：航海，比喻危险。㊾ 万万：谓远远胜过当初。㊿ 遽（jù）：竟，就。出虏人下：一作“敌人”，指比敌人弱。(51) 万乘之尊：皇帝的尊严。周制：天子地方千里，出兵车万乘（辆），后世以“万乘”指皇帝。(52) 下穹庐之拜：向金国低首下拜。穹庐，古代游牧民族居住的毡帐，这里借指金国。(53) 索：尽，完结。(54) 鲁仲连：战国时期齐国高士。善于出谋划策，常周游各国，为其排难解纷。据《战国策·赵策三》记载：赵孝王九年（前257），秦军围困赵国国都邯郸。魏王派使臣劝赵王尊秦为帝，赵王犹豫不决。鲁仲连力陈以秦为帝之害，说服赵、魏两国联合抗秦。两国接受其主张，秦军以此撤军。(55) 谤议：非议。汹汹：形容声势盛大。(56) 心腹大臣：皇帝亲信的大臣。(57) 唐、虞：尧、舜的朝代名。(58) 石晋：指五代石敬瑭建立的后晋政权。石敬瑭勾引契丹兵灭除后唐，割燕、云十六州给契丹，受其册封，国号为晋，称契丹主为父皇帝，自称儿皇帝。(59) 礼部侍郎：掌管礼乐、祭祀、教育、科举等事务机构的副长官。曾开：字天游，曾几之兄。他曾当面反对秦桧的议和，《宋史·曾几传》载：“公当强兵富国，尊主庇民，奈可自卑辱至此。”因而触怒秦桧，被贬徽州。古谊：即古义，古人所说的道理。折：驳斥，责难。(60) 故事：旧事、典故。(61) 遂非愎（bì）谏：坚持错误，固执而不听他人意见。(62) 建白：陈述意见或有所倡议。(63) 台谏：指御史台和谏议官。宋时以专司纠弹的御史为台官，以职掌建言的给事中、谏议大夫等为谏官。两者虽各有所司，而职责往往相混，故多以“台谏”泛称之。佥（qiān）：众，皆。(64)“孔子曰”三句：语出《论语·宪问》，意在肯定管仲的历史功绩，意思说如果没有管仲，我们可能还受外族的统治。微：非，无。管仲，名夷吾，字仲，春秋时期齐国著名的政治家。他被称为“春秋第一相”，辅佐齐桓公成为春秋时期的第一霸主。被（pī）发，散发。(65) 霸者：指齐桓公。春秋时齐国国君。任用管仲改革，选贤任能，加强武备，发展生产。号召“尊王攘夷”，助燕败北戎，援救邢、卫，阻止狄族进攻中原，国力强盛。联合中原各国攻楚之盟国蔡，与楚在召陵（今河南郾城东北）会盟。又安定周朝王室内乱，多次会盟诸侯，成为春秋五霸之首。佐：辅助。(66) 衣裳之会：指齐桓公主持的各诸侯国的盟会。(67) 衣冠：古代士以上的服装，这里指汉族地区的物质文明。(68) 孙近：南宋无锡人，进士出身，累官至翰林院学士承旨。1138年（绍兴八年）附和秦桧主和，除参知政事，旋兼以同知枢密院事，对金使卑躬屈膝。傅会：一作“附会”，附和，迎合。(69) 参知政事：官职名称。参知政事和枢密使、副使、知枢密院事、签书枢密院事等，通称执政，与宰相合称宰执。⑦ 伴食中书：指居宰辅之位而无所作为。宋朝皇宫内别置中书，叫做"政事堂"，是宰相办公的地方，孙近身为宰相副职，处处附和秦桧，不作主张，所以称他为"伴食中书"。语出《旧唐书·卢怀慎传》："怀慎与姚崇对掌枢密，怀慎自以为吏道不及崇，每事皆推让之。时人谓之'伴食宰相'。"伴食，陪同进食。唐时朝会毕，宰相率百僚集尚书省都堂会食，后遂因以指身居相位而庸懦不能任事者。⑦ 漫：完全。可否：赞成或反对。⑦ 当拜：指宋天子向金人跪拜。⑦ 政事堂：唐宋时宰相的总办公处。唐初始有此名，设在门下省，后迁到中书省。下设吏、枢机、兵、户、刑礼五房。北宋就中书内省设政事堂，简称中书，与枢密院分掌政、军，号称"二府"。元丰改制后，遂以尚书省的都堂为宰相办公所在，因也称都堂为政事堂。⑦ 参赞大政：参与决定国家大事。⑦ 取容充位：占据官位而不负责任。《挥麈后录》卷十"取"字后有"容"字。⑦ 有如：如果。⑦ 折冲：击退敌军。折，挫败。御侮：抵御侵侮，与"折冲"意同。⑦ 备员枢属：当时胡铨任枢密院编修，故云。备员，充数，这里是谦称。⑦ 不与桧等共戴天：意谓与秦桧等人仇恨极深，不愿共生于天下。⑧ 区区：谦词，用于自称。指小的意思，含有愚拙的意思。⑧ 竿之藁街：用竹竿把头悬于金国使臣住的街上以示众。竿，用作动词，犹言"悬"。把头挂在竹竿上。藁（gǎo）街，汉朝的街名，在长安城南内，为汉代长安城中少数民族及外国使者居住之所。羁留：扣押。⑧ 徐兴问罪之师：出兵讨伐敌人。徐兴，从容不迫地发起。⑧ 赴东海而死：这是借用战国鲁仲连的话，以此表示他坚决反对议和的态度。鲁仲连曾云："彼则肆然而为帝，过而遂正于天下，则连有赴东海而死矣，吾不忍为之民也！"⑧ 小朝廷：指如果议和告成，宋将成为金国的附属。⑧ 冒渎：冒犯。天威：皇帝的威严。⑧ 甘俟斧钺（yuè）：甘心等待处罚。俟，等待。斧钺，泛指兵器，借指刑罚、杀戮。⑧ 陨越：跌倒。封建社会上书皇帝时的套语。谓犯上而表示死罪之意。引申为惶恐。

鉴 赏

这篇文章是胡铨在绍兴八年（1138年）写给南宋高宗的一篇极其著名的奏疏。绍兴七年，金人废掉了傀儡皇帝刘豫，即以被掳的人质，北宋的皇帝和太后为要挟，以当"儿皇帝"为条件，诱使南宋向金国投降。宋高宗贪图苟且偷安，违反民意，派卖国贼秦桧主持和议，接受向金称臣纳贡的条件。绍兴八年（1138年），金人以"诏谕江南"为名派遣使臣到南宋，要宋高宗拜接"国书"，这对南宋政权是个莫大的侮辱。当时朝野震动，群情激愤，但朝廷大臣慑于秦桧权势，无人敢言。胡铨以大无畏的精神，拍案而起，给宋高宗写了这篇"封事"，痛斥秦桧、王伦、孙近投降卖国、甘心事仇的罪恶，揭露其对内榨取民脂民膏，对外屈辱求和、认贼为父的可耻行径。

这份奏疏义正词严，慷慨激昂，气壮山河，感情充沛，态度决绝。作者引用鲁仲连典故，声称"赴东海而死"也不愿苟且投降，忧愤之情臻于顶点，文章却戛然而止，令人回味无穷。奏疏问世后，立刻震惊朝野，正直之士纷纷传抄刻印，争相传诵，使"勇者服，怯者奋"（周必大《胡忠简公神道碑》）；而秦桧等人则惊恐万状，"当日奸谀皆胆落"（王庭珪《送胡邦衡之新州贬所》），以致"金虏闻之，募其书千金，君臣夺气"（杨万里《胡忠简公文集序》），连连惊呼："南宋有人""中国不可轻"。

其次，文章义正辞严，有理有据，层层剖析，处处击中要害，具有较强的说服力和感染力。本文自始至终充满着浓烈的斗争精神。开头就迎面痛击议和使臣王伦是"狂邪小人，市井无赖，顷缘宰相无识，遂举以使虏。专务诈诞，欺罔天听，骤得美官，天下之人切齿唾骂"，矛头直指上层投降派。紧接着对投降派提出的"我一屈膝，则梓宫可还，太后可复，渊圣可归，中原可得"的谬论进行驳斥，指出这样一来，除了加重百姓负担，削弱国力以外，其结果只能是"此膝一屈，不可复伸，国势陵夷，不可复振"，"是欲臣妾我也，是欲刘豫我也"。然后对当前形势进行客观的分析，指出"向者陛下间关海道，危如累卵，当时尚不忍北面臣敌"，如今已是"国势稍张，诸将尽锐，士卒思奋"，比起当年的危急形势好上了千百倍，何况宋军连获大胜，怎么能够乘胜而屈膝呢，应坚决抗战。最后进一步提出"（王）伦不足道也，秦桧以心腹大臣而亦为之"，才是最大的罪魁祸首，应该斩首，使"三军之士不战而气自倍"，这才是国家复振的惟一道路。充分体现了作者卓越的政治见识，说明外部敌人并不可怕，最危险的敌人是内部的叛臣卖国贼，击中了敌人的要害。这一精辟的议论，使内外敌人胆寒，使金人"自是不敢南顾，二十有四年"（《四朝名臣言行录·胡铨条》），其文分量之重可见一斑。

其三，文章语言犀利，增强了表达效果。它以犀利的语言说出了人们的心里话。当时上疏反对议和的大臣虽然有人，但敢于指名道姓怒斥秦桧、王伦、孙近等人的罪行的，唯有胡铨一人。他不仅请杀秦桧三人，还直言不讳地批评宋高宗，而且言辞峻切。如"奈何以祖宗之天下为金虏之天下，以祖宗之位为金虏藩臣之位！""堂堂大国，相率而拜犬豕，曾童孺之所羞，而陛下忍为之邪？""陛下尚不觉悟，竭民膏血而不恤，忘国大仇而不报，含垢忍耻，举天下而臣之甘心焉"，没有满腔热血的爱国热情的人是绝对不敢说的。因此，这篇"封事"一出，即不胫而走，连金人也用万金千方百计购之，可见这篇文章的影响之大。

胡铨的这篇奏章，是声讨秦桧卖国集团的檄文，也是力主抗战、收复失地的宣言。奏疏的前四节弹劾王伦。第一节首先揭露王伦的罪行，并揭穿金人的阴谋。作者一针见血地指出金人的阴谋是以对待伪齐傀儡皇帝刘豫的手段来对待南宋，而刘豫的下场是"父子为虏"，宋高宗如果听信王伦就必然会重蹈覆辙。第二节申述大义，极言决不可对金人屈膝。作者慷慨陈词，认为祖宗的天下决不能成为金人的天下，天子之位决不能降为金人藩臣之位。退一步说，即使甘心充当金人的藩臣，实际上还是难免遭到刘豫那样的可耻下场。"三尺童子"尚且不愿向仇敌屈膝，"堂堂大国"岂能"相率而拜犬豕"呢？第三节痛驳谬论，指出屈膝求和必然会造成无穷祸患。第四节分析形势，推论对金用兵能够战胜敌人而委屈求和只能挫伤士气，从而提出应斩王伦以平民愤。作者分析了当时国势、人心、士气已向有利于抗金的方面变化，认为对金用兵很有取胜的希望，而对金称臣只能"不战而气已索"，因此，正如战国时代鲁仲连义不帝秦一样，南宋决不能臣事金人。接着，作者指出当时朝野百官和军民斥责王伦的声浪很高，如果违背民意就有可能酿成大祸，因此他坚决要求斩王伦以平民愤。

奏疏的第五至第六节弹劾秦桧和孙近。第五节弹劾宰相秦桧。先运用"（王）伦不足道也，秦桧以心腹大臣亦然"一语把揭露的锋芒转向王伦的后台秦桧。再列举秦桧欺罔国君（诱使高宗去当石敬瑭那样的儿皇帝）、"遂非愎谏"（坚持错误、拒绝正确的意见）和阴谋"分谤"（让御史、谏官、侍从官等分担舆论的指责）这三条罪状。第六节弹劾副相孙近，主要指斥他取媚秦桧而尸位素餐。这两节以明确提出斩秦桧和孙近的要求为归结。

在最后一节中作者以激愤的语言表示自己与秦桧等人不共戴天，再次严正要求斩秦桧等三人的头，并扣留金人的"江南诏谕使"，再向金人兴师问罪。全文结尾处呼应第四节所引鲁仲连义不帝秦的典故，坚决表示如果南宋成了称臣于金的小朝廷，那末自己宁愿"赴东海而死"，决不妥协投降。

从写作方面看，这篇封事感情充沛，辞意激切，表现出一种"凌云健笔意纵横"的非凡气势。这篇封事在语言表达上的非凡气势，显然与作者本身的"德"、与当时政治形势对作者的"迫"有着密切的关系。文章中那种凌厉劲健之气，正是作者深厚的爱国主义精神、崇高的民族气节和强烈的正义感的自然流露。正因为作者胸中翻腾着爱国主义的汹涌波澜，所以"源深者流必洪""郁于中而泄于外"，在行文时胸中的洪流便化作笔底的波澜，达到了"言之短长与声之高下者皆宜"的境界。可见本文在章法、句法的技巧运用上决不是一个单纯的技巧问题，首先是作者崇高的人格、情操所闪耀出来的熠熠光彩，是作者行文时激情迸发出的璀璨浪花使得文章超妙不凡。从章法上看，似有层波迭浪滔滔不绝之势。清人包世臣曾经用"繁复"两字来说明行文的层迭起伏和反复生发，他说："繁以助澜，复以畅趣；复如鼓风之浪，繁如卷风之云……斯诚文阵之雄师，词圃之家法也。"（《艺舟双楫·文谱》）本文作者为了极情尽意地阐述自己的见解，也恰当地使用了层迭繁复的手法。例如，第二节力陈不可向敌人屈膝的大义，作者先把这个意思化简为繁，用层迭的语句加以申述："夫天下者，祖宗之天下也，陛下所居之位，祖宗之位也；奈何以祖宗之天下为金人之天下，以祖宗之位为金人藩臣之位乎！"接着用"且安知"推出一句反诘，进一层阐发充当藩臣的危险。然后以"三尺童子"决不愿向仇敌下拜来作比，再用一句反诘申说决不能"堂堂大国相率而拜犬豕"的意思。同这种章法上的层迭繁复相适应。

本文在句式上较多地使用排比、反复、反诘等。如第三节先把王伦的谬论概括成四个"可"，在痛加驳斥后连用四个"决不可"、两个"不可"和一个"可为"的句式，针锋相对地力排王伦之议，写得笔酣墨畅。这正如南宋陈骙所说的："文有数句用一类字者，所以壮文势、广文义也。"（《文则》）

从全篇弹劾重点的安排来看，作者的精心构思、巧妙布局也是值得我们细心体味的。实际上，作者弹劾的重点是奸相秦桧。但秦桧得到高宗信用权倾朝野，一开始就提出请斩秦桧显然不可能使高宗接受。于是作者首先集中力量弹劾王伦，对这个朝野"万口一谈""谤议汹汹"的人物作了无情的揭露，意在力争高宗的醒悟。而在弹劾王伦时，一开始就点明"顷缘宰相无识，遂举以使敌"，足见作者是巧用激射隐显的笔法，明骂王伦而实揭秦桧。第五节用"伦不足道也，秦桧以心腹大臣而亦然"一句呼应"宰相无识"，笔锋一转直接声讨投降派的元恶大憝秦桧，并兼及依附于他的孙近。对秦桧的弹劾虽着墨不多，但实际上是以少胜多，因为王伦是秦桧"举以使敌"的，所以前文对王伦罪状的声讨亦即对秦桧卖国行径的指斥，既表现了作者在政治斗争中的策略，也显示出他在构思谋篇时的匠心。

——— • 本课知识点 • ———

一 文学常识

1. 胡铨
2. 本文体裁：封事、应用文、上行文

二 文言现象

通假字

异时豺狼无厌之求	通"餍"，满足。
微管仲，吾其被发左衽矣。	通"披"，披着。

词类活用

是欲臣妾我也，是欲刘豫我也　　　　使动用法，使……变成臣妾、刘豫。

刘豫臣事丑虏，南面称王　　　　　　名作状，像臣子那样。

举天下而臣之甘心焉　　　　　　　　名作动，像臣子一样侍奉他。

愿断三人头，竿之藁街　　　　　　　名作动，悬挂。

特殊句式

夫天下者，祖宗之天下也。	判断句
王伦本一狎邪小人，市井无赖。	判断句
是欲臣妾我也，是欲刘豫我也。	判断句
自以为子孙帝王万世不拔之业……	判断句
陛下所居之位，祖宗之位也。	判断句
则祖宗庙社之灵尽污夷狄。	被动句
安知不加我以无礼如刘豫也哉？	介宾短语后置句
今丑虏则犬豕也。	判断句
天下后世谓陛下何如主？	宾语前置句
此鲁仲连所以义不帝秦，非惜夫帝秦之虚名，惜夫天下大势有所不可也。	
	判断句
则桧也不唯陛下之罪人，实管仲之罪人矣。	判断句
夫管仲，霸者之佐耳。	判断句
秦桧，大国之相也。	判断句

古今异义

漫不敢可否事

古义：赞成或反对。

今义：可以吗？

───── • 思考练习 • ─────

1. 对下列句子中的词语，解释不正确的一项是（　　　）。

　A. 遂举以使虏　　　　　　举：拿来

　B. 谁不以此说啖陛下哉　　啖：利诱

C. 只如顷者敌势陆梁　　　　　陆梁：跳梁，跳跃行走不受拘束

D. 引古谊以折之　　　　　　　折：责备

2. 下列各组句子中，加点词的意义和用法相同的一组是（　　　）。

A. 举天下而臣之甘心焉　　　　简能而任之，择善而从之

B. 此鲁仲连所以义不帝秦　　　师者，所以传道受业解惑也。

C. 桧乃厉声责曰　　　　　　　乃如左丘无目，孙子断足，终不可用

D. 祸且不测　　　　　　　　　臣死且不避，卮酒安足辞！

3. 下列对原文有关内容的分析和概括，不正确的一项是（　　　）。

A. 绍兴七年，金国废黜伪齐国皇帝刘豫，利诱南宋向金国投降。宋高宗习于苟安，不顾人民的反对，信任秦桧，让他主持和议。绍兴八年，胡铨上这个封事，反对和议，直接指斥皇帝。

B. 文中以事实证明，虽然南宋的军队曾经接连在襄阳、淮上、涡口、淮阴等地败给了金国，但是比起当年在海上崎岖辗转的经历，已经好了万万倍。完全可以与金国一战。

C. 文章以愤激语作结，指出屈辱的和议如告成，宋朝地位降低，成为金国的藩属，那就是个小朝廷了。

D. 这篇奏疏弹劾王伦、秦桧、孙近三人，目的却是反对和议。金使是王伦引来的，所以先弹劾王伦。但是主持和议的是秦桧，所以弹劾秦桧是全篇的重点。

4. 把下列句子译成现代汉语。

① 今者无故诱致敌使，以"诏谕江南"为名，是欲臣妾我也，是欲刘豫我也！

② 陛下一屈膝，则祖宗庙社之灵尽污夷狄，祖宗数百年之赤子尽为左衽。

送东阳马生序①

宋　濂

　　余幼时即嗜学，家贫，无从致书②以观，每假借于藏书之家，手自笔录，计日以还③。天大寒，砚冰坚，手指不可屈伸，弗之怠④。录毕，走送之，不敢稍逾约。以是人多以书假余，余因得遍观群书。既加冠⑤，益慕圣贤之道。又患无硕师⑥、名人与游，尝趋百里外从乡之先达执经叩问⑦。先达德隆望尊，门人弟子填⑧其室，未尝稍降辞色⑨。余立侍左右，援疑质理⑩，俯身倾耳以请。或遇其叱咄⑪，色愈恭，礼愈至，不敢出一言以复；俟⑫其欣悦，则又请焉。故余虽愚，卒⑬获有所闻。

　　当余之从师也，负箧曳屣⑭，行深山巨谷中。穷冬⑮烈风，大雪深数尺，足肤皲裂⑯而不知。至舍，四肢僵劲不能动，媵人持汤沃灌⑰，以衾拥覆，久而乃和。寓逆旅⑱，主人日再食⑲，无鲜肥滋味之享。同舍生皆被绮绣，戴珠缨宝饰之帽，腰⑳白玉之环，左佩刀，右佩容臭㉑，烨然㉒若神人，余则缊袍敝衣处其间㉓，略无慕艳㉔意，以中有足乐者，不知口体之奉不若人也㉕。盖余之勤且艰若此。今虽耄老㉖，未有所成，犹幸预㉗君子之列，而承天子之宠光㉘，缀㉙公卿之后，日侍坐备顾问㉚，四海亦谬称㉛其氏名，况才之过于余者乎？

　　今诸生学于太学㉜，县官日有廪稍之供㉝，父母岁有裘葛之遗㉞，无冻馁之患矣；坐大厦之下而诵诗书，无奔走之劳矣；有司业、博士为之师㉟，未有问而不告、求而不得者也；凡所宜㊱有之书，皆集于此，不必若余之手录假诸人而后见也。其业有不精、德有不成者，非天质之卑，则心不若余之专耳，岂他人之过哉！

　　东阳马生君则，在太学已二年，流辈㊲甚称其贤。余朝京师㊳，生以乡人子㊴谒余，撰长书以为贽㊵，辞甚畅达。与之论辩，言和而色夷㊶。自谓少时用心于学甚劳，是可谓善学者矣。其将归见其亲也，余故道为学之难以告之。谓余勉乡人以学者，余之志也；诋我夸际遇之盛而骄乡人者，岂知余者哉！

注 释

① 本文选自《宋学士文集》，是作者为同乡后辈马君则写的一篇赠序，叙述自己对求学成才的体会和看法，以启发和勉励后学。东阳，地名，即今浙江东阳县，明清时东阳与浦江均属金华府。参阅《寰宇通志·金华府》。宋濂（公元1310—1381），字景濂，号潜溪，浦江（今浙江义乌县西北）人。元末曾被召为翰林编修，辞命不受。入明后奉命主修元史，官至学士承旨知制诰，曾参与明初制礼作乐之事，当时许多庙堂典册文字及开国功臣的神道碑都出自他的手笔。后因其长孙宋慎牵涉胡惟庸案，全家被贬四川茂州，病死途中。宋濂学识渊博，其散文简洁流畅，真切感人，在元末明初颇有名望。著有《宋学士文集》。② 致书：得到书，这里指买书。③ 计日以还：计算好约定的日期准时送还。④ 弗之怠：不停止抄录。怠，松懈。⑤ 加冠：古时男子到二十岁时，簪发加冠，并行加冠礼，表示已经成人。⑥ 硕师：大师，指学问渊博品德高尚的老师。硕，大、美的意思。⑦ 先达：有道德学问的前辈。执经叩问：拿着经书去请教。⑧ 填：充满，挤满。⑨ 稍降辞色：稍微改变一下言辞和讲话的神态。辞色，言辞和脸色。这里的脸色，指讲话的神态。⑩ 援疑质理：提出疑难，询问其中道理。⑪ 叱咄：大声斥责。⑫ 俟：等待。⑬ 卒：终于。⑭ 负箧曳屣：背着小书箱，拖拉着鞋子。⑮ 穷冬：深冬。⑯ 皲（jūn）裂：皮肤因受冻而裂开口子。⑰ 媵（yìng）人：指婢仆。汤：热水。沃灌：浇洗。⑱ 逆旅：旅馆。⑲ 日再食（sì）：一天供给两顿饭吃。⑳ 腰：腰间系着，用作动词。㉑ 容臭（xiù）：香袋。㉒ 烨然：明亮的样子。㉓ 缊（yùn）袍：以乱麻为絮做的袍子。敝衣：破旧的衣服。㉔ 慕艳：羡慕。㉕ "不知"句：不觉得吃穿受用不如他人。㉖ 耄老：年老。《礼记》："八十、九十曰耄。"当时宋濂已六十九岁。㉗ 预：参加。㉘ 宠光：宠幸的荣耀。㉙ 缀：连缀，这里是跟随之意。㉚ "日侍坐"句：每天坐在皇帝旁边侍奉，以备询问。是指他任翰林学士承旨知制诰的官职。㉛ 谬称：不适当地称道，自谦之词。㉜ 太学：设在京城的全国最高学府。㉝ 县官：指官府。廪（lǐn）稍：即廪食，官府按月供给的膳食。㉞ 裘：皮大衣。葛：夏日穿的麻布衣服。遗（wèi）：赠送。㉟ 司业、博士：都是国子监的教官。㊱ 宜：应当、应该。㊲ 流辈：同辈、同一流的人。㊳ 朝京师：到京城朝见皇帝。㊴ 乡人子：同乡人的晚辈。明朝时浦江和东阳同属金华府管辖，所以称同乡。㊵ 撰：写作。长书：长信。贽：见面礼。㊶ 夷：平和。

鉴 赏

明代洪武十一年（1378年），致仕的宋濂到京城（今江苏南京）朝见明太祖朱元璋，在国子监读书的同乡晚辈马君则来拜访。宋濂有感于其"善学"，便写了这篇赠序送给他。以自己勤苦求学而功成名就的事实，现身说法，勉励后辈专心向学，刻苦自励，文章写得情真意挚，语重心长。

本文主旨是勉励后生好学，着重现身说法，循循善诱，情真意切。文章先写作者早年求书、求师之难和生活之苦，真实而生动地再现了作者当年求学的勤奋与条件的艰苦。作者是以自己的切身体会说明读书成败的关键主要不在条件的优劣和天资的高低，而在于主观努力的程度。然后转而写太学条件优越，而诸生依然"业有不精，德有不成者"，说明那全是由于用心不专。在对比中进一步揭示出学业成败之关键在于是否专心致志。最后作者点明写作此序之目的在于勉励后学专心致志刻苦学习。文章结构严谨自然，语言简洁流畅，亲切感人，运用对比手法，寓理于事，以事明理，具有较强的说服力。

• 本课知识点 •

一 文学、文体常识 ||||||

1. 宋濂

2. 体裁：序

二 文化常识 ||||||

古代年龄称谓

三 文言现象 ||||||

通假字

四支僵劲不能动	支：通"肢"，肢体。
同舍生皆被绮绣	被：通"披"，穿。

词类活用

手自笔录	笔：名词作状语，用笔。手：名词作动词，动手。
缊袍敝衣处其间	缊袍敝衣：名词作动词，穿着旧棉袄、破衣服。
腰白玉之环	腰：名词作动词，挂在腰间，佩戴。
戴朱缨宝饰之帽。	朱缨：名词作状语，用红缨。宝：名词作状语，用珠宝。
主人日再食	日：名词作状语，每天。再：这里作数词，两次。
无鲜肥滋味之享	鲜肥：形容词作名词，鲜鱼和肥肉。

特殊句式

弗之怠。	宾语前置句
每假借于藏书之家。	介词短语后置句
以是人多以书假（于）余。	省略句
余则缊袍敝衣处（于）其间。	省略句
负箧曳屣，行（于）深山巨谷中。	省略句

古今异义

余

古义：我。

今义：剩下，余下。

走

古义：跑。

今义：行走，走路。

是

古义：这。

今义：判断动词。

假

古义：借。

今义：与真相对。虚伪的，不真实的。

填

古义：挤满。

今义：填满、填充。

左右

古义：身边（的人）。

今义：大约。

穷

古义：深，不得志，尽。

今义：贫穷，穷尽。

臭

古义：（xiù）气味，犹指香气。

今义：（chòu）臭气，气味难闻。

汤

古义：热水。

今义：有味道的汤汁。

趋

古义：快步走，本文有"奔"的意思。

今义：常用表趋向。

中

古义：心中。

今义：表界限，方位词。

博士

古义：大儒，博学之士。

今义：一种学位。

一词多义

患：（1）担忧，忧虑，动词（又患无硕师名人与游）

（2）忧患，名词（无冻馁之患矣）

故：（1）因此，连词（故余虽愚）

（2）特意，故意，副词（余故道为学之难以告之）

至：（1）周到，形容词（色愈恭，礼愈至）

（2）到，动词（至舍，四支僵劲不能动）

质：（1）询问，动词（援疑质理）

（2）本质，资质，名词（非天质之卑）

色：（1）脸色（未尝稍降辞色）

（2）表情（或遇其叱咄，色愈恭）

（3）颜色、色彩（树树皆秋色，山山唯落晖。两岸石壁，五色交辉。）

卒：（1）死（年七十四，卒于官）

（2）终于，最终（卒获有所闻）

慕：（1）仰慕（益慕圣贤之道）

（2）羡慕（略无慕艳意）

益：（1）更加，越发（益慕圣贤之道）

（2）增加（增益其所不能）

（3）好处，益处（受益匪浅）

—————— • 思考练习 • ——————

一、填空题。

1. "序"是一种文体，有_____和_____两种。《送东阳马生序》是一篇赠序，赠序是指临别送别性质的文字，内容多为勉励，推崇，赞许。

2. _____，字景濂，号潜溪，文学家。在我国古代文学史上，宋濂与刘基、高启并列为"明初诗文三大家"。他以继承儒家封建道统为己任，为文主张"宗经""师古"，取法唐宋，著作甚丰。朱元璋称他为"开国文臣之首"，刘基赞许他"当今文章第一"，四方学者称他为"太史公"。

二、阅读下面文言语段，完成1—4题。

【甲】既加冠……故余虽愚，卒获有所闻。

【乙】宋濂尝与客饮，帝（明太祖朱元璋）密使人侦视。翼日，问濂昨饮酒否，坐客为谁，馈何物。濂具以实对。笑曰："诚然，卿不朕欺。"间召问群臣臧否，濂惟举其善者。帝问其故，对曰："善者与臣友，臣知之；其不善者，不能知也。"

1. 把下面两句话翻译成现代汉语。

（1）既加冠，益慕圣贤之道。

（2）诚然，卿不朕欺。

2. 宋濂对乡之先达持怎样的态度？请评价这种师生关系。

3. 甲、乙两段文字分别写了宋濂的什么故事？由此可以看出他具有怎样的品质？

4. 选择一个角度，谈谈甲文或乙文给你的启示。

传是楼记

汪 琬

　　昆山徐健庵先生①，筑楼于所居之后，凡七楹。间②命工斫木为橱，贮书若干万卷，区为经史子集③四种。经则传注义疏之书附焉④，史则日录、家乘、山经、野史之书附焉⑤，子则附以卜筮⑥、医药之书，集则附以乐府、诗余之书⑦。凡为橱者七十有二，部居类汇⑧，各以其次，素标缃帙⑨，启钥灿然⑩。于是先生召诸子登斯楼而诏之曰："吾何以传女曹⑪哉？吾徐先世⑫，故以清白起家⑬，吾耳目濡染旧矣⑭。盖尝慨夫为人之父祖者，每欲传其土田货财⑮，而子孙未必能世富⑯也；欲传其金玉珍玩、鼎彝尊罍之物⑰，而又未必能世宝⑱也；欲传其园池台榭、舞歌舆马之具，而又未必能世享其娱乐⑲也。吾方以此为鉴，然则吾何以传女曹哉？"因指书而欣然笑曰："所传者惟是矣！"遂名其楼为"传是"，而问⑳记于琬。琬衰病不及为㉑，则先生屡书督㉒之，最后复于先生曰：

　　"甚矣，书之多厄㉓也！由汉氏㉔以来，人主往往重官赏以购之㉕，其下名公贵卿㉖，又往往厚金帛以易之㉗；或亲操翰墨㉘，及分命笔吏以缮录之㉙。然且裒聚未几㉚，而辄至于散佚㉛，以是知藏书之难也。琬顾㉜谓藏之之难不若守之之难，守之之难不若读之之难，尤不若躬体而心得之之难㉝。是故藏而勿守，犹勿藏也；守而弗读，犹勿守也。夫既已读之矣，而或口与躬违，心与迹忤㉞，采其华而忘其实，是则呻占记诵之学所为哗众而窃名者也㉟，与弗读奚以异哉？"

　　"古之善读书者，始乎博㊱，终乎约㊲。博之而非夸多斗靡㊳也，约之而非保残安陋也㊴。善读书者，根柢于性命而究极于事功㊵，沿流以溯源㊶，无不探也；明体㊷以适用，无不达也。尊所闻，行所知，非善读书者而能如是乎？"

　　"今健庵先生既出其所得于书者，上为天子之所器重，次为中朝士大夫之所矜式㊸，藉是以润色大业㊹，对扬休命㊺，有余矣。而又推之以训敕其子姓㊻，俾后先跻巍科、取膴仕㊼，翕然㊽有名于当世，琬然后喟焉㊾太息，以为读书之益弘㊿矣哉！循是道也，虽传诸子孙世世，何不可之有？”

“若琬则无以与于此矣。居平质驽才下(51)，患于有书而不能读。延及暮年(52)，则又跧伏(53)穷山僻壤之中，耳目固陋，旧学(54)消亡，盖本不足以记斯楼。不得已勉承先生之命，姑为一言(55)复之，先生亦恕其老悖否耶(56)？”

注释

① 昆山：县名，今属江苏省。徐健庵：指徐乾学，字原一，号健庵，清江苏昆山人。康熙九年（1670年）探花，授编修。曾任《明史》总裁官，《清会典》《大清一统志》副总裁，官至左都御史、刑部尚书。著有《通志堂经解》。家有“传是楼”，藏书甚富，辑有《传是楼书目》。② 间：近来。③ 经史子集：中国传统图书分类的四大部类。经部包括儒家的经典和小学方面的书，史部包括各种历史书和某些地理书，子部包括诸子百家的著作，集部包括诗、文、词、赋等总集、专集。④ 传注：解释经籍的文字。义疏：疏解经义的书。泛指补充和解释旧注的疏证。⑤ 日录：指史官按日的记录。家乘（shèng）：家谱，家史。山经：泛指记录山脉的舆地之书。⑥ 卜筮（shì）：古时预测吉凶，用龟甲称卜，用蓍草称筮，合称卜筮。⑦ 乐府：诗体名。初指乐府官署所采制的诗歌，后将魏晋至唐可以入乐的诗歌，以及仿乐府古题的作品统称乐府。诗余：词的别称。⑧ 部居：指以类相聚，按类归部。类汇：指以类相聚。⑨ 缃（xiāng）帙（zhì）：浅黄色书套。⑩ 启钥：开锁。灿然：鲜丽的样子。⑪ 女曹：你们。女，通“汝”。⑫ 先世：祖先。⑬ 故：本，本来。起家：兴家立业。⑭ 耳目濡染：耳濡目染。指经常听到看到，无形之中受到影响。濡染：受熏陶。旧：长久。⑮ 土田：土地，田地。货财：财物。⑯ 世富：世世富足。⑰ 珍玩：珍贵的玩赏物。鼎彝（yí）：古代祭器，上面多刻着表彰有功人物的文字。彝：古代宗庙常用礼器的总名。尊：古盛酒器，用作祭祀或宴享的礼器，早期用陶制，后多以青铜浇铸，鼓腹侈口，高圈足，常见的有圆形及方形，盛行于商及西周。斝（jiǎ）：古代青铜制贮酒器，有鋬（把手）、两柱、三足、圆口，上有纹饰，供盛酒与温酒用，盛行于商代和西周初期。⑱ 宝：珍藏。⑲ 娱乐：欢娱快乐。⑳ 问：命令。㉑ 衰病：衰弱抱病。不及：来不及。㉒ 督：催促。㉓ 厄：灾难。㉔ 汉氏：指汉代。㉕ 人主：人君，君主。官赏：授予官爵和赏赐。购：悬赏征求。㉖ 名公：有名望的贵族或达官。贵卿：古代卿的品秩很高，故称“贵卿”，后泛指高级官员。㉗ 金帛：戴金和丝绸，泛指钱物。易：交换。㉘ 翰墨：笔墨。㉙ 分命：命令。笔吏：指担任书写职务的低级官吏。缮录：誊写。㉚ 然且：然而。裒（póu）聚：搜集。未几：不久。㉛ 散佚：散失。㉜ 顾：却，反而。㉝ 躬体：亲身履行。躬：亲自，亲身。㉞ 迹：形迹，行动。忤：违逆。㉟ 呻：吟诵。占：口头吟作（诗词）。记诵：歇记背诵。哗众：指以浮夸的言行博取众人的好感、夸奖或拥护。㊱ 博：广泛。㊲ 约：简要。㊳ 斗靡（mí）：指以辞藻华丽竞胜。㊴ 保残：指守着残缺的东西不放。安陋：指安于简陋。㊵ 根柢（dǐ）：植根。性命：本性。究极：

穷尽，深入研究。事功：功利。㊶ 溯源：向上寻找水的发源处。㊷ 体：指事物的本体。㊸ 中朝：朝廷，朝中。矜式：敬重和取法。㊹ 籍：同“借”。因：凭借，依托。润色：使增加光彩。㊺ 对扬：答谢，报答。休命：美善的命令，多指天子或神明的旨意。㊻ 训敕：告谕、诫饬。㊼ 跻（jī）：登上，达到。巍科：高第。古代称科举考试名次在前者。取仕：指做官。㊽ 翕（xī）然：一致的样子。㊾ 喟焉：感叹的样子。㊿ 弘：大，广。(51) 居平：居常，平常。驽：劣马。比喻低劣无能。(52) 暮年：晚年，老年。(53) 跧（quán）伏：蜷伏。(54) 旧学：昔时所学。(55) 一言：一番话。(56) 老悖：年老昏乱，不通事理。悖：昏惑，糊涂。

鉴赏

《传是楼记》是“记”的变体，名为“记”，实则为“论”，“传是楼”只不过是“论题”而已。

这是徐乾学请汪琬为他的藏书楼写的一篇散文。文章首先简要介绍了藏书楼的情况，然后着重论述藏书的意义。这篇文章的本意不在“记”而在“议”，所以叙之不求其详。在叙述了楼名之由来后，就以受托为由发表议论。

藏书的意义分两层论述：第一层写徐乾学以传书为贵的“劝学”思想；第二层写作者的看法。作者认为守书比藏书难，读书又比守书难，最难的是能够从书中取立身处世之道，并身体力行。最后赞扬了徐乾学运用从书中得到的知识来行事处世。

行文跌宕起伏。序论开始是徐健庵“问记于琬”，“琬衰病不及为”，这就埋下了伏笔，欲扬先抑。经过一番铺垫便摆出了中心论点，接着紧扣中心论点展开论述：本论先从反面讲道理进行论证，再从正面摆史实进行论证，后用徐之现状与琬之现状对比进行论证。结尾以“不得已勉承先生之命，姑为一言复之”一句谦语，回到开头的受托，作为全文的结论。

全文语言感情充沛，婉转含蓄。这主要表现在两个方面：一是感叹句反问句的连用，使文章气势恢宏；二是对比中婉转的语气，不平之感、羡慕之态、讥讽之意尽在其中。这二者相辅相承，异曲同工，殊途同归，都是为了达到树立中心论点这一目的。

文章说理严密自然，层层深入，语言简练确切。

• 本课知识点 •

一 文学常识

1. 汪琬
2. 体裁：记
3. 科举制度
4. 古代著名藏书楼

二 文化常识

1. 科举制度
2. 古代著名藏书楼

三 文言现象

通假字

何以传女曹哉?　　　　　　　　　　　　"女"通"汝"，你们。

词类活用

遂名其楼为"传是"　　　　　　　　　　名作动，命名。

则先生屡书督之　　　　　　　　　　　名作动，写信。

其下名公贵卿，又往往厚金帛以易之　　形容词作动词，准备丰厚的（赏金）。

与弗读奚以异哉　　　　　　　　　　　形容词作动词，区别。

而又未必能世宝也　　　　　　　　　　名作动，视为宝物珍藏。

特殊句式

吾何以传女曹哉?　　　　　　　　　　宾语前置句

遂名其楼为"传是"，而问记于琬。　　介宾短语后置句

甚矣，书之多厄也。　　　　　　　　　主谓倒装句

以是知藏书之难也。　　　　　　　　　宾语前置句

与弗读奚以异哉?　　　　　　　　　　宾语前置句

上为天子之所器重，次为中朝士大夫之所矜式。

　　　　　　　　　　　　　　　　　　被动句

虽传诸子孙世世，何不可之有？   宾语前置句

古今异义

根柢于性命而究极于事功

古义：本性。

今义：生命。

• 思考练习 •

1. 对下列句子中词语的解释，不正确的一项是（   ）。

    A. 部居类汇，各以其次   次：顺序

    B. 人主往往重官赏以购之   购：重金收买

    C. 吾方以此为鉴   鉴：鉴戒

    D. 琬顾谓藏之之难不若守之之难   顾：不过，只是

2. 下列各组句子中，加点词的意义和用法相同的一项是（   ）。

    A. 部居类汇，各以其次   初淅沥以萧飒

    B. 以是知藏书之难也   是何异于刺人而杀之

    C. 上为天子之所器重   并以为国人之读兹编者勖

    D. 今健庵先生既出其所得于书者   青取之于蓝而青于蓝

3. 下列各项中与"吾何以传女曹哉"句式相同的一项是（   ）。

    A. 甚矣，书之多厄也！   B. 昔者先王以为东道主

    C. 然而不王者，未之有也   D. 激于义而死焉者也

4. 下列对原文有关内容的概括与赏析，不正确的一项是（   ）。

    A. 这篇记是作者应昆山徐健庵先生所要求而欣然答应，马上写成的。写法自然，结构清晰，主题思想鲜明，是此类文章的佳作。

    B. 作者先描述徐健庵造楼藏书的言行，点明"传是楼"的来源；再由受命写记而合理地过渡到对藏书意义的议论和对徐健庵传书给后代行为的褒扬，最后以自谦之词来收束全文。

    C. 议论部分是本文最精彩的部分，作者用这部分文字，既表达了自己对藏书与读书的看法，又从正面准确地评价徐健庵藏书之举的传世之功，写得很巧，而且其思想很有深度，启人深思。

D. 作者认为藏书之难还比不上守书之难，守书之难又比不上读书之难，更比不上亲身去实践而有所体会之难。层层递进，把道理说得很清楚。

5. 把下列句子翻译成现代汉语。

① 其下名公贵卿，又往往厚金帛以易之，或亲操翰墨，及分命笔吏以缮录之。

② 循是道也，虽传诸子孙世世，何不可之有？

参考译文

《郑伯克段于鄢》参考译文

从前，郑武公从申国娶了一妻子，叫武姜，她生下庄公和共叔段。庄公出生时脚先出来，使武姜受到惊吓，因此给他取名叫"寤生"，所以很厌恶他。武姜偏爱共叔段，想立共叔段为世子，多次向武公请求，武公都不答应。

到庄公即位的时候，武姜就替共叔段请求分封到制邑去。庄公说："制邑是个险要的地方，从前虢叔就死在那里，若是封给其它城邑，我都可以照吩咐办。"武姜便请求封给太叔京邑，庄公答应了，让他住在那里，称他为京城太叔。大夫祭仲说："分封的都城如果城墙超过三百方丈长，那就会成为国家的祸害。先王的制度规定，国内最大的城邑不能超过国都的三分之一，中等的不得超过它的五分之一，小的不能超过它的九分之一。京邑的城墙不合法度，非法制所许，恐怕对您有所不利。"庄公说："姜氏想要这样，我怎能躲开这种祸害呢？"祭仲回答说："姜氏哪有满足的时候！不如及早处置，别让祸根滋长蔓延，一滋长蔓延就难办了。蔓延开来的野草还不能铲除干净，何况是您受宠爱的弟弟呢？"庄公说："多做不符合道义的事情，必定会自己垮台，你姑且等着瞧吧。

过了不久，太叔段使原来属于郑国的西边和北边的边邑也背叛归为自己。公子吕说："国家不能有两个国君，现在您打算怎么办？您如果打算把郑国交给太叔，那么我就去服待他；如果不给，那么就请除掉他，不要使民生二心。"庄公说："不用除掉他，他自己将要遭到灾祸的。"太叔又把两属的边邑改为自己统辖的地方，一直扩展到廪延。公子吕说："可以行动了！土地扩大了，他将得到老百姓的拥护。"庄公说："对君主不义，对兄长不亲，土地虽然扩大了，他也会垮台的。"

太叔修治城廓，聚集百姓，修整盔甲武器，准备好兵马战车，将要偷袭郑国。武姜打算开城门作内应。庄公打听到公叔段偷袭的时候，说："可以出击了！"命令子封率领二百辆车，去讨伐京邑。京邑的人民背叛共叔段，共叔段于是逃到鄢城。庄公又追到鄢城讨伐他。五月二十三日，太叔段逃到共国。

　　《春秋》记载道："郑伯克段于鄢。"意思是说共叔段不遵守做弟弟的本分，所以不说他是庄公的弟弟；兄弟俩如同两个国君一样争斗，所以用"克"字；称庄公为"郑伯"，是讥讽他对弟弟失教；赶走共叔段是出于郑庄公的本意，不写共叔段自动出奔，是史官下笔有为难之处。

　　庄公就把武姜安置在城颍，并且发誓说："不到黄泉（不到死后埋在地下），不再见面！"过了些时候，庄公又后悔了。有个叫颍考叔的，是颍谷管理疆界的官吏，听到这件事，就把贡品献给郑庄公。庄公赐给他饭食。颍考叔在吃饭的时候，把肉留着。庄公问他为什么这样。颍考叔答道："小人有个老娘，我吃的东西她都尝过，只是从未尝过君王的肉羹，请让我带回去送给她吃。"庄公说："你有个老娘可以孝敬，唉，唯独我就没有！"颍考叔说："请问您这是什么意思？"庄公把原因告诉了他，还告诉他后悔的心情。颍考叔答道："您有什么担心的！只要挖一条地道，挖出了泉水，从地道中相见，谁还说您违背了誓言呢？"庄公依了他的话。庄公走进地道去见武姜，赋诗道："大隧之中相见啊，多么和乐相得啊！"武姜走出地道，赋诗道："大隧之外相见啊，多么舒畅快乐啊！"从此，他们恢复了从前的母子关系。

　　君子说："颍考叔是位真正的孝子，他不仅孝顺自己的母亲，而且把这种孝心推广到郑伯身上。《诗经·大雅·既醉》篇说：'孝子不断地推行孝道，永远能感化你的同类。'大概就是对颍考叔这类纯孝而说的吧？"

《鞌之战》参考译文

　　鲁成公二年春，齐顷公攻打我国北部边境，包围了龙邑。齐顷公的宠臣卢蒲就魁攻打城门，却被龙人抓住了。齐顷公对龙人说："你们千万别杀他，我们讲和，我的军队不进入你的封地内！"龙人不听，杀掉卢蒲陈尸于城上。齐顷公亲自击鼓，攻上城墙。才三天，攻取龙邑。然后一路向南杀到了巢丘。

　　当时卫穆公正派孙良夫、石稷、宁相、向禽要去打齐国，正巧在这路上与齐师相遇。石稷想回去，孙良夫说："这怎么行，本要带兵攻打他，如今遇到他的军队你倒要回去了，我们如何回复君命？当初要是知道你如此无能，你就不该出来。如今既然遇到，就要打！"夏天，有……（此处省略若干字，为新筑战事。）

　　石稷说："军队战败了，你（孙良夫）如果不稍等待救兵，我们就要全军覆灭。你战死了军队，回去怎么交代啊？"大家都不回答。石稷又说："你是国卿。你要是战死了，那太丢人了。你带领军队撤退，我于此阻止齐军。"同时通告军中，说援军的战车来了不少。齐师停止了进攻，在鞌居驻扎下来。这时新筑人仲叔于奚救了孙桓子（孙良夫），孙桓子才得以免于一死。此后，卫人要赏赐仲叔于奚封地，仲叔于奚谢绝，却请求朝见时用曲悬、繁缨之礼（仲叔于奚这种请求是以大夫僭用诸侯之礼），卫君答应了仲叔于奚的请求。孔子当时听说了这件事，说："可惜啊！不如多给他些封地。唯有服器与爵位，不能假手他人，应有君主掌管。爵位名号是使人们产生信赖的标志，在上位的人使人信赖，才能保享车服之器，车服之器体现礼法，礼法用来规行仁义，施行仁义才能生利，而有利方能治理百姓，这是治理国家的关键。若将这些假手他人，是给人以国政。国政亡，则国家随之灭亡，难以抵挡啊。"

孙桓子逃回新筑，不入城，随后就去晋国求救兵。碰巧臧宣叔（鲁大夫，字孙许，谥宣叔）也到晋国求救兵。都投到郤献子门下（郤克三年前出使齐国，因跛脚遭齐顷公之母萧同叔子的耻笑，曾发誓要报仇，所以鲁、卫求兵都来找他）。晋景公答应给他七百辆战车的兵力。郤子说："这是城濮战役所用的军额。那时有已故国君（晋文公）的明德与卿大夫（在先轸、狐、偃、栾枝等人）的敏捷，才取得胜利。我比起先大夫，简直连供他们役使都不配。（意思是自己的才干远不如在城濮之战中立有战功的先轸等人。这是谦词。）请给我八百乘战车。"晋景公答应了他。郤克为中军主帅，士燮（又称范文子、范叔，士会之子）以上军佐的身份率领上军，栾书（又称栾武子，栾枝之孙）为下军主帅，韩厥（又称韩献子）为司马，去救鲁、卫两国。臧宣叔迎接晋军，为他们引路。季文子（即季孙行父，鲁国执政大臣）帅军与晋军相会。到达卫国境内，韩献子要按军法处死部下，郤献子驱车狂奔想要救他。可惜到达后，已经斩杀了那人。郤子赶快将被杀的人示众，告诉他的仆从说："我是为了分担杀人的怨谤。"

晋军跟踪齐军到莘。六月十六日到达靡笄山下。齐顷公派人挑战，说："您率领你们国君的军队，行辱于我这小地方，我士兵疲弊，请明早会面吧。"回答说："晋国与鲁、卫两国，是兄弟之邦。他们前来告诉我国君说：'齐国总是到我们这疲弊之地来作乱。'我国君不忍，就派群臣来请求您，您可不要让我们的军队在您的地盘上久留。军队能进不能退，不劳您吩咐。"齐顷公说："我希望你能应战，就算你不答应，我们也将兵戎相见。"齐国的高固徒步闯入晋军，举起石头砸人，还抓了晋军的人，爬到人家的战车上，把桑树根系在车上，以此遍告齐军，说："想要勇猛的，可以来买我多余的勇力！"

公元前589年六月十七日，齐、晋双方军队在鞌摆开阵势。邴夏为齐侯驾车，逢丑父当为戎右（古代战车，将领居左，御者居中。如果将领是君主或主帅则居中，御者居左。负责保护协助将领的人居右）。晋国的解张为郤克驾车，郑丘缓当戎右。齐侯说："我姑且消灭了这些人再吃早饭。"不给马披上甲就驱马奔驰（之：指驾车的马）。

　　郤克被箭射伤，血流到了鞋上，没有中断擂鼓，说："我受重伤了（古代病重、伤重、饥饿、劳累过度造成体力难以支持，都叫'病'）。"解张说："从一开始交战，箭就射进了我的手和肘，我折断射中的箭杆继续驾车，左边的车轮都被我的血染成了黑红色，我哪敢说受伤？您（'吾子'比'子'更亲切些）忍著点吧！"郑丘缓说："从一开始接战，如果遇到地势不平，我必定下去推车，您难道知道这些吗？不过您确实伤势很重难以支持了。"解张说："军队的耳朵和眼睛，都集中在我们的鼓声和战旗，前进后退都要听从它。这辆车上只要还有一个人镇守住它，战事就可以成功。怎么能由于伤痛而败坏了国君的大事呢？穿上盔甲，手执兵器，本来就抱定了必死的决心，伤痛还不至于死，您（还是）努力指挥战斗吧！"解张将右手所持的辔绳并握于左手，腾出右手接过郤克的鼓槌擂鼓。张侯所驾的马狂奔起来（由于单手持辔无法控制），晋军跟随他们。齐军崩溃。晋军追赶齐军，绕着华不注山追了三遍。

　　韩厥梦见子舆（韩厥的父亲，当时已去世）对自己说："次天早晨避开战车左右两侧！"因此（韩厥）在战车当中驾车追赶齐侯。邴夏说："射那个驾车的，是个贵族。"齐侯说："称他为贵族又去射他，这不合于礼。"（此乃齐侯愚蠢之举）射他左边的人，坠落车下；射他右边的人，倒在车里。（晋军）将军綦毋张（晋大夫，綦毋氏，名张）失去战车，跟随韩厥，说："请允许我搭你的车。"跟在左边或右边，（韩厥）都用肘制止他，使他站在自己身后（按，韩厥由于梦中警告，所以这样做，以免綦毋张受害）。韩厥弯下身子，把倒在车中的戎右安放稳当。逢丑父和齐侯交换位置（这是逢丑父为了保护齐侯，乘韩厥低下身子安放戎右的机会与齐侯交换位置，以便不能逃脱时蒙混敌人）。将要到达华泉（泉水名，在华不注山下）时，（齐侯）两边的（中间两马为服，旁边两马为骖）被树枝等钩住。（昨天夜里）丑父睡在輷车（一种卧车）里，有蛇从他身底出现，以臂击蛇，手臂受伤却隐瞒了伤情（按，这是为了交代丑父之所以不能下来推车而补叙的头天夜里的事）。所以不能推车而被追上。韩厥手持拴马绳站在齐侯的马前（縶：拴缚马足的绳索），拜两拜，然后下跪，低头至地（这是臣下对君主所行的礼节。春秋时代讲究等级尊卑，韩厥对敌国君主也行臣仆之礼）。捧著一杯酒并加上一块玉璧向齐侯献上，说："我们国君派我们这些臣下为鲁、卫两国求情，他说：'不要让军队深入齐国的土地。'臣下不幸，恰巧遇到您的军队，没有地方逃避隐藏（我不能不尽职作战）。而且怕由于我的逃避会给两国的国君带来耻辱。臣下不称职地处在战士地位，冒昧地向您报告，臣下不才，代理这个官职是由于人才缺乏充数而已（外交辞令：自己是不得已参加战斗，不能不履行职责，来俘获齐侯你）。"逢丑父（充齐侯）命令齐侯下车，往华泉去取水来给自己喝。郑周父驾著齐君的副车，宛筏担任副车的车右，载上齐侯使他免于被俘。韩厥献上逢丑父，郤克打算杀掉他。呼喊道："直到目前为止没有能代替自己国君承担祸难的人，有一个在这里，还要被杀死吗？"郤克说，"一个人不畏惧用死来使他的国君免于祸患，我杀了他不吉利。赦免他，用来鼓励事奉国君的人。"于是赦免了逢丑父。

《召公谏厉王弭谤》参考译文

周厉王暴虐，百姓纷纷指责他。召穆公对厉王说："老百姓忍受不了暴政了！"厉王听了勃然大怒，找到卫国的巫师，让卫国的巫师去监视批评国王的人，按照卫国的巫师的报告，就杀掉批评国王的人。国人不敢说话，路上相见，以目示意。

周厉王颇为得意，对召穆公说："我能消除指责的言论，他们再也不敢吭声了！"

召公回答说："你这样做是堵住人们的嘴。阻止百姓批评的危害，比堵塞河川引起的水患还要严重。河流如果堵塞后一旦再决堤，伤人一定很多，人民也是这样。因此治水的人疏通河道使它畅通，治民者只能开导他们而让人畅所欲言。所以君王处理政事，让三公九卿以至各级官吏进献讽喻诗，乐师进献民间乐曲，史官进献有借鉴意义的史籍，少师诵读箴言，盲人吟咏诗篇，有眸子而看不见的盲人诵读讽谏之言，掌管营建事务的百工纷纷进谏，平民则将自己的意见转达给君王，近侍之臣尽规劝之责，君王的同宗都能补其过失，察其是非，乐师和史官以歌曲、史籍加以谆谆教导，元老们再进一步修饰整理，然后由君王斟酌取舍，付之实施，这样，国家的政事得以实行而不违背道理。老百姓有口，就像大地有高山河流一样，社会的物资财富全靠它出产；又像高原和低地都有平坦肥沃的良田一样，人类的衣食物品全靠它产生。人们用嘴巴发表议论，政事的成败得失就能表露出来。人们以为好的就尽力实行，以为失误的就设法预防，这是增加衣食财富的途径啊。人们心中所想的通过嘴巴表达，他们考虑成熟以后，就自然流露出来，怎么可以堵呢？如果硬是堵住老百姓的嘴，那赞许的人还能有几个呢？"

周厉王不听，在这种情况下老百姓再也不敢公开发表言论指斥他。过了三年，人们终于把这个暴君放逐到彘地去了。

《句践灭吴》参考译文

越王勾践退守到会稽山上，向三军下令说："凡是我父辈兄弟和同姓弟兄，只要有能够帮助我出谋划策打败吴国的，我将和他共同管理越国的政事。"大夫文种进见回答说："我听说，商人夏天的时候就准备皮革，冬天的时候就准备细葛布。天旱的时候就准备船，发大水的时候就准备车辆，就是打算在缺少这些东西的时候派上用场。即使在没有被四邻侵扰的时候（在国家边境安定的时候），也不可不选拔出谋臣与武士来供养他们。就像蓑笠一样，雨已经下来了，肯定要到处找。现在，君王您已经退守到会稽山上了，然后才寻求出谋划策的大臣，只怕太晚了吧？"勾践说："如果能够让我听听您的高见，哪有什么晚的事呢？"于是就拉着文种的手，跟他一起商量（国家大事）。终于派遣文种去吴国议和。（文种对吴王夫差说道："我们国君勾践没有合适的人可以派遣，只好派他的小臣文种前来，文种不敢高声把意见告诉给您，只好告诉您手下办事人员代为转达：'敝国的军队已不值得您屈驾来讨伐了，勾践愿把他的金玉、子女奉献给您，以酬谢您的辱临。请以勾践之女，作为吴王的婢妾，大夫的女儿作吴国大夫的婢妾，士的女儿作吴国之士的婢妾，越国的宝器也随同带来全部献给吴国。敝国国君率领全国军队跟随吴军，一切听凭您的指挥。如果您认为越国的罪行不是可赦免的，那么我们将烧毁宗庙，把妻子女儿缚在一起，将金银玉帛沉入大江，同时我们的五千战士，将为国拼死而战。这样，伤亡数量必然增倍。倘您准许和好，那这一万人就可以伺候您了。如果作战，难免损伤您的亲爱的将士吧？与其损伤两国众多的将士，何如获得越国呢？二者相较，哪样有利呢？"）

夫差想听取文种的建议，与越国和好。吴国大夫伍子胥进谏说："不行！吴国与越国是世代的仇敌。外有三条江水环绕，老百姓没有地方迁移。有吴国就没有越国，有越国就没有吴国。这种局面将不可改变。我听说，住在陆地上的人习惯于住在陆地上，住在水上的人习惯于住在水上。中原（地势高的）各国，即使我们主动进攻，把他们打败了，我们也不能长期住在那里，也不习惯乘坐他们的车子；而越国，我们主动进攻，把他们打败了，我们就能长期住在那里，也能乘坐他们的船。这是消灭越国的有利时机，千万不可失去。大王您一定要消灭越国！如果您失去这个有利的时机，以后后悔也来不及了。"

越国人把八个美女打扮好，送给吴国的太宰伯嚭，对他说："您如果能够让吴王赦免了我们越国的罪行，还有更漂亮的美人会送给您。"太宰伯嚭就向吴王夫差进谏说："我听说，古代讨伐一个国家，对方认输也就行了；现在越国已经认输了，您还想要求什么呢？"吴王夫差就与越国订立了盟约而后撤兵了（让文种回国了）。

勾践对国人说道："我不知自己的力量不够，与吴国这样的大国作对，导致老百姓流离失所，横尸原野（荒野），这是我的罪过。我请求你们允许改变治国政策。"于是埋葬已经死去的人，慰问受伤的人，供养活着的人；谁家有烦忧就去慰问，谁家有喜事就去祝贺；客人要走，起身相送（以礼相送）；有客人要来，亲自迎接；凡是老百姓认为不好的事就不去做，凡是老百姓认为应该做而没有做的，就补做。然后谦卑恭顺地侍奉夫差，派三百个士做吴王的仆人，勾践自己还亲自为夫差充当马前卒。

当时，勾践的地盘（领土），南到句无，北到御儿，东到鄞，西到姑蔑，土地方圆（纵横）达百里。又招集他的将士、百姓，对他们发誓说："我听说，古代贤明的国君，四方的老百姓都来归附他，就像水往低处流一样。现在我无能，将率领你们夫妇们繁衍生息。"于是下令：青壮年不准娶老年妇人，老年男子不能娶青壮年的妻子；女孩子十七岁还不出嫁，她的父母有罪；男子二十岁还不娶妻生子，他的父母同样有罪。快要分娩的人要报告，公家派医生守护。生下男孩，公家奖励两壶酒，一条狗；生下女孩，公家奖励两壶酒，一头猪；生三胞胎，公家给配备一名乳母；生双胞胎，公家发给吃的（口粮）。嫡长子死了，减免三年的赋税；支子死了，减免三个月的赋税；像对自己的亲儿子一样哭着埋葬死者。还下令：孤儿、寡妇、患病的人、贫苦和重病的人，由公家出钱养育教育他们的子女。那些明智达理之士，供给他们整洁的住处，给他们穿漂亮的衣服，让他们吃饱饭，让他们更深入地切磋磨砺义理。前来投奔的四方之士，一定在庙堂上举行宴会，以示尊重。勾践亲自用船载着稻谷和油脂。越国出游的年轻人（流浪的孤儿），没有不供给饮食的，没有不给水喝的，一定要问他叫什么名字。不是自己亲自耕种所得的就不吃，不是他的夫人亲自织的布（做的衣服）就不穿。这样连续十年，国家不收赋税，老百姓都存有三年的粮食。

越国的父老兄弟都请求说："从前，吴王夫差让我们的国君在各诸侯国面前丢尽了脸面；现在越国也已经克制够了，请允许我们为您报仇。"勾践就推辞说："从前打败的那一仗，不是你们的罪过，是我的罪过。像我这样的人，哪里还知道什么耻辱？请暂时不用打仗了。"父老兄弟又请求说："越国全国上下，爱戴国君您，就像自己的父母一样。儿子想着为父母报仇，做臣下的想着为国君报仇，难道还有敢不尽力的人吗？请求再打一仗！"勾践答应了，于是招来大家宣誓，说："我听说古代贤明的国君，不担心自己的人力不够用，担心的是自己的志向和操行缺少羞耻之心。现在夫差那边穿着水犀皮制成铠甲的士卒有十万三千人，不担心他们对志趣和行为缺少耻辱心，却担心他的士兵数量不够多。现在我将帮上天消灭他。我不赞成个人逞能的匹夫之勇，希望大家同进同退。前进就想将要得到赏赐，后退则想将要受到惩罚；像这样，就有合于国家规定的赏赐。前进时不服从命令，后退而无羞耻之心；像这样，就会受到合于国家规定的刑罚。"

伐吴行动果断开始了，越国的老百姓都互相鼓励。父亲劝勉儿子，兄长勉励弟弟，妇女鼓励丈夫，说："有谁像我们的国君这样体恤百姓呀，难道不值得为他效死吗？"因为这样（所以），越国首先在囿打败了吴国，又在没这个地方再次战胜了吴国，继而又在吴国郊外（吴国国都的城郊）再次打败它。（夫差向勾践求和，说："我的军队已不值得您亲自讨伐了！愿把金玉、子女献给越国以答谢您的屈驾光临。"勾践回答说："当初上天把越国授予吴国，但是吴王不接受；现在上天又把吴国授予越国，越国难道可以不听天命，而听你的命令么？请让我把你送到甬、句以东去，我同你像两个国君一样，如何？"夫差回说："从礼节上讲，我对你越王已经先有过小小的恩惠了。你假若不忘记吴国是周王的后裔，看在周王的情份上，把吴国作为您的一个属国，也是我的愿望啊，您如果说：'我将摧残你的社稷，毁灭你的宗庙'。我只好请求一死，我还有什么脸面去见天下人呢？就请你越王率军进驻吧！"）于是灭掉了吴国。

《苏秦始将连横说秦》参考译文

苏秦一开始用连横的方法游说秦惠王说："大王的国家，西面有巴蜀，汉中等地的物产，北方有胡人地区与代郡马邑等地的物产，南边有巫山，黔中作为屏障，东方有崤山、函谷关这样坚固的要塞。土地肥沃，人民众多而富足；战车万辆，精兵百万；沃野千里，积蓄充足，地势险要，能攻易守。这正是人们所说的天然的府库，确实是天下的强国。凭着大王您的贤能，军民的众多，战备的充足，战士的训练有素，完全有把握吞并诸侯，统一天下，成为治理天下的帝王。希望大王能稍加留意，允许臣陈述秦国地利兵强的功效。"

秦惠王说："寡人曾听说：羽毛不够丰满的鸟儿不可以高飞，礼乐法度不完备的国家不可以奖惩刑罚，道德修养不淳厚的君主不可役使百姓，政策教化不顺通的君主不可以号令大臣。如今先生郑重地不远千里来到我秦国亲临指教，我希望改日再谈！"

苏秦说："我本来就猜想大王可能不用我的策略。从前神农攻打补遂，黄帝讨伐涿鹿并擒获蚩尤，虞尧攻打三苗，夏禹王攻打共工，商汤王灭夏桀，周文王攻打崇侯，周武王灭商纣王，齐桓公用战争而雄霸天下。由这些事例来看，哪有不经过战争就行的呢？古代使者往来频繁而急切，宣称互相缔结盟约，谋求天下统一；合纵连横兴起，兵革不息；文士巧言善饰，诸侯混乱迷惑；事端纷起，无法梳理；法令条规都很完备，但百姓虚伪奸恶；文书政令杂乱繁琐，百姓生活贫苦不足；君臣上下都愁眉不展，百姓无所依赖；有漂亮的言辞，冠冕堂皇的理由，而战事却不能停息；讲求文辞末节，天下就无法太平。因此说客的舌头说焦了，听的人耳朵都听聋了，却不见什么成效；实行道义讲究信用，天下人却不亲善。于是废除文治而使用武力，召集并且礼遇敢死之士，制作好各种甲铠，磨光各种刀枪，然后到战场上去争胜负。如果无所事事却想获取利益，安居不动却要使国土扩大，即使是五代五帝，三王，五霸，明主贤君，也常想坐着不动而获得这些，但形势却不允许，所以只有继续用战争达到目的。距离远的就用军队互相攻伐，距离近的就短兵相杀，只有如此才能建立伟大功业。所以，军队如果能得胜于外，那么国内民众的仁义就会高涨，君王的威权就会增强，在下的百姓就会服从统治。现在假如要想吞并天下，凌驾于大国，使敌国屈服，控制海内，治理百姓，号令诸侯，实在是非用武力不可。可是如今继嗣当政的君主，却忽视了这至上的道理，都不懂得教化人民，政治混乱，迷惑于花言巧语，热衷于辩论，沉溺于辩辞中。以此说来，大王本来就不会实行我的策略。"

苏秦游说秦王的奏章虽然一连上了十多次，但他的建议始终没被秦王采纳。他的黑貂皮袄已破了，百斤金币也用完了，没有了生活之资，不得已只有离开秦国回到洛阳。他腿上打着裹脚，脚上穿着草鞋，背着一些书籍，挑着自己的行囊，形容枯槁，神情憔悴，脸色又黄又黑，面有惭愧之色。他回到家里以后，妻子不下织布机，嫂子也不给他做饭，甚至父母也不跟他说话。因此他深深叹息说："妻子不把我当丈夫，嫂子不把我当小叔，父母不把我当儿子，这都是我苏秦的罪过。"当晚，苏秦就从几十个书箱里面找出一部姜太公著的《阴符》来。他伏案发奋钻研，选择重点加以熟读，并反复揣摩演练。读到疲倦而要打瞌睡时，就用锥子刺自己的大腿，鲜血一直流到自己的脚上。他自言道："哪有游说人主却不能让他们掏出金玉锦绣，得到卿相这样的尊位呢？"过了一年，终于揣摩透了，说道："这次我真的可以游说当世的君主了。"

于是苏秦来到赵国的燕乌集阙宫门，在高大华丽的宫殿里游说赵王，说话投机以致拍起掌来。赵王非常高兴，立刻封苏秦为武安君，并授以相印。又给兵车百辆，锦缎千匹，白玉百双，金币二十万两。跟随其后，到各国去约定合纵，拆散连横，以此抑制强大的秦国。因此，当苏秦在赵国做宰相时，函谷关的交通都被断绝了。在当世，天下如此之大，百姓如此之多，诸侯如此威风，谋臣有如此权术，都要取决于苏秦的策略。没耗费一斗军粮，没耗用一件兵器，没用一名士兵出战，没折断一根弓弦，没损失一支羽箭，就使天下诸侯和睦相处，甚至比亲兄弟还要亲近。由此可见，只要有贤明人士当权主政，天下就会顺服；只要有一人得以重用，天下就会顺从。所以说："要用政治手段解决问题，而不必用武力征服，要在朝廷上运筹帷幄，而不必到边疆上去厮杀作战。"当苏秦得势当红的时候，黄金二十万两供他使用，车轮飞驰，马匹成群，威风十足，炫煌于道，崤山以东的各诸侯国，莫不望风而臣服。赵国的地位也大大提高。其实那苏秦，当初不过是一个住在陋巷，挖墙做门，坎桑做窗，用弯曲的树条做门框的那类穷人罢了，但他却常常坐上豪华的马车，骑着高头大马，横行天下，在各诸侯朝廷上游说君王，使各诸侯王的亲信不敢开口，天下没有谁敢与他对抗的。

苏秦将要去游说楚威王，路过洛阳。他的父母听说了，就赶紧整理房间，清扫道路，张社乐队，备办酒席，到距城三十里远的地方去迎接。妻子对他敬畏得不敢正视，侧着耳朵听他说话；而嫂子跪在地上不敢站起，像蛇一样在地上爬，对苏秦一再叩首请罪。苏秦问："嫂子为什么以前那样傲慢而现在又这样卑下呢？"他嫂子答："因为你现在地位尊显，钱财富裕。"苏秦长叹一声说道："哎！一个人如果穷困落魄，连父母都不把他当儿子，然而一旦富贵显赫之后，亲戚朋友都感到畏惧。由此可见，人生在世，权势，名位，和富贵，怎么能忽视不顾呢！"

《冯谖客孟尝君》参考译文

齐国有一人叫冯谖。因为太穷而不能养活自己。他便托人告诉孟尝君，表示愿意在他的门下寄居为食客。孟尝君问他有什么擅长。回答说没有什么擅长。又问他有什么本事？回答说也没有什么本事。孟尝君听了后笑了笑，但还是接受了他。

旁边的人认为孟尝君看不起冯谖，就让他吃粗劣的饭菜。（按照孟尝君的待客惯例，门客按能力分为三等：上等（车客）出有车；中等（门下之客）食有鱼；下等（草具之客）食无鱼。）过了一段时间，冯谖倚着柱子弹着自己的剑，唱道："长剑我们回去吧！没有鱼吃。"左右的人把这事告诉了孟尝君。孟尝君说："让他吃鱼，按照中等门客的生活待遇。"又过了一段时间，冯谖弹着他的剑，唱道："长剑我们回去吧！外出没有车子。"左右的人都取笑他，并把这件事告诉给孟尝君。孟尝君说："给他车子，按照上等门客的生活待遇。"冯谖于是乘坐他的车，高举着他的剑，去拜访他的朋友，十分高兴地说："孟尝君待我为上等门客。"此后不久，冯谖又弹着他的剑，唱道："长剑我们回去吧！没有能力养家。"此时，左右的手下都开始厌恶冯谖，认为他贪得无厌。而孟尝君听说此事后问他："冯公有亲人吗？"冯谖说："家中有老母亲。"于是孟尝君派人供给他母亲吃用，不使她感到缺乏。于是从那之后。冯谖不再唱歌。

后来，孟尝君拿出记事的本子来询问他的门客："谁熟习会计的事？"冯谖在本上署了自己的名，并签上一个"能"字。孟尝君见了名字感到很惊奇，问："这是谁呀？"左右的人说："就是唱那'长铗归来'的人。"孟尝君笑道："这位客人果真有才能，我亏待了他，还没见过面呢！"他立即派人请冯谖来相见，当面赔礼道："我被琐事搞得精疲力竭，被忧虑搅得心烦意乱；加之我懦弱无能，整天埋在国家大事之中，以致怠慢了您，而您却并不见怪，倒愿意往薛地去为我收债，是吗？"冯谖回答道："愿意去。"于是套好车马，整治行装，载上契约票据动身了。辞行的时候冯谖问："债收完了，买什么回来？"孟尝君说："您就看我家里缺什么吧。"冯谖赶着车到薛，派官吏把该还债务的百姓找来核验契据。核验完毕后，他假托孟尝君的命令，把所有的债款赏赐给欠债人，并当场把债券烧掉。百姓都高呼"万岁"。冯谖赶着车，马不停蹄，直奔齐都，清晨就求见孟尝君。冯谖回得如此迅速，孟尝君感到很奇怪，立即穿好衣戴好帽去见他，问道："债都收完了吗？怎么回得这么快？"冯谖说："都收了。""买什么回来了？"孟尝君问。冯谖回答道："您曾说'看我家缺什么'，我私下考虑您宫中积满珍珠宝贝，外面马房多的是猎狗、骏马，后庭多的是美女，您家里所缺的只不过是'仁义'罢了，所以我用债款为您买了'仁义'。"孟尝君道："买仁义是怎么回事？"冯谖道："现在您不过有块小小的薛邑，如果不抚爱百姓，视民如子，而用商贾之道向人民图利，这怎行呢？因此我擅自假造您的命令，把债款赏赐给百姓，顺便烧掉了契据，以至百姓欢呼'万岁'，这就是我用来为您买义的方式啊。"孟尝君听后很不快地说："嗯，先生，算了吧。"过了一年，齐闵王对孟尝君说："我可不敢把先王的臣子当作我的臣子。"孟尝君只好到他的领地薛去。还差百里未到，薛地的人民扶老携幼，都在路旁迎接孟尝君到来。孟尝君见此情景，回头看着冯谖道："您为我买的'义'，今天才见到作用了。"冯谖说："狡猾机灵的兔子有三个洞才能免遭死患，现在您只有一个洞，还不能高枕无忧，请让我再去为您挖两个洞吧。"孟尝君应允了，就给了五十辆车子，五百斤黄金。冯谖往西到了魏国，他对惠王说："现在齐国把他的大臣孟尝君放逐到国外去，哪位诸侯先迎住他，就可使自己的国家富庶强盛。"于是惠王把相位空出来，把原来的相国调为上将军，并派使者带着千斤黄金，百辆车子去聘请孟尝君。冯谖先赶车回去，告诫孟尝君说："黄金千斤，这是很重的聘礼了；百辆车子，这算显贵的使臣了。齐国君臣大概听说这事了吧。"魏国的使臣往返了三次，孟尝君坚决推辞而不去魏国。

　　齐王听到这些情况，君臣都惊慌害怕起来，就派遣太傅送一千斤黄金、两辆彩车、一把佩剑（给孟尝君）。封好书信向孟尝君道歉说："我很倒霉，遭受祖宗降下的灾祸，又被那些逢迎讨好的臣子所迷惑，得罪了您。我是不值得您帮助的；希望您能顾念先王的宗庙，姑且回来统率全国人民吧！"冯谖提醒孟尝君说："希望您向齐王请来先王传下的祭器，在薛地建立宗庙。"宗庙建成了，冯谖回来报告孟尝君说："三个洞穴都已凿成了，您可以暂且高枕而卧，安心享乐了！"。

　　孟尝君做了几十年相，没有一点祸患，都是（由于）冯谖的计谋啊。

《子路曾皙冉有公西华侍坐》参考译文

子路、曾皙、冉有、公西华陪（孔子）闲坐聊天。孔子说："不要因为我年纪比你们大一点，就不敢讲了。（你们）平时常说：'没有人了解我呀！'假如有人了解你们，那么（你们）打算怎么做呢？"

子路不假思索地回答说："一个拥有一千辆兵车的国家，夹在大国之间，加上外国军队的侵犯，接着又遇上饥荒；如果让我治理这个国家，等到三年功夫，就可以使人人勇敢善战，而且还懂得做人的道理。"

孔子听了，微微一笑。

"冉有，你怎么样？"

（冉求）回答说："一个纵横六七十里、或者五六十里的国家，如果让我去治理，等到三年，就可以使老百姓富足起来。至于修明礼乐，那就只有等待贤人君子了。"

"公西华，你怎么样？"

（公西华）回答说："我不敢说能做什么，但愿意学习做这些。宗庙祭祀的工作，或者是诸侯会盟及朝见天子的时候，我愿意穿戴好礼服礼帽做一个小小的司仪。"

"曾皙，你怎么样？"

（曾皙）弹瑟的声音逐渐稀疏了，接着铿的一声，放下瑟直起身子回答说："我和他们三人的才能不一样。"

孔子说："那有什么关系呢？不过是各自谈谈自己的志向罢了。"

曾皙说："暮春时节，春天的衣服已经穿上了。和几个成年人、几个孩童到沂水里游泳，在舞雩台上吹吹风，一路唱着歌儿回来。"

孔子长叹一声说："我赞同曾皙的想法呀！"

子路、冉有、公西华都出去了，曾皙最后走。曾皙问孔子："他们三个人的话怎么样？"

孔子说："也不过是各自谈谈自己的志向罢了！"

（曾皙）说："您为什么笑仲由呢？"

（孔子说）："治国要用礼，可是他（子路）的话毫不谦让，所以我笑他。"

"难道冉有讲的不是国家大事吗？"

"怎么见得方圆六七十里或者五六十里的地方就不是国家呢？"

"难道公西华讲的不是诸侯的大事吗？"

"宗庙祭祀，诸侯会盟和朝见天子，不是诸侯的大事又是什么呢？如果公西华只能给诸侯做一个小相，那么谁能做大相呢？"

《季氏将伐颛臾》参考译文

季康子准备攻打颛臾。冉有、子路谒见孔子说："季氏准备对颛臾采取军事行动了。"孔子说："冉求！这恐怕是你的过错吧？那颛臾过去曾被周先王封为东蒙山的主祭者，而且它又在鲁国国境之内，是和鲁国共存亡的藩属，为什么要去攻打它呢？"冉有说："季康子要这么做，我们两个家臣本来都不同意的。"

孔子说："冉求！周任曾经说过：'能够竭尽施展自己的能力，才可以任职；否则就应该主动辞职。譬如瞎子遇到危险，引路人不去扶持；瞎子跌倒在地他也不去搀扶，那么还要引路人干什么用呢？你的话说错了。老虎野牛从笼子里跑出来，龟壳玉器在匣中被毁坏，这是谁的过失呢？"冉有说："颛臾这地方，城墙既坚固，而且离季氏的采邑费地又近。现在不占领它，日后必定会成为子孙后代的祸害。"

孔子说："冉求！有德行的君子最痛恨那种明明心里想得到却又不肯直说出来，还要另找借口强为辩解的做法。我听说有国有家的诸侯大夫，不担心人民太少而担心人民财富不平均，不担心人民财富太少而担心人民生活不安定。因为财富平均就没有贫穷，上下和睦人民就不会少，生活安宁国家就不会倾覆。正因为如此，所以远方的人如不来归服，便整修文教德化来招致他们。他们来了以后，就设法使他们安心生活。如今仲由和冉求你们两个辅佐季康子，远方的人不来归服，你们不能招致；国家四分五裂，你们又不能保全；却谋划在国内发动战争。我担心季氏的忧患，不在外边的颛臾，怕就在宫门之内呢。"

《逍遥游》参考译文

北海有一条鱼，它的名字叫做"鲲"。鲲鱼的巨大，不知道有几千里。它变化为鸟，名字叫做"鹏"。鹏鸟的背，不知道有几千里。鹏奋力飞起，翅膀犹如垂在天空中的云。这只鹏鸟，将乘着海动时掀起的大风飞往南海。所谓"南海"，即是天然的大池。《齐谐》，是记载怪异之事的书。《齐谐》这本书上说："鹏鸟飞往南海的时候，翅膀拍击水面达三千里，乘着旋风直上九万里高空，凭藉着六月的大风飞去的。"野泽中的游气，天空中的游尘，都是依靠生物的气息吹拂而游动的。

天空湛蓝，莽莽苍苍，这是天真正的颜色吗？天的高远究竟有没有尽头？（因天太高远，无法看到它的最高处）大鹏在九万里高空往下看的时候，也就是这个样子而已。水如果积蓄的不够深，那么它负载大船也就没有力量。倒一杯水在屋里的凹地上，那么放一根小草就可以当成船，放一个杯子，就要粘胶在地上，这是因为水浅而船大的缘故。如果风的积蓄不厚，那么它负载巨大的翅膀也就没有力量。鹏所以能高飞九万里，是因为风就在它的下面，然后它才能乘在风的背上，背靠着青天而没有任何阻拦，然后才能飞往南海。

蝉与斑鸠讥笑大鹏说："我用力迅急而飞，常常碰撞在榆树、檀树上，有时或许飞不到那么高就投落在地面上罢了。何必要高飞九万里而往南海去呢？"到近郊去的人，只准备三餐的食物，当日就能返回，肚子还是饱饱的；到百里路远的人，前一夜就要舂捣粮食作准备，到千里路远的人，就要积蓄三个月的粮食。这两只小虫子又知道些什么呢！才智小的比不上才智大的，寿命短的比不上寿命长的，怎么知道是这样的呢？朝生暮死的菌类不知道有昼夜的区别，春生夏死、夏生秋死的寒蝉，不知道有春秋的变化，这就是所谓"小年"。楚国的南面有一棵名叫"冥灵"的树，以五百年为一个春季，五百年为一个秋季；上古时有一棵名叫大椿的树，以八千年为一个春季，八千年为一个秋季，这就是所谓"大年"。而活了七百岁的彭祖，到现在还竟以长寿传闻于人世间，众人都想与他相比，这岂不是太可悲了么！

汤问棘也有这样的话。不毛之地的北方有一个广漠无涯的大海，那就是天然的大池。那里有一条鱼，它的身宽有几千里，没有人知道它有多长，它的名字叫做鲲。有一只鸟，它的名字叫做鹏，鹏鸟的背像泰山，翅膀犹如垂在天空中的云，乘着旋风直上九万里高空，凌越云层，背负青天，然后考虑向南飞翔，将要到达南海。

生活在小湖泽中的斥鴳嘲笑大鹏说："它想飞到那儿去呢？我腾跃而上，不过几丈高就落下来了，在蓬蒿丛中飞来飞去，这也是飞翔的最高限度了，而它究竟要飞往那里去呢？"这就是小和大的分别了。那些才智能胜任一官之职的，品行能顺合一乡民情的，德性能投合一国君王心意的，才能能取信于一国之人的人，他们自己看待自己，也就好像小湖泽中的斥鴳一样。而宋荣子对这种人是嗤笑的。像宋荣子这样的人，全世界的人都称颂他，他也不会因此而更加努力，全世界的人都非议他，他也不会因此而更加沮丧，宋荣子能认清自我与外物的分际，辨别光荣和耻辱的界限，他的修养也不过如此罢了。但像宋荣子这样的人在社会上也是不多见的。虽然如此，他还有未曾到达的境界。列子能够乘风而行，轻巧达到了极致，过了十五日而后返回，他在那些追求御风而无往不顺的人当中，也并不多见。列子虽然能够免于步行，但他还是要凭借风的力量。如果能顺着天地自然的本性，因循自然的变化，以游于无穷的境域，这样的人还需要依赖什么呢！所以说，至人能够忘却自己的形骸，神人能够忘却社会上所有的功业，圣人能够忘却人世间的各种名位。

《秋水》（节选）参考译文

秋季的霖雨如期而至，千百条小河注入黄河。水流宽阔，两岸和水中洲岛之间，连牛马都分辨不清。于是乎，河伯洋洋自得，认为天下的美景都集中在他自己这里。顺着流水向东方行走，一直到达北海，面向东看去，看不到水的尽头。这时，河伯改变他自得的神色，抬头仰视着海神若叹息说："俗话所说的'知道的道理很多了，便认为没有谁能比得上自己'，这正是说我呀。再说，我曾经听说（有人）认为仲尼的学识少，伯夷的义行不值得看重。开始我还不敢相信，现在我亲眼目睹了大海您大到难以穷尽，如果我没有来到您的身边，那就很危险了，我将要永远被明白大道理的人嘲笑。"

北海若说："不可与井底之蛙谈论大海，因为它的眼界受狭小居处的局限；不可与夏天的虫子谈论冰，因为它受到时令的局限；不可与见识浅陋的乡曲书生谈论大道理，因为他受到了礼教的束缚。现在你河伯从黄河两岸间走出，看到了大海，才知道你自己的鄙陋，可以跟你谈论一些大道理了。天下的水，没有比海更大的。千万条河流流归大海，没有停止的时候，而大海却并不因此而盈满；尾闾不停地排泄海水，不知到什么时候停止，但大海并没有减少。无论春天还是秋天大海水位不变，无论水灾还是旱灾大海没有感觉。大海的容量超过了长江、黄河的水流，简直不能用数字来计算。但是我并没有因此而自夸，我自认为自己列身于天地之间，接受了阴阳之气。我在天地之间，好比是小石块、小树木在高山一样，正感到自己的渺小，又怎么会自傲自夸？计算四海在天地这个大空间里，不正像小小的蚁穴存在于大湖之中吗？计算中原地区在四海之内，不正像米粒存放在粮仓之中吗？世间万物数量有万种，人不过是其中之一种；人类虽遍布九州，但其所居之地也只占谷食所生、舟车所通之地中的万分之一。拿人和万物相比，不正像一根毫毛在马身上工样吗？五帝所延续的（业绩），三王所争夺的（天下），仁人志士所忧虑的（事情），以天下为己任的贤能之士为之劳苦的（目标），都不过如此而已。伯夷以辞让周王授予的职位而取得名声，孔子以谈说'仁'、'礼'而显示渊博。他们这样自我夸耀，不正像你当初因河水上涨而自夸一样吗？"

《齐桓晋文之事》参考译文

齐宣王问孟子说："齐桓公、晋文公称霸的事，我可以听听吗？"

孟子回答说："孔子这类人中没有称道齐桓公、晋文公的事情的，因此后世失传了。我没有听说过这事。如果一定要说，那么还是说说行王道的事吧！"

齐宣王说："要有什么样的道德，才可以行王道以统一天下呢？"

孟子说:"安抚老百姓而称王天下,便没有什么人能抵御他了。"

齐宣王说:"像我这样的人,能够安抚老百姓吗?"

孟子说:"可以。"

齐宣王说:"根据什么知道我可以做到呢?"

孟子说:"我听胡龁说:您坐在大殿上,有个人牵牛从殿下走过。您看见这个人,问道:'牛牵到哪里去?'那人回答说:'准备用它来祭钟。'大王您说:'放了它!我不忍看它那副恐惧发抖的样子,如此没有罪过而走向受死的地方。'那人问道:'既然这样,那么废弃祭钟的仪式吗?'您说:'哪能废呢?用羊来换它吧。'不知道有没有这件事?"

齐宣王说:"有这事。"

孟子说:"这样的心就足以行王道以统一天下了。老百姓都以为大王是吝啬,我本来知道您是出于一种不忍的同情心。"

齐宣王说:"是的,确实有这样对我误解的百姓。齐国虽然土地狭小,我怎么至于吝惜一条牛?就是不忍看它那副恐惧发抖的样子,这样毫无罪过而走向受死的地方,所以用羊去换它。"

孟子说:"您别怪百姓认为你是吝啬的。以小换大,他们怎么知道其中的意思呢?您如果不忍看它无罪而走向死地,那么,牛和羊又有什么区别呢?"

齐宣王笑着说:"这究竟是一种什么心理呢?我也说不清楚,我的确不是吝惜钱财而以羊换掉牛的,这么看来老百姓说我吝啬是有些道理的。"

孟子说:"没有关系,这是体现了仁爱之道,原因在于您看到了牛而没看到羊。有道德的人对于飞禽走兽,看见它活着,便不忍心看它死;听到它被杀的哀鸣声,就不忍心吃它的肉。因此君子是远远地离开厨房的。"

齐宣王高兴了,说:"《诗经》说:'别人有什么心思,我能揣测到。'——说的就是先生您这样的人啊。我这样做了,回头再去想它,却想不出是为什么;先生您说的这些,对于我的心真是有所触动啊!这种心理之所以符合王道的原因是什么呢?"

孟子说:"假如有人报告大王说:'我的力气足以举起三千斤,却不能够举起一根羽毛;我的眼力足以看清鸟兽秋天新生细毛的末梢,却看不到整车的柴草。'那么,大王您相信吗?"

齐宣王说:"不相信。"

"如今您的恩德足以推及禽兽,而老百姓却得不到您的功德,究竟是为什么呢?这样看来,举不起一根羽毛,是不用力气的缘故;看不见整车的柴草,是不用目力的缘故；老百姓没有受到安抚，是不肯布施恩德的缘故。所以，大王您不能以王道统一天下，是不肯干，而不是不能干。"

齐宣王说："不肯干与不能干在表现上怎样区别？"

孟子说："挟着泰山跳过渤海，告诉别人说：'我做不到。'这确实是做不到。对长辈弯腰作揖，告诉别人说：'我做不到。'这是不肯做，而不是不能做。大王所以不能统一天下，不属于用胳膊挟泰山去跳过渤海这一类的事；大王不能统一天下，属于向长辈弯腰作揖一类的事。尊敬自己的老人，进而推及到尊敬别人家的老人；爱护自己的孩子，进而推及到爱护别人家的孩子：照此理去做，要统一天下如同在手掌上转动东西那么容易了。《诗经》说：'做国君的给自己的妻子作好榜样，推及到兄弟，进而治理好一家一国。'——说的就是把这样的心推及到他人身上罢了。所以，推广恩德足以安抚四海百姓，不推广恩德连妻子儿女都安抚不了；古代圣人大大超过别人的原因，没别的，善于推广他们的好行为罢了。如今您的恩德足以推及到禽兽身上，老百姓却得不到您的好处，这究竟是什么原因呢？用秤称，才能知道轻重；用尺量，才能知道长短；事物都是如此，人心更是这样。大王，您请思量一下吧！难道您要发动战争，使将士冒生命危险，与各诸侯国结怨，这样心里才痛快么？"

齐宣王说："不是的，我怎么会这样做才痛快呢？我是打算用这办法求得我最想要的东西罢了。"

孟子说："您最想要的东西是什么，我可以听听吗？"

齐宣王只是笑却不说话。

孟子说："是因为肥美的食物不够吃呢？又轻又暖的衣服不够穿呢？还是因为文采美色不够看呢？美妙的音乐不够听呢？左右受宠爱的人不够用呢？这些您的大臣们都能充分地供给，难道大王真是为了这些吗？"

齐宣王说："不是，我不是为了这些。"

孟子说："那么，大王所最想得到的东西便可知道了：是想开拓疆土，使秦国、楚国来朝见，统治整个中原地区，安抚四方的少数民族。但是以这样的做法，去谋求这样的理想，就像爬到树上去抓鱼一样。"

齐宣王说："像你说的这么严重吗？"

孟子说："恐怕比这还严重。爬到树上去抓鱼，虽然抓不到鱼，却没有什么后患；假使用这样的做法，去谋求这样的理想，又尽心尽力地去干，结果必然有灾祸。"

齐宣王说："这是什么道理可以让我听听吗？"

孟子说："如果邹国和楚国打仗，那您认为谁胜呢？"

齐宣王说:"楚国会胜。"

孟子说:"那么,小国本来不可以与大国为敌,人少的国家本来不可以与人多的国家为敌,弱国本来不可以与强国为敌。天下的土地,纵横各一千多里的国家有九个,齐国的土地总算起来也只有其中的一份;以一份力量去降服八份,这与邹国和楚国打仗有什么不同呢?何不回到根本上来呢?如果您现在发布政令施行仁政,使得天下当官的都想到您的朝廷来做官,种田的都想到您的田野来耕作,做生意的都要把货物存放在大王的集市上,旅行的人都想在大王的道路上出入,各国憎恨他们君主的人都想跑来向您申诉。如果像这样,谁还能抵挡您呢?"

齐宣王说:"我糊涂,不能懂得这个道理。希望先生您帮助我实现我的愿望,明确地指教我。我虽然不聪慧,请让我试一试。"

孟子说:"没有固定的产业收入却有固定的道德观念,只有读书人才能做到。至于一般老百姓,如果没有固定的产业收入,也就没有固定的道德观念。一旦没有固定的道德观念,那就会胡作非为,什么事都做得出来。等到他们犯了罪,然后才去加以处罚,这等于是陷害他们。哪里有仁慈的人在位执政却去陷害百姓的呢?所以,贤明的国君制定产业政策,一定要让他们上足以赡养父母,下足以抚养妻子儿女;好年成丰衣足食,坏年成也不致饿死。然后督促他们走善良的道路,老百姓也就很容易听从了。现在各国的国君制定老百姓的产业政策,上不足以赡养父母,下不足以抚养妻子儿女;好年成尚且艰难困苦,坏年成更是性命难保。到了这个地步,老百姓连保命都恐怕来不及哩,哪里还有什么工夫来讲求礼仪呢?大王如果想施行仁政,为什么不从根本上着手呢?在五亩大的宅园中种上桑树,五十岁以上的老人都可以穿上丝绵衣服了。鸡狗猪等家禽家畜好好养起来,不要错过它们生长繁殖的时节,七十岁以上的老人都可以有肉吃了。百亩的耕地,不要耽误他们的生产季节,八口人的家庭都可以吃得饱饱的了。认真地兴办学校,用孝顺父母、尊敬兄长的道理反复教导百姓,须发斑白的人也就不会在路上负重行走了。老年人有丝绵衣服穿,有肉吃,一般老百姓吃得饱,穿得暖,这样还不能使天下归服,是从来没有过的。"

《劝学》参考译文

君子说:学习不可以停止的。

譬如靛青这种染料是从蓝草里提取的,然而却比蓝草的颜色更青;冰块是冷水凝结而成的,然而却比水更寒冷。木材笔直,合乎墨线,但是(用火萃取)使它弯曲成车轮,(那么)木材的弯度(就)合乎(圆到)如圆规画的一般的标准了,即使又晒干了，（木材）也不会再挺直，用火萃取使它成为这样的。所以木材经墨线比量过就变得笔直，金属制的刀剑拿到磨刀石上去磨就能变得锋利，君子广博地学习，并且每天检验反省自己，那么他就会智慧明理并且行为没有过错了。

因此，不登上高山，就不知天多么高；不面临深涧，就不知道地多么厚；不懂得先代帝王的遗教，就不知道学问的博大。干越夷貉之人，刚生下来啼哭的声音是一样的，而长大后风俗习性却不相同，这是教育使之如此。《诗经》上说："你这个君子啊，不要总是贪图安逸。恭谨对待你的本职，爱好正直的德行。神明听到这一切，就会赐给你洪福祥瑞。"精神修养没有比受道德熏陶感染更大了，福分没有比无灾无祸更长远了。

我曾经一天到晚地冥思苦想，（却）比不上片刻学到的知识（收获大）；我曾经踮起脚向远处望，（却）不如登到高处见得广。登到高处招手，手臂并没有加长，可是远处的人却能看见；顺着风喊，声音并没有加大，可是听的人却能听得很清楚。借助车马的人，并不是脚走得快，却可以达到千里之外，借助舟船的人，并不善于游泳，却可以横渡长江黄河。君子的资质秉性跟一般人没什么不同，（只是君子）善于借助外物罢了。

南方有一种叫"蒙鸠"的鸟，用羽毛作窝，还用毛发把窝编结起来，把窝系在嫩芦苇的花穗上，风一吹苇穗折断，鸟窝就坠落了，鸟蛋全部摔烂。不是窝没编好，而是不该系在芦苇上面。西方有种叫"射干"的草，只有四寸高，却能俯瞰百里之遥，不是草能长高，而是因为它长在了高山之巅。蓬草长在麻地里，不用扶持也能挺立住，白沙混进了黑土里，就再不能变白了，兰槐的根叫香艾，一但浸入臭水里，君子下人都会避之不及，不是艾本身不香，而是被浸泡臭了。所以君子居住要选择好的环境，交友要选择有道德的人，才能够防微杜渐保其中庸正直。

事情的发生都是有起因的，荣辱的降临也与德行相应。肉腐了生蛆，鱼枯死了生虫，懈怠疏忽忘记了做人准则就会招祸。太坚硬物体易断裂，太柔弱了又易被束缚，与人不善会惹来怨恨，干柴易燃，低洼易湿，草木丛生，野兽成群，万物皆以类聚。所以靶子设置好了就会射来弓箭，树长成了森林就会引来斧头砍伐，树林繁茂荫凉众鸟就会来投宿，醋变酸了就会惹来蚊虫，所以言语可能招祸，行为可能受辱，君子为人处世不能不保持谨慎。

堆积土石成了高山，风雨就从这里兴起了；汇积水流成为深渊，蛟龙就从这里产生了；积累善行养成高尚的品德，自然会心智澄明，也就具有了圣人的精神境界。所以不积累一步半步的行程，就没有办法达到千里之远；不积累细小的流水，就没有办法汇成江河大海。骏马一跨跃，也不足十步远；劣马拉车走十天，（也能到达，）它的成绩来源于走个不停。（如果）刻几下就停下来了，（那么）腐烂的木头也刻不断。（如果）不停地刻下去，（那么）金石也能雕刻成功。蚯蚓没有锐利的爪子和牙齿，强健的筋骨，却能向上吃到泥土，向下可以喝到土壤里的水，这是由于它用心专一啊。螃蟹有六条腿，两个蟹钳，（但是）如果没有蛇、鳝的洞穴它就无处存身，这是因为它用心浮躁啊。

因此没有刻苦钻研的心志，学习上就不会有显著成绩；没有埋头苦干的实践，事业上就不会有巨大成就。在歧路上行走达不到目的地，同时事奉两个君主的人，两方都不会容忍他。眼睛不能同时看两样东西而看明白，耳朵不能同时听两种声音而听清楚。螣蛇没有脚但能飞，鼫鼠有五种本领却还是没有办法。《诗》上说："布谷鸟筑巢在桑树上，它的幼鸟儿有七只。善良的君子们，行为要专一不偏邪。行为专一不偏邪，意志才会如磐石坚。"所以君子的意志坚定专一。

《察传》参考译文

听到传闻不可不审察清楚。多次辗转相传，白的就成了黑的，黑的就成了白的。狗象玃，玃象母猴，母猴象人，但是人和狗就差远了。这是愚蠢的人造成大误的原因。

听到传闻如果加以审察，就会带来好处，听到传闻如果不加审察，就不如没有听到。齐桓公从鲍叔那里听到关于管仲的情况，楚庄王从沈尹筮那里听到关于孙叔敖的情况，听到以后加以审察，所以称霸诸侯，吴王夫差从太宰嚭那里听到关于越王勾践的议论，智伯从张武那里听到关于赵襄子的议论，听到以后不加审察，所以国破身亡。

凡是听到传闻一定要深入考察，关于人的传闻一定要用事理加以验证。鲁哀公问孔子说："听说舜的乐正夔只有一只脚，是真的吗？"孔子说："从前舜想利用音乐把教化传布到天下，于是让重黎把夔从民间选拔出来，进荐给君主。舜任用他为乐正。于是夔正定六律，和谐五声，以调和八风，因而天下完全归服。重黎还想多找些象夔这样的人，舜说：'音乐是天地之气的精华，政治得失的关键，所以只有圣人才能使音乐和谐，而和谐是音乐的根本。夔能使音乐和谐，以此安定天下。象夔这样的人，有一个就足够了。'所以说'夔一足'，并不是说夔只有一只脚啊！"宋国的丁氏，家里没有井，要外出打水，经常有一个专人在外。等到他家挖了井，就告诉别人说："我挖井得到一个人。"有人听到了，传言说；"丁氏挖井挖得一个人。"国人谈论这件事，让宋国国君听到了，派人去问丁氏。丁氏说；"我是说得到一个人使唤，并不是从井里挖到一个人。"对传闻如果这样不得法地寻根究底，就不如没有听到。子夏到晋国去，路过卫国。听到有人读史书，说："晋国军队三豕渡过黄河。"子夏说："这是不对的。'三

'豕'应是'己亥'。'己'和'三'形体相近,'豕'和'亥'写法类似。"到了晋国一问,果然回答说晋国军队己亥这天渡过黄河。

言辞有很多似乎错误其实是正确的,也有很多似乎正确其实是错误的。正确和错误的界限,不能不分清。这是连圣人都要慎重对待的。那么怎样慎重对待呢?就是要顺着自然和人事的情理来考察听到的传闻,这样就可以得到真实的情况了。

《谏逐客书》参考译文

我听说官吏在商议驱逐客卿这件事,私下里认为是错误的。

从前秦穆公寻求贤士,西边从西戎取得由余,东边从宛地得到百里奚,又从宋国迎来蹇叔,还从晋国招来丕豹、公孙支。这五位贤人,不生在秦国,而秦穆公重用他们,吞并国家二十多个,于是称霸西戎。秦孝公采用商鞅的新法,移风易俗,人民因此殷实,国家因此富强,百姓乐意为国效力,诸侯亲附归服,战胜楚国、魏国的军队,攻取土地上千里,至今政治安定,国力强盛。秦惠王采纳张仪的计策,攻下三川地区,西进兼并巴、蜀两国,北上收得上郡,南下攻取汉中,席卷九夷各部,控制鄢、郢之地,东面占据成皋天险,割取肥田沃土,于是拆散六国的合纵同盟,使他们朝西侍奉秦国,功烈延续到今天。昭王得到范雎,废黜穰侯,驱逐华阳君,加强·巩固了王室的权力,堵塞了权贵垄断政治的局面,蚕食诸侯领土,使秦国成就帝王大业。这四位君主,都依靠了客卿的功劳。由此看来,客卿哪有什么对不住秦国的地方呢!倘若四位君主拒绝远客而不予接纳,疏远贤士而不加任用,这就会使国家没有丰厚的实力,而让秦国没有强大的名声了。

陛下罗致昆山的美玉,宫中有随侯之珠,和氏之璧,衣饰上缀着光如明月的宝珠,身上佩带着太阿宝剑,乘坐的是名贵的纤离马,树立的是以翠凤羽毛为饰的旗子,陈设的是蒙着灵鼍之皮的好鼓。这些宝贵之物,没有一种是秦国产的,而陛下却很喜欢它们,这是为什么呢?如果一定要是秦国出产的才许可采用,那么这种夜光宝玉,决不会成为秦廷的装饰;犀角、象牙雕成的器物,也不会成为陛下的玩好之物;郑、卫二地能歌善舞的女子,也不会填满陛下的后宫;北方的名骥良马,决不会充实到陛下的马房;江南的金锡不会为陛下所用,西蜀的丹青也不会作为彩饰。用以装饰后宫、广充侍妾、爽心快意、悦入耳目的所有这些都要是秦国生长、生产的然后才可用的话,那么点缀有珠宝的簪子,耳上的玉坠,丝织的衣服,锦绣的装饰,就都不会进献到陛下面前;那些闲雅变化而能随俗推移的妖冶美好的佳丽,也不会立于陛下的身旁。那敲击瓦器,拍髀弹筝,乌乌呀呀地歌唱,能快人耳目的,确真是秦国的地道音乐了；那郑、卫桑间的歌声，《韶虞》《武象》等乐曲，可算是外国的音乐了。如今陛下却抛弃了秦国地道的敲击瓦器的音乐，而取用郑、卫淫靡悦耳之音，不要秦筝而要《韶虞》，这是为什么呢？难道不是因为外国音乐可以快意，可以满足耳目官能的需要么？可陛下对用人却不是这样，不问是否可用，不管是非曲直，凡不是秦国的就要离开，凡是客卿都要驱逐。这样做就说明，陛下所看重的，只在珠玉声色方面；而所轻视的，却是人民士众。这不是能用来驾驭天下，制服诸侯的方法啊！

我听说田地广就粮食多，国家大就人口众，武器精良将士就骁勇。因此，泰山不拒绝泥土，所以能成就它的高大；江河湖海不舍弃细流，所以能成就它的深邃；有志建立王业的人不嫌弃民众，所以能彰明他的德行。因此，土地不分东西南北，百姓不论异国它邦，那样便会一年四季富裕美好，天地鬼神降赐福运，这就是五帝、三王无可匹敌的缘故。抛弃百姓使之去帮助敌国，拒绝宾客使之去事奉诸侯，使天下的贤士退却而不敢西进，裹足止步不入秦国，这就叫做"借武器给敌寇，送粮食给盗贼"啊。

物品中不出产在秦国，而宝贵的却很多；贤士中不出生于秦，愿意效忠的很多。如今驱逐宾客来资助敌国，减损百姓来充实对手，内部自己造成空虚而外部在诸侯中构筑怨恨，那要谋求国家没有危难，是不可能的啊。

《鸿门宴》参考译文

刘邦的军队驻扎在霸上，还没能与项羽相见，刘邦的左司马曹无伤派遣人对项羽说："刘邦想要在关中称王，让子婴做丞相，想占有所有的珠宝。"项羽非常生气地说："明天犒劳士兵，一起去打败刘邦！"这时候，项羽的40万军队驻扎在新丰鸿门，刘邦的10万军队驻扎在霸上。范增劝告项羽说："刘邦在崤山东边的时候，贪恋钱财、美女。现在进了关，不掠取财物，不迷恋女色，这说明他的志向不在这而是更远大。我叫人观望他那里的气运，呈现出龙虎的形状，五彩的颜色，这是天子的气运呀！赶快攻打，不要失去机会。"

楚国的左尹项伯，是项羽的叔父，一向同留侯张良交好。张良这时正跟随着刘邦。项伯就连夜骑马跑到刘邦的军营，私下会见张良，把事情详细地告诉了他，想叫张良和他一起离开，说："不要和（刘邦）他们一起死了。"张良说："我是韩王派给沛公的人，现在沛公遇到危急的事，逃走是不守信义的，不能不告诉他。"于是张良进去，详细地告诉了刘邦。刘邦大惊，说："这件事怎么办？"张良说："是谁给大王出这条计策的？"刘邦说："一个见识短浅的小子劝我说：'守住函谷关，不要放诸侯进来，秦国的土地可以全部占领而称王。'所以就听了他的话。"张良说："估计大王的军队足够用来抵挡项王吗？"刘邦沉默了一会儿，说："当然不如啊。这又将怎么办呢？"张良说："请您亲自告诉项伯，说刘邦不敢背叛项王。"刘邦说："你怎么和项伯有交情？"张良说："秦朝时，他和我交往，项伯杀了人，我使他活了下来；现在事情危急，幸亏他来告诉我。"刘邦说："他和你年龄谁大谁小？"张良说："比我大。"刘邦说："你替我请他进来，我要像对待兄长一样对待他。"张良出去，邀请项伯。项伯就进去见刘邦。刘邦捧上一杯酒向项伯祝酒，和项伯约定结为儿女亲家，说："我进入关中，一点东西都不敢据为己有，登记了官吏、百姓，封闭了仓库，等待将军到来。派遣将领把守函谷关的原因，是为了防备其他盗贼进来和意外的变故。我日夜盼望将军到来，怎么敢反叛呢？希望您全部告诉项王我不敢背叛项王的恩德。"项伯答应了，告诉刘邦说："明天早晨不能不早些亲自来向项王道歉。"刘邦说："好。"于是项伯又连夜离去，回到军营里，把刘邦的话报告了项羽，趁机说："沛公不先攻破关中，你怎么敢进关来呢？现在人家有了大功，却要攻打他，这是不讲信义。不如趁此好好对待他。"项王答应了。

刘邦第二天早晨带着一百多人马来见项王，到了鸿门，向项王解释说："我和将军合力攻打秦国，将军在黄河以北作战，我在黄河以南作战，但是我自己没有料到能先进入关中，灭掉秦朝，能够在这里又见到将军。现在有小人的谣言，使您和我发生误会。"项王说："这是沛公的左司马曹无伤说的，如果不是这样，我怎么会这么生气？"项王当天就留下刘邦，和他饮酒。项王、项伯朝东坐，亚父朝南坐。亚父就是范增。刘邦朝北坐，张良朝西陪侍。范增多次向项王使眼色，再三举起他佩戴的玉玦暗示项王，项王沉默着没有反应。范增起身，出去召来项庄，说："君王为人心地不狠。你进去上前为他敬酒，敬酒完毕，请求舞剑，趁机把沛公杀死在座位上。否则，你们都将被他俘虏！"项庄就进去敬酒。敬完酒，说："君王和沛公饮酒，军营里没有什么可以用来作为娱乐的，请让我舞剑。"项王说："好。"项庄拔剑起舞，项伯也拔剑起舞，常常张开双臂像鸟儿张开翅膀那样用身体掩护刘邦，项庄无法刺杀。

于是张良到军营门口找樊哙。樊哙问："今天的事情怎么样？"张良说："很危急！现在项庄拔剑起舞，他的意图常在沛公身上啊！"樊哙说："这太危急了，请让我进去，跟他同生死。"于是樊哙拿着剑，持着盾牌，冲入军门。持戟交叉守卫军门的卫士想阻止他进去，樊哙侧着盾牌撞去，卫士跌倒在地上，樊哙就进去了，掀开帷帐朝西站着，瞪着眼睛看着项王，头发直竖起来，眼角都裂开了。项王握着剑挺起身问："客人是干什么的？"张良说："是沛公的参乘樊哙。"项王说："壮士！赏他一杯酒。"左右就递给他一大杯酒，樊哙拜谢后，起身，站着把酒喝了。项王又说："赏他一条猪的前腿。"左右就给了他一条未煮熟的猪的前腿。樊哙把他的盾牌扣在地上，把猪腿放（在盾）上，拔出剑来切着吃。项王说："壮士！还能喝酒吗？"樊哙说："我死都不怕，一杯酒有什么可推辞的？秦王有虎狼一样的心肠，杀人惟恐不能杀尽，惩罚人惟恐不能用尽酷刑，所以天下人都背叛他。怀王曾和诸将约定：'先打败秦军进入咸阳的人封作王。'现在沛公先打败秦军进了咸阳，一点儿东西都不敢动用，封闭了宫室，军队退回到霸上，等待大王来。特意派遣将领把守函谷关的原因，是为了防备其他盗贼的进入和意外的变故。这样劳苦功高，没有得到封侯的赏赐，反而听信小人的谗言，想杀有功的人，这只是灭亡了的秦朝的继续罢了。我以为大王不应该采取这种做法。"项王没有话回答，说："坐。"樊哙挨着张良坐下。坐了一会儿，刘邦起身上厕所，趁机把樊哙叫了出来。

刘邦出去后，项王派都尉陈平去叫刘邦。刘邦说："现在出来，还没有告辞，这该怎么办？"樊哙说："做大事不必顾及小节，讲大礼不必计较小的谦让。现在人家正好比是菜刀和砧板，我们则好比是鱼和肉，告辞干什么呢？"于是就决定离去。刘邦就让张良留下来道歉。张良问："大王来时带了什么东西？"刘邦说："我带了一对玉璧，想献给项王；一双玉斗，想送给亚父。正碰上他们发怒，不敢奉献。你替我把它们献上吧。"张良说："好。"这时候，项王的军队驻在鸿门，刘邦的军队驻在霸上，相距四十里。刘邦就留下车辆和随从人马，独自骑马脱身，和樊哙、夏侯婴、靳强、纪信四人拿着剑和盾牌徒步逃跑，从郦山脚下，取道芷阳，抄小路走。刘邦对张良说："从这条路到我们军营，不过二十里罢了，估计我回到军营里，你才进去。"

刘邦离去后，从小路回到军营里。张良进去道歉，说："刘邦禁受不起酒力，不能当面告辞。让我奉上白璧一双，拜两拜敬献给大王；玉斗一双，拜两拜献给大将军。"项王说："沛公在哪里？"张良说："听说大王有意要责备他，脱身独自离开，已经回到军营了。"项王就接受了玉璧，把它放在座位上。亚父接过玉斗，放在地上，拔出剑来敲碎了它，说："唉！这小子不值得和他共谋大事！夺项王天下的人一定是刘邦。我们都要被他俘虏了！"

刘邦回到军中，立刻杀掉了曹无伤。

《孙子吴起列传》参考译文

孙子名武，是齐国人。因为他精通兵法受到吴王阖庐的接见。阖庐说："您的十三篇兵书我都看过了，可用来小规模地试着指挥军队吗？"孙子回答说："可以。"阖庐说："可以用妇女试验吗？"回答说："可以。"于是阖庐答应他试验，叫出宫中美女，共约百八十人。孙子把她们分为两队，让吴王阖庐最宠爱的两位侍妾分别担任各队队长，让所有的美女都拿一支戟。然后命令她们说："你们知道自己的心、左右手和背吗？"妇人们回答说："知道。"孙子说："我说向前，你们就看心口所对的方向；我说向左，你们就看左手所对的方向；我说向右，你们就看右手所对的方向；我说向后，你们就看背所对的方向。"妇人们答道："是。"号令宣布完毕，于是摆好斧铖等刑具，旋即又把已经宣布的号令多次重复地交待清楚。就击鼓发令，叫她们向右，妇人们都哈哈大笑。孙子说："纪律还不清楚，号令不熟悉，这是将领的过错。"又多次重复地交待清楚，然后击鼓发令让她们向左，妇人们又都哈哈大笑。孙子说："纪律弄不清楚，号令不熟悉，这是将领的过错；现在既然讲得清清楚楚，却不遵照号令行事，那就是军官和士兵的过错了。"于是就要杀左、右两队的队长。吴王正在台上观看，见孙子将要杀自己的爱妾，大吃一惊。急忙派使臣传达命令说："我已经知道将军善用兵了，我要没了这两个侍妾，吃起东西来也不香甜，希望你不要杀她们吧。"孙子回答说："我已经接受命令为将，将在军队里，国君的命令有的可以不接受。"于是杀了两个队长示众。然后按顺序任用两队第二人为队长，于是再击鼓发令，妇人们不论是向左向右、向前向后、跪倒、站起都符合号令、纪律的要求，再没有人敢出声。于是孙子派使臣向吴王报告说："队伍已经操练整齐，大王可以下台来验察他们的演习，任凭大王怎样使用她们，即使叫她们赴汤蹈火也办得到啊。"吴王回答说："让将军停止演练，回宾馆休息。我不愿下去察看了。"孙子感叹地说："大王只是欣赏我的军事理论，却不能让我付诸实践。"从此，吴王阖庐知道孙子果真善于用兵，终于任命他做了将军。后业吴国向西打败了强大的楚国，攻克郢都，向北威震齐国和晋国，在诸侯各国名声赫赫，这其间，孙子不仅参与，而且出了很大的力啊。

孙子死后，隔了一百多年又出了一个孙膑。孙膑出生在阿城和鄄城一带，也是孙武的后代子孙。他曾经和庞涓一道学习兵法。庞涓奉事魏国以后，当上了魏惠王的将军，却知道自己的才能比不上孙膑。就秘密地把孙膑找来。孙膑到来，庞涓害怕他比自己贤能，忌恨他，就假借罪名砍掉他两只脚，并且在他脸上刺了字，想让他隐藏起来不敢抛头露面。

齐国的使臣来到大梁，孙膑以犯人的身份秘密地会见了齐使，进行游说。齐国的使臣认为他是个难得的人才，就偷偷地用车把他载回齐国。齐国将军田忌不仅赏识他而且还象对待客人一样对待他。田忌经常跟齐国贵族子弟赛马，下很大的赌注。孙膑发现他们的马脚力都差不多，可分为上、中、下三等。于是孙膑对田忌说："你尽管下大赌注，我能让你取胜。"田忌信以为然，与齐王和贵族子弟们比赛下了千金的赌注。

到临场比赛，孙膑对田忌说："现在用您的下等马对付他们的上等马，拿您的上等马对付他们的中等马，让您的中等马对付他们的下等马。"三次比赛完了，田忌败了一次，胜了两次，终于赢得了齐王千金赌注。于是田忌就把孙子推荐给齐威王。威王向他请教兵法后，就把他当做老师。

后来魏国攻打赵国，赵国形势危急，向齐国求救。齐威王打算任用孙膑为主将，孙膑辞谢说："受过酷刑的人，不能任主将。"于是就任命田忌做主将，孙膑做军师，坐在带蓬帐的车里，暗中谋划。田忌想要率领救兵直奔赵国，孙膑说："想解开乱丝的人，不能紧握双拳生拉硬扯；解救斗殴的人，不能卷进去胡乱搏击。要扼住争斗者的要害，争斗者因形势限制，就不得不自行解开。如今魏赵两国相互攻打，魏国的精锐部队必定在国外精疲力竭，老弱残兵在国内疲惫不堪。你不如率领军队火速向大梁挺进，占据它的交通要道，冲击它正当空虚的地方，魏国肯定会放弃赵国而回兵自救。这样，我们一举解救了赵国之围，而又可坐收魏国自行挫败的效果。"田忌听从了孙膑的意见。魏军果然离开邯郸回师，在桂陵地方交战，魏军被打得大败。

十三年后，魏国和赵国联合攻打韩国，韩国向齐国告急。齐王派田忌率领军队前去救援，径直进军大梁。魏将庞涓听到这个消息，率师撤离韩国回魏，而齐军已经越过边界向西挺进了。孙膑对田忌说："那魏军向来凶悍勇猛，看不起齐兵，齐兵被称作胆小怯懦，善于指挥作战的将领，就要顺应着这样的趋势而加以引导。兵法上说：'用急行军走百里和敌人争利的，有可能折损上将军；用急行军走五十里和敌人争利的，可能有一半士兵掉队。'命令军队进入魏境先砌十万人做饭的灶，第二天砌五万人做饭的灶，第三天砌三万人做饭的灶。"庞涓行军三日，特别高兴地说："我本来就知道齐军胆小怯懦，进入我国境才三天，开小差的就超过了半数啊！"于是放弃了他的步兵，只和他轻装精锐的部队，日夜兼程地追击齐军。孙膑估计他的行程，当晚可以赶到马陵。马陵的道路狭窄，两旁又多是峻隘险阻，适合埋伏军队。孙膑就叫人砍去树皮，露出白木，写上："庞涓死于此树之下。"于是命令一万名善于射箭的齐兵，隐伏在马陵道两边，约定说："晚上看见树下火光亮起，就万箭齐发。"庞涓当晚果然赶到砍去树皮的大树下，看见白木上写着字，就点火照树干上的字，上边的字还没读完，齐军伏兵就万箭齐发，魏军大乱，互不接应。庞涓自知无计可施，败成定局，就拔剑自刎，临死说："倒成就了这小子的名声！"齐军就乘胜追击，把魏军彻底击溃，俘虏了魏国太子申回国。孙膑也因此名扬天下，后世社会上流传着他的《兵法》。

吴起是卫国人，善于用兵。曾经向曾子求学，奉事鲁国国君。齐国的军队攻打鲁国，鲁君想任用吴起为将军，而吴起娶的妻子却是齐国人，因而鲁君怀疑他。当时，吴起一心想成名，就杀了自己的妻子，用来表明他不亲附齐国。鲁君终于任命他做了将军，率领军队攻打齐国，把齐军打得大败。

鲁国就有的人诋毁吴起说："吴起为人，是猜疑残忍的。他年轻的时候，家里积蓄足有千金，在外边求官没有结果，把家产也荡尽了，同乡邻里的人笑话他，他就杀掉三十多个讥笑自己的人。然后从卫国的东门逃跑了。他和母亲决别时，咬着自己的胳膊狠狠地说：'我吴起不做卿相，绝不再回卫国。'于是就拜曾子为师。不久，他母亲死了，吴起最终还是没有回去奔丧。曾子瞧不起他并和他断绝了师徒关系。吴起就到鲁国去，学习兵法来奉事鲁君。鲁君怀疑他，吴起杀掉妻子表明心迹，用来谋求将军的职位。鲁国虽然是个小国，却有着战胜国的名声，那么诸侯各国就要谋算鲁国了。况且鲁国和卫国是兄弟国家，鲁君要是重用吴起，就等于抛弃了卫国。"鲁君怀疑吴起，疏远了吴起。

这时，吴起听说魏国文侯贤明，想去奉事他。文侯问李克说："吴起这个人怎么样啊？"李克回答说："吴起贪恋成名而爱好女色，然而要带兵打仗，就是司马穰苴也超不过他。"于是魏文侯就任用他为主将，攻打秦国，夺取了五座城池。

吴起做主将，跟最下等的士兵穿一样的衣服，吃一样的伙食，睡觉不铺垫褥，行军不乘车骑马，亲自背负着捆扎好的粮食和士兵们同甘共苦。有个士兵生了恶性毒疮，吴起替他吸吮浓液。这个士兵的母亲听说后，就放声大哭。有人说："你儿子是个无名小卒，将军却亲自替他吸吮浓液，怎么还哭呢？"那位母亲回答说："不是这样啊，往年吴将军替他父亲吸吮毒疮，他父亲在战场上勇往直前，就死在敌人手里。如今吴将军又给他儿子吸吮毒疮，我不知道他又会在什么时候死在什么地方，因此，我才哭他啊。"

魏文侯因为吴起善于用兵打仗，廉洁不贪，待人公平，能取得所有将士的欢心，就任命他担任西河地区的长官，来抗拒秦国和韩国。

魏文侯死后，吴起奉事他的儿子魏武侯。武侯泛舟黄河顺流而下，船到半途，回过头来对吴起说："山川是如此的险要、壮美哟，这是魏国的瑰宝啊！"吴起回答说："国家政权的稳固，在于施德于民，而不在于地理形势的险要。从前三苗氏左临洞庭湖，右濒彭蠡泽，因为它不修德行，不讲信义，所以夏禹能灭掉它。夏桀的领土，左临黄河、济水，右靠泰山、华山，伊阙山在它的南边，羊肠坂在它的北面。因为他不施仁政，所以商汤放逐了他。殷纣的领土，左边有孟门山，右边有太行山，常山在它的北边，黄河流经它的南面，因为他不施仁德，武王把他杀了。由此看来，政权稳固在于给百姓施以恩德，不在于地理形势的险要。如果您不施恩德，即便同乘一条船的人也会变成您的仇敌啊！”武侯回答说："讲得好。"

　　吴起做西河守，取得了很高的声望。魏国设置了相位，任命田文做国相。吴起很不高兴，对田文说："请让我与您比一比功劳，可以吗？"田文说："可以。"吴起说："统率三军，让士兵乐意为国去死战，敌国不敢图谋魏国，您和我比，谁好？"田文说："不如您。"吴起说："管理文武百官，让百姓亲附，充实府库的储备，您和我比，谁行？"田文说："不如您。"吴起说："拒守西河而秦国的军队不敢向东侵犯，韩国、赵国服从归顺，您和我比，谁能？"田文说："不如您。"吴起说："这几方面您都不如我，可是您的职位却在我之上，是什么道理呢？"田文说："国君还年轻，国人疑虑不安，大臣不亲附，百姓不信任，正当处在这个时候，是把政事托付给您呢，还是应当托付给我？"吴起沉默了许久，然后说："应该托付给您啊。"田文说："这就是我的职位比您高的原因啊。"吴起这才明白在这方面不如田文。

　　田文死后，公叔出任国相，娶了魏君的女儿，却畏忌吴起。公叔的仆人说："吴起是不难赶走的。"公叔问："怎么办？"那个仆人说："吴起为人有骨气而又喜好名誉、声望。您可找机会先对武侯说：'吴起是个贤能的人，而您的国土太小了，又和强大的秦国接壤，我私下担心吴起没有长期留在魏国的打算。'武侯就会说：'那可怎么办呢？'您就趁机对武侯说：'请用下嫁公主的办法试探他，如果吴起有长期留在魏国的心意，就一定会答应娶公主，如果没有长期留下来的心意，就一定会推辞。用这个办法能推断他的心志。'您找个机会请吴起一道回家，故意让公主发怒而当面鄙视您，吴起见公主这样蔑视您，那就一定不会娶公主了。"当时，吴起见到公主如此地蔑视国相，果然婉言谢绝了魏武侯。武侯怀疑吴起，也就不再信任他。吴起怕招来灾祸，于是离开魏国，随即就到楚国去了。

　　楚悼王一向就听说吴起贤能，刚到楚国就任命他为国相。他使法明确，依法办事，令出必行，淘汰并裁减无关紧要的冗员，停止疏远王族的按例供给，来抚养战士。致力于加强军事力量，揭穿往来奔走的游说之客。于是向南平定了百越；向北吞并了陈国和蔡国，打退韩、赵、魏三国的进攻；向西又讨伐了秦国。诸侯各国对楚国的强大感到忧虑。以往被吴起停止供给的疏远王族都想谋害吴起。等悼公一死，王室大臣发动骚乱，攻打吴起，吴起逃到楚王停尸的地方，附伏在悼王的尸体上。攻打吴起的那帮人趁机用箭射吴起，同时也射中了悼王的尸体。等把悼王安葬停当后，太子即位。就让令尹把射杀吴起同时射中悼王尸体的人，全部处死，由于射杀吴起而被灭族的有七十多家。

　　太史公说：社会上称道军旅战法的人，无不称道《孙子》十三篇和吴起的《兵法》，这两部书，社会上流传很广，所以我不加论述，只评论他们生平行事所涉及的情况。俗话说："能做的未必能说，能说的未必能做。"孙膑算计庞涓的军事行动是英明的，但是他自己却不能预先避免刖足的酷刑。吴起向魏武侯讲凭借地理形势的险要，不如给人民施以恩德的道理，然而一到楚国执政却因为刻薄、暴戾、少恩葬送了自己的生命。可叹啊！

《巫山巫峡》参考译文

长江继续向东流，经过巫峡。巫峡是蜀王杜宇派人凿开用来疏通江水的。郭仲产说："按照《汉书·地理志》，巫山在巫山县城西南，可是现在巫山在巫山县城的东边，这大概是郡县政府所在地不固定的缘故吧！"

长江经过巫峡，向东流去，经过新崩滩。这山在汉和帝永元十二年崩塌过一次，晋太元二年又崩塌过一次。崩塌的时候，水倒流一百多里，掀起几十丈高的浪头。现在滩上的石头，有些圆的象箪，有些方的象笥，象这样石头很多，都是崩塌的山崖上滚落下来的，使得湍急的江水更加汹涌，所以叫它作"新崩滩"。那崩塌的山崖剩下的部分，比起其他各个山岭，还算是高耸突出的。

新崩滩下去十多里，有大巫山，它的高不只是三峡所没有，而且可以跟岷山、峨眉山争高低，同衡山、九疑山相并列；它遮护统领周围的各个山峰，高与云平，还要到霄汉之上才能分辨它们的高低啊！神孟涂就居住在这大巫山上。《山海经》记载："夏朝君主启的臣子孟涂，这个人在巴地掌管神灵之事，巴地的人到孟涂那里诉讼，孟涂把那衣服上有血的人抓起来了，被抓的人请求饶命，孟涂赦免了他，让他居住在这丹山的西边。"郭景纯给《山海经》作注说："丹山在丹阳，隶属巴地。"

丹山的西面就是巫山。天帝的女儿也住在那里。宋玉所说："天帝最小的女儿名叫瑶姬，未出嫁就死了，埋在巫山的南面。灵魂变成草，这就是灵芝。"记载说："巫山神女，住在巫山险要的地方，早上变为朝云，晚上变为雨雾，早早晚晚，都在阳台山的下面。"第二天早晨去看，果然象神女所说。因此楚怀王为神女立庙，叫做朝云庙。这一段从头到尾全长一百六十里，叫做巫峡，是根据巫山而得名的。

在三峡七百里之间，两岸都是连绵的高山，完全没有中断的地方。悬崖峭壁重峦叠嶂，遮挡了天空和太阳。如果不是正午半夜，连太阳和月亮都无法看见。

等到夏天江水漫上山陵的时候，上行和下行船只的航路都被阻断，无法通行。有时皇帝的命令要紧急传达，这时只要早晨从白帝城出发，傍晚就到了江陵，这中间有一千二百里，即使骑上飞奔的快马，也不如船快。

等到春天和冬天的时候，就可以看见白色的急流，回旋着清波，碧绿的潭水倒映出山石林木的影子。极高的山峰上生长着许多奇形怪状的松柏，山峰间悬泉瀑布飞流冲荡。水清，树荣，山峻，草盛，确实趣味无穷。

每逢初晴的日子或者下霜的早晨，树林和山涧就显出一片清凉和寂静，常常有猿猴在高处拉长声音鸣叫，声音持续不断，显得非常悲惨凄凉，在空荡的山谷里传来猿叫的回声悲哀婉转，很久才消失。所以三峡中渔民的歌谣唱道："巴东三峡之中巫峡最长，猿猴鸣叫几声凄凉得令人眼泪满衣裳。"

《张中丞传后叙》参考译文

元和二年四月十三日晚上，我和吴郡张籍翻阅家中的旧书，发现了李翰所写的《张巡传》。李翰因文章而自负，写这篇传记十分详密。但遗憾的是还有缺陷：没有为许远立传，又没有记载雷万春事迹的始末。

许远虽然才能似乎比不上张巡，打开城门迎接张巡，地位本在张巡之上。他把指挥权交给张巡，甘居于其下，毫无猜疑妒忌，最终和张巡一起守城而死，成就了功名，城破后被俘，不过和张巡死的时间有先后的不同罢了。张、许两家的子弟才智低下，不能了解其父辈的志向，认为张巡战死而许远被俘，怀疑许远是怕死而投降了叛军。如果许远真的怕死，何苦守住这尺寸大小的地盘，以他所爱之人的肉充饥，来和叛军对垒而不投降呢？当他在包围中守城时，外面没有一点哪怕极为微弱的援助，所要效忠的，就是国家和皇上，而叛军会拿国家和皇上已被消灭的情况告诉他。许远见救兵不来，而叛军越来越多，一定会相信他们的话；外面毫无希望却仍然死守，军民相食，人越来越少，即使是傻瓜也会计算日期而知道自己的死所了。许远不怕死也可以清楚了！哪有城破而自己的部下都已战死，他却偏偏蒙受耻辱苟且偷生？即使再笨的人也不愿这样做，唉！难道说像许远如此贤明的人会这样做吗？

议论的人又认为许远和张巡分守城门，城陷落是从许远分守的西南方开始的。拿这个理由来诽谤许远，这又和小孩的见识没有两样。人将要死的时候，他的内脏必定有一个先受到侵害的地方；扯紧绳子，把它拉断，绳断必定有一个先裂的地方。有人看到这种情况，就来责怪这个先受侵害和先裂的地步，他也太不通达事理了！小人喜欢议论，不愿成人之美，竟到了这样的地步！像张巡、许远所造成的功业，如此杰出，尚且躲不掉小人的诽谤，其他人还有什么可说呢！当张、许二位刚守城的时候，哪能知道别人终不相救，从而预先弃城逃走呢？如果睢阳城守不住，即使逃到其他地方又有什么用处？等到没有救兵而且走投无路的时候，率领着那些受伤残废、饥饿瘦弱的残兵，即使想逃走，也一定无法到达要去的地方。张、许二位的功绩，他们已经考虑得很周到了！守住孤城，捍卫天下，仅凭千百个濒临灭亡的士兵，来对付近百万天天增加的敌军，保护着江淮地区，挡住了叛军的攻势，天下能够不亡，这是谁的功劳啊！在那个时候，丢掉城池而只想保全性命的人，不在少数；拥有强兵却安坐观望的人，一个接着一个。不追究讨论这些，却拿死守睢阳来责备张、许二位，也可见这些人把自己放在与逆乱者同类的地位，捏造谎言来帮他们一起攻击有功之人了。

我曾经在汴州、徐州任职，多次经过两州之间，亲自在那叫做双庙的地方祭祀张巡和许远。那里的老人常常说起张巡、许远时候的事情：南霁云向贺兰进明求救的时候，贺兰进明妒忌张巡、许远的威望和功劳超过自己，不肯派兵相救；但看中了南霁云的勇敢和壮伟，不采纳他的话，却勉力挽留他，还准备了酒食和音乐，请南霁云入座。南霁云义气激昂说："我来的时候，睢阳军民已经一个多月没有东西吃了！我即使想一个人享受，道义不能允许；即使吃了，我也难以下咽！"于是拔出自己的佩刀，砍断一个手指，鲜血淋漓，拿给贺兰进明看。在座的人大吃一惊，都感动得为南霁云流下了眼泪。南霁云知道贺兰进明终究没有为自己出兵的意思，立即骑马离去；将出城时，他抽出箭射寺庙的佛塔，那枝箭射进佛塔砖面半箭之深，说："我回去打败叛军后，一定要消灭贺兰进明！就用这枝箭来作为标记。"我于贞元年间经过泗州，船上的人还指点着说给我听。城破后，叛军拿刀逼张巡投降，张巡坚贞不屈，马上被绑走，准备杀掉；叛军又叫南霁云投降，南霁云没有吱声。张巡叫南霁云道："南八，男子汉一死而已，不能向不义之人屈服！"南霁云笑道："我本想有所作为；您既然这样说，我哪敢不死！"于是誓不投降。

张籍说："有一个人叫于嵩，年轻时跟随张巡；等到张巡起兵抗击叛军，于嵩曾在围城之中。我大历年间在和州乌江县见到过于嵩，那时他已六十多岁了。因为张巡的缘故起先曾得到临涣县尉的官职，学习努力，无所不读。我那时还幼小，简单地询问过张巡、许远的事迹，不太详细。他说：张巡身长七尺有余，一口胡须活像神灵。他曾经看见于嵩在读《汉书》，就对于嵩说："你怎么老是在读这本书？"于嵩说："没有读熟呀。"张巡说："我读书不超过三遍，一辈子不会忘记。"就背诵于嵩所读的书，一卷背完不错一个字。于嵩很惊奇，以为张巡是碰巧熟悉这一卷，就随便抽出一卷来试他，他都像刚才那样能背诵出来。于嵩又拿书架上其他书来试问张巡，张巡随口应声都背得一字不错。于嵩跟张巡时间较久，也不见张巡经常读书。写起文章来，拿起纸笔一挥而就，从来不打草稿。起先守睢阳时，士兵将近万把人，城里居住的人家，也将近几万，张巡只要见一次问过姓名，以后没有不认识的。张巡发起怒来，胡须都会竖起。等到城破后，叛军绑住张巡等几十人让他们坐着，立即就要处死。张巡起身去小便（另说此处为"转身"），他的部下见他起身，有的跟着站起，有的哭了起来。张巡说："你们不要害怕！死是命中注定的。"大家都哭得不忍抬头看他。张巡被杀时，脸色毫不慌张，神态安详，就和平日一样。许远是个宽厚的长者，相貌也和他的内心一样；和张巡同年出生，但时间比张巡稍晚，称张巡为兄，死时四十九岁。"于嵩在贞元初年死在亳宋一带。有人传说他在那里有块田地，武人把它强夺霸占了，于嵩打算到州里提出诉讼，却被武人杀死。于嵩没有后代。这些都是张籍告诉我的。

《钴鉧潭西小丘记》参考译文

我发现西山以后的第八天，便沿着山口向西北方向走了二百余步，又发现了钴鉧潭。潭的西边二十五步处，在急流深水的地方有一道水坝。坝上有一个小丘，长着竹子和树木。小丘上的石头有的突出高耸，有的起伏直立，都顶着泥土钻出来，争着做出各种奇怪的样子，几乎多得数不清。那些高耸的，互相重叠而向下倾斜的石头，好像一群牛马在溪边喝水；那些突起的像兽角排列向上的石头，就像熊和罴在攀登山岭。

山丘很小，不到一亩，可以用一个笼子把它全部装下。问起小丘的主人时，有人回答说："这是唐家废弃了的土地，要卖却卖不出去。"问起它的价钱，回答说："只要四百文钱。"我爱这个地方就买了它。李深源、元克己当时和我一同来游玩，也都很高兴，感到这是出于意料之外的好事情。我们就轮流拿着工具，铲割掉乱草，砍掉不好的树，燃起了大火烧毁它们。于是美的树木挺立，秀美的竹子露出来了，奇特的山石显露出来了。从小山丘中间向外望去，就看见山峰高峻，云彩飘浮，溪水飞流，飞鸟走兽在遨游走动，它们全部都快乐地呈现出各种美好的姿态。尽力献出各自的特色，在这小山丘的上下表演着。在这里，铺开席子放上枕头躺在上面，于是清凉的景色就会和眼睛接触，潺潺的流水声就传入耳中，幽远空阔的境界就会和神思融入，静默的境界就会沁入心灵。不到十天的时间就发现奇异的地方两处，即使是古时爱好山水的人，也许也没遇到这种情况吧。

唉！小山丘这样秀美的风景，如果把它搬移到沣、镐、鄠、杜等处，那些爱游玩的贵族豪门子弟会争着要买，即或每天价钱增加到千金，也越发不能买到。现在却被抛弃在永州，连农民渔夫从它旁边路过都瞧不起它，价钱仅仅四百文，竟连年卖不掉。而我和深源、克己惟独很高兴地买下它，难道这小山丘果然有运气吗？在这岩石上写下这些话，用以祝贺这个小山丘碰上了好运气。

《岳阳楼记》参考译文

庆历四年（1044年）的春天，滕子京降职到岳州做太守。到了第二年，政事顺利，百姓和乐，很多长年荒废的事业又重新兴办起来了。还重新修建了岳阳楼，扩大它旧有的规模，还在上面刻上唐代贤人和当代人的诗赋，（滕子京）并嘱咐（我）写一篇文章用来记述这件事。

我看那巴陵郡的美丽的景色，集中在洞庭湖上。洞庭湖连接着远处的群山，吞吐长江的江水，水波浩荡，宽阔无边。或早或晚（一天里）时阴时晴，景象千变万化。这就是岳阳楼的雄伟景象。前人对它的描述已经很详尽了。然而，因为这里往北面通向巫峡，南面直到潇水、湘水，被降职远调的官吏和南来北往的诗人，大多在这里聚会。（他们）看了自然景物而触发的感情，大概会有所不同吧？

如果遇上阴雨连绵繁密，有时连着整个月没有晴天，寒风怒吼，浊浪冲天，太阳和星星隐藏了光辉，山岳隐没了形体；商人和旅客无法通行，桅杆倒下，船桨折断；傍晚天色昏暗，虎在长啸，猿在哀啼。（此时）登上岳阳楼，就会产生离开国都、怀念家乡，担心（人家）说坏话，惧怕批评指责的感觉，满眼是萧条的景象，感慨悲伤到极点啊。

至于春风和煦，阳光明媚的日子，湖面风平浪静，天色湖光相接，一片碧绿，广阔无际；沙鸥时而飞翔，时而停歇，美丽的鱼儿在湖中游来游去；湖岸上的小草和沙洲上的兰花，香气浓郁，草木茂盛。而有时大片烟雾完全消散，皎洁的月光一泻千里，（月光照耀下的）水波闪耀着金光；无风时静静的月影好似沉入水中的玉璧，渔夫的歌声一唱一和，这样的乐趣哪有穷尽！（此时）登上岳阳楼，就会有心胸开阔，精神愉悦，忘却荣辱得失，举起酒杯面对和风，喜气洋洋的感觉！

唉！我曾经探求过古时品德高尚的人的思想，或许不同于（以上）两种心情，这是为什么呢？他们不因为外物的好坏和个人的得失而或喜或悲；在朝廷作官的人为百姓担忧；不在朝廷作官的人为君王担忧。这样在朝为官也担忧，在野为民也担忧。既然这样，那么，什么时候才快乐呢？那一定要说"在天下人忧虑之前先忧虑，在天下人快乐之后再快乐"吧？唉！（如果）没有这种人，我同谁一道呢？

写于庆历六年（1046年）九月十五日。

《秋声赋》参考译文

欧阳先生夜里正在读书，（忽然）听到有声音从西南方向传来，心里不禁悚然。他一听，惊道："奇怪啊！"这声音初听时像淅淅沥沥的雨声，其中还夹杂着萧萧飒飒的风吹树木声，然后忽然变得汹涌澎湃起来，像是江河夜间波涛突起、风雨骤然而至。碰到物体上发出铿锵之声，又好像金属撞击的声音，再（仔细）听，又像衔枚奔走去袭击敌人的军队，听不到任何号令声，只听见有人马行进的声音。（于是）我对童子说："这是什么声音？你出去看看。"童子回答说："月色皎皎、星光灿烂、浩瀚银河、高悬中天，四下里没有人的声音，那声音是从树林间传来的。"

我叹道："唉，可悲啊！这就是秋声呀，它为何而来呢（它怎么突然就来了呢）？大概是那秋天的样子，它的色调暗淡、烟飞云收；它的形貌清新明净、天空高远、日色明亮；它的气候寒冷、刺人肌骨；它的意境寂寞冷落，没有生气、川流寂静、山林空旷。所以它发出的声音时而凄凄切切，呼号发生迅猛，不可遏止。绿草浓密丰美，争相繁茂，树木青翠茂盛而使人快乐。然而，一旦秋风吹起，拂过草地，草就要变色；掠过森林，树就要落叶。它能折断枝叶、凋落花草，使树木凋零的原因，便是一种构成天地万物的混然之气（秋气）的余威。

秋天是刑官执法的季节，它在季节上说属于阴；秋天又是兵器和用兵的象征，在五行上属于金。这就是常说的天地之严凝之气，它常常以肃杀为意志。自然对于万物，是要它们在春天生长，在秋天结实。所以，秋天在音乐的五声中又属商声。商声是西方之声，夷则是七月的曲律之名。商，也就是'伤'的意思，万物衰老了，都会悲伤。夷，是杀戮的意思，草木过了繁盛期就应该衰亡。"

"唉！草木是无情之物，尚有衰败零落之时。人为动物，在万物中又最有灵性，无穷无尽的忧虑煎熬他的心绪，无数琐碎烦恼的事来劳累他的身体。只要内心被外物触动，就一定会消耗他的精气。更何况常常思考自己的力量所做不到的事情，忧虑自己的智慧所不能解决的问题，自然会使他红润的面色变得苍老枯槁，乌黑的头发（壮年）变得鬓发花白（年老）。（既然这样，）为什么却要以并非金石的肌体，去像草木那样争一时的荣盛呢？（人）应当仔细考虑究竟是谁给自己带来了这么多残害，又何必去怨恨这秋声呢？"

书童没有应答，低头沉沉睡去。只听得四壁虫鸣唧唧，像在附和我的叹息。

《前赤壁赋》参考译文

壬戌年秋，七月十六日，苏轼与友人在赤壁下泛舟游玩。清风阵阵拂来，水面波澜不起。举起酒杯向同伴敬酒，吟诵着与明月有关的文章，歌颂窈窕这一章。不多时，明月从东山后升起，徘徊（运行）在斗宿与牛宿之间。白茫茫的雾气横贯江面，清泠泠的水光连着天际。任凭（放纵）小船儿在茫无边际的江上飘荡，越过苍茫万顷的江面。（我的情思）浩浩森森，就如同凌空驭风而行，并不知道到哪里才会停栖；飘飘摇摇，好像要离开尘世飘飞而起，超然独立，成为神仙，进入仙境。

这时候喝酒喝得高兴起来，用手叩击着船舷，应声高歌。歌中唱道："桂木船棹呵香兰船桨，迎击空明的粼波，逆着流水的泛光。我的心怀悠远，想望伊人在天涯那方"。有吹洞箫的客人，按着节奏为歌声伴和，洞箫呜呜作声：像是怨恨，又像是思慕，像是哭泣，又像是倾诉，尾声凄切、婉转、悠长，如同不断的细丝。能使深谷中的蛟龙为之起舞，能使孤舟上的寡妇听了落泪。

苏轼的容色忧愁凄怆，（他）整好衣襟坐端正，向客人问道："（曲调）为什么这样（悲凉）呢？"同伴回答："'月明星稀，乌鹊南飞'，这不是曹公孟德的诗么？（这里）向西可以望到夏口，向东可以望到武昌，山河接壤连绵不绝，（目力所及）一片苍翠。这不正是曹孟德被周瑜所围困的地方么？当初他攻陷荆州，夺得江陵，沿长江顺流东下，麾下的战船延绵千里，旌旗将天空全都蔽住，在江边持酒而饮，横执矛槊吟诗作赋，委实是当世的一代枭雄，而今天又在哪里呢？何况我与你在江边的水渚上捕鱼砍柴，与鱼虾作伴，与麋鹿为友，（我们）驾着这一叶小舟，举起杯盏相互敬酒。（我们）如同蜉蝣置身于广阔的天地中，像沧海中的一颗粟米那样渺小。（唉，）哀叹我们的一生只是短暂的片刻，（不由）羡慕长江没有穷尽。（我想）与仙人携手遨游各地，与明月相拥而永存世间。（我）知道这些不可能屡屡得到，只得将憾恨化为箫音，托寄在悲凉的秋风中罢了。"

苏轼说："你可也知道这水与月？不断流逝的就像这江水，其实并没有真正逝去；时圆时缺的就像这月，但是最终并没有增加或减少。可见，从事物易变的一面看来，天地间没有一瞬间不发生变化；而从事物不变的一面看来，万物与自己的生命同样无穷无尽，又有什么可羡慕的呢？何况天地之间，凡物各有自己的归属，若不是自己应该拥有的，即令一分一毫也不能求取。只有江上的清风，以及山间的明月，送到耳边便听到声音，进入眼帘便绘出形色，取得这些不会有人禁止，享用这些也不会有竭尽的时候。这是造物者（恩赐）的没有穷尽的大宝藏，你我尽可以一起享用。"

于是同伴高兴的笑了，清洗杯盏重新斟酒。菜肴和果品都被吃完，只剩下桌上的杯碟一片凌乱。（苏子与同伴）在船里互相枕着垫着睡去，不知不觉天边已经显出白色（指天明了）。

《戊午上高宗封事》参考译文

绍兴八年十一月，右通直郎枢密院编修官臣子胡铨，斋戒沐浴，恭敬地写下这篇奏疏，冒着死罪献于皇帝陛下。

我恭谨地考察过：王伦本来是一个行为轻薄奸邪的小人，街市上的狡诈之徒，前不久因宰相秦桧没有眼力，竟推举他出使金国。他专事奸诈虚妄，欺骗皇上，突然得居高官，天下人无不痛恨唾骂他。他无缘无故地引来金国使臣，以"江南诏谕使"的名义同我朝谈判，这是想把我大宋当作臣妾，想把我大宋看作刘豫啊！刘豫像臣妾一样侍奉金人，面朝南做上了儿皇帝，他自认为这是子孙称帝而万代不会改变的事业，金人一旦改变主意，就把他揪住捆绑起来，父子都做了俘虏。先例可鉴，记忆犹新，而王伦又想要皇上效法刘豫。天下是祖宗创立的天下，皇上所居的帝位是祖宗传下的帝位。怎么能把祖宗的天下变为金人的天下，把祖宗的帝位变成金人附属国儿皇帝的地位呢！皇上一投降，那末宗庙社稷的神灵都将被金人所玷污，祖宗养育了几百年的人民都要衣襟向左改变风俗了！朝廷执政大臣都将降为陪臣，全国的士大夫都要废弃汉族的礼服，换上金人的服装。到时金人的贪欲无法满足，怎么知道他们不会像对待刘豫那样用无礼的态度强加到我们头上呢！三尺儿童是最不懂事的，如果指着狗猪要他跪拜，那他也会怫然大怒；金人就是狗猪，堂堂宋国，一个接一个地拜倒在狗猪脚下，就是小孩子都感到羞耻，难道皇上忍心这样做吗？

王伦的意见竟说："宋朝只要向金人投降，那末徽宗的灵柩便可归还，太后便可回国，钦宗便可归返，中原便可收复。"唉！自从汴京沦陷以来，主张议和的人，谁不是拿这种话来引诱皇上呢？但是终究没有一桩应验的，金人是真心还是假意就已经非常清楚了。而皇上还不醒悟过来，耗尽百姓的膏血却不知顾惜，忘了国家大仇却不思报复，含垢忍辱，拿天下来臣事金人却心甘情愿。即使金人一定可以讲和，完全像王伦所说的那样，那天下的后人又将会把皇上说成是什么样的君主呢？何况金人狡诈多端，而且王伦又用奸诈的手段帮助他们，那么徽宗的灵柩决不可能归还，太后决不可能回国，钦宗决不可能归返，中原决不可能收复。然而膝盖一弯曲便不能再伸直了，国势一衰微便不能再振作了，真叫人为此痛哭流涕长叹不已啊！

过去皇上辗转避难在海道上，危险得像垒起来的蛋一样，那个时候尚且不愿面向北方对敌称臣，何况国家形势逐渐好转，将领们竭尽锐气杀敌，士兵们渴望奋起抗战。就比如前不久金人势力到处侵扰，刘豫配合金人入侵，我军就在襄阳、淮水、涡口、淮阴等地击败过他们。比起流离在海上那样的危险境遇，当然已经好了万倍。假使不得已而非用兵不可，我们难道就一定会败在金人之下吗？现在无缘无故地反而臣服于金人，要委屈皇帝的尊严，向金人俯首跪拜，三军将士不等作战士气就已经衰竭了。这就是鲁仲连仗义不尊秦为帝的原因，不是舍不得那尊秦为帝的虚名，而是顾惜那天下大势不容许这样做。朝廷内大小官员，朝廷外军队和百姓，异口同声，都想吃王伦的肉。内外议论纷纷，皇上却不闻不问，我真担心一旦事变发生，祸害将不可预料。我私下认为不杀掉王伦，国家的存亡就不可想象。

纵然如此，王伦不值一说，而秦桧凭着朝廷心腹大臣的身份也做出这样的事。皇上有唐尧、虞舜的才资，秦桧不能使皇上成为唐尧、虞舜一样的国君，却想诱导皇上做石敬塘那样的儿皇帝。礼部侍郎曾开等人引用古人所说的道理来驳斥他，秦桧竟大声责备他们说："你知道古人的事，我难道不知道吗！"秦桧坚持错误、不听别人的劝告，从这件事上就自然可以看清楚。至于他提出建议，让御史台、谏院和左右侍从共同讨论可否议和，这大概是害怕天下人议论自己，而让御史台、谏院和左右侍从共同来分担舆论的指责。有见识的人士，都以为朝廷没有人才。唉！真痛惜啊！孔子说："倘若没有管仲，我们恐怕要披着头发，衣衽向左了。"管仲不过是霸主齐桓公的助手罢了，还能改变衣衽向左的地区，协助主持会盟各国诸侯。秦桧是大国的宰相，反而驱使百姓放弃文明风俗，成为衣衽向左的地区。那末秦桧不仅是皇上的罪人，实在也是管仲的罪人了。孙近附和秦桧的意见，于是做到参知政事。天下人盼望太平如饥似渴，孙近却在中书省吃白饭，议事时完全不表示赞成或反对。秦桧说对敌国可以讲和，孙近也说可以讲和；秦桧说天子应当向金人下拜，孙近也说应当下拜。我曾经到过政事堂，多次提出质问而孙近却不回答，只是说："已经命令御史台、谏院和左右侍从讨论了。"唉！参预决定国家大事却只求讨人喜欢，空占官位到了这种地步，如果敌骑长驱直入，还能抗拒敌人抵御外侮吗？我私下认为秦桧、孙近也应该斩首。

我充当枢密院一名属员，誓不与秦桧等同活在一个天底下。我的小小心愿，就是希望将秦桧、王伦、孙近三人斩首，把他们的头颅悬挂在竹竿上到藁街上去示众。然后拘留金国使者，责备他们违背礼义，再从容地派出讨伐金国的军队，那末三军将士不待作战就已勇气倍增。不这样的话，我只有跳入东海一死罢了，岂能留在小朝廷苟且偷生吗？小臣狂妄，冒犯了陛下的尊严，甘心等待着处罚，不胜惶恐之至。

《送东阳马生序》参考译文

我小时候就特别爱好学习。因为家境贫寒，没办法得到书来读，常常去有藏书的人家借，亲自手抄写，并按约定期限归还。天气特别寒冷时，砚台的墨水冻成了坚硬的冰，手指不能屈伸，我仍不懈怠抄书。抄写完后，跑着去送还人家，不敢稍稍超过约定的期限。因此人们大多肯把书借给我，我因此得以博览群书。成年后，更加仰慕圣贤的学说，又担心不能与学识渊博的老师和名人交好游学，曾经去往百里之外，拿着经书向当地有道德有学问的前辈请教。前辈德高望重，门人学生挤满了他的房间，他从不把言辞放委婉些表情放温和些。我恭敬地站在旁边侍候，提出疑难，询问道理，弯下身子侧着耳朵请教；有时遇到斥责，表情更为恭敬，礼节更为周到，不敢说出一句话回答；等到他高兴时，就又向他请教。所以我虽然愚钝，最终还是得到不少教益。

当我从师求学的时候，背着书箱，拖着鞋子，在深山巨谷中行走，深冬刮着凛冽的寒风，大雪有几尺深，脚上的皮肤冻裂了不知道。等走到旅舍，四肢冻僵了不能动弹，服侍的人端来热水浇洗，拿被子（给我）盖上，过很久才暖和过来。在旅馆里，主人每天只供给两顿饭，没有新鲜肥美的食物可以享受，一起住在旅馆的同学们，都穿着华丽的衣服，戴着缀有红缨带和宝石装饰的帽子，腰佩白玉环，左边佩着刀，右边挂着香袋，闪光耀眼好像仙人。而我却穿着破棉袄旧衣衫生活在他们中间，毫无羡慕的心思。因为书中有足以让我快乐的东西，（因此就）不觉得自己吃的穿的不如别人了。我求学时的勤奋和艰辛大概就是这样。

现在学生们在太学中学习，朝廷每天供给膳食，父母每年都赠给冬天的皮衣和夏天的葛衣，没有冻饿的忧虑了；坐在大厦之下诵读经书，没有奔走的劳苦了；有司业和博士当他们的老师，没有询问却不告诉，求教却无所收获的了；凡是所应该具备的书籍，都集中在这里，不必再像我这样用手抄录，从别人处借来然后才能看到了。他们中如果学业有所不精通，品德有所未养成的，如果不是天赋、资质低下，就是用心不如我这样专一，难道可以说是别人的过错吗？

东阳马生君则，在太学中已学习二年了，同辈人很称赞他的德行。我到京师朝见皇帝时，马生以同乡晚辈的身份拜见我，写了一封长信作为礼物，文辞很顺畅通达，同他论辩，言语温和而态度谦恭。他自己说少年时对于学习很用心、刻苦，这可以称作善于学习的人吧！他将要回家拜见父母双亲，我特地将自己治学的艰难告诉他。如果说我勉励同乡努力学习，则是我的志意；如果诋毁我夸耀自己遭遇之好而在同乡前骄傲，难道是了解我吗？

《传是楼记》参考译文

昆山徐健庵先生，在他的住宅后面造了一幢楼房，共有七间，同时命工匠砍削木材，起造大橱，贮书若干万卷，区分为经史子集四部，经部中附以经传义疏等方面的书，史部中附以日录、家乘、山经、野史等方面的书，子部中附以卜筮、医药等方面的书，集部中附以乐府、诗余等方面的书，共有七十二个橱，按照部类置放，都有一定秩序，白色的标签，浅黄的封套，打开橱门，灿然在目。于是先生召集儿孙，登楼而教训他们说："我用什么东西来传给你们呢？我们徐家先世，本来就身家清白，以读书应试起家，我耳濡目染已很久了。我曾感慨那些做父祖辈的，有的想把土地家产传下去，而子孙不一定能世世代代富下去；有的想把金玉珍玩、鼎彝尊罍之类的宝贵文物传下去，而子孙又不一定能够世世宝爱这些东西；有的想把园池台榭、舞歌车马之类传下去，而子孙后代又不一定能世世享受这些娱乐。我正把这些事例看作鉴戒。那么我拿什么东西来传给你们呢？"这时他指着书高兴地笑着说："我传给你们的，就是这些了！"于是就以"传是"两字作为楼名，而要我作一篇记。我体衰多病，不能一下子写出来，先生多次写信催促，最后我只得用下面这些话来回复先生：

书遇到的灾难太厉害了！从汉代以来，皇帝常常用官家的丰厚赏金去买书，皇帝以下，名公贵卿又常常用许多钱物去换书，有的亲自动笔，有的雇请抄手，加以誊录。但是聚集不久，就常常遭故散失，由此可知藏书之难了。不过，我以为藏书之难还比不上守书之难，守书之难又比不上读书之难，更比不上亲身去实行了而有所体会之难。所以藏书而不能守，同不藏书没有什么两样；守住了而不能读，同守不住没有什么两样。虽然已经读了，而如果嘴上是一套，实行的又是另一套，心中想的和实际做的不一致，采了它的花而忘记了它的果实，那么就是用记诵之学来骗骗众人而欺世盗名的人了，同不读书又有什么不同呢？

古代善于读书的人，开始时博览，到最后就专攻，博览群书并不是为了炫耀自己的广博，专攻一门也不是抱残守缺。善于读书的人以性命之理为基础，而最终则要体现在事业和功绩中：循着流追溯源，没有什么不能弄明白的；明白了道理再去实行，没有不能做到的。尊重所听到的教诲，力行所学到的道理，不是善于读书的人能这样吗？

现在健庵先生已经拿出从书中得到的道理，上能得到天子的器重，次能被朝廷士大夫所敬重和取法，借此以为国家大业增添光彩，以报答称扬美善的命令，绰有余裕，再推而广之，用以训敕后辈，使他们能先后跻身巍科，取得高官厚禄，在当世被人一致称道，我只有赞叹不绝，以为读书的好处实在太大了！遵循这条道路，即使传给子子孙孙，还有什么不妥当的呢？

像我这个人就没有资格参预其中了。平时愚笨无才，苦于有书而不能读。现在到了晚年，又只能蜷伏在穷山僻壤之中，孤陋寡闻，过去学到的都已衰退了，本来没有资格来为这座楼作记。不是已勉强应承先生之命，姑且写这些话回复，先生能否原谅我的老谬呢？

文本拓展

诸子喻山水

子曰："譬如为山，未成一篑，止，吾止也；譬如平地，虽覆一篑，进，吾往也。"（《论语·子罕》）

子曰："知者乐水，仁者乐山；知者动，仁者静；知者乐，仁者寿。"（《论语·雍也》）

子在川上曰："逝者如斯夫，不舍昼夜。"（《论语·子罕》）

上不天则下不遍覆，心不地则物不必载。太山不立好恶，故能成其高；江海不择小助，故能成其富。故大人寄形于天地而万物备，历心于山海而国家富。上无忿怒之毒，下无伏怨之患，上下交朴，以道为舍。故长利积，大功立，名成于前，德垂于后，治之至也。（《韩非子·大体》）

海不辞水，故能成其大；山不辞土石，故能成其高；明主不厌人，故能成其众；士不厌学，故能成其圣。（《管子·形势解》）

孟子曰："源泉混混，不舍昼夜，盈科而后进，放乎四海。有本者如是，是之取尔。苟为无本，七、八月之间雨集，沟浍皆盈，其涸也，可立而待也。故声闻过情，君子耻之。"（《孟子·离娄下》）

孟子曰："孔子登东山而小鲁，登泰山而小天下。故观于海者难为水，游于圣人之门者难为言。观水有术，必观其澜。日月有明，容光必照焉。流水之为物也，不盈科不行；君子之志于道也，不成章不达。"（《孟子·尽心上》）

上善若水。水善利万物而不争。处众人之所恶，故几于道。居善地，心善渊，与善仁，言善信，正善治，事善能，动善时。夫唯不争，故无尤。（《老子》）

江海所以能为百谷王者，以其善下之，故能为百谷王。（《老子》）

天下莫柔弱于水，而攻坚强者莫之能胜，以其无以易之。弱之胜强，柔之胜刚，天下莫不知，莫能行。（《老子》）

故言必有三表。何谓三表？子墨子言曰：有本之者，有原之者，有用之者。于何本之？上本之于古者圣王之事；于何原之？下原察百姓耳目之实；于何用之？废以为

刑政，观其中国家百姓人民之利，此所谓言有三表也。(《墨子》)

夫兵形象水，水之形避高而趋下，兵之形避实而击虚；水因地而制流，兵因敌而制胜。故兵无常势，水无常形。能因敌变化而取胜者，谓之神。(《孙子·虚实篇》)

《论语》十则

子曰："学而时习之，不亦说乎？有朋自远方来，不亦乐乎？人不知而不愠，不亦君子乎？"(《学而》)

曾子曰："吾日三省吾身：为人谋而不忠乎？与朋友交而不信乎？传不习乎？"(《学而》)

子曰："温故而知新，可以为师矣。"(《为政》)

子曰："学而不思则罔，思而不学则殆。"(《为政》)

子曰："由，诲女知之乎！知之为知之，不知为不知，是知也。"(《为政》)

子曰："见贤思齐焉，见不贤而内自省也。"(《里仁》)

子曰："三人行，必有我师焉。择其善者而从之，其不善者而改之。"(《述而》)

曾子曰："士不可以不弘毅，任重而道远。仁以为己任，不亦重乎？死而后已，不亦远乎？"(《泰伯》)

子曰："岁寒，然后知松柏之后凋也。"(《子罕》)

子贡问曰："有一言而可以终身行之者乎？"子曰："其恕乎！己所不欲，勿施于人。"(《卫灵公》)

关　雎

《诗经·国风·周南·关雎》

关关雎鸠，在河之洲。窈窕淑女，君子好逑。

参差荇菜，左右流之。窈窕淑女，寤寐求之。

求之不得，寤寐思服。悠哉悠哉，辗转反侧。

参差荇菜，左右采之。窈窕淑女，琴瑟友之。

参差荇菜，左右芼之。窈窕淑女，钟鼓乐之。

桃　夭

《诗经·国风·周南·桃夭》

桃之夭夭，灼灼其华。之子于归，宜其室家。

桃之夭夭，有蕡其实。之子于归，宜其家室。

桃之夭夭，其叶蓁蓁。之子于归，宜其家人。

甘　棠

《诗经·国风·召南·甘棠》

蔽芾甘棠，勿翦勿伐，召伯所茇。

蔽芾甘棠，勿翦勿败，召伯所憩。

蔽芾甘棠，勿翦勿拜，召伯所说。

氓

《诗经·国风·卫风·氓》

氓之蚩蚩，抱布贸丝。匪来贸丝，来即我谋。送子涉淇，至于顿丘。匪我愆期，子无良媒。将子无怒，秋以为期。

乘彼垝垣，以望复关。不见复关，泣涕涟涟。既见复关，载笑载言。尔卜尔筮，体无咎言。以尔车来，以我贿迁。

桑之未落，其叶沃若。于嗟鸠兮！无食桑葚。于嗟女兮！无与士耽。士之耽兮，犹可说也。女之耽兮，不可说也。

桑之落矣，其黄而陨。自我徂尔，三岁食贫。淇水汤汤，渐车帷裳。女也不爽，士贰其行。士也罔极，二三其德。

三岁为妇，靡室劳矣。夙兴夜寐，靡有朝矣。言既遂矣，至于暴矣。兄弟不知，咥其笑矣。静言思之，躬自悼矣。

及尔偕老，老使我怨。淇则有岸，隰则有泮。总角之宴，言笑晏晏，信誓旦旦，不思其反。反是不思，亦已焉哉！

黍　离

《诗经·国风·王风·黍离》

彼黍离离，彼稷之苗。行迈靡靡，中心摇摇。知我者，谓我心忧；不知我者，谓我何求。悠悠苍天，此何人哉？

彼黍离离，彼稷之穗。行迈靡靡，中心如醉。知我者，谓我心忧；不知我者，谓我何求。悠悠苍天，此何人哉？

彼黍离离，彼稷之实。行迈靡靡，中心如噎。知我者，谓我心忧；不知我者，谓我何求。悠悠苍天，此何人哉？

蒹 葭

《诗经·国风·秦风·蒹葭》

蒹葭苍苍，白露为霜。所谓伊人，在水一方。

溯洄从之，道阻且长。溯游从之，宛在水中央。

蒹葭萋萋，白露未晞。所谓伊人，在水之湄。

溯洄从之，道阻且跻。溯游从之，宛在水中坻。

蒹葭采采，白露未已。所谓伊人，在水之涘。

溯洄从之，道阻且右。溯游从之，宛在水中沚。

无 衣

《诗经·国风·秦风·无衣》

岂曰无衣？与子同袍。王于兴师，修我戈矛。与子同仇！

岂曰无衣？与子同泽。王于兴师，修我矛戟。与子偕作！

岂曰无衣？与子同裳。王于兴师，修我甲兵。与子偕行！

鹿 鸣

《诗经·小雅·鹿鸣》

呦呦鹿鸣，食野之苹。我有嘉宾，鼓瑟吹笙。吹笙鼓簧，承筐是将。人之好我，示我周行。

呦呦鹿鸣，食野之蒿。我有嘉宾，德音孔昭。视民不恌，君子是则是效。我有旨酒，嘉宾式燕以敖。

呦呦鹿鸣，食野之芩。我有嘉宾，鼓瑟鼓琴。鼓瑟鼓琴，和乐且湛。我有旨酒，以燕乐嘉宾之心。

采 薇

《诗经·小雅·采薇》

采薇采薇，薇亦作止。曰归曰归，岁亦莫止。靡室靡家，猃狁之故。不遑启居，猃狁之故。

采薇采薇，薇亦柔止。曰归曰归，心亦忧止。忧心烈烈，载饥载渴。我戍未定，靡使归聘。

采薇采薇，薇亦刚止。曰归曰归，岁亦阳止。王事靡盬，不遑启处。忧心孔疚，我行不来！

彼尔维何？维常之华。彼路斯何？君子之车。戎车既驾，四牡业业。岂敢定居？一月三捷。

驾彼四牡，四牡骙骙。君子所依，小人所腓。四牡翼翼，象弭鱼服。岂不日戒？玁狁孔棘！

昔我往矣，杨柳依依。今我来思，雨雪霏霏。行道迟迟，载渴载饥。我心伤悲，莫知我哀！

蓼 莪

《诗经·小雅·蓼莪》

蓼蓼者莪，匪莪伊蒿。哀哀父母，生我劬劳。

蓼蓼者莪，匪莪伊蔚。哀哀父母，生我劳瘁。

瓶之罄矣，维罍之耻。鲜民之生，不如死之久矣。无父何怙？无母何恃？出则衔恤，入则靡至。

父兮生我，母兮鞠我。抚我畜我，长我育我，顾我复我，出入腹我。欲报之德，昊天罔极！

南山烈烈，飘风发发。民莫不穀，我独何害！南山律律，飘风弗弗。民莫不穀，我独不卒！

文 王

《诗经·大雅·文王》

文王在上，於昭於天。周虽旧邦，其命维新。有周不显，帝命不时。文王陟降，在帝左右。

亹亹文王，令闻不已。陈锡哉周，侯文王孙子。文王孙子，本支百世，凡周之士，不显亦世。

世之不显，厥犹翼翼。思皇多士，生此王国。王国克生，维周之桢；济济多士，文王以宁。

穆穆文王，于缉熙敬止。假哉天命，有商孙子。商之孙子，其丽不亿。上帝既命，侯于周服。

侯服于周，天命靡常。殷士肤敏，裸将于京。厥作裸将，常服黼冔。王之荩臣，无念尔祖。

无念尔祖，聿修厥德。永言配命，自求多福。殷之未丧师，克配上帝。宜鉴于殷，骏命不易！

命之不易，无遏尔躬。宣昭义问，有虞殷自天。上天之载，无声无臭。仪刑文王，万邦作孚。

寡人之于国也

《孟子》

梁惠王曰："寡人之于国也，尽心焉耳矣。河内凶，则移其民于河东，移其粟于河内；河东凶亦然。察邻国之政，无如寡人之用心者。邻国之民不加少，寡人之民不加多，何也？"

孟子对曰："王好战，请以战喻。填然鼓之，兵刃既接，弃甲曳兵而走。或百步而后止，或五十步而后止。以五十步笑百步，则何如？"

曰："不可，直不百步耳，是亦走也。"

曰："王如知此，则无望民之多于邻国也。

不违农时，谷不可胜食也；数罟不入洿池，鱼鳖不可胜食也；斧斤以时入山林，材木不可胜用也。谷与鱼鳖不可胜食，材木不可胜用，是使民养生丧死无憾也。养生丧死无憾，王道之始也。

五亩之宅，树之以桑，五十者可以衣帛矣。鸡豚狗彘之畜，无失其时，七十者可以食肉矣。百亩之田，勿夺其时，数口之家，可以无饥矣；谨庠序之教，申之以孝悌之义，颁白者不负戴于道路矣。七十者衣帛食肉，黎民不饥不寒，然而不王者，未之有也。

狗彘食人食而不知检，涂有饿莩而不知发，人死，则曰：'非我也，岁也。'是何异于刺人而杀之，曰'非我也，兵也'？王无罪岁，斯天下之民至焉。"

渔　父

屈　原

屈原既放，游于江潭，行吟泽畔，颜色憔悴，形容枯槁。渔父见而问之曰："子非三闾大夫与？何故至于斯？"屈原曰："举世皆浊我独清，众人皆醉我独醒，是以见放。"

渔父曰："圣人不凝滞于物，而能与世推移。世人皆浊，何不淈其泥而扬其波？众人皆醉，何不餔其糟而歠其醨？何故深思高举，自令放为？"

　　屈原曰："吾闻之，新沐者必弹冠，新浴者必振衣；安能以身之察察，受物之汶汶者乎？宁赴湘流，葬于江鱼之腹中。安能以皓皓之白，而蒙世俗之尘埃乎？"

　　渔父莞尔而笑，鼓枻而去，乃歌曰："沧浪之水清兮，可以濯吾缨；沧浪之水浊兮，可以濯吾足。"遂去，不复与言。

饮酒·其五

陶渊明

结庐在人境，而无车马喧。

问君何能尔？心远地自偏。

采菊东篱下，悠然见南山。

山气日夕佳，飞鸟相与还。

此中有真意，欲辨已忘言。

从军行

杨　炯

烽火照西京，心中自不平。

牙璋辞凤阙，铁骑绕龙城。

雪暗凋旗画，风多杂鼓声。

宁为百夫长，胜作一书生。

关山月

李　白

明月出天山，苍茫云海间。

长风几万里，吹度玉门关。

汉下白登道，胡窥青海湾。

由来征战地，不见有人还。

戍客望边邑，思归多苦颜。

高楼当此夜，叹息未应闲。

秋兴八首·其一

杜 甫

玉露凋伤枫树林，巫山巫峡气萧森。

江间波浪兼天涌，塞上风云接地阴。

丛菊两开他日泪，孤舟一系故园心。

寒衣处处催刀尺，白帝城高急暮砧。

相见欢

李 煜

无言独上西楼，月如钩。寂寞梧桐深院锁清秋。

剪不断，理还乱，是离愁。别是一般滋味在心头。（一般一作：一番）

雨霖铃

柳 永

寒蝉凄切，对长亭晚，骤雨初歇。都门帐饮无绪，留恋处，兰舟催发。执手相看泪眼，竟无语凝噎。念去去，千里烟波，暮霭沉沉楚天阔。

多情自古伤离别，更那堪，冷落清秋节！今宵酒醒何处？杨柳岸，晓风残月。此去经年，应是良辰好景虚设。便纵有千种风情，更与何人说？（好景一作：美景）

答司马谏议书

王安石

某启：昨日蒙教，窃以为与君实游处相好之日久，而议事每不合，所操之术多异故也。虽欲强聒，终必不蒙见察，故略上报，不复一一自辨。重念蒙君实视遇厚，于反覆不宜卤莽，故今具道所以，冀君实或见恕也。

盖儒者所争，尤在于名实，名实已明，而天下之理得矣。今君实所以见教者，以为侵官、生事、征利、拒谏，以致天下怨谤也。某则以谓受命于人主，议法度而修之于朝廷，以授之于有司，不为侵官；举先王之政，以兴利除弊，不为生事；为天下理财，不为征利；辟邪说，难壬人，不为拒谏。至于怨诽之多，则固前知其如此也。

人习于苟且非一日，士大夫多以不恤国事、同俗自媚于众为善，上乃欲变此，而某不量敌之众寡，欲出力助上以抗之，则众何为而不汹汹然？盘庚之迁，胥怨者民也，非特朝廷士大夫而已；盘庚不为怨者故改其度，度义而后动，是而不见可悔故也。如君实责我以在位久，未能助上大有为，以膏泽斯民，则某知罪矣；如曰今日当一切不事事，守前所为而已，则非某之所敢知。

无由会晤，不任区区向往之至！

醉花阴

李清照

薄雾浓云愁永昼，瑞脑销金兽。佳节又重阳，玉枕纱厨，半夜凉初透。

东篱把酒黄昏后，有暗香盈袖。莫道不销魂，帘卷西风，人比黄花瘦。（比一作：似）

一枝花·不伏老

关汉卿

〔一枝花〕

攀出墙朵朵花，折临路枝枝柳。花攀红蕊嫩，柳折翠条柔，浪子风流。凭着我折柳攀花手，直煞得花残柳败休。半生来折柳攀花，一世里眠花卧柳。

〔梁州〕

我是个普天下郎君领袖，盖世界浪子班头。愿朱颜不改常依旧，花中消遣，酒内忘忧。分茶攧竹，打马藏阄；通五音六律滑熟，甚闲愁到我心头？伴的是银筝女银台前理银筝笑倚银屏，伴的是玉天仙携玉手并玉肩同登玉楼，伴的是金钗客歌金缕捧金樽满泛金瓯。你道我老也，暂休。占排场风月功名首，更玲珑又剔透。我是个锦阵花营都帅头，曾玩府游州。

〔隔尾〕

子弟每是个茅草冈、沙土窝初生的兔羔儿乍向围场上走，我是个经笼罩、受索网苍翎毛老野鸡蹅踏的阵马儿熟。经了些窝弓冷箭鑞枪头，不曾落人后。恰不道"人到中年万事休"，我怎肯虚度了春秋。

〔尾〕

我是个蒸不烂、煮不熟、捶不匾、炒不爆、响珰珰一粒铜豌豆，恁子弟每谁教你钻入他锄不断、斫不下、解不开、顿不脱、慢腾腾千层锦套头？我玩的是梁园月，饮的是东京酒，赏的是洛阳花，攀的是章台柳。我也会围棋、会蹴鞠、会打围、会插科、会歌舞、会吹弹、会咽作、会吟诗、会双陆。你便是落了我牙、歪了我嘴、瘸了我腿、折了我手，天赐与我这几般儿歹症候，尚兀自不肯休！则除是阎王亲自唤，神鬼自来勾。三魂归地府，七魄丧冥幽。天哪！那其间才不向烟花路儿上走！

木兰花·拟古决绝词柬友

纳兰性德

人生若只如初见，何事秋风悲画扇。

等闲变却故人心，却道故人心易变。（一作：却道故心人易变）

骊山语罢清宵半，泪雨霖铃终不怨。（一作：泪雨零/夜雨霖）

何如薄幸锦衣郎，比翼连枝当日愿。

竹 石

郑 燮

咬定青山不放松，立根原在破岩中。

千磨万击还坚劲，任尔东西南北风。

黄生借书说

袁 枚

黄生允修借书。随园主人授以书，而告之曰：

书非借不能读也。子不闻藏书者乎？七略、四库，天子之书，然天子读书者有几？汗牛塞屋，富贵家之书，然富贵人读书者有几？其他祖父积，子孙弃者无论焉。非独书为然，天下物皆然。非夫人之物而强假焉，必虑人逼取，而惴惴焉摩玩之不已，曰："今日存，明日去，吾不得而见之矣。"若业为吾所有，必高束焉，庋藏焉，曰"姑俟异日观"云尔。

余幼好书，家贫难致。有张氏藏书甚富。往借，不与，归而形诸梦。其切如是。故有所览辄省记。通籍后，俸去书来，落落大满，素蟫灰丝时蒙卷轴。然后叹借者之用心专，而少时之岁月为可惜也！

今黄生贫类予，其借书亦类予；惟予之公书与张氏之吝书若不相类。然则予固不幸而遇张乎，生固幸而遇予乎？知幸与不幸，则其读书也必专，而其归书也必速。

为一说，使与书俱。

病梅馆记

龚自珍

江宁之龙蟠，苏州之邓尉，杭州之西溪，皆产梅。或曰："梅以曲为美，直则无姿；以欹为美，正则无景；以疏为美，密则无态。"固也。此文人画士，心知其意，未可明诏大号以绳天下之梅也；又不可以使天下之民斫直，删密，锄正，以夭梅病梅为业以求钱也。梅之欹之疏之曲，又非蠢蠢求钱之民能以其智力为也。有以文人画士孤癖之隐明告鬻梅者，斫其正，养其旁条，删其密，夭其稚枝，锄其直，遏其生气，以求重价，而江浙之梅皆病。文人画士之祸之烈至此哉！

予购三百盆，皆病者，无一完者。既泣之三日，乃誓疗之：纵之顺之，毁其盆，悉埋于地，解其棕缚；以五年为期，必复之全之。予本非文人画士，甘受诟厉，辟病梅之馆以贮之。

呜呼！安得使予多暇日，又多闲田，以广贮江宁、杭州、苏州之病梅，穷予生之光阴以疗梅也哉！

文学常识

重要作品

《春秋》是鲁国的编年史，经孔子修订。以类似今天新闻标题的形式，简括记录鲁国及周王朝、其他诸侯国的历史事件，始于鲁隐公元年，终于鲁哀公十四年。

《左传》全称《春秋左氏传》，是配合《春秋》的编年史，所记史事止于鲁哀公27年，比《春秋》多13年。它与《春秋公羊传》《春秋谷梁传》合称"《春秋》三传"。《左传》作者传为左丘明，后世颇有争议，但其应是战国初年或稍后的人。(《左传》记事详赡生动，是先秦时期最具文学色彩的历史散文)

《国语》是现存的第一部国别史。全书21卷，记载周王朝及各国史实，起于周穆王，止于鲁悼公。以记言为主，故称《国语》。《国语》不是完整系统地叙述历史，而是有选择地记录一些事件。后人称为《春秋外传》。作者传为左丘明，不可确考。整体风貌质朴平实。

《战国策》杂记东周西周及各国之事，记事年代起于战国初年，止于秦灭六国，约240年。记载当时谋臣策士纵横捭阖的斗争及其策谋或说辞，所记以战国时纵横家的事迹、言论为多。经西汉刘向编订，成33篇，定为现名。它的作者已难以确考，一般认为非一人一时所著。

《论语》是主要记录孔子及其弟子言行的语录体散文集，通过记载孔子及其弟子的言行来展示孔子的思想。

《老子》是道家学派的开山著作，篇幅简短，文学价值并不甚高，基本保存了老子的思想。

墨子名翟，是墨家学派创始人。墨家在先秦时期影响很大，与儒家并称"显学"。《墨子》是墨子弟子所著，包括了墨子以及墨家各派的思想。

孟子是孔子的孙子子思的再传弟子。孟子主张行"王道"，施"仁政"，是对孔子思想正统的承袭和发展，后世往往以孟子为"亚圣"，"孔孟"并称。他们开拓的儒家思想传统，对后世产生了巨大而深远的影响。《孟子》文章给人最深刻的印象，首先是它的雄辩色彩。

《庄子》是道家思想的代表作，全书由寓言组成，形成了它鲜明的基本特征：深邃的思想和美妙艺术表现的融合。

荀子，名况，战国后期赵国人，是先秦最后一位儒家大师，隆礼重法。荀子对儒家学说的薪火相传贡献极大，许多儒家经典都是经他传下来的。《荀子》今存32篇，多为荀子自著。

韩非，战国末韩国公子，喜刑名法术之学。《韩非子》今存55篇，大抵是韩非自著，也有后学或他人之作。

"孔孟"是孔子和孟子的合称。孔子是儒家学派的创始人，后人称为"至圣"，《论语》是以记载孔子言行为主的语录体著作。孟子是战国中期儒家的重要代表，后世称为"亚圣"，《孟子》是以记载孟子言行为主的语录体散文集。

"老庄"是老子和庄子的合称。老子是道家学派的创始人，《老子》传为老子所作，是道家后学对他思想的记载和发挥。庄子是战国中期道家的代表，《庄子》是他与其后学的著作的合辑。

《吕氏春秋》是秦相吕不韦组织门客集体编撰的，被视为杂家著作，道、儒、法、阴阳家的思想成分更多些。其文章一般篇幅短小，以事实说理，平易畅达，不求华丽。

《史记》是由司马迁撰写的我国第一部纪传体通史。记载了上自上古传说中的黄帝时代，下至汉武帝元狩元年间共3000多年的历史（哲学、政治、经济、军事等）。体现了司马迁的修史宗旨："究天人之际，通古今之变，成一家之言。"《史记》最初没有固定书名，或称"太史公书"，或称"太史公传"，也称"太史公"。"史记"本是古代史书通称，从三国时期开始，"史记"由史书的通称逐渐成为"太史公书"的专称。《史记》与后来的《汉书》（班固）、《后汉书》（范晔、司马彪）、《三国志》（陈寿）合称"前四史"。刘向等人认为此书"善序事理，辩而不华，质而不俚"。与司马光的《资治通鉴》并称"史学双璧"。

"互见法"是《史记》人物传记选用安排材料的一个重要方法，是在本人的传记中表现这个人物主要的经历和性格特征，以突出其主要特点，而其他的一些事件和性格特点则置入别人的传记中去描述。

《汉书》是我国第一部纪传体断代史，起自高祖元年，止于王莽地皇四年，其体例基本继承《史记》，只是改"书"为"志"，取消"世家"，并入"传"。全书100篇，包括12本纪、8表、10志、70传。

《古诗十九首》最早见于《文选》，编者把这些亡失主名的五言诗汇集起来，冠以此名。关于《古诗十九首》的作者和时代，一般认为，它不是一时一人之作；它产生的年代，应当在东汉顺帝末到献帝前。

《乐府诗集》由宋人郭茂倩编写，是现存乐府诗最完备的总集。辑录了陶唐至五代的乐府诗一百卷，主要从音乐角度分12类。汉代乐府诗主要保存在其中的郊庙歌辞、相和歌辞、杂曲歌辞和鼓吹曲辞中。

南朝乐府民歌起东吴迄于陈，今传500余首。大多辑入郭茂倩《乐府诗集》的《清商曲辞》中，少部分在《杂曲歌辞》《杂歌谣辞》中。其中"吴歌"300余首，"西曲"100余首。

北朝乐府民歌今存60余首，多辑入《乐府诗集·梁鼓角横吹曲》中。另有少数辑入《杂曲歌辞》和《杂歌谣辞》中。

《世说新语》编撰者刘义庆。《世说新语》是志人小说的代表作品，是现存志人小说的最高成就。主要记述汉末至东晋的士族阶层的遗闻轶事，特别详于士族人物的玄虚清谈。《世说新语》记述的都是零星琐碎的人物言行，而所涉范围却很广，从中可以了解魏晋士大夫的思想、生活和当时的社会现实。

《文心雕龙》作者刘勰。《文心雕龙》是中国第一部系统文艺理论巨著，也是一部文学理论批评著作，成书于中国南北朝时期。《文心雕龙》分上下两编，每编25篇，包括"总论""文体论""创作论""批评论"和"总序"五部分。其中总论5篇，论"文之枢纽"，打下理论基础；文体论20篇，每篇分论一种或两三种文体；创作论19篇，分论创作过程、作家风格、文质关系、写作技巧、文辞声律等；批评论5篇，从不同角度对过去时代的文风及作家的成就提出批评，并对批评方法作了探讨，也是全书精彩部分；最后一篇《序志》是全书的总序，说明了作者自己的创作目的和全书的部署意图。《文心雕龙》全书受《周易》二元哲学的影响很大。《文心雕龙》是中国有史以来最精密的文学批评专著，"体大而虑周"，全书重点有两个：一个是反对不切实用的浮靡文风；一个是主张实用的"擘文必在纬军国"之落实文风。刘勰把全部的书都当成文学书来看，所以本书的立论极为广泛。

《资治通鉴》（常简作《通鉴》），是由北宋司马光主编的一部多卷本编年体史书，共294卷，历时19年完成。主要以时间为纲，事件为目，从周威烈王二十三年（公元前403年）写起，到五代后周世宗显德六年（公元959年）征淮南停笔，涵盖16朝1362年的历史。在这部书里，编者总结出许多经验教训供统治者借鉴，宋神宗认为此书"鉴于往事，有资于治道"，即以历史的得失作为鉴诫来加强统治，所以定名为《资治通鉴》。

重要思想家、作家

先秦诸子

（1）孔子，名丘，字仲尼，春秋时代鲁国陬邑人，思想家、教育家，儒家学派创始人。思想核心是"仁"。

（2）墨子，名翟，春秋时代鲁国人，墨家学派创始人，主张"兼爱""非攻""尚贤""节用"。著有《墨子》一书，今存53篇。

（3）孙子，名武，字长卿，春秋后期齐国人，军事理论家，著有《孙子》，一名《孙子兵法》，13篇，古代称为"兵经"，是我国第一部军事著作。

（4）孟子，名轲，字子舆，战国时邹（山东）人，思想家、政治家、教育家，是继孔子之后的儒家大师。其中心思想是"仁义"，主张实行仁政"王道"，强调"民贵君轻"，重视民心向背。在人性问题上提出"性善论"。著有《孟子》一书。

（5）庄子，名周，战国时宋国蒙（河南）人，道家学派代表人物。现存《庄子》一书，33篇，又名《南华经》。代表作是《逍遥游》。

（6）荀子，名况，尊号"卿"，汉时避宣帝刘洵讳，改称"孙卿"，战国时赵（河北）人，思想家、教育家，儒家学派代表人物。他针对孟子"性善论"提出"性恶论"，针对儒家"天命论"提出"天行有常"的朴素唯物论和"制天命而用之"的"人定胜天"思想。著有《荀子》32篇，代表作有《劝学》《天论》等。

（7）韩非，战国末韩国人，荀况弟子，法家学派代表人物。在政治上提出重赏、重罚、重农、重战者诸项政策，主张君主集权，反对贵族操纵政治。现存《韩非子》55篇，代表作有《五蠹》《说难》《孤愤》。

（8）吕不韦，战国末期韩国大商人，曾为秦国的相国。他集合门客编写了《吕氏春秋》。

（9）列子，名御寇，战国时郑（河南）人，被道家尊为前辈，主和贵"虚"，即虚静、无为。著有《列子》8篇。

（10）屈原，名平，字原，号灵均，战国末期楚国人。他开创了诗歌从集体歌唱转变为个人独立创作的新纪元，是我国积极浪漫主义诗歌传统的奠基人，我国第一位伟大的爱国诗人，世界四大文化名人之一（另有波兰哥白尼、英国莎士比亚、意大利但丁）。他用楚辞形式谱写了我国第一首长篇政治抒情诗《离骚》（即遭遇忧愁，"离"通"罹"），还有《九歌》《九章》《天问》等。《涉江》是《九章》中的一篇。农历五月初五是屈子投汨罗江自沉的纪念日。

秦代作家

李斯，字通古，汝南上蔡人。秦朝著名政治家、文学家和书法家。秦王政十年（前237年），进上《谏逐客书》，阻止驱逐六国客卿，迁为廷尉。秦统一天下后，联合王绾、冯劫议定尊秦王政为皇帝，并制定礼仪制度，拜为丞相。建议拆除郡县城墙，销毁民间的兵器；反对分封制度，坚持郡县制；主张焚烧民间收藏的《诗》《书》等诸子学说，禁止私学，以加强思想统治。参与制定法律，统一车轨、文字、度量衡制度。李斯的政治主张的实施，对中国和世界产生了深远的影响，奠定了中国两千多年封建专制的基本格局。秦始皇死后，勾结内官赵高伪造遗诏，迫令公子扶苏自杀，拥立胡亥为二世皇帝，后为赵高所忌。秦二世二年（前208年），父子腰斩于咸阳，夷灭三族。

李斯书写的刻石有《泰山封山刻石》《琅琊刻石》和《峄山刻石》等。鲁迅曾称赞李斯："秦之文章，李斯一人而已"，"然子文字，则有殊勋。"他的书法"小篆入神，大篆入妙"，被称为书法鼻祖。

汉代作家

（1）贾谊，世称贾生，或贾长沙、贾太傅，洛阳（河南）人，西汉政治家、文学家。主要文学成就是政论文，有"疏"7篇，《新书》10卷58篇；代表作有《吊屈原赋》《鹏鸟赋》。明朝人辑有《贾长沙集》，是以他曾做过长沙王太傅命名的。

（2）刘安，沛郡（江苏）人，西汉思想家、文学家，汉高祖孙，袭父爵封为淮南王。集体编著《淮南鸿烈》，也叫《淮南子》。

（3）司马迁，字子长，夏阳（陕西）人，太史令司马谈之子。西汉史学家、文学家。历尽艰辛撰成《史记》，原名《太史公书》。

（4）刘向，本名更生，字子政。西汉经学家、目录学家、文学家。撰有《说苑》《新序》，还整理修订了《战国策》《楚辞》。

（5）东方朔（前154年—前93年），本姓张，字曼倩，平原厌次（今山东德州陵县神头镇）人，西汉著名词赋家，幽默风趣且才华横溢，在政治方面也颇具天赋，他曾言政治得失，陈农战强国之计，但汉武帝始终把他当俳优看待，不以重用。东方朔一生著述甚丰，有《答客难》《非有先生论》等名篇。亦有后人假托其名作文。明人张溥汇为《东方太中集》。

（6）班固，字孟坚，扶风（陕西）人，东汉史学家、文学家，历尽二十余年修成我国第一部纪传体断代史《汉书》，开创了"包举一代"的断代史体例。辞赋方面以《两都赋》最著名。

（7）马援，字文渊。扶风茂陵（今陕西省兴平市窦马村）人。著名军事家，东汉开国功臣之一。马援是最著名的伏波将军，被人尊称为"马伏波"。马援能文，有诗《武溪深行》；马援又善相马，著有《铜马相法》。《全后汉文》有《诫兄子严敦书》《上铜马式表》《铜马相法》《上疏言隗嚣》《上疏言破羌以西不可弃》《上书请复铸五铢钱》《击寻阳山贼上书》《上书请正印文》《至荔浦见冬笋名曰苞笋上言》《征交趾上言》《将入九真上言》《平交趾上言》《奏请分西于县》《与隗嚣将杨广书》《铜柱铭》等。

（8）李固，字子坚。汉中城固（今属陕西）人。东汉中期名臣，司徒李郃之子。年轻时便博览古今、学识渊博，屡次不受辟命。后被大将军梁冀任命为从事中郎，后任荆州刺史、太山太守，成功平息两地的叛乱，之后对朝廷屡有谏言。历任将作大匠、大司农、太尉，顺帝驾崩后为梁皇后所倚重，但受到梁冀的忌恨。质帝驾崩后，与梁冀争辩，不肯立刘志（即汉桓帝）为帝，最后遭梁冀诬告杀害。李固所著的章、表、奏、议、教令、对策、记、铭共十一篇。弟子赵承等悲叹不止，于是共同记录李固的言论事迹，写成《德行》一篇。《全后汉文》收录有《举敦朴士对策》《对策后复对》《发丧对》《上疏陈事》《与吴雄上疏》《理种暠应承疏》《与刘宣上言》《荐杨淮》《驳发荆杨兖豫卒赴日南议》《冲帝山陵议》《临荆州辟文学教》《助展允婚教》《奏记梁商》《奏记梁商理王龚》《议立嗣先与梁冀书》《遗黄琼书》《与宾卿书》《临终与胡广赵戒书》《临终敕子孙》。

魏晋南北朝作家

（1）曹操，字孟德，三国时政治家、军事家、诗人，汉献帝时官到丞相，后被封为魏王，死后其子曹丕代汉建魏，追尊曹操为魏武帝。有抒情诗《观沧海》《龟虽寿》《蒿里行》等乐府歌辞。

（2）诸葛亮，字孔明，三国时代政治家、军事家。官至蜀汉丞相，诗歌以《梁父（甫）吟》最著名，《出师表》是千古传诵的名篇。

（3）曹丕，字子恒，曹操次子，魏文帝。三国文学家，代表作《燕歌行》，他的《典论·论文》是我国第一篇文学批评专论。

（4）陈寿，字承祚，西晋史学家。著有国别体史书《三国志》。

（5）陶渊明，名潜，字渊明，世号靖节先生，自称五柳先生，东晋诗人，我国第一位田园诗人。散文有《桃花源记》《五柳先生传》，诗歌有《归园田居》《饮酒》等。

（6）干宝，字令升。东晋史学家、文学家，撰写出我国第一部神话（志怪）小说集《搜神记》。

（7）范晔，字蔚宗，南朝宋史学家、散文家。《乐羊子妻》《张衡传》选自他的《后汉书》，"后汉"即"东汉"。"志士不饮盗泉之水，廉者不受嗟来之食"出自他的《后汉书·列女传》。

（8）刘义庆，南朝宋代小说家，著有我国第一部笔记小说集《世说新语》。这是一部记载魏晋人物言谈轶事的的笔记小说，书中许多故事成为诗文和小说戏剧的典故和题材，有的成为人们常用的成语，如"望梅止渴""一往情深""口若悬河"等。

（9）刘勰，字彦和，南朝梁代文学理论家，著有我国第一部文学理论专著《文心雕龙》50篇，涉及到创作的许多问题。

（10）郦道元，字善长，北魏地理学家、散文家。撰成《水经注》40卷，是富有文学价值的地理志。

（11）钟嵘，字仲伟，南朝梁代文学批评家，著有我国第一部诗歌理论专著《诗品》。

唐代作家

（1）王勃，字子安，初唐四杰之一，唐代文学家。有抒情诗《送杜少府之任蜀州》（五律），名文《滕王阁序》。著有《王子安集》。

（2）杨炯，初唐四杰之首，名作有《从军行》。

（3）卢照邻，初唐四杰之一，代表作为《长安古意》。

（4）骆宾王，初唐四杰之一，代表作为《在狱咏蝉》，另有著名的《讨武檄》，作品集为《临海集》。

（5）贺知章，字季真，自号四明狂客，唐代诗人。所作《回乡偶书》（七绝）为传诵名篇。

（6）王之涣，字季陵，唐代诗人。他的《凉州词》《登鹳鹊楼》是唐代绝句珍品。

（7）孟浩然，唐代山水田园诗人。《过故人庄》（五律）描绘了绿水青山的田园风光和"把酒话桑麻"的农家情趣，体现了诗人与村民的真切感情。《春晓》（五绝）写春晓之景及早春之情，成为流传千古的好诗。

（8）王昌龄，字少伯，唐代诗人，擅长七绝，多写当时边塞军旅生活，气势雄浑，格调高昂，《从军行》七首、《芙蓉楼送辛渐》和《出塞》两首都很有名。

（9）王维，字摩诘，官至尚书右丞，世称王右丞。唐代山水田园诗人，名篇有《鸟鸣涧》（五绝）、《送元二使安西》（七绝）、《观猎》（五律）。"味摩诘诗，诗中有画，画中有诗"，是苏轼赞王维之语。

（10）李白，字太白，号青莲居士，唐代浪漫主义诗人。官至供奉翰林。因性格傲岸，不为权贵所容，使他对腐败社会加深了认识，写下了抨击帝王权贵荒淫奢侈和控诉现实政治黑暗的诗篇。五绝《静夜思》《秋浦歌》，七绝《望天门山》，五律《送友人》，七古《梦游天姥吟留别》《行路难》。著有《李太白全集》。

（11）高适，字达夫，唐代边塞诗人，诗作对当时的边境形势、士兵疾苦均有反映，代表作《燕歌行》《别董大》（七绝）。

（12）崔颢，唐代诗人，开元进士，官至司勋员外郎。所作边塞诗慷慨豪迈。《黄鹤楼》（七律）甚得李白推崇。

（13）杜甫，字子美，曾居长安城南少陵以西，自称少陵野老，世称杜少陵，生于巩县（河南），唐代现实主义诗人。曾漫游各地，寓居长安十年，"安史之乱"被俘，逃出后任左拾遗，后弃官移家成都，筑草堂于浣花溪畔，世称浣花草堂，一度任剑南节度参军，尚书工部员外郎，世称杜工部。其作品显示了唐由盛转衰的历史过程，被称为"诗史"，有《杜工部诗集》。代表作《自京赴奉先县咏怀五百字》、组诗"三吏""三别"。

（14）岑参，唐代边塞诗人，嘉州人，官至嘉州刺史。从军多年，对边塞生活体验深刻，有《岑嘉州诗集》。代表作《白雪歌送武判官归京》（七古）。

（15）张志和，字子同，唐代诗人，多写隐居闲适生活，著有《玄真子》，代表作《渔歌子》（词）。

（16）韩愈，字退之，河阳（河南）人，自谓郡望（郡里的显贵家族）昌黎，世称韩昌黎，谥号文，又称韩文公，官至吏部侍郎，又称韩吏部。唐代散文家、诗人，与柳宗元同为"古文运动"倡导者，列为"唐宋八大家"之首，著有《昌黎先生文集》。

（17）刘禹锡，字梦得，唐代文学家、哲学家，有《刘梦得文集》，《陋室铭》选自《全唐文》。名句"沉舟侧畔千帆过，病树前头万木春"出自《酬乐天扬州初逢席上见赠》，深寓哲理，脍炙人口。

（18）白居易，字乐天，号香山居士，曾官太子少傅，又称白太傅。下（陕西）人，唐代诗人，主张"文章合为时而著，歌诗合为事而作"，著有《白氏长庆集》。是新乐府运动的倡导者，有讽谕诗《秦中吟》《新乐府》，长篇叙事诗《长恨歌》《琵琶行》（并序）。还有《卖炭翁》（七古）《钱塘湖春行》（七律）。

（19）柳宗元，字子厚，河东（山西）人，世称柳河东，因参加政治革新失败贬为永州司马，又迁柳州刺史，世称柳柳州。与韩愈倡导古文运动，为唐宋八大家之一。有论说文《天说》《封建论》，传记文《段太尉逸事状》《童区寄传》《捕蛇者说》，寓言散文《三戒》，山水游记《永州八记》，著有《柳河东集》。

（20）杜牧，字牧之，唐代文学家，晚年居住长安城南樊川别墅，因号杜樊川，善用绝句形式讽咏时事，如《赤壁》《过华清宫绝句》三首。著有《樊川文集》。

（21）李商隐，字义山，号玉溪生，唐代诗人，有《李义山诗集》《樊南文集》。代表作有《无题》《隋宫》《贾生》《夜雨寄北》等。

宋代作家

（1）柳永，字耆卿，原名三变，因排第七，世称柳七，又曾官至屯田员外郎，世称柳屯田。北宋第一个专业词人。为人放荡不羁，终身潦倒，长于抒写羁旅行役之情，著有《乐章集》。

（2）范仲淹，字希文，北宋政治家、军事家、文学家，谥号文正。名词《渔家傲》反映了边塞生活。贬为邓州知州时写了名文《岳阳楼记》，著有《范文正公文集》。

（3）欧阳修，字永叔，号醉翁、六一居士，谥号文忠，北宋文学家、史学家，北宋古文运动的领袖，唐宋八大家之一。提倡"文""道"并重，反对浮靡文风。所作散文说理畅达，抒情委婉。《六一诗话》开创了"诗话"这一新体裁，对后世诗歌理论的发展有一定影响。著有《欧阳文忠公文集》。

（4）苏洵，字明允，号老泉，眉山（四川）人，北宋散文家。著有《嘉集》。《六国论》选自《嘉集·权书》。《权书》包括十篇文章，都是评论政治和历史的。他与其子苏轼、苏辙并称"三苏"，俱在"唐宋八大家"之列。

（5）司马光，字君实，陕州夏县（山西）涑水乡人，世称涑水先生，北宋史学家、文学家，官至宰相，当政八月即逝，追封温国公，谥文正。著有《司马文正公文集》。政治上是保守派，对抗王安石变法。在学术上有不朽贡献，花十九年时间主编了我国规模最大的一部编年体通史《资治通鉴》，它与《史记》一起被誉为"史学双璧"。

（6）王安石，字介甫，晚号半山，官至宰相，封荆国公，世称王荆公，谥号文，也称王文公。临川（江西）人。北宋政治改革家、思想家、文学家。其散文雄健峭拔，"唐宋八大家"之一。《伤仲永》节选自《王文公文集》（《临川先生文集》）。

（7）沈括，字存中，钱塘（杭州）人，北宋科学家、政治家。他的《梦溪笔谈》（26卷）是用笔记文体裁写成的综合性学术专著，是我国第一部科学作品。

（8）苏轼，字子瞻，号东坡居士，北宋文学家、书画家。官至礼部尚书，追谥文忠。其文明白畅达，列为"唐宋八大家"之一。其词开豪放一派，对后世很有影响。

著有《东坡全集》《东坡乐府》等。

（9）李清照，字易安，号易安居士，山东济南人，我国第一位女词人。其词善用白描手法，自辟蹊径，语言清丽。《如梦令》选自《漱玉词》，另有《李清照集》。

（10）陆游，字务观，号放翁，越州山阴（浙江绍兴）人，南宋爱国诗人，诗作今存九千多首，内容丰富，主要表现渴望恢复国家统一的爱国热情。诗作《关山月》《书愤》《农家叹》《示儿》《十一月四日风雨大作》为世传诵，《诉衷情》《钗头凤》是很有艺术特色的词，文有《过小孤山大孤山》等。著有《剑南诗稿》《渭南文集》。

（11）辛弃疾，字幼安，号稼轩，历城（山东济南人），南宋爱国词人。其词抒写力图恢复国家统一的爱国热情，倾诉壮志难酬的悲愤。与苏轼共为豪放派的代表。著有词集《稼轩长短句》。

（12）姜夔，字尧章，号白石道人。鄱阳（江西）人，南宋词人，其词多为写景咏物、记述客游之作，有《白石道人诗集》。

（13）文天祥，字宋瑞，又字履善，号文山，庐陵（江西）人，南宋大臣，爱国政治家。文学家，著有《文山先生全集》。《正气歌》《指南录》《酹江月》《〈指南录〉后序》皆为后人传诵。

（14）胡铨，字邦衡，号澹庵。吉州庐陵芗城（今江西省吉安市青原区值夏镇）人。南宋爱国名臣、文学家，庐陵"五忠一节"之一，与李纲、赵鼎、李光并称"南宋四名臣"。淳熙七年（1180年），胡铨去世，追赠通议大夫，谥号"忠简"。著有《澹庵集》等传世。

元明清作家

（1）关汉卿，号已斋叟，大都（北京）人，元代杂剧（戏曲）作家，我国戏剧史上最伟大的戏剧家，元杂剧的奠基人。所作杂剧达60多种，今存14种，以《窦娥冤》《救风尘》《望江亭》《单刀会》最为著名，有《关汉卿戏曲集》。《窦娥冤》是我国戏曲史上典型悲剧之一。

（2）王实甫，大都（北京）人，元代杂剧（戏曲）作家，代表作《西厢记》5本，21折，以歌颂反封建的爱情为主题，歌颂张生和莺莺为争取婚姻自由所进行的斗争，矛头直指封建礼教和婚姻制度，具有强烈的反封建思想。

（3）马致远，号东篱，大都（北京）人，元代戏曲家、散曲家，所作杂剧15种，代表作有杂剧《汉宫秋》，散曲《天净沙·秋思》。

（4）施耐庵，元末明初小说家。他的代表作《水浒》即《水浒传》又名《忠义水浒传》，是我国古代描写农民革命斗争的长篇白话章回体小说。

（5）罗贯中，名本，字贯中，号湖海散人，元末明初小说家，相传为施耐庵学生，曾共同从事创作。传有17种通俗演义，代表作《三国演义》，它是我国古代著名的长篇历史章回小说，也是我国文学史上第一部章回小说。全书120回。

（6）于谦，字延益，钱塘（浙江）人，明朝大臣、爱国将领，诗人。官至兵部尚书，谥忠肃。有《于忠肃集》。《石灰吟》为作者12岁所作，选自《古代诗歌选》。

（7）吴承恩，字汝忠，号射阳山人，山阳（江苏）人，明代小说家。四十多岁中贡生，官仅至县丞，因耻于折腰而罢归，一生贫寒，对黑暗现实不满。晚年著成我国第一部神话长篇小说《西游记》，既寄托了他济世匡时的愿望，也是积极浪漫主义的杰作，其艺术性标志着我国浪漫主义文学达到一个新高峰。

（8）归有光，字熙甫，号震川，昆山（江苏）人，后徙居嘉定（上海），明末散文家，60岁中进士，官任南京太仆寺丞。所作散文朴素简洁，善于叙事，有《震川先生集》。《项脊轩志》选自《震川文集》。

（9）宗臣，明代文学家。字子相，号方城山人。兴化（今属江苏兴化）人。南宋末年著名抗金名将宗泽后人。嘉靖二十九年进士，由刑部主事调吏部，以病归，筑室百花洲上，读书其中，后历吏部稽勋员外郎，杨继盛死，臣赙以金，为严嵩所恶，出为福建参议，以御倭寇功升福建提学副使，卒官。诗文主张复古，与李攀龙等齐名，为"嘉靖七子"（后七子）之一，散文《报刘一丈书》对当时官场丑态有所揭露，著有《宗子相集》。

（10）张岱，又名维城，字宗子，又字石公，号陶庵、天孙，别号蝶庵居士，晚号六休居士，汉族，山阴（今浙江绍兴）人。寓居杭州。出生仕宦世家，少为富贵公子，精于茶艺鉴赏，爱繁华，好山水，晓音乐、戏曲，明亡后不仕，入山著书以终。张岱为明末清初文学家、史学家，其最擅长散文，著有《琅嬛文集》《陶庵梦忆》《西湖梦寻》《三不朽图赞》《夜航船》等绝代文学名著。

（11）汤显祖，江西临川人，明代戏曲家，曾任南京太常寺博士、礼部主事。代表作《牡丹亭》（又称《还魂记》）。剧作多反对封建礼教，追求个性解放。

（12）冯梦龙，字犹龙，号墨憨斋主人，长州（江苏）人，明代文学家，辑有话本集《喻世明言》（又称《古今小说》）《警世通言》《醒世恒言》，合称"三言"《灌园叟晚逢仙女》出自《醒世恒言》，改编为影片《秋翁遇仙记》。

（13）徐宏（弘）祖，字振之，号霞客，江阴（江苏）人，明代旅行家，地理地质学家和游记散文作家，著有《徐霞客游记》，该书是日记形式的游记散文，是我国第一部日记体游记。书中作者描绘了祖国山河的壮美，表达了对大自然的热爱，被称作

"古今纪游第一"，《游黄山记》出自本书。（黄山，在安徽省境内，有四绝：奇松、怪石、云海、温泉）

（14）李渔，字笠鸿，号笠翁，浙江兰溪人，清代戏曲理论家、剧作家。《芙蕖》节选自《李笠翁一家言·笠翁偶集》中的"种植部"。

（15）汪琬，字苕文，号钝庵，初号玉遮山樵，晚号尧峰，小字液仙。长洲（今江苏苏州）人，清初官吏学者、散文家，与侯方域、魏禧，合称明末清初散文"三大家"。顺治十二年进士，康熙十八年举鸿博，历官户部主事、刑部郎中、编修，有《尧峰诗文钞》《钝翁前后类稿、续稿》。

（16）蒲松龄，字留仙，号柳泉居士，世称聊斋先生，淄川（山东）人，清代文学家。他用数十年的时间写成我国第一部文言短篇小说集《聊斋志异》。

（17）方苞，字灵皋，号望溪，安徽桐城人，清代散文家，官至礼部右侍郎。为"桐城派"创始人。散文多为经说、序跋、书信、应酬之作。

（18）吴敬梓，字敏轩，全椒（安徽）人，清代小说家，所作《儒林外史》是我国第一部长篇讽刺小说，55回。

（19）曹雪芹，名，字梦阮，号雪芹，祖籍丰润（河北），生于南京，清代小说家，以十年时间从事《石头记》（即《红楼梦》，又名《金玉缘》）的创作，全书未成，病而卒，后四十回为高鹗所续，全书120回，属于章回体小说，是我国古代小说中最伟大的现实主义作品。

（20）袁枚，字子才，号简斋、随园老人，浙江钱塘（杭州）人，清代诗人，散文家、曾任知县，辞官后于江宁（南京）小仓山下修筑随园定居，自号仓山居士。《祭妹文》选自他的《小仓山房文集》，还著有《随园诗话》。

（21）姚鼐，字姬传，室名惜抱轩，人称惜抱先生，清代散文家。安徽桐城人，是继方苞、刘大魁之后"桐城派"的集大成者。提出文章须以"考据""词章"为手段阐明儒家的"义理"三者合一的古文理论。《登泰山记》选自《惜抱轩诗文集》，其中"雪中观日"一段，尤为后世称道。

（22）龚自珍，浙江仁和（杭州）人，清代思想家、文学家，官至礼部主事，后辞职南归。深于经学、文学和史地学，为"今文学派"主要人物，近代改良运动先驱之一。己亥年（道光十九年）归途中写了315首绝句，总题为《己亥杂诗》。表达对国事的感慨与生平经历的哀乐。

（23）刘鹗，字铁云，笔名（别署）洪都百炼生，江苏丹徒（镇江）人，清末小说家，通数学、医术、水利等，他的《老残游记》是我国晚清"四大谴责小说"之一。

（24）吴趼人，号沃尧，字茧人，后改趼人，广东南海（广州）人，因居佛山镇，又自称"我佛山人"，清末（近代）小说家。所作《二十年目睹之怪现状》为晚清"四大谴责小说"之一。

（25）李宝嘉，号伯元，号南亭亭长，江苏武进人，清末（近代）小说家，他的《官场现形记》为晚清"四大谴责小说"之一。

（26）曾朴，字孟朴，江苏常熟人，近代小说家，通法文。所作《孽海花》为晚清"四大谴责小说"之一。

（27）梁启超，字卓如，号任公，别号饮冰室主人，广东新会人。戊戌维新的领袖，政治家、文学家。"报章体"的重要实践者。《少年中国说》《谭嗣同》出自《饮冰室合集》。

（28）王国维，初名国桢，字静安，中国近、现代相交时期一位享有国际声誉的著名学者。《人间词话》是王国维所著的一部文学批评著作。

山东省2021年普通高等教育专科升本科招生考试大学语文（公共课）考试要求

Ⅰ.考试内容与要求

本科目考试内容包括汉语基础知识、文学文化常识、作品阅读分析和写作等四个方面，主要考查考生识记、理解、分析综合、表达应用、鉴赏评价和探究等能力。具体内容与要求如下：

一、汉语基础知识

（一）了解文言文以单音词为主的特点，能够识记、理解常用的文言实词古今词义的不同，能够识别文言文中常用的通假字和古今字，并理解其含义；

（二）能够辨识"之、其、于、以、而、则、乃、者、所、焉、且"等常见文言虚词在不同语言环境中的含义及用法；

（三）理解文言文中与现代汉语不同的语法现象，掌握使动用法、意动用法、名词作状语、名词作动词等词类活用现象，掌握判断句、被动句、宾语前置句等特殊句式的用法，能够准确翻译文言文；

（四）掌握汉语常见的修辞手法，如比喻、比拟、借代、双关、对偶、排比、夸张、象征、设问、反诘、层递、互文等，并能具体说明其表达作用。

二、文学文化常识

（一）识记并掌握古今中外重要作家及其代表作品的基本知识，如作者的姓名、字号、生活年代、代表作与作品集名称、文学主张、文学成就及其他重要贡献，重要作品的编著年代、基本内容、主要特色及在文学史上的地位等；

（二）识记古诗文经典名句；

（三）掌握古今各类文体知识；

（四）掌握中外文学史上重要文学流派和文学现象；

（五）掌握中国传统文化基本知识。

三、作品阅读分析包括古诗词和现代文阅读分析

（一）了解作者生平及作品反映的时代背景与社会生活；

（二）领会并能准确分析作品的体裁特征、主要表现手法、写作特色；

（三）赏析作品中的文学形象，品味作品的语言特色；

（四）把握并归纳作品的主旨，理解作品的思想意义。

四、写作

（一）应用写作

主要考查根据提供的材料或情境，选择恰当文种写作的能力。主要文种包括公务文书中的通知、通报、请示、函和事务文书中的声明、启事、证明、请柬、借条、收条、请假条、介绍信、求职信、演讲稿（含欢迎词、欢送词、答谢词等）、新闻稿等。

基本要求：主题明确，信息全面，结构完整，格式规范，表达得体。

（二）文学写作

主要考查议论文、记叙文的写作能力。基本要求：立意积极向上，符合文体特征，内容充实，主题鲜明，层次清楚，结构完整，语言通顺，标点恰当，书写工整。字数不少于800字。

Ⅱ.考试形式与题型

一、考试形式

考试采用闭卷、笔试形式。试卷满分100分，考试时间120分钟。

二、题型

考试题型从以下类型中选择：单项选择题、多项选择题、填空题、判断题、词语解释题、文言文翻译题、阅读分析题、写作题。

Ⅲ.文言文参考篇目

1.《郑伯克段于鄢》 　　　　　　　　　　《左传》

2.《鞌之战》 　　　　　　　　　　　　　《左传》

3.《召公谏厉王弭谤》　　　　　　　　　《国语》

4.《句践灭吴》　　　　　　　　　　　　《国语》

5.《苏秦始将连横说秦》　　　　　　　　《战国策》

6.《冯谖客孟尝君》　　　　　　　　　　《战国策》

7.《子路曾皙冉有公西华侍坐》　　　　　《论语》

8.《季氏将伐颛臾》　　　　　　　　　　《论语》

9.《逍遥游》("北冥有鱼"至"圣人无名")　《庄子》

10.《秋水》("秋水时至"至"不似尔向之自多于水乎")

　　　　　　　　　　　　　　　　　　《庄子》

11.《齐桓晋文之事》　　　　　　　　　　《孟子》

12.《劝学》("君子曰学不可以已"至"故君子结于一也")

　　　　　　　　　　　　　　　　　　《荀子》

13.《察传》　　　　　　　　　　　　　　《吕氏春秋》

14.《谏逐客书》　　　　　　　　　　　　秦·李斯

15.《鸿门宴》　　　　　　　　　　　　　《史记》

16.《孙子吴起列传》　　　　　　　　　　《史记》

17.《巫山巫峡》　　　　　　　　　　　　《水经注》

18.《张中丞传后叙》　　　　　　　　　　唐·韩愈

19.《钴鉧潭西小丘记》　　　　　　　　　唐·柳宗元

20.《岳阳楼记》　　　　　　　　　　　　宋·范仲淹

21.《秋声赋》　　　　　　　　　　　　　宋·欧阳修

22.《前赤壁赋》　　　　　　　　　　　　宋·苏轼

23.《戊午上高宗封事》　　　　　　　　　宋·胡铨

24.《送东阳马生序》　　　　　　　　　　明·宋濂

25.《传是楼记》　　　　　　　　　　　　清·汪琬

主要参考书目

（1）杨伯峻译注：《论语译注》（点校本），中华书局2015年版。

（2）［西汉］司马迁：《史记》（点校本），中华书局2011年版。

（3）［清］吴楚材、吴调侯选：《古文观止》，中华书局2016年版。

（4）袁行霈主编：《中国文学史》，高等教育出版社1999年版。

（5）王力主编：《古代汉语》（全四册），中华书局1999年版。

（6）郭锡良等编著：《古代汉语》（上、下册），商务印书馆1999年版。

（7）钱理群等：《中国现代文学三十年》，北京大学出版社1998年版。

（8）朱栋霖主编：《中国现代文学史》（上、下册），北京大学出版社2007年版。

（9）陈洪主编：《大学语文》，高等教育出版社2004年版。

（10）王步高、丁帆主编：《大学语文》，南京大学出版社2004年版。

（11）徐中玉主编：《大学语文》，华东师范大学出版社2013年版。

山东省专升本考试指导用书

大学语文

考点精析与拓展

山科院专升本考试研究中心 组编

史 洁 主编

周丽娜 副主编

山东教育出版社

图书在版编目（CIP）数据

大学语文. 考点精析与拓展 / 史洁主编 . — 济南：山东教育
出版社，2021.7

山东省专升本考试指导用书

ISBN 978-7-5701-1780-2

Ⅰ.①大…　Ⅱ.①史…　Ⅲ.①大学语文课 – 成人高等教育 –
升学参考资料　Ⅳ.①H19

中国版本图书馆CIP数据核字（2021）第133838号

前　言

　　为了使考生更全面、系统地了解山东省专升本的政策，更有效地投入大学语文的备考中，我们根据山东省专升本的相关要求，编写了《山东省专升本考试指导用书·大学语文》。该书共分三册，分别是《大学语文·文本精读》《大学语文·考点精析与拓展》《大学语文·实训冲刺提升》。

　　《大学语文·考点精析与拓展》遵循"由易到难、突出实训、提升能力、适当延伸"的原则，融语文教育的人文性、工具性、实用性于一体，尊重最新考试要求，遵循语文学科教学规律，是帮助考生全面提升大学语文水平、实现升本梦想的得力助手。本书具有以下特点：

　　紧扣考试要求。严格按照最新考试要求编写，覆盖古文、现代文诗词、小说戏剧及写作所涉文体常识，涵盖古今中外重要作家作品、文学流派、文学主张等文学常识，囊括传统经典所涉文化常识，解读先贤哲思相关的哲学思想、文艺理论、人文精神。

　　细化专题模块。根据最新考试要求，本书以专题模块的形式对考点进行解析，每一专题模块包括备考原则、备考策略及专题训练。本书全面地整理了文言文阅读理解、翻译的方法，总结了文言常识、古诗鉴赏、名句默写、阅读分析、古今中外文学文体常识、中国优秀传统文化、应用文常识、写作规范表达等内容。

　　实战拓展演练。根据最新考试要求，本书通过贴合真题难度与考查方式的练习题帮助考生掌握重点，明确备考方向，提高学习效率。同时，本书特别注重考点的实训练习。每一专题模块都精细分析了考生需要掌握的考试要点，通过精研考试题型与答题模式，帮助考生建立清晰的知识体系。通过适度拓展知识点，完善考生的知能体系。

综合权威观点。在本书的编写过程中，我们潜心研究了王力、郭锡良主编的《古代汉语》，参考了《论语》《孟子》《史记》《古文观止》等古代典籍，借鉴了各种版本的《大学语文》《应用文写作》通识教材。

建议广大考生结合本书的其他分册进行系统学习。《大学语文·文本精读》《大学语文·实训冲刺提升》以指定参考篇目为基础，以文言常识、文学常识、文体常识、文化常识几大模块为主线，以提升翻译能力、阅读分析能力、写作表达能力为宗旨，通过历年真题实训及模拟练习，由易到难循序渐进，构建了知识输入—技能训练—考点剖析—真题模拟—知能提升的科学体例。

同学们，专升本考试是大家的"第二次高考"，是大家提升自身竞争力的重要机遇。希望本书能为大家助力、护航！预祝同学们成功！

编者

2021年5月

目 录

第一部分　文言文

● 一、考点分析 ●

　　文言文是基于中国古代的一种书面语言而组成的文章，是相对新文化运动之后的白话文来讲的。文言文是当代思想智慧的源泉，尤其是我国古代经典，其语言凝练典雅，内容博大精深，是传承中华优秀传统文化的重要载体。

　　文言文阅读是产生汉语正确语感的重要源泉。我国有"文以载道"的传统，阅读经典文言文，可以感受语言发展演变状况，可以体味人文情怀，感受、理解古人的精神世界，可以为现代生活汲取智慧。因此，文言文的学习是备考的重点。

　　文言文的备考，范围广，难度大。文言文的考试题型涵盖选择题、填空题、翻译题、阅读分析题，也涉及写作材料的解读。文言文阅读分析所考查的内容通常以经典作品的片段为主，既考查文言常识、文学文化常识，也考查综合鉴赏能力。

(一) 备考原则

　　文言文备考一定要明确备考内容，确定备考方向。山东省专升本《要求》如下：

　　（一）了解文言文以单音词为主的特点，能够识记、理解常用的文言实词古今词义的不同，能够识别文言文中常用的通假字和古今字，并理解其含义；

　　（二）能够辨识"之、其、于、以、而、则、乃、者、所、焉、且"等常见文言虚词在不同语言环境中的含义及用法；

　　（三）理解文言文中与现代汉语不同的语法现象，掌握使动用法、意动用法、名词作状语、名词作动词等词类活用现象，掌握判断句、被动句、宾语前置句等特殊句式的用法，能够准确翻译文言文。

(二) 备考策略 ‖‖

掌握语法规则，由重点实词、虚词到语句、篇章结构综合理解。

知人论世，遵循语言发展规律，避免望文生义、断章取义。

· 二、文言常识 ·

(一) 重要虚词 ‖‖

词，按照语法功能可以分为实词和虚词两大类。现代汉语虚词是不能单独充当句法成分的词，有连接或附着各类实词的语法意义。

现代汉语常用成套关联词语有：表并列的"不是……而是……、是……不是……、既（又）……又……"，表选择的"不是……就是……、是……还是……、与其……不如……、宁可……也不……"，表递进的"不但……而且……、尚且……何况……"，表转折的"虽然……但是……、尽管……可是……"，表条件的"只要……就……、只有……才……、除非……才……、无论……都……、不管……总是……"，表假设的"如果……那么……、即使……也……"，表因果的"因为……所以……、既然……就……"。常见单独使用的关联词语有：表并列的"同时、同样"，表递进的"并且、况且、进而、甚至"，表转折的"然而、却、只是、不过"，表因果的"因而、从而、因此"等。

文言虚词在文言文中一般不作句子成分，不表示实在的意义，主要的作用是组合语言单位。根据能同哪些实词或短语发生关系、发生什么样的关系，可以把虚词分为副词、介词、连词、助词、叹词、象声词、代词七类。根据山东省专升本《要求》，应辩识"之、其、于、以、而、则、乃、者、所、焉、且"等常见的文言虚词在不同语言环境中的不同含义及作用。

之

代词

可指代人、事、物等，通常充当句中的宾语。例如：

（1）君子疾夫舍曰"欲之"而必为之辞。（《季氏将伐颛臾》）

（2）七十者衣帛食肉，黎民不饥不寒，然而不王者，未之有也。（《寡人之于国也》）

（3）野语有之曰……（《庄子·秋水》）

（4）孟尝君怪其疾也，衣冠而见之。（《冯谖客孟尝君》）

（5）公赐之食，食舍肉。（《郑伯克段于鄢》）

用于宾语前置的结构中，复指提到动词之前的宾语。此时原有的代词词汇意义消隐，只起提宾的语法作用。例如：

（1）野语有之曰，"闻道百，以为莫己若"者，我之谓也。（《庄子·秋水》）

（2）《诗》曰："孝子不匮，永锡尔类。"其是之谓乎？（《郑伯克段于鄢》）

（3）其李将军之谓乎？（《李将军列传》）

（4）惟陈言之务去。（《答李翊书》）

连词

1. 置于名词性偏正结构（定中结构）的修饰语和中心语之间，表示多种修饰关系，通常可译为"的"。例如：

（1）且在邦域之中矣，是社稷之臣也，何以伐为？（《季氏将伐颛臾》）

（2）鸡豚狗彘之畜，无失其时，七十可以食肉矣。（《寡人之于国也》）

（3）今陛下致昆山之玉，有随和之宝，垂明月之珠，服太阿之剑，乘纤离之马，建翠凤之旗，树灵鼍之鼓。（《谏逐客书》）

2. 置于主谓短句的主语后、谓语前，取消原有的句子独立性，使之变成名词性偏正结构，在更复杂的句式中充当主语、宾语、状语、定语等。此时根据上下文，通常可译作"的""……的时候""……的样子""……的情况（条件）下"等，也可不译。例如：

（1）寡人之于国也，尽心焉耳矣！（《寡人之于国也》）

（2）李伶之为严相国至矣。（《马伶传》）

（3）此其自多也，不似尔向之自多于水乎？（《庄子·秋水》）

（4）相与枕藉乎舟中，不知东方之既白。（《前赤壁赋》）

（5）广之将兵，乏绝之处，见水，士卒不尽饮，广不近水。（《李将军列传》）

（6）南霁云之乞救于贺兰也，贺兰嫉巡、远之声威功绩出己上，不肯出师救。（《张中丞传后叙》）

（7）此吾之所为师也。（《马伶传》）

动词

表示"去""往""到……去""到达"等意思。如：

（1）驱而之薛，使吏召诸民当偿者，悉来合券。（《冯谖客孟尝君》）

（2）大军不知广所之，故弗从。（《李将军列传》）

者

起辅助作用的代词。与一般代词不同的是，"者"不能独立充当句子成分，必须附着于其他词或短语之后，共同构成名词性结构，以指代一定的人、事、物，可在句中充当主语、定语、宾语、中心语等。可以与"者"组合的词类较多，意义或作用也各不相同，主要有：

与名词组合

1. 复指名词或名词性主语，引出谓语。此时"者"通常可以不译，也可视需要译为"……此人""……这个人""……的情况"等。例如：

（1）李将军广者，陇西成纪人也。（《李将军列传》）

（2）马伶者，金陵梨园部也。（《马伶传》）

（3）气盛则言之短长与声之高下者皆宜。（《答李翊书》）

2. 复指名词或名词结构，充当动词宾语。此时"者"通常可以不译，也可视需要译为"……此人""……的人（情况）"等。例如：

（1）齐人有冯谖者，贫乏不能自存。（《冯谖客孟尝君》）

与数量词组合

表示数量的种类，可译为"种""样""类""方面"等，也可不译。例如：

（1）夫子欲之，吾二臣者皆不欲也。（《季氏将伐颛臾》）

（2）此三者，吾遗恨也。（《伶官传序》）

（3）此五子者，不产于秦。（《谏逐客书》）

（4）此数宝者，秦不生一焉。（《谏逐客书》）

与时间词组合

表示一定的时间范围，可译为"……的时候"等。例如：

（1）昔者先王以为东蒙主。（《季氏将伐颛臾》）

（2）始者，非三代两汉之书不敢观，非圣人之志不敢存。（《答李翊书》）

与形容词或形容词性短语组合

将原有的形容词或形容词性短语变成名词性结构，可酌情译为"……的""……的人（情况、东西、事情等）"。例如：

夫物不产于秦，可宝者多。（《谏逐客书》）

与动词或动词短语组合

将原有的动词或动词性短语变为名词性结构，可酌情译为"……的""……的人

（情况、东西、事情等）"。例如：

（1）陈力就列，不能者止。（《季氏将伐颛臾》）

（2）且夫我尝闻少仲尼之闻而轻伯夷之义者，始吾弗信。（《庄子·秋水》）

（3）此所谓"藉寇兵而赍盗粮"者也。（《谏逐客书》）

（4）秦时为将，逐得燕太子丹者也。（《李将军列传》）

（5）当是时，弃城而图存者，不可一二数；擅强兵坐而观者，相环也。（《张中丞传后叙》）

（6）客有吹洞箫者，倚歌而和之。（《前赤壁赋》）

"者"字结构有一类是提示或强调结果，以引出对缘由的解释，此时可译为"……的原因"等。例如：

（1）而吾未尝以此自多者，自以比形于天地而受气于阴阳。（《庄子·秋水》）

（2）若是者何也？（《谏逐客书》）

（3）孟尝君为相数十年，无纤介之祸者，冯谖之计也。（《冯谖客孟尝君》）

乃

副词

作为副词，"乃"可以表示多种接续关系或情态，有时用法近于连词。

1. 表示顺承接续关系，可译为"于是""就"等。例如：

（1）今尔出于崖涘，观于大海，乃知尔丑。（《庄子·秋水》）

（2）广乃遂从百骑往驰三人。（《李将军列传》）

2. 表示逆向转折关系，可译为"却""但是""反而""竟然"等。例如：

（1）今乃弃黔首以资敌国，却宾客以业诸侯。（《谏逐客书》）

（2）先生不羞，乃有意欲为收责于薛乎？（《冯谖客孟尝君》）

（3）臣部为前将军，今大将军乃徙令臣出东道。（《李将军列传》）

3. 表示对某人、某事的确认，可译为"这""这就是"等。例如：

（1）左右曰："乃歌夫'长铗归来'者也。"（《冯谖客孟尝君》）

（2）因烧其券，民称万岁，乃臣所以为君市义也。（《冯谖客孟尝君》）

（3）先生所为文市义者，乃今日见之！（《冯谖客孟尝君》）

（4）诸校尉无罪，乃我自失道。（《李将军列传》）

4. 表示对结果的强调，可译为"才""这才"等。例如：

（1）昭昭然白黑分矣，而务去之，乃徐有得也。（《答李翊书》）

（2）平旦，李广乃归其大军。（《李将军列传》）

（3）告广曰："胡虏易与耳。"军士乃安。（《李将军列传》）

（4）良久，乃许之。（《李将军列传》）

5. 表示递进，常与"至"等合用，或译为"以至""以至于"。例如：

无论事之大小，必有数次乃至十数次之阻力。（《论毅力》）

代词

指代第二人称，通常只作定语，可译为"你（的）""你们（的）"。例如：

（1）与尔三矢，尔其无忘乃父之志！（《伶官传序》）

（2）王师北定中原日，家祭无忘告乃翁。（陆游《示儿》）

且

副词

作为副词，"且"可以表示情态、程度、时间等，可译为"尚且""姑且""暂且""而且""况且"等，这与现代汉语的用法近似。另有两种用法，应注意掌握。

1. 置于动词或动词性短语之前，表示这一动作行为将要发生，可译为"快要""就要""将要"等。例如：

（1）坐，且将戮。（《张中丞传后叙》）

（2）虽食，且不下咽！（《张中丞传后叙》）

（3）三人还射，伤中贵人，杀其骑且尽。（《李将军列传》）

（4）汉兵死者过半，汉矢且尽。（《李将军列传》）

（5）外无待而犹死守，人相食且尽。（《张中丞传后叙》）

（6）及其无救而且穷也……虽欲去，必不达。（《张中丞传后叙》）

2. 置于数量词之前，表示接近这个数目，可译为"大约""接近""快到"等。例如：

（1）初守睢阳时，士卒仅万人，城中居人户亦且数万。（《张中丞传后叙》）

（2）去后且三年而马伶归。（《马伶传》）

连词

1. 连结前后两项，表示选择关系，可译作"是……还是……""……还是……"等。例如：

（1）焉足以知是且非邪？（《答李翊书》）

（2）岂吾相不当侯邪？且固命也？（《李将军列传》）

2．连结前后两项，表示并列关系，可译为"又……又……""一边……一边……"等。例如：

居一二日，（萧）何来谒上，上且怒且喜。（《史记·淮阴侯列传》）

其

代词

可指代人、事、物等。与"之"不同的是，上古汉语中"其"时常隐含结构助词"之"的意思，与后续词语组成名词性结构，因此通常只用作定语。魏晋以后，"其"的适用范围有所扩大，也可用作主语。例如：

（1）河内凶，则移其民于河东，移其粟于河内。（《寡人之于国也》）

（2）于是焉，河伯始旋其面目，望洋向若而叹曰……（《庄子·秋水》）

（3）其后用兵，则遣从事以一少牢告庙。（《伶官传序》）

（4）愈尝从事于汴、徐二府，屡道于两府间，亲祭于其所谓双庙者。（《张中丞传后叙》）

（5）夫其以李伶为绝技，无所干求。（《马伶传》）

此外，古汉语中"其"的指代对象可以灵活多样——作为指示代词，可用作特指、远指、近指；指代人物时，不仅可指代第三人称，也可指代第一、第二人称。具体情况需要根据上下文来确定。例如：

（1）长者闻之，得无厌其为迂乎？（《报刘一丈书》）

（2）李生足下：生之书辞甚高，而其问何下而恭也！（《答李翊书》）

语气词

作为语气词，"其"通常置于句首或句中，可表示多种语气。

1.表揣测语气，可译为"大概""恐怕""也许""可能"等。例如：

（1）虽然，待用于人者，其肖于器邪？（《答李翊书》）

（2）千金，重币也；百乘，显使也。齐其闻之矣。（《冯谖客孟尝君》）

（3）若是，则与吾业者，其亦有类乎？（《种树郭橐驼传》）

2．表叮嘱、劝勉、期望、命令等语气，通常用于祈使句中，可译为"一定""千万"等。例如：

与尔三矢，尔其无忘乃父之志！（《伶官传序》）

3.表反问语气，可译作"岂""难道""哪里"等。例如：

（1）虽如是，其敢自谓几于成乎？（《答李翊书》）

（2）若阙地及泉，隧而相见，其谁曰不然？（《郑伯克段于鄢》）

4.强调语气，可译为"究竟"。例如：

天下之不亡，其谁之功也？（《张中丞传后叙》）

连词

连结并列的句式表示选择关系，可译作"是……还是……"或"……还是……"等。例如：

如是者，其亦足乐乎？其无足乐也？（《答李翊书》）

以

介词

作为介词，"以"的用法较多且意义复杂，但基本内容是表示动作行为的依据或凭借，其余用法大多可视为这一基本用法的引申和变化。

1.表示凭借

基本用法和意义是表示动作行为以某人、某物为依据或凭借，可译为"用""拿"等。例如：

（1）臣具以表闻，辞不就职。（《陈情表》）

（2）世言晋王之将终也，以三矢赐庄宗。（《伶官传序》）

（3）以分宜教分宜，安得不工哉？（《马伶传》）

有的表示以某事或某种技能为依据或凭借，意义有所虚化，除可译为"用""拿"外，还可译为"凭借""依照""根据"等。例如：

（1）王好战，请以战喻。（《寡人之于国也》）

（2）以五十步笑百步，则何如？（《寡人之于国也》）

（3）皆以用战为名。（《李将军列传》）

（4）彼以坚苦忍耐之力，冒其逆而突过之。（《论毅力》）

（5）梨园以技鸣者，无虑数十辈。（《马伶传》）

有的表示凭借某种身份、资格或地位从事某事，意义更为抽象。例如：

（1）猥以微贱，当侍东宫。（《陈情表》）

（2）而广以良家子从军击胡。（《李将军列传》）

（3）其后四岁，广以卫尉为将军，出雁门击匈奴。（《李将军列传》）

2.表示原因

原因是导致某种结果的逻辑根据，因此此种用法可视为表示凭借的用法向更为抽象的事理逻辑方面的延伸和发展，可译为"因""因为""由于"等，有时也可直接翻译为"凭着""凭借"。例如：

（1）左右以君贱之也，食以草具。（《冯谖客孟尝君》）

（2）臣以险衅，夙遭闵凶。（《陈情表》）

（3）臣以供养无主，辞不赴命。（《陈情表》）

（4）但以刘日薄西山，气息奄奄。（《陈情表》）

（5）其观于人也，笑之则以为喜，誉之则以为忧，以其犹有人之说者存也。（《答李翊书》）

（6）翰以文章自名，为此传颇详密。（《张中丞传后叙》）

3. 表示带领、带领的

可以带领、带领的其实也一定是可以依赖、可为凭借的，因此也与表示凭借的用法有一定的关系，有时也可直接翻译为"凭""靠"。例如：

（1）以尔车来，以我贿迁。（《诗经·氓》）

（2）以千百就尽之卒，战百万日滋之师。（《张中丞传后叙》）

4. 表示时间

"以"的此种用法相当于"在""于"，有时可根据需要译为"按照"。例如：

（1）以元朔五年为轻车将军。（《李将军列传》）

（2）斧斤以时入山林，林木不可胜用也。（《寡人之于国也》）

5. 表示关涉或处置对象

"以"的此种用法相当于"把""让"等。例如：

（1）矫命以责赐诸民，因烧其卷。（《冯谖客孟尝君》）

（2）寡人不敢以先王之臣为臣。（《冯谖客孟尝君》）

（3）于是梁王虚上位，以故相为上将军。（《冯谖客孟尝君》）

（4）必以其言为信。（《张中丞传后叙》）

副词

作为副词，"以"主要表示某种情态或语气。例如：

君家所寡有者，以义耳。（《冯谖客孟尝君》）

连词

作为连词，"以"的语法功能与"而"类似，只不过通常只用于表示顺承接续的种种关系，可译为"就""来""而""然后""而且"等，也可不译。例如：

（1）命子封帅车二百乘以伐京。（《郑伯克段于鄢》）

（2）今皆解鞍以示不走。（《李将军列传》）

（3）且硕茂，蚤食以蕃。（《种树郭橐驼传》）

（4）挟飞仙以遨游，抱明月而长终。（《前赤壁赋》）

（5）驾一叶之扁舟，举匏尊以相属。（《前赤壁赋》）

（6）马伶复为严嵩相国以出。（《马伶传》）

动词

"以"作为动词，常见的是"认为""以为"的意思。例如：

（1）而吾未尝以此自多者，自以比形于天地而受气于阴阳。（《庄子·秋水》）

（2）于是焉河伯欣然自喜，以天下之美为尽在己。（《庄子·秋水》）

由"以"构成的几种常见结构

1. "以"字结构用作补语

在古汉语中，由"以"构成的介宾结构时常用作动词或动词性短语的补语成分，表示这一动作行为的方式、工具、凭借或关涉的人、事、物等。而现代汉语中这种用法基本不再出现，相关内容通常用状语或动词宾语的形式出现，这在阅读理解时应当注意。例如：

（1）五亩之宅，树之以桑。（《寡人之于国也》）

（2）谨庠序之教，申之以孝悌之义。（《寡人之于国也》）

（3）能如是，谁不欲告生以其道？（《答李翊书》）

（4）请其矢，盛以锦囊。（《伶官传序》）

（5）方其系燕父子以组，函梁君臣之首。（《伶官传序》）

（6）如君实责我以在位久，未能助上大有为……则某知罪矣。（《答司马谏议书》）

（7）而贼语以国亡主灭。（《张中丞传后叙》）

（8）不追议此，而责二公以死守。（《张中丞传后叙》）

2. 省略了的介宾形式

在古汉语中，当介词"以"后面的宾语是代词（如"之""是"之类），而且所指代的对象已在前文出现时，那么这个代词宾语时常可以省略。阅读和理解时又可分为两种类型。

一是代词宾语所指代的对象出现在前面的句子中，相距较远，翻译时就应当把这个代词宾语补出。例如：

（1）未尝君之羹，请以遗之。（《郑伯克段于鄢》）

（2）左右以告。（《冯谖客孟尝君》）

（3）责毕收，以何市而反？（《冯谖客孟尝君》）

（4）孝公用商鞅之法，移风易俗，民以殷盛，国以富强。（《谏逐客书》）

（5）臣无祖母，无以至今日；祖母无臣，无以终余年。（《陈情表》）

（6）欲将以有为也。（《张中丞传后叙》）

二是代词宾语所指代的对象在同句之中，而且就在"以"字之前，翻译时可直接将它作为"以"的宾语对待。这种情况也可看作是"以"的宾语为了强调而提前的形式。例如：

（1）今大道既隐，天下为家……大人世及以为礼，城郭沟池以为固，礼义以为纪。（《礼记·大同》）

（2）将子无怒，秋以为期。（《诗经·氓》）

（3）今逐客以资敌国，损民以益雠。（《谏逐客书》）

3．"以为"

"以为"是古汉语常见的固定结构，主要有两种意义。

一是复合动词，表示"认为""觉得"的意思，这较为常见。例如：

（1）左右皆恶之，以为贪而不知足。（《冯谖客孟尝君》）

（2）臣闻吏议逐客，窃以为过矣。（《谏逐客书》）

（3）窃以为与君实游处相好之日久，而议事每不合。（《答司马谏议书》）

二是省略了代词宾语的"以"字结构与动词"为"组合而成，因此是两个词。理解和翻译时必须把"以"的宾语补出，才不致产生误解。例如：

（1）昔者先王以为东蒙主。（《季氏将伐颛臾》）

（2）伯夷辞之以为名，仲尼辞之以为博。（《庄子·秋水》）

（3）长铗归来乎，无以为家！（《冯谖客孟尝君》）

（4）传其事以为官戒。（《种树郭橐驼传》）

所

代词

"所"也是不能独立充当句子成分的辅助性代词，所组成的结构也是名词性结构。与"者"不同的是：（1）"所"置于其他词或短语之前，而不是其后。（2）"所"的后面只能接动词，而且通常是及物动词。如果不及物动词、形容词等与"所"字组合，它们自身一般也都变得具有及物动词的性质。（3）"所"字之所以通常与及物动词组合，是因为此时的"所"具有动词宾语的性质。因此，"所"字结构说明的是受动作行为支配的对象物，而"者"字结构则是说明发出动作行为的主动者、实施者。（"所见"指看到的东西，"见者"则指看东西的主体）例如：

（1）君臣相顾，不知所归。（《伶官传序》）

（2）岂敢盘桓，有所希冀？（《陈情表》）

（3）五帝之所连，三王之所争，仁人之所忧，任士之所劳，尽此矣。（《庄子·秋水》）

（4）大军不知广所之，故弗从。（《李将军列传》）

（5）非臣陨首所能上报。（《陈情表》）

（6）纵一苇之所如，凌万顷之茫然。（《前赤壁赋》）

此外，还有一些由"所"组成的常见结构应当注意：

1. "所……者"

此一结构表达的意义等同于"所"字结构，而不等同于"者"字结构——该结构是受动作行为支配的对象，而不是发出或实施动作行为的主体。例如：

（1）然则是所重者在乎色、乐、珠、玉，而所轻者在乎人民也。（《谏逐客书》）

（2）生所为者与所期者，甚似而几矣。（《答李翊书》）

（3）孟尝君曰："视吾家所寡有者。"（《冯谖客孟尝君》）

（4）所欲忠者，国与主耳。（《张中丞传后叙》）

2. 所以

"所以"这一固定结构表达的意思较复杂，主要有：

意义比较具体，表示动作行为的依据、凭借、工具、方法等，可译为"用来……的……""凭它来……的"等。例如：

（1）所以饰后宫、充下陈、娱心意、说耳目者，必出于秦然后可……（《谏逐客书》）

（2）此非所以跨海内、制诸侯之术也。（《谏逐客书》）

（3）巫称其人，所以劝之，非敢褒其可褒而贬其可贬也。（《答李翊书》）

（4）今君实所以见教者，以为侵官、生事、征利、拒谏，以致天下怨谤也。（《答司马谏议书》）

（5）吾归破贼，必灭贺兰，此知所以志也。（《张中丞传后叙》）

意义比较抽象，用以引出某种结果的原因，可译为"导致……的原因""这就是……的原因"。例如：

（1）此五帝三王之所以无敌也。（《谏逐客书》）

（2）原庄宗之所以得天下，与其所以失之者，可以知之矣。（《伶官传序》）

（3）祸莫大于杀已降，此乃将军所以不得侯者也。（《李将军列传》）

指代缘由、原因的名词性结构，作动词宾语。例如：

故今具道所以，冀君实或见恕也。（《答司马谏议书》）

约数词

接续在数量词后，表示大约的数量范畴，可译为"左右""前后"等。例如：

未到匈奴阵二里所，止。（《李将军列传》）

而

连词

1. 表示转折关系，译为"然而""可是""却"。例如：

（1）青，取之于蓝，而青于蓝。（《劝学》）

（2）固一世之雄也，而今安在哉？（《赤壁赋》）

（3）惑而不从师……（《师说》）

2. 表示修饰关系，连接状语和中心词，相当于"着""地"等，或不译。例如：

（1）吾尝跂而望矣，不如登高之博见也。（《劝学》）

（2）填然鼓之，兵刃既接，弃甲曳兵而走。（《寡人之于国也》）

（3）项王按剑而跽曰："客何为者？"（《鸿门宴》）

3. 表示假设关系，连接主语和谓语，相当于"如果""假使"。例如：

（1）人而无信，不知其可也。（《论语·为政》）

（2）诸君而有意，瞻予马首可也。（《冯婉贞》）

4. 表示并列，相当于"而且""又""和"，或不译。例如：

（1）剑阁峥嵘而崔嵬，一夫当关，万夫莫开。（《蜀道难》）

（2）蟹六跪而二螯，非蛇鳝之穴无可寄托者……（《劝学》）

（3）侣鱼虾而友麋鹿。（《赤壁赋》）

5. 表示顺承（承接）关系，相当于"而且""并且""就"，或不译。例如：

（1）登高而招，臂非加长也……（《劝学》）

（2）置之地，拔剑撞而破之。（《鸿门宴》）

（3）择其善者而从之，其不善者而改之。（《论语·述而》）

6. 表示递进关系，译为"而且""并且""更"。例如：

（1）以其求思之深，而无所不在也。（《游褒禅山记》）

（2）君子博学而日参省乎己……（《劝学》）

7.表示因果关系，译为"因而""因此"。例如：

余亦悔其随之而不得极夫游之乐也。（《游褒禅山记》）

代词

译为"你，你的"。例如：

（1）而翁归，自与汝复算耳。（《促织》）

（2）某所，而母立于兹。（《项脊轩志》）

（3）若欲死而父，即前斗。《书博鸡者事》

动词

1.通"如"，好像，如同。例如：

军惊而坏都舍。（《察今》）

固定结构

1."而已"：放在句末，表示限止的语气助词，相当于"罢了"。例如：

（1）一桌、一椅、一扇、一抚尺而已。（《口技》）

（2）如是而已。（《师说》）

2."而后"：方才，然后。例如：

臣鞠躬尽瘁，死而后已。（《后出师表》）

3."寻而、既而、已而、俄而、继而"：表示时间短暂，可译为"不久、一会儿"。例如：

（1）俄而百千人大呼。（《口技》）

（2）既而得其尸于井。（《促织》）

（3）已而夕阳在山，人影散乱。（《醉翁亭记》）

4."而况"：何况，用反问的语气表示更进一层的意思。例如：

臣虽下愚，知其不可，而况于明哲乎？（《谏太宗十思疏》）

何

疑问代词

1.作动词或介词宾语，译为"什么"或"哪里"。例如：

（1）大王来何操？（《鸿门宴》）

（2）却看妻子愁何在。（《闻官军收河南河北》）

（3）使其中坦然，不以物伤性，将何适而非快？（《黄州快哉亭记》）

2. 作谓语，用于询问原因，后常有"哉""也"等疑问语气词，可译为"为什么"。例如：

（1）予尝求古仁人之心，或异二者之为，何哉？（《岳阳楼记》）

（2）邻国之民不加少，寡人之民不加多，何也？（《寡人之于国也》）

3. 作定语，译为"什么""为什么"。例如：

（1）肉食者谋之，又何间焉？（《曹刿论战》）

（2）其间旦暮闻何物？（《琵琶行》）

（3）然则何时而乐耶？（《岳阳楼记》）

副词

1. 程度副词，多么。例如：

蚕丛及鱼凫，开国何茫然！（李白《蜀道难》）

2. 疑问副词，怎么，为什么。例如：

（1）徐公何能及君也？（《邹忌讽齐王纳谏》）

（2）若为佣耕，何富贵也？（《陈涉世家》）

（3）何不按兵束甲，北面而事之？（《赤壁之战》）

固定结构

1. "何如"：怎么样，怎样。例如：

（1）樊哙曰："今日之事何如？"（《鸿门宴》）

（2）以五十步笑百步，则何如？（《寡人之于国也》）

2. "无何"：不久，没多久。例如：

无何，宰以卓异闻，宰悦，免成役。（《促织》）

3. "何其"：多么。例如：

明日复明日，明日何其多。（《明日歌》）

4. "何以"：拿什么，凭什么。例如：

（1）何以战？（曹刿论战）

（2）是社稷之臣也。何以伐为？（《季氏将伐颛臾》）

则

连词

1. 表示承接关系。表前后两件事情在时间上、情理上的紧密联系，译为"就""便"或"原来是""已经是"。例如：

（1）项王曰："壮士！赐之卮酒。"则与斗卮酒。（《鸿门宴》）

（2）故木受绳则直，金就砺则利。（《劝学》）

（3）徐而察之，则山下皆石穴罅。（《石钟山记》）

（4）临视，则虫集冠上。（《促织》）

2. 表示假设关系。用在前一个分句，引出假设情况，译为"假使""如果"；用在后一个分句，表假设或推断的结果，译为"就""那就""那么""就""便"。例如：

（1）万钟则不辨礼义而受之……（如果）（《鱼我所欲也》）

（2）如姬必许诺，则得虎符。（那么，就）（《信陵君窃符救赵》）

（3）为之，则难者亦易矣。（那么）（《为学一首示子侄》）

（4）向吾不为斯役，则久已病矣。（那么）（《捕蛇者说》）

3. 表示并列关系。常以"则……则……"格式出现，表示两相对照的关系，可译为"就"，或不译。例如：

（1）位卑则足羞，官盛则近谀。（《师说》）

（2）入则孝，出则弟（悌）。（《论语·学而》）

（3）小则获邑，大则得城。（《六国论》）

（4）入则无法家拂士，出则无敌国外患者，国恒亡。（《生于忧患，死于安乐》）

4. 表示转折、让步关系。表示转折时，用在后一分句，译为"可是""却"；表示让步时，用在前一分句，译为"虽然""倒是"。例如：

（1）于其身也，则耻师焉，惑矣。（《师说》）

（2）手裁举，则又超忽而跃。（《促织》）

（3）其室则迩，其人甚远。（《诗经》）

（4）巧则巧矣，未尽善也。（《马钧传》）

作副词

用在判断句中，起强调和确认作用，可译作"是""就是""便是"。例如：

（1）此则岳阳楼之大观也。（《岳阳楼记》）

（2）心之官则思。（《孟子》）

（3）非死则徙尔。（《捕蛇者说》）

于

作介词

1. 表动作行为的趋向、所自，引进动作行为的对象或结果，可译为"向、给、到、从、自"。例如：

（1）日削月割，以趋于亡。（《六国论》）

（2）而耻学于师。（《师说》）

（3）青，取之于蓝，而青于蓝。（《劝学》）

（4）从径道亡，归璧于赵。（《廉颇蔺相如列传》）

（5）燕王欲结于君。（《廉颇蔺相如列传》）

2. 引进动作行为发生的处所、时间，可译为"在"。例如：

（1）迁客骚人多会于此。（《岳阳楼记》）

（2）公与之乘，战于长勺。（《曹刿论战》）

（3）唐李勃始访其遗踪，得双石于潭上。（《石钟山记》）

3. 与其后的名词或名词短语构成介宾短语，表示补充说明。常用于动词或形容词后，在句中作补语。可译为"向、对、对于、由于"，或不译。例如：

（1）于人为可讥，而在己为有悔。（《游褒禅山记》）

（2）业精于勤，荒于嬉。（《进学解》）

（3）爱其子，择师而教之，于其身也，则耻师焉。（《师说》）

4. 表示被动，放在动词后，引进行为的主动者，可译为"被"。例如：

（1）君幸于赵王。（《廉颇蔺相如列传》）

（2）故内惑于郑袖，外欺于张仪。（《屈原列传》）

5. 引进比较的对象，表示比较。引进比较对象时译为"与、跟、同、和"，表比较时译为"比"。例如：

（1）身长八尺，每自比于管仲、乐毅。（《隆中对》）

（2）青，取之于蓝，而青于蓝。（《劝学》）

（3）良曰："长于臣。"（《鸿门宴》）

固定结构"于是"

1. 作连词，放在句子开头，表前后句的承接或因果关系，与现代汉语的"于是"相同。例如：

（1）于是乘其厉声以呵，则噪而相逐。（《五人墓碑记》）

（2）于是为长安君约车百乘，质于齐。（《触龙说赵太后》）

2. 作介宾短语，放在句中或句末，相当于"于+此"。视语境可译为"在这时""在这种情况下""对此""从此""因此""在这……""从这……""在……上""在……方面"等。例如：

（1）于是宾客无不变色离席。（《口技》）

（2）吾祖死于是，吾父死于是。（《捕蛇者说》）

（3）于是余有叹焉。（《游褒禅山记》）

（4）遂墨以葬文公，晋于是始墨。（《秦晋崤之战》）

焉

兼词

兼有介词"于"和指示代词"是（此）"的意思，通常用于动词或动词结构之后，介绍关涉到的人、事、物、处所等。例如：

（1）王无罪岁，斯天下之民至焉。（《寡人之于国也》）

（2）虢叔死焉，佗邑唯命。（《郑伯克段于鄢》）

指示代词

通常用在及物动词之后充当宾语，指代前面出现的人、事、物等。例如：

（1）及骤尝焉而阻力猝来，颓然丧矣。（《论毅力》）

（2）若甚怜焉，而卒以祸。（《种树郭橐驼传》）

疑问代词

通常用于动词或动词性结构之前表示疑问，可译为"哪里""怎么"等。例如：

（1）危而不持，颠而不扶，则将焉用彼相矣？（《季氏将伐颛臾》）

（2）焉足以知是且非邪？（《答李翊书》）

（3）姜氏欲之，焉辟害？（《郑伯克段于鄢》）

语气词

作为语气词，"焉"可用于句中或句末，表示不同的语气。

1.表陈述语气，可译为"了"，或不译。例如：

（1）于是焉河伯欣然自喜，以天下之美为尽在己。（《庄子·秋水》）

（2）我则或一日而返焉，或二三日而返焉，或五六日而返焉，故彼岸终不可达也。（《论毅力》）

2.表疑问语气，可译为"呢"。例如：

（1）则不才益将何以报焉？（《报刘一丈书》）

（2）虽几于成，其用于人也奚取焉？（《答李翊书》）

诸

合音词

1. "之于"的合音（即取"之"的声母、"于"的韵母和声调拼合而成，"于"古音同"乎"）。"之"为指示代词，"于"为介词，所以此时"诸"只出现在句中："之"是前面出现的动词的宾语，指代上文提到的人、事、物；"于"则与后面的词或短语组成介宾结构，介绍前面的动宾结构关涉到的对象、处所、地点、内容等。例如：

（1）用与舍属诸人。（《答李翊书》）

（2）用则施诸人，舍则传诸其徒，垂诸文而为后世法。（《答李翊书》）

（3）更譬诸操舟……（《论毅力》）

（4）公伐诸鄢。（《郑伯克段于鄢》）

2. "之乎"的合音。"之"为指示代词，"乎"为语气词，此时"诸"只出现在句末："之"是前面出现的动词的宾语，"乎"用来结束句子。例如：

（1）有美玉于斯，韫椟而藏诸？求善贾而沽诸？（《论语·子罕》）

（2）文王之囿方七十里，有诸？（《孟子·梁惠王下》）

约数词

此时"诸"作定语，表示某一范围的全体或全体中的每一个个体，可译为"各位""众"等。例如：

（1）驱而之薛，使吏召诸民当偿者，悉来合券。（《冯谖客孟尝君》）

（2）而诸部校尉以下，才能不及中人，然以击胡军功取侯者数十人。（《李将军列传》）

(二) 重要实词

安：（1）怎么（安求其能千里也）；（2）养（衣食所安）。

卑：（1）低下（非天质之卑）；（2）身份低微（先帝不以臣卑鄙）。

备：（1）周全，详尽（前人之述备矣）；（2）具备（一时齐发，众妙毕备）；（3）准备（犹得备晨炊）。

被：（1）影响（被于来世）；（2）同"披"，穿（皆被绮绣）。

鄙：（1）边境（蜀之鄙有二僧）；（2）鄙陋，目光短浅（肉食者鄙）；（3）出身鄙野（先帝不以臣卑鄙）。

毕：（1）尽（毕力平险）；（2）全部（群响毕绝）。

薄：（1）迫近，接近（薄暮冥冥）；（2）轻视（不宜妄自菲薄）；（3）厚度小（薄如钱唇）。

策：（1）马鞭（执策而临之）；（2）鞭打，驱使（策之不以其道）；（3）记录（策勋十二传）；（4）计谋（束手无策）。

长：（1）（cháng）长度（舟首尾长约八分有奇）；（2）（cháng）与"短"相对（北市买长鞭）；（3）（cháng）长久，健康（但愿人长久）；（4）（cháng）永远（死者长已矣）；（5）（zhǎng）排行最大（木兰无长兄）；（6）（zhǎng）头领（吴广皆次当行，为屯长）。

称：（1）相当，配合（称其气之小大/不能称前时之闻）；（2）称赞（先帝称之曰能）

诚：（1）诚心（帝感其诚）；（2）的确，实在（此诚危急存亡之秋也）；（3）果真（今诚以吾众诈自称公子扶苏项燕/诚如是，则霸业可成，汉室可兴）。

惩：（1）苦于（惩山北之塞）；（2）惩罚（惩一警百）。

驰：（1）骑（愿驰千里足）；（2）驱车（追赶）（公将驰之）。

出：（1）发，起（方其出海门）；（2）在边疆打仗（出则方叔、召虎）；（3）来到（每岁京尹出浙江亭教阅水兵）；（4）产生（计将安出）。

辞：（1）推辞（蒙辞以军中多务）；（2）语言（未尝稍降辞色）。

次：（1）编次（吴广皆次当行）；（2）旅行或行军在途中停留（又间令吴广之次所旁丛祠中）。

箪：（1）用箪装着（百姓孰敢不箪食壶浆）；（2）古代装饭的圆形竹筐（一箪食，一豆羹）。

当：（1）承当，承受（当之无愧）；（2）应当（当奖率三军）；（3）将要（今当远离）；（4）对着，向着（木兰当户织）；（5）值，正在（当时此，诸郡县苦秦吏者）；（6）抵挡（锐不可当）。

道：（1）道路（会天大雨，道不通）；（2）道义（伐无道，诛暴秦）；（3）方法（策之不以其道）；（4）说，讲（不足为外人道也）。

得：（1）能够（二者不可得兼）；（2）得到，获得（故不为苟得）；（3）同"德"，感激（所识穷乏者得我与）。

等：（1）同样（等死，死国可乎/且欲与常马等不可得）；（2）诸位，表多数（公等遇雨）。

敌：（1）攻击（恐前后受其敌）；（2）敌人（盖以诱敌）。

吊：（1）凭吊（为我吊望诸君之墓）；（2）慰问（人皆吊之）。

度：（1）（duó）估计，推测（孤不度德量力）；（2）（dù）渡过，越过（关山度若飞）。

端：（1）画幅的右端（左手执卷端）；（2）正，端正（其人视端容寂）。

恶：（1）怎么（恶能无纪）；（2）厌恶（所恶有甚于死者）。

发：（1）（fā）行动，发动（四夷之所惮以不敢发）；（2）（fā）发射（见其发矢十中八九）；（3）（fā）起，被任用（舜发于畎亩之间）；（4）（fā）征发（发闾左適戍渔阳九百人）；（5）（fā）开放（野芳发而幽香）；（6）（fā）发出（一时齐发，众妙毕备）；（7）（fà）头发（黄发垂髫并怡然自乐）。

凡：（1）凡是（则凡数州之土壤）；（2）总共（凡三往）。

方：（1）见方（方七百里）；（2）长方形（方以长）；（3）当……时候（方羲之不可强以仕）。

分：（1）（fēn）划分，分开（今天下三分）；（2）（fēn）分配，分给（必以分人）；（3）（fēn）长度单位（长约八分有奇）；（4）（fèn）职分，本分（忠陛下之职分也）。

奉：（1）通"俸"侍奉（为妻妾之奉）；（2）接受，奉行（奉命于危难之间）；（3）供养（不知口体之奉不若人也）。

否：（1）（fǒu）没有（尊君在否）；（2）（pǐ）恶，坏（陟罚臧否）。

夫：（1）（fú）指示代词，相当于"这、那"（予观夫巴陵胜状）；（2）（fú）句首发语词（夫环而攻之）；（3）（fū）丈夫（夫齁声起/罗敷自有夫）；（4）（fū）对成年男子的通称，人（荷担者三夫）。

扶：（1）沿，顺着（便扶向路）；（2）搀扶（出郭向扶将）。

拂：（1）违背，阻碍（行拂乱其所为）；（2）同"弼"，辅佐（入则无法家拂士）；（3）轻轻擦过（以手拂之）。

福：（1）赐福，保佑（神弗福也）；（2）好事，有福之事（此何遽不为福乎）。

富：（1）富丽（与仓廪府库城池苑囿之富且大）；（2）富有、充足，有许多（家富良马）。

更：（1）重新（即更刮目相待）；（2）进而（醉则更相枕以卧）；（3）互相（更相庆）；（4）再，又（更上一层楼）；（5）更加（举杯销愁愁更愁）。

苟：（1）如果（苟富贵/苟慕义强仁）；（2）苟且，随便（故不为苟得/苟全性命于乱世）；（3）且、或许，表希望（苟无饥渴）。

固：（1）本来（固众人）；（2）顽固，固执（汝心之固）；（3）一定，必定（而戍死者固十六七）；（4）巩固（固国不以山溪之险）；（5）安守，固守（君子固穷）。

故：（1）旧的，原来的（温故而知新/两狼之并驱如故）；（2）特意（余故道为学之难以告之）；（3）原因，缘故（公问其故）；（4）所以，因此（故余虽愚……）。

顾：（1）回头看（顾野有麦场）；（2）难道（顾不如蜀鄙之僧哉）；（3）看望，拜访（三顾臣于草庐之中）。

观：（1）看（予观夫巴陵胜状）；（2）景色，景象（此则岳阳楼之大观也）。

冠：（1）居第一位（以才略居第一位）；（2）帽子（中峨冠而多髯者为东坡）；（3）男子成人礼（古者冠礼）。

光：（1）发扬光大（以光先帝遗德）；（2）光线（仿佛若有光）。

归：（1）归依（微斯人，吾谁与归）；（2）回家（太守归而游人从）。

过：（1）经过（过秦汉之故都）；（2）到（及鲁肃过寻阳）；（3）犯过失（人恒过）；（4）超过，胜过（况才之过于余者乎）。

好：（1）美（秦氏有好女/好鸟相鸣）；（2）喜欢（好为梁父吟/好读书，不求甚解），（3）以便，能够（好收吾骨瘴江边）。

号：（1）（háo）大叫，呼啸（阴风怒号）；（2）（hào）别号（故自号曰醉翁也）；（3）（hào）国号（号为张楚）；（4）（hào）号召（号令召三老……）。

还：（1）（huán）回家（还以与妻）；（2）（xuán）同"旋"，回转，掉转（还走）。

患：（1）担忧，忧虑（又患无硕师名人与游/且人患志之不立）；（2）忧患（无冻馁之患）；（3）当作祸害，认为……是祸害（为乡人所患）。

惠：（1）恩惠（大王加惠）；（2）同"慧"，聪明（汝之不惠）。

或：（1）有时（一食或尽粟一石/或王命急宣）；（2）有的人（或说处杀蛟/或以为死或以为亡）；（3）或许（或异二者之为）。

极：（1）尽头，穷尽（此乐何极）；（2）尽，到（南极潇湘）；（3）穷尽，到达（尝极东方）；（4）非常，最（初极狭）。

寂：（1）平静（视端容寂）（2）寂静（寂寥无人）。

加：（1）更加（而山不加增）；（2）好处（万钟于我何加焉）；（3）虚夸，以少报多（弗敢加也）。

间：（1）夹杂（中间如拉崩倒之声）；（2）一会儿（立有间）；（3）参与（又何间焉）；（4）中间（傅说举于版筑之间）；（5）期间（奉命于危难之间）；（6）量词

（宫阙万间都做了土）；（7）间隔，隔开（遂与外人间隔）；（8）暗暗地（又间令吴广之次所旁）。

见：（1）同"现"（路转溪头忽见）；（2）引见（胡不见我于王）；（3）召见，接见（于是见公输盘/曹刿请见）；（4）拜见（子墨子见王/乃入见）；（5）知道（见往事耳）；（6）看见（贵人过而见之）。

将：（1）将领（则命一上将）；（2）率领（将荆州之军）；（3）将要（公将战）；（4）搀扶（出郭相扶将）；（5）无实义（宫使驱将惜不得）。

角：（1）吹奏的乐器（鸣角振铃）；（2）吹号角（且角且走）。

借：（1）借（每假借于人）；（2）依靠，凭借（愿借子杀之）；（3）即使（借第令毋斩）。

尽：（1）没有了（担中肉尽/林尽水源）；（2）全部取得（利尽南海）；（3）尽量，尽可能（进尽忠言）。

就：（1）接近，趋向（此人可就见，不可屈致/颓然就醉）；（2）完成，达到（草创未就）；（3）即使。

居：（1）过了（居十日）；（2）停留（不可久居）。

举：（1）传扬（死即举大名耳）；（2）发动（举大计亦死）；（3）被举用（管夷吾举于市）；（4）参加（董生举进士）；（5）全（举国欢庆/举世无双）。

具：（1）同"俱"，全，都（具答之）；（2）具有（各具情态）。

决：（1）判断（孔子不能决也）；（2）分别（意难决舍）；（3）断然（故决然舍去）。

绝：（1）隔绝（率妻子邑人来此绝境）；（2）极点（以为妙绝）；（3）停止，消失（群响毕绝）；4.极高的，陡峭的（枯松倒挂倚绝壁）。

开：（1）散开（日出而林霏开）；（2）放晴（连月不开）；（3）打开（旁开小窗）。

可：（1）大约（高可二黍许/潭中鱼可百许头）；（2）可以（珠可历历数也）。

苦：（1）苦于（苦秦久矣）；（2）使……苦（苦其心志）；（3）愁（何苦而不平）。

乐：（1）以……为乐（太守之乐其乐）；（2）使……快乐（钟鼓乐之）；（3）乐趣（而不知人之乐）；（4）欢乐，快乐（游人去而禽鸟乐也）。

类：（1）类似（绝类弥勒）；（2）同类（不与培塿为类）。

利：（1）有利的（天时不如地利）；（2）锐利（兵革非不坚利/怀抱利器）；（3）认

为……有利可图（父利其然）；（4）物资（利尽南海）。

隶：（1）属于（世隶耕）；（2）跟着（隶而从者）。

良：（1）真，实在（良多趣味）；（2）善良（此皆良实）。

临：（1）面对，对着，当着（执策而临之/把酒临风）；（2）来到，在（临溪而渔/临池学书）；3.靠近，接近（有亭翼然临于泉上者）；（4）将要（故临崩寄臣以大事）。

鳞：（1）像鱼鳞一样（鳞浪层层）；（2）鱼（呷浪之鳞）。

令：（1）命令（乃令符离人葛婴……）；（2）让，使（忿恚尉，令辱之）；（3）县令（陈守令皆不在）。

妙：（1）奇怪（妙无一人肯泊岸）；（2）奇妙（以为妙绝）。

名：（1）命名，起名（名之者谁）；（2）说出（不能名其一处）；（3）名字（自名为罗敷）。

谋：（1）商量（陈胜吴广乃谋曰/聚室而谋）；（2）谋划，筹划（抑亦人谋/肉食者谋之）。

奇：（1）（qí）奇特（明有奇巧人）；（2）（qí）奇怪，罕见（此独根分而枝合，奇已）；（3）（jī）零数（长约八分有奇）。

前：（1）前面（其一犬坐于前）；（2）上前（狼不敢前）。

强：（1）强悍（凶强侠气）；（2）有余（赏赐百千强）；（3）勉强（不可强以仕）；（4）力行（慕义强仁）；（5）强盛，强大（以弱为强者）；（6）通"僵"，僵硬（项为之强）。

且：（1）将近（年且九十）；（2）况且（且焉置土石）。

清：（1）清澈（水尤清冽/回清倒影）；（2）凄清，冷清清（以其境过清）。

情：（1）实情（必以情）；（2）友情，交情（于是与亮情好日密）。

请：（1）敬辞，请允许（请献十金）；（2）请求（曹刿请见）；（3）请教（俟其欣悦，则又请焉）。

穷：（1）穷尽，动词（穷山之高而止/穷回溪/欲穷其林）；（2）名词，尽头（而不知其所穷）；（3）形容词，穷尽（乐亦无穷）；（4）深（穷冬烈风）；（5）贫穷（所识穷乏者得我与）。

屈：（1）委屈（猥自枉屈）；（2）弯曲（手指不可屈伸）。

去：（1）走开，离去（一狼径去）；（2）距离（我以日始出时去人近/西蜀之去南海）。

阙：（1）宫殿（不知天上宫阙，今夕是何年）；（2）同"缺"，中断（略无阙处）。

容：（1）许，让（虽席地不容闲）；（2）神色（视端容寂）；（3）容貌（花态柳情，山容水意）。

乳：（1）喂奶（妇抚儿乳）；（2）奶头（儿含乳啼）。

善：（1）专长（岂爱人之善）；（2）好（善哉，吾请无攻宋矣）；（3）擅长（罗敷善蚕桑）。

尚：（1）尊重，推崇（而使后人尚之如此）；（2）还（而君前途尚可）；（3）尚且……（尚且屈公侯之尊）。

少：（1）（shǎo）一会儿（少时）；（2）（shāo）通"稍"，稍微（意少舒）；（3）（shǎo）不多（饮少辄醉）；（4）（shào）年轻（陈涉少时）。

舍：（1）（shè）学舍，书馆，房屋（至舍/屋舍俨然）；（2）（shě）舍弃（舍文轩而窃敝舆/便舍船，从口入）；（3）（shě）丢开，离去（意难决舍/故决然舍去）；（4）（shě）施舍（舍与你的）。

射：（1）射箭（尝射于家圃）；（2）射术（尔安敢轻吾射）。

甚：（1）超过，厉害，严重（所恶莫甚于死者）；（2）十分（流辈甚称其贤）。

胜：（1）取胜，胜出，超过（此时无声胜有声）；（2）优美，美好（予观夫巴陵胜状）；（3）忍受，能承受（高处不胜寒/驴不胜怒）；（4）尽（跨州连郡者不胜数）。

施：（1）（shī）实施（然后施行）；（2）（yì）（施施）慢步徐行的样子（施施而行，漫漫而游）；（3）（yì）延续，推及（施及庄公）。

食：（1）（shí）吃（食不饱，力不足）；（2）（sì）通"饲"，喂养（食之不能尽其材）。

使：（1）派（秦王使人谓安陵君）；（2）出使（使于秦）；（3）使者（使子为使）。

始：（1）曾（未始知西山之怪特）；（2）才（始指异之）；（3）开始（游于是乎始）。

市：（1）集市（东市买骏马）；（2）买（愿为市鞍马）。

是：（1）判断动词，是（我是鬼）；（2）代词，这样（如是再三）。

适：（1）往（抱而适市）；（2）正好（而此地适与余近）；（3）舒适（其体不适）。

书：（1）书写（乃丹书帛曰）；（2）文字，字条（得鱼腹中书）；（3）书信（一男附书至）；（4）文件（军书十二卷）。

数：（1）（shù）表多次（又数刀毙之）；（2）（shǔ）计算（珠可历历数也）；

（3）（shuò）屡次（扶苏以数谏故）。

遂：（1）完成（已遂述数行）；（2）就，于是（遂逐其师）；（3）因而（恐遂汩没）。

所：（1）地方（欲至何所）；（2）与"何"组成偏正词组，哪里，什么（不知有何所畏忌）。

所以：（1）用什么方法（吾知所以距子矣）；（2）用这些来（所以动心忍性）；（3）表原因（此先汉所以兴隆也）。

通：（1）通过（初极狭，才通人）；（2）通晓，掌握（未能通习吏事）；（3）顺利，顺畅（政通人和）；（4）整个（通计一舟）；（5）通报，传达（皆俊才清称及中表亲戚乃通）；（6）贯通（中通外直）。

图：（1）想（不图观瀑一至于斯）；（2）谋取（此可以为援而不可图）；（3）画（命工吏图而书之）。

徒：（1）仅仅，只（叶徒相似/徒以有先生也）；（2）光着（免冠徒跣/徒步旅行）。

推：（1）推究，考察（推王君之心）；（2）推广（其亦欲推其事）。

屯：（1）堆积（大雪屯门）；（2）停驻（屯大泽乡）

望：（1）声望（先达德隆望尊）；（2）看见（望桓侯而还走）

为：（1）以为，认为（孰为汝多知乎）；（2）做，制造（为学/凡可以辟患者何不为也/公输盘为我为云梯）；（3）是（此不为远者小）；（4）对，向（不足为外人道也）；（5）替，给（公输盘为楚造云梯之械）；（6）刻有（为人五）；（7）为了（故不为苟得也）；（8）接受（今为宫室之美为之）。

谓：（1）说（谓为信然）；（2）对（谓先主曰）；（3）是（太守谓谁）；（4）认为（予谓莲……）；（5）商量（舍人相谓曰）；（6）叫作（此之谓失其本心）；（7）命名（太守自谓也）。

文：（1）画着文彩（皆披发纹身）；（2）文章（属予作文以记之）；（3）彩饰（舍其文轩）。

闻：（1）听说（余闻之也久）；（2）名声（不能称前时之闻）。

下：（1）攻下，攻克（蕲下）；（2）向下（日光下澈）；（3）往下走（下见小潭）。

鲜：（1）（xiān）鲜艳（芳草鲜美）；（2）（xiǎn）少（陶后鲜有闻）。

贤：（1）胜过，超过（贤于材人远矣）；（2）有才能的（如此其贤也）。

相：（1）一起，共同（此子独以跛之故，父子相保）；（2）互相（舍人相谓曰）。

效：（1）功效，效果（愿陛下托臣以讨贼兴复之效）；（2）取得成效（不效则治臣之罪）。

屑：（1）表示值得（做）（乞人不屑也）；（2）（屑屑）忙碌的样子（而楼上人往来屑屑）。

谢：（1）请问（使君谢罗敷）；（2）道歉（长跪而谢之）；（3）致意（为我谢曰："明天子在上，可以出而仕矣"）。

信：（1）信任（愿陛下亲之信之）；（2）信用，守信用（牺牲玉帛，弗敢加也，必以信）；（3）确实（谓为信然/岂信然邪）；（4）通"伸"，伸张（欲信大义于天下）。

行：（1）品德（性行淑均）；（2）行军（行收兵，比至陈）；（3）行列，队伍（皆次当行/行阵和睦）；（4）行走（行深山巨谷中）。

许：（1）赞成（杂然相许）；（2）答应，承认，同意（时人莫许之/遂许先帝以驱驰）；（3）大约（高可二黍许）；（4）（hǔ）拟声词（曳屋许许声）。

学：（1）学问（人之为学有难易乎）；（2）学习（学之，则难者亦易矣）。

寻：（1）寻找（寻向所志）；（2）不久（寻病终）。

焉：（1）哪里（且焉置土石）；（2）句末语气词（始一反焉）。

艳：（1）妖艳，艳丽（艳装骑驴）；（2）欣羡（略无慕艳意）。

夷：（1）平（船背稍夷）；（2）平和，平易（言和而色夷）；（3）少数民族（四夷之所惮以不敢发）。

遗：（1）（wèi）留给，给予（是以先帝简拔以遗陛下/父母岁有裘葛之遗）；（2）死去的人留下的（深追先帝遗诏/遗风余思）；（3）丢失的（得遗金一饼）。

已：（1）停止（蒹葭采采，白露未已）；（2）完了，完毕（死者长已矣）；（3）算了，罢了（且壮士不死即已）；（4）已经（骨已尽矣）。

义：（1）坚持合宜的道德、情理；（2）正义，仁义（舍生而取义）；（3）适宜，恰当（引喻失义）。

异：（1）奇异，特殊，不同（奇山异水/觉无异能者）；（2）认为……奇怪（父异焉/渔人甚异之）；（3）意外的事（久行怀思，无它异也）。

易：（1）交换（寒暑易节）；（2）容易（难者亦易矣）；（3）交易，买（易以百金）。

诣：去，到某处拜访（由是先主遂诣亮/及郡下，诣太守）。

益：（1）增加（曾益其所不能）；（2）利益，好处（满招损，谦受益/有所广益）；（3）更加，进一步（将以益治其文）；（4）渐渐地（益习其声）。

意：（1）心情（意少舒）；（2）神情，态度（意暇甚）；（3）情趣（醉翁之意不在酒）；（4）企图，想要（意将遂入以攻其后也）。

因：（1）于是，就（因屏人曰/安陵君因使唐雎使于秦）；（2）凭借、依靠（高祖因之以成帝业）；（3）根据，依照（罔不因势象形）；（4）因此（因以为号焉）。

引：（1）拉，表示好感（下车引之）；（2）拿起（引刀趋机/丁壮者引弦而战）；（3）称引（引喻失义）。

盈：（1）满（曾不盈寸）；（2）充满，士气正旺盛（彼竭我盈）。

用：（1）使用，采用（则凡可以得生者何不用也）；（2）因此（遂用猖獗）。

友：（1）朋友（昔者吾友尝从事于斯矣）；（2）友爱，亲近（琴瑟友之）。

余：（1）剩下的，留下的（余寒犹厉）；（2）第一人称"我"（余闻而愈悲）。

与：（1）通"欤"，疑问语气词，相当于"吗"（所识穷乏者得我与）；（2）给（蹴尔而与之）。

援：（1）提出，引（援疑质理）；（2）外援（此可以为援而不可图也）。

缘：（1）缘故（璞皆知其名姓及巧诈缘由）；（2）沿着（缘染溪/缘溪行）。

杂然：（1）纷纷地（杂然相许）；（2）交互错杂（杂然前陈）。

再：（1）第二次（再而衰）；（2）两次（日再食）。

曾：（1）加强语气，与"不"连用，连……都（曾不能毁山之一毛）；（2）同"增"，增加（曾益其所不能）；（3）尚，还（曾不盈寸）。

指：（1）手指（人有百指）；（2）指明（不能指其一端）；（3）指点（始指异之/皆指目陈胜）。

至：（1）极点（寡助之至）；（2）到（至无所见而犹不欲归/僧富者不能至，而贫者至焉/至舍，四支僵劲不能动）；（3）周到（礼愈至）。

志：（1）记（故为之文以志）；（2）标记（寻向所志）；（3）做标记（处处志之）；（4）志向（且人患志之不立）；（5）立志（不志其大，虽多而何为）。

质：（1）询问（援疑质理）；（2）资质（非天质之卑）。

致：（1）表达，表述（听妇前致词）；（2）取得（盖以精力自致者，非天成也/气可以养而致/无从致书以观）；（3）招致，引来（此人可就见，不可屈致）。

诸：（1）"之于"的合音（投诸渤海之尾）；（2）那些（其西南诸峰）；（3）各位，众位（今诸生学于太学）。

主：（1）掌管（齐命使各有其主）；（2）君主（其贤者使使贤主）。

属：（1）类（忠之属也）；（2）侪，辈（徒属皆曰）；（3）管辖（司命之所属）；

（4）相同，同类（神情与苏黄不属）；（5）（zhǔ）通"嘱"，嘱托（属予作文以记之）。

著：（1）附着，加在（定伯便担鬼着肩上）；（2）接触（径至宛市中下著地）；（3）同"着"，穿（著我旧时裳）。

缀：（1）点缀（缀以珠玉）；（2）连接，紧跟（途中两狼，缀行甚远）。

资：（1）天资、天分（吾资之昏）；（2）资助（此殆天所以资将军）。

子：（1）夫子，先生，老师（子墨子闻之）；（2）您（愿借子杀之）；（3）儿子（子又生孙）。

自：（1）自己（并自为其名）；（2）自，从（自是指物作诗立就）；（3）从，由（自三峡七百里中）；（4）如果（自非亭午夜分，不见曦月）。

足：（1）脚（蛇固无足）；（2）画脚（子安能为之足）；（3）充足（今北方已定，兵甲已足）；（4）足以（以中有足乐者）；（5）值得（不足为外人道也）。

卒：（1）士兵（卒买鱼烹食）；（2）最终（卒于鲁也传之）。

作：（1）奋起，有所作为（而后作）；（2）写（属予作文以记之）。

坐：（1）因为，由于（但坐观罗敷）；（2）通"座"，座位（满坐寂然）；（3）犯罪（何坐？坐盗）。

（三）词类活用

词类活用是指甲类词在特定的语言环境中，临时具备了乙类词的语法特征，进而产生出某一新的意义的语法现象。常见词类活用现象有：

1. 动词、形容词、名词的使动用法

（1）动词的使动用法

动词的使动对宾语含有"使它怎样"或"使它成为什么"的意味，"使动"必须使宾语所代表的事物发生变化。

在古代汉语里，动词的使动用法一般只限于不及物动词。不及物动词本来不带宾语，用于使动时，后面就带有宾语。例如：

卒廷见相如，毕礼而归之。（《廉颇蔺相如列传》）

今以钟磬置水中，虽大风浪不能鸣也。（《石钟山记》）

（2）形容词的使动用法

形容词的使动用法，是使宾语代表的人或事物具有这个形容词所表示的性质或状态。例如：

工师得大木，则王喜……匠人斫而小之，则王怒。（《孟子·梁惠王下》）

市中游侠儿得佳者笼养之，昂其直，居为奇货。（《促织》）

（3）名词的使动用法。例如：

令尹南辕反旆（pèi）。（《左传·宣公十二年》）

以膏泽斯民。（《答司马谏议书》）

2. 形容词、名词的意动用法

意动就是形容词、名词带宾语，主观上对宾语含有"感到它怎样"或"把它看作什么"的意味。

（1）形容词的意动用法。例如：

孔子登东山而小鲁，登泰山而小天下。（《孟子·尽心上》）

（2）名词的意动用法。例如：

侣鱼虾而友麋鹿。（《赤壁赋》）

3. 名词作一般动词

（1）名词带宾语。例如：

籍吏民，封府库。（《鸿门宴》）

（2）能愿动词+名词。例如：

沛公欲王（wàng）关中。（《鸿门宴》）

（3）名词带补语。例如：

沛公军霸上。（《鸿门宴》）

（4）所+名词。例如：

昔先皇颁僧保所货西洋珠于侍臣。（《记王忠肃公翱事》）

（5）副词作状语+名词。例如：

恐托付不效。（《出师表》）

（6）名词作句中的谓语。例如：

或师焉。（《师说》）

（7）名词+者。例如：

后世之谬其传而莫能名者。（《游褒禅山记》）

（8）名词+之。例如：

以故其后名之曰"褒禅"。（《游褒禅山记》）

（9）名词+名词。例如：

如曰今日当一切不事事，守前所为而已，则非某之所敢知。（《答司马谏议书》）

（10）在复句中充当一个叙述性状语分句，名词活用为动词。例如：

权，然后知轻重。（《孟子·梁惠王上》）

4. 名词作状语

（1）表示比喻。例如：

又间令吴广之次所旁丛祠中，夜篝火，狐鸣呼曰："大楚兴，陈胜王。"（《陈涉世家》）

（2）表示对待人的态度。例如：

君为我呼入，吾得兄事之。（《鸿门宴》）

（3）表示动作、行为的方向。例如：

孔雀东南飞。（《孔雀东南飞》）

（4）表示动作行为所用的工具。例如：

手巾掩口啼。（《孔雀东南飞》）

（5）表示时间、动作的连续性。例如：

卿当日胜贵。（《孔雀东南飞》）

（6）表示动作行为使用的方法。例如：

臣本布衣，躬耕于南阳。（《出师表》）

群臣吏民能面刺寡人之过者，受上赏。（《邹忌讽齐王纳谏》）

（7）表示处所。例如：

不得已，变姓名，诡踪迹，草行露宿，日与北骑相出没于长淮间。（《〈指南录〉后序》）

（8）表示动作行为的状态。例如：

从流石蛇行而上。（《游黄山日记（后）》）

5. 形容词活用为名词（作主语或宾语）

形容词的主要功能是作谓语、定语；如果一个形容词作了主语或者宾语，这个形容词就可能活用为名词了。例如：

此四君者，皆明智而忠信，宽厚而爱人，尊贤而重士，约从离衡，兼韩、魏、燕、楚、齐、赵、宋、卫、中山之众。（《过秦论》）

三老、豪杰皆曰："将军身被坚执锐，伐无道，诛暴秦，复立楚国之社稷，功宜为王。"（《陈涉世家》）

侍中、侍郎郭攸之、费祎、董允等，此皆良实，志虑忠纯，是以先帝简拔以遗陛下。（《出师表》）

6. 形容词活用为一般动词（后带宾语）

形容词是不带宾语的，如果带了宾语，而又没有使动、意动的意味，就是用作一般动词。例如：

楚左尹项伯者，项羽季父也，**素善**留侯张良。（《鸿门宴》）

卒使上官大夫**短**屈原于顷襄王。（《屈原列传》）

（四）特殊句式

1. 判断句

用名词或名词性短语表示判断的句子，叫判断句。现代汉语一般是在主语和谓语之间用判断动词"是"来表示判断的。但在古汉语里，"是"多作代词用，很少把它当作判断动词用。因此，绝大多数情况下借助语气词来表示判断。常见的判断句式有以下几种：

（1）主语后面用"者"表示停顿，在谓语后面用"也"表示判断，即"……者……也"式。这种判断句式，是古汉语中表示判断的典型格式。例如：

廉颇者，赵之良将也。（《廉颇蔺相如列传》）

（2）主语后面用"者"表示停顿，而谓语后面不用"也"，即"……者……"式。这种判断句式中的"者"不译，只在主语和谓语之间加判断动词"是"。例如：

柳敬亭者，扬之泰州人，本姓曹。（《柳敬亭传》）

（3）主语后面不用"者"表示停顿，只在谓语后面用"也"表示判断，即"……，……也"式。这种判断句式中的"也"同样不译，只在主、谓语之间加"是"。例如：

和氏璧，天下所共传宝也。（《廉颇蔺相如列传》）

（4）"者""也"都不用，即"……，……"式。译成现代汉语时，只需在主、谓语之间加"是"。例如：

刘备，天下枭雄。（《赤壁之战》）

（5）用动词"为"表示判断，即"……为……"式。例如：

人方为刀俎，我为鱼肉。（《鸿门宴》）

（6）用"乃""即""则""皆""必"等副词表示肯定判断，用副词"非"表示否定判断。例如：

今公子有急，此乃臣效命之秋也。（《信陵君窃符救赵》）

此则岳阳楼之大观也。（《岳阳楼记》）

（7）用"是"作判断动词，文言文中也有，但出现较晚并且少见。例如：

　　巨是凡人，偏在远郡。（《赤壁之战》）

2. 被动句

在古汉语中，主语是谓语所表示行为的被动者的句式叫被动句。常见的被动句有以下几种形式：

（1）用介词"于"引进行为的主动者，表被动，即"谓语+于……"式。例如：

　　夫赵强而燕弱，而君幸于赵王，故燕王欲结于君。（《廉颇蔺相如列传》）

（2）在动词前边用"见""受"表示被动，构成"见（受）+谓语"的形式。例如：

　　众人皆醉而我独醒，是以见放。（《屈原列传》）

如果需要把动作行为的主动者介绍出来，可在动词后加介词"于"，构成"见（受）+谓语+于"的形式。例如：

　　臣诚恐见欺于王而负赵。（《廉颇蔺相如列传》）

　　吾不能举全吴之地，十万之众，受制于人。（《赤壁之战》）

（3）在动词前加介词"为"，构成"为+动词"的形式。这种句式的"为"和"见"不同："见"是助词，不能带宾语，所以它总是紧挨着动词；"为"是介词，它可以紧挨着动词（省略了宾语），也可以引出动作行为的主动者。例如：

　　身客死于秦，为天下笑。（《屈原列传》）

（4）用"为"引进主动者，谓语前再加"所"，表被动，构成"为……所……"式。例如：

　　悲夫！有如此之势，而为秦人积威之所劫。（《六国论》）

"为……所……"是古汉语最常见的一种被动句式，并且一直沿用到现代汉语里。但是，在古汉语里，"为"的行为主动者有时可以不出现，或被承前省略了，变为"……为所……"的形式。例如：

　　不者，若属皆且为所虏！（《鸿门宴》）

（5）用介词"被"引出主动者，构成"被+动词"的形式，这种形式和现代汉语的被动句一样。例如：

　　舞榭歌台，风流总被雨打风吹去。（《永遇乐·京口北固亭怀古》）

（6）无任何标志的被动句。这种被动句中没有出现任何被动词，可以根据上下文的意思补出。例如：

　　兵挫地削，亡其六郡。（《屈原列传》）

3. 省略句

句子中省略某一词语或某种成分的现象，是古今共有的。不过，文言里这种现象更突出，而且有些在现代汉语中一般不能省略的句子成分，古文中也经常被省略。最常见的省略句有以下几种：

（1）省略主语。主语的省略，文言文中最为常见。主要原因是文言文的第三人称代词一般不独立作句子的主语，句子若是重复前边的词语又啰唆。句子中是否省略了成分，要根据上下文的意思或整个语言环境去推断。翻译时，要根据具体情况把省略成分补出来。主语的省略，可分为"承前省""蒙后省""对话省"等形式。

① 承前省。例如：

永州之野产异蛇，（异蛇）黑质而白章；（异蛇）触草木，（草木）尽死。（《捕蛇者说》）

② 蒙后省。例如：

沛公谓张良曰："……（公）度我至军中，公乃入。"（《鸿门宴》）

③ 对话省。例如：

（孟子）曰："独乐乐，与人乐乐，孰乐？"（王）曰："不若与人。"（《庄暴见孟子》）

樊哙曰："今日之事何如？"良曰："（今日之事）甚急！"（《鸿门宴》）

（2）省略谓语。谓语是句子最重要的部分。无论是古代还是现代，省略谓语的情况是比较少的。不过在文言文中，省略谓语也不是非常个别的现象。尤其是并列的句子，如果一句用了某个动词，另一句同样的动词就可以省略。翻译时省略的谓语需要根据上下文补出，才能不影响意思的表达。

① 承上文谓语而省略。例如：

军中无以为乐，请以剑舞（为乐）。（《鸿门宴》）

② 蒙下文谓语而省略。例如：

杨子之邻人亡羊，既率其党（追之），又请杨子之竖追之。（《杨子之邻人亡羊》）

③ 共喻省略，即根据上下文一看便会明白省略的是什么。例如：

及左公下厂狱，史朝夕（俟）狱门外。（《左忠毅公逸事》）

后公改（任）两广，太监泣别，赠大珠四枚。（《记王忠肃公翱事》）

（3）省略宾语。文言文中省略动词或介词后的宾语是比较普遍的，所省多是代词"之"。

① 省略动词后的宾语。例如：

项伯乃夜驰之沛公军，私见张良，具告（之）以事。（《鸿门宴》）

② 省略介词后的宾语。例如：

成视之，庞然修伟，自增惭怍，不敢与（之）较。（《促织》）

（4）省略兼语。"使""命""令"这类动词的宾语常兼作后边一个主谓词组的主语，这个词就称作兼语。现代汉语的兼语一般不能省略，文言文里的兼语却往往被省略，所省多是代词"之"。例如：

不如因而厚遇之，使（之）归赵。（《廉颇蔺相如列传》）

（5）省略介词。古文中常常省略介词"于"，还有介词"以""自"等，这些介词与后面的宾语组成介词结构，当这个介词结构作补语时，这个介词常常被省略。

① 省略介词"于"。例如：

荆州之民附操者，逼（于）兵势耳。（《赤壁之战》）

② 省略介词"以"。例如：

试与他虫斗，虫尽靡；又试之（以）鸡，果如成言。（《促织》）

③ 介词"自"也可省略。例如：

或王命急宣，有时朝发（自）白帝，暮到江陵。（《三峡》）

4. 主谓倒装句（谓语前置）

古代汉语里，谓语一般放在主语之后。但是，有时为了强调谓语，也可以把它放到主语之前，这就叫谓语前置，或叫主语后置。这种谓语前置的句式，通常出现在感叹句和疑问句中。例如：

甚矣，汝之不惠！（《愚公移山》）

安在公子能急人之困也！（《信陵君窃符救赵》）

5. 宾语前置句

动词可以带宾语，介词也可以带宾语。在文言文里，宾语通常也是放在动词或介词后边。在文言文里，宾语前置是有条件的。

（1）动词宾语前置

① 否定句中代词作宾语，宾语置于动词前。所谓否定句是表示否定的句子，即句中有否定副词"不""弗""未""非""否""毋"，或表示否定的动词"无"，或无定代词"莫"。如果它的宾语是代词，一般放在谓语动词之前。例如：

古之人不余欺也。（《石钟山记》）

世溷浊而莫余知兮，吾方高驰而不顾。（《涉江》）

② 疑问句中，疑问代词作宾语，放在动词谓语之前。在古汉语里，使用频率高的疑问代词为"何"字，其他还有"谁""孰""恶""安""焉""胡""奚""曷"等，它

们作宾语时，也放在谓语动词之前。例如：

良问曰："大王来何操？"（《鸿门宴》）

沛公安在？（《鸿门宴》）

③ 用"之"或"是"把宾语提到动词前，以加重语气。这种现象古汉语中并不多见。例如：

譬若以肉投馁虎，何功之有哉？（《信陵君窃符救赵》）

句读之不知，惑之不解。（《师说》）

去我三十里，唯命是听。（《左传·宣公十五年》）

④ 表示动作对象的单一性和强调宾语，往往用"唯（惟）……是……"和"唯（惟）……之……"等格式，可将副词"唯（惟）"译成"只""只是"或"专""一定"等，而助词"之""是"是提宾的标志，不译。例如：

"唯利是图""唯命是从""唯你是问""唯才是举"等等。

（2）介词宾语前置

文言文中，常见的介词有"于""以""为""与""从""自""向"等，它们往往与后面的名词或名词性短语结合，组成介词结构。这些在介词后的名词或名词性短语，叫介词宾语。介词宾语一般放在介词之后，文言文中在以下情况时放在介词之前。

① 疑问代词作宾语，一般放在介词之前。例如：

王问："何以知之？"（《廉颇蔺相如列传》）

微斯人，吾谁与归？（《岳阳楼记》）

② 介词宾语不是疑问代词，但是为了强调它，也放在介词的前面，最常见的情况是介词"以"的宾语前置。例如：

一言以蔽之（成语）余是以记之。（《石钟山记》）

③ 介词宾语是方位词，也放在介词的前面。例如：

项王、项伯东向坐；亚父南向坐，——亚父者，范增也；沛公北向坐；张良西向侍。（《鸿门宴》）

6. 定语后置句

定语是修饰或限制名词的。定语一般要放在中心词之前，这种语序古今一致。在文言文中，除了此种情况外，定语也可以放在中心词之后，我们称它"定语后置"。定语后置有以下几种常见格式。

（1）定语放在中心词之后，用"者"字煞尾，构成"中心词+定语+者"的格式。这种格式中的"者"，相当于结构助词"的"。例如：

太子及宾客知其事者，皆白衣冠以送之。（《荆轲刺秦王》）

计未定，求人可使报秦者，未得。（《廉颇蔺相如列传》）

（2）在中心词和后置定语之间加"之"字，再用"者"字煞尾，构成"中心词+之+定语+者"的格式。例如：

马之千里者，一食或尽粟一石。（《马说》）

石之铿然有声者，所在皆是也。（《石钟山记》）

（3）在中心词和后置定语之间加"而"字，再用"者"字煞尾，构成"中心词+而+定语+者"的格式。例如：

缙绅而能不易其志者，四海之大，有几人软？（《五人墓碑记》）

（4）在中心词和后置定语之间加"之"字，构成"中心词+之+定语"的格式。例如：

蚓无爪牙之利，筋骨之强，上食埃土，下饮黄泉，用心一也。（《劝学》）

居庙堂之高则忧其民；处江湖之远则忧其君。（《岳阳楼记》）

7. 介词短语后置

（1）介词结构"于……"常放在谓语动词后作补语，这类补语按现代汉语习惯是放在谓语动词前作状语，所以，翻译的时候，就把它当作了状语，因此有人称它为"状语后置"或"介词结构后置"。例如：

事急矣，请奉命求救于孙将军。（《赤壁之战》）

（2）介词结构"以……"有时放在谓语后作后置状语。这种现象在文言文中并不多见。例如：

乃取蒙冲斗舰十艘，载燥获枯柴，灌油其中，裹以帷幕。（《赤壁之战》）

三、文言文阅读分析

（一）备考策略

文言文阅读的基本步骤：初读并分清文体，筛选并提取信息；联系上下文，确定重要字词句的特点及内涵；概括中心思想，探究生命规律，感悟人生哲理；组织语言进行表达等。

翻译的种类：

直译——逐字逐句地对应翻译，做到实词、虚词尽可能文意相对。直译要求原文字字在译文中有着落，译文字字在原文中有根据。

意译——尽量符合原文的意思，语句尽可能照顾原文词义。意译有一定的灵活性，文字可增可减，词语的位置可以变化，句式也可以变化。

翻译的原则：

信——忠实于原文的内容和每个句子的含义，用现代汉语字字落实、句句落实直译出来，不可随意地增减内容，即准确。

达——翻译出的现代文要表意明确，语言流畅，语气不走样，不能有语病，即通顺。

雅——规范，典雅，得体，即用简明、优美、富有文采的现代汉语把原文的内容、形式以及风格准确地表达出来。

答题步骤：

（1）读。读三遍，靠语感感知语义。

（2）找。找准（字、词、句）位置，注意词类活用现象，准确判断句式。

（3）定。确定重点字词与句式。一般是通过名词、动词、形容词确定主、谓、宾。

（4）译。按照翻译的方法操作。

（5）读。检查译文是否通顺，语义是否连贯。

（6）誊。把答案誊写到答题卡指定的位置，卷面要整洁。

例文

昔者郑武公欲伐胡，故先以其女妻胡君，以娱其意。因问于群臣："吾欲用兵，谁可伐者？"大夫关其思对曰："胡可伐。"武公怒而戮之，曰："胡，兄弟之国也，子言伐之，何也？"胡君闻之，以郑为亲己，遂不备郑。郑人袭胡，取之。宋有富人，天雨墙坏，其子曰："不筑，必将有盗。"其邻人之父亦云。暮而果亡其财，其家甚智其子，而疑邻人之父。此二人说者皆当矣，厚者为戮，薄者见疑，则非知之难也，处知则难也。（《韩非子·说难》）

思考与练习：

1. 将文中画线的语句翻译成现代汉语，并联系这些语句的内容，说说胡国被消灭留下的教训是什么。

翻译：_____

答：_____

2. 文中"此二人说者皆当矣"中的"此二人"指的是谁？

答：_____

3. "智子疑邻"表现了宋国富人的什么心理?

答:_____

(二) 专题训练

(一)楚人学舟

楚①人有习操舟者,其始折旋②疾徐,惟舟师之是听。于是小试洲渚之间,所向莫不如意,遂以为尽操舟之术。遽谢舟师,椎③鼓径进,亟犯④在险,乃四顾胆落,坠桨失柂⑤。

注释:①楚:古国名。②折:调头。旋:转弯。③椎:用椎敲。古代作战,前进时以击鼓为号。④亟:突然。犯:碰到。⑤柂:同"舵"。

1. 解释下列句中加点的词语。

其始折旋疾徐（   ）   乃四顾胆落（   ）

2. 用现代汉语翻译下列句子。

（1）遂以为尽操舟之术。

（2）乃四顾胆落,坠桨失柂。

3. 本文告诉人们的道理是:_____

(二)

苟巨伯①远看友人疾,值胡贼②攻郡。友人语巨伯曰:"吾今死矣,子速去!"巨伯曰:"远来相视,子令吾去,败义以求生,岂苟巨伯所行邪?"贼既至,谓巨伯曰:"大军至,一郡尽空;汝何男子,而敢独止?"巨伯曰:"友人有疾,不忍委③之,宁以我身代友人命。"贼相谓曰:"我辈无义之人,而入有义之国。"遂班军④而还,一郡并获全。

注释:①苟巨伯:东汉桓帝时义士。②胡贼:古代的一些汉人对北方匈奴人的蔑称。③委:丢下。④班军:即班师,出征而回。

1. 翻译下面语句。

（1）荀巨伯远看友人疾，值胡贼攻郡。

（2）吾今死矣，子速去！

2. 匈奴"班军而还"的原因是什么？

（三）

庞葱①与太子质②于邯郸③，谓魏王曰："今一人言市有虎，王信之乎？"王曰："否。""二人言市有虎，王信之乎？"王曰："寡人疑之矣。""三人言市有虎，王信之乎？"王曰："寡人信之矣。"庞葱曰："夫市之无虎明矣，然而三人言而成虎。今邯郸去大梁④也远于市，而议臣者过于三人矣。愿王察之。"

王曰："寡人自为知。"于是辞行，而谗言先至。后太子罢质，果不得见。

注释：① 庞葱：人名，战国时魏国的大臣。② 质：做人质。③ 邯郸：地名，赵国的都城。④ 大梁：地名，魏国的都城。

1. 下列句子中加点词的解释有误的一项是（　　　　）。

A. 今邯郸去大梁也远于市　距离　　　　B. 而议臣者过于三人矣　　诽谤

C. 愿王察之　　　　　　　观察　　　　D. 后太子罢质，果不得见　结束

2. 翻译句子。

夫市之无虎明矣，然而三人言而成虎。

3. 从庞葱与魏王的对话中，可以看出庞葱有哪些顾虑？

4.后人从这个故事中概括出成语"三人成虎"。这个成语通常用来比喻什么?

(四)为学

天下事有难易乎?为之,则难者亦易矣;不为,则易者亦难矣。人之为学有难易乎?学之,则难者亦易矣;不学,则易者亦难矣。

蜀之鄙有二僧,其一贫,其一富。贫者语于富者曰:"吾欲之南海,何如?"

富者曰:"子何恃而往?"

曰:"吾一瓶一钵足矣。"

富者曰:"吾数年来欲买舟而下,犹未能也。子何恃而往!"

越明年,贫者自南海还,以告富者。富者有惭色。

西蜀之去南海,不知几千里也,僧富者不能至而贫者至焉。人之立志,顾不如蜀鄙之僧哉?

1.本文通过一个生动的故事,告诉我们_____对于学习的重要性。

2."以告富者"是一个省略句,省略的内容是_____。

3.下面加点词的解释不正确的一项是(　　　)。

A. 贫者语于富者曰　　告诉　　　　　　B. 吾欲之南海　　　　　往

C. 西蜀之去南海　　　距离　　　　　　D. 顾不如蜀鄙之僧哉　　看来

4.文中有两处"子何恃而往",为什么第一处用的是问号,而第二处用的是感叹号?请简要分析。

5. 对比鲜明是本文写法上的一大特点。请以蜀鄙二僧欲往南海部分为例,说说文章是如何运用对比手法的。

6.下列（　　）可以看出作者希望子侄立定志向，刻苦学习。

A.天下事有难易乎　　　　　　　　B.人之为学有难易乎

C.僧富者不能至而贫者至焉　　　　D.人之立志，顾不如蜀鄙之僧哉

7.文中可以看出"之南海"是非常困难的语句是＿＿＿＿＿＿＿＿＿＿＿＿＿＿＿＿。

（五）

楚有祠①者，赐其舍②人卮酒。舍人相谓曰："数人饮之不足，一人饮之有余。请画地为蛇，先成者饮酒。"一人蛇先成，引酒且饮之，乃左手持卮③，右手画蛇，曰："吾能为之足。"未成，一人之蛇成，夺其卮，曰："蛇固无足，子安能为之足？"遂饮其酒。

为蛇足者，终亡其酒。

注释：①祠：祭祀。②舍人：达官贵族家里的门客。③卮（zhī）：古代一种盛酒的器皿。

1.翻译文中画线的句子。

2.选出与本则寓言相对应的一个成语。（　　　　）

A.画饼充饥　　　　B.画地为牢　　　　C.画蛇添足　　　　D.画龙点睛

（六）

康肃问曰："汝亦知射乎？吾射不亦精乎？"翁曰："无他，但手熟尔。"康肃忿然曰："尔安敢轻吾射□"翁曰："以我酌油知之。"乃取一葫芦置于地，以钱覆其口，徐以酌油沥之，自钱孔入，而钱不湿。因曰："我亦无他，惟手熟尔。"康肃笑而遣之。

1.对"我亦无他，惟手熟尔"翻译正确的一项是（　　　　）。

A.我也没别的（奥妙），只不过是手熟罢了。

B.我也没有其他手段，只有手熟罢了。

C.我也不说别的，只有手熟罢了。

D.我更没有别的（奥妙），只是手熟罢了。

2.上段文字空格中最恰当的标点应是哪一种？为什么？理解最正确的一项是（　　　　）。

A.句号。因为一句话已经说完了，要稍作停顿。

B. 问号。因为这是疑问句，句中含有疑问词"安"（怎么）。

C. 逗号。因为一句话尚未说完。

D. 感叹号。因为它深刻地表现了康肃盛气凌人、怒不可遏的态度。

3. 卖油翁和陈尧咨的一番对话，从根本上说，是由陈尧咨的（　　　）心理引起来的。

A. 自矜　　　　　　B. 自卑　　　　　　C. 谦虚　　　　　　D. 嫉妒

4. 康肃的神态是怎样变化的？根据文段内容，分别用一个字来概括。

_____

5. "康肃笑而遣之"中的"笑"表现了他怎样的心理状态？理解正确的一项是（　　　）。

A. 佩服卖油翁的高超技艺，表示虚心向他学习。

B. 始终不信服卖油翁"惟手熟"的说法。

C. 争强好胜，不愿当面接受。

D. 打心里感谢卖油翁的有益教诲。

6. 《卖油翁》这个故事说明的道理是_____。

（七）

昔人有睹雁翔者，将援弓射之，曰："获则烹。"其弟争曰："宜燔。"竞斗而讼于社伯。社伯请剖雁，烹燔半焉。已而索雁，则凌空远矣。

1. 解释加点的词。

（1）将援引射之（　　　　）　　　　　　（2）宜燔（　　　　）

（3）烹燔半焉（　　　　）　　　　　　　（4）已而索雁（　　　　）

2. 将下面句子译为现代汉语。

已而索雁，则凌空远矣。

3. 下列句子中加点的词与"竞斗而讼于社伯"中的"而"用法相同的一项是（　　　）。

A. 人不知而不愠，不亦君子乎？　　　　B. 一丝而累，以至于寸。

C. 择其善者而从之。　　　　　　　　　D. 朝而往，暮而归。

4.本文涉及几个人物？谁的观点正确？为什么？

（八）

　　永之氓①咸善游。一日，水暴甚，有五六氓乘小船绝湘水。中济②，船破，皆游。其一氓尽力而不能寻常③。其侣④曰："汝善游最也，今何后为？"曰："吾腰千钱，重，是以后。"曰："何不去之？"不应，摇其首。有顷，益怠⑤。已济者立岸上呼且号曰："汝愚之甚，蔽⑥之甚！身⑦且死，何以货为？"又摇其首，遂溺死。

　　注释：① 氓：百姓。② 中济：渡到河水的中间。③ 寻常：古代以八尺为寻，两寻为常。④ 侣：同伴。⑤ 怠：懒惰，松懈，此处为疲倦无力。⑥ 蔽：蒙蔽，指为金钱所迷惑。⑦ 身：自身，自己。

1.解释加点的词。

　　永之氓咸善游

　　其侣曰："汝善游最也。"

　　是以后

　　何不去之

　　益怠

2.选出加点字意思相同的两项（　　　）（　　　）。

　　A.水暴甚　　　　暴病身亡　　　　　　　B.乘小船绝湘水　夜久，语声绝

　　C.汝善游最也　京中有善口技者　　　　D.身且死　　　　立岸上呼且号曰

3.翻译句子。

　　①汝愚之甚，蔽之甚！

　　②汝善游最也，今何后为？

4.这篇短文讽刺了＿＿＿＿＿＿＿＿＿＿＿＿＿＿＿＿＿＿＿＿＿＿＿＿＿＿＿。

（九）师旷论学

晋平公问于师旷曰："吾年七十，欲学，恐已暮矣。"

师旷曰："暮，何不炳烛乎？"

平公曰："安有为人臣而戏其君乎？"

师旷曰："盲臣安敢戏其君乎！臣闻之，少而好学，如日出之阳；壮而好学，如日中之光；老而好学，如炳烛之明。炳烛之明，孰与昧行乎？"

平公曰："善哉！"。

1. 解释句中加点的词。

① 晋平公问于师旷曰

② 盲臣安敢戏其君乎！

③ 孰与昧行乎？

④ 何不炳烛乎？

2. 文中师旷用了三个比喻，意在说明一个什么道理？

第二部分 诗 词

● 一、考点分析 ●

本专题的考查题型涵盖单项选择题、填空题、名句默写题、阅读鉴赏题。要求考生掌握常见诗歌流派及特色，掌握鉴赏诗歌语言、层次、表现手法的技巧，能准确评价诗歌的思想感情和作者的观点与态度。山东省专升本《要求》内容如下：

（一）了解作者生平及作品反映的时代背景与社会生活；

（二）领会并能够准确分析作品的体裁特征、主要表现手法、写作特色；

（三）赏析作品中的文学形象，品味作品的语言特色；

（四）把握并归纳作品的主旨，理解作品的思想意义。

（一）备考原则

知人论世，从诗歌内容、语言、结构、写作技巧及作品风格等角度鉴别诗歌主旨及社会意义。抓住关键词句，整体把握诗歌的艺术境界。

（二）备考策略

掌握正确的鉴赏思路。从题目认识对象、从字面读出感觉、从注释破解难点、从作者了解背景、从原作找到根据、从题干得到启示、从首联找到特点、从尾句参透主旨、从景物把握情感、从意境洞察心胸。

诗歌是用高度凝练的语言和富有音乐感、形象感的艺术美来反映社会生活的一种文学样式。因此，诗歌一般来说就具备如下特征：跳跃性、形象性、音乐性、抒情性等。

意象与意境是诗歌鉴赏中的两个重要概念。意象通常是指自然意象，即取自大自然的借以寄托情思的物象。意境是指抒情性作品中呈现的那种情景交融、虚实相生、活跃着生命律动的韵味无穷的诗意空间。

绝句二首（其二）

（唐）杜甫

江碧鸟逾白，山青花欲燃。

今春看又过，何日是归年？

思考练习：

1. 前两句写了哪些景物？运用了什么表现手法？

答：_____

2. 后两句，诗意发生了怎样的转变？表达了什么情感？

答：_____

（三）诗歌鉴赏表达程式

这首诗采用了（表达方式、修辞手法、表现手法）技法，写出了（意象）的（某某）特点，表现（突出）了（某某）思想、感情，起到了（某某）作用。

二、诗词常用意象解析

意象是诗歌艺术的精灵，是熔铸了作者主观感情的客观物象。意象就是（物）象与（情）意的组合。意境是诗人的主观情思与客观景物相交融而创造出来的浑然一体的艺术境界。从形式上看，意象与词句相关，意境则与全篇对应。

在中国古代诗歌中，诗人常用一些特定的意象来表达主题思想及感情，形成了很多传统的意象，被赋予了某种特定的内涵，它们蕴含的意义基本是固定的。分析古代诗歌可以从这些事物的特有内涵入手。

（一）常见植物类意象

1. 芳草

（1）以远接天涯的春草比喻离别的愁绪。如："青青河边草，绵绵思远道。"

（2）形成生生不息、充满希望的意蕴。如："离离原上草，一岁一枯荣。野火烧不尽，春风吹又生。"

（3）以草木繁盛反衬荒凉，以抒发盛衰兴亡的感慨。如："过春风十里，尽荠麦青青。"

2. 莲

因"莲"与"怜"谐音，借以抒情。如："采莲南塘秋，莲花过人头；低头弄莲子，莲子青如水。"

3. 花

梅花象征高洁、不屈不挠的品格。如："遥知不是雪，为有暗香来。""零落成泥碾作尘，只有香如故。"菊花象征高洁、隐逸、脱俗。如："朝饮木兰之坠露兮，夕餐秋菊之落英。""秋丛绕舍似陶家，遍绕篱边日渐斜。不是花中偏爱菊，此花开尽更无花。"桃花比喻女子年轻貌美，如："桃之夭夭，灼灼其华。""人面不知何处去，桃花依旧笑春笑春风。"牡丹象征高贵、富贵；杨花象征飘零、离散。如："燕忙莺懒芳残，正堤上、柳花飘坠。"

4. 松柏

象征孤直顽强、坚贞不屈。如："岁寒，然后知松柏之后凋也。"

5. 竹

象征不屈不挠的品格。如："咬定青山不放松，立根原在破岩中。千磨万击还坚劲，任尔东西南北风。"

6. 柳

（1）因"柳""留"谐音，喻离别。如："今宵酒醒何处？杨柳岸，晓风残月"。

（2）象征故乡。如："一上高楼万里愁，蒹葭杨柳似汀洲。"

（3）因柳絮飘忽不定，常作遣愁的凭借。如："试问闲愁都几许，一川烟草，满城风絮。梅子黄时雨。"

7. 黍离

表示对国家昔盛今衰的痛惜伤感之情。如《诗经·黍离》"彼黍离离"。

8. 草木

以某种草木的繁盛反衬荒凉，抒发诗人对盛衰兴亡的感慨。如："映阶碧草自春色，隔叶黄鹂空好音。""朱雀桥边野草花，乌衣巷口夕阳斜。""日西垂，景在树端，谓之桑榆。"

9. 梧桐

象征凄凉悲伤。如："金井梧桐秋叶黄，珠帘不卷夜来霜。熏笼玉枕无颜色，卧听南宫清漏长。""梧桐树，三更雨，不道离情正苦。一叶叶，一声声，空阶滴到明。""寂寞梧桐深院锁清秋。""梧桐更兼细雨，到黄昏、点点滴滴。""桑榆"等草木也指日落时余光所照之处，比喻垂老之年。如"东隅已逝，桑榆非晚。"

10. 流水、落花

将流水与时间的流逝联系起来，由花落而感叹人生无常，抒发惜春、伤时的惆怅，比喻愁怨的浓厚。如："抽刀断水水更流，举杯消愁愁更愁。人生在世不称意，明朝散发弄扁舟。""流水落花春去也，天上人间。""无可奈何花落去，似曾相识燕归来。""问君能有几多愁？恰似一江春水向东流。"

（二）常见动物类意象

1. 乌鸦

常与衰败、荒凉的事物联系在一起，有时比喻凡夫俗客。如："斜阳外，寒鸦万点，流水绕孤村。""枯藤老树昏鸦，小桥流水人家，古道西风瘦马，断肠人在天涯。"

2. 鸿雁、青鸟、尺素

书信的代称。如："蓬山此去无多路，青鸟殷勤为探看。""青鸟不传云外信，丁香空结雨中愁。""雁字回时，月满西楼。""驿寄梅花，鱼传尺素。砌成此恨无重数。"

3. 蟋蟀

又名促织，表示惆怅。如："七月在野，八月在宇，九月在户，十月蟋蟀入我床下。""明月皎皎光，促织鸣东壁。"

4. 蝉

比喻高洁的人品。如："露重飞难进，风多响易沉。无人信高洁，谁为表余心？""垂緌饮清露，流响出疏桐。居高声自远，非是藉秋风。""本以高难饱，徒劳恨费声。五更疏欲断，一树碧无情。"

5. 燕子

春天的象征，表示喜庆。如："几处早莺争暖树，谁家新燕啄春泥。"燕子因结伴飞行而成为爱情的象征；因眷恋旧巢的习性，成为古典诗词表现时事变迁，抒发人事代谢的寄托。如："旧时王谢堂前燕，飞入寻常百姓家。"

6. 鹧鸪

鹧鸪声似"行不得也哥哥"，多用于衬托处境的艰难或心情的惆怅。如："江晚正愁予，山深闻鹧鸪。""越王勾践破吴归，战士还家尽锦衣。宫女如花满春殿，只今惟有鹧鸪飞。"

7. 杜鹃

春天的信使，借以表现农事繁忙。如："绿遍山原白满川，子规声里雨如烟。乡村四月闲人少，才了蚕桑又插田。"杜鹃声似"不如归去"，常借以抒悲苦哀怨之情。如："扬花落尽子规啼，闻道龙标过五溪。我寄愁心与明月，随风直到夜郎西。"

（三）常见音乐类意象

1. 羌笛、胡笳

因音色凄切，往往表示戍边思归。如："羌笛何须怨杨柳，春风不度玉门关。""谁家玉笛暗飞声，散入东风满洛城。""回乐峰前沙似雪，受降城外月如霜。不知何处吹芦管，一夜征人尽望乡。""浊酒一杯家万里，燕然未勒归无计，羌管悠悠霜满地。"

2. 著名音乐曲调

古诗词中的著名音乐曲调往往有特定的寓意，如：

（1）关山月，多写征戍离别之情。如："琵琶起舞换新声，总是关山旧别情。"

（2）梅花落，多表思念之情。如："黄鹤楼上吹玉笛，江城五月落梅花。"

（3）后庭花，多指绮靡之音。如："商女不知亡国恨，隔江犹唱后庭花。"

（4）霓裳羽衣曲，主要表现歌舞升平的景象。如："渔阳鼙鼓动地来，惊破霓裳羽衣曲。"

（5）杨柳曲，也作"折杨柳"等，主要写军旅生活，从梁、陈到唐代，多为伤别之词，以怀念征人为多。如："笛中闻折柳，春色未曾看。"

（6）行路难，多言世路艰难及离别伤悲之情。如："天山雪后海风寒，横笛遍吹《行路难》。"

（7）阳关，唐人把王维《渭城曲》翻入乐曲，称为《阳关三叠》或者《阳关曲》，简称《阳关》，作为离别送行的歌声。如："相逢且莫推辞醉，听唱阳关第一声。"

（四）常见自然类意象

1. 浮云

往往与远行的游子相联系，有时也比喻一切阻碍历史前进的势力。如："不畏浮云遮望眼，只缘身在最高层。""总为浮云能蔽日，长安不见使人愁。"

2. 冰雪

比喻心志忠贞，品格高尚。如："洛阳亲友如相问，一片冰心在玉壶。"

3. 明月

抒发离愁别绪，寄托思乡之愁，表现亡国之痛。如："举头望明月，低头思故乡。""小楼昨夜又东风，故国不堪回首月明中。"

4. 黄昏、夕照（斜阳、夕阳、落日）

传达对人生迟暮的悲叹，蕴藉伤古吊昔的悲凉，表现凄凉失落、苍茫沉郁之情。如："夕阳无限好，只是近黄昏。""大漠孤烟直，长河落日圆。""征帆去棹残阳里，背西风、酒旗斜矗。"

（五）常见场所类意象

1. 西楼

西楼或指代闺房，或指代曾经聚会之所，或指代孤独寂寞的居所，或指代登高望月怀远的地点。在诗词中，西楼多属泛指，常指伤心地，是排遣忧伤或遥望故国、爱人、友人的处所。如："无言独上西楼，月如钩。""少年不识愁滋味，爱上层楼，爱上层楼，为赋新词强说愁。"

2. 凭栏

诗词中使用"凭栏""倚栏""凭阑"等词语，或表示怀远，或表示凭吊，或表示抑郁愁苦，或表示慷慨激昂。如："独自莫凭栏，无限江山，别时容易见时难""怒发冲冠，凭栏处""把吴钩看了，栏杆拍遍，无人会，登临意。""戎马关山北，凭轩涕泗流。""明月楼高休独倚。酒入愁肠，化作相思泪。"

3. 长城　主要代表边关、边塞，也指守边的将领。如："塞上长城空自许，镜中衰鬓已先斑。"

4. 楼兰　汉代西域的国名，多指边境之敌，常用"斩楼兰"、"破楼兰"抒写为国立功、抗击外寇的壮志。如："愿将腰下剑，直为斩楼兰。""黄沙百战穿金甲，不破楼兰终不还。"

5. 东篱　田园生活或闲适的情致。如："东篱把酒黄昏后，有暗香盈袖。"

6. 三径　隐士居住的地方。如："三径就荒，松菊犹存。"

7. 长亭　陆上送别之所。如："何处是归程？长亭更短亭。""寒蝉凄切，对长亭晚。""长亭外，古道边，芳草碧连天。"

8. 阑干　古代建筑物附加的木制栅栏，叫做阑干、栏杆。如："坐对高楼千万山，雁飞秋色满阑干。""把吴钩看了，栏杆拍遍，无人会，登临意。"也指横斜的样子，多形容星斗纵横错落。如："夜潮洲渚生寒，城头星斗阑干。"或形容泪水纵横或者纵横散乱的样子。如："梦啼妆泪红阑干。"

9. 关山　一般泛指关塞山川。如："万里赴戎机，关山度若飞。""一春鱼雁无消息，千里关山劳梦魂。"也借指遥远的地方，多与思乡、念人有关。如："关山魂梦长，鱼雁音尘少。"

（六）常见情感类意象

1. 红豆

又称"相思子"，象征爱情或（对亲人、对爱人、对友人的）相思。如："红豆生南国，春来发几枝，劝君多采撷，此物最相思。""安床红豆底，日日坐相思。"

2.连理枝、比翼鸟、鸳鸯

比喻恩爱夫妻。如："得成比目何辞死，愿作鸳鸯不羡仙。""七月七日长生殿，夜半无人私语时。在天愿作比翼鸟，在地愿为连理枝。"

3.琴瑟

（1）比喻夫妇感情和谐，亦作"瑟琴"。如："窈窕淑女，琴瑟友之。""妻子好合，如鼓琴瑟。"

（2）比喻兄弟朋友的情谊。如："离堂思琴瑟，别路绕出川。"

————• 三、情景默写专题训练 •————

1. 古诗词中"雨"已成为诗人抒发情感的载体，如王维《山居秋暝》中的"_____"，柳永《雨霖铃》中的"_____，骤雨初歇"，李清照《声声慢》中的"_____"。

2. 古诗文以"风"为意象烘托意境或表情达意，如杜甫《登高》中的"_____"，陆游《书愤》中的"楼船夜雪瓜洲渡，铁马秋风大散关"，李煜《虞美人》中的"小楼昨夜又东风，故国不堪回首月明中"，柳永《雨霖铃》中的"_____"，秦观《鹊桥仙》中的"金风玉露一相逢，便胜却人间无数"，李清照《声声慢》中的"_____"，姜夔《扬州慢》中的"_____"，苏轼《赤壁赋》中的"_____"，王实甫《长亭送别》中的"_____，西风紧，北雁南飞"。

3. 古诗文以"月"为意象烘托意境或表情达意，如曹操《短歌行》中的"月明星稀，乌鹊南飞"，李白《梦游天姥吟留别》中的"湖月照我影，_____"，白居易《琵琶行》中的"_____""东船西舫悄无言，唯见江心秋月白""去来江口守空船，绕船月明江水寒""_____"，王维《山居秋暝》中的"_____"，李煜《虞美人》中的"_____"，柳永《雨霖铃》中的"今宵酒醒何处？杨柳岸晓风残月"，苏轼《念奴娇·赤壁怀古》中的"人生如梦，一尊还酹江月"，姜夔《扬州慢》中的"_____，冷月无声"。

4. 古诗文中"水"的意象无处不在，它给作品增添了丰富的意趣，如《古诗十九首》中的"盈盈一水间，脉脉不得语"，王勃《滕王阁序》中的

"_____""_____,秋水共长天一色",王维《山居秋暝》中的"_____",李白《将进酒》中的"君不见黄河之水天上来,奔流到海不复回",李白《梦游天姥吟留别》中的"_____""世间行乐亦如此,古来万事东流水",李煜《虞美人》中的"问君能有几多愁?恰似一江春水向东流",秦观《鹊桥仙》中的"_____",苏轼《赤壁赋》中的"清风徐来,水波不兴",杜甫《登高》中的"_____",杜甫《登岳阳楼》中的"吴楚东南坼,乾坤日夜浮"。

5. 在中国的诗词文化里,"酒"与"愁"总是紧密联系在一起的,如曹操《短歌行》中的"_____""何以解忧?唯有杜康"。

6. 古代诗文中有许多写鸟的句子,如曹操《短歌行》中的"月明星稀,乌鹊南飞。绕树三匝,何枝可依",李密《陈情表》中的"_____,愿乞终养",陶渊明《归园田居》中的"羁鸟恋旧林,_____",白居易《琵琶行》中的"其间旦暮闻何物?杜鹃啼血猿哀鸣",李商隐《锦瑟》中的"_____,望帝春心托杜鹃",李清照《声声慢》中的"雁过也,正伤心,却是旧时相识"。

7. 面对浩浩长江和滔滔黄河,古代文人曾滋生出无数诗情画意来,如李白《将进酒》中的"君不见黄河之水天上来,奔流到海不复回",苏轼《赤壁赋》中的"_____,羡长江之无穷"。

8. 古诗词中,"眼泪"与"悲愁"总是结合在一起,如《诗经·氓》中的"不见复关,泣涕涟涟",《迢迢牵牛星》中的"终日不成章,_____",白居易《琵琶行》中的"夜深忽梦少年事,梦啼妆泪红阑干""凄凄不似向前声,满座重闻皆掩泣。座中泣下谁最多?江州司马青衫湿",杜甫《蜀相》中的"_____,长使英雄泪满襟",《登岳阳楼》中的"_____,凭轩涕泗流",李商隐《锦瑟》中的"沧海月明珠有泪,蓝田日暖玉生烟"。

9. 李清照《声声慢》:"这次第,怎一个愁字了得!"李白《蜀道难》:"但见悲鸟号古木,雄飞雌从绕林间。_____。"

10. 古代文人善于借"秋"表情达意或烘托意境,如王勃《滕王阁序》中的"落霞与孤鹜齐飞,秋水共长天一色",陆游《书愤》中的"_____,铁马秋风大散关"。

11. 牛郎织女的故事自古经久不衰,家喻户晓,古诗词更是以此为题材,如《迢迢牵牛星》中的"迢迢牵牛星,_____。纤纤擢素手,札札弄机杼。终日不成章,泣涕零如雨。河汉清且浅,相去复几许。盈盈一水间,脉脉不得语"。又如秦观《鹊桥仙》中的"_____，又岂在朝朝暮暮"。

12. 古典诗词善以"杜鹃（子规）"表达悲切之意，如白居易《琵琶行》中的"其间旦暮闻何物？_____"，李商隐《锦瑟》中的"庄生晓梦迷蝴蝶，望帝春心托杜鹃"，李白《蜀道难》中的"又闻子规啼夜月，愁空山"。

13. 长江水系漫长，水域宽阔，水流舒缓，自然容易滋生出无数诗情画意来。譬如：苏东坡在赤壁下把酒对歌，赏"白露横江，水光接天"的清美，发出了"哀吾生之须臾，羡长江之无穷"（《赤壁赋》）的幽叹；白居易登临浔阳江头，抒写了一个"_____，此时无声胜有声"（《琵琶行》）的凄美故事；而杜甫呢，则在《登高》中用"_____，不尽长江滚滚来"的诗句对长江之景作了另一种注解。

14. 古代文人喜用"黄花"或"大雁"来表达愁情，如李清照《声声慢》中的"满地黄花堆积，_____""雁过也，正伤心，却是旧时相识"，王实甫《长亭送别》中的"晓来谁染霜林醉？_____"。

15. 古代诗文中，有许多描绘音乐的名句，如白居易《琵琶行》中的"大弦嘈嘈如急雨，小弦切切如私语。嘈嘈切切错杂弹，大珠小珠落玉盘"，李贺《李凭箜篌引》中的"昆山玉碎凤凰叫，芙蓉泣露香兰笑""梦入神山教神妪，老鱼跳波瘦蛟舞"，苏轼《赤壁赋》中的"其声呜呜然，_____，不绝如缕"。

16. "楚辞"兴起于战国时期的楚国，其语言的明显标志之一是大量使用"兮"字，比如屈原《离骚》中的"日月忽其不淹兮，春与秋其代序。惟草木之零落兮，_____""乘骐骥以驰骋兮，来吾道夫先路也"。唐宋诗文中也有一些使用"兮"的句子，比如李白《梦游天姥吟留别》中的"熊咆龙吟殷岩泉，栗深林兮惊层巅""云青青兮欲雨，_____""霓为衣兮风为马，云之君兮纷纷而来下""虎鼓瑟兮鸾回车，仙之人兮列如麻"，苏轼《赤壁赋》中的"桂棹兮兰桨，_____。渺渺兮予怀，望美人兮天一方"。

17. 古代文人擅长借"梦"寄托情思，如李白《梦游天姥吟留别》中的"_____，一夜飞度镜湖月"，白居易《琵琶行》中的"夜深忽梦少年事，梦啼妆泪红阑干"，李商隐《锦瑟》中的"庄生晓梦迷蝴蝶，望帝春心托杜鹃"，苏轼《念奴娇·赤壁怀古》中的"人生如梦，_____"，秦观《鹊桥仙》中的"柔情似水，佳期如梦，忍顾鹊桥归路"，姜夔《扬州慢》中的"_____，难赋深情"。

18. 我国古代诗文中，有许多展现秋天不同景象的名句，如王维《山居秋暝》中的"空山新雨后，天气晚来秋。明月松间照，清泉石上流"，杜甫《登高》中的"风急天高猿啸哀，渚清沙白鸟飞回。无边落木萧萧下，不尽长江滚滚来"，王实甫《长亭送别》中的"碧云天，黄花地，西风紧，北雁南飞。晓来谁染霜林醉？总是离人泪"。

19. 古诗词中有很多以"自"、"空"营造意境氛围的，如王维《山居秋暝》中的"空山新雨后，天气晚来秋"，杜甫《蜀相》中的"映阶碧草自春色，隔叶黄鹂空好音"，白居易《琵琶行》中的"去来江口守空船，绕船月明江水寒"，陆游《书愤》中的"塞上长城空自许，镜中衰鬓已先斑"，姜夔《扬州慢》中的"渐黄昏，清角吹寒，都在空城"，李白《蜀道难》中的"但见悲鸟号古木，雄飞雌从绕林间。又闻子规啼夜月，愁空山"。

20. 古诗词中经常运用用叠字的修辞手法来表情达意，如《迢迢牵牛星》中的"迢迢牵牛星，皎皎河汉女""纤纤擢素手，札札弄机杼""盈盈一水间，脉脉不得语"，李清照《声声慢》中的"寻寻觅觅，冷冷清清，凄凄惨惨戚戚"。

21. 古诗词中经常使用倒装的手法为整首诗词的大放异彩增添亮点，如苏轼《念奴娇·赤壁怀古》中的"故国神游，多情应笑我，早生华发"，辛弃疾《永遇乐·京口北固亭怀古》中的"千古江山，英雄无觅孙仲谋处""四十三年，望中犹记，烽火扬州路"，姜夔《扬州慢》中的"二十四桥仍在，波心荡，冷月无声"。

22. 古诗词中善于运用典故来表情达意：姜夔《扬州慢》中的"过春风十里，尽荠麦青青"化用杜牧"春风十里扬州路"的诗句，表现往日扬州繁华景象，寄予词人昔盛今衰的感慨；辛弃疾《永遇乐·京口北固亭怀古》中的"想当年，＿＿＿＿＿＿＿，气吞万里如虎"借赞扬刘裕，讽刺南宋王朝主和派屈辱求和的无耻行径，表现出作者抗金的主张和恢复中原的决心。

23. 古人常化用前人诗文为己用：曹操《短歌行》中的"山不厌高，海不厌深"就借用了《管仲·形解》中的"海不辞水，故能成其大；＿＿＿＿＿＿＿＿"；王勃《滕王阁序》中的"落霞与孤鹜齐飞，秋水共长天一色"出自北周庾信的《三月三日华林园马射赋》中的"落花与芝盖齐飞，杨柳共春旗一色"；王维《山居秋暝》中的"随意春芳歇，王孙自可留"语出《楚辞》"王孙游兮不归，春草生兮萋萋"；李白《将进酒》"陈王昔时宴平乐，＿＿＿＿＿＿＿＿"化用了曹植《名都篇》中的"归来宴平乐，美酒斗十千"；姜夔《扬州慢》中的"二十四桥仍在，波心荡，冷月无声"化用杜牧《寄扬州韩绰判官》诗句"二十四桥明月夜，＿＿＿＿＿＿＿＿"；吴激《人月圆》中的"恍然一梦，仙肌胜雪，宫鬓戴盆望天鸦。江州司马，青衫泪湿，同是天涯"化用了白居易《琵琶行》中的"座中泣下谁最多，江州司马青衫湿""同是天涯沦落人，相逢何必曾相识"；张先《剪牡丹·舟中闻双琵琶》"玉盘大小乱珠迸，酒上汝面，花艳眉相并"化用了白居易《琵琶行》中"＿＿＿＿＿＿＿＿，大珠小珠落玉盘"；王实甫《长亭送别》"碧云天，黄花地，西风紧，北雁南飞"化用了范仲淹《苏幕遮》中的"碧云天，黄叶地"。

24. 古诗文中有许多感叹时光易逝的名句，比如屈原《离骚》中的"汩余若将不及兮，恐年岁之不吾与""日月忽其不淹兮，春与秋其代序""惟草木之零落兮，恐美人之迟暮"，曹操《短歌行》中的"对酒当歌，人生几何？＿＿＿＿＿＿＿＿，去日苦多"，李白《将进酒》中的"君不见黄河之水天上来，奔流到海不复回。君不见高堂明镜悲白发，朝如青丝暮成雪"，白居易《琵琶行》中的"今年欢笑复明年，秋月春风等闲度。弟走从军阿姨死，暮去朝来颜色故"，李商隐《锦瑟》中的"＿＿＿＿＿＿＿＿，只是当时已惘然"，陆游《书愤》中的"塞上长城空自许，镜中衰鬓已先斑"，苏轼《赤壁赋》中的"＿＿＿＿＿＿＿＿，羡长江之无穷"。

25. 古诗文中有许多抒发人生感慨的佳句，如屈原《离骚》中的"汩余若将不及兮，恐年岁之不吾与""惟草木之零落兮，恐美人之迟暮"，李白《将进酒》中的"君不见高堂明镜悲白发，朝如青丝暮成雪"，杜甫《登高》中的"万里悲秋常作客，百年多病独登台"，杜甫《登岳阳楼》中的"亲朋无一字，老病有孤舟"，白居易《琵琶行》中的"弟走从军阿姨死，＿＿＿＿＿＿＿＿"，陆游《书愤》中的"＿＿＿＿＿＿＿＿，镜中衰鬓已先斑"，苏轼《赤壁赋》中的"寄蜉蝣于天地，渺沧海之一粟。哀吾生之须臾，羡长江之无穷"。

26. 白居易《琵琶行》描写琵琶声的"别有幽愁暗恨生，此时无声胜有声。银瓶乍破水浆迸，铁骑突出刀枪鸣"，李贺《李凭箜篌引》表现演奏效果的"女娲炼石补天处，＿＿＿＿＿＿＿＿。梦入神山教神妪，老鱼跳波瘦蛟舞"，苏轼《赤壁赋》形容洞箫声的"其声呜呜然，如怨如慕，如泣如诉，余音袅袅，不绝如缕"，都是通过比喻、夸张描写音乐的。

27. 《迢迢牵牛星》中"河汉清且浅，相去复几许。盈盈一水间，＿＿＿＿＿＿＿＿"抒写出牛郎织女隔河相望而不能团聚的相思之情；秦观《鹊桥仙》中"纤云弄巧，飞星传恨，银汉迢迢暗度"表现出牛郎织女鹊桥相会时急迫而喜悦的心情。

28. 花草树木总能进入文人的视野，成为他们抒情的对象，如屈原《离骚》中的"扈江离与辟芷兮，纫秋兰以为佩"，李清照《声声慢》中的"＿＿＿＿＿＿＿，到黄昏，点点滴滴"，姜夔《扬州慢》中的"念桥边红药，年年知为谁生"。

29. 古代诗文中，有许多描写祖国山河壮美的名句。比如，李白《梦游天姥吟留别》中的"天姥连天向天横，势拔五岳掩赤城"和"半壁见海日，＿＿＿＿＿＿＿"，苏轼《赤壁赋》中的"白露横江，水光接天，纵一苇之所如，＿＿＿＿＿＿＿＿＿然"，苏轼《念奴娇·赤壁怀古》中的"乱石穿空，惊涛拍岸，卷起千堆雪。江山如画，一时多少豪杰"。

30. 古代文人善于把抽象的感觉形象化，如李煜《虞美人》中的"＿＿＿＿＿＿＿？恰似一江春水向东流"，白居易《琵琶行》中的"＿＿＿＿＿＿＿，幽咽泉流水下滩"，苏轼《赤壁赋》中的"余音袅袅，不绝如缕。舞幽壑之潜蛟，泣孤舟之嫠妇"。

31. 音乐是中国诗词里常见的内容，比如《琵琶行》《李凭箜篌引》《赤壁赋》等。白居易《琵琶行》中描写音乐达到高潮的两句是"银瓶乍破水浆迸，＿＿＿＿＿＿＿"。李贺《李凭箜篌引》中把音乐的感染力描写到极致的两句是"女娲炼石补天处，石破天惊逗秋雨"。苏轼《赤壁赋》中侧面表现客人吹洞箫的音乐效果的两句是"＿＿＿＿＿＿＿，泣孤舟之嫠妇"。

32. 同一事物在不同诗人的笔下往往显示出不同的色彩。如同样是描写长江，杜甫在《登高》中写道"风急天高猿啸哀，渚清沙白鸟飞回。无边落木萧萧下，不尽长江滚滚来"，苏轼在《念奴娇·赤壁怀古》中的勾画则是"乱石穿空，惊涛拍岸，卷起千堆雪"。如同样是写菊花，在婉约派女词人李清照的《声声慢》中则是"满地黄花堆积，憔悴损，如今有谁堪摘"，而在革命领袖毛泽东的《采桑子·重阳》中则是"人生易老天难老，岁岁重阳，今又重阳，战地黄花分外香"。

33. 屈原在《离骚》中擅长以"香草美人"作比，如"扈江离与辟芷兮，纫秋兰以为佩""朝搴阰之木兰兮，夕揽州之宿莽""惟草木之零落兮，恐美人之迟暮"。屈原在《离骚》中劝告楚王改变因循守旧态度的句子是"不抚壮而弃秽兮，何不改乎此度也？乘骐骥以驰骋兮，来吾道夫先路也"。

34. 古代诗词中，作者常常用联想的方式来描写事物，表达思想感情。联想的方式多种多样：苏轼《念奴娇·赤壁怀古》中"故垒西边，人道是，三国周郎赤壁"，由历史事件发生的地点联想到有关历史人物，这是相关联想。李煜《虞美人》中"问君能有几多愁，恰似一江春水向东流"，由"愁"想到江水长流，这是由特征相似引起的联想。白居易《琵琶行》中的一句"嘈嘈切切错杂弹，大珠小珠落玉盘"，由琴声想到珠玉声，是声音的类比联想。王勃《滕王阁序》中"落霞与孤鹜齐飞，秋水共长天一色"这是由空间上的接近而引起的联想，称为表象联想。

35. 古代文人善于借助历史人物抒发自己的感慨，如杜甫《蜀相》中的"_____，两朝开济老臣心。出师未捷身先死，长使英雄泪满襟"，陆游《书愤》中的"出师一表真名世，_____"，都是借对历史人物诸葛亮的仰慕来抒发自己的郁愤之情。

36. 读《登高》，懂得了杜甫"艰难苦恨繁霜鬓，潦倒新停浊酒杯"的落魄；读《雨霖铃》，懂得了柳永"执手相看泪眼，竟无语凝噎"的悲戚；读《书愤》，懂得了陆游"塞上长城空自许，镜中衰鬓已先斑"的无奈；读《声声慢》，懂得了李清照"寻寻觅觅，冷冷清清，_____"的孤独。

37. 古诗文中的"情"丰厚了华夏文明，滋润了民族精神，如《离骚》中的"乘骐骥以驰骋兮，来吾道夫先路也"表达了屈原的耿耿忠心，《陈情表》中的"母孙二人，更相为命，是以区区不能废远"表达了李密的拳拳孝心，秦观《鹊桥仙》中的"两情若是久长时，又岂在朝朝暮暮"表达了对忠贞爱情的深情，《书愤》中的"塞上长城空自许，镜中衰鬓已先斑"表达了陆游壮志难酬的悲情。

38. 古人许多文质兼美的诗句，仍然活在我们今天的语言里。唐代诗人杜甫《登高》一诗中的名句"无边落木萧萧下，尽长江滚滚来"，今人常用来表达旧事物终将衰落、历史长河仍将向前之意。宋代词人《雨霖铃》中的名句"执手相看泪眼，竟无语凝噎"，更常用来表现亲朋洒泪而别、欲语难言的感人场面。

39. 苏轼在《江城子》中有"相顾无言，惟有泪千行"的诗句，在柳永的《雨霖铃》中意境与之相似的一句是"执手相看泪眼，竟无语凝噎"。刘禹锡《乌衣巷》中"旧时王谢堂前燕，飞入寻常百姓家"一句，意在感慨世事沧桑，繁华已逝。辛弃疾在《永遇乐·京口北古亭怀古》也有这种感慨："斜阳草树，寻常巷陌，人道寄奴曾住。"

40. 柳永《雨霖铃》中"念去去，千里烟波，暮霭沉沉楚天阔"中的"阔"字所表现出的意境与杜甫《旅夜抒怀》"_____，月涌大江流"中一"阔"字极为相似。杜甫《登岳阳楼》中的诗句"吴楚东南坼，乾坤日夜浮"创造了与曹操《观沧海》中的名句"日月之行，若出其中。星汉灿烂，若出其里"极为相似的意境。

41. 我国古典优秀诗歌中，常常突出一个典型事例来概括事物本质。晚唐诗人杜牧根据飞骑送荔枝一事，只用"＿＿＿＿＿＿＿，无人知是荔枝来"（《过华清宫》）两句14个字，便勾勒出唐明皇与杨贵妃骄奢淫逸的生活。

42. 读诗可以使人睿智。读陶渊明的《归园田居》，可以感受他"开荒南野际，＿＿＿＿＿＿＿＿＿＿"的洒脱；读辛弃疾的《永遇乐·京口北固亭怀古》，可以感受他"想当年，金戈铁马，气吞万里如虎"的豪情。

43. 杜甫《哀江头》中有两句诗："江头宫殿锁千门，细柳新蒲为谁绿？"姜夔《扬州慢》中也有两句诗与此意思相近，手法相同，这两句是："念桥边红药，年年知为谁生？"姜夔《扬州慢》词序中"寒水自碧"句意在反衬，杜甫《蜀相》中颔联"＿＿＿＿＿＿＿，隔叶黄鹂空好音"与此有异曲同工之妙。

44. 白居易《琵琶行》中运用一系列贴切生动的比喻描绘琵琶声，被誉为古典诗歌中描写乐声的绝唱。如"大弦嘈嘈如急雨，小弦切切如私语。嘈嘈切切错杂弹，大珠小珠落玉盘""间关莺语花底滑，＿＿＿＿＿＿＿"。其中描写琵琶女犹豫不决而出场的诗句是"千呼万唤始出来，犹抱琵琶半遮面"，表现琵琶女年长色衰后寂寞处境的诗句是"弟走从军阿姨死，暮去朝来颜色故。门前冷落鞍马稀，老大嫁作商人妇"，借月烘托琵琶女独守空船时凄清孤冷心情的诗句是"去来江口守空船，绕船月明江水寒"，表现全诗主旨、诗人与琵琶女感情共鸣的诗句是"同是天涯沦落人，相逢何必曾相识"。

45. 陶渊明《归园田居》中"方宅十余亩，草屋八九间。＿＿＿＿＿＿＿，桃李罗堂前。暧暧远人村，依依墟里烟。狗吠深巷中，鸡鸣桑树颠"描绘了一幅清新自然、恬静美好的田园生活风景图。其中"误落尘网中，一去三十年。＿＿＿＿＿＿＿，池鱼思故渊"表现了诗人厌恶官场、回归自然的心情；而"久在樊笼里，复得返自然"则表达出摆脱官场羁绊、如释重负的欣喜之情，是全诗的点睛之笔。

46. 曹操《短歌行》中以比喻和典故的手法表达对贤才的渴求之情，如"月明星稀，＿＿＿＿＿＿＿。绕树三匝，何枝可依""山不厌高，海不厌深。＿＿＿＿＿＿＿，天下归心"。

47. 人生有时是需要选择遗忘的：在"暧暧远人村，依依墟里烟"（《归园田居》）的田园生活中，陶渊明忘记了人世间的喧嚣与杂乱；在"安能摧眉折腰事权贵，使我不得开心颜"（《梦游天姥吟留别》）的豪情壮志中，李白忘记了官场上的倾轧与是非；在"大江东去，浪淘尽，千古风流人物"（《念奴娇·赤壁怀古》）的奔放豪迈中，苏轼忘记了被贬谪黄州的无奈与痛苦。

48. 李白《梦游天姥吟留别》中表现诗人蔑视权贵的诗句是："安能摧眉折腰事权贵，

使我不得开心颜！"杜甫《蜀相》中高度概括评价诸葛亮一生伟大功业的句子是：
"＿＿＿＿＿＿＿，两朝开济老臣心。"白居易《琵琶行》中描写琵琶女犹豫不
决而出场的诗句是："千呼万唤始出来，犹抱琵琶半遮面。"李贺《李凭箜篌引》
中直接摹写乐声激越动听的诗句是："昆山玉碎凤凰叫，芙蓉泣露香兰笑。"

49. 北宋豪放派词人苏轼《念奴娇·赤壁怀古》中的"乱石穿空，惊涛拍岸，卷起千堆
雪"勾画出三国古战场的险要地势，"江山如画，一时多少豪杰"将江山之胜与怀
古之情融为一体，"＿＿＿＿＿＿＿，谈笑间，樯橹灰飞烟灭"描绘出少年周瑜
志得意满的情态。

50. 唐代著名诗人王维的诗歌特点被苏轼评为"诗中有画"，如《山居秋暝》中
的颔联"明月松间照，清泉石上流"就描绘了一幅清幽的自然风景画，颈联
"＿＿＿＿＿＿＿，莲动下渔舟"就勾勒了一幅乡居和谐自然、充满乡村气息的
田园生活图。

51.《诗经·氓》中描写女主人公对成婚盼望之切、深情一片的句子是"乘彼垝垣，
以望复关。不见复关，泣涕涟涟。既见复关，载笑载言"，以"桑"喻女子
青春年华及年长色衰的句子分别是"桑之未落，＿＿＿＿＿＿＿""桑之落
矣，＿＿＿＿＿＿＿"，描写女主人公婚后辛勤劳作的句子是"三岁为妇，靡室
劳矣。夙兴夜寐，靡有朝矣"，表现女主人公追忆美好年华、用情专一的句子是
"总角之宴，言笑晏晏。＿＿＿＿＿＿＿，不思其反"。

52. 苏轼《念奴娇·赤壁怀古》中的"谈笑间，樯橹灰飞烟灭"，描绘了周瑜的英气勃
发；杜甫《蜀相》中的"出师未捷身先死，长使英雄泪满襟"，抒发了壮志未酬
的遗憾；陆游《书愤》中的"楼船夜雪瓜洲渡，铁马秋风大散关"，表现了抗击
金兵的豪迈气概。

53. 曹操《短歌行》中引古起兴、婉转吐露求贤才而不得时日夜思慕之情的诗句是"青
青子衿，悠悠我心。但为君故，沉吟至今"，表现因求贤才不得而忧心忡忡的诗句
是"明明如月，何时可掇？忧从中来，不可断绝"，抒发了广招贤才、一统天下的
博大胸怀的诗句是"山不厌高，海不厌深。周公吐哺，天下归心"。

54. 毛泽东《虞美人》中的诗句"＿＿＿＿＿＿＿？江海翻波浪"把抽象的忧愁具体
化、形象化，正如李煜《虞美人》中的写愁名句"问君能有几多愁？恰似一江春水
向东流"，二者有异曲同工之妙。

55.《诗经》中有两句写姑娘思念情人的诗，曹操在《短歌行》中借它来表达自己对人
才的渴望。这两句是："＿＿＿＿＿＿＿，悠悠我心。"王勃在《滕王阁序》中

用"潦水尽而寒潭清，烟光凝而暮山紫"着力表现水光山色的变幻，在色彩的浓淡对比中突出深秋景物的特征。

56. 只要坚持就会成功，正如《荀子·劝学》中说的"＿＿＿＿＿＿＿＿＿；锲而不舍，金石可镂"。不吸取经验教训让人痛惜，正如杜牧《阿房宫赋》中说的"后人哀之而不鉴之，亦使后人而复哀后人也"。

四、阅读鉴赏专题训练

观沧海

曹　操

东临碣石，以观沧海。水何澹澹，山岛竦峙。树木丛生，百草丰茂。秋风萧瑟，洪波涌起。日月之行，若出其中；星汉灿烂，若出其里。幸甚至哉，歌以咏志。

1. 对这首诗的理解不恰当的一项是（　　　）。

　A. 开篇点题，交代了观察的方位、地点及观察的对象，"观"字统领全篇。

　B. "水何澹澹"描写了大海的近景，使人感到海边景色的壮丽多姿。

　C. "洪波涌起"中的"涌"字，不仅让我们看到了大海波涌连天的形态，而且仿佛听到了惊涛拍岸的声音。

　D. 诗的最后两句"幸甚至哉，歌以咏志"是合乐时加上的，是诗的附文，跟诗的内容没有联系。

2. "日月之行，若出其中；星汉灿烂，若出其里"表达了诗人怎样的思想感情？

金城北楼①

高　适

北楼西望满晴空，积水连山胜画中。湍上急流声若箭，城头残月势如弓。

垂竿已羡磻溪老②，体道③犹思塞上翁。为问边庭更④何事，至今羌笛怨无穷。

　注释：①此诗作于作者赴边途中经过金城时。金城，在现今的兰州。② 磻（pán）溪老：指姜太公吕尚。③ 体道：是指体悟道理。④ 更：经历。

1. 诗歌前四句写了晴空万里、＿＿＿＿＿＿＿、湍上急流、＿＿＿＿＿＿＿的金城美景。

2. 下面对诗歌内容的理解。不正确的一项是（　　　）。

A. 诗歌前两联以景入诗，融情于景；后两联借用典故，抒写情怀。

B. "声若箭"，以呼啸而过的利箭做比，写出了黄河急流的非凡声势。

C. 颈联借姜太公钓鱼和塞翁失马的典故，抒发能一展雄才的豪迈之情。

D. 尾联写对边关形势的担忧，体现了诗人关心国家安危的深沉情感。

春　望

杜　甫

国破山河在，城春草木深。感时花溅泪，恨别鸟惊心。

烽火连三月，家书抵万金。白头搔更短，浑欲不胜簪。

1. 请发挥想象，描述"感时花溅泪，恨别鸟惊心"所展示的情景。

2. "家书抵万金"传诵千古，请作简要赏析。

江城子·密州出猎

苏　轼

老夫聊发少年狂，左牵黄，右擎苍，锦帽貂裘，千骑卷平岗。为报倾城随太守，亲射虎，看孙郎。

酒酣胸胆尚开张，鬓微霜，又何妨！持节云中，何日遣冯唐？会挽雕弓如满月，西北望，射天狼。

1. 这首词在写法上最具特色的是运用典故抒发感情，其中这些典故涉及作者心目中的两位英雄人物，他们是＿＿＿＿＿＿＿、＿＿＿＿＿＿＿。

2. 以首句中的"狂"字为例，简要分析这首词"豪放"的特点。

3. 这首词和《水调歌头·明月几时有》所表达的思想感情是否一致？为什么？

过零丁洋

文天祥

辛苦遭逢起一经，干戈寥落四周星。山河破碎风飘絮，身世浮沉雨打萍。

惶恐滩头说惶恐，零丁洋里叹零丁。人生自古谁无死？留取丹心照汗青。

1. 诗的第二联用"＿＿＿＿＿＿"和"＿＿＿＿＿＿"六个字形象生动地揭示出国家和个人的命运。

2. 这首诗叙述了诗人什么经历？表达了诗人怎样的思想情感？

桃花溪

（唐）张 旭

隐隐飞桥隔野烟，石矶西畔问渔船。

桃花尽日随流水，洞在清溪何处边。

注释：① 据孙洙《唐诗三百首》介绍，本诗为盛唐时期张旭受陶渊明《桃花源记》启发而作。② 矶：水边突出的岩石。

1. "石矶西畔问渔船"中的"问"字表达出诗人怎样的心情？

2. 本诗与《桃花源记》二者主旨是否相同？请简要说明。

饮酒（其五）

陶渊明

结庐在人境，而无车马喧。问君何能尔？心远地自偏。

采菊东篱下，悠然见南山。山气日夕佳，飞鸟相与还。此中有真意，欲辨已忘言。

1. 诗中的"结庐""日夕"是什么意思？请选择一个回答。

2. "飞鸟相与还"描写了什么样的情景？表现出诗人怎样的心情？

望江南

李　煜

闲梦远，南国正芳春。船上管弦江面绿，满城飞絮辊①轻尘。忙杀看花人！

注释：①辊：翻滚，滚动，转动。

1. 词中体现"芳春"的景物有_____、_____。

2. 请用自己的语言描述"忙杀看花人"所表现的景象。

题乌江亭

杜　牧

胜败兵家事不期，包羞忍耻是男儿。

江东子弟多才俊，卷土重来未可知。

注释：乌江亭：在令安徽省和县东北的乌江浦，相传为西楚霸王项羽自刎之处。

1. 从题材上看，这首诗与杜牧的《赤壁》同属于_____诗。

2. 在《赤壁》一诗中，作者对历史上已有结局的战争做了假设性推想——如果不是东风给了周瑜以方便，很可能赤壁之战是曹操取得胜利。在本诗中，作者也对已有结局的战争做了假设性推想——如果_____，也有可能_____。

清平乐·独宿博山王氏庵①

宋·辛弃疾

绕床饥鼠，蝙蝠翻灯舞。屋上松风吹急雨，破纸窗间自语。

平生塞北江南，归来②华发苍颜。布被秋宵梦觉，眼前万里江山。

注释：① 博山，今江西广丰县西南。王氏庵：姓王人家的破旧小草庵（茅屋）。庵：草屋。② 归来：指作者淳熙八年冬弹劾落职归隐。

1. 词中与《破阵子·为陈同甫赋壮词以寄之》中"可怜白发生"意思相近的一句是_____。

2. 下列对这首词的赏析，不正确的一项是（　　　）。

A. 本词仅八句四十六字，却描绘了一幅萧瑟破败的风情画。

B. 上片中"破纸窗间自语"一句运用了拟人的修辞手法，句中的"自语"二字，自然而又风趣地将风吹纸响的情景拟人化了。

C. 下片中"秋宵梦觉"不仅分明指出了时令，同时也暗示了主人公难以入睡，半夜醒来，眼前尽是饥鼠蝙蝠，残灯破窗的景象。

D. 这首词表达了词人虽身居荒村破庵，却胸怀天下，不忘统一大业的崇高爱国情怀。

杂 诗
王 维

君自故乡来，应知故乡事。

来日绮窗前，寒梅著花未？

1. 本诗语言有何特点？

2. "应知故乡事"中的"应知"一词用得好？为什么？

钱塘湖春行
白居易

孤山寺北贾亭西，水面初平云脚低。几处早莺争暖树，谁家新燕啄春泥。

乱花渐欲迷人眼，浅草才能没马蹄。最爱湖东行不足，绿杨阴里白沙堤。

1. 全诗以"行"为线索，从"孤山寺北贾亭西"起到"＿＿＿＿＿＿＿＿＿"终。以"＿＿＿＿＿＿＿＿＿"说明自然美景美不胜收、诗人意犹未尽的感受、给读者无穷的回味。（请用诗中的原句作答）

2. 本诗抒发了作者怎样的思想感情？

3. 颔联中有两个动词用得极妙，请找出来简要赏析。

　　① 颔联中两个用得极妙的动词：＿＿＿＿＿＿＿＿＿＿、＿＿＿＿＿＿＿＿＿＿。

　　② 赏析：＿＿＿＿＿＿＿＿＿＿＿＿＿＿＿＿＿＿＿＿＿＿＿＿＿＿＿＿

＿＿＿＿＿＿＿＿＿＿＿＿＿＿＿＿＿＿＿＿＿＿＿＿＿＿＿＿＿＿＿＿。

归园田居（其三）

陶渊明

种豆南山下，草盛豆苗稀。晨兴理荒秽，带月荷锄归。

道狭草木长，夕露沾我衣。衣沾不足惜，但使愿无违。

1. 这首诗从内容上可分为劳动的地点及结果、_____、_____三层意思。

2. 下面对这首诗的赏析不正确的一项是（   ）。

　A.这首五言诗，语言朴素，意境恬淡，体现了作者悠然的心境。

　B.诗人以田园中最寻常的物象入手，营造的却是醇美的诗意。

　C."道狭草木长，夕露沾我衣"的农耕生活，实情实景，生动感人.表现了作者对理想生活的追求。

　D. 作者沉溺于美好的田园生活，乐于做一个隐士而忘却一切世俗的烦恼。诗的最后两句表现了作者无欲无愿的心境。

3. "带月荷锄归"一句常为后世诗评家称道，请赏析。

社 日

王 驾

鹅湖山下稻粱肥，豚栅鸡栖半掩扉。

桑柘影斜春社散，家家扶得醉人归。

注释：社日：古时祭土地神、五谷神的日子。

1. "社"原指土地神或土地庙。在绍兴，社是一种区域名称，社中每年所演的"年规戏"称为_____。

2. 诗中哪两句描写了村外村内丰收、富庶的景象，并反映了农家安宁平和的生活情景？

3. 请用自己的话描述一下"家家扶得醉人归"的场景。

浣溪沙

（宋）张孝祥①

霜日明霄水蘸空，鸣鞘②声里绣旗红。澹③烟衰草有无中。

万里中原烽火北，一尊浊酒戍楼东。酒阑挥泪向悲风。

注释：① 张孝祥（1132—1169）：字安国，号于湖居士，著有《于湖居士文集》、《于湖词》。此词调名下，乾道本《于湖先生长短句》有小题"荆州约马举先登城楼观塞"。② 鞘（shāo）：鞭鞘，拴在鞭子头上的细皮条等。③ 澹（dàn）：恬静安然的样子。

1. 下列对词的内容理解不正确的一项是（　　　）。

A. 词的上阕写边塞平原辽阔之景，还表明了此人对收复中原的信心。

B. 上阕前两句描写了晴空万里、水天相接、鞭声响亮、红旗耀眼的景象。

C. "澹烟衰草有无中"不仅描写了极目远望之景，还表明了词人对收复中原的信心。

D. 词的下阕抒写了北望中原之无限感慨感慨以及举杯消愁愁更愁之悲凉心绪。

2. 下列对词的赏析不正确的一项是（　　　）。

A. 词的上阕从视觉、听觉和触觉等角度写景，时节鲜明，色彩明丽。

B. "一尊浊酒戍楼东"一句在下阕中起到了承上启下的作用。

C. 词的下阕抒发感慨，俨然可见一位爱国志士的形象。

D. 这首词气势雄健，意蕴深厚，体现了豪放之词风。

武陵春

李清照

风住尘香花已尽，日晚倦梳头。物是人非事事休，欲语泪先流。

闻说双溪春尚好，也拟泛轻舟。只恐双溪舴艋舟，载不动许多愁。

下列对诗歌赏析有错误的一项是（　　　）。

A. "风住尘香花已尽，日晚倦梳头"写的是暮春，鲜花凋谢，词人感伤，惜春之情油然而生，不梳头也要去双溪赏最后的春景。

B. 南渡的悲惨遭遇直撞词人心尖，"物是人非事事休，欲语泪先流"将哀伤写得细腻感人，泪在言先，欲语却迟，愁绪更显浓重。

C. "闻说""也拟""只恐"六个字，用词传神，凸显了词人心绪的一波三折，层层虐心，这样的构思与表现手法新鲜奇特。

D. "载不动许多愁"既借鉴了苏轼的"只载一船离恨向西州"，化虚为实，又有所创新，舟轻愁重，意新语新，设喻夸张。

登幽州台歌

陈子昂

前不见古人，后不见来者。

念天地之悠悠，独怆然而涕下。

1. 诗人登上幽州台远眺，产生了怎样的联想？由此表达了诗人怎样的情感？

2. 试赏析"悠悠"一词的表达效果。

送友人

李 白

青山横北郭，白水绕东城。此地一为别，孤蓬万里征。

浮云游子意，落日故人情。挥手自兹去，萧萧班马鸣。

1. 首联写景有特色，请结合诗句进行赏析。

2. 首联"青山横北郭，白水绕东城"描绘了一幅怎样的画面？

3. 首联写送别之景，其中"横"与"绕"写得极妙，试分析。

4. 怎样理解"此地一为别，孤蓬万里征"中"孤蓬"这一意象？

5. 颈联用怎样的艺术手法表达出作者什么样的思想感情？

6. 颈联"浮云游子意，落日故人情"中的"浮云""落日"的意象写出了诗人怎样的心境？

7. 尾句"班马鸣"有什么作用？

8. 尾联"挥手自兹去，萧萧班马鸣"有怎样的表达效果？试作赏析。

9. 这首诗表达了怎样的思想感情？

第三部分　现代文

● 一、考点分析 ●

现代文的考查题型多为主观题，分值较高。考查中比较侧重以下方面：筛选并整合文中的信息；分析内容要点，概括中心意思；归纳内容要点，概括中心意思；分析概括作者在文中的观点态度。山东省专升本《要求》内容如下：

（一）了解作者生平及作品反映的时代背景与社会生活；

（二）领会并能准确分析作品的体裁特征、主要表现手法、写作特色；

（三）赏析作品中的文学形象，品味作品的语言特色；

（四）把握并归纳作品的主旨，理解作品的思想意义。

（一）备考原则

能明白文章"写的什么"是基础。能在阅读过程中，理解重要的词语、句子，并理解其含义。能筛选提取文中信息。

梳理文章"怎么写的"是关键。对于文章的标题、结构、表达方式、表达技巧、修辞方法等方面，要清楚其类型、在文中的作用等。

能把握问题答案"如何组织"，是应考的落脚点。

（二）备考策略

扩大阅读，培养语感，提高分析文章的综合能力，把握规律，用规范的术语答题。

二、散文阅读分析

散文是指以文字为创作、审美对象的文学艺术体裁，是文学中的一种体裁形式。

散文的特点是：形散神聚。"形散"既指题材广泛、写法多样，又指结构自由、不拘一格；"神聚"既指中心集中，又指有贯穿全文的线索。散文写人写事都只是表面现象，从根本上说写的是情感体验。情感体验就是"不散的神"，而人与事则是"散"的可有可无、可多可少的"形"。

"形散"主要是说散文取材十分广泛自由，不受时间和空间的限制；表现手法不拘一格：可以叙述事件的发展，可以描写人物形象，可以托物抒情，可以发表议论，而且作者可以根据内容需要自由调整、随意变化。

"神不散"主要是从散文的立意方面说的，即散文所要表达的主题必须明确而集中，无论散文的内容多么广泛，表现手法多么灵活，无不为更好的表达主题服务。

(一) 散文的特点

意境深邃：注重表现作者的生活感受，抒情性强，情感真挚。

作者借助想象与联想，由此及彼，由浅入深，由实而虚的依次写来，可以融情于景、寄情于事、寓情于物、托物言志，表达作者的真情实感，实现物我的统一，展现出更深远的思想，使读者领会更深的道理。

语言优美：所谓优美，就是指散文的语言清新明丽（也美丽），生动活泼，富于音乐感，行文如涓涓流水，叮咚有声，如娓娓而谈，情真意切。所谓凝练，是说散文的语言简洁质朴，自然流畅，寥寥数语就可以描绘出生动的形象，勾勒出动人的场景，显示出深远的意境。散文力求写景如在眼前，写情沁人心脾。

散文素有"美文"之称，它除了有精神的见解、优美的意境外，还有清新隽永、质朴无华的文采。经常读一些好的散文，不仅可以丰富知识、开阔眼界，培养高尚的思想情操，还可以从中学习选材立意、谋篇布局和遣词造句的技巧，提高自己的语言表达能力。

线索：线索是作者将材料申联起来的"红线"或"寄托物"。

常见的线索有以下几类：

1. 以核心人物为线索。

2.以核心事物为线索。

3.以时间为线索。

4.以地点为线索。

5.以作者的情感变化为线索。

需要注意的是，线索的类型及其在具体文章中的表现形式是多种多样的。有的文章线索单一；有的文章线索双重，或虚实结合，或纵横交叉，或一主一次，或平行发展。线索在文中的体现，多半在标题、开头、结尾和过渡段的段首、段尾等处；而把握文章的气势、整体脉络和倾向，则是把握线索的关键。

(二) 散文的分类

叙事散文，或称记叙散文，以叙事为主，叙事情节不求完整，但很集中，叙事中的情渗透在字里行间。侧重于从叙述人物和事件的发展变化过程中反映事物的本质，具有时间、地点、人物、事件等因素，从一个角度选取题材，表现作者的思想感情。根据该类散文内容的侧重点不同，又可将它区分为记事散文和写人散文。

抒情散文，或称写景散文，指以描绘景物、抒发作者对现实生活的感受、激情和意愿的散文。注重表现作者的思想感受，抒发作者的思想感情。这类散文有对具体事物的记叙和描绘，但通常没有贯穿全篇的情节，其突出的特点是强烈的抒情性。它或直抒胸臆，或触景生情，洋溢着浓烈的诗情画意，即使描写的是自然风物，也赋予了深刻的社会内容和思想感情。优秀的抒情散文感情真挚，语言生动，还常常运用象征和比拟的手法，把思想寓于形象之中，具有强烈的艺术感染力。

以描绘景物为主的。这类文章多是在描绘景物的同时抒发感情，或借景抒情，或寓情于景，抓住景物的特征，按照空间的变换顺序，运用移步换景的方法，把观察的变化作为全文的脉络。生动的景物描绘，不但可以交代背景，渲染气氛，而且可以烘托人物的思想感情，更好的表现主题。

哲理散文，或称议论散文。哲理散文以种种形象来参与生命的真理，从而揭露万物之间的永恒相似，它因其深邃性和心灵透辟的整合，给我们一种透过现象深入本质、揭示事物的底蕴、观念具有震撼性的审美效果。把握哲理散文体现出的思维方式，去体悟哲理散文所蕴藏的深厚的文化底蕴和文化积淀。

(三) 鉴赏技法及专题训练

散文鉴赏，重点是把握其"形"与"神"的关系。散文鉴赏应注意以下几点：

1. 读散文要识得"文眼"。

2. 注意散文表现手法的特点。

3. 注意展开联想，领会文章的神韵。

4. 品味散文的语言。

5. 领会作品的内涵。

例文

云和梯田

张抗抗

传说中"中国最美的云和梯田"，隐匿于浙西南括苍山脉雾气迷蒙的群峰深处，弯弯绕绕的盘山公路，倏然甩出一角空地。人在山腰，朝山下的开阔谷地望去，错落有致的梯级田畔，覆盖了周围山坡，似一个硕大的环状天池，嵌于青葱滴翠的崇山峻岭之间。

阳光迎面扑来，俯视崇头镇外的山中梯田，好似面对着一座宽大露天体育馆。若是早几个时辰，此处可见著名的"云和梯田日出"奇景。<u>无论冬夏——太阳每天都攀着湿淋淋、银闪闪、绿油油或是金灿灿的梯子，从山间的水田里升起来。</u>

此时，眼前那些高低起落、依次递接的田畔，或大或小或长或短，依山就势形状各异，顺着山坡一块块不规则地蜿蜒开去。一层层沉降，通往山洼里黑瓦白墙的小村落；一层层升高，则通往山顶的云端去了。

远眺层层梯田，犹如面对着一座盘旋陡立的天梯。

正是清明时节，梯田已开始灌水，咕嘟咕嘟的流水声簦簦作响，犹如节律均匀的弹拨乐。山水自上而下流入，即使是再小的田池，边缘都留有缺口，一畦注满，便自动流向下一层的田畔，有如大江大河里一级级的"梯级电站"。田畔蓄满水后，一畦畦平展展、亮汪汪得晃眼，似有神灵夜半在山上置放了无数面镜子。天亮之后，整座山谷成了一个镜子创意博览会——弧形椭圆形拱形牛角形簸箕形……一面一面无数面镜子，顺着山坡，妥妥帖帖地铺展开去。田埂上刚发芽的青草，一圈圈一道道，为镜子镶上了翠绿的镜框。镜面朝天，映出蓝天里朵朵浮荡的白云……

尚未到开犁节，几头水牛悠然在田间啃着嫩草，田畔里盛满明晃晃的清水。这个时节，梯田是透明而宁静的，给人遐想的空间。水孕万物，水汽氤氲中，"风光不与四时同"的梯田四季，如同幻象一般浮现：

梯田在湿润的微风中苏醒，一簇簇一行行低矮苗壮的水稻秧，齐刷刷地摇曳，绿茸茸油汪汪，在秧苗底部的空隙里，闪过荧荧的波光，银水绿影——那是水灵灵的春梯田。

春梯田，是一轴淡淡的水墨画。

梯田的夏季从绿色中来。由嫩绿而碧绿再墨绿……浓浓的绿、重重的绿，绿得绵密绿得厚重，犹如一针针一线线的刺绣，扎透了梯田的每一层泥土，直到把整座山谷织成绿色的绒毯。

夏梯田，是一帧精美绝伦的绣品。

秋季稻熟时，饱满的稻穗洒下遍地碎金，一座金山谷、满山金池塘。一层络黄一层褐黄一层澄黄，稻浪的金色涟漪从山脚一波波升上山顶，又从山顶一波波往下流淌……那是金色的秋梯田。

秋梯田，是一幅色彩浓郁的油画。

落雪了。梯田在飘飞的雪花中欣然更衣换妆。白雪覆盖了层层田畔，厚重或是蓬松，一畦白色又一畦白色。雪后初晴，云和梯田披上了宽大的银色缎袍，瞬时有了一种雍容华贵的气度。

那是云和梯田最令人激动、最美的时刻——

梯田的平面上，一层层落满了白雪，而每一级梯田的侧面土墙，则是一道道背风少雪的立面。梯级落差若是高些，土地的黑色或深褐色便明显浓重，自然而然地甩出了一条条层次分明的黑色弧线。满山的梯田在纯净的白雪映衬下，所有蜿蜒起伏的曲线骤然凸显。那阡陌纵横婀娜多姿的线条，如此洒脱流畅、随心所欲，似行云流水亦如空谷传扬的无声旋律，浅唱低吟……

冬梯田，是一幅轮廓分明、庄严冷峻的黑白木刻。

梯田之神奇美妙，在于一年四季变幻着炫示着迥然相异的色彩与风景。梯田之魅力，更在于它并非自然奇观，而是农耕文明积淀千年的人文极品。

那一刻，脑中跳出一句俗语：天工人可代，人工天不知！

梯田之神奇美妙，在于一年四季变幻着炫示着迥然相异的色彩与风景。梯田之魅力，更在于它并非自然奇观，而是农耕文明积淀千年的人文极品。

相传，云和梯田已有千年历史。由闽北迁徙浙南的畲族山民，是云和梯田最早的垦殖者。九山半水半分田的山区，田地最为宝贵。聪明勤劳的农人先祖，用锄头镰刀和汗水，伐去山上的灌木与荆棘，挖去乱石拣尽杂砾，在高低起落的坡地上，经年累月日复一日，开垦出一小块一小块、一小片一小片的田地。或宽或窄的梯田，一长条一小块，不规则地依山势上下伸展。最小的梯田田畔，被称为巴掌田，即便春种一兜稻秧、秋收一把稻谷，也不会轻易放弃。历经千百年实践，先人积累了垦种梯田的丰富经验。无论何样贫瘠陡峭的山地，但凡人迹所至之处，就有了人造的梯田。梯田以水田、树木、竹林调节气候，保持四季的气温与湿度，建立起一个自我循环的生态环境，具有固化山体植被、保护水土流失之功。

曾有疑问：水往低处流，而梯田逐级升高。古代无水泵，水梯田之水，从何而来？

云和人说：山有多高，水有多高。

水有多高，梯田就有多高。

恍然，凡是适合开垦梯田的山地，山上必有水源：泉眼溪流、林木蓄水、雾气雨水农人根据不同的地形土质，修堤筑埂，通过水笕沟渠，将水流引入梯级田畔。自古以来，垦种梯田的人家，多有刻木定水的民约，根据每块田的面积，协商分配各家所需水量。进入21世纪的现代社会，梯田用水则有了更为合理、科学的调配机制。

水是梯田的生命之源。水梯田是用水养出来的。

梯田自成一体的耕作方式，梯田独创的灌溉系统，为中国及东亚的稻作文化，增添了灿烂的一笔。

回望云和梯田，田埂棱角分明，梯级层次清晰，如同一部刻录着中国千年农耕文明成果及非物质文化遗产的立体史册。

在这个以移动为时尚的时代，尚有一种不可移动的物体"梯田"，默默守望着人类共同的家园。

思考练习：

1. 文中画横线的句子主要运用了哪些修辞方法？叠音词的运用有何效果？

答：_____

2. 结合全文内容，简述云和梯田的魅力体现在哪些方面。

答：_____

3. 文章最后一段，梯田加上引号有什么作用？谈谈你对该段的理解。

答：_____

4. 下列对文章的理解正确的两项是（   ）（   ）。

A. 或大或小或长或短弧形椭圆形拱形牛角形簸箕形，这两句话词语间不加标点，使语气连贯，给读者以目不暇接之感。

B. 作者在云和梯田饱览了四季变换之景，故能将梯田描写得具体生动，富于美感。

C. 在山区建成的云和水梯田，是人力征服大自然的产物，体现了古代劳动人民改天换地的气魄与艰苦奋斗的精神。

D. 镜面朝天，映出蓝天里朵朵浮荡的白云，颇有半亩方塘一鉴开，天光云影共徘徊的摹景神韵。

E. 文章通过对云和梯田的优美描写，突出表现了作者对它的喜爱之情，反映出作者对农耕生活的向往。

香　市
茅　盾

"清明"过后，我们镇是照例有所谓"香市"，首尾大约半月。

赶"香市"的群众，主要是农民。"香市"的地点，在社庙。从前农村还是"桃源"的时候，这"香市"面上就是农民的"狂欢节"。因为从"清明"到"谷雨"这二十天内，风暖日丽，正是"行乐"的时令，并且又是"蚕忙"的前夜，所以到"香市"来的农民一半是祈神赐福（蚕花廿四分），一半也是预酬蚕节的辛苦劳作。所谓"借佛游春"是也。

于是"香市"中主要的节目无非是"吃"和"玩"。临时的茶棚，戏法场，弄缸弄甏（〔bèng〕瓮一类的器皿）、走绳索、三上吊的武技班，老虎、矮子、提线戏，髦儿戏，西洋镜——将社庙前的五六十亩地的广场挤得满满的。庙里的主人公是百草梨膏糖，花纸，各式各样泥的纸的金属的玩具，灿如繁星的"烛山"，熏得眼睛流泪的檀香烟，木拜垫上成排的磕头者。庙里庙外，人声和锣鼓声，还有孩子们手里的小喇叭，哨子的声音，混合成一片骚音，三里路外也听得见。

我幼时所见的"香市"，就是这样热闹的。在这"香市"中，我不但鉴赏了所谓"国技"，我还认识了老虎、豹、猴子、穿山甲。所以"香市"也是儿童们的狂欢节。

"革命"以后，为的要"破除迷信"，接连有两年不准举行"香市"。社庙的左屋被"公安分局"借去做了衙门，而庙前广场的一角也筑了篱笆，据说将造公园。社庙的左偏殿上又有什么"蚕种改良所"的招牌。

然而这"迷信"的香市忽又准许举行了。于是我又得机会重温儿时的旧梦，我很高兴地同三位堂妹子（她们运气不好，出世以来没有见过像样的热闹的香市），赶那香市去。

天气虽然很好，"市面"却很不好。社庙前虽然比平日里多了许多人，但那空气里似乎很阴惨。居然有锣鼓的声音，可是那声音单调。庙前的乌龙潭一泓清水依然如昔，可是潭后的那座戏台却坍塌了，屋椽子像瘦人的肋骨似的暴露在"光天化日"之下。一切都不像我儿时所见的香市了！

那末姑且到唯一的锣鼓响的地方去看一看罢。我以为这锣鼓响的是什么变把戏的，一定也是瘪三式的玩意了。然而出忽意料，这是"南洋武术班"，上海的《良友画报》六十二期揭载的"卧钉床"的大力士就是其中一员。那不是无名的"江湖班"。然而他们只售票价十六枚铜元。

看客却也很少，不满二百（我进去的时候，大概只有五六十）。武术班的人们好像有点失望，但仍认真表演了预告中的五六套：马戏，穿剑门，走铅丝，大力士……他们说："今天第一回，人少可是把式不敢马虎，——"他们三条船上的男女老小总共有到三十个！

在我看来，这所谓"南洋武术班"的几套把式比起从前"香市"里的打拳卖膏药的玩意来，委实是好看得多了。要是放在十多年前，怕不是挤得满场没个空隙儿么？但是今天第一天也只得二百来看客。往常"香市"的主角——农民，今天差不多看不见。

后来我知道，镇上的小商人是重兴这"香市"的主动者，他们想借此吸引游客"振兴"市面，可是他们也失望了。

思考练习：

1. 文题"香市"的"香"是指什么？

答：_____

2. 农民赶"香市"，为什么说是"借佛游春"？

答：_____

3. 第二自然段中的"从前农村还是'桃源'的时候"是什么意思？

答：_____

4. 第三自然段是怎样表现出"香市"的热闹的？

答：_____

5. 文中为什么两次提到"狂欢节"？

答：_____

爱尔克的灯光

巴 金

傍晚，我靠着逐渐暗淡的最后的阳光的指引，走过十八年前的故居。这条街、这个建筑物开始在我的眼前隐藏起来，像在躲避一个久别的旧友。但是它们的改变了的面貌于我还是十分亲切。我认识它们，就像认识我自己。还是那样宽的街，宽的房屋。巍峨的门墙代替了太平缸和石狮子，那一对常常做我们坐骑的背脊光滑的雄狮也不知逃进了哪座荒山。然而大门开着，照壁上"长宜子孙"四个字却是原样地嵌在那里，似乎连颜色也不曾被风雨剥蚀。我望着那同样的照壁，我被一种奇异的感情抓住了，我仿佛要在这里看出过去的十九个年头，不，我仿佛要在这里寻找十八年以前的遥远的旧梦。

守门的卫兵用怀疑的眼光看我。他不了解我的心情。他不会认识十八年前的年轻人。他却用眼光驱逐一个人的许多亲密的回忆。

黑暗来了。我的眼睛失掉了一切。于是大门内亮起了灯光。灯光并不曾照亮什么，反而增加了我心上的黑暗。我只得失望地走了。我向着来时的路回去。已经走了四五步，我忽然掉转头，再看那个建筑物。依旧是阴暗中的一线微光。我好像看见一个盛满希望的水碗一下子就落在地上打碎了一般，我痛苦地在心里叫起来。在这条被夜幕覆盖着的近代城市的静寂的街中，我仿佛看见了哈立希岛上的灯光。那应该是姐姐爱尔克点的灯吧。她用这灯光来给她航海的兄弟照路，每夜每夜灯光亮在她的窗前，她一直到死都在等待——那个出远门的兄弟回来。最后她带着失望进入坟墓。

街道仍然是清静的。忽然一个熟悉的声音在我耳边轻轻地唱起了这个欧洲的古传说。在这里不会有人歌咏这样的故事。应该是书本在我心上留下的影响。但是这个时候我想起了自己的事情。

十八年前在一个春天的早晨，我离开这个城市、这条街的时候，我也曾有一个姐姐，也曾答应过有一天回来看她，跟她谈一些外面的事情。我相信自己的诺言。那时我的姐姐还是一个出阁才只一个多月的新嫁娘，都说她有一个性情温良的丈夫，因此也会有长久的幸福的岁月。

然而人的安排终于被"偶然"破坏了。这应该是一个"意外"。但是这"意外"却毫无怜悯地打击了年轻的心。我离家不过一年半光景，就接到了姐姐的死讯。我的哥哥用了颤抖的哭诉的笔叙说一个善良女性的悲惨的结局，还说起她死后受到的冷落的待遇。从此那个做过她丈夫的所谓温良的人改变了，他往一条丧失人性的路走去。他想往上爬，结果却不停地向下面落，终于到了用鸦片烟延续生命的地步。对于姐姐，她生前我没有好好地爱过她，死后也不曾做过一样纪念她的事。她寂寞地活着，寂寞地死去。死带走了她的一切，这就是在我们那个地方的旧式女子的命运。

我在外面一直跑了十八年。我从没有向人谈过我的姐姐。只有偶尔在梦里我看见了爱尔克的灯光。一年前在上海我常常睁起眼睛做梦。我望着远远的在窗前发亮的灯，我面前横着一片大海，灯光在呼唤我，我恨不得腋下生出翅膀，即刻飞到那边去。沉重的梦压住我的心灵，我好像在跟许多无形的魔鬼手挣扎。我望着那灯光，路是那么远，我又没有翅膀。我只有一个渴望：飞！飞！那些熬煎着心的日子！那些可怕的梦魇！

但是我终于出来了。我越过那堆积着像山一样的十八年的长岁月，回到了生我养我而且让我刻印了无数儿时回忆的地方。我走了很多的路。

十九年，似乎一切全变了，又似乎都没有改变。死了许多人，毁了许多家。许多可爱的生命葬入黄土。接着又有许多新的人继续扮演不必要的悲剧。浪费，浪费，还是那许多不必要的浪费——生命，精力，感情，财富，甚至欢笑和眼泪。我去的时候是这样，回来时看见的还是一样的情形。关在这个小圈子里，我禁不住几次问我自己：难道这十八年全是白费的？难道在这许多年中间所改变的就只是装束和名词？我痛苦地搓自己的手，不敢给一个回答。

在这个我永不能忘记的城市里，我度过了无数个傍晚。我花费了自己不少的眼泪和欢笑，也消耗了别人不少的眼泪和欢笑。我匆匆地来，也将匆匆地去。用留恋的眼光看我出生的房屋，这应该是最后的一次了。我的心似乎想在那里寻觅什么。但是我所要的东西绝不会在那里找到。我不会像我的一个姑母或者嫂嫂，设法进到那所已经易了几个主人的公馆，对着园中的老树垂泪，慨叹着一个家族的盛衰。摘吃自己栽种的树上的苦果，这是一个人的本分。我没有跟着那些人走一条路，我当然在这里找不到自己的脚迹。几次走过这个地方，我所看见的还只有那四个字："长宜子孙"。

"长宜子孙"这四个字的年龄比我的不知大了多少。这也该是我祖父留下的东西吧。最近在家里我还读到他的遗嘱。他用空空两手造就了一份家业。到临死还周到地为儿孙安排了舒适的生活。他叮嘱后人保留着他修建的房屋和他辛苦地搜集起来的书画。但是儿孙们回答他的还是同样的字：分和卖。我很奇怪，为什么这样聪明的老人还不明白一个浅显的道理：财富并不"长宜子孙"，倘使不给他们一个生活技能，不向他们指示一条生活道路，"家"这个小圈子只能摧毁年轻心灵的发育成长；倘使不同时让他们睁起眼睛去看广大世界，财富只能毁灭崇高的理想和善良的气质，要是它只消耗在个人的利益上面。

"长宜子孙"，我恨不能削去这四个字！许多可爱的年轻生命被摧践了，许多有为的年轻心灵被囚禁了。许多人在这个小圈子里面憔悴地挨着日子。这就是"家"！"甜蜜的家"！这不是我应该来的地方。爱尔克的灯光不会把我引到这里来的。

于是在一个春天的早晨，依旧是十八年前的那些人把我送到门口，这里面少了几个，也多了几个。还是和那次一样，看不见我姐姐的影子，那次是我没有等待她，这次是我找不到她的坟墓。一个叔父和一个堂兄弟到车站送我，十八年前他们也送过我一段路程。

我高兴地来，痛苦地去。汽车离站时我心里的确充满了留恋。但是清晨的微风，路上的尘土，马达的叫吼，车轮的滚动，和广大田野里一片盛开的菜子花，这一切驱散了我的离愁。我不顾同行者的劝告，把头伸到车窗外面，去呼吸广大天幕下的新鲜空气。我很高兴，自己又一次离开了狭小的家，走向广大的世界中去！

　　忽然在前面田野里一片绿的蚕豆和黄的菜花中间，我仿佛又看见了一线光，一个亮，这还是我常常看见的灯光。这不会是爱尔克的灯里照出来的，我那个可怜的姐姐已经死去了。这一定是我的心灵的灯，它永远给我指示我应该走的路。

思考练习：

1. 谈谈你对文中"我望着那同样的照壁，我被一种奇异的感情抓住了"一句中"奇异的感情"的理解。

答：_____

2. 联系上下文，说说文中两个画线句子的表达效果。

（1）清晨的微风，路上的尘土，马达的叫吼，车轮的滚动，和广大田野里一片盛开的菜子花，这一切驱散了我的离愁。

答：_____

（2）但是这"意外"却毫无怜悯地打击了年轻的心。

答：_____

3. 作者在文中多次提到"长宜子孙"四个字，有何用意？

答：_____

4. 这篇散文中，作者写到了三种不同的灯光，分别有着怎样的象征意义？

答：_____

答题步骤小结：

1. 审题，明确考点。

2. 带着问题阅读原文。

3. 边读边标注、圈划重点词句。

4. 注意句式变化。

5. 每个题目都要认真锁定范围。

6. 联系上下文回答问题。

● 三、议论文阅读训练 ●

议论文是对某个问题或某件事进行分析、评论，表明自己的观点、立场、态度、看法和主张的一种文体。

(一) 议论文的特点

议论文三要素是论点、论据、论证，即是什么、为什么、怎么做。论题是有待于证明的命题。

论点（需要证明什么），是正确、鲜明阐述作者观点的句子，是一篇文章的灵魂、统率。任何一篇文章只有一个中心论点，一般可以有分论点。

论点的位置有五个：文题、开头、文章段落开头，文章中间、结尾。较多情况是在文章的开头或结尾，段落论点也是如此。当开始与结尾出现类似的语句时，开头的为论点，结尾处的是呼应论点。

有的议论文的论点在文章中用明确的语句表达出来，我们只要把它们找出来即可；有的则没有用明确的语句直接表述出来，需要读者自己去提取、概括。概括出的句子不应含有修辞等手法。

注意：反问句与比喻句不能作为论点，必须是陈述句。

论据（用什么来证明）是支撑论点的材料，是作者用来证明论点的理由和根据，分为事实论据和理论论据两种。

1. 事实论据：事实在议论文中论据作用十分明显，分析事实，看出道理，检验它与文章点在逻辑上是否一致。事实论据主要有代表性的事例、确凿的数据、可靠的史实等。

2. 理论论据：作为论据的理论总是读者比较熟悉的，或者是为社会普遍承认的，它们是对大量事实抽象、概括的结果。理论论据包括名言警句、谚语格言及作者的说理分析。

使用论据的要求：

① 确凿性。我们必须选择那些确凿的、典型的事实。引用经过实践检验的理论材料作为论据时，必须注意所引理论本身的精确涵义。

② 典型性。引用的事例应该具有广泛的代表性，代表这一类事物的普遍特点和一

般性质。

③ 论据与论点的统一。论据是为了证明论点的，因此，两者联系应该紧密一致。

论证（怎样来证明）是用严密论据来证明论点的过程。论证的目的在于揭示出论点和论据之间的内在逻辑关系。

(二) 议论文的分类

议论文的论证一般分为立论和驳论两大类型。

立论文

1. 定义：以议论为主要表达方式，通过讲事实、摆道理，直接表达自己的观点和主张的文章体裁。

2. 要求：① 要对论述的问题有正确的看法；② 用充足有说服力的论据；③ 要言之有理，合乎逻辑。

驳论文

1. 定义：论辩是针对对方的观点加以批驳，在批驳的同时阐述己方的观点

2. 方式：①提出论点；②证明论点；③总结论点。

3. 驳论文的破立结合：首先指出对方错误的实质，再批驳已指出的错误论点，并在批驳的同时或之后针锋相对地提出自己的正确观点加以论证。

(三) 论证方法

1. 举例论证（例证法）：列举确凿、充分、有代表性的事例证明论点。

作用：具体有力地论证观点（中心论点或分论点），增强文章的说服力。

2. 引用论证（理证法、引证法）：引用论证比较复杂，这与具体的引用材料有关，有引用名人名言、格言警句、权威数据、名人佚事、笑话趣闻等各种情况。

分析引用论证的作用要具体分析：如引用名人名言、格言警句、权威数据，有力地论证了观点（中心论点或分论点），可以增强论证的说服力和权威性；引用名人佚事、奇闻趣事，可以增强论证的趣味性，吸引读者往下读。

3. 对比论证：拿正反两方面的论点或论据作对比，在对比中证明论点。

作用：全面地突出论证观点（中心论点或分论点），让人印象深刻。

4. 类比论证：通过已知事物（或事例）与跟它有某些相同特点的事物（或事例）进行比较类推从而证明论点的论证方法。

作用：通过客体事物与主体事物相同特点的比较，把客体事物的性质类推到主体

事物上，由此揭示出主体事物具有客体事物同样的性质，从而达到证明论点的目的。

5.比喻论证：用人们熟知的事物作比喻来证明论点。

作用：生动形象地论证了观点（中心论点或分论点），使文章浅显易懂，易于理解和接受。

6.归纳论证：用列举具体事例来论证一般结论的方法。

7.演绎论证：根据一般原理或结论来论证个别事例的方法，即用普遍性的论据来证明特殊性的论点。

8.因果论证：通过分析事理、揭示论点和论据之间的因果关系来证明论点。

作用：因果论证可以用因证果，或以果证因，还可以因果互证。

(四) 专题训练

创造宣言（节录）

陶行知

创造主未完成之工作，让我们接过来，继续创造。

宗教家创造出神来供自己崇拜。省事者把别人创造的现成之神来崇拜。恋爱无上主义者造出爱人来崇拜。美术家如罗丹，是一面造石像，一面崇拜自己的创造。

教育者不是造神，不是造石像，不是造爱人，他们所要创造的是真善美的活人。真善美的活人，是我们的神，是我们的石像，是我们的爱人。教师的成功，是创造出值得自己崇拜的人。先生之最大的快乐，是创造出值得自己崇拜的学生。说得正确些，先生创造学生，学生也创造先生，学生先生合作而创造出值得彼此崇拜之活人。倘若创造出丑恶的活人，不但是所塑之像失败，亦是合作塑像者之失败。倘若活人之塑像是由于集体的创造，而不是个人的创造，那么这成功失败也是属于集体，而不是仅仅属于个人。在一个集体当中，每一个活人之塑像，是这个人来一刀，那个人来一刀，有时是万刀齐发，倘使刀法不合于交响曲之节奏，那便处处是伤痕，而难以成为真善美之活塑像。

教育者也要创造值得自己崇拜之创造理论和创造技术。活人的塑像和大理石的塑像有一点不同，刀法如果用得不对，可能万像同毁；刀法如果用得对，则一笔下去，画龙点睛。

有人说：环境太平凡了，不能创造。平凡无过于一张白纸，八大山人挥毫画他几笔，便成为一幅名贵的杰作。平凡也无过于一块石头，到了米开朗琪罗的手里，可以成为不朽的塑像。

有人说，生活太单调了，不能创造。单调无过于坐监牢，但是就在监牢中，产生了《易经》之卦辞，产生了《正气歌》。单调又无过于沙漠了，而雷赛布竟能在沙漠中造成苏伊士运河，把地中海与红海贯通起来。

可见平凡单调，只是懒惰者之遁词。既已不平凡不单调了，又何须再创造。我们是要在平凡上造出不平凡；在单调上造出不单调。

有人说：年纪太小，不能创造，见着幼年研究生之名而哈哈大笑。但是当你把莫扎特、爱迪生及冲破父亲数学层层封锁之帕斯卡的幼年研究生活翻给他看，他又只好哑口无言了。

有人说：我是太无能了，不能创造。可是鲁钝的曾参，传了孔子的道统；不识字的惠能传了黄梅的教义。惠能说："下下人有上上智。"我们岂可以自暴自弃呢！可见，无能也是借口。

有人说：山穷水尽，走投无路，陷入绝境，等死而已，不能创造。但是遭遇八十一难之玄奘，毕竟取得佛经；粮水断绝，众叛亲离之哥伦布，毕竟发现了美洲；冻饿病三重压迫下之莫扎特，毕竟写出了《安魂曲》。绝望是懦夫的幻想。歌德说：没有勇气，一切都完。是的，生路是要勇气探出来、走出来、造出来的。这只是一半真理；当英雄无用武之地，他除了大无畏之斧，还得有智慧之剑、金刚之信念与意志，才能开出一条生路。

所以，处处是创造之地，天天是创造之时，人人是创造之人，让我们至少走两步退一步，向着创造之路迈进吧！

创造之神，你回来呀！只要你肯回来，我们愿意把一切——我们的汗，我们的血，我们的心，我们的生命——都献给你。

只要有一滴汗，一滴血，一滴热情，便是创造之神所爱住的行宫，就能开创造之花，结创造之果，繁殖创造之森林。

思考练习：

1. 文中批评了哪五种"不能创造"的错误观点？作者得出的结论是什么？

   五种错误的观点：①＿＿＿＿＿＿＿；②＿＿＿＿＿＿＿；③＿＿＿＿＿＿＿；
   ④＿＿＿＿＿＿＿；⑤＿＿＿＿＿＿＿。（不超过20个字）作者得出的结论：＿＿＿＿＿＿＿＿＿＿＿＿＿＿＿＿＿＿＿。（不超过12个字）

2. 第三段中说"刀法如果用得不对，可能万像同毁；刀法如果用得对，则一笔下去，画龙点睛"。这里所用的几个比喻句分别比喻什么？

3. 这篇《创造宣言》认为教育的最大成功是什么？为获得这一成功，教育者要注意哪些问题？

4. 下列对文章的赏析，不正确的两项是（　　）（　　）。

    A. "合于交响曲之节奏"，是说集体创造活人之塑像应遵循相互合作与协调原理。

    B. 作者引用歌德的话"没有勇气，一切都完"，着重证明唯有大无畏精神才是创造取得成功的关键。

    C. "走两步退一步"隐含着创造之路虽有曲折坎坷，但还是要不断前进的意思。

    D. "创造之神所爱住的行宫"意指创造之神往往钟情于勤奋而勇于奉献的人。

    E. 本文的主旨可以概括为主要论述教育者需要探索创造理论和创造技术。

    F. 作者善于用排比的手法来增强文章的气势、说理效果和感染力。

论毅力

梁启超

天下古今成败之林，若是其莽然不一途也。要其何以成，何以败？曰：有毅力者成，反是者败。

盖人生历程，大抵逆境居十六七，顺境亦居十三四，而顺逆两境又常相间以迭乘。无论事之大小，必有数次乃至十数次之阻力，其阻力虽或大或小，而要之必无可逃避者也。其在志力薄弱之士，始固曰吾欲云云，其意以为天下事固易易也，及骤尝焉而阻力猝来，颓然丧矣；其次弱者，乘一时之意气，透过此第一关，遇再挫而退；稍强者，遇三四挫而退；更稍强者，遇五六挫而退；其事愈大者，其遇挫愈多；其不退也愈难，非至强之人，未有能善于其终者也。

夫苟其挫而不退矣，则小逆之后，必有小顺。大逆之后，必有大顺。盘根错节之既经，而随有应刃而解之一日。旁观者徒艳羡其功之成，以为是殆幸运儿，而天有以宠彼也，又以为我塞于遭逢，故所就不彼若也。庸讵知所谓塞焉、幸焉者，皆彼与我之相同，而其能征服此塞焉，利用此幸焉与否，即彼成我败所由判也。更譬诸操舟，如以兼旬之期，行千里之地者，其间风潮之或顺或逆，常相参伍。彼以坚苦忍耐之力，冒其逆而突过之，而后得从容以进度其顺。我则或一日而返焉，或二三日而返焉，或五六日而返焉，故彼岸终不可达也。

孔子曰："譬如为山，未成一篑，止，吾止也；譬如平地，虽覆一篑，进，吾往也。"孟子曰："有为者，譬若掘井，掘井九仞，而不及泉，犹为弃井也。"成败之数，视此而已。

思考练习：

1. 选文第②段为什么要——罗列意志能力"薄弱的"、"较弱的"、"稍强的"、"又坚强些的"这四种人的表现？

2. 选文第③段"拿驾船来做比方"，有什么作用？

3. 文章结尾说"成败的规律，在此而已"，联系全文，说说成败的规律是什么。

灯下漫笔（节录）
鲁　迅

实际上，中国人向来就没有争到过"人"的价格，至多不过是奴隶，到现在还如此，然而下于奴隶的时候，却是数见不鲜的。中国的百姓是中立的，战时连自己也不知道属于哪一面，但又属于无论哪一面。强盗来了，就属于官，当然该被杀掠；官兵既到，该是自家人了罢，但仍然要被杀掠，仿佛又属于强盗似的。这时候，百姓就希望有一个一定的主子，拿他们去做百姓，——不敢，是拿他们去做牛马，情愿自己寻草吃，只求他决定他们怎样跑。

假使真有谁能够替他们决定，定下什么奴隶规则来，自然就"皇恩浩荡"了。可惜的是往往暂时没有谁能定。举其大者，则如五胡十六国的时候，黄巢的时候，五代时候，宋末元末时候，除了老例的服役纳粮以外，都还要受意外的灾殃。张献忠的脾气更古怪了，不服役纳粮的要杀，服役纳粮的也要杀，敌他的要杀，降他的也要杀：将奴隶规则毁得粉碎。这时候，百姓就希望来一个另外的主子，较为顾及他们的奴隶规则的，无论仍旧，或者新颁，总之是有一种规则，使他们可上奴隶的轨道。

"时日曷丧，予及汝偕亡！"愤言而已，决心实行的不多见。实际上大概是群盗如麻，纷乱至极之后，就有一个较强，或较聪明，或较狡猾，或是外族的人物出来，较有秩序地收拾了天下。厘定规则：怎样服役，怎样纳粮，怎样磕头，怎样颂圣。而且这规则是不像现在那样朝三暮四的。于是便"万姓胪欢"了；用成语来说，就叫作

"天下太平"。

任凭你爱排场的学者们怎样铺张，修史设些什么"汉族发祥时代""汉族发达时代""汉族中兴时代"的好题目，好意诚然是可感的，但措辞太绕弯子了。有更其直捷了当的说法在这里——

一、想做奴隶而不得的时代；

二、暂时做稳了奴隶的时代。

这一种循环，也就是"先儒"之所谓"一治一乱"；那些作乱人物，从后日的"臣民"看来，是给"主子"清道辟路的，所以说："为圣天子驱除云尔。"

现在入了哪一时代，我也不了然。但看国学家的崇奉国粹，文学家的赞叹固有文明，道学家的热心复古，可见于现状都已不满了。然而我们究竟正向着哪一条路走呢？百姓是一遇到莫名其妙的战争，稍富的迁进租界，妇孺则避入教堂里去了，因为那些地方都比较的"稳"，暂不至于想做奴隶而不得。总而言之，复古的，避难的，无智愚贤不肖，似乎都已神往于三百年前的太平盛世，就是"暂时做稳了奴隶的时代"了。

但我们也就都像古人一样，永久满足于"古已有之"的时代么？都像复古家一样，不满于现在，就神往于三百年前的太平盛世么？

自然，也不满于现在的，但是，无须反顾，因为前面还有道路在。而创造这中国历史上未曾有过的第三样时代，则是现在的青年的使命！

（选自《坟》）

思考练习：

1. 本文从论述思路上看可分为两个部分，请对这两部分内容进行简要概括。

2. 作者把几千年的中国历史概括为"两个时代"，试从文中找出这一论断的依据。

3. 结合全文，说说"'人'的价格"该如何理解。文章结尾所说"第三样时代"又是怎样的时代？

四、小说阅读分析

(一) 小说的特点

小说是以刻画人物形象为中心，通过完整的故事情节和环境描写来反映社会生活的文学体裁。

1. 小说种类：长篇小说、中篇小说、短篇小说、小小说。

2. 小说三要素：人物、环境、情节。

3. 环境的种类及作用

（1）自然环境：交代故事发生的时间、地点及人物活动的空间，衬托人物的心情。

（2）社会环境：交代事件发生的社会背景、时代特征，衬托人物性格，推动情节发展，揭示文章主题。

4. 情节构成要素：（序幕）开端、发展、高潮、结局（尾声）。

5. 续写小说结尾时注意事项：按照小说故事情节发展的规律续写，要简洁含蓄，富有哲理，引人深思。

(二) 专题训练

阅读《宝玉挨打》中的一段文字，完成文后各题。

"早听人一句话，也不至今日。别说老太太、太太心疼，就是我们看着，心里也疼。"刚说了半句又忙咽住，不觉的就红了脸，低下头来。

思考练习：

1. 这段文字里是谁在对谁说话？

2. 从这段话里可以看出说话者是怎样的一个人？

3. 这段文字采用了怎样的人物描写方法？

阅读文段，完成文后题目。

《阿Q正传》中的人物阿Q，是典型的落后农民形象的代表，他既苦大仇深，受尽有钱人的凌辱，又愚昧无知，沾染一些游手好闲的流氓习气，最后竟稀里糊涂地被当作革命党枪毙了。其中阿Q临刑前画押的细节描写非常精彩："要画圆圈了，那手捏着笔只是抖，于是那人将纸铺在地上，阿Q伏下去，使尽平生的力画圆圈。他生怕被人笑话，立志要画得圆，但这可恶的笔不但很沉重，并且不听话，刚刚一抖一抖的几乎合缝，却又向外一耸，成了瓜子模样了。"

思考练习：

为什么说上面的细节描写非常精彩？

阅读下面一段对话，然后回答问题。

"就是——"她走近两步，放低了声音，极秘密似的切切的说，"一个人死了之后，究竟有没有魂灵的？"

……

"也许有罢，——我想。"……

"那么，也就有地狱了？"……"地狱？——论理，就该也有。——然而也未必，……"

"那么，死掉的一家人，都能见面的？"

"唉唉，见面不见面呢？那是，……实在，我说不清……。"

思考练习：

1. 祥林嫂临死前提出这些问题说明了什么？

2. "我"的答话起了什么作用？从中可以看出"我"是个什么样的人？

3. 为什么说祥林嫂对"魂灵"既希望其有，又希望其无？

五、戏剧阅读分析

戏剧是一种综合的舞台艺术，它借助文学、音乐、舞蹈、美术等艺术手段塑造舞台艺术形象，揭示社会矛盾，反映现实生活。

(一) 戏剧文学（剧本）的特点

戏剧文学（剧本）是舞台演出的依据和基础，是戏剧的主要组成部分，直接决定着戏剧的思想性和艺术性。

剧本一般有以下几个特点：

1. 有尖锐的矛盾冲突即戏剧冲突。戏剧冲突展现人物性格特点，推动剧情的发展，揭示作品的主题。戏剧冲突的发展变化过程就构成了剧本的情节结构。剧本的情节结构，一般可分为开端、发展、高潮和结局四部分，有的多幕剧还有序幕和尾声。

2. 主要运用人物语言（对话、唱词、独白、旁白）、动作塑造人物形象。人物语言、动作高度个性化，符合各自身份和性格特点。

3. 适合舞台演出。人物、事件、时间、地点高度集中，人物不能太多，事件不能纷繁，场景不能过多地变换。

4. 有舞台说明。舞台说明写在每一幕（或场）的开端、结尾和对话中间，内容包括人物、时间、地点、服装、道具、布景以及人物的表情、动作、上下场等。

(二) 剧本的情节结构

开端：介绍人物关系和揭示矛盾冲突。

发展：描写情节的波澜起伏，一波未平一波又起，一步步把矛盾冲突推向高潮。

高潮：矛盾冲突发展到顶点并表现出急剧转化的局面。

结局：结局是情节发展的必然结果，也是矛盾冲突的解决。

尾声：与序呼应，对剧本的思想内容做些启示，引起人们的联想和展望。

(三) 戏剧的分类

根据表演形式的不同可以分为话剧、歌剧、舞剧、戏曲等。

话剧以对话为主，如《雷电颂》。歌剧以歌唱为主，如《白毛女》《图兰朵》。舞剧以舞蹈为主，如《丝路花雨》。

根据剧情的繁简和结构的不同，戏剧可分为多幕剧和独幕剧。

根据题材所反映的时代的不同，戏剧可分为历史剧和现代剧。

根据矛盾冲突性质和表现手法的不同，戏剧还可以分为喜剧、悲剧和正剧。喜剧：多以夸张的手法、巧妙的结构、诙谐的台词及对喜剧性格的刻画引人发笑。悲剧：以剧中主人公与现实之间不可调和的冲突及其悲惨的结局，构成基本内容的作品。（鲁迅："悲剧是将人生有价值的东西毁灭给人看。"）正剧：主要在于人物命运、事件结局的完满性。它既指完美的收场、幸福的结局，又指生活的肯定方面或生活的否定方面。

（四）专题训练

阅读《哈姆莱特》（节选）中的文字，完成文后题目。

哈姆雷特：生存还是毁灭？这是个问题。究竟哪样更高贵？去忍受那狂暴的命运无情的摧残，还是挺身去反抗那无边的烦恼，把它扫一个干净？去死，去睡就结束了，如果睡眠能结束我们心灵的创伤和肉体所承受的千百种痛苦，那真是生存求之不得的天大的好事。去死，去睡！去睡，也许会做梦！唉，这就麻烦了，即使摆脱了这尘世，可在这死的睡眠里又会做些什么梦呢？真得想一想，就这点顾虑使人受着终身的折磨。谁甘心忍受那鞭打和嘲弄，受人压迫，受尽侮蔑和轻视，忍受那失恋的痛苦，法庭的拖延，衙门的横征暴敛。默默无闻的劳碌却只换来多少凌辱。但他自己只要用把尖刀就能解脱了。谁也不甘心，呻吟、流汗拖着这残生，可是对死后又感觉到恐惧，又从来没有任何人从死亡的国土里回来，因此动摇了，宁愿忍受着目前的苦难，而不愿投奔向另一种苦难。顾虑就是我们都变成了懦夫，使得那果断的本色蒙上了一层思虑的、惨白的容颜，本来可以做出伟大的事业，由于思虑就化为乌有了，丧失了行动的能力。

思考练习：

1.这段台词是（　　　）。

A.旁白　　　　　　　　B.对白　　　　　　　　C.独白

2.这段台词表现了人物怎样的心情？

3."一千个读者就有一千个哈姆雷特。"这句话该怎样理解？

4. 在困境中思考和挣扎的人必须要有坚定的信念才可能走出困境。"生存还是毁灭"这句名言曾激励了许多人思考人生，积极进取。请你也写出一句鼓励自己奋斗进取的警句。

    阅读《雷雨》（片段）中的文字，完成文后各题。

    片段一（选自第一幕，周朴园逼繁漪吃药。朴指周朴园，四指四凤，繁指繁漪，冲指周冲，萍指周萍。）

    朴：（四凤端茶，放朴面前。）四凤，——（向冲）你先等一等。（向四凤）叫你跟太太煎的药呢？

    四：煎好了。

    朴：为什么不拿来？

    四：（看繁漪，不说话）。

    繁：（觉出四周的征兆有些恶相）她刚才跟我倒来了，我没有喝。

    朴：为什么？（停，向四凤）药呢？

    繁：（快说）倒了。我叫四凤倒了。

    朴：（慢）倒了？哦？（更慢）倒了！——（向四凤）药还有么？

    四：药罐里还有一点。

    朴：（低而缓地）倒了来。

    繁：（反抗地）我不愿意喝这种苦东西。

    朴：（向四凤，高声）倒了来。

    ［四凤走到左面倒药。］

    冲：爸，妈不愿意，你何必这样强迫呢？

    朴：你同你妈都不知道自己的病在那儿。（向繁漪低声）你喝了，就会完全好的。（见四凤犹豫，指药）送到太太那里去。

    繁：（顺忍地）好，先放在这儿。

    朴：（不高兴地）不。你最好现在喝了它吧。

    繁：（忽然）四凤，你把它拿走。

    朴：（忽然严厉地）喝了药，不要任性，当着这么大的孩子。

    繁：（声颤）我不想喝。

    朴：冲儿，你把药端到母亲面前去。

冲：（反抗地）爸！

朴（怒视）去！

[冲只好把药端到繁漪面前。]

朴：说，请母亲喝。

冲：（拿着药碗，手发颤，回头，高声）爸，您不要这样。

朴：（高声地）我要你说。

萍：（低头，至冲前，低声）听父亲的话吧，父亲的脾气你是知道的。

冲：（无法，含着泪，向着母亲）您喝吧，为我喝一点吧，要不然，父亲的气是不会消的。

繁：（恳求地）哦，留着我晚上喝不成么？

朴：（冷峻地）繁漪，当了母亲的人，处处应当替子女着想，就是自己不保重身体，也应当替孩子做个服从的榜样。

繁：（四面看一看，望望朴园又望望萍。拿起药，落下眼泪，忽而又放下）哦！不！我喝不下！

朴：萍儿，劝你母亲喝下去。

萍：爸！我——

朴：去，走到母亲面前！跪下，劝你的母亲。

[萍走至繁漪面前。]

萍：（求恕地）哦，爸爸！

朴：（高声）跪下！（萍望着繁漪和冲；繁漪泪痕满面，冲全身发抖）叫你跪下！（萍正向下跪）

繁：（望着萍，不等萍跪下，急促地）我喝，我现在喝！（拿碗，喝了两口，气得眼泪又涌出来，她望一望朴园的峻厉的眼和苦恼着的萍，咽下愤恨，一气喝下！）哦……（哭着，由右边饭厅跑下。）

片段二（选自第二幕）

繁：我希望你明白方才的情景。这不是一天的事情。

萍：（躲避地）父亲一向是那样，他说一句就是一句的。

繁：可是人家说一句，我就要听一句，那是违背我的本性的。

萍：我明白你。（强笑）那么你顶好不听他的话就得了。

繁：萍，我盼望你还是从前那样诚恳的人。顶好不要学着现在一般青年人玩世不恭的态度。你知道我没有你在我面前，这样，我已经很苦了。

萍：所以我就要走了。不要叫我们见着，互相提醒我们最后悔的事情。

繁：我不后悔，我向来做事没有后悔过。

萍：（不得已地）我想，我很明白地对你表示过。这些日子我没有见你，我想你很明白。

繁：很明白。

萍：那么，我是个最糊涂，最不明白的人。我后悔，我认为我生平做错一件大事。我对不起自己，对不起弟弟，更对不起父亲。

繁：（低沉地）但是最对不起的人有一个，你反而轻轻地忘了。

萍：我最对不起的人，自然也有，但是我不必同你说。

繁：（冷笑）那不是她！你最对不起的是我，是不曾经引诱的后母！

萍：（有些怕她）你疯了。

繁：你欠了我一笔债，你对我负着责任；你不能看见了新的世界，就一个人跑。

萍：我认为你用的这些字眼，简直可怕。这种字句不是在父亲这样——这样体面的家庭里说的。

繁：（气极）父亲，父亲，你撇开你的父亲吧！体面？你也说体面？（冷笑）我在这样的体面家庭已经十八年啦。周家家庭里做出的罪恶，我听过，我见过，我做过。我始终不是你们周家的人。我做的事，我自己负责任。不像你们的祖父，叔祖，同你们的好父亲，偷偷做出许多可怕的事情，祸移在别人身上，外面还是一副道德面孔，慈善家，社会上的好人物。

萍：繁漪，大家庭自然免不了不良分子，不过我们这一支，除了我，……

繁：都一样，你父亲是第一个伪君子，他从前就引诱过一个良家的姑娘。

萍：你不要乱说话。

繁：萍，你再听清楚点，你就是你父亲的私生子！

萍：（惊异而无主地）你瞎说，你有什么证据？

繁：请你问你的体面父亲，这是他十五年前喝醉了的时候告诉我的。（指桌上相片）你就是这年青的姑娘生的小孩。她因为你父亲又不要她，就自己投河死了。

萍：你，你，你简直……——好，好，（强笑）我都承认。你预备怎么样？你要跟我说什么？

繁：你父亲对不起我，他用同样手段把我骗到你们家来，我逃不开，生了冲儿。十几年来像刚才一样的凶横，把我渐渐地磨成了石头样的死人。你突然从家乡出来，是你，是你把我引到一条母亲不像母亲，情妇不像情妇的路上去。是你引诱我的！

萍：引诱！我请你不要用这两个字好不好？你知道当时的情形怎么样？

繁：你忘记了在这屋子里，半夜，我哭的时候，你叹息着说的话么？你说你恨你的父亲，你说过，你愿他死，就是犯了灭伦的罪也干。

萍：你忘了。那时我年青，我的热叫我说出来这样糊涂的话。

繁：你忘了，我虽然只比你大几岁，那时，我总还是你的母亲，你知道你不该对我说这种话么？

萍：哦——（叹一口气）总之，你不该嫁到周家来，周家的空气满是罪恶。

繁：对了，罪恶，罪恶。你的祖宗就不曾清白过，你们家里永远是不干净。

萍：年青人一时糊涂，做错了的事，你就不肯原谅么？（苦恼地皱着眉）

繁：这不是原谅不原谅的问题，我已预备好棺材，安安静静地等死，一个人偏把我救活了又不理我，撇得我枯死，慢慢地渴死。让你说，我该怎么办？

萍：那，那我也不知道，你来说吧！

繁：（一字一字地）我希望你不要走。

萍：怎么，你要我陪着你，在这样的家庭，每天想着过去的罪恶，这样活活地闷死么？

繁：你既知道这家庭可以闷死人，你怎么肯一个人走，把我放在家里？

萍：你没有权利说这种话，你是冲弟弟的母亲。

繁：我不是！我不是！自从我把我的性命，名誉，交给你，我什么都不顾了。我不是他的母亲。不是，不是，我也不是周朴园的妻子。

萍：（冷冷地）如果你以为你不是父亲的妻子，我自己还承认我是我父亲的儿子。

繁：（不曾想到他会说这一句话，呆了一下）哦，你是你父亲的儿子。——这些月，你特别不来看我，是怕你的父亲？

萍：也可以说是怕他，才这样的吧。

繁：你这一次到矿上去，也是学着你父亲的英雄榜样，把一个真正明白你，爱你的人丢开不管么？

萍：这么解释也未尝不可。

繁：（冷冷地）怎么说，你到底是你父亲的儿子。（笑）父亲的儿子？（狂笑）父亲的儿子？（狂笑，忽然冷静严厉地）哼，都是没有用，胆小怕事，不值得人为他牺牲的东西！我恨着我早没有知道你！

萍：那么你现在知道了！我对不起你，我已经同你详细解释过，我厌恶这种不自然的关系。我告诉你，我厌恶。我负起我的责任，我承认我那时的错，然而叫我犯了那样的错，你也不能完全没有责任。你是我认为最聪明，最能了解的女子，所以我想，你最后会原谅我。我的态度，你现在骂我玩世不恭也好，不负责任也好，我告诉

你，我盼望这一次的谈话是我们最末一次谈话了。(走向饭厅门)

繁：(沉重地语气)站着。(萍立住)我希望你明白我刚才说的话，我不是来求你。我盼望你用你的心，想一想，过去我们在这屋子里说的，(停，难过)许多，许多的话。一个女子，你记着，不能受两代的欺侮，你可以想一想。

萍：我已经想得很透彻，我自己这些天的痛苦，我想你不是不知道，好请你让我走吧。

[周萍由饭厅下，繁漪的眼泪一颗颗地流在腮上，她走到镜台前，照着自己苍白的有皱纹的脸，便嘤嘤地扑在镜台上哭起来。]

思考练习：

1.阅读片段一，品味关于繁漪的舞台说明，说说她的心理变化过程。

2.阅读片段一的台词，尤其是画线部分的台词，分析周朴园的性格特征。

3.阅读片段二，说说"怎么说，你到底是你父亲的儿子"的含义。

4.结合两个片段，简要分析繁漪的人物形象。

第四部分　阅读鉴赏技巧

● 一、考点分析 ●

作品阅读分析有章可循，具体如下：

要分析文体。以作品的语言、格律、意象、体裁、艺术手法的独特性为基础。

要全面阅读。阅读文章，审读题目要求。

要整体阅读。感知语境、语义，梳理情节，分析层次结构，把握主旨。

要精准阅读。圈划重点语词，结构具体语境挖掘内含。

要有序阅读。一读标题，二读作者，三读题干，四读内容，五读结构，六读手法，七读细节。

山东省专升本《要求》相关内容如下：

（一）了解作者生平及作品反映的时代背景与社会生活；

（二）领会并能够准确分析作品的体裁特征、主要表现手法、写作特色；

（三）赏析作品中的文学形象，品味作品的语言特色；

（四）把握并归纳作品的主旨，理解作品的思想意义。

要认真读文品情，培养语感。要加强阅读练习，理解文体特征，理解语词、篇章结构、修辞手法、表现手法的作用。

以诗歌为例。诗歌的语言，是诗人情感的物化，带有诗人情感的特质。因此，在诗歌中经常会出现一些"非常态"语言：奇妙的比喻，离奇的想象或联想，字词的活用，语序的颠倒，成分的缺失等。这些，都是诗歌语言的常见特征。如，余光中的《碧潭》：

> 如果碧潭再玻璃些
> 就可以照我忧伤的侧影

> 如果舴艋再舴艋些
> 我的忧伤就灭顶

诗节中"玻璃"和"舴艋"都发生了词性的变化，都由名词活用成了形容词。虽看似不合语法，然而要远比说成"如果碧潭再透明些"和"如果舴艋再小些"要好得多。

闻一多先生在《诗的格律》中提出"三美理论"，系统地提出"诗的实力不独包括音乐的美（音节）、绘画的美（词藻），并且还有建筑的美（节的匀称和句的均齐）"。

阅读《死水》，回答1～4题。

死　水
闻一多

这是/一沟/绝望的/死水，
清风/吹不起/半点/漪沦。
不如/多仍些/破铜/烂铁，
爽性/泼你的/剩菜/残羹。

也许/铜的/要绿成/翡翠，
铁罐上/绣出/几瓣/桃花。
再让/油腻/织一层/罗绮，
霉菌/给他/蒸出些/云霞。

让死水/酵成/一沟/绿酒，
飘满了/珍珠/似的/白沫；
小珠们/笑声/变成/大珠，
又被/偷酒的/花蚊/咬破。

那么/一沟/绝望的/死水，
也就/跨得上/几分/鲜明。
如果/青蛙/耐不住/寂寞，
又算/死水/叫出了/歌声。

这是/一沟/绝望的/死水，

这里/断不是/美的/所在，

不如/让给/丑恶来/开垦，

看他/造出个/什么/世界。

1. "这是一沟绝望的死水"中"绝望"一词的含义和作用是什么？

2. 如何理解"不如多扔些破铜烂铁，爽性泼你的剩菜残羹"？

3. "丑恶"指什么？如何理解"造出个什么世界"？

4. 闻一多创作诗歌讲究"三美"，即"音乐美、绘画美、建筑美"，本诗就体现了他的"三美"主张。请举例分析其中的一美。

阅读《乡愁》，回答1～4题。

小时候，乡愁是一枚小小的邮票，

我在这头，母亲在那头。

长大后，乡愁是一张窄窄的船票，

我在这头，新娘在那头。

后来啊，乡愁是一方矮矮的坟墓，

我在外头，母亲在里头。

而现在，乡愁是一湾浅浅的海峡，

我在这头，大陆在那头。

1. 朗读这首诗的感情基调应该是（ ）。

　　A. 急速、悲壮 　　　　　　　　　B. 欢快、幸福

　　C. 缓慢、忧伤 　　　　　　　　　D. 轻柔、平淡

2. 全诗是采用什么顺序、以什么为线索来写的？

3. 作者在《乡愁》用了哪些意象来表现其乡愁的？这样写有什么好处？

4. 这首诗的结构形式体现出既统一又变化的美，你是怎样理解这一点的？请简要说明。

　　阅读《乡愁四韵》，完成1~2题。

乡愁四韵

给我一瓢长江水啊长江水

酒一样的长江水

醉酒的滋味

是乡愁的滋味

给我一瓢长江水啊长江水

给我一张海棠红啊海棠红

血一样的海棠红

沸血的烧痛

是乡愁的烧痛

给我一张海棠红啊海棠红

给我一片雪花白啊雪花白

信一样的雪花白

家信的等待

是乡愁的等待

给我一片雪花白啊雪花白

给我一朵腊梅香啊腊梅香

母亲一样的腊梅香

母亲的芬芳

是乡土的芬芳

给我一朵腊梅香啊腊梅香

1. 《乡愁四韵》各塑造了什么意象?

第一韵的意象: _____ ; 第二韵的意象: _____ ;

第三韵的意象: _____ ; 第四韵的意象: _____ 。

2. 下列对本诗分析鉴赏不正确的一项是( )。

A. 本诗作者深得古风之奥妙,写得一清如水,比白居易写得还明白,真正是现代的新民歌。

B. 本诗运用比喻的手法,把四种东西比成祖国,比成乡思,形象而又感人。

C. 这首诗是两岸别离的炎黄子孙的心声,时而味觉,时而触觉,时而嗅觉,令读者神思飞扬。

D. 本诗造句长短错落、韵律和谐,"母亲一样的腊梅香",读之令人动情,令不肖子孙惭愧。

二、常见艺术手法

(一) 备考原则

艺术手法又称表现手法,是艺术作品形式的要素之一,是艺术家在艺术创造过程中为塑造艺术形象、表现审美情感时所运用的各种具体的表现手段。

艺术手法与内容有着密切的互为依存的辩证关系,艺术手法之间也存在着诸多的辩证关系,终极目的在于使作品的内容得到充分、完美的表现。构成艺术形式的要素有:结构、体裁、艺术语言、表现手法等。文艺领域中较为常见的艺术手法有:表达方式、修辞手法、表现手法等。

这一部分常见考查形式有三种:一是在选择题、填空题中辨析常见修辞手法;二是在阅读分析题中,结合诗歌内容、现代文文章内容考查各种艺术手法的表达效果;三是在阅读分析题与写作题中,考查语言运用及语言表达能力。

(二) 备考策略

理解各种常见艺术手法的内涵与作用;

理论联系实训。

（三）常见修辞手法及作用

山东省专升本《要求》掌握汉语常见的修辞手法，如比喻、比拟、借代、双关、对偶、排比、夸张、象征、设问、反诘、层递、互文等，并能具体说明其表达作用。

（1）比喻，是用某一具体的、浅显、熟悉的事物或情境来说明另一种抽象的、深奥、生疏的事物或情境的一种修辞方法。比喻分明喻、暗喻、借喻三种形式。

明喻的形式可简缩为：甲（本体）如（喻词：像、似、若、犹、好像、仿佛）乙（喻体）。

暗喻的形式可简缩为：甲是（喻词：成、变成、成为、当作、化作）乙。

明喻在形式上是相似关系，暗喻则是相合关系。

借喻：只出现喻体，本体与比喻词都不出现。如：燕雀安知鸿鹄之志！

作用：能将表达的内容说得生动、具体、形象，给人以深刻鲜明的形象，使说理更透彻。

（2）借代，即不直接说出要说的人或事物，而是借用与这一人或事物有密切关系的名称来替代，如以部分代全体，用具体代抽象，用特征代本体，用专名代通称等。

作用：引人联想，形象突出，生动具体，特点鲜明。如：

① 不拿群众一针一线。

② 不要大锅饭。

③ 花白胡子坐在墙角里吸旱烟。

④ 千万个雷锋活跃在祖国大地上。

（3）比拟，把人当物写或把物当人来写的一种修辞方法，前者称之为拟物，后者称之为拟人。

作用：使具体事物人格化，语言生动形象。如：

① 做人既不可翘尾巴，也不可夹着尾巴。（拟物）

② 蜡炬成灰泪始干。（拟人）

（4）夸张，对事物的形象、特征、作用、程度等作扩大或缩小描绘的一种修辞方法。

作用：揭示事物的本质，烘托气氛，引起联想，使表达的事物更突出更鲜明。如：

① 白发三千丈，缘愁似个长。

② 芝麻粒儿大的事，不必放在心上。

（5）对比，把两种事物或同一事物的两个方面并举加以比较的方法。如：

① 先天下之忧而忧，后天下之乐而乐。

② 朱门酒肉臭，路有冻死骨。

作用：能使语言色彩鲜明，事物的性质、特征等更加鲜明突出。

（6）对偶，即用结构相同或相近、字数相等的一对短语或句子对称排列起来表达相对或相近的意思。如：

① 满招损，谦受益。

② 横眉冷对千夫指，俯首甘为孺子牛。

③ 欲穷千里目，更上一层楼。

④ 行到水穷处，坐看云起时。

⑤ 即从巴峡穿巫峡，便下襄阳向洛阳。

⑥ 望长城内外，惟余莽莽，大河上下，顿失滔滔。

主要作用：使句式整齐匀称，节奏感强，高度概括，有音乐美。

（7）排比，把内容相关、结构相同或相似、语气一致的几个（一般要三个或三个以上）短语或句子连用的方法。如：

但这回却很有几点出于我的意外。一是当局者竟会这样地凶残，一是流言家竟至如此之下劣，一是中国的女性临难竟能如是之从容。

作用：增强语言气势，深化思想内容，增强文章的说服力和感染力。

（8）反复，即根据表达需要，使同一个词语或句子一再出现的方法。反复可以是连续的，也可间隔出现。如：

① 冒着敌人的炮火，前进！前进！前进！

② 敌人从哪里进攻，我们就要它在哪里灭亡，敌人从哪里进攻，我们就要它在哪里灭亡。

作用：突出思想，强调感情，有时能够加强节奏感。

（9）反语，即通常所说的"说反话"——实际要表达的意思和字面意思是相反的。如：

"友邦人士"从此可以不必"惊诧莫名"，只请放心来瓜分就是了。

（10）反问，是用疑问的形式来表达确定的意思，不需要回答。如：

难道中学老师和小姐骑自行车还成体统吗？

作用：加强语气，激发读者的感情，给读者留下深刻印象。

（11）设问，即为了突出所说的内容，把它用问话的形式表示出来。如：

这七人端的是谁？不是别人，原来正是晁盖、吴用、公孙胜、刘唐、三阮。设问是自问自答的。

作用：提醒人们注意，引起思考，突出某些内容。

（12）层递，又叫渐层，递进，即根据事物的逻辑关系，用三个或三个以上结构相似的短语、句子、段落表达在数量、程度、范围等轻重高低大小本末先后的比例，依序层层递增或递减的一种修辞技巧。层递分为递增（升）和递减（降）两类。如：

① 古之欲明明德于天下者，先治其国；欲治其国者，先齐其家；欲齐其家者，先修其身；欲修其身者，先正其心；欲正其心者，先诚其意；欲诚其意者，先致其知。

② 吾十有五而志于学，三十而立，四十而不惑，五十而知天命，六十而耳顺，七十而从心所欲不逾矩。

③ 夫战，勇气也。一鼓作气，再而衰，三而竭。彼竭我盈，故克之。

作用：顺着文句所形成的层次感，让主题概念层层逼出，让事理说服力得以深化，语言之感染力得以深切，也可借由上下语义脉络的连贯一致、规律变化，使表述的重点内涵能安置在最妥当之处，方便读者理解记忆。

（13）通感，又叫"移觉"，就是把不同感官的感觉沟通起来，借联想引起感觉转移，"以感觉写感觉"。文学艺术创作和鉴赏中各种感觉器官间的互相沟通，指视觉、听觉、触觉、嗅觉等等各种官能可以沟通，不分界限，它系人们共有的一种生理、心理现象，与人的社会实践的培养也分不开。在通感中，颜色似乎会有温度，声音似乎会有形象，冷暖似乎会有重量。

作用：能突破语言的局限，丰富表情达意的审美情趣，起到增强文采的艺术效果。如：

微风过处送来缕缕清香，仿佛远处高楼上渺茫的歌声似的。

（14）象征，是借助某一具体事物的外在特征，寄寓艺术家某种深邃的思想，或表达某种富有特殊意义的事理的艺术手法。

作用：可使抽象的概念具体化、形象化，可使复杂深刻的事理浅显化、单一化，可以延伸描写的内蕴、创造一种艺术意境，以引起人们的联想，增强作品的表现力和艺术效果。如：

楼上黄昏欲望休，玉梯横绝月中钩。芭蕉不展丁香结，同向春风各自愁。（李商隐《代赠》其一）

撑着油纸伞，独自彷徨在悠长，悠长又寂寥的雨巷，我希望逢着一个丁香一样的结着愁怨的姑娘。（戴望舒《雨巷》）

（15）互文，亦称互辞、互文见义等。它是"上下文各有交错省却，而又相互补足、交互见义"。唐代贾公彦《仪礼疏》云："凡言互文者，是两物各举一边而省文，故曰互文。"清代俞樾《古书疑义举例》云："古人之文，有参互见义者。"

作用：在字词上减省，使语句经济简练；在意思上互补，使文意委婉幽深。按照在古典诗词中出现位置的不同，互文主要有以下几种形式：

① 本句互文：指在同一诗句中前后两个相互对应的词语在意义上相互补充、交互见义。如：

> 罗襦宝带为君解，燕歌赵舞为君开。（唐·卢照邻《长安古意》）
>
> 巴山楚水凄凉地，二十三年弃置身。（唐·刘禹锡《酬乐天扬州初逢席上见赠》）
>
> 秦时明月汉时关，万里长征人未还。（唐·王昌龄《出塞》）
>
> 烟笼寒水月笼沙，夜泊秦淮近酒家。（唐·杜牧《泊秦淮》）
>
> 主人下马客在船，举酒欲饮无管弦。（唐·白居易《琵琶行》）

② 对句互文：指相连的前后两诗句在意义上彼此隐含，相辅相成，理解时需要相互拼合、相互补充。如：

> 当窗理云鬓，对镜帖花黄。（北朝民歌《木兰辞》）
>
> 枝枝相覆盖，叶叶相交通。（东汉乐府《孔雀东南飞》）
>
> 迢迢牵牛星，皎皎河汉女。（魏晋《古诗十九首》其十）
>
> 万壑树参天，千山响杜鹃。（唐·王维《送梓州李使君》）

③ 隔句互文：指两句互文之间有其他句子相隔的互文句式。如：

> 日月之行，若出其中；星汉灿烂，若出其里。（汉魏·曹操《观沧海》）

④ 多句互文：指互文的句子在两句以上。如：

> 东市买骏马，西市买鞍鞯，南市买辔头，北市买长鞭。（北朝民歌《木兰辞》）
>
> 十三能织素，十四学裁衣，十五弹箜篌，十六诵诗书。（东汉乐府《孔雀东南飞》）

此外，在大学语文（公共课）通识教材中出现较多的修辞方法还有引用、双关、顶针（或称"联珠"）、呼告、叠字、警策、婉曲、讳饰等。

(四) 常见表达方式及作用

常见表达方式有：记叙、描写、议论、抒情、说明。

（1）记叙

记叙即叙述，就是将事情的前因后果、经过和历程记录下来，或者表达出来的过程。

顺叙，也称正叙，是按照事件发生、发展的时间先后顺序来进行叙述的方法。

作用：使叙述的事件由头到尾，次序井然，文气自然贯通，文章显得条理清楚。

倒叙，是根据表达的需要，把事件的结局或某个最重要、最突出的片段提到文章的前边，然后再从事件的开头按事情原来的发展顺序进行叙述的方法。

作用：能增强文章的生动性，使文章产生悬念，更能引人入胜，同时也可以避免叙述的平铺直叙和结构的单调；将结局突出醒目地呈现给读者，使其得到有效的强调，并由此产生巨大的心灵震撼力量和强烈的悬念感；吸引读者的兴趣，使得故事情节波澜起伏。

插叙，是在叙述中心事件的过程中为了帮助展开情节或刻画人物，暂时中断叙述的线索，插入一段与主要情节相关的内容的叙述方法。

作用：对主要情节或中心事件作必要的铺垫、照应、补充，并可以调节叙事的进展节奏，使情节的发展更加完整，使结构更严密，使内容更充实；衬托中心人物，深化主题，使得故事情节曲折有致。

补叙，也叫追叙，是行文中用两三句话或一小段话对前边说的人或事作一些简单的补充交代。

作用：对原来的叙述起丰富、补充作用；造成悬念，叙事波澜，深化主旨，造成强烈的艺术感染力。

平叙，也叫分叙，是对同一时间内发生在不同地点的两件或多件事情所作的平行叙述或交叉叙述。

作用：对于同一事件中不同的分支进行叙述，多采用交叉叙述，可以把纷繁杂乱的人物与事件表达得有条不紊，可以突出紧张气氛，增强表达效果；读者可以同时看到平行的各个事件，从而获得更立体的感受。

（2）描写

描写主要用来表现人物性格，反映作品主题。

肖像描写以形传神；动作描写表现人物特点；语言描写言为心声，表现人的性格特点；心理描写揭示人物内心世界；景物描写渲染气氛，烘托人物，寄托感情；白描简笔勾勒，简洁准确传神；工笔细描精雕细刻，纤毫毕见，具体生动。

人物描写作用：塑造人物性格；推动情节发展；揭示文章主题。

自然环境描写（景物描写）的主要作用：① 表现地域风光，提示时间、季节和环境特点；② 推动情节发展；③ 渲染气氛；④ 烘托人物形象（或人物心情、感情）；⑤ 突出、深化主题。

社会环境描写的主要作用：① 交代作品的时代背景；② 在回答时必须结合当时当地的时代背景，指出文段中环境描写的相关语句揭示了什么样的社会现实。

描写景物的角度：视觉、听觉、味觉、触觉。

描写景物的方法：动静结合（以动写静）、概括与具体相结合、由远到近（或由近到远）、虚实结合、点面结合、声色结合。

描写（或抒情）方式：正面（又叫直接）描写、侧面（又叫间接）描写。

（3）议论

议论的主要作用是画龙点睛、点明题旨。

① 用在文章的开头，起统领全文、点明中心、引出下文的作用，并能使文章的主题思想得到鲜明的表达，同时能使文章条理分明，层次清楚。

② 用在文章的结尾，一般是为了提高对所叙事物的认识，深化文章的主题思想，点明和加深所叙事物的意义，起画龙点睛的作用。有的议论用在文章的结尾部分是为了与文章开头相照应，使文章结构更加严谨。

③ 用在文章的中间，起承上启下的作用，使事与事之间紧密地连接起来，使文章结构显得严谨。

总之，议论一般用于记叙文开头是解决为什么记叙的问题；用于中间是为了起衔接作用，加强上下文的联系；用于文章结尾是为了收缩全文、深化中心、画龙点睛。

（4）抒情

直接抒情直抒胸臆，淋漓尽致。间接抒情寓情于景，委婉含蓄。抒情的主要作用是抒发作者真挚深沉的情感，引发读者的感情共鸣，使文章具有强大的感染力。

（5）说明

说明对语言的要求是科学性、严谨性、准确性、真实性、周密性、简练明确，同时还有文学性，体现生动性、形象性。恰当地运用说明方法，能提高说明语言的科学性和准确性，使说明对象更具体、更生动，让读者更明白，更清楚作者的意思，更能增强说服力，有时也能增强读者的阅读兴趣，更突出主题。

答题步骤：

（1）指出用了哪些手法。

（2）结合具体诗（文）句说明。

（3）此手法传达出作者怎样的感情。

(五) 常见结构形式及作用

常见的文章结构方式有以下四种：

1. 并列结构：文章各部分内容是从若干角度切入，不分主次、并列平行地叙述事件、说明事物性质特征，或以几个并列的层次论证中心论点。

其特点是将事件、事物或论题分成几个方面来叙写、说明和议论，每个部分都是独立完整的部分，与其他部分是并列平行关系。

例如培根的《论读书》，三个部分分别谈到了读书的目的、读书的方法、读书的好处，就是采用并列的结构。又如贾平凹的《读书示小妹十八生日书》主体部分陆续阐释了童年与读书、家境与读书、年龄与读书、方法与读书、祝贺与读书几个内容。

运用并列式结构应注意：并列的几个内容各自独立，又紧紧围绕一个中心；并列的各个部分必须是平行的，要防止各个方面交叉或从属。

分论点列述式结构（小标题式结构）是并列结构的一种，是议论文常见的一种结构模式。文章往往在开头提出中心论点，然后以分论点的形式从各个不同的角度来论证中心论点。这种结构形式条理清晰、层次分明，在应试作文中中常有佳作。

2. 总分式结构：文章层次之间是总说和分说的关系。这种关系，有三种基本形式：一是先总后分，文章开头部分总括提出所要叙述事件的整体面貌、基本特征或中心观点，以下分别从若干方面列举事例具体详细地加以描写或从不同的角度提出分论点具体加以阐述。二是先分后总。三是先总说，后分说，再总说。

这种结构可以使长文短写，也可以用短文长拼，同时又能省去许多过渡性的文字，写起来省力而形式又新颖，写成的文章简练而清新，可以在有限的篇幅内多侧面多角度地写人记事，增加文章的容量，更深刻地表现主题。无论使用哪一种具体形式，都应注意："分""总"之间必须有紧密的内在联系，分述部分要围绕总述的中心进行，总述部分应是分述的总纲或水到渠成的总结。

例如《应有格物致知的精神》就是"总—分—总"的结构：先总说"格物""致知"就是指现代学术的基础，即实地的探察，也就是现在所谓的实验，然后先儒家对"格物""致知"意义的曲解和对"格物""致知"精神的埋没，再阐述科学发展为什么需要"格物""致知"的精神，最后从正反两个方面总结"格物""致知"精神的重要性。

3. 对照式结构：文中两部分内容或进行对比，或用这部分内容烘托另一部分内容。结构形式上是一正一反，一实一虚；内容上是真与假、好与坏、美与丑、善与恶或通过其他相对的方面（性质）进行对比来发表议论、抒发感情、记人叙事。

例如鲁迅先生的《中国人失掉自信力了吗》：前一部分反面批驳了敌论中的论据不能证明论点，即中国人失掉的是"他信力"，发展的是"自欺力"，而不是"自信力"，直接批驳了敌论；后一部分从正面列举事实，提出正确的论点，我们中国人没有失掉自信力，间接地批驳了敌论。

4.递进式：文章几部分内容逐层深入，逻辑严密。

例如《不求甚解》一文：先从"不求甚解"一词的来历谈起，分析了陶渊明的读书方法，首先主张要"好读书"，其次主张读书要会意；再从正反两个方面举例说明读书应当重在读懂书本的精神实质，而不是寻章摘句；最后进一步从正反两个方面论证了读书"不求甚解"的重要性。

关键句段在结构上的作用：

① 开头：开篇点题；埋下伏笔，设置悬念，为下文作铺垫；总领下文，统摄全篇；开门见山；上下文形成对照；渲染气氛；奠定基调；揭示主题。

② 中间：承上起下（概括上文某一内容，引起对下文的什么内容的叙写）；总结上文；埋下伏笔；铺垫蓄势；详略结合；充实内容。

③ 结尾：点明中心，深化主题；照应开头；呼应前文；画龙点睛；升华感情；卒章显志；含蓄有余味；寄托作者感情；使结构首尾圆合；言已尽而意无穷。

• 三、常见题型及答题技巧 •

(一) 基本答题步骤

第一步，划分语段的层次；第二步，提取要点词语；第三步，整合答案。

一、人物形象的分析：首先，从作者对人物的肖像描写、行动描写、语言描写、心理描写等方面入手，了解人物的语言、外貌、行动、心理等。每一神态、动作或语言的描写要与所表现出的品质一一对应，不能张冠李戴。其次，揣摩人物形象，分析人物描写中揭示的内涵，即个性特征及形象的意义。再次，体悟作者的创作意图，从作者所揭示的作品主题和情感倾向中去分析人物。

二、物象的分析：宜从文章结构形式到内容主旨再到思想感情，多角度思考。

三、对文章结构的分析：开头结尾的策划；详略主次的安排；行文线索的贯穿；过渡照应的勾连；伏笔悬念的设置。

四、对文章内容的分析：勾连上下文的线索作用；对内容的充实作用；主旨的深化升华作用；寄托作者的思想感情。

五、对文章线索的分析：文章常以人物、事情、物品、地点、时间、感情等为线索。线索的作用是：贯穿全文，使文章浑然一体，使结构完整严谨。

(二) 诗词阅读分析常见题型及答题步骤

第一种模式　分析意境型

1. 提问方式：这首诗营造了一种怎样的意境？

2. 提问变体：这首诗描绘了一幅怎样的画面？表达了诗人怎样的思想感情？

3. 解答分析：这是一种最常见的题型。所谓意境，是指寄托诗人情感的物象（即意象）综合起来构建的让人产生想象的境界。它包括景、情、境三个方面。答题时三方面缺一不可。

4. 答题步骤

① 描绘诗中展现的图景画面。考生应抓住诗中的主要景物，用自己的语言再现画面。描述时一要忠实于原诗，二要用自己的联想和想象加以再创造，语言力求优美。

② 概括景物所营造的氛围特点。一般用两个双音节词即可，例如孤寂冷清、恬静优美、雄浑壮阔、萧瑟凄凉等，注意要能准确地体现景物的特点和情调。

③ 分析作者的思想感情。切忌空洞，要答具体。比如光答"表达了作者感伤的情怀"是不行的，应答出为什么而"感伤"。

第二种模式　分析技巧型

1. 提问方式：这首诗用了怎样的表现手法？

2. 提问变体：请分析这首诗的表现技巧（或艺术手法，或手法）。诗人是怎样抒发自己的情感的？有何效果？

3. 解答分析：表现手法是诗人用以抒发感情的手段方法，要准确答题，必须熟悉常用的一些表现手法。表现手法分抒情手法、描写手法、修辞手法三大类。

抒情手法有直抒胸臆和间接抒情两种。

"安能摧眉折腰事权贵，使我不得开心颜"就是直抒胸臆。

间接抒情：（1）借景抒情，如"寒蝉凄切，对长亭晚，骤雨初歇"；（2）托物言志，如《墨梅》《石灰吟》，一般是咏物诗；（3）托物寓理，如"半亩方塘一鉴开，天光云影共徘徊。问渠那得清如许，为有源头活水来"，一般是哲理诗。

4. 答题步骤

（1）准确指出用了何种手法。

（2）结合诗句阐释为什么使用了这种手法。

（3）此手法有效传达出诗人怎样的感情。

第三种模式　分析语言特色

1. 提问方式：这首诗在语言上有何特色？

2. 提问变体：请分析这首诗的语言风格。谈谈此诗的语言艺术。

3. 解答分析：这种题型不是要求揣摩个别字词运用的巧妙，而是要品味整首诗表现出来的语言风格。能用来答题的词一般有：清新自然、朴实无华、华美绚丽、明白晓畅、多用口语、委婉含蓄、雄浑豪放、笔调婉约、简练生动……

4. 答题步骤

（1）用一两个词准确点明语言特色。

（2）用诗中有关语句具体分析这种特色。

（3）指出表现了作者怎样的感情。

第四种模式　炼字型

1. 提问方式：这一联中最生动传神的是什么字？为什么？

2. 提问变体：某字历来为人称道，你认为它好在哪里？

3. 解答分析：古人作诗讲究炼字，这种题型是要求品味这些经锤炼的字的妙处。答题时不能把该字孤立起来谈，得放在句中，并结合全诗的意境情感来分析。

4. 答题步骤

（1）解释该字在句中的含义。

（2）展开联想把该字放入原句中描述景象。

（3）点出该字烘托了怎样的意境，或表达了怎样的感情。

第五种模式　一词领全诗型

1. 提问方式：某词是全诗的关键，为什么？

2. 解答分析：古诗非常讲究构思，往往一个字或一个词就构成全诗的线索，全诗的感情基调、全诗的思想，抓住这个词命题往往可以以小见大，考出考生对全诗的把握程度。

3. 答题步骤

（1）该词对突出主旨所起的作用。

（2）从该词在诗中结构上所起的作用考虑。

答题步骤小结

1. 抓题目、诗眼

提炼诗歌的关键词语，关注炼字，欣赏诗眼。挖掘物象内在的品格、精神。抓

"物"与"志"的契合点，点明作者意欲何为，情为何发。

2. 读人物

（1）什么形象（定身份）；（2）形象特征的表现（定特征）；（3）形象的意义（定意义）。

3. 观物象（景与物）

（1）需要考虑：颜色、形状、味道、气味等。

（2）描写角度：整体局部、远近、虚实、动静等。

（3）感观思考：视觉、听觉、味觉、触觉、嗅觉等。

4. 悟意境

诗中意象是熔铸诗人思想感情的事物，分析诗歌形象，要根据诗歌描写的具体物象和画面，识别其性质，在读懂诗歌的基础上概括出诗歌的象征意义和社会意义。

（1）找出描写诗歌形象的词语；（2）概括形象特点；（3）理解形象中寄托了作者的何种情感。

5. 诗歌的情景关系

借景抒情、寓情于景、情景交融都是诗人把要表达的感情通过景物表达出来。

6. 古诗的思想内容和作者的观点态度

（1）找出诗歌的意象，归纳其特点和所营造的意境；（2）结合全诗，简要分析意象、形象和诗歌主旨的关系；（3）明确诗人在诗中所表达的思想情感。

7. 比较欣赏

对语言、手法、风格、思想、情调，再加上作者的身世、修养、趣味，逐一进行比较，发现同中之异与异中之同。

（三）叙述性文章阅读分析常见题型及答案公式

（一）析人物

【常见问题】

结合全文，简要分析人物形象。(×××是一个怎样的人物？×××有哪些优秀的品质？)

【解题思路】

通过人物的描写（语言、行动、心理、肖像、细节）分析人物的性格特征，然后根据题目要求作答。

【答题规范】

×××是一个……的人物形象。省略号处为怎样的性格（思想品质）。

（二）理情节

【常见问题】

文中写了××情景在小说中起到什么作用？（××事物、××人物在小说中有什么作用？）

【解题思路】

明确情节构思为表现人物的宗旨。结合情节的一般作用（一是创造悬念，引人入胜；二是前后照应；三是侧面衬托、埋下伏笔；四是总结上文、点明题意；五起线索作用）。

【答题规范】

×××情节（事物）在文中有……作用（结构上和内容上分析），突出了……，表现了……

（三）看环境

【常见问题】

指定的环境描写说出其作用。

【解题思路】

可从五方面进行思考：① 交代人物活动的背景，写明事件发生的时间和地点；② 渲染怎样气氛，烘托人物的怎样情感和思想；③ 奠定怎样情感基调；④ 推动故事情节发展为刻画人物作铺垫、打基础等；⑤ 暗示社会环境，揭示社会本质特征或展示世态风情。

【答题规范】

怎么问怎么答。（从内容和结构上思考）

（四）明主题

【常见问题】

① 用自己的话概括小说的主旨、概括作者的写作意图；② 评析小说的社会意义。

【解题思路】

如何把握小说的主题呢？

① 从小说的题目入手思考小说的主题；

② 从小说的情节和人物形象入手；

③ 联系作品的时代背景及典型的环境描写，认识人物形象的思想性格上所打上的

时代烙印，把握住人物形象所折射出的时代特征，达到揭示小说主题的目的；

【答题规范】

从以上三个方面思考，怎么问怎么答。

（五）讲技巧

【常见问题】

① 文中运用了什么表现方法（细节描写、象征、对比、衬托、铺垫、照应、悬念、巧合等）以及用它塑造形象时所起的作用；

② 文中特有的表达方式（记叙、描写、说明、议论、抒情）是如何为作者表情达意服务的；

③ 在语言运用上有何特点（语言精练、句式整齐而有节奏感、用词准确而形象、词语丰富而多样等），给读者提供哪些艺术审美情趣。

【解题思路】

① 表达方式

Ⅰ.人称的作用

第一人称　叙述亲切自然，便于直接抒情，真实可信。

第二人称　增强抒情性和亲切感，便于感情交流。

第三人称　可以多角度描写，不受时空限制，灵活自由，客观冷静，便于叙事和议论。

Ⅱ.叙述顺序的作用

顺叙　能按某一顺序（时间或空间）较清楚地进行记叙。

倒叙　造成悬念，引人入胜，波澜起伏。

插叙　丰富内容，深化主题，曲折有致。

补叙　对上文内容加以补充解释，对下文做某些交代。

Ⅲ.描写的作用

白描　纯用线条勾画，不加渲染烘托。以小见大，寥寥几笔勾勒出画面，表现了性格、主题。

景物描写　具体描写自然风光，营造一种气氛，烘托人物的情感和思想。

人物对话描写、心理描写、细节描写　刻画人物性格，反映人物心理活动，促进故事情节的发展。

人物肖像、动作描写、心理描写　更好展现人物的内心世界、性格特征。

正面描写与侧面描写

② 表现手法

看是否运用了象征法、对比法、衬托法、先抑后扬法、托物言志法、借景抒情法、虚实结合、动静相生等手法，以及用它们塑造形象所起的作用。

③ 结构安排

开头，烘托铺垫、设置悬念、引出下方、埋下伏笔；中间，承上启下、制造波澜、曲折有致；结尾，前后照应、总结全文、深化中心、画龙点睛、卒章显志等。

【答题规范】

总体来说，明手法—阐运用—析效果。

（六）品语言

【常见问题】

① 分析文章语言运用上的特点；② 举例分析文中人物的语言有哪些特色。

【解题思路】

要明确语言特色包括词语的表现力、句式特点、语言风格、人物语言的个性化等。

语言风格：含蓄与直接、淡雅与华丽、庄重与幽默、典雅与通俗、柔美与朴实等；

个性化指语言：符合人的身份，有鲜明的地方色彩（乡土气息、口语化）。

【答题规范】

明手法—阐运用（表达了什么内容）—析效果。

(四) 论述性文章阅读分析常见题型及答题公式

（一）明论点

【常见问题】

分清所议论的问题及针对这个问题作者所持的看法。（分清论题和论点）

【解题思路】

1.注意论点在文中的位置

① 在文章的开头，这就是所谓开宗明义、开门见山的写法。

② 在文章结尾，就是所谓归纳全文、篇末点题、揭示中心的写法。这种写法在明确表达论点时大多有"所以、总之、因此、总而言之、归根结底"等总结性的词语。

2.分清中心论点和分论点：分论一般位于段首或有标志性词语。

3.注意论点的表述形式：有时题目就是中心论点。一篇议论文只有一个中心论点。

4. 通过论据反推论点：论据是为证明论点服务的，分析论据可以看出它证明什么，肯定什么，支持什么，这就是论点。

（二）析论据

论据是论点立足的根据，一般分为事实论据和道理论据。

【常见问题】

某语段运用了何种论据？有何论证效果？

【解题思路】

1. 用作论据的事实。事例必须真实可靠，有典型意义，能揭示事物本质并与论点有一定的逻辑联系。议论文中，对所举事例的叙述要简明扼要，突出与论点有直接关系的部分。

2. 用作论据的言论。理论论据有一定的权威性。

【答题规范】

明确论据时，不仅要知道文中哪些地方用了事实论据，还要会概括事实论据。

概括时，要做到准确，必须依据论点将论据本质特点把握住，然后用确切的语言进行表述。

直接引用时要原文照录，不能断章取义；间接引用时不能曲解原意。

（三）梳理结构层次

结构有：并列式结构、对照式结构、层进式结构、总分式结构。

【常见问题】

此考点的基本形式：作者是如何证明论点的？

【答案规范】

作者为了证明……观点，首先使用了……论据，然后对……论据进行了怎样的分析，从而证明了……观点。

关键要说清楚证明过程的层次性。

（四）分析论证方法

论证方法是指运用论据来证明论点的过程和方法，是论点和论据之间逻辑关系的纽带。

【常见问题】

某语段运用了何种论证方法？有何论证效果？

【解题思路】

（1）道理论据，增加论据的权威性。

（2）事实论据，从哪个角度来证明论点。

（3）比喻论证，或生动形象证明了……，或深入浅出证明了……（要根据本体和喻体之间的关系来确定）。

（4）对比论证，比较两个方面，使其对与错更加分明，正确的观点更容易被读者接受。

（五）品语言

【常见问题】

分析某语段的语言特色。

【解题思路】

① 要从逻辑的角度，分析其用词的准确、严密；

② 要从说理的角度，分析其叙述的概括性和简洁性；

③ 要从修辞的角度，分析其用词的鲜明、生动和感情色彩。

【答题规范】

语言准确表现为：概念使用准确，定语、状语等修饰成分恰当。

语言严密表现为：判断和推理严密，语言表达周密，逻辑性强。

语言鲜明表现为：表述明确，不模棱两可；态度明确，爱憎分明；恰当使用修辞方法和特殊句式，增强语言的生动性和说服力。

语言概括简洁表现为：写议论文的目的是以理服人，不宜详细叙事。议论文中事实叙述应概括简明，否则会喧宾夺主。

第五部分 写 作

人类自从有了文字就开始了写作活动。写作按其目的可以分成两大类，一类是文学写作，一类是应用写作。文学写作主要用于抒发作者主观情感，反映社会现实，是为人们欣赏而进行的艺术创作，如诗歌、小说、戏剧、散文等。应用文写作是为了公务和个人事务而写的，主要用于解决实际问题。人们通常把应用型文章的写作称作应用写作。

一、应用写作

(一) 考点分析

题型为主观题，分值较高。重点考查考生对文种的理解与写作、材料的辨析与使用、主旨的提炼、格式规范、表达得体、标点准确几大方面。山东省专升本《要求》相应内容如下：

主要考查根据提供的材料或情境，选择恰当文种写作的能力。主要文种包括公务文书中的通知、通报、请示、函和事务文书中的声明、启事、证明、请柬、借条、收条、请假条、介绍信、求职信、演讲稿（含欢迎词、欢送词、答谢词等）、新闻稿等。

应用文是人类在长期的社会实践活动中形成的一种文体，是国家机关、政党、社会团体、企事业单位在日常工作及生活中处理各种事务时，经常使用的具有明道、交际、信守作用和惯用格式的文体，是人们传递信息、处理事务、交流感情的工具。随着社会的发展，人们在工作和生活中的交往越来越频繁，事情也越来越复杂，因此应用文的功能也就越来越多了。

（二）备考原则

理解各文种的涵义、性质、用途与作用，准确掌握各文种的特点与写作要求；明确审读材料的指向，准确地审题、立意，恰当地组织材料，严谨地选用语词，得体地表达；知道"是什么""为什么""怎么办"，并综合运用写作技巧进行表述。

（三）备考策略

理解文种作用，积累专用术语，掌握书写规范，加强实训练习。

基本原则

（1）明确文种、明确主题；

（2）清楚分类：公务文书与事务文书；上行文、平行文与下行文；

（3）格式规范；

（4）信息全面、准确；

（5）语言简洁、表达得体。

（四）公务文书写作

公务文书是法定机关与组织在公务活动中，按照特定的体式、经过一定的处理程序形成和使用的书面材料，又称公务文件。

理论简述与范例

通知

通知是运用广泛的知照性公文。通知主要用来发布法规，转发上级机关、同级机关和不相隶属机关的公文，批转下级机关的公文，要求下级机关办理某项事务等。

通知的适用范围广泛，不同类型的通知在写法上不完全一样。其结构一般包括标题、主送机关（上款）、正文、落款等部分。

范例

国务院关于发布《国家行政机关公文处理办法》的通知

各省、自治区、直辖市人民政府，国务院各部委、各直属机构：

现发布《国家行政机关公文处理办法》，自2001年1月1日起施行。1993年11月21日国务院办公厅发布，1994年1月1日起施行的《国家行政机关公文处理办法》同时废止。

　　附件：《国家行政机关公文处理办法》

国务院（章）
二〇〇〇年八月二十四日

通报

　　通报是上级把有关的人和事告知下级的公文。通报的运用范围很广，各级党政机关和单位都可以使用。它的作用是表扬好人好事，批评错误和歪风邪气，通报应引以为戒的恶性事故，传达重要情况以及需要各单位知道的事项。通报是各级机关、企事业单位和团体经常使用的文种。其目的是交流经验，吸取教训，教育干部、职工群众，推动工作的进一步开展。

　　通报基本格式包括：标题、主送机关、正文、落款。

范例

关于对×××化工厂实现安全生产年的表彰通报

市属各工厂：

　　市×××化工厂采取有力措施，切实贯彻《安全生产条例》，建立安全生产岗位责任制，××年实现全年生产无事故，成为市第一个实现安全生产年企业。为此，市政府研究决定对×××化工厂给予表彰通报并予以奖励。

　　市属各企业要以×××化工厂为榜样，层层建立健全安全生产岗位责任制，扎扎实实抓好安全生产，争创安全生产年企业，把我市安全生产工作推上一个新台阶。

××市人民政府（盖章）
二〇〇七年一月二十日

请示

　　请示是适用于向上级请求指示、批准的公文。请示属于上行文。凡是本机关无权、无力决定和解决的事项可以向上级请示，而上级则应及时回复。请示是应用写作实践中的一种常用文体。

　　请示一般由标题、主送机关、正文、落款和附注五部分组成。其中，正文包括：

　　（1）开头。主要交代请示的缘由。它是请示事项能否成立的前提条件，也是上级机关批复的根据。原因讲得客观、具体，理由讲得合理、充分，上级机关才好及时决断，予以有针对性的批复。

（2）主体。主要说明请求事项。它是向上级机关提出的具体请求，也是陈述缘由的目的所在。这部分内容要单一，只宜请求一件事。另外，请示事项要写得具体、明确、条理清楚，以便上级机关给予明确批复。

（3）结语。应另起一段，习惯用语一般有"当否，请批示""妥否，请批复""以上请示，请予审批""以上请示如无不妥，请批转各地区、各部门研究执行"等。

范例

×××化工厂关于贯彻按劳分配政策两个具体问题的请示

省人社厅：

按劳分配，是社会主义分配的基本原则，也是社会主义制度优越性的集中体现。几年来，我厂由于认真贯彻了按劳分配政策，极大地激发了广大职工的社会主义劳动积极性，使得生产率迅速增长。

为全面贯彻按劳分配原则，进一步调动职工的劳动积极性，现就两项劳资政策问题请示如下：

一、拟用××年全厂超额利润的10%为全厂职工晋升工资。其中，××年××月××日在册职工每人晋升一级，凡班（组）长和车间先进生产（工作）者及其以上领导和先进人物再依次晋升一级，全厂技术突击组成员每人浮动一级工资，组长每人浮动两级工资。

二、拟用××年全厂超额利润的10%一次性为全厂职工每人增发奖金平均100元，具体金额按劳动出勤率和完成定额计算。

以上请示，妥否，请批示。

×××化工厂（章）

××年××月××日

函

一般情况下，函也称公函，是商洽性公文。函适用于平行或不相隶属机关之间商洽工作、询问和答复问题，以便更好地协调工作事项。函，国家机关、企事业单位都可以使用。它是公文中运用最为灵活的一个文种。

函的分类：

（1）按行文方向可分为去函和复函。

（2）按内容可分为商洽性函、询问性函、答复性函和请求性函。

　　公函由首部、正文和尾部三部分组成。其中，拟写正文应注意：

　　（1）商洽性函

　　机关之间商量或接洽工作，可以使用商洽性函。如：《××省人民政府办公厅关于商请办理直通香港运输车辆有关牌证的函》。其正文要写明商洽事项，含有协商、祈请语气的"妥否，请函复"这类惯用语。

　　（2）询问性函

　　机关之间询问问题、征求意见，可以使用询问性函，如：《××省体育运动委员会关于询问举办全省农民运动会有关项目比赛的函》。其正文要写明询问的事项和答复要求，最后以"盼复"或"以上意见，请予函复"结尾。

　　（3）请求性函

　　机关之间请求帮助或配合工作，以及向有关主管部门请求批准，可以使用请求性函。如：《××省人民政府办公大楼关于申请拨款维修省府机关办公室的函》。其正文说明提出申请的理由和请求批准的事项。不相隶属的机关之间请求批准，不应用"请示"，而一般要用"函"。

　　（4）答复性函

　　机关之间回复问题，可以使用答复性函。如：《国家物价局、财政部关于调整新护照收费标准的复函》。其正文首先引述对方公文的标题和文号，这是对发文缘由的说明，然后表明态度，并以"现函复如下"这一惯用的过渡语句领起下文——写明答复事项，或提出指示意见。写完后全文也就结束了，不用使用结束话。

范例

中国科学院××研究所关于建立全面协作关系的函

××大学：

　　近年来，我所与你校双方在一些科学研究项目上互相支持，取得了一定的成绩，建立了良好的协作基础。为了巩固成果，建议我们双方今后能进一步在学术思想、科学研究、人员培训、仪器设备等方面建立全面的交流协作关系。特提出如下意见：

　　一、定期举行所、校之间学术讨论与学术交流。（略）

　　二、根据所、校各自的科研发展方向和特点，对双方共同感兴趣的课题进行协作。（略）

　　三、根据所、校各自人员配备情况，校方在可能的条件下对所方研究生、科研人员的培训予以帮助。（略）

四、双方科研教学所需要高精尖仪器设备，在可能的条件下，予对方提供利用。（略）

五、加强图书资料和情报的交流。

以上各项，如蒙同意，建议互派科研主管人员就有关内容进一步磋商，达成协议，以利工作。特此函达，务希研究见复。

中国科学院××研究所（盖章）

一九九五年×月×日

（五）事务文书写作

事务文书是机关、团体、企事业单位在处理日常事务时用来沟通信息、安排工作、总结得失、研究问题的实用文体，是应用写作的重要组成部分。由于这类管理类文体处理的日常事务亦为公务，所以事务文书属于广义的公文范畴。它与狭义公文（党政机关公文）的区别在于：无统一规定的文本格式；不能单独作为文件发文，需要时只能作为公文的附件行文；必要时它可公开面向社会，或提供新闻线索（如简报）或通过传媒宣传（如经验性总结、调查报告等）。

理论简述与范例

声明

声明是就有关事项或问题向公众披露或澄清事实，表明自己立场、态度的一种启事类应用文。该类文本可以从声明主体、声明对象、发布缘由和目的、文种属性等方面来把握。

声明通常由标题、正文、落款三部分组成。

范例

免责声明

本人/单位（姓名/单位名称）于（时间）委托（委托人或单位）申请购买了（产品名称），由于（概述问题），本人/单位（姓名/单位名称）现申请获得（产品名称）的管理权。为了避免权属纠纷，特做如下声明：

（姓名/单位名称）是（产品名称）的真正所有者，今后由（产品名称）引起的纠纷和造成的一切后果，其责任概由（姓名/单位名称）承担，与（委托人或单位）无关。特此声明！

声明人/单位信息（身份证号/联系方式等）

×××（章）

××年×月×日

书信

1. 书信分一般书信与专用书信两类。

2. 一般书信的基本格式

① 开头称呼。顶格，有的还可以加上一定的限定、修饰词，如"亲爱的"等。

② 问候语。如写"你好""近来身体是否安康"等，可以接正文（很少采用此格式）。

③ 正文。这是书信的主体，可以分为若干段来书写。

④ 祝颂语。以最一般的"此致""敬礼"为例。"此致"可以有两种正确的书写位置：一是紧接着主体正文之后，不另起段，不加标点；二是在正文之下另起一行空两格书写。"敬礼"写在"此致"的下一行，顶格书写。

⑤ 署名和日期。写信人的姓名或名字，写在祝颂语下方空一至二行的右侧。最好在写信人姓名之前写上与收信人的关系。在下一行写日期。

如果忘了写某事，则可以在日期下空一行、左空两格写上"又附"，再另起一行书写未尽事情。

书信历史悠久，其格式也几经变化。今天，按通行的习惯，书信格式主要包括五个部分：称呼、正文、结尾、署名和日期。

3. 专用书信

（1）请柬

请柬是邀请单位或个人参加某项活动而发出的礼仪性书信。

请柬一般由标题、称谓、正文、敬语、落款（署名和日期）构成。

范例

请柬

××女士/先生：

　　兹定于××在××举行××，届时敬请光临。

　　此致

敬礼

×××

×年×月×日

（2）介绍信

介绍信是机关团体、企事业单位的人员与其他单位或个人联系工作、了解情况、洽谈业务、参加各种社会活动使用的一种专用书信。介绍信包括铅印成文不留存根的印刷介绍信、铅印成文带存根的印刷介绍信、用一般公文纸写的书信式介绍信。

手写式介绍信包括标题、称谓、正文、敬语、署名等五部分。

范例

介绍信

××市××局：

兹介绍刘××等两位同志，前往贵处办理××××租借等事务。请接洽。

此致

敬礼

××商场（公章）

××年×月×日

（3）证明信

证明信是以机关、团体、企事业单位、个人的名义凭借确凿的证据，证明某人的身份、经历，或证明有关事件的真实情况的专用书信。该类文本要针对对方要求的要点，严肃、认真、实事求是地写。证明信一般包括标题、称谓、正文、结尾、署名、日期等部分。

范例

证明信

××大学××系：

赵××同志于××年×月至××年×月在我系××教研室任讲师。该同志政治上要求进步，积极要求加入中国共产党，是我系教工党支部的主要培养对象。该同志有较高的业务水平，对教学工作认真负责，精益求精，获得本系教师和学生的好评，曾多次被评为校优秀教师。

特此证明

此致

敬礼

××学院××系党支部（盖章）

××年×月×日

（4）求职信

求职信是求职者写给招聘单位的信函。

求职信起到毛遂自荐的作用，好的求职信可以拉近求职者与人事主管（负责人）之间的距离，获得面试机会多一些。

因人事主管有太多的求职信函要看，因此写求职信一定要简明扼要。

范例

求职信

尊敬的学校领导：

您好！

感谢您在百忙之中审阅我的求职信。

能够成为一名光荣的人民教师一直是我的梦想，在此我怀着无比激动的心情向您毛遂自荐。

我叫×××，是××大学××届英语教育专业的本科毕业生。

通过四年的学习，我打下了坚实的理论基础，掌握了良好的专业知识结构，系统地训练了各项教学技能，具有准确、熟练的英语听、说、读、写、译的能力。大二上学期，我一次性通过英语六级考试；大二下学期，我一次性通过英语专业八级考试。在校期间，曾多次荣获专业奖学金，多次荣获"三好学生""原声模拟优秀奖"等奖项。

我有一定的组织能力与实践经验。曾任校学生会生活部部长，参与举办过一系列活动。自进入大学以来我坚持家教，有效地帮助学生提升了英语学习能力。我积极参与学校安排的教育实习、微课教学等实践课程。经过四年的学习与实践，我有信心与能力胜任中学英语教学工作。当然，我初涉世事，很多方面还需继续锻炼。我将正视自己的不足，并以自己的谦虚、务实、稳重来加以弥补，在工作过程中不断完善、充实、提高自己。我期盼能有一片扬我所长的天地，我将为之奉献我的青春、智慧与汗水！

我酷爱读书，大部分中外名著（中英文版）都看过。阅读陶冶了我的性情，丰富了我的知识，开阔了我的视野，对我的教学工作也会有积极的帮助。

我出生于教师世家，自幼便受到长辈们的熏陶。我热爱孩子，热爱教育，我非常渴望成为一名光荣的人民教师。

尊敬的领导，请给我机会，我会以十分的热情、十二分的努力去把握它！

谢谢您的审阅！

此致

敬礼

求职者：×××

××年×月×日

演讲稿

演讲，又称讲演、演说，是指对听众讲述关于某事物的知识或对某一问题阐述见解的口语交际形式。

演讲的特点是针对性强。演讲要有鲜明的主题，这个主题往往是针对现实生活中的某一事件、某一现象、某一问题的，是引人深思、发人深省的。

演讲稿的结构分开头、主体、结尾三个部分，其结构原则与一般文章的结构原则大同小异。

范例

祖国在我心中

尊敬的领导、老师，亲爱的同学们：

大家好！今天，我演讲的题目是《祖国在我心中》。

祖国是最伟大的母亲，祖国是中华民族的摇篮，祖国是每一位中华儿女的根。每当听到国歌响起，每当看到五星红旗飞扬，我都会心潮澎湃。我骄傲，我是中国人！

祖国秀丽的风光在我心中。黄土高原是祖国母亲的胸脯，黄河流淌着华夏儿女沸腾的血液，长城蜿蜒的是中国人高举的手臂，泰山巍峨是我们站立的脚跟。那秀丽的桂林山水，让我们泛舟游览；那广阔的内蒙草原，让我们尽情驰骋；那晶莹雪白的北国，让我们欣赏银装的大地；那河道纵横的江南水乡，让我们感受水的温情。

祖国的英雄儿女在我心中。每当狼烟四起，有林则徐那样的风骨抵御外辱；每当民主受挫，有闻一多那样的战士拍案而起，横眉冷对暗杀者的手枪；每当民族存亡危机，有周总理那样的革命先辈为国为民，用满腔的热血谱写《义勇军进行曲》……今天，当堤坝被洪水冲垮，人民子弟兵用自己的身躯拦截洪水；当病毒来袭，白衣战士守护我们的健康，支撑着我们的希望。

祖国的灿烂文化在我心中。神话故事的创造精神、圆周率的精准、唐诗宋词的唯美一起滋润我们的心田，让我们体悟"厚德载物"的精髓。神农氏耕作的土地、长江黄河灌溉的稻田、当代科技孕育的杂交水稻，让我们感受传承与发展的要义。五千年的文化孕育了中华民族的尊严，造就了中华民族坚强不屈、讲风骨、重气节的民族素质。

祖国有广阔的疆土，有辉煌的历史，有漫山遍野丰富的宝藏，有三川五岳秀丽的风光。思想的野马在奔驰，我用我的心描绘着祖国母亲：祖国的天，"萧瑟秋风今又是，换了人间"；祖国的地，"红雨随心翻作浪，青山着意化为桥"。遥望祖国万里河山，犹如身在诗画间。祖国是东方的明珠，是亚细亚腾飞的巨龙，是远方地平线上初升的太阳。祖国在你心中，在我心中，在我们大家的心中。

我的演讲完毕，谢谢大家！

欢迎词

欢迎词是指客人光临时，主人为表示热烈的欢迎，在座谈会、宴会、酒会等场合发表的热情友好的讲话。

欢迎词一般由标题、称呼、正文、结语和落款组成。

范例

总统先生，尼克松夫人，女士们、先生们，同志们、朋友们：

首先，我高兴地代表毛泽东主席和中国政府向尼克松总统和夫人，以及其他的美国客人们，表示欢迎。同时，我也想利用这个机会代表中国人民向远在大洋彼岸的美国人民致以亲切的问候。

尼克松总统应中国政府的邀请，前来我国访问，使两国领导人有机会直接会晤，谋求两国关系正常化，并就共同关心的问题交换意见，这是符合中美两国人民愿望的积极行动，这在中美两国关系史上是一个创举。

美国人民是伟大的人民。中国人民是伟大的人民。我们两国人民一向是友好的。由于大家都知道的原因，两国人民之间的来往中断了二十多年。现在，经过中美双方的共同努力，友好来往的大门终于打开了。目前，促使两国关系正常化，争取和缓紧张局势，已成为中美两国人民强烈的愿望。人民，只有人民，才是创造世界历史的动力。我们相信，我们两国人民这种共同愿望，总有一天是要实现的。

中美两国的社会制度根本不同，在中美两国政府之间存在着巨大的分歧。但是，这种分歧不应当妨碍中美两国在互相尊重主权和领土完整、互不侵犯、互不干涉内政、平等互利和和平共处五项原则的基础上建立正常的国家关系，更不应该导致战争。中国政府早在一九五五年就公开声明，中国人民不要同美国打仗，中国政府愿意坐下来同美国政府谈判，这是我们一贯奉行的方针。我们注意到尼克松总统在来华前的讲话中也谈到，"我们必须做的事情是寻找某种办法使我们可以有分歧而又不成为战争中的敌人"。我们希望，通过双方坦率地交换意见，弄清楚彼此之间的分歧，努力寻找共同点，使我们两国的关系能够有一个新的开始。

最后，我建议：为尼克松总统和夫人的健康，为其他美国客人们的健康，为在座的所有朋友们和同志们的健康，为中美两国人民之间的友谊，干杯！

（周恩来总理在欢迎尼克松总统宴会上的讲话，选自《人民日报》1972年2月22日）

欢送词

欢送词是客人应邀参加了活动，主人为表达对客人的欢送之意，在一些会议或重大庆典活动、参观访问等结束时的讲话。

欢送词一般由标题、称呼、正文、结尾、落款组成。

范例

尊敬的女士们、先生们：

首先，我代表×××，对你们访问的圆满成功表示热烈的祝贺。

明天，你们就要离开××了，在即将分别的时刻，我们的心情依依不舍。大家相处的时间是短暂的，但我们之间的友好情谊是长久的。我国有句古语："来日方长，后会有期。"我们欢迎各位女士、先生在方便的时候再次来××作客，相信我们的友好合作会日益加强。

祝大家一路顺风，万事如意！

××

×年×月×日

答谢词

答谢词是指特定的公共礼仪场合，主人致欢迎辞或欢送词后，客人所发表的对主人的热情接待和多关照表示谢意的讲话。答谢词也指客人在举行必要的答谢活动中所发表的感谢主人的盛情款待的讲话。答谢词应包含标题、称谓、正文三部分；依据不同的致谢缘由和致谢内容，答谢词可划分为谢遇型、谢恩型两种。

范例

尊敬的××领导，远道而来的客人们：

今天，我们怀着无比激动、无比振奋的心情，在这里迎接××红十字会给我们县师生捐赠救灾粮的亲人。

今年，××遭受了百年未遇的大旱灾。虽经我们奋力抗灾，但自然灾害的肆虐，使10多万人饮水困难，30多万亩田颗粒无收。我们××的中小学生，有××多名因受灾辍学，还有几万名学生需要依靠教师、亲属的接济度日。然而，党和政府没有忘记我们××，××领导多次亲临，视察灾情，组织救援，××干部职工争相解囊，捐粮捐钱。今天，我们又接到了你们无私捐助的大批救灾粮食。"一方有难，八方支援"，团结互助，无私奉献，只有在今天优越的社会主义制度下，只有在我们伟大的社会主义中国才能办到！

谢谢你们，远方的亲人！我们××中小学生、××人民，一定从你们的援助中吸取力量，奋发图强，重建家园；努力学习，奋勇登攀，以崭新的成绩，来报答党和人民的关怀，报答你们的深情厚谊！

××

×年×月×日

启事

启事是机关，团体，单位个人有事情需要向公众说明，或者请求有关单位，广大群众帮助时所写的一种说明事项的使用文体。

常见启事一般分为如下几类：

1. 征求类启事，如招聘启事、招租启事、征稿启事、征婚启事。

2. 寻觅类启事，如寻物启事、寻人启事。

3. 告知类启事，如迁址启事、更名启事、开业启事、废止启事。

4. 招领类启事，如招领启事。

启事一般包括：标题、正文、落款。

范例

寻车启事

2019年4月1日上午7时许，本人在火车站附近丢失紫红色机动三轮车一辆。该车车牌号为××××，发动机号为××××，车架号为××××，车后厢板印有

"××营运"字样，后右侧车轮有片状擦痕。如有线索，请与本人联系，电话：×××××××。当面重谢！

王××

2019年4月1日

条据

条据是单位或个人之间为说明涉及钱财、物品往来或某种情况而留下的作为凭证或告知的字条。常见的凭证类的条据有借条、收条等，告知类的条据有请假条、留言条、便条等。

条据是应用文中最简单的一种，写作时要一文一事，语言简练，明确，不能产生歧义。

条据的格式一般由标题、正文、署名和日期组成。具体要求为：

1. 标题：写在首行正中间。

2. 正文：在标题下另起一行，空两格开始书写。先写明条据的性质，如"今借到""今收到"表明单位间或个人间与财、物的关系。再具体写条据的内容、事由等信息。要写明所借、所收的单位或个人的财、物的数量，借条还需要注明归还日期。

3. 署名：在正文结束后另起一行，居右下角书写个人姓名或单位名称，由个人出具的条据有时要盖私章，单位出具的必须盖章。

4. 日期：在署名后另起一行，居右下角写明日期。

条据写作注意事项：

1. 要写明从哪里得到了什么东西，数量是多少。要写出钱、物的数量及物品的品种、型号、式样、规格等，如"套""件""斤""台""元（圆）"等。然后写上"整"字，以防增添。

2. 表示钱、物往来数量的数字需大写"零、壹、贰、叁、肆、伍、陆、柒、捌、玖、拾、佰、仟、万、亿"。在钱的数额前，必须写清钱币的种类。从单位借出的钱物要写上所为何用。

3. 借条应写明归还的具体日期或大致时间，若有较为复杂的情况，则要写明具体归还的方法。

4. 表示借到、收到、代收及缘由的用语要明确，反复推敲，以免发生歧义。

5. 语言规范简洁，字词之间不空格。写后不得涂改。如需改动，应在改动处盖章或签字，以免误会。

范例

借条

今借到陈晓明人民币伍仟捌佰元整，2009年5月1日前归还。

借款人：王易君

2009年3月1日

收条

兹收到刘晓红同学还给张琼老师的网球拍壹副，完好无损。

此据

代收人：李群

×年×月×日

请假条

请假条，是请求领导或老师等准假不参加某项工作、学习、活动等的文书。请假条因为请假的原因，一般分为请病假和请事假两种。

请假条一般由标题、上款（称谓）、正文、敬语、落款（署名和日期）组成。

范例

请假条

王老师：

您好。我今天腹泻，医生诊断为急性肠炎，需休息两天，特此请假，恳望批准。附医生证明一张。

此致

敬礼

学生：李四

×年6月3日

新闻稿

新闻稿是以新闻的形式来叙述特定主题，通过对特定题材进行新闻撰写的稿件。而新闻则是报纸、电台、电视台经常使用的记录社会、传播信息、反映时代的一种文体。广义的新闻包括消息、通讯、特写等等;狭义的新闻则专指消息，是用概括的叙述方式，比较简明扼要的文字，迅速及时地报道国内外新近发生的、有价值的、群众最关心的事实。

一篇新闻稿一般包含时间、地点、人物、事件的起因、经过、结果几大要素。在写法上以记叙为主，有时兼有议论、描写、评论等。

范例

人民解放军百万大军横渡长江

（新华社长江前线22日22时电）人民解放军百万大军，从一千余华里的战线上，冲破敌阵，横渡长江。西起九江（不含），东至江阴，均是人民解放军的渡江区域。二十日夜起，长江北岸人民解放军中路军首先突破安庆、芜湖，渡至繁昌铜陵、青阳、荻港、鲁港地区，二十四小时内即已渡过三十万人。二十一日下午五时起，我西路军开始渡江，地点在九江、安庆段。至发电时止，该路三十五万人民解放军已渡过三分之二，余部二十三日可渡完。这一路现已占领贵池、殷家汇、东流、至德、彭泽之线的广大南岸阵地，正向南扩展中。和中路军所遇敌情一样，我西路军当面之敌亦纷纷溃退，毫无斗志，我军所遇之抵抗，甚为微弱。此种情况，一方面由于人民解放军英勇善战，锐不可当；另一方面，这和国民党反动派拒绝签定和平协定，有很大关系。国民党的广大官兵一致希望和平，不想再打了，听见南京拒绝和平，都很泄气。战犯汤恩伯二十一日到芜湖督战，不起丝毫作用。汤恩伯认为南京江阴段防线是很巩固的，弱点只存在于南京九江一线。不料正是汤恩伯到芜湖的那一天，东面防线又被我军突破了。我东路三十五万大军与西路同日同时发起渡江作战。所有预定计划，都已实现。至发电时止，我东路各军已大部渡过南岸，余部二十三日可以渡完。此处敌军抵抗较为顽强，然在二十一日下午至二十二日下午的整天激战中，我已歼灭及击溃一切抵抗之敌，占领扬中、镇江、江阴诸县的广大地区，并控制江阴要塞，封锁长江。我军前锋，业已切断镇江无锡段铁路线。

(六) 应用写作专题练习

1. 根据提供的材料，拟写一份会议通知。

中国工商银行决定于2006年12月15日在北京召开投资信息调查研究工作会议，传达贯彻行长对当前投资信息调查研究工作的指示精神，交流，布置2007年的工作。会期10天。各省（市）分行派一名主管这项工作的主任（或外长）参加，并自带本单位投资信息调查研究工作总结一式20份。

2. 根据提供的材料，拟写一份应用文。

某校2019级物流专业王无心在2021年第一学期期末考试英语考场上作弊，该生并不服从监考老师的警告与管教，态度恶劣。经学校研究决定，给予王无心同学留校察看处分。请代写通报。

3. 根据提供的材料，拟写一份应用文。

某高等院校教学主楼年久失修，再加上扩大招生等原因，原有条件已经远远不能满足现实需要。请以本校校党委和校长办公室的名义，向上级国家教育部作一请示公文，说明原委，请求批准。

4. 代×××银行人力资源部给河北大学文史学院发一公函，就请代培3名文秘人员有关事宜进行协商。

5. 根据下面来函，请代为拟写一份复函。

函

黄河百货公司：

今年元月，我商场经理刘光辉一行人，曾到你公司组织货源。承蒙贵公司的支持，签定了供货合同。原合同中所订购的货物应于今年第四季度发货，现因我县急需供应，需提前至今年第三季度发货。能否提前发货，何时能发货，望能尽快给予函复。

长清区百货商场（公章）

二〇〇七年二月一日

6. 根据材料，写一篇应用文。

十天前，齐乐不幸突患新冠肺炎，他得到北京协和医院全体医务人员的精心救治，已痊愈。请以齐乐的名义写一篇感谢词。

7. 根据材料，写一篇应用文。

2020年，新冠肺炎疫情来势汹汹，全国各地驰援A市。2月16日，从各地汇集的医疗物资被集中到了A市国际博览中心。请以A市国际博览中心的名义告知爱国人民医院的相关工作人员前来领取物资。

要求：文种正确，格式完整，语言简洁、通顺。

8. 2月16日，爱国人民医院收到全国各地捐赠的医疗物资，请写一篇应用文，通知相关工作人员前来领取物资。

9. 根据材料，写一篇应用文

胡涂涂于4月16日上午在校体育馆三楼羽毛球馆训练，直到中午休息时才发现丢失了一块黑色"卡西欧"手表，该表九成新，型号为GA110，表身红色，表盘黄蓝红搭配。

秦奋于4月16日下午3点在校体育馆一楼捡到一块黑色"卡西欧"手，该表九成新，型号为GA110，表身红色，表盘黄蓝红搭配。

要求：请以秦奋的名义写一篇应用文，文种正确，格式完整，语言简洁、通顺。

二、文学写作

(一) 考点分析

题型为主观题，分值高。考查中比较侧重以下方面：分析材料或话题的内容要点，提炼中心思想；有条理地表达，明确观点态度。山东省专升本《要求》内容如下：

文学写作主要考核议论文、记叙文的写作能力。基本要求：立意积极向上，符合文体特征，内容充实，中心明确，条理清楚，结构完整，文字通顺，标点恰当，书写工整，格式规范，字数不少于800字。

(二) 备考原则

正确把握材料或话题的指向，准确地审题、立意，知道"写什么""为什么""怎么写"，语言准确生动，内容充实，结构完整，条理清晰，标点准确，可以综合运用多种写作技巧进行写作。

(三) 备考策略

认识生活，感悟生活，积累素材；阅读名著，体会哲理；理解文体特色与写作规范；记叙清楚完整，详略得当，描写生动；议论论点明确，论据充分，逻辑严谨；语言生动，想象合理，层次清晰；书写规范，卷面整洁。加强实训练习。

1. 了解作文评分标准

项目等级	一等	二等	三等	四等	五等
内容要求	中心突出，构思精巧，内容充实。	中心明确，内容具体	中心较明确，内容较具体	中心不够明确，内容不够具体	中心不明确，内容空洞
结构要求	严谨自然	清晰，完整	基本完整，比较有条理	不完整，条理不清楚	结构混乱
语言要求	简明，流畅，有文采	贴切，流畅	较通顺，有少量语病	语病较多	语言不通

2. 认真审题，准确立意

（1）注意理解材料及话题的意义。

（2）注意背景材料的隐含信息。

（3）注意引导语中的限制性、启发性文字：话题的引导语一般在选材范围、写作重心、写作走向、思路扩展上对话题加以说明与限制。

（4）看对象；找出关键词句并分析；因果推断，展开联想；悟道理（定中心）。

（5）注意写作要求：写作范围、角度、文体、篇幅等。

3. 布局谋篇

（1）生动拟题；

（2）别开生面；

（3）层次清晰；

（4）结尾有力。

4. 实训

建议重点训练以下文体：记叙文、议论文。

(四) 记叙文写作

1. 巧设悬念

记叙文写作中，可以通过景物描写烘托氛围，或借助倒叙手法提示文章结局，引起阅读者的兴趣，以避免结构上的单调，使文章引人入胜。

2. 一线串珠

如果说丰富而生动的材料是一颗颗珍珠的话，那么线索就是将这些珍珠串联起来的一条线。记叙文的线索主要有实物、人物、事件、时间、地点以及情感等。无论采取哪种线索，都必须从表现文章的中心思想和体现各种材料之间的内在联系出发，灵活巧妙地确定。

3. 以小见大

善于选择平实生活中的闪光点，挖掘其中的深意，透过现象发现本质。

4. 穿插流动

记叙性文章要避免平铺直叙，可在叙述过程中插入一些与情节相关的内容，达到"一波三折"的效果。"波折"要入情入理，应恰当运用"扬"与"抑"，合理展开"想象"及"联想"。

5. 白描勾勒

抓住人物的主要特征，采用白描勾勒法描写人物肖像。

6. 巧用烘托映衬

通过环境描写、次要人物的侧面陪衬，突出主要人物，推动事件发展。

7. 画龙点睛

记叙文应综合运用记叙、抒情、描写、议论等手法。"画龙点睛"是指在适当的时候直接抒情或议论，点明事物、人物、景物的意义之所在，或揭示作品主题，醒人之耳目，给人以启迪。

8. 前后照应

前后照应法可以使文章严谨连贯、浑然一体，又可突出内容和结构上的内在联系。照应一般包括：内容和标题相照应，行文中间照应，结尾与开头照应。如此，既能使文章结构完整，又能使作者的思想感情得到淋漓尽致的抒发。

9. 镜头剪辑

记叙文应详略得当，切不可记"流水账"，而应重点描写一两个场面。镜头剪辑被人们称为"冰糖葫芦式"结构。恰当运用想象与联想，梳理好事件发展的内在逻辑，把场面写生动，可使文章新颖别致。

10. 卒章显志

"志"就是指文章的主题、中心。在文章结尾时，用一两句话点明中心、主题的手法就叫卒章显志，也叫"篇末点题"。恰当运用这种手法可以增加文章的深刻性、感染力和结构美，起到"画龙点睛"的艺术效果。

（五）议论文写作 ||||||

1. 论点明确

注意"论点与材料的统一"，材料（论据）不可偏离论点。道理论据，应该能够充分证明论点。事实论据要确凿。

2. 论据典型

论据典型，可以提高文章的说服力。生活中的偶然性的个别的事例，是不具有代表性和普遍意义的，也就不能作为论据，否则就会导致论点的谬误。

从同一个角度举出来的论据再多再贴切，也只能代表一个方面的普遍意义。如能多角度、多方面、多层次地选择论据，避熟就生，避旧就新，典型性和信息量就会增加，就有利于阐述道理，就能令人耳目一新。

3. 突出精华

论据不在多，而在精，要能证明论点。叙述事实论据时，要突出重点和精华。事实材料的叙述要简明扼要，叙述只是为议论服务的，一定要高度概括。

4. 材料新颖

论据的新包含两方面的内容：一是所引用的材料是新的，如新事例、新人物、新思想、新理论、新观念等；二是能够找到旧材料的新用法、新角度。

5. 结构新颖

在处理论据的过程中，应善于引述论据，学会分析论据，将论据组织成并列结构、递进结构、对比结构。这样，既可使文章逻辑严密、层次清晰，也可以提高写作速度，突出中心论点。

范例：

请以"诚信"为话题写一篇作文。立意自定，文体自选（诗歌除外），题目自拟。不少于600字。

记叙文

一地梨花

当岁月流转与时光轮回都无迹可寻时，蓦然回首，会发现有样东西藏在时光长剧背后。这一折子的回目便是：诚信。

这使我想起我的父亲。一个除了两脚泥巴，除了作生意总亏本，除了训斥我的虚荣而只有一种品质的他。

父亲正在做什么呢？是在梨花树下闭目养神吗？梨树……

家里庭院的梨树，高不过数尺，叶疏花迟，可这丝毫不影响父亲对它的喜爱。所以这梨树依然能顽强地长着。前几年父亲承包了果园，春天那会儿，漫山遍野的梨树。果树都开着花，红的像火，粉的像霞，白的像雪。梨树最多，父亲整天泡在园子里费尽心思。

真是天有不测风云，谁想到快到手的钱又叫财神给夺回去了：虫子在梨皮里直钻到梨核，整个梨表面讨人喜欢，可实际上……有人劝父亲，不是同那客户签了合同了吗？你用纸袋一包，然后……父亲的脸沉下去了。

那些日子家里正难捱：我在城里上学要花钱，哥的婚事也快办了。这一切使父亲茫然不知所措。我看得见父亲额头上那牢刻着的惨淡，眉毛似乎塌了下来，压得眼窝都深陷进去。父亲没有抽烟喝酒的习惯，整日在台阶前坐着，望着满山的梨树发呆。母亲怕他钻不出牛角尖，背着父亲把梨转手了不少。可纸怎能包得住火？于是有一天该发生的终于发生了。声音从断断续续到高高低低，继而咒骂，哭诉，沉默。没几天，父亲把一个人领进屋里，把几千块钱摊到桌上说，兄弟，这钱你拿走，算是赔偿，卖不了的，我拉回来……

我的父亲是老实巴交的庄稼汉，在生意场上从来没有痛痛快快地赚过大钱。他埋怨自己文化低，邻里说他讲信用过了头。在农家的饭桌上父亲与我面对时，我只有低头扒饭的份。他看不起我说话不算数，诸如和人约好时间却总迟到等等。我不愿承认，但我在改。所以，我更喜欢观看他的背影，那厚实又渐渐弯曲的脊背，把这诚信在无际的时间空间中背起、托起。

梨花谢了春红，太匆匆。都说落尽梨花春又来，可因了父亲的诚信，我却说：零落的梨花，飞珠碎玉，它盈盈而生，闪着这个老农民品质的光泽，即使零落成泥，哪怕碾做灰烬，亦是香如故！

念情悠悠啊，我的一地梨花……

议论文

选择诚信，选择中华魂

一份诚信，一腔热血，一部华夏历史。一曲诚信，一阕高歌，传承民族气概。

诚信是一条流了5000年的河，滔滔不绝，流出了黄面孔，流出了黄土地，流出了华夏大地的芸芸众生。诚信是一支神奇的笔，龟背上长出了汉字，汉字上长出了华夏。一代代，一脉脉，吸天地之灵气，吮日月之精华。诚信是中华民族之魂，华夏礼仪之邦。诚信成为高尚道德的尺度，美丽灵魂的筹码。诚信者，人必敬重。

有这样一朵诚信的花，它诚信于爱情。这朵花里充盈了孟姜女的眼泪，白娘子雷峰塔下的呻吟，织女遥遥天河间的无尽思念，草长莺飞中梁祝的蝶舞双双。这朵爱的诚信花，凝聚了李清照的"寻寻觅觅"，柳永的"执手相看泪眼"，陆游的"几年离索"，王维的"红豆生南国"。这朵诚信的花哟，凄美，哀婉。

有这样一棵诚信的树，它诚信于友情。这棵树里长满了伯牙、子期的高山流水，元稹、白居易的共看夕阳，欧阳修、范仲淹的互勉互励。这棵诚信的树里，深藏着王勃"无为在歧路，儿女共沾巾"，韦应物的"相送情无限，沾襟比散丝"，高适的"莫愁前路无知己，天下谁人不识君"。这棵友情的诚信树啊，浓郁，隽秀。

有这样一方诚信的土，它诚信于人民。这片厚实的土地培养出周总理的鞠躬尽瘁，焦裕禄的不辞劳苦，孔繁森的一心为公，袁隆平的一生为民之食，钟南山的一生为民之身。这一腔诚信的热血啊，渲染出岳飞的精忠报国，戚继光的横扫倭寇，林则徐的虎门销烟。这一首诚信的赞歌啊，飘扬着当代战狼卫我中华河山无恙的衷肠。这一方诚信的土啊，深厚，凝重。

诚信忠于爱情，有诚信的滋润，爱情才会幻化得更加丰腴，迷人。

诚信忠于友情，有诚信的灌溉，友情才会出落得更加纯洁，脱俗。

诚信更忠于人民，忠于国家，忠于数千年的神州文化，忠于蒸蒸日上的华夏大地。

诚信，就是中华魂！

选择诚信，就是选择中华魂！

(六) 文学写作专题训练

1. 请以"抗击新冠疫情"为话题作文。

要求：① 立意自定，题目自拟，除诗歌外，文体不限。② 不得套作，不得抄袭。③ 不得透漏个人相关信息。④ 书写规范，正确使用标点符号。⑤ 不少于800字。

2. 根据以下材料作文。

以十一连胜夺得第13届世界杯冠军的中国女排，成为时代偶像。有人探究成功秘诀，女排主教练郎平说："不要因为我们赢了一场就谈女排精神，也要看到我们努力的过程。女排精神一直在，单靠精神不能赢球，还必须技术过硬。"到底该向女排姑娘学什么，人们观点不一：有人认为应该学习女排精神，女排精神是女排成功的秘诀；有人认为女排成功，只靠精神是不行的，还需要过硬的技术。我们应该向中国女排学习什么？

要求：结合材料内容，选好角度，确定立意，明确文体，自拟标题，不要套作，不得抄袭，不得泄露个人信息，不少于800字。

3. 阅读下面的材料，根据要求写作。

"民生在勤，勤则不匮"，劳动是财富的源泉，也是幸福的源泉。"夙兴夜寐，洒扫庭内"，热爱劳动是中华民族的优秀传统，绵延至今。可是现实生活中，也有一些同学不理解劳动，不愿意劳动。有的说："我们学习这么忙，劳动太占时间了！"有的说："科技进步这么快，劳动的事，以后可以交给人工智能啊！"也有的说："劳动这么苦，这么累，干吗非得自己干？花点钱让别人去做好了！"此外，我们身边也还存在一些不尊重劳动的现象。

请结合材料内容，面向本校（统称"复兴中学"）同学写一篇演讲稿，倡议大家"热爱劳动，从我做起"，体现你的认识与思考，并提出希望与建议。

要求：自拟标题，自选角度，确定立意；不要套作，不得抄袭；不得泄露个人信息；不少于800字。

4. 阅读下列材料，按要求作文。

在一个平静的大海边，住着一个老渔人，他每天在海边打鱼，从没有到过外面任何地方，但生活得很快乐。他说："这个地方挺美，适合我生活。"有个亿万富翁，一生经历坎坷，在商界打拼几十年，到过世界上许多地方。最后，他选择了这个海边，打算在此度过余生，他说这里有别处没有的宁静、安详和自由。两个老人在海边相遇了。

有人说，亿万富翁追求一生，最终就是为了这个，那他还不如那个老渔人呢。也有人说，他一生毕竟经历过。

要求：全面理解材料，选择一个侧面、一个角度构思作文；自主确定立意，确定标题；不要脱离材料作文，不要套作，不得抄袭。

5. 阅读下列材料，按要求作文。

雅各布·格林和威廉·格林两兄弟的假设，只是为了证明民间童话和历史是否有联系，最后却求证不了，然后把笔记本束之高阁。后来，是他们的朋友发现并且出版了这个再印几万次、发行几亿本、被四十几个国家翻译成五十多种语言的《格林童话》。

要求：自选角度，题目自拟，立意自定；不得超出材料作文；不少于800字。

6. 阅读下列材料，按要求作文。

世界读书日这天，网上展开了关于浅阅读的行动。

甲：什么是浅阅读？

乙：就是追求简单轻松、实用有趣的阅读。

丙：如今是读图时代，人们喜欢视觉上的冲击和享受。

丁：浅阅读就像吃快餐，好吃没营养，积累不了什么知识。

乙：社会竞争激烈，生活节奏这么快，大家压力这么大，我想深阅读，慢慢品味，行吗？

丙：人人都有自己的阅读爱好，浅阅读流行，阅读就更个性化和多样化了。挺好！

丁：我很怀念过去的日子——斜倚在书店的一角，默默地读书，天黑了都不知道。

甲：浅阅读中，我们是不是失去了什么？

要求：① 立意自定，题目自拟，除诗歌外，文体不限；② 不得套作，不得抄袭；③ 不得透漏个人相关信息；④ 书写规范，正确使用标点符号；⑤ 不少于800字。

7. 根据下列材料作文。

有人总结了玩手机的心得：读了太多的人生警句，突然发现不知咋活了；喝了太多的心灵鸡汤，突然发现不知咋过了；了解了太多的养生之道，突然发现不知咋吃了；学了太多的秘诀和技巧，突然发现不知该咋做了……

法国哲学家、散文家帕斯卡尔曾说过："思想形成人的伟大。人只不过是一根苇草，是自然界最脆弱的东西；但他是一根能思想的苇草。"

以上材料触发了你怎样的思考与感悟？请据此写一篇文章。

要求：① 立意自定，题目自拟，除诗歌外，文体不限；② 不得套作，不得抄袭；③ 不得透漏个人相关信息；④ 书写规范，正确使用标点符号；⑤ 不少于800字。

8. 阅读下列材料，根据要求作文。

① 君子欲讷于言而敏于行。(孔子)

② 大言不惭，则无必为之志，而不自度其能否矣。(朱熹)

③ 言论的花儿开得愈大，行为的果子结得愈小。(冰心)

④ 一言之辩，重于九鼎之宝；三寸之舌，强于百万之师。(刘勰)

⑤ 他，是口的巨人。他，是行的高标。(臧克家对闻一多的评价)

读了上面五个句子，你对"言"和"行"的关系有怎样的感悟与思考？请以其中的两三句为基础确定立意，写一篇文章表达你的看法。

要求：自选角度，明确文体，自拟标题；不要套作，不得抄袭；不少于800字。

9. 以"爱我中华"为题，写一篇演讲稿。

要求：突出文体特征；不要套作，不得抄袭；不少于800字。

第六部分　常　识

—————— •　一、考点分析　• ——————

考生们应理解我国优秀传统文化，并应用于生活实践，加强个人修养。山东省专升本《要求》内容如下：

（一）识记并掌握古今中外重要作家及其代表作品的基本知识，如作者的姓名、字号、生活年代、代表作与作品集名称、文学主张、文学成就及其他重要贡献，重要作品的编著年代、基本内容、主要特色及在文学史上的地位等；

（二）识记古诗文经典名句；

（三）掌握古今各类文体知识；

（四）掌握文学史上重要文学流派和文学现象；

（五）掌握传统文化基本知识。

(一) 备考原则

以《要求》指定的文言文参考篇目为基础，适当扩展延伸；多积累，提高人文修养。

(二) 备考策略

考试会涉及选择题、填空题、名句默写题、词语解释题、翻译题等题型，考生应全面复习，积极应对。

阅读名著，加强理解；背诵经典，学会运用；加强实战练习。

•二、名句与成语•

民惟邦本，本固邦宁。（《尚书》）

功崇惟志，业广惟勤。（《尚书》）

克勤于邦，克俭于家。（《尚书》）

满招损，_____。（《尚书》）

人心惟危，_____，_____，允执厥中。（《尚书》）

诗言地，_____，_____，律和声。（《尚书》）

非知之艰，行之惟艰。（《尚书》）

礼尚往来。往而不来，非礼也；来而不往，亦非礼也。（《礼记·曲礼上》）

君子戒慎乎其所不睹，恐惧乎其所不闻。莫见乎隐，莫显乎微，故君子慎其独也。（《礼记·中庸》）

玉不琢，不成器；人不学，不知道。（《礼记·学记》）

瑕不掩瑜、瑜不掩瑕（《礼记·聘义》）

大道之行也，天下为公。（《礼记·礼运》）

物格而后知至，知至而后意诚，意诚而后心正，心正而后身修，身修而后家齐，家齐而后国治，国治而后天下平。（《礼记·大学》）

孝有三：大孝尊亲，其次弗辱，其下能养。（《礼记·祭义》）

学然后知不足，教然后知困。（《礼记·学记》）

张而不弛，文武弗能也；弛而不张，文武弗为也。一张一弛，文武之道也。（《礼记·杂记下》）

人生十年曰幼，学。二十曰弱，冠。三十曰壮，有室。四十曰强，而仕。五十曰艾，服官政。（《礼记·曲礼上》）

陈力就列，_____。（《季氏将伐颛臾》）

不患寡而患不均，_____。（《季氏将伐颛臾》）

盖均无贫，_____，安无倾。（《季氏将伐颛臾》）

故远人不服，则修文德以来之。_____。（《季氏将伐颛臾》）

季孙之忧（《季氏将伐颛臾》）

大动干戈（《季氏将伐颛臾》）

祸起萧墙（《季氏将伐颛臾》）

分崩离析（《季氏将伐颛臾》）

虎兕出柙（《季氏将伐颛臾》）

开柙出虎（《季氏将伐颛臾》）

不亦乐乎（《论语·学而》）

犯上作乱（《论语·学而》）

一日三省（《论语·学而》）

节用爱人（《论语·学而》）

贤贤易色（《论语·学而》）

和为贵（《论语·学而》）

食无求饱（《论语·学而》）

居无求安（《论语·学而》）

安贫乐道（《论语·学而》）

巧言令色（《论语·学而》）

告往知来（《论语·学而》）

游刃有余（《庖丁解牛》）

目无全牛（《庖丁解牛》）

踌躇满志（《庖丁解牛》）

切中肯綮（《庖丁解牛》）

批郤导窾（《庖丁解牛》）

新硎初试（《庖丁解牛》）

官止神行（《庖丁解牛》）

庖丁解牛（《庖丁解牛》）

善刀而藏（《庖丁解牛》）

望洋兴叹（《秋水》）

见笑大方（《秋水》）

大方之家（《秋水》）

贻笑大方（《秋水》）

井底之蛙（《秋水》）

从容不迫（《庄子》）

洋洋大观（《庄子》）

执而不化（《庄子》）

安知鱼乐（《庄子》）

大人无己（《庄子》）

管窥蠡测（《庄子》）

邯郸学步（《庄子》）

朝三暮四（《庄子》）

螳臂挡车（《庄子》）

善始善终（《庄子》）

尘垢秕糠（《庄子》）

大而无当（《庄子》）

沉鱼落雁（《庄子》）

善始善终（《庄子》）

相濡以沫（《庄子》）

虚与委蛇（《庄子》）

大相径庭（《庄子》）

扶摇直上（《庄子》）

鹏程万里（《庄子》）

越俎代庖（《庄子》）

白驹过隙（《庄子》）

庄周梦蝶（《庄子》）

材大难用（《庄子》）

巢林一枝（《庄子》）

椿萱并茂（《庄子》）

佝偻承蜩（《庄子》）

多行不义＿＿＿＿＿＿＿＿＿＿。（《郑伯克段于鄢》）

＿＿＿＿＿＿＿＿＿＿，厚将崩。（《郑伯克段于鄢》）

孝子不匮，＿＿＿＿＿＿＿＿＿＿。（《郑伯克段于鄢》）

自相矛盾（《韩非子》）

守株待兔（《韩非子》）

讳疾忌医（《韩非子》）

滥竽充数（《韩非子》）

老马识途（《韩非子》）

郑人买履（《韩非子》）

智子疑邻（《韩非子》）

高枕无忧（《冯谖客孟尝君》）

苟无岁，何以有民？苟无民，何以有君？故有，舍本而问末者耶？（《赵威后问齐使》）

毛羽不丰满者不可以高飞，＿＿＿＿＿＿＿＿＿＿＿＿＿，道德不厚者不可以使民，＿＿＿＿＿＿＿＿＿＿＿。（《苏秦始将连横说秦》）

抵掌而谈（《苏秦始将连横说秦》）

悬梁刺股（《苏秦始将连横说秦》）

前倨后恭（《苏秦始将连横说秦》）

安步当车（《战国策·齐策四》）

不遗余力（《战国策·赵策》）

不翼而飞（《战国策·秦策》）

侧目而视（《战国策·秦策》）

反璞归真（《战国策·齐策》）

高枕无忧（《战国策·魏策一》）

汗马功劳（《战国策·楚策》）

狐假虎威（《战国策·楚策一》）

画蛇添足（《战国策·齐策二》）

挥汗成雨（《战国策·齐策一》）

狡兔三窟（《战国策·齐策四》）

门庭若市（《战国策·齐策一》）

亡羊补牢（《战国策·楚策四》）

辞多类非而是，多类是而非，是非之经，不可不分，此＿＿＿＿＿＿也。（《察传》）

穿井得人（《察传》）

三豕涉河（《察传》）

鲁鱼亥豕（《吕氏春秋》）

竭泽而渔（《吕氏春秋》）

刻舟求剑（《吕氏春秋》）

舍本逐末（《吕氏春秋》）

流水不腐，户枢不蠹（《吕氏春秋》）

掩耳盗铃（《吕氏春秋》）

泰山不让土壤，故能成其大；河海不择细流，故能就其深；＿＿＿＿＿＿＿＿，故能明其德。（《谏逐客书》）

天有常度，地有常形，君子有常行；＿＿＿＿＿＿＿＿，小人计其功。（《答客难》）

水至清则无鱼，＿＿＿＿＿＿＿＿。（《答客难》）

＿＿＿＿＿＿＿＿，以蠡测海，以莛（筳）撞钟。（《答客难》）

路不拾遗（《孔子世家》）

往者不可谏兮，＿＿＿＿＿＿＿＿也。（《孔子世家》）

夫名不正则言不顺，言不顺则事不成，事不成则礼乐不兴，礼乐不兴则刑罚不中，刑罚不中则民无所错手足矣。（《孔子世家》）

读《易》，＿＿＿＿＿＿＿＿。（《孔子世家》）

三月不知肉味（《孔子世家》）

不赞一词（《孔子世家》）

道大莫容（《孔子世家》）

不愤不启，＿＿＿＿＿＿＿＿。＿＿＿＿＿＿＿＿，则弗复也。（《孔子世家》）

三人行，必得我师。（《孔子世家》）

＿＿＿＿＿＿＿＿，钻之弥坚。（《孔子世家》）

瞻之在前，忽焉在后。（《孔子世家》）

循循善诱（《孔子世家》）

不怨天，＿＿＿＿＿＿＿＿。（《孔子世家》）

君子固穷（《孔子世家》）

诗有之："高山仰止，景行行止。"（《孔子世家》）

虽不能至，然＿＿＿＿＿＿＿＿。（《孔子世家》）

吾始困时，尝与鲍叔贾，分财利多自与，鲍叔不以我为贪，＿＿＿＿＿＿＿＿。（《史记·管晏列传》）

生我者父母，知我者鲍子也。（《史记·管晏列传》）

＿＿＿＿＿＿＿＿，衣食足而知荣辱，上服度则六亲固。（《史记·管晏列传》）

上下相亲（《管晏列传》）（一说出自《礼记》）

危言危行（《管晏列传》）（一说出自《论语》）

因祸为福（《管晏列传》）（一说出自《史记·苏秦列传》）

转败为功（《管晏列传》）（一说出自《新书》）

力拔山兮气盖世，＿＿＿＿＿＿＿＿＿。骓不逝兮可奈何，虞兮虞兮奈若何！（《史记·项羽本纪》）

四面楚歌（《史记·项羽本纪》）

无颜见江东父老（《史记·项羽本纪》）

阳春之曲，和者必寡；＿＿＿＿＿＿＿，其实难副。（《遗黄琼书》）

峣峣者易缺，＿＿＿＿＿＿＿＿。（《遗黄琼书》）

虽信美而非吾土兮，曾何足以少留！（《登楼赋》）

夜参半而不寐兮，＿＿＿＿＿＿＿＿。（《登楼赋》）

昔尼父之在陈兮，＿＿＿＿＿＿＿＿。（《登楼赋》）

望梅止渴（《世说新语·假谲》）

管中窥豹（《世说新语·方正》）

肃然起敬（《世说新语·规箴》）

身无长物（《世说新语·德行》）

难兄难弟（《世说新语·德行》）

道旁苦李（《世说新语·雅量》）

东床坦腹（《世说新语·雅量》）

覆巢之下，焉有完卵？（《世说新语·言语》）

七步成诗（《世说新语·文学》）

拾人牙慧（《世说新语·文学》）

煮豆燃萁（《世说新语·文学》）

卿卿我我（《世说新语·惑溺》）

面如傅粉（《世说新语·容止》）

玉山将崩（《世说新语·容止》）

＿＿＿＿＿＿＿，观海则意溢于海。（《神思》）

故寂然凝虑，＿＿＿＿＿＿＿；悄焉动容，视通万里。（《神思》）

吟咏之间，＿＿＿＿＿＿＿；眉睫之前，卷舒风云之色。（《神思》）

君子则不然，所守者道义，所行者忠信，＿＿＿＿＿＿＿。（《朋党论》）

君子与君子以同道为朋，小人与小人以同利为朋，此自然之理也。（《朋党论》）

以之修身，则同道而相益；以之事国，则同心而共济；始终如一，此君子之朋也。（《朋党论》）

《书》曰："满招损，谦得益。"（《五代史·伶官传序》）

忧劳可以兴国，＿＿＿＿＿＿＿＿＿。（《五代史·伶官传序》）

夫＿＿＿＿＿＿＿＿，而智勇多困于所溺。（《五代史·伶官传序》）

吾辈纵舟，酣睡于十里荷花之中，香气拘（拍）人，＿＿＿＿＿＿＿＿＿。（《西湖七月半》）

————— ● 三、文体常识 ● —————

文体，文章的体裁。不同体裁的文章，语言风格和表达方式各具特色。

语文文体按照表达方式来分，有记叙文、说明文和议论文三种。按照文学样式来分，有诗歌、散文、小说和戏剧四种。这方面的内容，可参见前文的有关部分。

中国古代对文体的研究：

曹丕的《典论·论文》和陆机的《文赋》，是文体研究的发轫之作。

曹丕的《典论·论文》将当时流行的文体分为四类——奏议、书论、铭诔、诗赋，并概括其特征分别为"雅""理""实""丽"。曹丕的论述，开创了文体分类研究的先河，在文体研究史上具有重要的意义。

陆机的《文赋》把文体扩大为诗、赋、碑、诔、铭、箴、颂、论、奏、说十类，对各类文体的特点和写作要求做了较为细致的探索，如"诗缘情而绮靡，赋体物而浏亮"。

南朝刘勰的《文心雕龙》是我国现存最早的系统地论述文体的著作。书中作为篇名标示的文体有：诗、乐府、赋、颂、赞、祝、盟、诔、碑、哀、吊、杂文、谐、隐、史传、诸子、论、说、诏、策、檄、移、封禅、章、表、奏、启、议、对、书、记等。

《文心雕龙》周详的体例为后世的文体研究奠定了基础，它具体地探讨了各种文体的源流，解释了文体名称的含义，阐述了各类文体的特点。

清代姚鼐编纂的《古文辞类纂》选取从战国到清代的文章，同时把历史上流传的诸多文体合并为十三类——论辩、序跋、奏议、书说、赠序、诏令、传状、碑志、杂记、箴铭、颂赞、辞赋、哀祭。这样的分类比较符合古代文体的实际，因而得到大多数人的认可。

按照语言形式标准分类，可以把古代文体分为三大类：

（一）散文：不押韵、不重排偶的散体文章。其语言形式比较自由，没有固定的要求，可以根据内容的需要随意写作。经、传、史书都属于散文。

（二）韵文：押韵的文体。诗、词、曲、辞、赋、颂、赞、箴铭等，都属于韵文。因具体文体不同，其用韵也不相同。

诗歌以丰富的情感反映生活，对生活做高度集中的概括，语言凝练而富有形象性，富于节奏感和韵律美。中国古代诗歌分为古体诗和近体诗。

词有词牌，写词必须受词调的限制，句式以长短句为主，押韵比较灵活。

曲可分为散曲和剧曲。散曲有小令和套数之分。散曲句句押韵，一韵到底。

赋是汉代形成的特殊文体，讲究铺叙、文采、对仗和韵律，一般采用主客问答、抑客伸主的结构方式。

（三）骈体文：讲究骈偶的文章，在辞赋影响下产生的一种特殊文体。它像散文，却讲究平仄和对仗；像诗歌，却不押韵。

古代散文按照内容和功用标准可分为论说文（说理文）、传状文、杂记文和应用文四类。

应用文主要是处理日常事务时使用的应用性文体。古代应用文的种类很多，重点介绍以下几种：

奏议。奏议是写给上级的书信、报告。因内容不同而名称各异。按用途一般分为如下几类："章"，谢恩；"奏"，弹劾；"表"，陈情；"议"，执异；"封事"，述机密。奏议的题目有时也写作"上书""疏"等。

对策。对策是奏议的一个附类。试举时，写在简上的皇帝亲自出的试题题目，叫策问；应举者按题陈述己见，叫对策。

诏令。诏令是皇帝写给臣下的书信、命令。

书信中，臣子写给皇帝的，叫奏议；皇帝写给臣子的，叫诏令。最早的诏令见于《尚书》，有"命""诰""誓"等称呼。汉代，诏令的各种形式齐备，有"策书""制书""诏书""诫书"等。

檄文。檄文是诏令的附类，是古代一种军事性文书。由于用途特殊，檄文往往具有号召性和煽动性。

碑志，指碑文、墓志铭。

碑文，按照内容和用途，大致可分为三类：第一类，记功碑文，用来记述某人或某次重大历史事件中的文武功业，如韩愈的《评淮西碑》。第二类，宫室庙宇碑文，用来记载某项建筑物兴建的缘由和经过，如柳宗元的《南霁云睢阳庙碑》。第三类，墓碑文，记述死者生前事迹兼悼念，如张溥的《五人墓碑记》。

古代规定，五品以上官僚可以立碑，五品以下官僚可以立碣，没有官制品位的人只能立表。

碑和碣的内容一般有两部分，前面有志文，后面是铭文；铭文押韵，又称韵语。表一般没有铭文。

墓志铭，记载死者生前的事迹，由两部分构成：前面是死者的传记，叫"志"；后面是赞颂性韵语，叫"铭"。

哀祭，是哀悼死者或者祭祀鬼神的文章，包括哀辞、祭文、吊文、诔等，一般有韵语。具体来说：哀辞多用于身遭不幸而死或童稚夭殇者，一般前有序，记写其生前才德、死因，后面有韵语。祭文在祭祀的时候宣读，有一定的表示祭享的格式——以"惟年月日"开始，以"呜呼哀哉尚飨"结束。吊文，一般具有客祭的性质，致吊者为客人。吊文重在安慰死者，也有借死者抒发自己胸中郁闷的，如贾谊的《吊屈原赋》。诔，其内容与碑志基本相同，只是不石刻。

箴铭，规劝告诫性的文章，一般是四言韵语。

箴，箴石可以治病，所以用箴作为这种文体的名称，喻其有攻疾防患的功能。箴多用于指出过失，以劝谏皇上或上司，如韩愈的《五箴》——《游箴》《言箴》《行箴》《好恶箴》《知名箴》。

铭，是铭刻下来用以自警的文体。铭可以根据内容分为四类：一是器物铭，题写或镌刻在日常器物上，从器物的性质、功用写起，联想到人事活动，进而写出有哲理性的短语，以物喻意，用以劝人勉己。如沈德潜，《古诗源》中的《杖铭》《衣铭》《矛铭》。二是居室铭，题写或刻勒在居室中，如刘禹锡的《陋室铭》。三是山川铭，题写或刻勒在山石上，如张载的《剑阁铭》。四是座右铭，题写或刻勒在座位的右面，如白居易的《续座右铭》。

颂赞，是颂扬赞美性的文章，一般也是四字韵语。

颂，起源于《诗经》中的"颂"，主要是用来褒扬功德、显述仪容，如，韩愈的《子产不毁乡校颂》。

赞，起源于上古祭祀时乐正的赞辞和庆典时礼官的赞辞。成文的赞，始于司马相如的《荆轲赞》。赞，用于篇末，对前面的文章予以总结评述。《文心雕龙》每篇篇末都有赞。

箴铭和赞颂都属于韵文，由于它们都具有应用性，因此都归入应用文体中。

序跋，是为一部书或一篇作品写的说明文字。

"序"，通"叙"，也称"引""题辞"。序文最初放在书文之后，如《史记·太史公自序》《说文解字·叙》等。从六朝开始，序文逐渐被放在书文之前，如萧统的《文选序》等。从此，放在卷首为"序"，放在卷末称"跋"或"后序"，如文天祥的《指南录后序》。

序跋，既可以自己写，也可以请他人或由后人写。其内容，大多为该作品的介绍和评论，或者是对作者有关事迹的叙述等。

● 四、文化常识 ●

(一) 人的称谓

称字：古人幼时由父亲等长辈命名，成年（男20岁，女15岁）取字，如诸葛亮名亮，字孔明。

称号：一般只用于自称，以显示某种志趣或抒发某种情感，年龄不限，如李白号青莲居士，白居易号香山居士，李清照号易安居士。

称谥号：古代王侯将相、高级官吏、著名文士等死后被追加的称号，如范仲淹谥号文正，欧阳修谥号文忠。

称籍贯：以人的出生地命名，如孟浩然称孟襄阳，柳宗元称柳河东。

称官名：以人的官名来命名，如杜甫称杜工部。

称官地：以人做官的地方来命名，如岑参称岑嘉州，柳宗元称柳柳州。

古代帝王对贵族功臣的封赐爵号（位）：公、侯、伯、子、男。

谦称：

1.自称：愚、敝、卑、臣、仆。

2.帝王自称：孤、寡人、朕等。

3.古代官吏自称：下官、末官、小吏等。

4.读书人自称：小生、晚生、晚学、不才、不肖等。

5. 古人称自己一方的亲属用"家"或"舍"：如家父、家母、家兄、舍弟、舍妹、舍侄等。

6. 其他自谦词：尊长者自称"在上"，晚辈自称"在下"，老人自称"老朽、老夫"等。

敬称：

1. 对帝王：万岁、圣上、天子、圣驾、陛下、大王等。

2. 对将帅：麾下。

3. 对于对方或对方亲属的敬称用"令、尊、贤"。

令：令尊（对方父亲），令堂（对方母亲），令兄（对方哥哥），令郎（对方儿子），令爱（对方女儿）。

尊：用来称与对方有关的人和物，如尊上（对方父母），尊公、尊君、尊府（对方父亲），尊堂（对方母亲），尊亲（对方的亲戚），尊命（对方的吩咐），尊意（对方的意思）。

贤：称平辈或晚辈，如贤家（对方），贤郎（对方儿子），贤弟（对方弟弟）。

仁：称同辈友人中长于自己的人为仁兄，称地位高的人为仁公。

4. 称谓前加"先"表已死，用于敬称地位高的人或年长的人。

称死去的父亲：先考、先父。

称死去的母亲：先妣、先慈。

已死的有才德的人：先贤。

死去的帝王：先帝。

6. 对品格高尚、智慧超群的人用"圣"表敬称。

"孔子"为"圣人"，"孟子"为"亚圣"，"杜甫"为"诗圣"。后来"圣"多用于帝王，如"圣上""圣驾"。

年龄称谓：

襁褓：未满周岁的婴儿。

孩提：2—3岁的儿童。

垂髫：幼年儿童。

总角：八九岁至十三四岁的少年。

豆蔻：女子十三四岁。

及笄：女子十五岁。

加冠（弱冠）：男子二十岁。

而立之年：三十岁。

不惑之年：四十岁。

知命之年：五十岁（又称"知天命""半百"）。

花甲之年：六十岁。

古稀之年：七十岁。

耄耋之年：八、九十岁。

期颐之年：一百岁。

特殊称谓：

1. 百姓的称谓：布衣、黎民、庶民、苍生、氓等。

2. 伯（孟）仲叔季：兄弟行辈中长幼排行的次序。

3. 不同的朋友关系的称谓：

贫贱之交：贫贱而地位低下时结交的朋友。

金兰之交：情谊契合、亲如兄弟的朋友。

刎颈之交：同生死、共患难的朋友。

忘年之交：辈分不同、年龄相差较大的朋友。

竹马之交：多指从小一块长大的异性朋友。

布衣之交：以平民身份相交往的朋友。

患难之交：在遇到磨难时结成的朋友。

(二) 古代官职变动

1. **迁**：调职，调动，一般指升官；左迁则为降职调动。

2. **谪**：降职并远调。

3. **拜**：授予官职，一般要举行隆重的仪式。

4. **授**：授予官职。

5. **擢**：选拔，提拔。

6. **除**：免去旧职而任新职。

7. **罢**：罢免，停职。

8. **免**：免除官职。

9. **黜**：废黜，贬退，也用于剥夺王位或太子的继承权。

10. **转**：调动官职

(三) 地理常识 ‖‖‖‖‖

1. 阴：山北水南。阳：山南水北

2. 左：东为左。右：西为右。

3. 河：黄河。江：长江

4. 五岳：泰山（东岳）、华山（西岳）、衡山（南岳）、恒山（北岳）、嵩山（中岳）

5. 佛教四大名山：五台山、九华山、峨眉山、普陀山。

6. 六合：天、地、东、南、西、北六个方位。

7. 八荒：东、东南、南、西南、西、西北、北、东北八个方向。

8. 中国的古称：九州、神州、赤县、华夏、九土、中华。

9. 九州：豫州、青州、徐州、扬州、荆州、梁州、雍州、冀州、兖州。

(四) 纪年法 ‖‖‖‖‖

（1）公元纪年法

（2）岁星纪年法

（3）年号纪年法，如"庆历四年""元和十年"。

（4）天干地支纪年法

天干：甲、乙、丙、丁、戊、己、庚、辛、壬、癸。

地支：子、丑、寅、卯、辰、巳、午、未、申、酉、戌、亥。

(五) 重要节日 ‖‖‖‖‖

元日：正月初一，一年开始。

人日：正月初七，人的生日。

上元：正月十五，张灯为戏，又叫"灯节"。

社日：春分前后，祭祀祈祷农事。

寒食：清明前两日，禁火三日。

清明：四月初，扫墓，祭祀。

端午：五月初五，吃粽子，划龙舟。

七夕：七月初七，妇女乞巧。

中元：七月十五，祭祀亡故亲人，缅怀祖先。

中秋：八月十五，赏月，思乡。

重阳：九月初九，登高，插茱萸等。

冬至：又叫"至日"，节气的起点。

腊日：腊月初八，喝"腊八粥"。

除夕：一年的最后一天的晚上，辞旧迎新。

(六) 其他

【四书】《论语》《中庸》《大学》《孟子》。

【五经】《诗经》《尚书》《礼记》《易经》《春秋》。

【八股】破题、承题、起讲、入手、起股、中股、后股、束股。

【六子全书】《老子》《庄子》《列子》《荀子》《扬子法言》《文中子中说》。

【汉字六书】象形、指事、形声、会意、转注、假借。

【书法九势】落笔、转笔、藏峰、藏头、护尾、疾势、掠笔、涩势、横鳞竖勒。

【饮中八仙】李白、贺知章、李适之、李琎、崔宗之、苏晋、张旭、焦遂。

【蜀之八仙】容成公、李耳、董仲舒、张道陵、严君平、李八百、范长生、尔朱先生。

【扬州八怪】郑板桥、汪士慎、李鱓、黄慎、金农、高翔、李方膺、罗聘。

【北宋四大家】黄庭坚、欧阳修、苏轼、王安石。

【唐宋古文八大家】韩愈、柳宗元、欧阳修、苏洵、苏轼、苏辙、王安石、曾巩。

【十三经】《易经》《诗经》《尚书》《周礼》《礼记》《仪礼》《公羊传》《谷梁传》《左传》《孝经》《论语》《尔雅》《孟子》。

【书法四大家】颜真卿、柳公权、欧阳询、赵孟頫。

【四大民间传说】《牛郎织女》《孟姜女》《梁山伯与祝英台》《白蛇传》。

【四大文化遗产】《明清档案》《殷墟甲骨》《居延汉简》《敦煌经卷》。

【元代四大戏剧】关汉卿《窦娥冤》、王实甫《西厢记》、汤显祖《牡丹亭》、洪昇《长生殿》。

【元杂剧四大悲剧】关汉卿《窦娥冤》、白朴《梧桐雨》、马致远《汉宫秋》、纪君祥《赵氏孤儿》。

【元曲四大爱情剧】关汉卿《拜月亭》、王实甫《西厢记》、白朴《墙头马上》、郑光祖《倩女离魂》。

【四大南戏】"荆刘拜杀"：《荆钗记》《白兔记》《拜月亭》《杀狗记》。

【晚清四大谴责小说】李宝嘉《官场现形记》、吴沃尧《二十年目睹之怪现状》、刘鹗《老残游记》、曾朴《孽海花》。

【六礼】冠、婚、丧、祭、乡饮酒、相见。

【六亲】父、母、兄、弟、妻、子。

【六艺】礼、乐、射、御、书、数。

【六义】风、雅、颂、赋、比、兴。

【十恶】谋反、谋大逆、谋叛、谋恶逆、不道、大不敬、不孝、不睦、不义、内乱。

【五彩】青、黄、赤、白、黑。

【五音】宫、商、角、徵、羽。

【九宫】正宫、中吕宫、南吕宫、仙吕宫、黄钟宫、大面调、双调、商调、越调。

【四大名旦】梅兰芳、程砚秋、尚小云、荀慧生。

【八旗】镶黄、正黄、镶白、正白、镶红、正红、镶蓝、正蓝。

【八仙】汉钟离、张果老、吕洞宾、铁拐李、蓝采和、韩湘子、曹国舅、何仙姑。

【七情】喜、怒、哀、惧、爱、恶、欲。

【五常】仁、义、礼、智、信。

【五伦】君臣、父子、兄弟、夫妇、朋友。

【三姑】尼姑、道姑、卦姑。

【六婆】牙婆、媒婆、师婆、虔婆、药婆、稳婆。

【九属】玄孙、曾孙、孙、子、身、父、祖父、曾祖父、高祖父。

【五谷】稻、黍、稷、麦、豆，一说麻、黍、稷、麦、菽。

● 五、文学常识 ●

（一）中国古代文学常识

上古歌谣：上古时期的民歌、民谣，是民间文学的一种。我国古代，以合乐为歌，以徒歌为谣。上古歌谣是先民表达思想、抒发感情、促进生产的重要工具，是在生产力极为低下的原始时代产生的，是出现最早的文学样式。按题材内容，上古歌谣可分为劳动歌谣、祭祀歌谣、图腾歌谣、婚恋歌谣、战争歌谣等。它们具有集体性、综合性和再现生活的直接性，词句简朴，节奏流畅，以赋为主要表现手法。

《尚书》：最早书名为《书》，"尚"即"上"，《尚书》就是上古的书，它是中国上古历史文献和部分追述古代事迹著作的汇编，是我国最早的一部历史文献汇编，为儒家经典之一。

《周易》：先秦时的一部卜筮书。其文字分经、传两部分。其中的卦、爻辞为《易经》，约成于西周初年。它们记载了上古社会的一些情况，保存了一些具有朴素色彩的上古歌谣。《易传》是对经的说明和解释，大部分作于战国时期，反映了当时的哲学思想。

神话：神话是上古先民通过幻想以一种不自觉的艺术方式对自然现象和社会生活所作的形象描述和解释，用虚幻的想象表现了先民们征服自然、战胜自然的强烈愿望和乐观主义、英雄主义精神，是人类早期不自觉的积极浪漫主义艺术创作。它是原始文学的一种重要样式，是后世文学艺术的重要土壤和武库。

《山海经》：我国古代地理名著。作者不详，约成书于战国时，秦汉时又有增补，共18卷。它以记载传说中的地理知识为主，兼及民俗、物产、医药、巫术、祭祀等，尤其是保存了大量上古神话传说，如精卫填海、夸父逐日、黄帝杀蚩尤、鲧禹治水等，是我国先秦保存神话最多的古籍，具有重要的文学价值。

《诗三百》：即《诗经》。《诗经》本有305篇，举其整数，故称《诗三百》。《诗经》在先秦时称为《诗》或《诗三百》。西汉初被尊为经，始称《诗经》。

风、雅、颂：是《诗经》的三个组成部分，也是根据地域和音乐的不同对《诗经》的分类。风也叫国风，是带有诸侯各国地方特色的乐歌，共有15国风，160篇，多是民歌，少数是贵族作品。雅是周王朝京都地区的乐歌，分大雅、小雅。大雅31篇，多是朝会宴享之作；小雅74篇，多是个人抒情之作。雅诗中也有部分民歌。颂是王室宗庙祭祀或举行重大典礼时的乐歌，分周颂、鲁颂、商颂，共40篇。

四家诗：指汉初出现的传授《诗经》的齐、鲁、韩、毛四家诗。前三家属"今文诗"，西汉时立于学官，分别亡于三国、西晋和宋时。《毛诗》属"古文诗"，东汉时立于学官，训诂多用《尔雅》，事实多本《左传》，流传至今。

赋、比、兴：《诗经》常用的三种艺术表现手法。赋指的是铺陈直叙事物的方法。比即比喻或比拟。兴即托物起兴，先言他物以引起所咏之辞。

春秋三传：解释《春秋》的《左传》、《公羊传》和《谷梁传》三部书的合称。

《左传》：我国第一部叙事详细、完整的编年体史书。原名《左氏春秋》，又称《春秋左氏传》，相传为鲁国史官左丘明所著。记事起于鲁隐公元年（前722年），止于鲁哀公二十七年（前468年），前后记叙了春秋时期250多年的史事。《左传》具有很高的文学价值，对后世影响很大。

《国语》：我国最早的国别体史书，共21卷。传为左丘明所著。全书按不同国家记载了从周穆王到周贞定王前后500余年的史事。《国语》和《左传》明显的区别是：《国语》分别写不同国家，以记言见胜；《左传》按年代编写，长于记事。

《战国策》：西汉末年刘向编订的一部国别体史书，共33编。记事上起周贞定王十六年（前453年），下迄秦二世元年（前209年），辑录了战国时期各国政治、军事、外交各方面的历史史实，着重记录了谋臣的策略和言论。《战国策》在语言运用上很成功，雄辩的论说、铺张的叙事、尖刻的讽刺、耐人寻味的幽默，构成了独特的语言风格。它标志着我国古代历史散文发展到一个新的高度，给后世散文和辞赋的创作以重大影响。《战国策》中的寓言亦丰富多彩，或为动物寓言，或为社会寓言，或为历史寓言，如"狐假虎威""画蛇添足""惊弓之鸟"等，写来生动形象，言短意长，文学性极强。

诸子百家：指春秋战国时出现的代表不同阶级和阶层利益的学术派别。当时，各派纷纷著书立说，招徒授学，宣扬自己的主张，互相辩难，形成了百家争鸣的局面。据《汉书·艺文志》记载，诸子百家主要有儒、道、阴阳、法、名、墨、纵横、农、杂、小说十家，影响较大的为儒、道、墨、法四家，尤以儒、墨为显学。

孔孟：孔子和孟子的合称。孔子是儒家学派的创始人，后人称为"至圣"，《论语》是以记载孔子言行为主的语录体著作。孟子是战国中期儒家的重要代表，后世称为"亚圣"，《孟子》是以记载孟子言行为主的语录体散文。

老庄：老子和庄子的合称。老子是道家学派的创始人，《老子》是道家后学对他思想的记载和发挥。庄子是战国中期道家的代表，《庄子》是他与其后学的著作的合辑。

楚辞：本义是指楚地的言辞，从诗歌体裁来说，它是战国后期以屈原为代表的诗人在楚国民歌基础上开创的一种新诗体。

《楚辞》：我国第一部浪漫主义诗歌总集。由于诗歌的形式是在楚国民歌的基础上加工形成的，篇中又大量引用楚地的风土物产和方言词汇，所以叫"楚辞"。《楚辞》主要是屈原的作品，其代表作是《离骚》，后人因此又称"楚辞"为"骚体"。西汉末年，刘向搜集屈原、宋玉以及汉代贾谊、淮南小山、庄忌、东方朔、王褒、刘向诸人的仿骚作品，辑录成集。《楚辞》是我国积极浪漫主义诗歌创作的源头。

《天问》：屈原所作的仅次于《离骚》的长诗。它以反诘的形式，一连提出170多个问题，内容涉及天文地理、神话传说、古史传闻、社会政治、个人生活等，表现出诗人丰富的想象力和广博的知识，表现了诗人大胆怀疑、敢于批判旧观念和勇于探索真理的精神。全诗以四言为主，四句一节，通篇用反诘，参差错落，圆转活脱，被认为是"千古奇文"。

《九歌》：屈原在楚国民间流行的祭祀乐歌基础上加工而成的一组祭歌，共11篇。所祭之神分天神、地祇、人鬼三类。天神有东皇太一、东君、云中君、大司命、小司命，有关的五首歌词，多表现对天神的敬仰和赞颂，写得庄严肃穆。地祇有湘君、湘夫人、河伯、山鬼，有关的四首诗歌全是恋歌，借对神的恋爱生活的描写表现人类对纯洁爱情的赞颂，大都清新凄艳，幽渺情深。写人鬼的只有《国殇》一篇，是对卫国战争中牺牲将士的热烈礼赞，激昂悲壮，刚健质朴。

屈宋：先秦楚辞作家屈原和宋玉的合称。屈原是楚辞的开创者，宋玉略晚于屈原，也以楚辞著称，并对赋的形成与发展做出了重要贡献。

《史记》：西汉史学家司马迁撰写的纪传体史书，是中国历史上第一部纪传体通史，记载了上至黄帝时代下至汉武帝太初四年共3000多年的历史。该著作前后经历了14年才得以完成。《史记》全书包括十二本纪（记历代帝王政绩）、三十世家（记诸侯国和汉代诸侯、勋贵兴亡）、七十列传（记重要人物的言行事迹，主要叙人臣，其中最后一篇为自序）、十表（大事年表）、八书（记各种典章制度和礼、乐、音律、历法、天文、封禅、水利、财用）。《史记》共130篇，526500余字。《史记》被列为"二十四史"之首，对后世史学和文学的发展都产生了深远影响。其首创的纪传体编史方法为后来历代正史所传承。《史记》还是一部优秀的文学著作，在中国文学史上有重要地位，被鲁迅誉为"史家之绝唱，无韵之离骚"，有很高的文学价值。刘向等人认为此书"善序事理，辩而不华，质而不俚"。班固在《汉书·司马迁传》中对他的实录写作原则曾做了如下总结："其文直，其事核，不虚美，不隐恶，故谓之实录。"

《汉书》：又称《前汉书》，由东汉时期的历史学家班固编撰，是中国第一部纪传体断代史，"二十四史"之一。与《史记》《后汉书》《三国志》并称为"前四史"。全书主要记述了上起西汉的汉高祖元年（前206年），下至新朝的王莽地皇四年（23年）的史事。《汉书》包括纪十二篇、表八篇、志十篇、传七十篇，共一百篇。

汉赋四大家：一般是指司马相如、扬雄、班固、张衡四人。

乐府双璧：《木兰诗》《孔雀东南飞》。

三曹：汉魏间曹操、曹丕、曹植三父子的并称。他们以显赫的政治地位与杰出的文学才能著称于世。他们在诗歌中抒写自己的政治抱负和乱离的社会场景，悲歌慷慨，是汉魏风骨的代表诗人，在五言诗歌发展史上处于承前启后的重要地位。曹植被誉为"建安之杰"。

建安七子：东汉建安年间孔融、陈琳、王粲、徐干、阮瑀、应场、刘桢等七位文学家的并称。他们均以诗文显赫当世，是曹魏文学集团核心成员，与"三曹"同为建安时代的重要作家，建安七子中王粲、刘桢成就最高。

建安风骨：是对建安文学风格的形象概括。建安是汉献帝的年号。当时有不少作品反映了乱离的社会现实，表达了统一天下的愿望和对理想生活的追求。诗歌情调慷慨悲凉，语言刚健爽朗。

《悲愤诗》：汉魏间著名女诗人蔡琰的代表作品。相传有骚体与五言体二首，其中五言体较可信。全诗五百四十字，自述在汉末动乱中的不幸遭遇，反映了整个汉末动乱时期广大人民，特别是妇女的共同命运，具有典型意义。全诗叙事波澜曲折，抒情如泣如诉，有强烈的感染力。

竹林七贤：魏晋间嵇康、阮籍、山涛、向秀、阮咸、王戎、刘伶的合称。

《与山巨源绝交书》：曹魏正始间嵇康写给山涛的一封信。这是一篇与司马氏集团决裂的宣言书。文章申明自己不愿当官是为了远祸全身，提出做官"必有不堪者七，甚不可者二"，提出"非汤武而薄周孔"。

左思风力：是对西晋太康时期诗人左思诗歌风格的形象概括。语出钟嵘《诗品》。左思是西晋最杰出的诗人，代表作为《咏史诗》八首，风格刚健，感情深沉，和当时流行的华丽诗风迥然不同。他的诗承建安风骨，抒写怀抱，抨击现实，多不平之音。气势雄健，笔调挺拔，辞采壮丽，形象鲜明，风格独树一帜，人称"左思风力"。

田园诗：指以田园风光和农村生活为描写对象的诗篇。陶渊明的田园诗多方面描写田园景色和农村生活，表现了农村的恬美静穆和诗人悠然自得的心情，也表现了诗人参与农村劳动的感受，以及与农民的愉快交往。田园诗本来与山水诗异趣，但由于南朝齐谢朓创作山水诗注意表现日常生活中常见的景象，田园诗与山水诗的界限逐渐模糊。人们一般称盛唐"山水田园诗派"，可见其合流的趋势。

陶谢：指东晋末至南朝宋初诗人陶渊明和谢灵运。杜甫有"焉得思如陶谢手，令渠述作与同游"之句，句中"陶谢"即指此二人。他们都善于描写自然景物，但陶多写田园，而谢多写山水陶诗语言朴实自然，谢诗则讲究词藻与对偶，崇尚绮丽，风格并不相近。

元嘉三大家：是南朝宋文帝元嘉年间三位著名诗人谢灵运、颜延之和鲍照的并称。谢诗富艳精工，颜诗华美典雅，鲍诗雄姿奔放，是谓"宋初三体"。三家诗风差异明显，共同之点是都描写山水，都讲究词藻和对偶。

永明体：南朝齐武帝永明时期形成的诗体，又称新体诗。这种诗把音律声韵与晋宋以来的对偶之风结合起来，注重四声、八病之说，增加了诗歌艺术的形式美，对近体诗的形成有很大的影响。代表作家有沈约、谢朓、王融、范云、江淹以及齐梁间的何逊、吴均和陈代的阴铿。

宫体诗：南朝梁代以写宫廷生活闺阁情怀为主要内容的诗歌。宫体诗大都清绮靡丽，伤于轻艳，格调不高。倡导者是梁简文帝萧纲，徐陵、庾信父子是代表作家，其创作风格流丽轻艳、"辑裁巧密"。风气所至，陈时陈后主与江总亦有此类创作。徐陵编有《玉台新咏》，只收"艳诗"，可以说是宫体诗的合集。

《哀江南赋》：赋篇名，北周庾信作。作者原仕南朝，后出使西魏，被羁留而仕北朝，虽位尊名显，甚受优待，但常惦念故国，追忆往事，因作此赋以抒怀。赋篇以作者自身遭遇为线索，写出梁朝由兴到衰的过程，揭露了梁朝统治者的腐朽无能，描写了人民在战乱中蒙受的深重灾难。从艺术风格上看，格律严整而又不失疏放，寓雄健于苍凉沉郁之中，感情奔放，声调铿锵，颇富个性。

吴歌：指《乐府诗集·清商曲辞》所收主要产生于长江下游以建业为中心一带的南朝民歌，今存326首。现存吴歌多为女子的吟唱，生动而集中地表达了主人公对爱情的渴望与坚贞、相思的欢乐和痛苦、婚姻不自由的苦闷，以及对男子负心的怨恨等种种在一定历史条件下的感情和复杂的心态。

《敕勒歌》：乐府杂歌篇名，北朝民歌。敕勒歌辞系从鲜卑语译出。北齐高欢为周军所败，命斛律金唱此歌以激励士气。这首歌辞歌唱了草原的辽阔和牛羊的繁盛。风格异常雄浑质朴，不愧为北朝乐府民歌的代表作品。

《西洲曲》：是乐府《杂曲歌辞》里的一篇。南朝无名氏作，为五言体。因首句"忆梅下西洲"得名。原为长江流域的民歌，后经过文人的加工。作品通过带季节特征的人物活动的变换，层层递进地表现了一位少女从春到秋对远方情人的思念之情。语言优美，笔触细腻，情思缠绵悱恻，顶真和双关语的运用是其手法上的显著特点。全诗三十二句，四句一转韵，声情和谐。《西洲曲》是南朝乐府民歌的最优秀作品，也是其中最长的一首抒情诗。

《洛阳伽蓝记》：北魏杨衒之著，是一部具有文学价值的地理书、史书。该书主要记载了洛阳佛寺情况，同时记录了众多的社会、政治、经济、文化等方面的材料。作者在描写洛阳寺院的庄严盛大时，也处处流露出抚今追昔的感慨。叙事简明，文笔清新，以散体为主，间以骈偶句式，是一部有特色的散文著作。

《水经注》：北魏郦道元著。相传此书是为汉代桑钦所作的记载全国水道的地理书

《水经》所作的注。郦道元引书四百多种，加上自己游历各地、跋涉山川的见闻，叙述了许多河流两岸的地理古迹、神话传说和风俗习惯，对各地秀丽的山川作了生动的描绘，文笔简洁精美，具有很高的文学性，对后代山水游记文学有很大影响。

志怪小说：主要指魏晋时代产生的一种以记述神仙鬼怪为内容的小说，也可包括汉代的同类作品。志怪小说是受当时盛行的神仙方术之说及侈谈鬼神、称道灵异的社会风气的影响而形成的。志怪小说的内容很庞杂，大致可分为三类：炫耀地理博物的琐闻，如东方朔的《神异经》等；记述正史以外的历史传闻故事，如托名班固的《汉武故事》等；讲说鬼神怪异的迷信故事，如东晋干宝的《搜神记》等。志怪小说对唐代传奇产生了直接的影响。

志人小说：是指魏晋六朝流行的一种专记人物言行和记载历史人物传闻轶事的杂录体小说，又称清谈小说、轶事小说。志人小说是在品藻人物的社会风气影响之下形成的，著名的有《笑林》《世说新语》等。志人小说和其他小说一起，开启了后世小说之先河。

《搜神记》：一部用笔记体裁编写的志怪小说集，二十卷。东晋干宝作。所记多神灵怪异之事，作者意在阐明"神道之不诬"。但亦保存了不少优秀的神话传说及民间故事。其中一些作品揭露统治阶级之罪恶，表达人民之愿望；另有一些故事赞美了劳动人民勤劳、勇敢、善良、智慧等优秀品质；还有一些爱情故事表现了青年男女在封建礼教的重压下的痛苦和对爱情的执着追求。《搜神记》对唐人的传奇和俗体文学有重大影响。

《世说新语》：南朝刘义庆编，梁刘孝标注的一部笔记体轶事小说。全书分德行、言语、政事、文学等三十六门，主要记载汉末至东晋的遗闻轶事，对当时士族思想、生活和清谈放诞的风气多所反映。虽有消极因素，但批判黑暗、讽刺奢淫、赞扬智慧、表彰善良，亦复不少。语言精练，韵味隽永。

《文赋》：西晋陆机以赋体的形式写的文论作品，从分析文学的创作过程入手，论述作文的利弊，着重阐述创作论。文章围绕文、意、物三者的矛盾展开论述，通过总结直接或间接的写作经验，试图解决"意不称物，言不逮意"这一在创作过程中普遍存在的问题。

《昭明文选》：梁昭明太子萧统编选，系我国现存第一部文学总集。本书选录先秦至梁八百年间的诗歌、辞赋、杂文等各类文章近八百篇，诗、赋以下又各分若干小类，基本囊括了这一时期优秀的文学作品，为后人研究先秦至梁的文学发展概貌提供了重要的资料。唐代李善注本最有名。

魏晋南北朝时期重要的文学理论和文学批评著作：魏文帝曹丕《典论·论文》、晋陆机《文赋》、梁钟嵘《诗品》、梁刘勰《文心雕龙》。此外，还有晋挚虞《文章流别论》、梁萧子显《南齐书·文学传论》、梁沈约《宋书·谢灵运传论》、梁萧纲《与湘东王书》等。

上官体：指唐高宗龙朔年间以上官仪为代表的宫廷诗风，题材以奉和、应制、咏物为主，内容空泛，重视诗的形式技巧，追求诗的声辞之美。

文章四友：唐武后时期的宫廷诗人李峤、杜审言、苏味道、崔融的并称。内容不外歌功颂德、宫苑游宴，但在他们的其他一些作品中，有时透露了诗歌变革的消息，有的还对诗歌体制的建设做出了积极的贡献。四人中，杜审言成就最高。

初唐四杰：王勃、杨炯、卢照邻、骆宾王的并称。四人都出生于唐太宗时，才高位下，唐高宗时以文词齐名天下。四人从理论和实践上与上官体对立，体现出诗风的转变，扩大了诗歌的题材，推动了律诗的发展。

吴中四士：包融、贺知章、张若虚、张旭的并称。四人为吴、越之士，文词俊秀，名扬于长安，号称"吴中四士"。

沈宋：沈佺期、宋之问的并称。二人皆为初唐宫廷诗人，同以五言律诗见长。他们在总结前人应用声律实践经验的基础上，完成了"回忌声病，约句准篇"的工作，为律诗在平仄粘对、句数用韵方面的定型做出了重要的贡献。律诗形式的定型，在诗歌发展史上具有重要意义。

山水田园诗派：盛唐兴起的一个诗歌流派。在陶渊明以来的田园诗和谢灵运以来的山水诗的基础之上，偏重于写山水风光和田园生活，大多表现自然之美和闲适心情，偶或反映农家生活现实。作品以五言为主，风格多清淡恬静，具有较高的艺术技巧和审美价值。代表诗人有储光羲、裴迪、丘为、常建等，而以王维、孟浩然为首，故后世又称"王孟诗派"。

边塞诗派：盛唐兴起的一个诗歌流派。其诗长于七言，特别是七言歌行，善于描写边塞风光和战争生活，表现征人思妇的思想感情，大多具有爱国感情和进取精神，显示浓厚的生活气息，风格多慷慨悲壮。代表诗人有王昌龄、王之涣、王翰、崔颢、李颀等，而以高适、岑参为首。故后人也称"高岑诗派"。

七绝圣手：指盛唐诗人王昌龄。他大力用七绝写作，留存下来七十余首绝句，约为存诗的五分之二。他的七绝不仅数量多，质量也高，在唐人七绝诗的发展过程中具有重要地位，前人往往将他与李白并称，故有"七绝圣手"之称。

李杜：特指李白和杜甫。二人是唐代最伟大的诗人，成就最高，且生当同时，交谊深笃，故唐人习惯将其并称。

诗史：是后人对杜甫诗的评价。杜甫用他的诗反映了他所生活时代的重要历史事件，其中所提供的史实，甚至可以补充历史记载的不足，具有史的认识价值。不仅如此，他的诗还提供了比事件更为广阔、更为具体也更为生动的生活画面。

沉郁顿挫：是杜甫诗歌最具有特征性的艺术风格。所谓"沉郁"，主要指思想感情的博大深厚、深沉苍凉；所谓"顿挫"，主要指表现手法的深沉蕴藉、曲折有力，而不是感情奔放、一泻无余。

大历十才子：指活跃于大历年间的十位诗人。不同史籍所载十人姓名略有出入，主要有钱起、卢纶、李端、司空曙、韩翃等。所作诗歌多应景献酬，流连光景，粉饰现实。部分诗作抒写沉沦下僚、怀才不遇之感。诗歌艺术造诣较高，多为近体，五律成就尤高。

五言长城：唐朝诗人刘长卿自称。刘长卿擅长近体，尤工五律，风格含蓄温和，清雅洗练。

韩孟诗派：中唐诗人韩愈、孟郊的合称。孟郊诗颇得韩愈赏识，当时即有"孟诗韩笔"的称誉。二人作诗皆好奇思硬语，诗风相近，故称。

以文为诗：是韩愈的一种创作倾向和自觉的美学追求。主要特点是以散文化的章法、句法入诗，不受韵律、节奏、对称的约束，打破诗歌圆转流利、和谐对称的特点，融叙述、议论为一体。"以文为诗"对后世尤其是宋代诗人的影响极为深远。

郊岛：中唐诗人孟郊、贾岛的并称。二人诗多愁苦凄清之境，且诗风孤郁悲凉，凄寒局促。苏轼《祭柳子玉文》用"郊寒岛瘦"概括二人的风格。

长吉体：长吉是李贺的字，此指李贺诗所独具的风格。其诗色彩浓丽，想象奇诡，情调幽冷，构思独特，充满浪漫主义色彩，于中唐诗坛独树一帜。

新乐府：即"新题乐府"，相对于古乐府而言。新乐府是一种用新题写时事的乐府诗，不再以入乐与否作标准。新乐府诗始创于杜甫，为元结、顾况等继承，又得到白居易、元稹大力提倡。

新乐府运动：中唐时期由白居易、元稹等倡导的，以创作新题乐府诗为中心的诗歌运动，是中唐革新思想在诗坛的反映。李绅首先创作《新题乐府》二十首，元稹写了和诗十二首，白居易创作《新乐府》五十首，正式标举"新乐府"之名。张籍、王建也创作了不少新乐府诗，由此形成影响较大的新乐府运动。

张王乐府：中唐诗人张籍、王建的合称。二人皆长于乐府诗，内容多反映民生疾苦，诗风浅近，故齐名。

韦柳：中唐诗人韦应物、柳宗元的合称。二人皆长于山水田园诗，且诗风淡远，后人往往并称之。

小李杜：晚唐诗人李商隐、杜牧的合称。二人皆晚唐杰出诗人，又生于李白、杜甫之后，故称。

无题诗：是李商隐的创造。或以"无题"名篇，或借诗的首二字为题，内容或写爱情，或借男女之情而别有寄托。这类诗主旨隐约，意蕴丰厚，往往难以确解。

古文："古文"之名始见于司马迁，指汉时先秦文字。古文作为文体，始于韩愈，指上继先秦两汉、奇句单行的文字，是相对于盛行于六朝、在唐代仍占据主导地位的骈体文而言的。

骈体文：指讲究对偶和声韵、辞藻华丽、多用典故的文体，又称为骈文、骈俪文或四六文。它的出现，突破了早期散文过于古朴简单的格局而向形式美方向发展，但到后来，弊端也随之而生，华美的形式往往成了表达思想、反映现实的障碍。

古文运动：中唐时期由韩愈领导、得到柳宗元大力支持、有"韩门弟子"参加、以"文以载道"相号召、以古文反对骈文的一场运动，是一次有目的、有理论主张、有广泛参与者并且有深远影响的文学革新运动。它带来了散文创作的大繁荣，形成了中国古典散文发展的又一个高峰。古文运动扭转了六朝至唐初骈文统治文坛的局面，在散文的思想与艺术发展上也都取得了重大成就。

唐传奇：唐代文言短篇小说的通称，因内容多传述奇闻异事，故称。"传奇"一词肇始于元稹《莺莺传》的原始篇名，晚唐裴铏又将自己的短篇小说集命名为《传奇》。传奇正式作为唐代小说的通名，是宋代以后的事。

变文：民间曲艺"转变"所用的底本。对"变"字的解释，历来有多种不同的见解和推测，无定论。现存变文的内容主要有三类：一是演唱佛经故事的；二是演唱历史故事的；三是演唱民间传说的。后二者往往相互渗透，即历史故事多带有传说色彩，民间传说常牵扯历史人物。另外一种比较特别，数量也少，是演唱当时重大事件的。

词：一种合乐而歌的新诗体，唐五代时期通常称"曲子"或"曲子词"。词又名诗余、乐府、长短句。

敦煌曲子词：现传最早的唐代民间词，因是在敦煌发现的，故称。敦煌曲子词保存了词的初始形态与内容特征，内容丰富庞杂，风格自然朴实，感情直率，生活气息很浓。

花间派：五代时，后蜀赵崇祚选编十八家词人的词五百首为《花间集》，这是文学史上第一部文人词选集。十八名作者，除温庭筠、皇甫松、和凝外，均为西蜀词人。他们的词风大体一致，后世因称他们为"花间词人"和"花间派"。花间派尊温庭筠为鼻祖，多写闺阁情事，情致缠绵，辞藻富丽。代表作家除温庭筠、韦庄外，还有欧阳炯、李珣、鹿虔扆、牛希济等。

南唐词人：五代稍晚于西蜀词在南唐地区出现的一个词人群体。重视以词言志，偏重抒写情怀，拓宽了词的内容和意境。词风清丽淡雅，擅长白描。代表词人有中主李璟、后主李煜、宰相冯延巳。

易安体：这是宋代女词人李清照创作的一种词风，因她号易安而得名。其具体特征主要表现在以下几个方面：第一，情感真实动人，大胆而又真切；第二，语言浅显自然，却又韵味无穷；第三，情感表现形象具体而富有美感。

辛派词人：这是南宋受辛弃疾的影响而产生的一个词派，主要有陈亮、刘过、刘克庄等。他们在辛弃疾的影响下，用词来抒发爱国情感，豪放慷慨如辛弃疾，但题材不如辛词广，风格不如辛词多样。他们多以议论为词，以文为词，过于直率，不如辛词蕴藉。

宋初三体：一以当时的一些达官贵人如徐铉、李昉等为代表，以白居易为师，诗风平易浅俗，是当时的主流诗歌，此为白体诗；一以稍后的杨亿、刘筠、钱惟演为代表，以李商隐为师，辞藻华丽，讲究用典，是白体之后的诗坛主流，此为西昆体；一以魏野、林逋等隐士为代表，以贾岛、姚合为师，多用白描手法写隐逸生活，诗风清苦，此为晚唐体。

苏梅：苏舜钦在诗歌创作上与梅尧臣齐名，人称"苏梅"。

半山体：王安石退居江宁后，诗风发生了重大变化，远离了政治、社会，多写山水自然。其诗形式上以绝句为主，很少长篇古体；艺术上讲究炼字、对仗，意境优美含蓄，具有很高的艺术性。后人将他这一时期的诗风称为"半山体"。

苏黄：在宋代，黄庭坚被认为是与苏轼并驾齐驱的诗人，二人合称"苏黄"。

点铁成金、夺胎换骨：这是黄庭坚的创作方法，就是对前人的作品加工改造。一是不改变前人作品的意思，但用新的语言来表达；一是袭用前人的语言，但表达的是新的意思。

江西诗派：南宋初，吕本中作《江西诗社宗派图》，将黄庭坚、陈师道等二十余人列为江西诗派。江西诗派是在黄庭坚的直接影响下形成的，其创作具有与黄庭坚类似的特点，讲究用典，生新瘦硬，是宋代影响最大的诗派。

南宋四大家：又称"中兴四大家"，指的是尤袤、杨万里、范成大、陆游。这四大家虽然早期曾受江西诗派影响，但除尤袤外，其他三人均能跳出江西诗派的樊篱，自创面目。

永嘉四灵：指的是浙江永嘉（今温州）的四位诗人——徐照（字灵晖）、徐玑（号灵渊）、赵师秀（字灵芝）、翁卷（字灵舒）。他们的诗以贾岛、姚合为宗，多为近体，喜用白描，不用典，主要描写山水自然和自我感受，境界狭窄，讲究苦吟，诗风单一。

江湖诗派：江湖派是稍晚于"四灵"，并受"四灵"影响的一个诗派，因作品多收入《江湖集》而得名。他们多为落第文人、江湖清客。其诗风不一，有的粗犷豪放，有的幽静清苦，有的新奇，有的旷达。代表人物主要有刘克庄、戴复古、方岳等。

唐宋八大家：指的是唐宋时期的八位著名散文家，他们是韩愈、柳宗元、欧阳修、王安石、曾巩、苏洵、苏轼、苏辙。

三苏：指的是宋代著名的文学家苏洵、苏轼、苏辙父子。

《资治通鉴》：是由北宋司马光主编的一部多卷本编年体史书，共294卷，历时19年完成。主要以时间为纲，事件为目，从周威烈王二十三年（公元前403年）写起，到五代后周世宗显德六年（公元959年）征淮南停笔，涵盖16朝1362年的历史。《资治通鉴》是中国第一部编年体通史。在这部书里，编者总结出许多经验教训，供统治者借鉴，宋神宗认为此书"鉴于往事，有资于治道"。

说话：在宋代城市的大众娱乐场所"瓦肆"中，有一种以讲故事、说笑话为主的活动，即说话。说话分为四家，即小说、讲史、说经、合生。

话本：就是说话人说话的底本，包括讲史和小说两大类。前者是用浅近的文言讲述历史上帝王将相的故事；后者指的是用通行的白话来讲述平凡人的故事。鲁迅先生曾经指出，宋元话本的出现"实在是小说史上的一大变迁"（《中国小说史的历史变迁》）。

诸宫调：是一种流行于宋金元时期的讲唱文学。它用同一宫调的若干曲牌联成短套，用不同宫调的若干短套联成长篇，杂以叙述，讲唱一个长篇故事。据传，其首创者是北宋末年的民间艺人孔三传。《西厢记诸宫调》是现存唯一一部完整的诸宫调作品。

旦本、末本：元杂剧中男主角称为末，女主角称为旦，根据主唱者角色的不同，分为旦本、末本。一本戏只能由一人主唱，其他人一般只能说白。

元曲四大家：指的是元代的四位著名的杂剧作家，即关汉卿、白朴、马致远、郑光祖。

曲状元：马致远所作杂剧在当时的名气极大，有"曲状元"之称。

小令：散曲的一种形式，单独的一支曲子。

套曲：散曲的一种形式，由几支同一宫调的曲子联缀而成，表演一个故事。

南戏：原来是一种地方剧种，因为流行于浙江温州（温州古名"永嘉"）一带，所以又称为"温州杂剧"或"永嘉杂剧"。其内容多以家庭为主，曲调轻柔婉转，以管乐伴奏为主，剧中各个角色可以分唱或合唱，一部戏没有固定的场次限制，每出戏也不要求通押一韵，也不限用同一宫调中的曲牌。因此，与杂剧相比，它要灵活得多。

《永乐大典戏文三种》：保存在《永乐大典》中的早期三种南戏，即《张协状元》《宦门子弟错立身》《小孙屠》。

章回小说：是我国古代长篇小说主要的，甚至是唯一的形式。其特点是：分回标目，分章叙事，首尾完整，故事连接，段落整齐。

神魔小说：鲁迅在《中国小说史略》中首次提出"神魔小说"的概念。他说："且历来三教之争，都无解决，互相容受，乃曰'同源'。所谓义利邪正善恶是非真妄诸端，皆混而又析之，统于二元，虽无专名，谓之神魔，盖可赅括矣。"后来，鲁迅在《中国小说的历史的变迁》中，又进一步指出："当时的思想，是极模糊的。在小说中所写的邪正，并非儒和佛，或道和佛，或儒释道和白莲教，单不过是含糊的彼此之争，我就总括起来给他们一个名目，叫神魔小说。"

世情小说：即写世态人情为主的小说。所谓世态，指的是整个社会状况和各种社会矛盾冲突；所谓人情，包含人的思想、情感、心理、愿望和理想等整个精神世界。

《金瓶梅》：中国明代长篇白话世情小说，一般认为是中国第一部文人独立创作的章回体长篇小说。其成书时间约在明朝隆庆至万历年间，作者署名兰陵笑笑生。

三言二拍：明代冯梦龙的《喻世明言》《警世通言》《醒世恒言》三部白话短篇小说集，简称"三言"。它是中国古代白话短篇小说的最高成就。"二拍"即《初刻拍案惊奇》和《二刻拍案惊奇》，是作者凌濛初对"三言"的模仿之作。

《今古奇观》："姑苏抱瓮老人"见"三言"与"二拍""卷帙浩繁，观览难周"，故从中选取40种成《今古奇观》。后三百年中，它就成为一部流传最广的白话短篇小说的选本。

三灯丛话：是明代三部文言小说的合称，包括瞿佑的《剪灯新话》、李昌祺的《剪灯余话》以及邵景詹的《觅灯因话》。瞿佑的《剪灯新话》和李昌祺的《剪灯余话》是明代文言短篇小说的代表作。

四大名著：指《水浒传》《三国演义》《西游记》《红楼梦》四部巨著。

《水浒传》：《水浒传》的作者究竟是谁存在争议，目前最广泛认可的说法是施耐庵（约1296年—约1370年）。《水浒传》是由作者在《宣和遗事》及相关话本、故事的基础上创作而成的。全书以农民战争为主要题材，塑造了宋江、吴用、李逵、武松、林冲、鲁智深等梁山英雄形象，揭示了当时的社会矛盾。该书故事曲折，语言生动，人物性格鲜明，具有很高的艺术成就，是中国文学史上第一部用白话文写成的反映农民起义的长篇小说。

《三国演义》：作者罗贯中（约1330年—约1400年），名本，字贯中，号湖海散人。元末明初作家、戏曲家。罗贯中生于元末社会动乱之时，有自己的政治理想，不苟同于流俗，曾参与反元的起义斗争。明朝建立之后，他专心致力于文学创作。《三国演义》是作者综合民间传说和戏曲、话本，结合陈寿的《三国志》、范晔的《后汉书》、元代的《三国志平话》和裴松之注的史料，以及作者个人对社会人生的体悟写成的。《三国演义》是中国文学史上第一部章回小说，是历史演义小说的开山之作，也是第一部文人长篇小说。

《西游记》：作者吴承恩（约1500年—1582年），字汝忠，号射阳山人。中国明代杰出的小说家。他生于一个由学官沦落为商人的家族，家境清贫。《西游记》是中国古代第一部浪漫主义章回体长篇神魔小说。

《红楼梦》：作者曹雪芹（约1715—约1763），名沾，字梦阮，号雪芹，又号芹溪、芹圃。清代小说家、诗人、画家。他以坚韧不拔的毅力，历经多年艰辛，终于创作出极具思想性、艺术性的伟大作品《红楼梦》。《红楼梦》又名《石头记》等，被列为中国古典四大名著之首。小说以贾、史、王、薛四大家族的兴衰为背景，以贾宝玉为视角，描绘了一批举止见识出于须眉之上的闺阁佳人的人生百态，展现了真正的人性美和悲剧美，可以说是一部从各个角度展现女性美以及中国古代社会世态百相的史诗性著作。

《聊斋志异》：简称《聊斋》，俗名《鬼狐传》，是中国清朝著名小说家蒲松龄创作的文言短篇小说集。"聊斋志异"的意思是在书房里记录奇异的故事，"聊斋"是他的书斋名称，"志"是记述的意思，"异"是指奇异的故事。它们或者揭露封建统治的黑暗，或者抨击科举制度的腐朽，或者反抗封建礼教的束缚，具有丰富深刻的思想内容。描写爱情主题的作品在书中数量最多，它们表现了强烈的反封建礼教的精神。其中一些作品通过花妖狐魅和人的恋爱，表现了作者理想的爱情观。

《四声猿》：徐渭的杂剧作品，包括四部杂剧——《玉禅师翠乡一梦》《雌木兰替父从军》《狂鼓史渔阳三弄》《女状元辞凰得凤》。王骥德在《曲律》中称《四声猿》为"天地间一种奇绝文字"。

明清传奇："传奇"最早特指唐代的短篇文言小说，宋代话本小说中也有传奇一类。元末明初的学者们也有将元杂剧称为"传奇"的，原因之一在于许多唐传奇都曾被元杂剧改编成剧本，而大部分杂剧也都带有浓郁的传奇色彩。自从宋元南戏在明代规格化、文雅化、声腔化和全国化之后，传奇便渐渐成为不包括杂剧在内的明清中长篇戏剧的总称。

三大传奇：指明中叶李开先的《宝剑记》、梁辰鱼的《浣纱记》和王世贞的《鸣凤记》。它们分别是忠奸剧的定型、历史剧的新篇、时事剧的发轫。三大传奇的出现，标志着明代传奇创作新时期的到来。

临川四梦：指汤显祖的四部戏曲作品——《紫钗记》、《牡丹亭》（亦名《还魂记》）、《邯郸记》、《南柯记》。由于汤显祖是江西临川人，而这四部作品均有一个梦的情节贯穿其中，所以称"临川四梦"。汤显祖最得意、影响最大的当数《牡丹亭》。汤显祖自己也说："一生'四梦'，得意处惟在《牡丹》。"

台阁体：明初上层官僚间形成的一种诗文流派。代表人物是台阁重臣三杨，即杨士奇、杨荣、杨溥。他们身居朝廷高位，当时社会政治又无太大的动荡，所以，他们的作品多反映上层官僚的生活，流连光景，歌咏太平，雅正平和而雍容冲淡，表现出陶醉悠然的满足心态，体现了上层官僚的精神面貌和审美趣味。

唐宋派：明代散文流派。嘉靖时，归有光、王慎中、唐顺之、茅坤等散文家极力反对前后七子的模拟主张，认为不一定"文必秦汉，诗必盛唐"，特别是唐宋的散文更值得效法。他们的成就主要表现在散文创作上。由于宗唐拟宋，所以被称为唐宋派。唐宋派中成就最突出的是归有光。

公安派：明后期的文学流派。代表人物是袁宗道、袁宏道、袁中道三兄弟，因为他们都是湖北公安人，故称"公安派"。他们深受李贽"童心说"的影响，提出"独抒性灵，不拘格套，非从自己胸臆流出，不肯下笔"（袁宏道《叙小修诗》）的主张，强调文学情感的真实性，反对虚伪。他们认为每个时代都有自己的特点，不必拟古，应用自己的语言来表达真情实感。总之，强调真实与变化是公安派理论的核心。

"二十四史"：指从《史记》到《明史》的24部史书。其中中学课本涉及的有：《史记》（汉·司马迁）、《汉书》（东汉·班固）、《后汉书》（南朝宋·范晔）、《三国志》（晋·陈寿）、《新唐书》（宋·欧阳修）、《新五代史》（宋·欧阳修）、《明史》（清·张廷玉等）。

"四史"：是"二十四史"的"前四史"——《史记》《汉书》《后汉书》《三国志》的总称。

《四库全书》：是清代乾隆年间官修的荟萃古代典籍的大型综合丛书。该丛书共辑录清代乾隆以前历代重要典籍3461种、79309卷，分装为36000多册，按经（被儒家列为经典和注释经典的著作）、史（记述历史史实、地理疆域、官职等的书）、子（战国以来诸子百家的著作及工农、医等各种科学技术著作）、集（历代作家诗文集）四大部分分别编列。

(二) 中国现当代文学常识

1. 鲁迅，原名周树人，字豫才，伟大的文学家、思想家、革命家，中国文化革命的主将。"寄意寒星荃不察，我以我血荐轩辕""横眉冷对千夫指，俯首甘为孺子牛"是他一生的真实写照。鲁迅的主要作品有小说集《呐喊》（包括《狂人日记》《阿Q正传》《孔乙己》等）、《彷徨》（包括《祝福》《伤逝》等）、《故事新编》，散文集《朝花夕拾》（包括《藤野先生》《范爱农》等）。

2. 郭沫若，原名开贞，号尚武，杰出的诗人和戏剧家，也是历史学家和古文字学家。主要作品有诗集《女神》（包括《凤凰涅槃》《女神之再生》《炉中煤》等），历史剧《棠棣之花》《屈原》《虎符》《高渐离》《孔雀胆》《蔡文姬》《武则天》等。《女神》是一部杰出的浪漫主义诗集，是我国新文学史上第一部浪漫主义诗集。

3. 叶圣陶，名绍钧，现代作家、教育家。主要作品为长篇小说《倪焕之》，短篇小说《多收了三五斗》《夜》等，童话集《稻草人》《古代英雄的石像》等。他是中国现代文学史上最早写童话的作家。

4. 茅盾，原名沈德鸿，字雁冰，茅盾笔名。现代杰出作家，五四新文学运动的先驱之一。主要作品为小说《子夜》、《蚀》三部曲（《幻灭》《动摇》《追求》）、《农村三部曲》（《春蚕》《秋收》《残冬》）、《林家铺子》，散文《风景谈》《白杨礼赞》。《子夜》是我国现代文学史上第一部现实主义长篇杰作，显示了"左翼"文学阵营的战斗实绩。

5. 郁达夫，现代作家。主要作品为《沉沦》《春风沉醉的晚上》《薄奠》等。

6. 徐志摩，现代诗人，"新月派"主要诗人。主要作品为诗集《志摩的诗》《猛虎集》等，著名篇目有《再别康桥》《在病中》《沙扬娜拉》《偶然》等。

7. 田汉，著名戏剧家，我国革命戏剧的奠基人。主要剧作有《咖啡店之一夜》《名优之死》《丽人行》《关汉卿》《文成公主》，另有京剧《白蛇传》《谢瑶环》等。他是五四以来最有成就的剧作家之一。歌词《义勇军进行曲》经聂耳谱曲后广为流传，后定为国歌。

8. 朱自清，现代作家。主要作品为诗和散文合集《踪迹》，散文集《背影》《欧游杂记》《你我》，学术著作《经典常谈》。著名篇目有《背影》《绿》《荷塘月色》《桨声灯影里的秦淮河》等。

9. 闻一多，著名爱国诗人、学者。主要作品为诗集《红烛》《死水》、学术著作《神话与诗》《古典新义》等。著名篇目有《太阳吟》《洗衣歌》《发现》《一句话》《死水》等。

10. 老舍，原名舒庆春，字舍予，满族人。主要作品为长篇小说《骆驼祥子》《四世同堂》，剧本《茶馆》《龙须沟》《西望长安》等。老舍是"京味小说"的开创者。浓郁的地方色彩、生动活泼、通俗诙谐，是老舍的风格。

《龙须沟》是老舍1950年创作的一部三幕话剧。讲述了北京天桥附近下层百姓聚居区中的龙须沟，在"旧社会"成了危及民众生命安全的污水沟，统治当局对其不仅不加整治，反以修沟的名目，摊派捐税，敲诈勒索；"新中国"成立后，政府便开始了整治工程，表现了"新政府的真正人民的性质"的主题。1951年12月，北京市政府授予老舍"人民艺术家"的称号。

《茶馆》是老舍1956年创作的一部三幕话剧，1957年7月初载于巴金任编辑的《收获》杂志创刊号上。1958年6月由中国戏剧出版社出版单行本。剧作展示了戊戌变法失败、民国初年军阀混战，以及抗日战争胜利初期国民党特务和美国兵在北京横行霸道的罪恶，讲述了这三个时代近半个世纪的社会风云变化。通过一个叫裕泰的茶馆揭示了近半个世纪中国社会的黑暗腐败、光怪陆离，展示了那个时期的芸芸众生相。

11. 冰心，原名谢婉莹，著名女作家。主要作品为诗集《繁星》《春水》，散文集《寄小读者》《樱花赞》等。冰心擅长用格言式诗句咏唱母爱、童贞、大海。其散文也表现出"爱的哲学"，被誉为"美文"的代表。

12. 夏衍，原名沈端先，著名剧作家。主要作品为剧本《秋瑾传》《上海屋檐下》《法西斯细菌》，报告文学《包身工》，改编的电影剧本有《祝福》《林家铺子》《我的一家》等，创作了我国最早的电影文学剧本《狂流》。

13. 巴金，原名李尧棠。主要作品为长篇小说"激流三部曲"《家》《春》《秋》、"爱情三部曲"《雾》《雨》《电》、中篇小说《寒夜》《憩园》等，散文集《保卫和平的人们》《随想录》等。《家》等为我国现代文学史上描写封建家庭历史的最成功的作品。

14. 赵树理，原名赵树礼，小说家。主要作品为小说《小二黑结婚》《李有才板话》《李家庄的变迁》等。《小二黑结婚》被誉为"解放区文艺的代表作之一"，《李有才板话》被誉为"走向民族形式的里程碑"。

15. 曹禺，原名万家宝，戏剧家。主要作品为剧本《雷雨》《日出》《原野》《北京人》《明朗的天》《胆剑篇》《王昭君》等。

16. 艾青，原名蒋海澄，著名诗人。主要作品为《大堰河——我的保姆》《黎明的通知》《雪落在中国的土地上》《北方》《手推车》《光的赞歌》等。他的作品标志着五四以后自由体诗发展的一个重要阶段，给以后的新诗创作带来很大影响。

17. 周立波，主要作品为《暴风骤雨》《山乡巨变》。《暴风骤雨》是我国解放战争时期出现的最成功的文学作品之一，获"斯大林文学奖"。

18. 孙犁，原名孙树勋，主要作品为长篇小说《风云初记》、短篇小说《荷花淀》等。孙犁的作品充满诗情画意，有"诗体小说"之称。孙犁为"白洋淀派"创始人。

19. 梁斌，主要作品为长篇小说《红旗谱》《播火记》，其作品是表现我国新民主主义革命时期北方农民生活和斗争的史诗。

20. 柳青，主要作品为长篇小说《种谷记》《铜墙铁壁》《创业史》。

21. 杜鹏程，主要作品《保卫延安》。《保卫延安》是我国第一部大规模正面描写解放战争的长篇小说。

22. 李季，主要作品为长诗《王贵与李香香》、长篇叙事诗《杨高传》。前者以"信天游"的形式歌颂陕北人民的革命斗争，在我国现代诗歌史上占有重要地位。

23. 杨沫，主要作品为长篇小说《青春之歌》。该小说反映了20世纪30年代我国知识分子的历史命运和成长道路，主要人物有"林道静""卢嘉川""余永泽"。

24. 曲波，主要作品为长篇小说《林海雪原》。该小说故事情节惊险紧张，富有传奇色彩。

25. 罗广斌、杨益言，主要作品为长篇小说《红岩》，小说主要人物有"许云峰""江姐"等。

(三) 外国文学常识

1.《荷马史诗》：是古希腊流传至今最早的文学作品，相传作者是盲诗人荷马。《荷马史诗》分为《伊里亚特》《奥德塞》两部分，两部史诗都与特洛伊战争有关。《伊里亚特》直接描写特洛伊战争最后一年的事情。《奥德塞》写希腊英雄奥德修斯在特洛伊战争结束后十年回国的艰难历程。

荷马式比喻：指的是荷马在描述人物行动、特征和事件时，擅长取材于大自然的景象、狩猎、农事等，以比喻的手法表现事物特征。荷马式比喻在烘托人物、渲染气氛、激发联想方面起巨大作用，增强了诗歌的真实性和形象性。

2. 萨福：希腊女诗人，被柏拉图称为"第十位缪斯"。代表作为《永生的阿芙洛狄忒》，阿芙洛狄忒的身份是宙斯的女儿，为阿芙洛狄忒驾车的是金翅之雀。

3. 索福克勒斯：古希腊剧作家，古希腊悲剧的代表人物之。索福克勒斯和埃斯库罗斯、欧里庇得斯并称为古希腊三大悲剧诗人。索福克勒斯一生共写100多部戏剧，主要的有《埃阿斯》《安提戈涅》和《俄狄浦斯王》等。其中《俄狄浦斯王》成就最高，被认为是古希腊悲剧的典范，被亚里士多德称为"十全十美"的悲剧。

4. 但丁：是欧洲中世纪最伟大的意大利诗人。恩格斯对但丁的评价：中世纪的最后一位诗人，同时也是新时代的最初一位诗人（意大利诗人）。但丁一生著作甚丰，最能够代表他创作成就的是长诗《神曲》。

5. 乔万尼·薄伽丘：是意大利人文主义文学的先驱。他早年致力于《神曲》研究，是欧洲第一个掌握古希腊文的学者。写过叙事诗、抒情诗、十四行诗、史诗、长篇小说，代表作为短篇小说集《十日谈》。晚年写有学术著作《异教诸神谱系》《但丁传》等。

《十日谈》以一个故事为开端，引出100个故事，套装在一个共同的背景故事之中，其间用文字串联。这种结构方式被称为"框式结构"。

6. 拉伯雷：《巨人传》

7. 莎士比亚：文艺复兴时期英国伟大的剧作家，"英国戏剧之父"。一生共创作38个剧本、2部长诗、154首十四行诗以及若干不同题材的短诗。人们说他"不属于一个时代而属于所有的世纪"，本·琼斯称他为"时代的灵魂"，马克思称他为"人类最伟大的天才之一"。莎士比亚被赋予了"人类文学奥林匹克山上的宙斯"的美誉。主要作品为：历史剧《亨利四世》《亨利五世》《理查三世》，喜剧《威尼斯商人》《第十二夜》《仲夏夜之梦》《无事生非》《皆大欢喜》，悲剧《奥赛罗》《哈姆雷特》《李尔王》《麦克白》，悲喜剧《罗密欧与朱丽叶》。

●分析哈姆莱特这个人物形象的人文主义内涵：1. 哈姆莱特是古代丹麦的一个王子，他是一个人文主义形象，这和他在"威登堡大学"里所受的教育有着很大的关系。2. 这是一个充满矛盾的形象。一方面，他接受了人文主义的影响，心中充满了美好的理想，希望生活中的一切如理想一样完美。另一方面，现实生活的一系列意外打破了他的理想。他像一个思想家那样地思考许多哲学问题，却找不到答案。于是他要为父报仇，可是他内心又是矛盾的，因为他想的不光只是为父报仇，而是扭转整个乾坤。在这样艰巨的任务面前，他想要行动也行动不起来。3. 性格过于内向、审慎及单枪匹马的处境，使他感到犹豫，造成他行动上的延宕。最后只能与敌人同归于尽。

4. 他的悲剧既有罪恶势力过于强大的客观原因，也有其性格存在弱点的主观原因。所以，哈姆莱特的悲剧是时代的悲剧，是人文主义者的悲剧。

8. 人文主义：反对以神为中心的宗教思想，提倡以人为中心，针锋相对地肯定人，赞美人；反对教会的禁欲主义和出世思想，认为人有享受爱情和财富的权利，幸福不在来世而在人间，人可以依靠自己的才智和力量去争取个性的解放和现世的幸福。人文主义的反封建反教会精神反映了新兴资产阶级的要求。

人文主义是文艺复兴时期进步的资产阶级思想家和文学家的世界观和思想武器，核心是对"人"的肯定，强调以人为中心，反对以神为中心，认为人是"宇宙的精华，万物的灵长"。围绕这个核心，人文主义的内涵大致包括：（1）用人权反对神权。人文主义者热情肯定人的价值、尊严和力量。（2）用个性解放反对禁欲主义。人文主义者肯定个人情感、欲望的合理性，反对禁欲主义。（3）用理性反对蒙昧主义。人文主义者把认识自己和认识世界当成最重要的两大任务。（4）在政治上，人文主义主张中央集权，反对封建割据，主张民族统一。

9. 塞万提斯：《堂·吉诃德》

10. 莫里哀：17世纪法国最杰出的古典主义喜剧家。歌德曾说："莫里哀如此伟大，每次读他的作品，每次都重新感到惊奇。他是一个独来独往的人，他的喜剧接近悲剧，戏写得那样聪明，没有人有胆量模仿他。"代表作有《悭吝人》《伪君子》等。

11. 古典主义文学：古典主义文学从法国兴起并波及其他国家，成为17世纪欧洲文学的主潮，代表当时欧洲文学的最高水平。古典主义是法国专制君主制的产物。古典主义作家的个性与艺术风格虽不尽相同，但创作仍存在很多共同之处：（1）拥护中央集权，歌颂贤明君主；（2）崇尚理性；（3）模仿古代，重视规则。

12. 歌德：18—19世纪德国伟大的启蒙主义作家。大学毕业后，他与一批富有叛逆精神的年轻作家交往，掀起了德国文学史上影响深远的"狂飙突进"运动。1755年秋，他进入魏玛宫廷，从政大约十年，创作风格从狂躁、激情转向安详、宁静。1974年，歌德与席勒开始互相合作的十年，他们共同开创了德国文学史上的"古典文学"时代。主要作品：书信体小说《少年维特之烦恼》，戏剧《埃格蒙特》《伊菲格涅娅在陶洛斯》《托夸多·塔索》，诗剧《浮士德》，长篇小说《威廉·迈斯特的学习时代》《亲和力》《威廉·迈斯特的漫游时代》，叙事长诗《赫尔曼与窦绿苔》，自传《诗与真》《意大利游记》，诗集《西东合集》，组诗《中德四季晨昏杂咏》。

13.《浮士德》中的人物：浮士德，学者，具有自强不息、不断进取的精神，又贪图享受，追求世俗欲望的满足。瓦格，浮士德的学生，平庸迂腐。靡菲斯陀，魔鬼，奸诈，诡计多端。

14. 启蒙运动：发生在18世纪的启蒙运动是欧洲继文艺复兴运动之后的又一次伟大的思想文化运动。它比文艺复兴运动带有更强烈的政治革命的色彩。如果说人文主义主要关注如何从宗教束缚下解放人的个性的话，那么启蒙主义者认为宗教迷信和专制制度是拴在人类脖子上的两股绳索。他们主张自然神论和无神论，并以"自然法则"，用自由、平等的口号来反对封建统治和宗教特权。

15. 华兹华斯：英国杰出的浪漫主义诗人，"湖畔派"诗人代表。1843年，他被授予"桂冠诗人"的称号。主要作品有《抒情歌谣集》（与柯尔律治合著）、《咏水仙》、《致杜鹃》、《坎伯兰老乞丐》、《丁登寺》、《孤独的收割者》、《我们共七个》。

16. 浪漫主义文学运动：法国大革命之后爆发的第一个资产阶级文学运动，产生于18世纪末的德国和英国，在19世纪前30年影响到整个欧洲并达到繁荣时期。浪漫主义文学具有鲜明特征：一是具有强烈的主观性、抒情性和理想性；二是大自然的意象成为重要的情感载体；三是艺术形式自由，主张打破诗歌韵律的束缚，采用日常语言来表达自己对陈规旧俗的蔑视。

17. 湖畔派：19世纪英国浪漫主义运动中较早产生的一个流派，其代表诗人为柯勒律治、骚塞、华兹华斯。他们多年在湖区多塞特郡乡间生活，寄情湖区山光水色，歌颂大自然，用自然美否定城市文明的丑。1798年出版《抒情歌谣集》，华兹华斯在序文中提出英国浪漫主义诗歌的"美学宣言"——"一切好诗都是强烈感情的自然流露。"

18. 拜伦（1788—1824），是19世纪初期英国杰出的浪漫诗人。生于伦敦没落贵族家庭。抒情诗有《当初我俩分别时》《雅典的少女》《她走在美的光彩里》，叙事诗有《恰尔德·哈洛尔德游记》《唐璜》《希隆的囚徒》，以及被称为"东方叙事诗"的《异教徒》《阿比道斯新娘》《海盗》《莱拉》《科林斯的围攻》《巴里西纳》等。"东方叙事诗"塑造了一批"拜伦式英雄"的形象。剧作有《曼弗雷德》《该隐》等。政治讽刺诗有《审判的幻景》《青铜世纪》等。

拜伦式的英雄：拜伦笔下的英雄都是一些"孤独绝望的反抗者"，具有强烈的叛逆精神，抑郁孤独，桀骜不驯，鄙视一切；明知反抗的结果是失败，但仍然在绝望中对社会进行不妥协的反抗，而反抗也常常以悲剧而告终。这些人物有拜伦本人强烈的个性色彩。

19. 雪莱（1792—1822），英国著名作家、浪漫主义诗人，被认为是历史上最出色的英语诗人之一。1813年11月完成叙事长诗《麦布女王》，1818年至1819年完成两部重要的长诗《解放了的普罗米修斯》和《倩契》，以及其不朽的名作《西风颂》。恩格斯称他是"天才预言家"。

● 《自由颂》《致云雀》（《云雀颂》）《西风颂》是雪莱的"三大颂歌"。

● 雪莱《西风颂》名句："如果冬天来了，春天还会远吗？"

20. 济慈是19世纪英国杰出的浪漫主义诗人。他的诗歌创作与孱弱的身体状况有密切关系，逐渐逼近的死亡是其创作的动力和源泉。济慈的诗歌大多是精品，词采华丽，表达了对自然、生活、艺术的无限热爱。主要作品：《无情的妖女》《圣尼亚节的前夕》《怠惰颂》《塞吉颂》《夜莺颂》《希腊古瓮颂》《忧郁颂》《秋颂》。

21. 维克多·雨果，法国著名诗人、戏剧家和小说家。20岁出版诗集《颂诗集》，因歌颂波旁王朝，国王路易十八赐给他年金。19世纪20年代后期，雨果的政治思想和文学观发生了积极的转变，政治上转向自由主义。雨果是法国积极浪漫主义文学运动的领袖。主要作品：长篇历史小说《巴黎圣母院》，长篇小说《悲惨世界》《海上劳工》《九三年》诗集，《颂诗集》《晨暮曲》《凶年集》，剧本《欧那尼》《逍遥王》。

22. 奥诺雷·德·巴尔扎克，法国19世纪批判现实主义伟大作家，"现代法国小说之父"、欧洲批判现实主义文学奠基人。1829年发表的长篇历史小说《舒昂党人》，标志其迈出现实主义创作的第一步。此后20年间，他以顽强的毅力和敏捷的才思出版了大量的名作。其《人间喜剧》被誉为"法国卓越的现实主义历史""资本主义社会的百科全书"，包括96部长、中、短篇小说，塑造了2472个栩栩如生的人物形象。代表作有《人间喜剧》《驴皮记》《高老头》《朱安党人》《欧也妮·葛朗台》《高利贷者》等。其创作主题为"揭露金钱罪恶"恩格斯称其为"包含着了不起的辩证法"。

23. 亚历山大·谢尔盖耶维奇·普希金，19世纪伟大的俄国作家，被称为"俄罗斯文学的始祖"。主要作品：政治抒情诗《自由颂》《致恰达耶夫》《乡村》《致大海》《致西伯利亚的囚徒》等，叙事诗《卢斯兰与柳德米拉》《高加索的俘虏》《强盗兄弟》《茨冈》《青铜骑士》等，小说《驿站长》《黑桃皇后》《上尉的女儿》《杜勃罗夫斯基》《叶甫盖尼·奥涅金》等，悲剧有《鲍利斯·戈都诺夫》。

《驿站长》在俄国文学史上第一次塑造了一个"小人物"形象，作者以伊凡·彼得罗维奇·别尔金为笔名叙述了驿站长萨姆松·维林辛酸悲惨的一生，反映了现实森严等级制度下的小人物的悲惨命运。高尔基说："我们有充分理由说：俄国文学的现实主义始于普希金，就是由他的《驿站长》开始的。"

24. 惠特曼，美国最具有民主精神的浪漫主义诗人，被称为"现代美国诗歌之父"。他出身平民，有着强烈的民主思想。诗集《草叶集》收入惠特曼的全部诗作，其中较为著名的有《自己之歌》《我听见美洲在歌唱》《我歌唱带电的肉体》《斧头之歌》《开拓者！啊，开拓者！》，以及纪念林肯总统的诗作《当紫丁香最近在庭园中开放的时候》《啊，船长！我的船长哟！》。

25. 司汤达，法国作家，被公认为法国批判现实主义文学的奠基人。歌德赞美司汤达对生活具有"周密的观察和对心理方面的深刻见解"。他的小说大多取材于现实政治生活，习惯于用爱情题材表现反对封建复辟的政治内容。人物性格典型鲜明，尤其擅长人物内心冲突的描写和细腻的心理刻画。1824年发表美学论著《拉辛与莎士比亚》，提出"表现人民的习惯和信仰的现实状况"的现实主义主张。1830年出版的《红与黑》，被称为法国乃至欧洲批判现实主义文学的奠基之作。主要作品：短篇小说《法尼娜·法尼尼》，长篇小说《阿尔芒斯》《红与黑》《吕西安·娄万》（《红与白》）《巴马修道院》，中短篇小说集《意大利逸事》等。

26. 查尔斯·狄更斯，19世纪英国批判现实主义文学的杰出代表。其作品主要反映了小资产者的愿望与要求，揭示了劳资对立现实，具有强烈的批判精神和浓厚的资产阶级人道主义色彩。代表作：《匹克威克外传》《雾都孤儿》《老古玩店》《大卫·科波菲尔》《荒凉山庄》《小杜丽》《艰难时事》《远大前程》《我们共同的朋友》等。

27. 果戈理，俄国小说家和戏剧家。果戈理的创作推动了俄国现实主义文学波澜壮阔主潮的出现。主要作品有：小说集《狄康卡近乡夜话》《米尔格拉德》《小品集》，长篇小说《死魂灵》，五幕讽刺喜剧《钦差大臣》。

28. 马克·吐温，19世纪后期美国现实主义文学的杰出代表，擅长写具有讽刺意义的小说。豪威尔斯评价马克·吐温是美国文学中"唯一的、不可比拟的林肯……体现了美国精神的真正实质"。代表作有《百万英磅》《竞选州长》《汤姆·索亚历险记》等。

"镀金时代"的含义：这是作者第一部长篇小入的名字，小说指出资本主义自由竞争的19世纪60年代并非"黄金时代"，而是"镀金时代"，内里虚空，矛盾重重，表面上出现的繁荣掩盖不了内部的腐败。

29. 莫泊桑，法国作家，曾在作家福楼拜的指导下从事文学创作，被誉为"短篇小说之王"。主要作品：中短篇小说《羊脂球》《项链》《两个朋友》《一家人》《散步》等，长篇小说《一生》《俊友》《温泉》等。

30. "世界三大短篇小说巨匠"：法国的莫泊桑、俄国的契诃夫、美国的欧·亨利。

31. 易卜生，19世纪下半叶挪威著名戏剧家，欧洲近代现实主义戏剧的杰出代表，他发扬了现实主义优秀传统，使戏剧直接反映现实生活，提出了生活中许多迫切问题，并给戏剧艺术带来了许多革新与创造。

●《玩偶之家》探讨的是妇女在家庭中的地位和人格独立问题，是易卜生"社会问题剧"的代表作。鲁迅先生指出，娜拉出走后只有两条路：一是堕落，二是回来。

32. 陀思妥耶夫斯基，19世纪俄国作家，小说巨匠。他的小说对人生哲理的思考和人性内涵的发掘相当深刻，对人们的疯狂和绝望的变态心理的刻画入木三分。主要作品：中短篇小说《穷人》《双重人格》《女房东》《白夜》《舅舅的梦》《地下室手记》等，长篇小说《被欺凌与被侮辱的》《死屋手记》《罪与罚》《白痴》《群魔》《少年》《卡拉马佐夫兄弟》等。

33. 列夫·尼古拉耶维奇·托尔斯泰，19世纪俄国伟大的批判现实主义作家，列宁称其为"俄国革命的一面镜子"。著名小说有自传体三部曲《童年》《少年》《青年》，以及《战争与和平》《安娜·卡列尼娜》《复活》《一个地主的早晨》《卢塞恩》《哥萨克》《伊凡·伊里奇之死》《克莱采奏鸣曲》《哈泽·穆拉特》《舞会之后》。剧本有《黑暗势力》等。

34. 高尔基，俄国伟大作家，无产阶级文学的奠基人。主要作品：处女作《马卡尔·楚德拉》，浪漫主义作品《伊则吉尔老婆子》和《鹰之歌》，描写流浪汉生活的代表作《切尔卡什》等，散文诗《海燕》，长篇小说《母亲》（主人公为巴威尔和其母亲尼洛夫娜）《阿尔塔莫诺夫家的事业》《克里姆·萨姆金的一生》，其他小说《福马高尔杰耶夫》《三人》《夏天》《忏悔》《奥古罗夫镇》《意大利童话》，自传体三部曲《童年》《在人间》《我的大学》，特写《苏联游记》，话剧《小市民》《底层》，回忆录《列宁》。

高尔基长篇小说《母亲》的思想价值：《母亲》是一部时代巨著，塑造了无产阶级革命者的英雄形象，开辟了无产阶级文学的新纪元。小说以1905年俄国革命中的工人运动为背景，经过典型性的艺术概括，通过新一代工人巴威尔的觉醒与其母亲尼洛夫娜的心灵复活，以巨大的艺术力量展现了俄国工人阶级和广大革命群众在革命斗争中不断觉悟、成长的过程，描写了人民群众在革命运动中所显示的巨大力量。

●高尔基自传体三部曲的基本内容：《童年》主要描写阿辽沙3岁至11岁期间在外祖父家的生活情况。其间，他得到外祖母的疼爱、呵护，受到外祖母所讲述的优美童话的熏陶，同时也目睹了两个舅舅为夺家产争吵打架，以及在生活琐事中表现出来的自私、贪婪。《在人间》记述了主人公11岁到16岁期间"在人间"的辛酸际遇。阿辽沙走向社会谋生，先后在鞋店、圣像作坊当过学徒，也在绘图师家、轮船上做过杂工，饱尝了人世间的痛苦。在轮船上当洗碗工时，阿辽沙结识了正直的厨师斯穆雷，并在他的帮助下开始读书，激发了对正义和真理的追求。五年后，阿辽沙怀着上大学的希望准备到喀山去。《我的大学》叙述了主人公16岁到21岁在喀山上"大学"的实际生活。他16岁抱着上大学的愿望来到喀山，但理想无法实现，喀山的贫民窟与码头成了他的社会大学。他住"大杂院"，卖苦力，同流浪汉接触，和形形色色的小市民、知识分子交往，进了一所天地广阔的社会大学。在这所"大学"里，他经历了精神发展的复杂道路，经受住多方面的生活考验，对人生的意义、世界的复杂性进行了最初的探索。

35. 肖洛霍夫，苏联作家，1965年获得诺贝尔文学奖。主要作品：处女作《考验》，小说集《顿河故事》《胎记》《死敌》等，短篇小说《学会仇恨》《一个人的遭遇》，长篇小说《静静的顿河》《被开垦的处女地》《他们为祖国而战》等。

36. 茨威格，奥地利作家，反战人士。他学识渊博，一生创作有诗歌、小说、散文、剧本、传记等作品，以小说和人物传记最为著名。主要作品：中短篇小说《马来狂人》《情感的迷惘》《一个女人一生中的二十四小时》《一个陌生女人的来信》《象棋的故事》《看不见的收藏》，长篇小说《焦躁的心》。传记《三位大师》《罗曼·罗兰》，回忆录《昨日世界》等。

37. 詹姆斯·乔伊斯，爱尔兰著名作家，欧美意识流小说的代表作家。乔伊斯一生专注于小说创作，对20世纪的西方文学创作产生了深远的影响，被尊奉为西方现代主义文学的先驱。主要作品有短篇小说集《都柏林人》，长篇小说《青年艺术家的画像》《尤利西斯》《芬尼根守夜人》。

38. 意识流小说：现代主义文学的重要组成部分，20世纪初开始萌芽，20世纪20年代开始产生重要影响。弗洛伊德的精神分析学和柏格森的生命哲学理论，是意识流小说的哲学基础。意识流小说描绘人物内心"流动的意识"迥异于传统的心理描写，通过表现人物对事物的主观认识和感知来反映现实生活。代表作家和作品有法国普鲁斯特的《追忆逝水年华》、爱尔兰乔伊斯的《尤利西斯》，英国伍尔芙的《戴洛维夫人》和美国福克纳的《喧哗与骚动》等。

39. 弗兰茨·卡夫卡，奥地利德语小说家，表现主义文学的杰出代表。代表作：长篇小说《孤独三部曲》(《美国》《审判》《城堡》)，中短篇小说《判决》《地洞》《变形记》《在流放地》等。美国诗人奥登评介卡夫时说："卡夫卡对我们至关重要，因为他的困境就是现代人的困境。"

40. 海明威，美国著名作家。1954年获诺贝尔文学奖，1961年7月2日在家中开枪自杀。作表作：文集《在我们的时代里》，短篇小说《乞力马扎罗的雪》，中篇小说《老人与海》，长篇小说《太阳照常升起》《永别了，武器》《丧钟为谁而鸣》，剧本《第五纵队》。

41.《老人与海》基本情节：桑提亚哥在第85天远海时钓到了一条巨大的马林鱼，桑提亚哥独自一人与鲨鱼搏斗。

42. 迷惘的一代：第一次世界大战后美国的一个文学流派。20世纪20年代侨居巴黎的美国女作家格·斯泰因曾对海明威说："你们都是迷惘的一代。"海明威把这句话作为他一部长篇小说《太阳照常升起》的题词。"迷惘的一代"从此成为这批虽无纲领和组织但有相同创作倾向的作家的称谓。这些青年作家曾怀着民主理想奔赴欧洲战场，结果是目睹人类空前的大屠杀，经历种种苦难，对社会、人生大感失望，故通过创作小说描述战争对人们的残害，表现出一种迷惘、彷徨和失望的情绪。

43. 萨特，法国20世纪最重要的哲学家之一，法国无神论存在主义的主要代表人物。主要作品：小说《恶心》《墙》《艾罗斯特拉特》《不自在》《自由之路》，剧本《我将有一个好的葬礼》《苍蝇》《死无葬身之地》《可敬的妓女》《魔鬼与上帝》《肮脏的手》，哲学专著《存在与虚无》（被视为法国存在主义运动的奠基之作）。

44. 存在主义：是萨特的存在主义哲学思想。核心是"存在先于本质"，即人存在在先，然后才有本质，但人的存在或何时存在是人自身不能把握的，因此导致了人生的痛苦；但人存在了，就要坚持下去，因此需要"自由选择"。但当每个人都自由选择的时候，所造成的结果常常就是"他人即地狱"，从而导致人生和世界的荒诞性。

45. 卡尔维诺，意大利著名作家，被誉为"最富有魅力的后现代派大师"。主要作品：《蛛巢小径》《分成两半的子爵》《意大利童话故事》《宇宙奇趣》《文学讲稿》《恐龙》《寒冬夜行人》。《寒冬夜行人》是后现代主义小说的代表作品，被卡夫维诺称为"超级小说"。其目的在于用十个故事的开头说明小说的实质，是一部名副其实的"关于小说的小说"。

46. 尤内斯库：法国荒诞戏剧的主要作家。尤内斯库的剧作都表达了他的"人生是荒诞的"看法。在创作手法上，他突破了传统的戏剧形式。他笔下的人物被抽象化，没有个性，丧失自我，以此揭示人类精神生活的空虚和互不理解，讽刺小市民生活的虚伪无聊。他还十分重视舞台效果，充分调动一切舞台手段，如道具会说话，演员模拟木偶的机械动作等，以突出他的剧作的荒诞特色。尤内斯库的戏剧是第二次世界大战后西方社会精神危机的一种曲折的反映。主要作品：《秃头歌女》《椅子》《不为钱的杀人者》《犀牛》《空中行》《国王死去》《饥与渴》《屠杀游戏》等。

47. 加西亚·马尔克斯，哥伦比亚作家，拉美魔幻现实主义文学杰出的代表。1982年获诺贝尔文学奖。主要作品：长篇小说《枯枝败叶》《恶时辰》《百年孤独》《家长的没落》《霍乱时期的爱情》，中篇小说《没有人给他写信的上校》《一件事先张扬的人命案》。

《百年孤独》的主要内容：描写布恩蒂亚家族七代人充满神奇色彩的坎坷经历，以及小镇马孔多一百多年里从兴建、发展、鼎盛到消亡的过程。

48. 魔幻现实主义文学：20世纪50年代前后在拉丁美洲兴盛起来的一种文学流派。该文学流派大体具有如下特征：（1）将现实与神话、梦幻相结合。（2）魔幻现实主义作家惯常将现实的形象根据民间传统观念加以神秘化。（3）采用大量象征、荒诞、意识流等现代主义手法，常常打乱时间顺序，颠倒情节，创造一个超越时间空间、超越生死的魔幻世界。这其中包含着作家对打破停滞不前的现实的渴望。

49. 《旧约》：作为犹太教与基督教的经典、希伯来民族的文学总著，《圣经》分《旧约》与《新约》两部分（《旧约》为上帝通过摩西与以色列人所立之约，《新约》为通过耶稣基督与信者所立之约）。旧约用希伯来文写成，记载古希伯来人的社会历史、风俗习惯和思想感情。全书共39卷：历史书10卷，内容是记述希伯来人建立国家的历史，其中包括不少故事和歌谣；先知书14卷，内容是记述先知先觉者的号召和演说，其中包括不少预言；经律书5卷；诗文集10卷，大多是诗歌、小说、戏剧和箴言。

《创世纪》中的希伯来神话，主要有5个——创世神话、伊甸园神话、该隐和亚伯两兄弟的神话、大洪水神话和巴别塔神话。

50. 迦梨陀娑，印度梵语诗人和剧作家，宫廷诗人。作品被誉为古典梵文文学的典范。迦梨陀娑的作品取材于吠陀、史诗、梵书、往事书和民间故事，他运用多种文学手段对这些素材进行加工，将其雕琢成文学史上的灼灼闪耀的美玉。他的创作在印度文学史上有着重要地位。代表作品：长篇叙事诗《鸠摩罗出世》《罗怙世系》，长篇抒情诗《云使》，剧本《沙恭达罗》《优哩婆湿》《摩罗维迦和火友王》，短篇抒情诗《六季杂咏》。

51. 紫式部，日本中古女作家。本姓藤原。其父通晓汉诗和歌，熟读中国古代典籍，对紫式部影响颇深。代表作品：长篇小说《源氏物语》，和歌集《紫式部集》（共收入128首和歌），《紫式部日记》（记述她在宫廷内的生活）。

●物语：日文"物语"一词意即故事或杂谈。它是在日本民间传说的基础上向独立小说过渡的一种文学形式。形成于公元10世纪初的平安时代，形成过程中受到了我国六朝、隋唐传奇文学的影响。

●物哀：是日本江户时代国学大家本居宣长提出的文学理念。"物"是客观存在，"哀"是主观情感。

●《源氏物语》的历史地位：它是日本一部古典文学名著，对日本文学的发展产生过重要的影响，被誉为日本古典文学的最高峰。它在日本开启了"物哀"的时代。它被认为是东方最早出现的长篇小说，世界最早出现的长篇小说之一。

52. 萨迪，伊朗哲理诗人。代表作是《果园》（全部诗体，160个故事，分10章），内容涉及伦理、哲学、天文、兵法、治国之道、为人处世等多方面。

53.《一千零一夜》，又名《天方夜谭》，是著名的古代阿拉伯民间故事集。全书共有134个大故事，每个大故事又包括若干个小故事，共计收入264个故事。这本书并不是一个作家的作品，而是中近东广大地区的文人学者、市井艺人等在几百年的时间内收集、提炼、加工、整理而成的智慧结晶。所有故事套在第一个故事《国王山鲁亚尔及其兄弟的故事》里。高尔基称赞《一千零一夜》是"民间文学一座最壮丽的纪念碑"。主要故事有《渔翁的故事》《阿拉丁和神灯的故事》《巴格达窃贼》《白侯图的故事》《驼背的故事》《阿里巴巴与四十大盗》《乌木马的故事》《努伦丁和迪伦丁的故事》《巴索拉银匠哈桑的故事》《死神的故事》《辛伯达航海旅行的故事》《山鲁佐德和国王山鲁亚尔的故事》等。

54. 泰戈尔，印度诗人、作家、艺术家和社会活动家。1913年，他获得诺贝尔文学奖，从而蜚声世界。泰戈尔一生创作50多部诗集（著名的诗集有《吉檀迦利》《新月集》《飞鸟集》《园丁集》《生辰集》等），12部中、长篇小说（以《沉船》《戈拉》为代表，100余篇短篇小说（著名的有《摩诃摩耶》等），20余种戏剧，还有大量论著、游记和书简等。

55. 纪伯伦，旅美黎巴嫩诗人、画家和作家。1920年，在纽约与志同道合者建立"笔会"，旨在通过团结其他海外侨居的阿拉伯作家，革新阿拉伯文学。文学界称该团体为"旅美派"，纪伯伦为其代表作家。前期创作以小说为主，后转向散文诗的创作。主要作品：短篇小说集《草原新娘》《叛逆的灵魂》和长篇小说《折断的翅膀》等。散文诗集《先驱者》《先知》《沙与沫》《人子耶稣》《先知园》《流浪者》等，诗剧《大地诸神》《拉撒路和他的情人》等。《先知》作为其代表作，以爱与美、生与死、婚姻与家庭、劳作与安乐、法律与自由、理智与热情、善恶与宗教等一系列问题为主题，充满了人生哲理。

56. 川端康成，日本现代小说家，1968年诺贝尔文学奖获得者。一生创作了100多篇小说，以中短篇居多。主要作品：短篇小说处女作《招魂节一景》，成名作《伊豆的舞女》《古都》《山之音》《水之幻想》《名人》《雪国》等。

57. 新感觉派：是20世纪初日本文坛的一个以小说创作为主的文学流派，由1924年创办的《文艺时代》的同人组成。他们受到西方现代派文学的影响，试图对传统的日本写实主义进行一场文学革新运动。他们提倡不再通过视觉进入知觉来把握客观规律和认识世界，而是通过变形的主观情绪与感觉来反映客观世界；强调艺术至上，认为现实中没有艺术，没有美，因而在幻想的世界中追求主观虚幻的美。这一流派的代表是川端康成、横光利一。

58. 桑戈尔，塞内加尔杰出的诗人和政治家，黑人性文化运动发起人之一。他曾连任塞内加尔共和国总统二十年。1979年荣获意大利第一届"但丁国际文学奖"。他一直用"黑人性"民族意识来推动政治文化运动。桑戈尔第一部诗集为《影之歌》，主要诗集还有《黑人牺牲品》《埃塞俄比亚人》《夜歌》。

59. 黑人性：又译"黑人学"，是20世纪30年代初非洲大陆兴起的旨在恢复黑人价值的文化运动。"黑人性"一词出自塞泽尔的长诗《还乡笔记》，桑戈尔将其定义为"黑人世界文化价值的总和，正如这些价值在黑人的作品、制度、生活中表现的那样"。一般认为，黑人性运动肯定被压迫的黑人的尊严，在团结非洲殖民地人民反抗宗主国的奴役等方面具有历史的功绩。

60.《汤姆叔叔的小屋：卑贱者的生活》，又译作《黑奴吁天录》《汤姆大伯的小屋》，是美国作家哈里特·比彻·斯托（斯托夫人）于1852年发表的一部反奴隶制长篇小说。这部小说中关于非裔美国人与美国奴隶制度的观点曾产生过意义深远的影响，并在某种程度上激化了导致美国内战的地区局部冲突。

答题基本要求

第一，仔细审题

在考试过程中，解答每一道题都要审好题。不仔细审题，容易答错答偏。审题时不能粗枝大叶，不可求快，有些题要静下心来仔细阅读，以免答非所问。单选题要看清楚是选正确的一组还是错误的一组。简答题要看明白题意，看清要求回答什么，是一问还是两问。作文则要明确题目、材料及其要求中的限制部分和未限制部分，准确、全面地把握题意。

第二，认真答题

1. 答题的顺序，一般是按照试题的次序一道一道地往下答，如果遇到难题或一时答不出来的题，先跳过去。也有人先写作文后答题。考生可根据自己的习惯选择答题顺。不管采用哪种方式，都要掌握好时间，留给写作的时间不要少于50分钟。

2. 答题的要求，选择题答案必须答在答题卡上的指定位置。简答题要看清楚是用文章原句回答还是用自己的话回答，有没有字数的限制。作文要注意标点写在格内（标点占格）。

3. 复查，做完全部试题后要认真检查一遍，查漏补缺，有些题还要重新审题，防止误答和漏答。

第三，不同类型的题用不同的答题方法

1. 选择题：如果能瞬时准确地把答案找出来最好。假如没有把握，就采用排除法，即从排除最明显的错误选项开始，把接近正确答案的选项留下，再做分析比较，逐一否定，最终选定正确答案。科技说明文的选择题，先看题再看文，然后按顺序答题。答题可采用对位法，即把选择项（命题语言）和原文（材料语言）相关的部分对照比较，分析命题选项是否符合原文文意，据此做出判断。

2. 简答题：现代文阅读，先看题，再看文，然后依次答题。答案语言要简明，要点要鲜明，表述意思要清楚，不要写上一大串多余的话，以至于把正确的要点淹没了。

3. 文言文：先看文，再看题。文言文试题选文篇幅不长，但因为有语言障碍，应看两遍，大致了解写的是什么事、什么人，人物之间是什么关系，哪个人物是主要的，想想作者写这件事、这些人要说明什么，然后依次作答。个别词、句没看懂，不一定会影响答题，按自己的理解来答好了，不要慌。

4. 作文：动笔前先构思，"意在笔先"，打腹稿或列提纲都可以。列提纲过程就是根据中心意思筛选材料并把它条理化的过程。写作文应该有个通盘的考虑。想到哪儿就写到哪儿，主次不分，中心不顾，就像"脚踩西瓜皮，滑到哪儿算哪儿"，这是写作的大忌。

第四，卷面整洁，字迹工整，正确使用标点符号

卷面脏乱，字迹潦草，让人无法辨认，反映了答题态度不够严肃，也是对阅卷老师的不尊重，会影响成绩的评定。因此，考试时要认真对待，不要马虎从事。

主要参考书目

（1）杨伯峻译注：《论语译注》（点校本），中华书局2015年版。

（2）[西汉]司马迁：《史记》（点校本），中华书局2011年版。

（3）[清]吴楚材、吴调侯选：《古文观止》，中华书局2016年版。

（4）袁行霈主编：《中国文学史》，高等教育出版社1999年版。

（5）王力主编：《古代汉语》（全四册），中华书局1999年版。

（6）郭锡良等编著：《古代汉语》（上、下册），商务印书馆1999年版。

（7）钱理群等：《中国现代文学三十年》，北京大学出版社1998年版。

（8）朱栋霖主编：《中国现代文学史》（上、下册），北京大学出版社2007年版。

（9）陈洪主编：《大学语文》，高等教育出版社2004年版。

（10）王步高、丁帆主编：《大学语文》，南京大学出版社2004年版。

（11）徐中玉主编：《大学语文》，华东师范大学出版社2013年版。

（12）黄绮冰、生素巧主编：《应用文写作教程》（第2版），电子工业出版社2013年版。

（13）耿云巧、马俊霞主编：《现代应用文写作》（第4版），清华大学出版社2018年版。

山东省专升本考试指导用书

大学语文

实训冲刺提升

山科院专升本考试研究中心 组编

史 洁 主 编

周丽娜 副主编

山东教育出版社

图书在版编目（CIP）数据

大学语文．实训冲刺提升 / 史洁主编．— 济南：山东
教育出版社，2021.7
山东省专升本考试指导用书
ISBN 978-7-5701-1780-2

Ⅰ. ①大… Ⅱ. ①史… Ⅲ. ①大学语文课－成人高等
教育－习题集－升学参考资料 Ⅳ. ①H19

中国版本图书馆CIP数据核字（2021）第133844号

前 言

为了使考生更全面、系统地了解山东省专升本的政策，更有效地投入大学语文这门科目的备考中，我们特根据山东省专升本考试的相关要求，编写了《山东省专升本考试指导用书·大学语文》。该书共分三册，分别是《大学语文·文本精读》《大学语文·考点精析与拓展》《大学语文·实训冲刺提升》。

《大学语文·实训冲刺提升》融语文教育的人文性、工具性、实用性于一体，尊重新大纲考试要求，遵循语文学科教学规律，是帮助考生全面提升大学语文水平、实现升本梦想的得力助手。本书具有以下特点：

精析历年真题。研究历年真题可以"知其然，知其所以然"。通过历年真题的研究，考生们可认知考试的题型、出题风格、考查重点、难易程度及考点分值分布。本书通过全面的真题解析，引导考生从真题中来，到真题中去，帮助考生精准地判断和把握复习内容。

洞察改革方向。通过研究历年真题，考生们可以直观地感知考试中规律性的内容，可以精准地把握考试题型、出题风格、考查重点的微调与改革方向，学会从命题者的角度分析问题。

训练解题技巧。在备考过程中，考生们不仅要全面掌握考点内容，更要灵活运用解题技巧，有针对性地完成不同题型的训练。通过真题精析与全真模拟训练，考生可在把握规律性特点的基础上，更有效地理解知识点，更准确地审读关键信息，更恰当地提炼答题要点。

实训冲刺提升。考试内容具有"重者恒重"的特点。本书的全真模拟训练遵循准确、全面的原则，严格按照考试要求对考查点进行概括与总结，以多样的题型、丰富的内容、适当的难易度带领考生进行查漏补缺，并引导考生运用多样的解题方法，提高学习效率。

建议广大考生结合本书的其他分册进行系统学习。《大学语文·文本精读》《大学语文·考点精析与拓展》以文言常识、文体常识、文化常识、文学常识几大模块为主线，以提升翻译能力、阅读分析能力、写作表达能力为宗旨，以专题训练为手段，循序渐进，采用了知识输入—技能训练—考点剖析—真题模拟—知能提升的科学体例。

　　同学们，专升本考试是大家的"第二次高考"，是大家提升自身竞争力的重要机遇。希望本书能为大家助力、护航！预祝同学们成功！

编者

2021年5月

目　录

山东省2021年普通高等教育专升本统一考试
大学语文试题

第 I 卷

一、单项选择题（本大题共10小题，每小题1分，共10分）

1. 最早发现于山东境内，记录我国新石器时代文明的古文化遗存是（　　）。

    A. 三星堆文化遗址　　　　　　　　B. 红山文化遗址

    C. 龙山文化遗址　　　　　　　　　D. 仰韶文化遗址

2. 屈原《九歌》中祭奠阵亡将士的诗篇是（　　）。

    A.《湘君》　　　　　　　　　　　B.《国殇》

    C.《山鬼》　　　　　　　　　　　D.《河伯》

3. 下列诗词名句，作者为宋代文学家柳永的是（　　）。

    A. 衣带渐宽终不悔，为伊消得人憔悴。

    B. 泪眼问花花不语，乱红飞过秋千去。

    C. 桃李春风一杯酒，江湖夜雨十年灯。

    D. 不识庐山真面目，只缘身在最高层。

4. 下列地名中，属于《西游记》的是（　　）。

    A. 长坂坡　　　　　　　　　　　　B. 野猪林

    C. 陷空岛　　　　　　　　　　　　D. 盘丝洞

5. 判词"心比天高，身为下贱，风流灵巧招人怨"指的是《红楼梦》的（　　）。

    A. 紫鹃　　　　　　　　　　　　　B. 袭人

    C. 晴雯　　　　　　　　　　　　　D. 平儿

6. 以下文学作品，（　　）的作家是钱钟书。

    A.《彷徨》　　　　　　　　　　　B.《围城》

    C.《沉沦》　　　　　　　　　　　D.《子夜》

7. 下列现代诗歌流派代表作家为闻一多和徐志摩的是（　　　）。

  A. 新月诗派　　　　　　　　　B. 象征诗派

  C. 七月诗派　　　　　　　　　D. 九叶诗派

8. 当代作家莫言创作的文学故乡是（　　　）。

  A. 绍兴鲁镇　　　　　　　　　B. 高密东北乡

  C. 湘西边城　　　　　　　　　D. 河北白洋淀

9. "我是你河边上破旧的老水车，数百年来纺着疲惫的歌；我是你额上熏黑的矿灯，照你在历史的隧洞里蜗行摸索。"出自舒婷的（　　　）。

  A.《致橡树》　　　　　　　　B.《神女峰》

  C.《双桅船》　　　　　　　　D.《祖国啊，我亲爱的祖国》

10. 下列关于列夫·托尔斯泰的表述完全正确的一项是（　　　）。

  A. 他出身贵族，一生过着简朴的平民生活。

  B. 他是19世纪中期俄国最杰出的浪漫主义作家。

  C. 他塑造了泼留希金这个非常典型的守财奴形象。

  D.《战争与和平》《安娜·卡列尼娜》是其代表作。

第Ⅱ卷

二、填空题（本大题共10小题，每小题1分，共10分）

11.《诗经·小雅·采薇》中："昔我往矣，杨柳依依，＿＿＿＿＿＿＿＿＿＿，雨雪霏霏"几句诗，被后人评为"以乐景写哀，以哀景写乐——倍增其哀乐。"

12. 魏晋南北朝小说可分为志怪小说和志人小说两类，干宝的《＿＿＿＿＿＿＿》被称为志怪小说的代表作品。

13. 杜甫的"三吏三别"等作品描写"安史之乱"中百姓承受的苦难，比较全面的展现了战乱中社会生活的广阔画面。他的诗被后人称为"＿＿＿＿＿＿"。

14. 北宋画家张择端的《清明上河图》描绘了京城汴梁的繁华景象，这个地方在今天的＿＿＿＿＿＿市。

15. 晚清文学家＿＿＿＿＿＿的《老残游记》是描写济南风情景物最多的古代小说，"家家泉水，户户垂杨"至今流传。

16. "悲剧将人生有价值的东西毁灭给人看，喜剧将那无价值的撕破给人看"出自＿＿＿＿＿＿的杂文《再论雷峰塔的倒掉》。

17. 曹禺在《雷雨》中塑造的人物形象，有资产阶级特征的封建家庭的家长是＿＿＿＿＿＿＿＿＿＿＿＿＿。

18. 王小波的《＿＿＿＿＿＿＿》通过描写一只猪的境遇，揭示出大多数人的生活、前途、命运等被某种力量所设置而浑然不知的生存处境。

19. 余光中的《乡愁》选取"＿＿＿＿＿＿＿""船票""坟墓""海峡"四个意象，把乡愁主题所包含的亲情、爱情、乡情等融合为一，内涵却极为沉重。

20. 希腊神话中，为人类盗取天火而承受巨大灾难的神是＿＿＿＿＿＿＿＿。

三、释词题（本大题共10小题，每小题1分，共10分）

21. 爱共叔段，欲立之，亟请于武公。（《郑伯克段于鄢》）

22. 射其左，越于车下。射其右，毙于车中。（《鞌之战》）

23. 川壅而溃，伤人必多。民亦如此。（《召公谏厉王弭谤》）

24. 夫子喟然叹曰："吾与点也！"（《子路曾皙冉有公西华侍坐》）

25. 奚以之九万里而南为？（《逍遥游》）

26. 齐国虽褊小，吾何爱一牛？（《齐桓晋文之事》）

27. 闻大王有意督过之，脱身独去，已至军矣。（《鸿门宴》）

28. 孙子度其行，暮当至马陵。（《孙子吴起列传》）

29. 宋玉所谓天帝之季女，名曰瑶姬，未行而亡，封于巫山之阳。（《水经注》）

30. 纵一苇之所如，凌万顷之茫然。（《前赤壁赋》）

四、翻译题（本大题共3小题，共10分）

31. 夫虽无四方之忧，然谋臣与爪牙之士，不可不养而择也。（《勾践灭吴》）

32. 故君子居必择乡，游必就士，所以防邪辟而近中正也。(《劝学》)

33. 今弃是州也，农夫渔父，过而陋之，贾四百，连岁不能售。(《钴鉧潭西小丘记》)

五、阅读分析题（本大题共5小题，共20分）

（一）诗歌鉴赏

从军行

[唐代] 陈羽

海畔风吹冻泥裂，枯桐叶落枝梢折。

横笛闻声不见人，红旗直上天山雪。

34. 概括本首诗所描写的场景，说明其作用。

35. 简要分析"横笛闻声不见人，红旗直上天山雪"的表现手法及表达效果。

（二）现代文阅读理解

花 凋

张爱玲

她父母小小地发了点财，将她坟上加工修葺了一下，坟前添了个白大理石的天使，垂着头，合着手，脚底下环绕着一群小天使。上上下下十来双白色的石头眼睛。在石头的缝里，翻飞着白石的头发，白石的裙褶子，露出一身健壮的肉，乳白的肉冻子，冰凉的。是像电影里看见的美满的坟墓，芳草斜阳中献花的人应当感到最美满的悲哀。天使背后藏着个小小的碑，题着"爱女郑川嫦之墓"。碑阴还有托人撰制的新式的行述：

啊……川嫦是一个稀有的美丽的女孩子……十九岁毕业于宏济女中，二十一岁死于肺病。……爱音乐，爱静，爱父母……无限的爱，无限的依依，无限的惋惜……回忆上的一朵花，永生的玫瑰……安息罢，在爱你的人的心底下。知道你的人没有一个不爱你的。"

全然不是这回事。的确，她是美丽的，她喜欢静，她是生肺病死的，她的死是大家同声惋惜的，可是……全然不是那回事。

川嫦从前有过极其丰美的肉体，尤其美的是那一双华泽的白肩膀。然而，出人意料之外地，身体上的脸庞却偏于瘦削，峻整的、小小的鼻峰，薄薄的红嘴唇，清炯炯的大眼睛，长睫毛，满脸的"颤抖的灵魂"，充满了深邃洋溢的热情与智慧，像《魂归离恨天》的作者爱米丽·勃朗蒂。实际上川嫦并不聪明，毫无出众之点。她是没点灯的灯塔。

在姊妹中也轮不着她算美，因为上面还有几个绝色的姊姊。郑家一家都是出奇地相貌好。从她父亲起，郑先生长得像广告画上喝乐口福抽香烟的标准上海青年绅士，圆脸，眉目开展，嘴角向上兜兜着，穿上短裤子就变了吃婴儿药片的小男孩，加上两撇八字须就代表了即时进补的老太爷，胡子一白就可以权充圣诞老人。

郑先生是个遗少，因为不承认民国，自从民国纪元起他就没长过岁数。虽然也知道醇酒妇人和鸦片，心还是孩子的心。他是酒精缸里泡着的孩尸。

郑夫人自以为比他看上去还要年青，时常得意地向人说：

拔艺媾赂他一块儿出去——人家瞧着我比他小得多，都拿我当他的姨太太！"俊俏的郑夫人领着俊俏的女儿们在喜庆集会里总是最出风头的一群。

虽然不懂英文，郑夫人也会遥遥地隔着一间偌大的礼堂向那边叫喊："你们过来，兰西！露西！沙丽！宝丽！"在家里她们变成了大毛头，二毛头，三毛头，四毛头。底下还有三个是儿子，最小的儿子是一个下堂妾所生。

孩子多，负担重，郑先生常弄得一屁股的债，他夫人一肚子的心事。可是郑先生究竟是个带点名士派的人，看得开，有钱的时候在外面生孩子，没钱的时候在家里生孩子。没钱的时候居多，因此家里的儿女生之不已，生下来也还是一样的疼。

逢着手头活便，不能说郑先生不慷慨，要什么给买什么。在鸦片炕上躺着，孩子们一面给捶腿，一面就去掏摸他口袋里的钱；要是不叫拿，她们就捏起拳头一阵乱捶，捶得父亲又是笑，又是叫唤："嗳哟，嗳哟，打死了，这下子真打死了！"过年的时候他领着头要钱，做庄推牌九，不把两百元换来的铜子儿输光了不让他歇手。

然而玩笑归玩笑，发起脾气来他也是翻脸不认人的。

郑先生是连演四十年的一出闹剧，他夫人则是一出冗长的单调的悲剧。她恨他不负责任，她恨他要生那么些孩子，她恨他不讲卫生，床前放着痰盂而他偏要将痰吐到拖鞋里。

她总是仰着脸摇摇摆摆在屋里走过来，走过去，凄冷地磕着瓜子——一个美丽苍白的，绝望的妇人。

36. 简要分析划线句子"全然不是那回事"在文中的作用。

37. 简要分析"郑先生"的形象特征。

38. 作者为什么说"郑川嫦"是"没点灯的灯塔"？结合文本简要分析。

六、写作题（本大题共2小题，共40分）

39. 应用文写作

根据所给情景和要求，完成应用文写作。

某学院团委将于五四青年节期间举办"庆祝中国共产党成立100周年文艺晚会"，请以团委的名义拟一份邀请学院某领导出席晚会的请柬。

要求：格式规范，信息齐全，结构完整，语言得体。

40. 议论文写作

阅读材料，完成作文。

据报道，在去年的一次保卫边境的战斗中，解放军1名团长身负重伤，4名官兵英勇牺牲，部队领导慰问一名牺牲将士的妈妈时问她有没有什么要求，英雄母亲说："我没什么要求，我只想知道我的孩子在战斗的时候勇不勇敢。"

有网友这样写道：

黄昏将至我吃着白米饭

喝着快乐水

想不通为什么这些身强体壮的士兵为什么会死

我在深夜惊醒

突然想起

他们是为我而死

要求：请根据以上材料，自定立意，自拟题目，不少于800字。

山东省2020年普通高等教育专升本统一考试
大学语文试题

第Ⅰ卷

一、单项选择题（本大题共10小题，每小题1分，共10分）

1. 先秦时期极为主张"仁政"思想的是（   ）。

    A. 庄子　　　　　　　　　　B. 孟子

    C. 墨子　　　　　　　　　　D. 荀子

2. 《史记》五种体例中，"列传"记述内容（   ）。

    A. 历朝诸侯贵族的活动和事迹

    B. 不同阶层、类型人物及少数民族的事迹

    C. 按帝王世代顺序记叙各朝兴衰沿革

    D. 各个历史时期的大事件

3. "竹喧归浣女，莲动下渔舟"出自唐代王维的（   ）。

    A.《过香积寺》　　　　　　　B.《终南山》

    C.《山中》　　　　　　　　　D.《山居秋暝》

4. 下列元杂剧作品中，作者为马致远的是（   ）。

    A.《救风尘》　　　　　　　　B.《梧桐雨》

    C.《汉宫秋》　　　　　　　　D.《赵氏孤儿》

5. 下列《聊斋志异》篇目中，以书生与花鬼狐妖爱情为题材的是（   ）。

    A.《婴宁》　　　　　　　　　B.《促织》

    C.《席方平》　　　　　　　　D.《王六郎》

6. 下列现代作家中，属于文学研究会的是（   ）。

    A. 茅盾　　　　　　　　　　B. 艾青

    C. 张爱玲　　　　　　　　　D. 赵树理

7. "你站在桥上看风景，看风景的人在楼上看你"出自（　　　）。

    A. 郭沫若《天狗》　　　　　　　　　B. 闻一多《死水》

    C. 徐志摩《偶然》　　　　　　　　　D. 卞之琳《断章》

8. 下列小说中，以黄土高原生活为背景的是（　　　）。

    A.《古船》　　　　　　　　　　　　B.《边城》

    C.《平凡的世界》　　　　　　　　　D.《受戒》

9. 比喻带来灾难和祸害的"潘多拉盒子"来源于（　　　）。

    A. 古罗马神话　　　　　　　　　　B. 古罗马传说

    C. 古希腊神话　　　　　　　　　　D. 古希腊传说

10. 下列关于外国文学知识表述正确的是（　　　）。

    A. 古希腊三大悲剧家为埃斯库罗斯、欧里庇得斯、索福克勒斯。

    B. 维吉尔的史诗《伊利亚特》《奥德赛》是欧洲文学史上最伟大的文学作品。

    C. 高尔基的自传体三部曲包括《童年》《在人间》和《钢铁是怎样炼成的》。

    D. "敲钟人"加西莫多是法国作家雨果《悲惨世界》中的人物形象。

第 II 卷

二、填空题（本大题共10小题，每小题1分，共10分）

11. 陶渊明《移居》（其一）诗中"奇文共欣赏，＿＿＿＿＿＿＿＿＿"两句，写邻居和自己一起谈诗论文的情形。

12. 韩愈在《师说》中提出"是故无贵无贱，无长无少，＿＿＿＿＿＿＿＿，师之所存也"，强调能者为师，打破了传统法师森严的壁垒。

13. 林逋《山园小梅》诗中，"＿＿＿＿＿＿＿＿＿＿，暗香浮动月黄昏"两句，被誉为千古咏梅绝唱。

14. 苏轼自题画像诗说"问汝平生功业，黄州、惠州、儋州"，其中"黄州"在今天湖北省＿＿＿＿＿＿市。

15. 林则徐《赴戍登程口占示家人》中"＿＿＿＿＿＿＿＿＿＿，岂因祸福避趋之"两句诗，集中体现了他的深厚爱国情怀。

16. "在我的后园，可以看见墙外有两株树，一株是枣树，另一株也是枣树"出自鲁迅的散文诗＿＿＿＿＿＿＿＿＿。

17. 作品"京味儿"浓厚，曾被北京市人民政府授予"人民艺术家"称号的现代作家是＿＿＿＿＿＿＿＿。

18. 巴金自述由故居照壁上的"长宜子孙"四字引发对人生道路的思索，创造了散文＿＿＿＿＿＿＿＿。

19. 在长篇记述散文＿＿＿＿＿＿＿＿中，美国作家梭罗描写了他在康科德一个湖边生活经历，详细记录了他的所见所闻、所思所想。

20. 奥利地作家＿＿＿＿＿＿＿＿在《变形记》中，通过主人公变甲虫的故事，深刻揭示了人的"异化"现象。

三、解释下列句子中加点词的意义（本大题共10小题，每小题1分，共10分）

21. 今由与求也，相夫子，远人不服而不能来也。（《季氏将伐颛臾》）

22. 不如吾闻而药之也。（《子产不毁乡校》）

23. 于是乘其车，揭其剑，过其友。（《冯谖客孟尝君》）

24. 齐王使使者问赵威后。书未发。（《赵威后问齐使》）

25. 嫂蛇行匍伏，四拜自跪而谢。（《苏秦始将连横说秦》）

26. 天下不多管仲之贤而多鲍叔能知人也。（《管晏列传》）

27. 项王至阴陵，迷失道，问一田父，田父绐曰："左。"（《垓下之围》）

28. 两家子弟材智下，不能通知二父志。（《张中丞传后叙》）

29. 而此膝一屈，不可复伸，国势陵夷，不可复振。（《戊午上高宗封事》）

30. 由汉氏以来，人主往往重官赏以购之。（《传是楼记》）

四、将下列文言文翻译成现代汉语（共10分）

31. 野语有之曰："闻道百，以为莫己若"者，我之谓也。（《秋水》）（3分）

32.颍考叔曰："敢问何谓也？"公语之故，且告之悔。（《郑伯克段于鄢》）（4分）

33.今世之嗜取者，遇货不避，以厚其室。（《蝜蝂传》）（3分）

五、阅读分析题（本大题共5小题，共20分）

（一）阅读下面这首宋诗，完成34～35题。（共8分）

北陂杏花

王安石

一陂春水绕花身，花影妖娆各占春。

纵被春风吹作雪，绝胜南陌碾成尘。

34.请根据诗意，简要分析首句中"绕"的表达效果。（3分）

35.诗歌三、四句使用了什么表现手法，表达了什么思想感情？（5分）

（二）阅读下面这篇文章，完成第36～38题。（共12分）

聪明人和傻子和奴才

鲁迅

奴才总不过是寻人诉苦。只要这样，也只能这样。有一日，他遇到一个聪明人。

"先生！"他悲哀地说，眼泪联成一线，就从眼角上直流下来。"你知道的。我所过的简直不是人的生活。吃的是一天未必有一餐，这一餐又不过是高粱皮，连猪狗都不要吃的，尚且只有一小碗……"

"这实在令人同情。"聪明人也惨然说。

"可不是么！"他高兴了，"可是做工是昼夜无休息的：清早担水晚烧饭，上午跑街夜磨面，晴洗衣裳雨张伞，冬烧汽炉夏打扇。半夜要煨银耳，侍候主人要钱；头钱从来没分，有时还挨皮鞭……"

"唉唉……"聪明人叹息着，眼圈有些发红，似乎要下泪。

"先生！我这样是敷衍不下去的。我总得另外想法子。可是什么法子呢？……"

"我想，你总会好起来……"

"是么？但愿如此。可是我对先生诉了冤苦，又得你的同情和慰安，已经舒坦得不少了。可见天理没有灭绝……"

但是，不几日，他又不平起来了，仍然寻人去诉苦。

"先生！"他流着眼泪说，"你知道的。我住的简直比猪窠还不如。主人并不将我当人；他对他的叭儿狗还要好到几万倍……"

"混帐！"那人大叫起来，使他吃惊了。那人是一个傻子。

"先生，我住的只是一间破小屋，又湿，又阴，满是臭虫，睡下去就咬得真可以。秽气冲着鼻子，四面又没有一个窗……"

"你不会要你的主人开一个窗的么？"

"这怎么行？……"

"那么，你带我去看去！"

傻子跟奴才到他屋外，动手就砸那泥墙。

"先生！你干什么？"他大惊地说。

"我给你打开一个窗洞来。"

"这不行！主人要骂的！"

"管他呢！"他仍然砸。

"人来呀！强盗在毁咱们的屋子了！快来呀！迟一点可要打出窟窿来了！……"他哭嚷着，在地上团团地打滚。

一群奴才都出来了，将傻子赶走。

听到了喊声，慢慢地最后出来的是主人。

"有强盗要来毁咱们的屋子，我首先叫喊起来，大家一同把他赶走了。"他恭敬而得胜地说。

"你不错。"主人这样夸奖他。

这一天就来了许多慰问的人，聪明人也在内。

"先生。这回因为我有功，主人夸奖了我了。你先前说我总会好起来，实在是有先见之明……"他大有希望似的高兴地说。

"可不是么……"聪明人也代为高兴似的回答他。

一九二五年十二月二十六日

（选自鲁迅《野草》）

36.本文形象塑造的主要方法有哪些？请作简要分析。（4分）

37.简要分析文中"奴才"的人物形象。（4分）

38.结合全文，概括本文的主旨。（4分）

六、写作题（本大题共2小题，共40分）

39.根据所给情境和要求，完成应用文写作。（10分）

王同学在学校某处遗失钱包一个，请替他拟一则寻物启事。

要求：信息齐全，格式规范，结构完整，语言得体。

40.阅读下面的材料，根据要求作文。（30分）

最近，网络上一段寄语年轻人的演讲视频《奔涌吧，后浪！》引起热议，其中有一段话说："那些抱怨一代不如一代的人，应该看看你们。因为你们，这个世界会更喜欢中国。一个国家最好看的风景，就是这个国家的年轻人。"

要求：请根据以上材料，自定立意，自拟题目，除诗歌外文体不限，不少于800字。

山东省2019年普通高等教育专升本统一考试
大学语文试题

第 I 卷

一、单项选择题（本大共10小题，每小题1分，共10分）

1.《战国策》是一部（　　　　）史书。

　　A. 编年体　　　　　　　　　　B. 国别体

　　C. 列传体　　　　　　　　　　D. 纪传体

2. 以下不属于《苏武传》中词类活用现象的是（　　　　）。

　　A. 羝乳乃得归　　　　　　　　B. 王必欲降武

　　C. 屈节辱命　　　　　　　　　D. 汉亦留之以相当

3."我是月底光，我是日底光，我是一切星球底光。"此诗句出自郭沫若的（　　　　）。

　　A.《女神》　　　　　　　　　　B.《光的颂歌》

　　C.《炉中煤》　　　　　　　　　D.《地球，我的母亲》

4. 关于柳宗元以下描述不正确的是（　　　　）。

　　A. 字子厚　　　　　　　　　　B. 其作品《钴鉧潭记》是唐代散文中的名篇

　　C."唐宋八大家"之一　　　　　D. 因反对王安石变法被贬

5. 余秋雨的文章《洞庭一角》中主要谈到中国一种独特的（　　　　）。

　　A. 科举制度　　　　　　　　　B. 宦官文化

　　C. 贬官文化　　　　　　　　　D. 长官文化

6. 以下描述不正确的是（　　　　）。

　　A.《论语》是一部语录体散文集。

　　B.《老子》又称《道德经》是一部道家学说经典。

　　C.《荀子》是一部法家学说经典。

　　D.《吕氏春秋》是战国末期吕不韦及其门客撰写的论说性散文著作。

7. 以下文章中，属于下对上陈述主张的是（　　）。

    A.《苏武传》   B.《留侯论》

    C.《郑伯克段于鄢》   D.《谏逐客书》

8. 关于《春江花月夜》以下描述不正确的是（　　）。

    A. 它的作者是唐朝诗人张若虚   B.《春江花月夜》是乐府旧题

    C. 这是一首著名的七言律诗   D. 全诗四句一韵，首句入韵

9. 以下属于当代作家贾平凹作品的是（　　）。

    A.《女神》   B.《废都》

    C.《雨巷》   D.《文化苦旅》

10.《行路难》的作者是（　　）。

    A. 李白   B. 杜甫

    C. 王维   D. 苏轼

第Ⅱ卷

二、填空趣（本大题共10空，每空1分，共10分）

11. 丁玲所写的《_____》是中国文学史上第一次对女性焦虑进行艺术表达的作品，拓展了"五四"时期人性解放的主题。

12. _____经过韩愈、柳宗元倡导的"_____"得以全面发展，对后代散文产生了深远的影响。

13. 小说的三要素包括：_____、_____、_____。

14. "一个人并不是生来要被打败的，你尽可以把他消灭掉，可就是打不败他"这句名言选自美国作家_____写的小说《_____》。

15. 古希腊的《荷马史诗》包含两部：《_____》与《_____》。

三、释词题（解释加点词，本大题共10小题，每小1分，共10分）

16. 姜氏何厌之有？

17. 名余曰正则兮，字余曰灵均。

18. 窈窕淑女，君子好逑。

19. 尔来四万八千岁。

20. 其或元庆之父，不免于罪，师韫之诛，不愆于法。

21. 强公室，杜私门。

22. 故言必有三表。

23. 我戍未定，靡使归聘。

24. 薄雾浓云愁永昼，瑞脑消金兽。

25. 元庆能不越于礼，服孝死义，是必达理而闻道者也。

四、翻译题（本大共5小题，每题2分，共10分）

26. 仓廪实而知礼节，衣食足而知荣辱，上服度则六亲固。（《管晏列传》）

27. 臣闻吏议逐客，窃以为过矣。（《谏逐客书》）

28. 老吾老以及人之老，幼吾幼以及人之幼。（《孟子》）

29. 是故倨傲鲜腆而深折之。（《留侯论》）

30. 圣人无常心，以百姓心为心。（《老子》）

五、简答题（本大题共2小题，每小题10分，共20分）

31.《苏武传》中卫律和李陵对苏武劝降的策略有何不同？

32. 简述《西风颂》的艺术特点。

六、作文（本大题共40分）

33. 请准确理解材料的内容，写一篇文章。

　　"我是我自己的，他们谁也没有干涉我的权力！" 这是《伤逝》中子君的话。

　　要求：（1）请结合这句话，自拟题目，写一篇文章；

　　　　　（2）诗歌除外，文体不限；

　　　　　（3）字数不少于800字。

山东省2018年普通高等教育专升本统一考试大学语文试题

第Ⅰ卷

一、单项选择题（本大题共10小题，每小题1分，共10分）

1. 在余秋雨的散文《洞庭一角》中，被看作"中国文化中极其夺目的一个部位"的是
（　　）。

　　A. 人文关怀　　　　　　　　　B. 科举制度

　　C. 贬官文化　　　　　　　　　D. 山水情怀

2.《文学的趣味》是朱光潜的文章，以下不属于该文观点的是（　　）。

　　A. 对于一章一句的欣赏可以见出一个人的一般文学趣味。

　　B. 文艺上的好恶和道德上的好恶往往不同，它更加强烈深固。

　　C. 一个人在创作和欣赏时所表现的趣味，是由三个因素决定的。

　　D. 要弥补在文艺趣味上的欠缺，唯一的方法是扩大眼界，加深知解。

3. 以下关于林语堂的《失败了以后》的说法错误的是（　　）。

　　A. 以自我为中心，格调闲适　　　B. 构思精巧，立意新颖

　　C. 语言精辟，富有哲理　　　　　D. 多用比喻、排比等修辞手法

4.《聊斋志异》是一部（　　）。

　　A. 散文集　　　　　　　　　　　B. 短篇小说集

　　C. 戏曲故事集　　　　　　　　　D. 民间故事集

5. 莎士比亚极力塑造的哈姆雷特是一个典型的（　　）。

　　A. 人文主义者形象　　　　　　　B. 理想主义者形象

　　C. 行动主义者形象　　　　　　　D. 利己主义者形象

6.《谏逐客书》是李斯的作品，这里的"书"是（　　）。

　　A. 书记　　　　B. 书籍　　　　C. 书信　　　　D. 上书

7. 我国古代道家和儒家的思想核心分别为（　　　）。

    A. "义" 和 "礼"　　　　　　　　B. "道" 和 "德"

    C. "道" 和 "仁"　　　　　　　　D. "智" 和 "仁"

8. 《游园》中的 "袅晴丝吹来闲庭院" 和 "良辰美景奈何天，赏心乐事谁家院" 所用的修辞手法分别是（　　　）。

    A. 拟人　对偶　　　　　　　　B. 双关　用典

    C. 比喻　通感　　　　　　　　D. 借代　对比

9. 《读书示小妹十八生日书》是贾平凹为妹妹过生日写的信，以下不属于文章内容的是（　　　）。

    A. 兄妹感情　　　　　　　　　B. 苦难经历

    C. 读书乐趣　　　　　　　　　D. 写作经验

10. 王蒙创作小说《春之声》所运用的现代表现手法是（　　　）。

    A. 蒙太奇　　　　　　　　　　B. 意识流

    C. 荒诞主义　　　　　　　　　D. 象征主义

第 II 卷

二、填空题（本大题共 10 小题，每小题 1 分，共 10 分）

11. 《怀念萧珊》是巴金散文集《＿＿＿＿＿》中的一篇，是为悼念其妻子萧珊而作。

12. 《雨巷》在艺术上的一个重要特色是运用了＿＿＿＿＿的方法抒情。

13. 钱钟书的长篇小说《＿＿＿＿＿》被称为 "现代的《儒林外史》"。

14. 《光的赞歌》作者＿＿＿＿，是中国现代诗的代表诗人之一。

15. 《天狗》是郭沫若的第一部诗集《＿＿＿＿＿》中的诗歌。

16. "如果冬天来了，春天还会远吗？" 出自英国著名浪漫主义诗人雪莱的诗作《＿＿＿＿＿》。

17. 海明威的小说《老人与海》讲述了一位叫＿＿＿＿的老渔夫与一条巨大的马林鱼在离岸很远的流中搏斗的过程。

18. ＿＿＿＿＿是特洛伊战争中特洛伊守卫军的领导者，他和希腊联军第一勇士阿喀琉斯决斗，因为众神的裁决和宿命死在对方手里。

19. 从编纂体例来说，《史记》是一部＿＿＿＿史书。

20. 屈原创作的《离骚》与《诗经》并称 "＿＿＿＿"，对后世诗歌产生了深远影响。

三、释词题（解释加点词，本大题共10小题，每小题1分，共10分）

21. 臣闻吏议逐客，窃以为过矣。（《谏逐客书》）

22. 单于使使晓武，会论虞常，欲因此时降武。（《汉书·苏武传》）

23. 天下有大勇者，卒然临之而不惊，无故加之而不怒。（《留侯论》）

24. 天长地久有时尽，此恨绵绵无绝期。（《长恨歌》）

25. 莫道不销魂，帘卷西风，人比黄花瘦。（《醉花阴》）

26. 果以是示于天下，传于后代，趋义者不知所向，违害者不知所立，以是为典可乎？
    （《驳〈复仇议〉》）

27. 都城过百雉，国之害也。（《左传·郑伯克段于鄢》）

28. 忧心孔疚，我行不来！（《诗经·小雅·采薇》）

29. 不知江月待何人，但见长江送流水。（《春江花月夜》）

30. 世人皆浊，何不淈其泥而扬其波？（《渔父》）

四、翻译题（本大题共5小题，每小题2分，共10分）

31. 国不堪贰，君将若之何？（《左传·郑伯克段于鄢》）

32. 管仲贫困，常欺鲍叔，鲍叔终善遇之，不以为言。（《史记·管晏列传》）

33. 乐以天下，忧以天下，然而不王者，未之有也。（《孟子·梁惠王下》）

34. 诎指而事之，北面而受学，则百己者至。（《战国策·燕昭王求士》）

35.黄鹤之飞尚不得过，猿猱欲度愁攀援。（《蜀道难》）

五、阅读分析题（本大题共30分）

（一）阅读下面这首诗，完成36～38题。（共10分）

乡村四月

翁 卷

绿遍山原白满川，子规声里雨如烟。

乡村四月闲人少，才了蚕桑又插田。

36.这首诗名为"乡村四月"，它是通过哪些景象表现乡村四月的风光的？（3分）

37.请分析诗歌第四句中的两个虚词"才"和"又"的表达效果。（3分）

38.这首绝句虽然只有短短四句，却十分注意前后呼应，请具体分析之。（4分）

（二）阅读下面的文字，回答问题。（20分）

窗前的树

我的窗前有一棵树。

那是一棵高大的洋槐。树冠差不多可达六层的楼顶。粗壮的树干与三层的阳台相齐，碧绿而茂密的树叶部分，恰好正好对着我四楼的窗户。

坐在我的书桌前，一树浓荫收入眼底。从春到秋，由晨至夜，任是着意的或是不经意抬头，终是满眼的赏心悦目。

洋槐在春天，似乎比其他的树都沉稳些。杨与柳都已翠叶青青，它才爆出米粒般大的嫩芽，只星星点点的一层隐绿，悄悄然绝不喧哗。又过了些日子，忽然就挂满了一串串葡萄似的花苞，又如一只只浅绿色的蜻蜓缀满树枝——当它张开翅膀跃跃欲飞时，薄薄的羽翼在春日温和的云朵下染织成一片耀眼的银色。那个清晨你会被一阵来自梦中的花香唤醒，那香味甘甜淡雅，撩人心脾却又若有若无。你寻着这馥郁走上阳台，你的身子为之一震，你的眼前为之一亮，顿时整个世界都因此灿烂而壮丽：满满的一树雪白，袅袅低垂，如瀑布倾泻四溅。银珠般的花瓣在清风中微微荡曳，花气熏人，人也陶醉。

槐花开过，才知春是真的来了。铺在桌上的稿纸，便也文思灵动起来，那时的文字，就有了些许轻松。

夏的洋槐，巍巍然郁郁葱葱，一派的生机勃发。骄阳下如华盖蔽日，烈焰下送来阵阵清风。夏的淫威都由它承受，时而惭愧自问，知人其实很是怯弱。夏日常有雨，暴雨如注时，偏爱久久站在窗前看我的槐树——它任凭狂风将树冠刮得东至西倒，满树的绿叶呼号犹如一头发怒的雄狮，它翻滚，它旋转，它颤栗，它呻吟。曾有好几次我以为它会被风暴折断，闪电与雷鸣照亮黑暗的瞬间，我窥见它的树干却始终岿然。大雨过后，它轻轻抖落身上的水珠，那一片片细碎光滑的叶子被雨水洗得发亮，饱含着水分，安详而平静。

那个时刻我便为它幽幽地滋生出一种感动，自己的心似乎也变得干净而澄明。雨后清新的湿气萦绕书桌徘徊不去。我想这书桌会不会是用洋槐木做成的呢？否则为何它负载着沉重的思维却依然结实有力。

洋槐伴我一春一夏的绿色，到秋天，艳阳在树顶涂出一抹金黄，不几日，窗前已被装点得金碧辉煌。秋风乍起，金色的槐树叶如雨纷纷飘落，我的思路便常常被树叶的沙沙声打断。我明白那是一种告别的方式。它们从不缠缠绵绵凄凄切切，它们只是痛痛快快利利索索地向我挥挥手连头也不回。它们离开了槐树就好比清除了衰老抛去了陈旧。是一个必然，一种整合，一次更新。它们一日日稀疏凋零，安然地沉入泥土，把自己还原给自己。他们需要休养生息，一如我需要忘却所有的陈词滥调而寻找新的开始。所以凝望这颗斑驳而残缺的树，我并不怎么觉得感伤和悲凉——我知道它们明年还会再回来。

冬天的洋槐便静静地沉默。它赤裸着全身一无遮挡，向我展示它的挺拔与骄傲。或许没人理会过它的存在，它活得孤独，却活得自信，活得潇洒。寒流摇撼它时，它黑色的枝条俨然如乐队指挥庄严的手臂，指挥着风的合奏。树叶落尽以后，树杈间露出一只褐色的鸟窝，肥硕的喜鹊啄着树枝喳喳欢叫，几只麻雀飞来飞去地寻食，偶尔还有乌鸦的黑影匆匆掠过，时喜时悲地营造出一派生命的气氛，使我常常猜测着鸟们的语言，也许是在提醒着我什么。雪后的槐树一身素裹银光璀璨，在阳光还未及融化它时，真不知是雪如槐花，还是槐花如雪。

四季的洋槐树便如一幅幅不倦变幻的图画，镶入我窗口这巨大的画框。冬去春来，老槐衰而复荣、败而复兴，重新回来的还是原来那棵老槐；可是，我知道它已不再是原来的那棵槐树了——它的每一片树叶，每一滴浆汁，都由新的细胞、新的物质构成。它是一棵新的老树。

年复一年，我已同我的洋槐度过了六个春秋。在我的一生中，我与槐树无言相对的时间将超过所有的人。这段漫长又真实的日子，槐树与我无声的对话，便构成一种神秘的默契。

39.请用简洁的语言概括洋槐在一年四季中的不同特点。（4分）

40.作者写夏日洋槐，为什么要着力写暴风雨中的洋槐？（4分）

41.解释文中画线句子的含意。（6分）

（1）槐花开过，才知春是真的来了。

（2）它们离开了槐树就好比清除了衰老抛去了陈旧，是一个必然，一种整合，一次更新。

42.文章最后写"洋槐与我无声的对话，便构成了一种神秘的默契"，你如何理解"我"与洋槐之间的"默契"（6分）

六、作文（本大题共30分）

43.请准确理解下面名句的内容，联系自己的生活感受，写一篇文章。

生活得最有意义的人，并不就是年岁活得最大的人，而是对生活最有感受的人。

——卢梭

要求：（1）自拟题目；

（2）除诗歌外，文体不限；

（3）不少于800字

山东省2017年普通高等教育专升本统一考试
大学语文试题

第Ⅰ卷

一、单项选择题（本大题共10小题，每小题1分，共10分）

1.《论语》的基本文体是（　　　）。

    A. 对话体韵文　　　　　　　　B. 论述体散文

    C. 叙事体韵文　　　　　　　　D. 语录体散文

2. 张若虚《春江花月夜》结构的基本线索是（　　　）。

    A. 江水的流动过程　　　　　　B. 月亮的生落过程

    C. 花林的空间变换　　　　　　D. 白云的漂浮显隐

3. 白居易《长恨歌》的体裁属于（　　　）。

    A. 七言律诗　　　　　　　　　B. 七言歌行

    C. 七言排律　　　　　　　　　D. 七言绝句

4. 下列属于唐宋八大家的是（　　　）。

    A. 辛弃疾　　　　　　　　　　B. 陆游

    C. 苏轼　　　　　　　　　　　D. 柳永

5. 李清照的《醉花阴》是一首（　　　）。

    A. 咏物词　　　　　　　　　　B. 写景词

    C. 言志词　　　　　　　　　　D. 闺怨词

6. 在《文学的趣味》一文中，朱光潜认为："许多人在文艺趣味上有欠缺，大半由于在知上有欠缺"，以下各项中，不属于"知上有欠缺"表现的是（　　　）。

    A. 自以为知　　　　　　　　　B. 根本不知

    C. 知得不正确　　　　　　　　D. 知得不周全

7. 余光中的《听听那冷雨》的体裁是（　　　　）。

　　A. 诗歌　　　　　　　　　　　B. 散文

　　C. 小说　　　　　　　　　　　D. 戏剧

8. 下列不属于《围城》中的人物是（　　　　）。

　　A. 方鸿渐　　　　　　　　　　B. 孙柔嘉

　　C. 岳之峰　　　　　　　　　　D. 苏文纨

9. 海明威小说《老人与海》的故事背景发生在二十世纪中叶的（　　　　）。

　　A. 古巴　　　　　　　　　　　B. 墨西哥

　　C. 美国　　　　　　　　　　　D. 巴西

10. 下列不属于莎士比亚四大悲剧的是（　　　　）。

　　A.《麦克白》　　　　　　　　　B.《李尔王》

　　C.《哈姆雷特》　　　　　　　　D.《罗密欧与朱丽叶》

二、填空题（本大题共10小题，每空1分，共10分）

11.《左传》是记录春秋历史的编年体史书，相传是鲁国史官_____为孔子修订的《春秋》所作的传。

12.《离骚》是战国诗人_____创作的文学作品，作品表现出积极的浪漫主义精神。

13. 被后人誉为"诗仙"的唐代伟大的浪漫主义诗人是_____。

14. 小说《春之声》的作者是当代作家_____。

15. 被称为"雨巷诗人"的中国现代诗人是_____。

16. 提出"知识就是力量"的是英国文艺复兴时期的散文家、哲学家_____。

17. 鲁迅创作的唯一一部以青年知识分子恋爱为题材的小说是《_____》。

18. _____，六宫粉黛无颜色。（《长恨歌》）

19. 良辰美景奈何天，_____！（《牡丹亭·惊梦》）

20. 蜀道之难，_____，使人听此凋朱颜！（《蜀道难》）

三、释词题（解释加点词，本大题共10分，每小题1分，共10分）

21. 向使刺讞其诚伪，考正其曲直，原始而求其端，则刑礼之用，判然离矣。（《驳〈复仇议〉》）

22. 亟请于武公，公弗许。（《左传·郑伯克段于鄢》）

23. 天下必以王为能市马，马今至矣。(《战国策·燕昭王求士》)

24. 屈节辱命，虽生何面目以归汉？(《汉书·苏武传》)

25. 一夫当关，万夫莫开。(《蜀道难》)

26. 沧浪之水清兮，可以濯吾缨。沧浪之水浊兮，可以濯吾足。(《渔父》)

27. 东篱把酒黄昏后，有暗香盈袖。(《醉花阴》)

28. 鲍叔不以我为无耻，知我不羞小节而耻功名不显于天下也。(《史记·管晏列传》)

29. 为政以德，譬如北辰，居其所而众星共之。(《论语·为政》)

30. 昭王得范雎，废穰侯，逐华阳，强公室，杜私门，蚕食诸侯，使秦成帝业。(《谏逐客书》)

四、翻译题（本大题共5小题，每小题2分，共10分）

31. 其为政也，善因祸而为福，转败而为功。(《史记·管晏列传》)

32. 夫物不产于秦，可宝者多；士不产于秦，而愿忠者众。(《谏逐客书》)

33. 昔我往矣，杨柳依依。今我来思，雨雪霏霏。(《诗经·小雅·采薇》)

34. 天之道，损有余而补不足。(《老子·七十七章》)

35. 天下有大勇者，卒然临之而不惊，无故加之而不怒。(《留侯论》)

五、阅读分析题（本大题共30分）

（一）阅读下面的诗词，回答问题（10分）

江村即事

司空曙

钓罢归来不系船，江村月落正堪眠。

纵然一夜风吹去，只在芦花浅水边。

36. 简要概括这首诗的意境特点。（2分）

37. 有评价说："不系船"三字为全诗关键，请作具体分析。（4分）

38. 本诗题为"江村即事"，诗人为什么没有具体写村景江色？（4分）

（二）阅读下面的文字，回答问题。（20分）

听　泉

鸟儿飞过旷野。一批又一批，成群的鸟儿接连不断地飞了过去。

有时候四五只联翩飞翔，有时候排成一字长蛇阵。看，多么壮阔的鸟群啊！

鸟儿鸣叫着，它们和睦相处，互相激励；有时又彼此憎恶，格斗、伤残。有的鸟儿因疾病、疲惫或衰老而失掉队伍。

今天，鸟群又飞过旷野。它们时而飞过碧绿的田原，看到小河在太阳照耀下流泻；时而飞过丛林，窥见鲜红的果实在树荫下闪烁。想从前，这样的地方有的是。可如今，到处都是望不到边的漠漠荒原。任凭大地改换了模样，鸟儿一刻也不停歇，昨天，今天，明天，它们继续打这里飞过。

不要认为鸟儿都是按照自己的意志飞翔的。它们为什么飞？它们飞向何方？谁都弄不清楚，就连那些领头的鸟儿也无从知晓。

为什么必须飞得这样快？为什么就不能慢一点儿呢？

鸟儿只觉得光阴在匆匆忙忙中逝去了。然而，它们不知道时间是无限的，永恒的，逝去的只是鸟儿自己。它们像着了迷似地那样剧烈，那样急速地振翅翱翔。它们没有想到，这会招来不幸，会使鸟儿更快地从这块上地上消失。

鸟儿依然忽喇喇拍着翅膀，更急速、更剧烈地飞过去……

森林中有一泓清澈的泉水，发出叮叮咚咚的响声，悄然流淌。这里是鸟群休息的地方，尽管是短暂的，但对于飞越荒原的鸟群来说，这小憩何等珍贵！地球上的一切生物，都是这样，一天过去了，又去迎接明天的新生。

　　鸟儿在清泉旁歇歇翅膀，养养精神，倾听泉水的絮语。鸣泉啊，你是否指点了鸟儿要去的方向？

　　泉水从地层深处涌出来，不间断地奔流着，从古到今，阅尽地面上一切生物的生死，荣枯。因此，泉水一定知道鸟儿应该飞去的方向。

　　鸟儿站在清澄的水边，让泉水映照着身影，它们想必看到了自己疲倦的摸样。它们终于明白了鸟儿作为天之骄子的时代已经一去不复返了。

　　鸟儿想随处都能看到泉水。这是困难的。因为，它们只顾尽快飞翔。

　　不过，它们似乎有所觉悟，这样连续飞翔下去，到头来，鸟群本身就会泯灭的，但愿鸟儿尽早懂得这个道理。

　　我也是群鸟中的一只，所有的人们都是在荒凉的不毛之地上飞翔不息的鸟儿。

　　人人心中都有一股泉水，日常的烦乱生活，掩蔽了它的声音，当你夜半突然醒来，你会从心灵的深处，听到悠然的鸣声，那正是潺潺的泉水啊！

　　回想走过的道路，多少次在这旷野上迷失了方向，每逢这个时候，当我听到心灵深处的鸣泉，我就重新找到了前进的标志。

　　泉水常常问我：你对别人，对自己，是诚实的吗？我总是深感内疚，答不出话来，只好默默低着头。

　　我从事绘画，是出自内心的祈望：我想诚实地生活。心灵的泉水告诫我：要谦虚，要朴素，要舍弃清高和偏执。

　　心灵的泉水教育我：只有舍弃自我，才能看得真实。

　　舍弃自我是困难的，甚至是不可能的，我想。然而，絮絮低语的泉水明明白白对我说：美，正在于此。

39. 文中鸟儿的飞行具有哪些特点？请简要概括。（6分）

40. "我也是群鸟中的一只，所有的人们都是在荒凉的不毛之地上飞翔不息的鸟儿。"
　　这句话在文中的作用是什么？（3分）

41. 解释以下文中划线句子的含义。（4分）

（1）泉水从地层深处涌出来，不间断地奔流着，从古到今，阅尽地面上一切生物的生死，荣枯。

（2）美，正在于此。

42. 文章标题"听泉"的寓意是什么？作者由此领悟到了哪些人生真谛？（7分）

六、作文（本大题共30分）

　　祖父是一名木匠，他经常说的一句口头禅是："注意了，留一条缝隙。"木工讲究疏密有致，粘合贴切，该疏则疏，不然易散落。高明的木匠师傅懂得恰到好处的留一条缝隙，给组合材料留足吻合的空间，这样可避免出现这样那样的问题。

　　要求：（1）选好角度，确定立意，自拟标题；

　　　　　（2）除诗歌外，文体不限；

　　　　　（3）不少于800字。

山东省2016年普通高等教育专升本统一考试
大学语文试题

一、单项选择题（本大题共10小题，每小题1分，共10分）

1. 下列文章中，以驳论为主的是（　　　）。

    A.《季氏将伐颛臾》　　　　　　　B.《寡人之于国也》

    C.《秋水》　　　　　　　　　　　D.《谏逐客书》

2. 宋代开豪放词风的词人是（　　　）。

    A. 柳永　　　　　　　　　　　　B. 李清照

    C. 苏轼　　　　　　　　　　　　D. 辛弃疾

3. 以下哪位是唐朝"边塞"诗作代表诗人（　　　）。

    A. 高适　　　　　　　　　　　　B. 李白

    C. 杜甫　　　　　　　　　　　　D. 王维

4. 以下成语，（　　　）不是出自《战国策》的。

    A. 画蛇添足　　　　　　　　　　B. 惊弓之鸟

    C. 狡兔三窟　　　　　　　　　　D. 守株待兔

5.《采薇》诗中没有表现的思想感情倾向是（　　　）。

    A. 对周天子的愤怒　　　　　　　B. 对战争的厌恶

    C. 对和平的向往　　　　　　　　D. 思乡自伤之情

6. 李清照曾因三句带"瘦"的诗词而被称为"三瘦诗人"，下列不属于李请照的"三瘦"的是（　　　）。

    A. "新来瘦，非干病酒，不是悲秋。"

    B. "知否，知否，应是绿肥红瘦。"

    C. "莫道不销魂，帘卷西风，人比黄花瘦。"

    D. "是人总道新来瘦，也著甚来由。"

7. 下列不属于汤显祖的"临川四梦"的是（　　　）。

　　A.《牡丹亭》　　　　　　　　　B.《紫钗记》

　　C.《邯郸记》　　　　　　　　　D.《紫箫记》

8. "忽如一夜春风起，千树万树梨花开"这两句诗出自岑参的（　　　）。

　　A.《白雪歌送武判官归京》　　　B.《轮台歌奉送封大夫出师西征》

　　C.《走马川行奉送出师西征》　　D.《天山雪歌》

9. 下列哪首王维的诗歌体现的是初冬的幽美景色（　　　）。

　　A.《江汉临泛》　　　　　　　　B.《山中》

　　C.《鹿柴》　　　　　　　　　　D.《渭城曲》

10. 下列句子中，不含有通假字的一项是（　　　）。

　　A. 居其所而众星共之　　　　　　B. 匪来贸丝，来即我谋

　　C. 郡邑浮前浦，波澜动远空　　　D. 返景入深林，复照青苔上

二、填空题（本大题共9小题，每空1分，共10分）

11. _____ 是中国最早的诗歌总集，收录西周至春秋中期各地民族及朝堂宗庙乐章共305首。

12. _____ 是中国第一部叙事历史著作，在历史、文学和语言方面，都有很高的成就。

13. "天苍苍，野茫茫，_____" 是北朝民歌《敕勒歌》中的诗句，描写了北方大草原的风光。

14. _____ 是北朝民歌的杰出代表作，描写了女英雄花木兰代父从军的动人故事。

15. 我国第一个获诺贝尔文学奖的作家是 _____。

16.《天狗》节选自郭沫若的长诗 _____。

17. 在我国首开意识流小说先河的作家是 _____。

18.《哈姆雷特》的作者是英国文艺复兴时期的大戏剧家和诗人 _____。

19.《春秋》三传是指：《左传》、_____、_____。

三、释词题（解释加点词，本大题共10小题，每小题1分，共10分）

20. 不顾恩义，畔主背亲。（《苏武传》）

21. 山不在高，有仙则名。（《陋室铭》）

22. 半亩方塘一鉴开，天光云影共徘徊。(《观书有感》)

23. 于是昭王为隗筑宫而师之(《燕昭王求士》)

24. 姜氏何厌之有?(《郑伯克段于鄢》)

25. 观其所以微见其意者(《留侯论》)

26. 行道迟迟，载渴载饥。(《采薇》)

27. 则将焉用彼相矣?(《季氏将伐颛臾》)

28. 举世皆浊我独清，众人皆醉我独醒，是以见放。(《渔父》)

29. 吾妻之美我者，私我也。(《邹忌讽齐王纳谏》)

四、翻译题（本大题共5小题，每小题2分，共10分）

30. 屈节辱命，虽生，何面目以归汉!(《苏武传》)

31. 语曰:"将顺其美，匡救其恶，故上下能相亲也。"岂管仲之谓乎?(《管晏列传》)

32. 安能以身之察察，受物之汶汶者乎?(《渔父》)

33. 吾尝跂而望矣，不如登高之博见也。(《劝学》)

34. 固知一死生为虚诞，齐彭殇为妄作。(《兰亭集序》)

五、阅读分析题（本大题共30分）

（一）阅读下面的诗词，回答问题。（10分）

春 思

贾 至

草色青青柳色黄，桃花历乱李花香。

东风不为吹愁云，春日偏能惹恨长。

【注】历乱：形容花开极其茂盛。

35.这首诗名为"春思"，前两句通过哪些意象表现春色？（3分）

36.诗中前两句和后两句表现感情有什么不同？这样写有什么作用？（3分）

37.后两句抒情有什么特色？请简要赏析。（4分）

（二）阅读下面的文字，回答问题。（20分）

我爱水

我爱水。多少年来，生活的戏剧虽几易布景，但我总喜欢滨水而居，为了在梦中可以听到那潺潺的柔声，明晨启扉，更可见到那一片照眼的清光。一湾澄明的流水，静静地向前滑流着，滑流着，把我的思念与忧虑都带走了，最后只将我留在岸边，悄然独立，盈耳只有那琤琮微响，向我诉说一个无终结的故事。

我最喜爱的那片水，该是故都城北的什刹海了。那如一块青玉的平静流水，曾做了我四年的伴侣。

什刹海正位于我母校的后门，度过一道筑在溪水上的石桥，再一转弯，便会听见那愉快的水声，伴着水滨青翠的树色在欢迎来访者了。

逢着清晨无课，我总是拿了一本诗集，在水边徜徉。那时候，正是充满了诗意与幻梦的年纪，水边有时是"自在飞花轻似梦"的诗境，有时是"无边丝雨细如愁"的凄凉境界，还有什么更适于少年的心灵流连徘徊？我常是将书放在身边，双足垂到水面，叫水上的白云，将我带到又温暖又惆怅的幻梦里。我曾有一首小诗，其中两段是：

我曾持一卷诗一朵花来到你身旁，

在柳荫里静听那汩汩的水响。

诗，遗忘了；花，失落了，

而今再寻不到那流走的时光。

你曾几番入梦，同水上一片斜阳，

还有长堤上卖书老人的深色衣裳。

我曾一叠叠买去他的古书，

却憾恨着买不去他那暮年的悲伤。

诗中"你"的称谓，即是指什刹海。这首诗里，实在交织着无限的怀念和怅惘。

什刹海的可爱处，在于它的"变"，在于它的"常"，晴阴风雨，春去夏来，水边的景色不同，而它那最高度的美与宜人处，却永远蕴藏在那一片朦胧水雾，以及潋滟清光里，引人系恋。

当冬天撤去了那皎白的冰雪之幕，在水面薄冰上试步的乐趣享不到了，但一片温柔的春意，却把整个什刹海的灵魂浸透了。不知何处传来一声声鸥鹕的啼唤，像是那么遥远，又像是那么逼近，听来似是不分明，然而却又是那般动听，直扣人的心门。再过几天，水边的杨柳出了浅浅的绿痕，水堤上的泥土渐软了，而几场雨后，水已平了堤，时时刻刻似乎要涨溢出来，却又似被一道神秘的边界拘拦住了。一直在那里溶溶漾漾，如同一个殷勤的主人的手，将酒杯斟得太满了，使每一个来游者，都想一尝这葡萄色的琼浆，而低吟："呵，你新鲜的湖水，陶醉了我的心灵。"

放假的日子，水边那块大石，便是我露天的座位了，水声轻柔，水光明媚，教给我无穷尽的智慧。将已逝去的，正在进行的，将要发生的一切，缓缓地告诉了我。我就这样坐着，听着，想着，直到夕阳将辉煌的火炬投入水中，将对岸人家的窗子也照亮了，我才将水色水光摄录心坎，带了回去。

最可爱的还有那水边新秋，北方的秋天本来是悄悄地来，比春天来得更幽俏。有一天，你一凝眸，不免惊讶水的颜色深了，堤边水位低了，水蓼花的颜色更深了一些，而荷叶已有一丝憔悴之态。那么，秋意便是满了什刹海了。渐渐地，水边桥头，有个老人在卖荷叶粥了，水面上，更有一些年轻的女孩子赤足在采鲜藕，什刹海在荷叶的摇曳中已另有一种感伤的情调，但当星光落在水面时，你已可依稀听到诗神环佩。

岛上乡居，流水绕墙，每天望着这蜿蜒而去的山溪，我更怀念起什刹海了……

38. "这首诗里，实在交织着无限的怀念和怅惘"，这里"怅惘"的含义是什么？它表达了作者什么样的感情？（4分）

39. 文中描述了什刹海四季变化的景色，请加以简要概括，并说说这样写有什么作用。（6分）

40. 解释下列两句话在文中的含意。（4分）

（1）但一片温柔的春意，却把整个什刹海的灵魂浸透了。

（2）当星光落在水面时，你已可依稀听到诗神环佩。

41. 文章主要写什刹海，却又从"我爱水"写起，作者为什么这样写？请简要分析。（6分）

六、作文（本大题共30分）

42. 请准确理解下面名句的内容，联系自己的生活感受，自拟题目，写一篇文章。

永远面对阳光，阴影自然会抛在身后。

——惠特曼

要求：（1）自拟题目；

（2）除诗歌外，文体不限；

（3）不少于800字。

山东省2015年普通高等教育专升本统一考试
大学语文试题

一、单项选择题（本大题共10小题，每小题1分，共10分）

1.《左传》是记录春秋历史的史书，其体例是（　　　）。

   A. 国别体   B. 纪传体

   C. 编年体   D. 其他

2.《采薇》这首诗选自《诗经》中的（　　　）。

   A. 风   B. 大雅

   C. 小雅   D. 颂

3. 在《谏逐客书》中，作者先列举缪公用由余、百里奚，孝公用商鞅，惠王用张仪，昭王用范雎的历史事实，然后得出"此四君者，皆以客之功"的结论。这里采用的论证方法是（　　　）。

   A. 归纳法   B. 演绎法

   C. 比较法   D. 类比法

4. "却宾客以业诸侯"中的"业"是名词活用为（　　　）。

   A. 使动用法   B. 意动用法

   C. 状语   D. 表示方位或处所

5.《春江花月夜》的体裁是（　　　）。

   A. 七言排律   B. 七言歌行

   C. 新题乐府   D. 古题乐府

6. "厦门街的雨巷走了二十年与记忆等长"一句出自（　　　）。

   A.《雨巷》   B.《听听那冷雨》

   C.《洞庭一角》   D.《怀念萧珊》

7. 现代美国小说作家海明威生前发表的最后一部小说是（　　　）。

   A.《丧钟为谁而鸣》   B.《永别了，武器》

C.《太阳照样升起》　　　　　　D.《老人与海》

8. 莎士比亚的名作《哈姆雷特》是一部（　　　）。

　　A. 小说　　　　　　　　　　　B. 悲剧

　　C. 长篇叙事诗　　　　　　　　D. 史书

9. "世界要是没有光，等于人没有眼睛" 两句的作者是（　　　）。

　　A. 艾青　　　　　　　　　　　B. 郭沫若

　　C. 戴望舒　　　　　　　　　　D. 雪莱

10. 下列作品中，以20世纪上半叶知识分子的生存与婚姻状态为表现内容的是（　　　）。

　　A.《伤逝》　　　　　　　　　　B.《围城》

　　C.《春之声》　　　　　　　　　D.《失败了以后》

二、填空题（本大题共10小题，每空1分，共10分）

11.《诗经》是我国最早的诗歌总集，共收入西周初年至春秋中叶的诗歌_____首。

12. "渔父莞尔而笑，鼓枻而去。" 句中的 "莞尔"，意思是_____。

13. "君何患焉" 中的 "焉" 意思是_____。

14. "吾尝三仕三见逐于君，鲍叔不以我为不肖。" 句中的 "见" 是表示_____的副词。

15. 古诗《长恨歌》的作者是唐代诗人_____。

16.《又是一年芳草绿》的作者是现代作家_____。

17. 余秋雨在其散文《_____》中提到了 "贬官文化"。

18. 培根的《论言谈》是一篇_____文。

19. "春天的旋律，生活的密码，这是非常珍贵的" 出自王蒙的小说《_____》。

20.《西风颂》是19世纪英国诗人_____ "三大颂" 诗作中的一首。

三、释词题（解释加点词，本大题共5小题，每小题2分，共10分）

21. 无庸，将自及。

22. 帝者与师处。

23. 下令如流水之原，令顺民心。

24. 遂去，不复与言。

25. 不爱死，义也。

四、翻译题（本大题共4小题，每小题2分，共8分）

26. 姜氏何厌之有？不如早为之所。

27. 此其所以为子房欤！

28. 国以富强，百姓乐用。

29. 今王诚欲致士，先从隗始。

五、阅读分析题（本大题共32分）

（一）阅读下面的文字，回答问题。（10分）

牡丹亭·惊梦（节选）

汤显祖

【步步娇】（旦）袅晴丝吹来闲庭院，摇漾春如线。停半晌，整花钿。没揣菱花，偷人半面，迤逗的彩云偏。（行介）步香闺怎便把全身现！

（贴）今日穿插得好。

【醉扶归】（旦）你道翠生生出落的裙衫儿茜，艳晶晶花簪八宝填，可知我常一生儿爱好是天然。恰三春好处无人见。不提防沉鱼落雁鸟惊諠，则怕的羞花闭月花愁颤。

30. 文中"行介""步步娇"是什么意思？（4分）

31. 这两段文字运用了多种修辞手法。请列出其中三种，并举例说明。（6分）

（二）阅读下面的文字，然后回答问题。（22分）

文学的趣味（节选）

朱光潜

文学作品在艺术价值上有高低的分别，鉴别出这高低而特有所好，特有所恶，这就是普通所谓趣味。辨别一种作品的趣味就是评判，玩索一种作品的趣味就是欣赏，把自己在人生自然或艺术中所领略得的趣味表现出就是创造。趣味对于文学的重要于此可知。文学的修养可以说就是趣味的修养。趣味是一个比喻，由口舌感觉引申出来的。它是一件极寻常的事，却也是一件极难的事。虽说"天下之口有同嗜"，而实际上"人莫不饮食也，鲜能知味"。它的难处在没有固定的客观的标准，而同时又不能完全凭主观的抉择。说完全没有客观的标准吧，文章的美丑犹如食品的甜酸，究竟容许公是公非的存在；说完全可以凭客观的标准吧，一般人对于文艺作品的欣赏有许多个别的差异，正如有人嗜甜，有人嗜辣。在文学方面下过一番功夫的人都明白文学上趣味的分别是极微妙的，差之毫厘往往谬以千里。极深厚的修养常在毫厘之差上见出，极艰苦的磨炼也常是在毫厘之差上做功夫。

人类心理都有几分惰性，常以先入为主，想获得一种新趣味，往往须战胜一种很顽强的抵抗力。许多旧文学家不能欣赏新文学作品，就因为这个道理。就我个人的经验来说，起初习文言文，后来改习语体文，颇费过一番冲突与挣扎。在才置信语体文时，对文言文颇有些反感，后来多经摸索，觉得文言文仍有它的不可磨灭的价值。专就学文言文说，我起初学桐城派古文，跟着古文家们骂六朝文的绮靡，后来稍致力于六朝人著作，才觉得六朝文也有为唐宋文所不可及处。在诗方面我从唐诗入手，觉宋诗索然无味，后来读宋人作品较多，才发现宋诗也特有一种风味。我学外国文学的经验也大致相同，往往从笃嗜甲派不了解乙派，到了解乙派而对甲派重新估定价值。我因而想到培养文学趣味好比开疆辟土，须逐渐把本来非我所有的征服为我所有。英国诗人华兹华斯说道："一个诗人不仅要创造作品，还要创造能欣赏那种作品的趣味。" 我想不仅作者如此，读者也须时常创造他的趣味。生生不息的趣味才是活的趣味，像死水一般静止的趣味必定陈腐。活的趣味时时刻刻在发现新境界，死的趣味老是圈在一个狭窄的圈子里。这道理可以用于个人的文学修养，也可以适用于全民族的文学演进史。

32.文章题目中的"趣味"指什么？如何理解"活的趣味"和"死的趣味"？（6分）

33. 文中画线部分引用了古语。这两句话分别出自哪两部作品？（4分）

34. 这两段文字语言深入浅出，将抽象的理论阐述得清楚明了。请从论述技巧的角度，写一段不少于200字的评析。（12分）

六、作文（本大题共30分）

35. 根据材料内容，写一篇文章。

　　2007年12月31日晚，北京大学在百年纪念讲堂举行一年一度的新年联欢晚会。校长许智宏致词鼓励北大全体学生要站在新的历史起点上，不断创造新的辉煌；随后演唱了流行歌曲《隐形的翅膀》，赢得了台下数千学子的热烈掌声。

　　请以此为话题，写一篇不少于800字的文章。除诗歌外，文体不限。

山东省2014年普通高等教育专升本统一考试
大学语文试题

一、单项选择题（本大题共15小题，每小题1分，共15分）

1.《史记》是一部（　　　）史书。

　　A.纪传体　　　　　　　　　　　B.国别体

　　C.编年体　　　　　　　　　　　D.志传体

2.《诗经》是我国第一部诗歌总集，原名（　　　）。

　　A.《风》　　　　B.《雅》　　　　C.《颂》　　　　　　D.《诗》

3.我国古代儒家和道家思想的核心分别为（　　　）。

　　A."仁"和"道"　　　　　　　　B."礼"和"德"

　　C."义"和"玄"　　　　　　　　D."信"和"柔"

4.（　　　）是中国最伟大的爱国主义诗人之一，也是我国已知最早的著名诗人、思想家和伟大的政治家。

　　A.宋玉　　　　　　　　　　　　B.屈原

　　C.陶渊明　　　　　　　　　　　D.谢灵运

5.唐代大诗人李白有（　　　）之称。

　　A."诗仙"　　　　　　　　　　　B."诗圣"

　　C."诗佛"　　　　　　　　　　　D."诗鬼"

6.《春江花月夜》中的写景、抒情、阐发哲理，都紧紧围绕着一个中心意象，这个中心意象是（　　　）。

　　A.春江　　　　　　　　　　　　B.明月

　　C.花林　　　　　　　　　　　　D.夜空

7.新中国第一位获得"人民艺术家"称号的作家是（　　　）。

　　A.巴金　　　　　　　　　　　　B.老舍

　　C.曹禺　　　　　　　　　　　　D.郭沫若

8. 王蒙的小说《春之声》是用（　　　　）的表现手法创作的。

　　A. 蒙太奇　　　　　　　　　B. 意识流

　　C. 黑色幽默　　　　　　　　D. 象征主义

9. 《听听那冷雨》是台湾诗人余光中所写的（　　　　）。

　　A. 诗歌　　　　　　　　　　B. 小说

　　C. 戏剧　　　　　　　　　　D. 散文

10. 以下关于作品、作者、体裁对应关系的说法，错误的是（　　　　）。

　　A.《洞庭一角》——余秋雨——散文

　　B.《席方平》——蒲松龄——小说

　　C.《伤逝》——鲁迅——戏剧

　　D.《老人与海》——海明威——小说

11. 在《荷马史诗》中，赫克托耳是在与（　　　　）交战中阵亡的。

　　A. 阿伽门农　　　　　　　　B. 俄狄浦斯

　　C. 阿喀琉斯　　　　　　　　D. 帕里斯

12. 下列句子中加点词语为形容词意动用法的一项是（　　　　）。

　　A. 单于壮其节。　　　　　　　　　　　（《汉书·苏武传》）

　　B. 诎指而事之，北面而受学，则百己者至。（《战国策·燕昭王求士》）

　　C. 天之道，损有馀而补不足。　　　　　（《老子·七十七章》）

　　D. 采薇采薇，薇亦柔止。　　　　　　　（《诗经·小雅·采薇》）

13. 下列句子中加点词语的解释，正确的一项是（　　　　）。

　　A. 亟请于武公，公弗许。（《左传·郑伯克段于鄢》）　　亟：立即

　　B. 向使四君却客而不内。（《谏逐客书》）　　　　　　却：表转折

　　C. 单于使使晓武。（《汉书·苏武传》）　　　　　　　使：派遣

　　D. 君子和而不同，小人同而不和。（《论语·子路》）　而：而且

14. 以下各句中的"过"字，意思与其他选项不同的一项是（　　　　）。

　　A. 古之所谓豪杰之士者，必有过人之节。　（《留侯论》）

　　B. 都城过百雉，国之害也。　　　　　　　（《左传·郑伯克段于鄢》）

　　C. 子卿不欲降，何以过陵。　　　　　　　（《汉书·苏武传》）

　　D. 臣窃独过之。　　　　　　　　　　　　（《驳〈复仇议〉》）

15. 以下各句中的"之"字，意思与其他选项不同的一项是（　　　　）。

　　A. 姜氏何厌之有？　　　　　　　　　　　　　　（《左传·郑伯克段于鄢》）

B. 管仲贫困，常欺鲍叔，鲍叔终善遇之，不以为言。（《史记·管晏列传》）

C. 为政以德，譬如北辰，居其所而众星共之。　　（《论语·为政》）

D. 复举剑拟之，武不动。　　　　　　　　　　（《汉书·苏武传》）

二、多项选择题（本大题共5小题，每小题2分，共10分）

16. 以下关于作品内容的说法错误的是（　　）。

A.《读书示小妹十八生日书》是贾平凹为妹妹过生日写的信，信中告诫妹妹，不仅要广泛阅读以拓宽思路，还要通过精读真正掌握本事。

B. 在人生态度上，林语堂所欣赏的是一种"闲适的生活"，这种享乐主义的人生态度，在《失败了以后》一文中得到充分体现。

C. 在《赠与今年的大学毕业生》一文中，胡适认为大学生毕业后如果不继续求学，就会走向堕落。

D. 在《文学的趣味》一文中，朱光潜十分赞同孔子所说的"知之者不如好之者，好之者不如乐之者"，认为道出了艺术欣赏一层深一层的特点。

17. 以下关于现代诗《光的赞歌》的说法正确的是（　　）。

A. 诗歌写于20世纪70年代末期。

B. "光"是科学与民主的象征。

C. 诗歌借用了古希腊神话中普罗米修斯盗火的故事，歌颂传播光明的英雄，表达对光明的向往。

D. 诗人认为在追求"光"的斗争中，要肯定个人的作用，但是更重要的是依靠群体的力量。

18. 以下莎士比亚的剧作属于悲剧作品的是（　　）。

A.《哈姆雷特》　　　　　　　　B.《亨利八世》

C.《奥赛罗》　　　　　　　　　D.《第十二夜》

19. 下列各组句子中，加点的词语意义不同的是（　　）。

A. 今者妾观其出，志念深矣，常有以自下者。　　（《史记·管晏列传》）

　　天下必以王为能市马，马今至矣。　　　　　（《战国策·燕昭王求士》）

B. 古之所谓豪杰之士者，必有过人之节。　　　　（《留侯论》）

　　屈节辱命，虽生何面目以归汉？　　　　　　（《汉书·苏武传》）

C. 孝公用商鞅之法，移风易俗。　　　　　　　（《谏逐客书》）

　　俗之所欲，因而予之；俗之所否，因而去之。（《史记·管晏列传》）

D. 昭王曰："寡人将谁朝而可？"　　　　　　　（《战国策·燕昭王求士》）

子贡曰："如有博施于民而能济众，何如？可谓仁乎？"（《论语·雍也》）

20.下列句子的翻译，正确的是（　　　）。

A.盖圣人之制，穷理以定赏罚，本情以正褒贬，统于一而已矣。

（《驳〈复仇议〉》）

翻译：大凡圣人制定礼法，是把道理讲清楚再制定赏罚，顺应人的感情来确定奖惩，这样人们的认识才能够统一起来。

B.敢问以国报仇者奈何？　　　　　　　　（《战国策·燕昭王求士》）

翻译：请问先生，要报国家的大仇应该怎么办？

C.其在朝，君语及之，即危言；语不及之，即危行。（《史记·管晏列传》）

翻译：在朝廷上，君子说的话都是耸人听闻的言论，不说话的时候就会采取危险的行动。

D.武使匈奴明年，陵降，不敢求武。　　　　　　（《汉书·苏武传》）

翻译：苏武出使匈奴的第二年，李陵投降匈奴，不敢访求苏武。

三、填空题（每空1分，共15分）

21.《怀念萧珊》的作者是现代著名作家＿＿＿＿＿，他的小说代表作《家》《春》《秋》合称＿＿＿＿＿三部曲。

22.戴望舒曾因发表了著名的诗作《雨巷》而被称为＿＿＿＿＿诗人。

23.＿＿＿＿＿是钱钟书的作品，小说的主人公是方鸿渐。

24.《光的赞歌》作者＿＿＿＿＿，是中国现代诗的代表诗人之一，主要作品有《＿＿＿＿＿＿——我的保姆》。

25.《论言谈》的作者是＿＿＿＿＿国人弗朗西斯·培根。

26."如果冬天来了，春天还会远吗？"是英国浪漫主义诗人＿＿＿＿＿《西风颂》中的名句。

27.苏轼《留侯论》中所写的"留侯"是秦末汉初辅佐刘邦统一天下的谋士＿＿＿＿＿＿。

28.李清照，号易安居士，是南宋＿＿＿＿＿派代表词人。

29."若阙地及泉，隧而相见，其谁曰不然？"中的"其"字是用来加强＿＿＿＿＿＿语气的助词。

30."天下必以王为能市马，马今至矣。"中的"市"字的意思是＿＿＿＿＿＿。

31.《诗经·小雅·采薇》："昔我往矣，＿＿＿＿＿＿。今我来思，＿＿＿＿＿＿。"

32.白居易《长恨歌》："天长地久有时尽，＿＿＿＿＿＿＿＿＿。"

四、阅读分析题（共30分）

（一）阅读《谏逐客书》中的一段文字，然后回答问题。（15分）

昔穆公求士，西取由余於戎，东得百里奚於宛，迎蹇叔於宋，求丕豹、公孙支於晋，此五子者，不产於秦，而穆公用之，并国二十，遂霸西戎。孝公用商鞅之法，移风易俗，民以殷盛，国以富强，百姓乐用，诸侯亲服，获楚、魏之师，举地千里，至今治强。惠王用张仪之计，拔三川之地，西并巴、蜀，北收上郡，南取汉中，包九夷，制鄢、郢，东据成皋之险，割膏腴之壤，遂散六国之纵，使之西面事秦，功施到今。昭王得范雎，废穰侯，逐华阳，强公室，杜私门，蚕食诸侯，使秦成帝业。此四君者，皆以客之功。由此观之，客何负於秦哉！向使四君却客而不纳，疏士而不用，是使国无富利之实，而秦无强大之名也。

请回答：

33. 本段的论点是什么？（2分）

34. 本段采用的主要论证方法是什么？（2分）试简要分析其论证效果。（4分）

35. "散六国之纵"的"纵"指的是什么？（2分）

36. 解释加点的词语（每小题1分，共2分）

① 拔三川之地

② 此四君者，皆以客之功

37. 将划线的句子翻译成现代汉语（3分）

（二）阅读诗歌《天狗》，然后回答问题。（8分）

天　狗

　　我是一条天狗呀！/我把月来吞了，/我把日来吞了，/我把一切的星球来吞了，/我把全宇宙来吞了。/我便是我了！

　　我是月底光，/我是日底光，/我是一切星球底光，/我是X光线底光，/我是全宇宙底Energy底总量！

　　我飞奔，我狂叫，我燃烧。/我如烈火一样地燃烧！/我如大海一样地狂叫！/我如电气一样地飞跑！/我飞跑，我飞跑，我飞跑，/我剥我的皮，我食我的肉，/我嚼我的血，我啮我的心肝，/我在我神经上飞跑，/我在我脊髓上飞跑，/我在我脑筋上飞跑。

　　我便是我呀！/我的我要爆了！

请回答：

38.《天狗》的作者是谁？（1分）诗歌写于哪个历史时期？（1分）

39.试分析"天狗"形象的特点？（2分）

40.本诗通篇以"我"字领句，试分析其效果。（4分）

（三）阅读《乡村的炊烟》中的一段文字，然后回答问题。（7分）

　　在乡村的晨昏，炊烟是最美的景致。炊烟的美妙之处在于她的姿态。炊烟的姿态意蕴丰富，使乡村平淡无奇的天空变得诗意盎然。远远地看见炊烟在一个个村落、一间间农舍的上空袅袅升起，时高时低，时曲时直，时浓时淡，有的是淡青色，有的显奶白色，有的则呈灰黑色，也许这是每一家所烧的柴不同的缘故。无风时，她们在屋顶上空浮动，依依缭绕，经久不散，这姿势让人禁不住联想到亭亭玉立、默默守望的女子。风来了，她们则翩然起舞，千姿百态，袅娜绰约，即使无可奈何地被风推操着袅袅而去，仍扭扭捏捏，拖曳出一道道哀怨的痕迹，丝丝缕缕，缠绵不绝，这姿势使人心底不由地泛起一种依依别离的伤感。若是遇上烟雨朦朦的日子，炊烟就依依缠绕在瓦楞上、低回在竹林里芭蕉树旁，将整个村庄笼罩上了一层薄纱轻绸，使原本没遮没拦、坦坦荡荡的乡村陡然变得含蓄而神秘，这种场景下的乡村最宜入画，闭上眼，一幅浓淡相宜、笔法简洁的水墨写意画就在脑子里泼墨而出。然而恰恰是这种可望可感而不可及的姿势最让人刻骨铭心，因为她总叫人隐约听到一声声温婉、悠长的呼唤穿云透雾而来。温暖、娴静、安详的炊烟，像充满了母性光泽的手，擦拭着乡村的天空，一日三番，年复一年，使乡村灰扑扑的日子一天天灿亮起来。

请回答：

41. 作者描绘了哪几幅画面来表现炊烟"意蕴丰富的姿态"？（3分）

42. 这段文字主要采用了哪些修辞手法？（2分）

43. 作者为什么把炊烟比作女性，说炊烟"充满了母性光泽"？（2分）

五、作文（30分）

人生来就存在着诸如智力等天资方面的差异，也许天资优越的人更有理由成功，但往往是天资并不优越的人最终凭借信念、意志、坚持等取得了人生的辉煌。

请以"天资与成功"为题写一篇不少于800字的议论文。

山东省2013年普通高等教育专升本统一考试
大学语文试题

一、选择题（每题1分，共10分）

1.先秦诸子百家中，主张"兼爱非攻"的是（　　　）。

  A.孔子 　　　　　　　　　　B.老子

  C.墨子 　　　　　　　　　　D.韩非子

2.以下哪位是唐朝"山水田园"诗作代表诗人（　　　）。

  A.王之涣 　　　　　　　　　B.李白

  C.杜甫 　　　　　　　　　　D.王维

3."不患寡而患不均，不患贫而患不安"出自（　　　）。

  A.《孟子》 　　　　　　　　B.《庄子》

  C.《韩非子》 　　　　　　　D.《论语》

4.莫言获诺贝尔文学奖的作品是（　　　）。

  A.《生死疲劳》 　　　　　　B.《丰乳肥臀》

  C.《檀香刑》 　　　　　　　D.《蛙》

5.元杂剧《梧桐雨》写的是（　　　）的故事。

  A.唐明皇与杨贵妃 　　　　　B.崔莺莺与张生

  C.杜丽娘与柳梦梅 　　　　　D.汉元帝与王昭君

6.王小波"时代三部曲"中以文革为青景景的是（　　　）。

  A.黄金时代 　　　　　　　　B.白银时代

  C.青铜时代 　　　　　　　　D.黄铜时代

7."凡有井水饮处，皆能歌柳词"是说（　　　）将词的表现范围发展到"无意不可入，无事不可言"的境界。

  A.李清照 　　　　　　　　　B.柳永

  C.苏轼 　　　　　　　　　　D.秦观

8. 杜甫诗作《蜀相》中"出师未捷身先死，长使英雄泪满襟"指的是（　　）。

　　A. 诸葛亮　　　　　　　　　　B. 刘备

　　C. 张良　　　　　　　　　　　D. 萧何

9.《无题》中"春蚕到死丝方尽，蜡炬成灰泪始干"使用的修辞手法是（　　）。

　　A. 对偶　　　　　　　　　　　B. 排比

　　C. 互文　　　　　　　　　　　D. 借代

10. 以下关于钱钟书的《围城》说法错误的是（　　）。

　　A.《围城》被很多人誉为"现代的《儒林外史》"。

　　B.《围城》作者善用新奇的比喻和辛辣的讽刺。

　　C.《围城》刻画了抗战时期一批知识分子形象：他们受过西方文化的熏陶，对现实不满，却又没有勇气奋起反抗。

　　D.《围城》男主人公方鸿渐通过努力进入了唐晓芙的"围城"。

二、填空题（每空 1 分，共 10 分）

11. ＿＿＿＿＿＿＿＿＿是我国第一部纪传体通史。

12. 我们常说"四书"、"五经"，其中"四书"是指《大学》、《论语》、＿＿＿＿＿＿、

　　＿＿＿＿＿＿。

13. "乐府双璧"是指＿＿＿＿＿＿＿＿＿和＿＿＿＿＿＿＿＿＿。

14. 两汉文学最具代表的是赋，代表作有司马相如的＿＿＿＿＿＿＿＿＿和＿＿＿＿＿＿＿＿＿。

15.《在人间》的作者是前苏联无产阶级作家＿＿＿＿＿＿＿＿＿。

16. 王勃写了著名的《滕王阁序》，"落霞与孤鹜齐飞，＿＿＿＿＿＿＿＿＿"是其中最有名的一句。

17.《红楼梦》中林黛玉和薛宝钗的判词中说"可叹停机德，堪怜咏絮才"，其中"咏絮才"是指东晋女诗人＿＿＿＿＿＿＿＿＿的故事。

三、释词题（每题 1 分，共 10 分）

18. 子曰：不患人之不己知，患不知人也。（《论语》）

19. 予独爱莲之出污泥而不染，濯清涟而不妖。（《爱莲说》）

20. 屈节辱命，虽生，何面目以归汉！（《汉书·苏武传》）

21. 会当凌绝顶，一览众山小。（《望岳》）

22. 多行不义必自毙，子姑待之。(《左传·郑伯克段于鄢》)

23. 子曰：好学近乎知，力行近乎仁，知耻近乎勇。(《中庸》)

24. 岂管仲之谓乎？(《管晏列传》)

25. 昔我往矣，杨柳依依。今我来思，雨雪霏霏。(《诗经》)

26. 君子疾夫舍曰"欲之"而必为之辞。(《论语》)

27. 安能以身之察察，受物之汶汶者乎？(《渔父》)

四、翻译题（每题2分，共10分）

28. 夫祸患常积于忽微，而智勇多困于所溺。(《伶官传序》)

29. 自其不变者观之，则物与我皆无尽也，而又何羡乎？(《前赤壁赋》)

30. 吾妻之美我者，私我也；妾之美我者，畏我也。(《邹忌讽齐王纳谏》)

31. 寓形宇内复几时，曷不委心任去留？(《归去来兮辞》)

32. 吾尝三仕三见逐于君，鲍叔不以我为不肖，知我不遭时也。(《管晏列传》)

五、阅读分析题（共30分）

（一）阅读《御街行·秋日怀旧》，然后回答问题。（10分）

御街行　秋日怀旧

范仲淹

纷纷坠叶飘香砌。夜寂静、寒声碎。真珠帘卷玉楼空，天淡银河垂地。年年今夜，月华如练，长是人千里。

愁肠已断无由醉。酒未到、先成泪。残灯明灭枕头欹。谙尽孤眠滋味。都来此事，眉间心上，无计相回避。

33.这首词不直言秋而却使人知秋，请分析上片从哪些方面写出了秋？（3分）

34.有人认为"寒声碎"的"寒""碎"两字用得极妙，你同意吗？请简述理由。（3分）

35.名家认为，下片写"愁"，形神毕肖，请找出作者写"愁"的句子并进行简要分析。（4分）

（二）阅读《雾》，然后回答问题。（20分）

雾

季羡林

我从来没有喜欢过雾。

抵达加德满都的第二天凌晨，我一起床，推开窗子：外面是大雾弥天。昨天下午我们从加德满都的大街上看到城北面崇山峻岭，层峦叠嶂，个个都戴着一顶顶的白帽子，这些都是万古雪峰，在阳光下闪出了耀眼的银光。这是我生平第一次看到这种景象，我简直像小孩子一般地喜悦。现在大雾遮蔽了一切，连那些万古雪峰也隐没不见，一点影子也不给留下。旅馆后面的那几棵参天古树，在平常时候，高枝直刺入晴空，现在只留下淡淡的黑影，衬着白色的大雾，宛如一张中国古代的画。昨天抵达旅馆下车时，我看到一个尼泊尔妇女背着一筐红砖，倒在一大堆砖上。现在我看到一个男子，手里拿着一堆红红的东西。我以为他拿的也是红砖，但是当他走得近了一点时，我才发现那一堆红红的东西簌簌抖动，原来是一束束红色的鲜花。我不禁自己笑了起来。

正当我失神落魄地自己暗笑的时候，忽然听到不知从哪里传来了咕咕的叫声。浓雾虽然遮蔽了形象，但是却遮蔽不住声音。我知道，这是鸽子的声音。当我倾耳细听时，又不知从哪里传来了阵阵的犬吠声。这都是我意想不到的情景。我万万没有想到，我在加德满都学会了喜欢的两种动物：鸽子和狗，竟同时都在浓雾中出现了。难道浓雾竟成了我在这个美丽的山城里学会欣赏的第三件东西吗？

世界上，喜欢雾的人似乎是并不多的。英国伦敦的大雾是颇有一点名气的。有一些作家写散文，写小说来描绘伦敦的雾，我们读起来觉得韵味无穷。对于尼泊尔文学我所知甚少，我不知道，是否也有尼泊尔作家专门写加德满都的雾。但是，不管是在伦敦，还是在加德满都，明目张胆大声赞美浓雾的人，恐怕是不会多的，其中原因我不甚了了，我也没有那种闲情逸致去钻研探讨。我现在在这高山王国的首都来对浓雾大唱赞歌，也颇出自己的意料。过去我不但没有赞美过雾，而且也没有认真去观察过雾。我眼前是由赞美而达到观察，由观察而加深了赞美。雾能把一切东西：美的、丑的、可爱的、不可爱的，一塌瓜子都给罩上一层或厚或薄的轻纱，让清楚的东西模糊起来，从而带来了另外一种美，一种在光天化日之下看不到的美，一种朦胧的美，一种模糊的美。

一些时候以前，当我第一次听到模糊数学这个名词的时候，我曾说过几句怪话：数学比任何科学都更要求清晰，要求准确，怎么还能有什么模糊数学呢？后来我读了些介绍文章，逐渐了解了模糊数学的内容。我一反从前的想法，觉得模糊数学真是一个了不起的发现。在人类社会中，在日常生活中，在社会科学和自然科学中，有着大量模糊的东西。无论如何也无法否认这些东西的模糊性。承认这个事实，对研究学术和制订政策等等都是有好处的。

在大自然中怎样呢？在大自然中模糊不清的东西更多。连审美观念也不例外。有很多东西，在很多时候，朦胧模糊的东西反而更显得美。月下观景，雾中看花，不是别有一番情趣在心头吗？在这里，观赏者有更多的自由，自己让自己的幻想插上翅膀，上天下地，纵横六合，神驰于无何有之乡，情注于自己制造的幻象之中；你想它是什么样子，它立刻就成了什么样子，比那些一清见底、纤毫不遗的东西要好得多。而且绝对清见底、纤毫不遗的东西，在大自然中是根本不存在的。

我的幻想飞腾，忽然想到了这一切。我自诩是神来之笔，我简直陶醉在这些幻象中了。这时窗外的雾仍然稠密厚重，它似乎了解了我的心情，感激我对它的赞扬。它无法说话，只是呈现出更加美妙更加神秘的面貌，弥漫于天地之间。

（选自《中华散文珍藏本丛书·季羡林卷》，有删节）

36. 文章的第②③自然段中着重写到了关于鲜花和动物的细节。从本文的主旨来看，这些细节描写表现了雾的哪些主要特点？从艺术表达效果来看，这些细节描写又有什么作用？（6分）

37. 请用一句简洁的话，概括文章第⑤自然段的主要观点。（3分）

38."月下观景，雾中看花，不是别有一番情趣在心头吗？"根据第⑥自然段的内容，谈谈作者这样说的理由。（5分）

39.本文以雾为线索展开，请具体分析文章的行文思路。（6分）

六、作文（30分）

请以"我的中国梦"为题，写一篇作文。

要求：（1）选好角度，确定立意，自拟标题；

（2）除诗歌外，体裁不限；

（3）不少于800字。

山东省2012年普通高等教育专升本统一考试
大学语文试题

一、填空题（每空1分，共10分）

1.从编纂体例来说，《战国策》是一部_____史书。

2._____是中国最伟大的爱国主义诗人之一，也是我国已知最早的著名诗人、思想家和伟大的政治家，他的《离骚》是我国最长的抒情诗。

3.鲁迅的小说《伤逝》的主人公是涓生和_____。

4._____所写的《尝试集》是中国第一部白话诗集。

5.戴望舒曾因发表了著名的诗作《雨巷》而被称为_____诗人。

6.新中国第一位获得"人民艺术家"称号的作家是_____，他是《又是一年芳草绿》的作者。

7.王蒙创作的《春之声》体裁是_____。

8.《老人与海》的作者是美国作家_____。

9.李白《蜀道难》："噫吁嚱！危乎高哉！蜀道之难，_____。"

10.李清照《醉花阴》："莫道不销魂，帘卷西风，_____。"

二、选择题（每小题1分，共10分）

11.下列先秦思想家中，不属于儒家学派的是（   ）。

　　A.老子　　　　B.孔子　　　　C.孟子　　　　D.荀子

12.苏轼《留侯论》所写的"留侯"是秦末汉初辅佐刘邦统一天下的谋士（   ）。

　　A.韩信　　　　B.张良　　　　C.范增　　　　D.萧何

13.唐诗《长恨歌》所写的故事发生的时代背景是（   ）。

　　A.玄武门之变　　　　　　　　B.贞观之治

　　C.安史之乱　　　　　　　　　D.宦官专权

14.《聊斋志异》是一部（   ）。

　　A.长篇小说　　　　　　　　　B.元杂剧

C. 短篇小说集　　　　　　　D. 散文集

15. 钱钟书的长篇小说《围城》被称为现代的（　　　）。

A.《官场现形记》　　　　　B.《金瓶梅》

C.《红楼梦》　　　　　　　D.《儒林外史》

16. 朱光潜是我国现当代最负盛名并赢得崇高国际声誉的（　　　）大师。

A. 文学　　　B. 文章学　　　C. 哲学　　　D. 美学

17. 余秋雨的《洞庭一角》探讨了（　　　）这一中国历史文化中特有的现象。

A. 宦官专权　　　　　　　　B. 贬官文化

C. 长官意志　　　　　　　　D. 副官形象

18. 以下说法正确的是（　　　）。

A.《读书示小妹十八生日书》是贾平凹为妹妹过生日写的信，信中告诫妹妹，不仅要广泛阅读以拓宽思路，还要通过精读真正掌握本事。

B. 在人生态度上，林语堂所欣赏的是一种"闲适的生活"，这种享乐主义的人生态度，在《失败了以后》一文中得到充分体现。

C. 在《赠与今年的大学毕业生》一文中，胡适认为大学生毕业后如果不继续求学，就会走向堕落。

D. 在《文学的趣味》一文中，朱光潜十分赞同孔子所说的"知之者不如好之者，好之者不如乐之者"，认为道出了艺术欣赏一层深一层的特点。

19. 以下关于现代诗《西风颂》的说法错误的一项是（　　　）。

A.《西风颂》的作者是19世纪英国著名浪漫主义诗人雪莱。

B. 全诗以"如果冬天来了，春天还会远吗？"收束，具有振奋人心的力量。

C. 诗歌塑造的西风形象威力无穷，可以将一切腐朽的生命——枯叶、黑夜、黑色的雨、冰雹和火焰——扯碎，创造出全新的世界。

D. 在诗中，诗人以西风自喻，表达了自己对生活的信念和向旧世界宣战的决心。

20.《赫克托耳之死》节选自（　　　）。

A.《赫克托耳》　　　　　　B.《荷马史诗》

C.《奥德修斯》　　　　　　D.《浮士德》

三、释词题（每小题1分，共10分）

21. 爱共叔段，欲立之。亟请于武公，公弗许。（《左传·郑伯克段于鄢》）

22. 人情有所不能忍者，匹夫见辱，拔剑而起，挺身而斗，此不足为勇也。(《留侯论》)

23. 乐以天下，忧以天下，然而不王者，未之有也。(《孟子·梁惠王下》)

24. 向使刺谳其诚伪，考正其曲直，原始而求其端，则刑礼之用，判然离矣。(《驳复仇议》)

25. 天下必以王为能市马，马今至矣。(《燕昭王求士》)

26. 薄雾浓云愁永昼，瑞脑消金兽。(《醉花阴》)

27. 忧心孔疚，我行不来！(《诗经·小雅·采薇》)

28. 屈原曰："举世皆浊我独清，众人皆醉我独醒，是以见放。"(《渔父》)

29. 单于使使晓武，会论虞常，欲因此时降武。(《汉书·苏武传》)

30. 其险也如此，嗟尔远道之人胡为乎来哉。(《蜀道难》)

四、翻译题（每小题2分，共10分）

31. 秦宗室大臣皆言秦王曰："诸侯人来事秦者，大抵为其主游间於秦耳，请一切逐客。"(《史记·李斯列传》)

32. 其为政也，善因祸而为福，转败而为功。(《史记·管晏列传》)

33. 诎指而事之，北面而受学，则百己者至。(《战国策·燕昭王求士》)

34. 武使匈奴明年，陵降，不敢求武。(《汉书·苏武传》)

35. 果以是示于天下，传于后代，趋义者不知所向，违害者不知所立，以是为典可乎？

（《驳〈复仇议〉》）

五、阅读分析题（30分）

（一）阅读《红楼梦》第二十三回"西厢记妙词通戏语，牡丹亭艳曲警芳心"中的一段文字，然后回答问题。（10分）

林黛玉素习不大喜看戏文……偶然两句吹到耳内，明明白白，一字不落，唱道是："原来姹紫嫣红开遍，似这般都付与断井颓垣。" 林黛玉听了，倒也十分感慨缠绵，便止住步侧耳细听，又听唱道是："_____，赏心乐事谁家院。"听了这两句，不觉点头自叹，……又侧耳时，只听唱道："则为你如花美眷，似水流年……" 林黛玉听了这两句，不觉心动神摇。又听道："你在幽闺自怜" 等句，亦发如醉如痴，站立不住，便一蹲身坐在一块山子石上，细嚼"如花美眷，似水流年" 八个字的滋味。

请回答：

36. 林黛玉所听到的曲文出自_____（朝代）（1分）作家_____（1分）的剧作_____（1分），戏剧女主人公名叫_____（1分）。

37. 文中"赏心乐事谁家院"的上一句是_____。（1分）这两句曲文使用的修辞方法有：_____。（2分）

38. "原来姹紫嫣红开遍……赏心乐事谁家院"表达了什么样的感情？（3分）

（二）阅读诗歌《春江花月夜》，然后回答问题。（13分）

春江花月夜

张若虚

春江潮水连海平，海上明月共潮生。滟滟随波千万里，何处春江无月明。江流宛转绕芳甸，月照花林皆似霰。空里流霜不觉飞，汀上白沙看不见。

江天一色无纤尘，皎皎空中孤月轮。江畔何人初见月，江月何年初照人？人生代代无穷已，江月年年只相似。不知江月待何人，但见长江送流水。

白云一片去悠悠，青枫浦上不胜愁。谁家今夜扁舟子，何处相思明月楼？可怜楼上月徘徊，应照离人妆镜台。玉户帘中卷不去，捣衣砧上拂还来。此时相望不相闻，愿逐月华流照君。鸿雁长飞光不渡，鱼龙潜跃水成文。昨夜闲潭梦落花，可怜春半不还家。江水流春去欲尽，江潭落月复西斜。斜月沉沉藏海雾，碣石潇湘无限路。不知乘月几人归，落月摇情满江树。

请回答：

39.给下列词语注音（每小题1分，共3分）

　　①霰：　　　　　　②汀：　　　　　　③砧：

40.解释词语（每小题1分，共2分）

　　①人生代代无穷已　穷已：

　　②但见长江送流水　但见：

41.诗歌创作是如何实现诗情、画意、哲理的统一的？（4分）

42.诗歌围绕"春江花月夜"五字布局，而以"月"贯穿全篇，试分析其原因或效果。（4分）

（三）阅读散文《一棵野豆秧》节选，然后回答问题。（7分）

　　那是秋天，我们乘两辆越野车到西藏去，车子整天颠簸在青藏高原漫无涯际的荒滩上，窗外旋转的是一眼望不到边的黄色的地平线，没有树，没有人烟，除了铺向大地尽头的单调的电线杆和低空偶尔掠过一两只大乌鸦外，没有任何明显的标志物可以告诉我们已到什么地方。一次停车小憩，我跳下车来，急促的心跳使我意识到这里的海拔起码已在4000米以上；脚下全是被强烈的风蚀作用造成的斑驳的荒滩，碎石沙碛严严实实地覆盖着坚硬的地表，舒缓起伏的荒原上留下一片片风的形状，在稀稀疏疏的不知名字的野草下，白色的大沙粒闪着芒刺的光芒。忽然，在脚下沙碛缝隙间，我发现一棵野豆秧，不错，真是一棵野豆秧，孤零零地生长在那儿，这使我大为惊异，这样的地方竟有这样的生命。我弯下腰来仔细观察，它矮小的褐色的茎秆上挣扎地生长着几根枝杈，灰色的羽状的复叶几乎是匍匐在地面上，枝头高挑着3只黄褐色的干瘪的小豆荚，在寒风里瑟瑟颤动。我实在无法找到这样的生命能在这样的地方存在的理由，但它却长大了。真是一个奇迹！我想，这偶然的机缘，可是我和美的一次真正的邂逅！在这么浩瀚的荒滩上，有谁知道它呢？这个奇怪的勇敢的生命，这个顽强的生命之美，立即激起我心灵强烈的震撼。

请回答：

43.本段开头部分所描写的环境具有什么样的特点？（3分）

44.这段环境描写在文中起什么作用？（2分）

45."这偶然的机缘，可是我和美的一次真正的邂逅！"作者认为什么才是真正的美？请用文中的原句回答。（2分）

六、作文（30分）

树有根，水有源。饮水思源，是我们立身处世的根本……

请以"源泉"为题，写一篇文章。

要求：（1）自定立意。

（2）除诗歌外，文体不限。

（3）不少于800字。

山东省2011年普通高等教育专升本统一考试
大学语文试题

一、填空题（本大题共10小题，每小题1分，共10分）

1. 我国第一部由私人撰写的编年体史书是＿＿＿＿＿＿＿＿＿＿。

2. "岁寒，然后知松柏之后凋也"出自＿＿＿＿＿＿＿＿＿＿。

3. 诗句"山不厌高，水不厌深"的作者是＿＿＿＿＿＿。

4. 诗句"凤凰台上凤凰游，凤去台空江自流"的作者是＿＿＿＿＿＿。

5. 苏轼《水调歌头》名句："＿＿＿＿＿＿，千里共婵娟"。

6. "唐宋八大家"中，唐代的两位作家是韩愈和＿＿＿＿＿＿。

7. 鼓吹诗的"三美"，即"音乐美、建筑美、绘画美"的诗人是＿＿＿＿＿＿。

8. 《骆驼祥子》是＿＿＿＿＿＿的代表作。

9. 吴荪甫是茅盾长篇小说《＿＿＿＿＿＿》的主人公。

10. "乡愁是一枚小小的邮票"是诗歌《乡愁》的诗句，其作者是＿＿＿＿＿＿。

二、选择题（本大题共10小题，每小题1分，共10分）

11. 诗句"桃之夭夭，灼灼其华"出自于（　　　）。

    A.《诗经·桃夭》　　　　　　B.《诗经·子衿》

    C.《诗经·关雎》　　　　　　D.《诗经·蒹葭》

12. "岁寒，然后知松柏之后凋也。"出自（　　　）。

    A.《春秋》　　　　　　　　　B.《诗经》

    C.《战国策》　　　　　　　　D.《论语》

13. 我国文学史上第一部最富文采，标志着我国古代叙事散文成熟的著作是（　　　）。

    A.《左传》　　　　　　　　　B.《国语》

    C.《战国策》　　　　　　　　D.《史记》

14. 汉乐府诗歌中最长的叙事诗是（　　　）。

    A.《十五从军征》　　　　　　B.《陌上桑》

C.《孔雀东南飞》　　　　　　　D.《羽林郎》

15. 盛唐"山水田园派"中，与王维齐名并称的著名诗人是（　　　）。

　　A. 王昌龄　　　　　　　　　　B. 岑参

　　C. 孟浩然　　　　　　　　　　D. 高适

16. 诗句"感时花溅泪，恨别鸟惊心"出自杜甫的（　　　）。

　　A.《登高》　　　　　　　　　　B.《春望》

　　C.《蜀相》　　　　　　　　　　D.《闻官军收河南河北》

17. "孙行者"这一形象出自（　　　）。

　　A.《三国演义》　　　　　　　　B.《水浒传》

　　C.《西游记》　　　　　　　　　D.《聊斋志异》

18.《聊斋志异》的作者是（　　　）。

　　A. 罗贯中　　　　　　　　　　B. 施耐庵

　　C. 曹雪芹　　　　　　　　　　D. 蒲松龄

19. 王实甫的代表戏剧是（　　　）。

　　A.《牡丹亭》　　　　　　　　　B.《桃花扇》

　　C.《西厢记》　　　　　　　　　D.《窦娥冤》

20. 有人说："一千个观众就有一千个哈姆雷特。"对这种说法理解不正确的一项是
　　（　　　）。

　　A. 说明哈姆雷特思想性格具有丰富的内涵

　　B. 说明观众鉴赏水平参差不齐

　　C. 说明哈姆雷特这一艺术形象的魅力和复杂性

　　D. 这正是戏剧通过冲突塑造典型性格的艺术特色的表现

三、加点词语翻译（本大题共10小题，每小题1分，共10分）

21. 是以泰山不让土壤，故能成其大。

22. 愿车马衣轻裘，与朋友共，敝之而无憾。

23. 诎指而事之，北面而受学，则百己者至。

24. 窈窕淑女，君子好逑。

25.听其言而观其行,于予与改是。

26.寡人将谁朝而可?

27.是社稷之臣也,何以伐为?

28.对酒当歌,人生几何。

29.既来之,则安之。

30.臣闻吏议逐客,窃以为过矣。

四、句子翻译(本大题共5小题,每小题2分,共10分)

31.仓廪实而知礼节,衣食足而知荣辱,上服度则六亲固。(《史记·管晏列传》)

32.姜氏何厌之有?不如早为之所,无使滋蔓。蔓,难图也。(《郑伯克段于鄢》)

33.夫颛臾,昔者先王以为东蒙主,且在邦域之中矣,是社稷之臣也。何以伐为?"
(《论语·季氏将伐颛臾》)

34.今乃弃黔首以资敌国,却宾客以业诸侯,使天下之士,退而不敢西向,裹足不入
秦,此所谓"藉寇兵而赍盗粮"者也。(《谏逐客书》)

35.子曰:"学而时习之,不亦说乎;有朋自远方来,不亦乐乎;人不知而不愠,不亦
君子乎。"(《论语·学而》)

五、文言文阅读(本题共3大题,8小题,共30分)

(一)阅读《郑伯克段于鄢》中的一段文字,然后回答问题。

既而大叔命西鄙、北鄙贰于己。公子吕曰:"国不堪贰,君将若之何?欲与大叔,
臣请事之。若弗与,则请除之,无生民心。"公曰:"无庸,将自及。"大叔又收贰
为己邑,至于廪延。子封曰:"可矣!厚将得众。"公曰:"不义不昵,厚将崩。"

36. 从这段话中可以看出郑庄公隐藏着什么用心？（3分）

37. 共叔段和郑庄公的矛盾揭示了怎样的社会政治现象？（3分）

38. 本段的中心人物是谁？作者是通过什么表现手法描述这一形象的？（4分）

（二）阅读茅盾先生的《香市》中的一段，回答文后的问题。

天气虽然很好，"市面"却不是很好。社庙前虽然比平日多了许多人，但那空气似乎很阴惨。虽然有锣鼓的声音，可是那声音很单调。庙前的乌龙潭一泓清水依然如昔，可是潭后那座戏台却坍塌了，屋椽子像瘦人的肋骨似的暴露在"光天化日"之下。一切都不像我儿时所见的香市了！

39. 这段文字主要运用了怎样的表现手法？（2分）

40. 分析"屋椽子像瘦人的肋骨"这一比喻的深层含义。（3分）

（三）阅读《雨巷》这首诗然后回答问题。

雨　巷

戴望舒

撑着油纸伞/独自彷徨在悠长、悠长/又寂寥的雨巷/我希望逢着一个丁香一样地结着愁怨的姑娘/她是有丁香一样的颜色/丁香一样的芬芳/丁香一样的忧愁/在雨中哀怨/哀怨又彷徨/她彷徨在这寂寥的雨巷/撑着油纸伞/像我一样/像我一样地默默彳亍着/冷漠、凄清，又惆怅/她默默地走近/走近/又投出太息一般的眼光/她飘过/像梦一般地/像梦一般的凄婉迷茫/像梦中飘过/一枝丁香地/我身旁飘过这女郎/她静默地远了，远了/到了颓圮的篱墙/走尽这雨巷/在雨的哀曲里/消了她的颜色/散了她的芬芳/消散了/甚至她的太息般的眼光/丁香般的惆怅/撑着油纸伞，独自/彷徨在悠长、悠长/又寂寥的雨巷/我希望飘过/一个丁香一样地/结着愁怨的姑娘

41.《雨巷》是戴望舒的成名作，戴望舒因《雨巷》而赢得的雅称是什么？（1分）

42.诗中主要写了哪两种意象？分析这两个主要的意象。（7分）

43.《雨巷》运用了哪两种艺术手法？结合作品进行简述。（7分）

六、作文（30分）

44.（1）以"学历与能力"为题；

（2）写成论说文；

（3）不少于800字。

山东省2010年普通高等教育专升本统一考试大学语文试题

一、填空题（每空1分，共10分）

1. 我国文学史上第一部诗歌总集是＿＿＿＿＿＿＿。

2. 晋宋之际第一个大力创作山水诗的人是＿＿＿＿＿＿＿。

3. "西当太白有鸟道，可以横绝峨眉巅"中"当"的意思是＿＿＿＿＿＿＿。

4. "草枯鹰眼疾，雪尽马蹄轻"中"疾"的意思是＿＿＿＿＿＿＿。

5. 成语"信誓旦旦"出自于＿＿＿＿＿＿＿。

6. 慨当以慷，忧思难忘。何以解忧，＿＿＿＿＿＿＿。

7. 《小城三月》的作者是＿＿＿＿＿＿＿。

8. 巴金的小说《家》《春》《秋》合称＿＿＿＿＿＿＿。

9. 鲁迅的《秋夜》是一篇＿＿＿＿＿＿＿。

10. 一生创作三百多篇短篇小说的法国作家莫泊桑被誉为＿＿＿＿＿＿＿。

二、单项选择题（每小题1分，共10分）

11. 《郑伯克段于鄢》中"多行不义必自毙"这句话的指斥对象是（　　　）。

    A. 郑庄公　　　　　　　　B. 共叔段

    C. 姜氏　　　　　　　　　D. 颍考叔

12. 被刘勰称为"五言诗之冠冕"的文学作品是（　　　）。

    A. 《赠妇诗》　　　　　　　B. 《咏史》

    C. 《古诗十九首》　　　　　D. 《董娇娆》

13. 李商隐的无题诗，大多属于（　　　）。

    A. 爱情诗　　　　　　　　B. 政治讽喻诗

    C. 咏史诗　　　　　　　　D. 咏怀诗

14. 提出词应"别是一家"的理论主张的词人是（　　　）。

    A. 苏轼　　　　　　　　　B. 李清照

C. 辛弃疾   D. 陆游

15. 唐宋古文八大家之首是（   ）。

   A. 苏轼   B. 韩愈

   C. 柳宗元   D. 王安石

16. 《前赤壁赋》中"固一世之雄也，而今安在哉"中"一世之雄"是（   ）。

   A. 曹操   B. 李斯

   C. 诸葛亮   D. 王安石

17. 下面哪个作品描写了唐玄宗和杨玉环的爱情故事（   ）。

   A. 《长恨歌》   B. 《汉宫秋》

   C. 《西厢记》   D. 《桃花扇》

18. 诗集《女神》的作者是（   ）。

   A. 闻一多   B. 戴望舒

   C. 郭沫若   D. 冰心

19. 冰心《往事》(一之十四)借助对大海的描绘来抒写自己的主观情志，这叫做
   （   ）。

   A. 敷张扬厉   B. 托物言志

   C. 映衬对比   D. 渲染烘托

20. 代表了解放区文学最高成就的作家是（   ）。

   A. 艾青   B. 柳青

   C. 赵树理   D. 孙犁

三、释词题（每小题2分，共10分）

21. 姜氏何厌之有？(《左传·郑伯克段于鄢》)

   厌：

22. 既而大叔命西鄙、北鄙贰于己。(《左传·郑伯克段于鄢》)

   鄙：

23. 保民而王，莫之能御也。(《孟子·齐桓晋文之事章》)

   王：

24. 昔我往矣，杨柳依依。今我来思，雨雪霏霏。(《诗经·采薇》)

   雨雪：

25. 辟邪说，难壬人，不为拘谨。(《答司马谏议书》)

   壬：

四、翻译题（每小题2分，共10分）

26.国不堪贰，君将若之何？（《左传·郑伯克段于鄢》）

27.居则曰："不吾知也！"如或知尔，则何以哉？（《论语·先进·侍坐》）

28.既相齐，食不重肉，妾不衣帛。（《史记·管宴列传》）

29.卑身厚币，以招贤者。（《燕昭王求士》）

30.丘也闻有国有家者，不患寡而患不均，不患贫而患不安。（《论语·季氏》）

五、阅读分析题（30分）

（一）阅读张若虚的《春江花月夜》，然后回答问题

春江潮水连海平，海上明月共潮生。　滟滟随波千万里，何处春江无月明？　江流宛转绕芳甸，月照花林皆似霰。　空里流霜不觉飞，汀上白沙看不见。　江天一色无纤尘，皎皎空中孤月轮。

江畔何人初见月？江月何年初照人？　人生代代无穷已，江月年年只相似。　不知江月待何人，但见长江送流水。　白云一片去悠悠，青枫浦上不胜愁。　谁家今夜扁舟子？何处相思明月楼？

可怜楼上月徘徊，应照离人妆镜台。　玉户帘中卷不去，捣衣砧上拂还来。　此时相望不相闻，愿逐月华流照君。　鸿雁长飞光不度，鱼龙潜跃水成文。　昨夜闲潭梦落花，可怜春半不还家。

江水流春去欲尽，江潭落月复西斜。　斜月沉沉藏海雾，碣石潇湘无限路。　不知乘月几人归？落花摇情满江树。

31.诗中的意象是什么？

32.写出诗中用景物起兴，转入描写人物心理的诗句。

33.诗中哪些诗句表现了作者对人生哲理的追求、对宇宙奥秘的探讨，体现了诗歌"哀而不伤"的基调？

34. 试分析此诗情景交融、气象宏伟的艺术特点。

　　（二）阅读下面现代文，然后回答问题

　　惊蛰一过，春寒加剧。先是料料峭峭，继而雨季开始，时而淋淋漓漓，时而淅淅沥沥，天潮潮地湿湿，即连在梦里，也似乎有把伞撑着，而就凭一把伞，躲过一阵潇潇的冷雨，也躲不过整个雨季。连思想也都是潮润润的。每天回家，曲折穿过金门街到厦门街迷宫式的长巷短巷，雨里风里，走入霏霏令人更想入非非，想这样子的台北凄凄切切完全是黑白片的味道，想整个中国整部中国的历史无非是一张黑白片子，片头到片尾，一直是这样下着雨的。这种感觉，不知道是不是从安东尼奥尼那里来的，不过那一块土地是久违了，二十五年，四分之一的世纪，即使有雨，也隔着千山万山，千伞万伞，二十五年，一切都断了，只有气候，只有气象报告还牵连在一起，大寒流从那块土地上弥天卷来，这种酷冷吾与古大陆分担。不能扑进她怀里，被她的裙边扫一扫吧也算是安慰孺慕之情。

　　这样想时，严寒里竟有一点温暖的感觉了。这样想时，他希望这些狭长的巷子永远延伸下去，他的思路也可以延伸下去，不是金门街到厦门街，而是金门到厦门。他是厦门人，至少是广义的厦门人，二十年来，不住在厦门，住在厦门街，算是嘲弄吧，也算是安慰。不过说到广义，他同样也是广义的江南人，常州人，南京人，川娃儿，五陵少年。杏花春雨江南，那是他的少年时代了。再过半个月就是清明，安东尼奥尼的镜头摇过去，摇过去又摇过来，残山剩水犹如是，皇天后土犹如是，纭纭黔首，纷纷黎民从北到南被犹如是，那里面是中国吗？那里面当然还是中国永远是中国。只是杏花春雨已不再，牧童遥指已不再，剑门细雨渭城轻尘也都已不再。然则他日思夜梦的那片土地，究竟在哪里呢？

35. 你认为第一自然段在语言上有什么特色，试举例加以分析。

36. 第2段中"这样想时，严寒里竟有一点温暖的感觉了"一句中，"这样"指代的内容是什么？

37. "他是厦门人,至少是广义的厦门人,二十年来,不住在厦门,住在厦门街,算是嘲弄吧,也算是安慰。"作者为什么说是"嘲弄"?又怎么说是"安慰"呢?并谈谈你的理解。

38. 作者引用或化用古典诗词入文有什么作用?谈谈你的理解。

39. 举出"只是杏花春雨已不再,牧童遥指已不再,剑门细雨渭城轻尘也都已不再。"引用或化用的相关诗作。

六、作文(30分)

40. 禁烟运动中的民族英雄林则徐,1838年升任两广总督后,亲笔在自己的府衙内题了一副堂联自勉:海纳百川,有容乃大;壁立千仞,无欲则刚。这幅对联形象生动,寓意深刻,历来为人传诵,赞不绝口。上联谆谆告诫自己,要广泛听取各种不同的意见,才能把事情办好,立于不败之地;下联砥砺自己,当官必须坚持杜绝私欲,才能像大山那样刚正不阿,挺立世间,林则徐提倡的这种精神,令人钦佩,为后人之鉴。

请以下联为话题,写一篇不少于800字的文章,立意自定,除诗歌外,文体不限,题目自拟。

山东省2009年普通高等教育专升本统一考试
大学语文试题

一、填空题（每空1分，共10分）

1.《论语》是儒家经典之一，属于_____体散文。

2.《春秋左氏传》与《春秋公羊传》、《春秋谷梁传》合称为"_____"。

3.《燕昭王求士》记叙了郭隗帮助燕昭王定计_____、振兴燕国的故事。

4."新沐者必弹冠，新浴者必振衣"句中的"沐"意思是_____。

5."隧而相见"中的"隧"是名词活用为_____。

6.《采薇》这首诗中最为人称道的是："昔我往矣，杨柳依依。_____，雨雪霏霏。"

7.巴金曾写过一篇题为《_____》的文章，来纪念他的夫人。

8.《赠与今年的大学毕业生》是_____在1932年6月写的一篇鼓励大学生努力奋发的文章。

9.戴望舒在其诗作《_____》中选择了雨中丁香作为人们愁心时的象征。

10."生存还是毁灭，这是个问题。"这是莎士比亚悲剧《_____》中的名句。

二、单项选择题（每小题1分，共10分）

11.《战国策》是一部有优秀的散文总集，它是（　　　）。

    A. 记言体　　　　　　　　　B. 编年体

    C. 国别体　　　　　　　　　D. 纪事本末体

12."蚕食诸侯"中的"蚕"是名词用作状语，表示（　　　）。

    A. 方位或处所　　　　　　　B. 工具或凭借

    C. 态度　　　　　　　　　　D. 比喻

13."仓廪实而知礼节，衣食足而知荣辱。"这句话的出处是（　　　）。

    A.《郑伯克段于鄢》　　　　　B.《燕昭王求士》

    C.《管晏列传》　　　　　　　D.《谏逐客书》

14.下列诗句中，意境与"春江潮水连海平，海上明月共潮生。"最为接近的是（　　　）。

A.明月出海底，一朝开光曜。

B.海上生明月，天涯共此时。

C.青天有月来几时，我今停杯一问之。

D.明月

15.《长恨歌》所描写的李、杨爱情悲剧发生的时代背景是（　　）。

  A.玄武门之变   B.贞观之治

  C.安史之乱   D.宦官专权

16.因为经济不独立，爱情也无所附丽的子君形象出自（　　）。

  A.《失败了以后》   B.《围成》

  C.《春之声》   D.《伤逝》

17."我是月底光，我是日底光"两句出自郭沫若的诗（　　）。

  A.《地球，我的母亲》   B.《女神》

  C.《天狗》   D.《凤凰涅槃》

18.《光的赞歌》一诗的作者是（　　）。

  A.郭沫若   B.胡适

  C.王蒙   D.艾青

19.《又是一年芳草绿》一文的作者是（　　）。

  A.老舍   B.余秋雨

  C.贾平凹   D.林语堂

20.《文学的趣味》一文的体裁是（　　）。

  A.文艺论文   B.诗歌评论

  C.科普杂文   D.文学赏析

三、释词题（每词2分，共10分）

21.天下不多管仲之贤而多鲍叔能知人也。

  多：

22.未尝君之羹。

  羹：

23.安能以身之察察，受物之汶汶者乎？

  察察：

24.此所谓"籍寇兵而赍盗粮食"者也。

  兵：

25. 多行不义必自毙。

毙：

四、翻译题（每小题2分，共8分）

26. 王事靡盬，不遑启处。

27. 制，岩邑也，虢叔死焉。

28. 元庆能不越于礼，服孝死义，是必达理而闻道者也。

29. 臣闻吏议逐客，窃以为过矣。

五、阅读分析题（32分）

（一）阅读下面这首诗，然后回答问题。（10分）

醉花阴

薄雾浓云愁永昼，瑞脑消金兽。佳节又重阳，玉枕纱厨，半夜凉初透。东篱把酒黄昏后，有暗香盈袖。莫道不销魂，帘卷西风，人比黄花瘦。

30. 这首词所咏的"物"是什么？令词人"销魂"的触发点是什么？

31. 李清照在《如梦令·昨夜雨疏风骤》有"知否？知否？应是绿肥红瘦！"试比较此句中的"瘦"字与"人比黄花瘦"之句中的"瘦"字在表现手法和表达效果上的异同。

（二）阅读下面文字，然后回答问题（22分）

听听那雨夜（节选）

余光中

雨不但可嗅，可亲，更可以听。听听那冷雨。听雨，只要不是石破天惊的台风暴雨，在听觉上总是一种美感。大陆上的秋天，无论是疏雨滴梧桐，或是骤雨打荷叶，听去总有一点凄凉，凄清，凄楚，于今在岛上回味，则在凄楚之外，再笼上一层凄迷了，饶你多少豪情侠气，怕也经不起三番五次的风吹雨打。一打少年听雨，红烛昏沉。再打中年听雨，客舟中江阔云低。三打白头听雨的僧庐下，这更是亡宋之痛，一颗敏感心灵的一生：楼上，江上，庙里，用冷冷的雨珠子串成。十年前，他曾在一场摧心折骨的鬼雨中迷失了自己。雨，该是一滴湿漓漓的灵魂，窗外在喊谁。

雨打在树上和瓦上，韵律都清脆可听。尤其是铿铿敲在屋瓦上，那古老的音乐，属于中国。王禹的黄冈，破如椽的大竹为屋瓦。据说住在竹楼上面，急雨声如瀑布，密雪声比碎玉，而无论鼓琴，咏诗，下棋，投壶，共鸣的效果都特别好。这样岂不像住在竹和筒里面，任何细脆的声响，怕都会加倍夸大，反而令人耳朵过敏吧。

雨天的屋瓦，浮漾湿湿的流光，灰而温柔，迎光则微明，背光则幽黯，对于视觉，是一种低沉的安慰。至于雨敲在鳞鳞千瓣的瓦上，由远而近，轻轻重重轻轻，夹着一股股的细流沿瓦槽与屋檐潺潺泻下，各种敲击音与滑音密织成网，谁的千指百指在按摩耳轮。"下雨了"，温柔的灰美人来了，她冰冰的纤手在屋顶拂弄着无数的黑键啊灰键，把晌午一下子奏成了黄昏。

在古老的大陆上，千屋万户是如此。二十多年前，初来这岛上，日式的瓦屋亦是如此。先是天黯了下来，城市像罩在一块巨幅的毛玻璃里，阴影在户内延长复加深。然后凉凉的水意弥漫在空间，风自每一个角落里旋起，感觉得到，每一个屋顶上呼吸沉重都覆着灰云。雨来了，最轻的敲打乐敲打这城市。苍茫的屋顶，远远近近，一张张敲过去，古老的琴，那细细密密的节奏，单调里自有一种柔婉与亲切，滴滴点点滴滴，似幻似真，若孩时在摇篮里，一曲耳熟的童谣摇摇欲睡，母亲吟哦鼻音与喉音。或是在江南的泽国水乡，一大筐绿油油的桑叶被啮于千百头蚕，细细琐琐屑屑，口器与口器咀咀嚼嚼。雨来了，雨来的时候瓦这么说，一片瓦说千亿片瓦说，说轻轻地奏吧沉沉地弹，徐徐地叩吧挞挞地打，间间歇歇敲一个雨季，即兴演奏从惊蛰到清明，在零落的坟上冷冷奏挽歌，一片瓦吟千亿片瓦吟。

32. 这篇文章中的"雨"意象有什么样的情感寄托？如何理解题中的"冷"字？（8分）

33. 文中化线部分化用了一首宋词，这首宋词的作者是谁？词牌名是什么？（4分）

34. 这几段文字语言典雅流畅，富有极好的音乐感和节奏感。请从遣词造句的角度，写一段不少于200字的欣赏。（12分）

六、作文（30分）

1970年4月23日，在美国，人们为了解决环境污染问题，自发地掀起了一场声势浩大的群众性的环境保护运动，促使美国政府于70年代初通过了水污染控制法和清洁大气法的修正案，并成立了美国环保局。从此美国民间组织提议把4月22日定为"地球日"。2008年是联合国国际地球年。今年"世界地球日"的主题与国际地球年中国行动口号一致，为"认识地球，和谐发展"。

请以此为话题，写一篇不少于800字的文章。除诗歌外，文体不限。

山东省2008年普通高等教育专升本统一考试
大学语文试题

一、填空题（共10分）

1.《诗经》分为＿＿＿＿＿＿＿、＿＿＿＿＿＿＿、＿＿＿＿＿＿＿三部分。

2. 我国第一部纪传体通史是＿＿＿＿＿＿＿＿。

3. 议论文的三要素是＿＿＿＿＿＿＿、＿＿＿＿＿＿＿、＿＿＿＿＿＿＿。

4. 茅盾的＿＿＿＿＿＿＿＿＿是中国现代文学史上写实主义巨著。

5. 徐志摩是＿＿＿＿＿＿＿派的代表诗人。"轻轻的我走了，正如我轻轻的来"是其诗作＿＿＿＿＿＿＿＿＿＿＿＿＿中的句子。

6. 李清照《醉花阴》"莫道不销魂，帘卷西风"的下句是＿＿＿＿＿＿＿＿＿＿＿＿。

7.《老人与海》的作者是＿＿＿＿＿＿＿＿。

8. 班固用"感于衰乐，缘事而发"评价＿＿＿＿＿＿民歌的现实主义精神。

9. 汤显祖是我国明代著名剧作家，《游园》选自他的剧作＿＿＿＿＿＿＿。

10. 老舍曾被北京市人民政府授予＿＿＿＿＿＿＿的称号。

二、单项选择题（共5分）

11. 唐代边塞诗派的代表作家是（　　　　）。

　　A. 高适与岑参　　　　　　　　B. 李白与杜甫

　　C. 王维与孟浩然　　　　　　　D. 韩愈与孟郊

12. 我国第一位田园诗人是（　　　　）。

　　A. 王维　　　　　　　　　　　B. 孟浩然

　　C. 谢灵运　　　　　　　　　　D. 陶渊明

13. 发起成立文学研究会的作家是（　　　　）。

　　A. 茅盾　　　　　　　　　　　B. 郁达夫

　　C. 巴金　　　　　　　　　　　D. 鲁迅

14. 鲁迅的杂文集是（　　　　）。

A.《坟》 　　　　　　　　　　B.《呐喊》

C.《彷徨》 　　　　　　　　　D.《故事新编》

15.有"短篇小说之王"美誉的作家是（　　　）。

A. 契诃夫 　　　　　　　　　B. 莫泊桑

C. 欧·亨利 　　　　　　　　D. 巴尔扎克

三、释词题（共10分）

16.来丕豹、公孙支于晋。

来：

17.直不百步耳，是亦走也。

直：

18.辟邪说，难壬人。

难：

19.不平心持正，反欲斗两主，观祸败。

斗：

20.乘其车，揭其剑，过其友。

过：

四、翻译题（共6分）

21.故远人不服，则修文德以来之，既来之，则安之。

22.此所谓"藉寇兵而赍盗粮"者也。

23.匹夫见辱，拔剑而起，挺身而斗，此不足为勇也。

五、阅读分析题（共32分）

24.阅读《季氏将伐颛臾》的一段文字，然后回答问题

冉有曰："夫子欲之，吾二臣者皆不欲也。"孔子曰："求！周任有言曰'陈力就列，不能者止。'危而不持，颠而不扶，则将焉用彼相矣？且尔言过矣，虎兕出于柙，龟玉毁于椟中，是谁之过与？"

（1）孔子的话驳斥了冉有的什么错误观点？

（2）"虎兕出于柙，龟玉毁于椟中"的双重喻义是什么？

（3）选文运用了什么修辞手法？

25.下面是巴金《爱尔克的灯光》中的一段文字，阅读后回答问题。

忽然在前面田野里一片绿的蚕豆和黄的菜花中间，我仿佛又看见了一线光，一个亮，这还是我常见的灯光。这不会是爱尔克的灯里照出来的，我那个可怜的姐姐已经死去了。这一定是我心灵的灯，他永远给我指示我应该走的路。

（1）"我心灵的灯"的象征意蕴是什么？

（2）作者为什么说"这不会是爱尔克的灯里照出来的"？

（3）从这段文字可以看出贯穿全篇的线索是什么？

六、简析题（共7分）

26.简析《苏武传》中苏武的形象。

27.简述鲁迅《祝福》的思想内容。

七、作文（共30分）

题目：我的幸福观

要求：A.可写成议论文、散文（包括小说），不可写成诗歌。

B.不少于800字。

C.字迹工整，卷面整洁。

山东省2007年普通高等教育专升本统一考试
大学语文试题

一、填空题（每空1分，共14分）

1. 律诗的四联依次是首联、_____、颈联和尾联。

2. 小说的三要素是人物、情节和_____。

3. 《诗经》共收入自_____至_____大约五百多年的诗歌共_____篇。

4. "楚辞"是战国时代以_____为代表的楚国人创作的诗歌。

5. _____被称为"雨巷诗人"。

6. 巴金作品爱情三部曲是指_____、_____、_____。

7. 中国现代文学史上第一部白话小说是_____。

8. 《春江花月夜》中"江天一色无纤尘"的下句是_____。

9. 柳永是宋代_____词派的代表作家。

10. 《哈姆雷特》主人公哈姆雷特是_____时期人文主义者的典型形象。

二、单项选择题（每题1分，共6分）

11. 鲁迅小说《风波》收入（　　　）。

    A.《呐喊》   B.《故事新编》

    C.《彷徨》   D.《坟》

12. 小说《子夜》的作者是（　　　）。

    A. 林语堂   B. 茅盾

    C. 老舍   D. 巴金

13. 唐代边塞诗的代表作家是（　　　）。

    A. 岑参与高适   B. 李白与杜甫

    C. 王维与孟浩然   D. 李华与萧颖士

14. 被苏东坡称为"诗中有画""画中有诗"的是（　　　）。

    A. 陶渊明   B. 李白

C. 王维   D. 文同

15. 《稼轩长短句》的作者是(   )。

    A. 辛弃疾   B. 苏轼

    C. 李煜   D. 晏殊

16. 曾经荣获"人民艺术家"称号的作家是(   )。

    A. 茅盾   B. 巴金

    C. 老舍   D. 冰心

三、词语解释（解释下列句中给出的词语，每题1分，共5分）

17. 填然鼓之，兵刃既接，弃甲曳兵而走。

    接：

18. 山无陵，江水为竭，冬雷震震，夏雨雪。

    雨：

19. 敏于事而慎于言。

    敏：

20. 首身离兮心不惩。

    惩：

21. 于是饮酒乐甚，扣舷而歌之。

    扣：

四、翻译下列句子（每句3分，共9分）

22. 昔我往矣，杨柳依依，今我来思，雨雪霏霏。

23. 天下有大勇者，卒然临之而不惊，无故加之而不怒。

24. 是以泰山不让土壤，故能成其大，河海不择细流，故能就其深，王者不却众庶，故能明其德。

五、简答题（共10分）

25. 鲁迅在《灯下漫笔》中写道：

假如有一种暴力，"将人不当人"，不但不当人，还不及牛马，不算什么东西；待到人们羡慕牛马，发生"乱离人，不及太平犬"的叹息时，然后给与他略等于牛马的价格，有如元朝定律，打死别人的奴隶，赔一头牛，则人们便要心悦诚服，恭颂太平的盛世，为什么呢？因为他虽不算人，究竟已等于牛马了。

请回答：

（1）这段话揭示了中国人当时怎样的心态？（1分）

（2）从这段话中可看出造成这种心态的社会原因是什么？（2分）

（3）根据这段话的精神，可以把中国历史概括为怎样的两个时代？（2分）

26. 读《郑伯克段于鄢》中的一段文字，然后回答问题：

既而大叔命西鄙、北鄙贰于己。公子吕曰："国不堪贰，君将若之何？欲与大叔，臣请事之。若弗与，则请除之，无生民心。"公曰："无庸，将自及。"大叔又收贰以为己邑，至于廪延。子封曰："可矣，厚将得众。"公曰："不义不昵，厚将崩。"

（1）从这段文字中可以看出共叔段的主要性格特征是什么？（1分）

（2）庄公采取了什么应对策略？这说明他是一个怎样的人？（2分）

（3）作者通过这个事实揭露了什么问题？（2分）

六、简析题（每题8分，共16分）

27.简述李白浪漫主义诗歌在中国文学发展史上的地位。

28.简述戴望舒诗歌《雨巷》的艺术特色。

七、作文（共40分）

题目：我理想中的和谐社会

要求：A.可写成记叙文、议论文、散文（包括小说），不可写成诗歌。

B.不少于800字。

C.字迹工整，卷面整洁。

山东省2006年普通高等教育专升本统一考试
大学语文试题

一、填空题（10分）

1.1933年艾青因发表_____而驰名文坛。

2."史家之绝唱，无韵之离骚"是鲁迅对_____的评价。

3.《左传》是第一部系统而详细的_____史学著作，也是史传文学作品。

4.《采薇》："昔我往矣，_____。今我来思，雨雪霏霏。"

5._____是明代杰出的剧作家汤显祖的代表作。

6.《京华烟云》是现代著名作家_____的作品。

7."文章合为时而著，歌诗合为事而作"是_____的文学主张。

8.赫克托尔是"荷马史诗"_____中的英雄人物。

9.胡适给中国公学八年级毕业生的赠言是_____

10.张若虚的诗作_____是千载传诵的杰作。

二、选择题（共6分）

11.唐代大诗人白居易的号是（　　）。

    A. 香山居士　　　　　　　　B. 柳泉居士

    C. 六一居士　　　　　　　　D. 东坡居士

12 "昔我往矣，杨柳依依。今我来思，雨雪霏霏。"采用了（　　）。

    A. 对比手法　　　　　　　　B. 比喻手法

    C. 拟人手法　　　　　　　　D. 象征手法

13.《谏逐客书》是李斯给秦始皇的奏章，属于（　　）。

    A. 应用文　　　　　　　　　B. 议论文

    C. 说明文　　　　　　　　　D. 记叙文

14.《诗经》中的诗原是可以配乐演唱的乐歌，根据（　　）的不同分为风、雅、颂。

    A. 音乐　　　　　　　　　　B. 艺术体裁

C. 思想内容　　　　　　　　　　　D. 创作时间

15. 关于《招魂》的作者和立意有多种说法，比较流行的司马迁的说法是（　　　）

A. 屈原招怀王　　　　　　　　　　B. 屈原自招

C. 宋玉招屈原　　　　　　　　　　D. 怀王客死秦国后屈原借招魂以表哀思

16. 海明威获得诺贝尔文学奖的作品是（　　　）

A.《永别了，武器》　　　　　　　　B.《老人与海》

C.《丧钟为谁而鸣》　　　　　　　　D.《太阳照常升起》

三、词语解释（共5分）

17. 天下必以王为能市马，马今至矣。（《燕昭王求士》）

市：

18. 于是不能期年，千里之马至者三。（《燕昭王求士》）

期：

19. 可怜光彩生门户。（《长恨歌》）

可怜：

20. 管仲贫困，常欺鲍叔，鲍叔终善遇之，不以为言。（《管晏列传》）

欺：

21. 生亦我所欲，所欲有甚于生者，故不为苟得也。（《鱼我所欲也》）

苟得：

四、翻译（共8分）

22. 臣伏见天后时，有同州下邽人徐元庆者，父爽为县吏赵师韫所杀，卒能手刃父仇，束身归罪。当时谏臣陈子昂建议诛之而旌其间；且请"编之于令，永为国典"。臣窃独过之。

五、问答题（每小题3分，共15分）

23. 艾青所赞美的"光"既是自然界的光，也具有人文社会内涵，后者主要指什么？

24.《长恨歌》写唐玄宗与杨贵妃的爱情悲剧，长诗的前半部分和后半部分的主要内容各是什么？

25.“席方平”是一个怎样的艺术形象？

26.巴金一再说，是他连累了妻子萧珊，害了萧珊，对此你如何理解？

27.如何理解哈姆莱特是一个人文主义者的形象？

六、理解分析（每小题4分，共16分）

28.“我是我自己的，他们谁也没有干涉我的权利！”这是《伤逝》中子君说的话，谈谈你的理解。

29.余光中在散文《听听那冷雨》写道：“杏花。春雨。江南。六个方块字，或许那片土就在那里面。而无论赤县也好神州也好中国也好，变来变去，只要仓颉的灵感不灭，美丽的中文不老，那形象，那磁石一般的向心力当必然长在。”结合课文谈谈你的理解。

30.“丁香”是一个怎样的形象？谈谈你的理解。

31.《蜀道难》极言蜀道的艰险难行，谈谈你的理解。

七、作文（40分）

孔子曰："君子和而不同，小人同而不和。"请根据这则材料，写一篇议论文。

要求：A. 文体明确；

B. 不少于800字；

C. 字迹工整，卷面整洁。

山东省专升本大学语文仿真模拟试题（一）

一、单项选择题（本大题共10小题，每小题1分，共10分）

1. 从编撰体例来看,《新五代史》是一部（　　　）。

    A. 纪传体　　通史　　　　　　　B. 纪传体　　断代史

    C. 编年体　　通史　　　　　　　D. 自传体　　传记

2.《诗经·大雅》的第一首诗是（　　　）。

    A.《关雎》　　　　　　　　　　B.《鹿鸣》

    C.《诗》　　　　　　　　　　　D.《文王》

3. 代表两汉散文最高成就的当属（　　　）。

    A.《史记》　　　　　　　　　　B.《汉书》

    C.《汉乐府》　　　　　　　　　D.《过秦论》

4. 鲁迅认为《世说新语》是一部（　　　）。

    A. 浪漫主义诗集　　　　　　　　B. 笔记体小说

    C. 散文集　　　　　　　　　　　D. 志怪小说

5. 以下,（　　　）不属于"唐宋八大家"。

    A. 黄庭坚　　　　　　　　　　　B. 苏轼

    C. 柳宗元　　　　　　　　　　　D. 曾巩

6. 以下关于作品、作者、体裁对应关系的说法,错误的是（　　　）。

    A.《送东阳马生序》——宋濂——赠序

    B.《戊午上高宗封事》——胡铨——书信

    C.《岳阳楼记》——范仲淹——散文

    D.《报任安书》——司马迁——书信

7. 下列句子中加点词语为意动用法的一项是（　　　）。

    A. 左右以君贱之也。　　　　　　（《冯谖客孟尝君》）

    B. 既来之，则安之。　　　　　　（《季氏将伐颛臾》）

C. 君子病没世而名不称焉。 （《孔子世家》）

D. 嫂蛇行匍伏，四拜自跪而谢。 （《苏秦始将连横说秦》）

8. 下列作家属于明代"后七子"的是（　　　）。

    A. 李密   B. 侯方域

    C. 马致远   D. 宗臣

9. 《文心雕龙·神思》讨论的是（　　　）。

    A. 谋篇布局   B. 文学构思

    C. 作品风格   D. 阅读鉴赏

10. 以下，（　　　）是被动句。

    A. 姜氏何厌之有？   （《郑伯克段于鄢》）

    B. 封于齐，七百岁而不绝。   （《答客难》）

    C. 歌呼呜呜快耳目者，真秦之声也。   （《谏逐客书》）

    D. 乃令重黎举夔于草莽之中而进之。   （《察传》）

二、多项选择题（共5小题，每小题2分，共10分）

11. 《戊午上高宗封事》主张斩杀（　　　）。

    A. 秦桧   B. 孙近

    C. 胡铨   D. 王伦

12. （　　　）是"古文运动"的积极倡导者。

    A. 白居易   B. 元稹

    C. 柳宗元   D. 韩愈

13. 出自《吕览》的成语有（　　　）。

    A. 三豕过河   B. 狡兔三窟

    C. 穿井得人   D. 望洋兴叹

14. （　　　）是鲁迅所写的小说。

    A. 《狂人日记》   B. 《灯下漫笔》

    C. 《祝福》   D. 《伤逝》

15. （　　　）属于"建安三杰"。

    A. 王粲   B. 曹操

    C. 嵇康   D. 曹丕

三、填空题（每空1分，共7分）

16. 水至清则无鱼，＿＿＿＿＿＿＿＿＿＿。

17. 他人有心，_____。

18. 我国古代第一部兵书是_____。

19. "蜀道之难，难于上青天"一句使用的修辞手法是_____。

20. "永州八记"是_____的写景著作。

21. _____被称为"春秋外传"。

22. 《诗经》中保存民歌最多的部分是"_____"。

四、词语解释题（本大题共8小题，每小题1分，共8分）

23. 吾不欲匹夫之勇也，欲其旅进旅退。（《勾践灭吴》）

24. 惧奔辟而忝两君（《鞌之战》）

25. 陛下一屈膝，则祖宗庙社之灵尽污夷狄，祖宗数百年之赤子尽为左衽。（《戊午上高宗封事》）

26. 于是乘其车，揭其剑，过其友。（《冯谖客孟尝君》）

27. 把酒临风，其喜洋洋者矣。（《岳阳楼记》）

28. 于是焉河伯欣然自喜，以天下之美为尽在己（《秋水》）

29. ……举熙熙然回巧献技，以效兹丘之下。（《钴鉧潭西小丘记》）

30. 父母岁有裘葛之遗（《送东阳马生序》）

五、翻译题（本大题共5小题，每小题2分，共10分）

31. 是故为川者决之使导，为民者宣之使言。（《召公谏厉王弭谤》）

32. 念谁为之戕贼，亦何恨乎秋声！（《秋声赋》）

33. 为长者折枝，语人曰："我不能。"是不为也。（《齐桓晋文之事》）

34. 宗庙会同，非诸侯而何？（《论语》）

35. 故夫知效一官，行比一乡，德合一君，而征一国者，其自视也亦若此矣。（《逍遥游》）

六、阅读分析题（共15分）

（一）阅读下列材料，然后回答问题。（4分）

太史公曰：《诗》有之，"高山仰止，景行行止。"虽不能至，然心乡往之。余读孔氏书，想见其为人。适鲁，观仲尼庙堂车服礼器，诸生以时习礼其家，余低回留之不能去云。天下君王至于贤人众矣，当时则荣，没则已焉。孔子布衣，传十余世，学者宗之。自天子王侯，中国言六艺者，折中于夫子，可谓至圣矣！

子曰："学而时习之，不亦说乎？有朋自远方来，不亦乐乎？人不知而不愠，不亦君子乎？"（《论语·学而》）

子曰："学而不思则罔，思而不学则殆。"（《论语·为政》）

子曰："三人行，必有我师焉。择其善者而从之，其不善者而改之。"（《论语·述而》）

36. 请结合材料内容，说说学者敬仰孔子的原因。（2分）

37. 材料表现出司马迁对孔子的何种态度？作者主要运用什么写作手法来突出表现这一感情的？（2分）

（二）阅读词作，回答问题。（7分）

点绛唇

林逋

金谷①年年，乱生春色谁为主？余花落处，满地和烟雨。

又是离歌，一阕长亭暮。王孙去。萋萋无数，南北东西路。

【注】①金谷园，指西晋富豪石崇在洛阳的一座奢华别墅。因征西将军祭酒王诩回长安时，石崇曾在此为其饯行，而成了指送别、饯行的代称。

38. 王国维在《人间词话》中赞这首词为咏春草绝调，词中借咏春草表达怎样的情感？

请结合具体诗句作简要赏析。（3分）

39.“余花落处，满地和烟雨”描写了怎样的情景？有什么作用？（4分）

（三）现代文阅读理解，阅读《乡土情结》节选，回答问题。（4分）

人生旅途崎岖修远，起点站是童年。人第一眼看见的世界，就是生我育我的乡土。他从母亲的怀抱，父亲的眼神，亲族的逗弄中开始体会爱。乡土的一山一水，一草一木，都融化为童年生活的血肉，不可分割。而且可能祖祖辈辈都植根在这片土地上，有一个悲欢离合的家。在听祖母讲故事的同时，就种在小小的心坎里。邻里乡亲，早晚在街头巷尾、桥上井边、田塍篱角相见，音容笑貌，闭眼塞耳也彼此了然，横竖呼吸着同一的空气，濡染着同一的风习，千丝万缕沾着边。一个人为自己的一生定音定调定向定位，要经过千方百计的探索，前途充满未知数，但童年的烙印却像春蚕作茧，紧紧地包裹着自己，又像文身的花纹，一辈子附在身上。

“金窝银窝，不如家里的草窝。”但人是不安分的动物，多少人仗着年少气盛，横一横心，咬一咬牙，扬一扬手，向恋恋不舍的家乡告别，万里投荒，去寻找理想，追求荣誉，开创事业，富有浪漫气息。有的只是一首朦胧诗，为了闯世界，多数却是沉重的现实主义格调：许多稚弱的童男童女，为了维持最低限度的生存要求，被父母含着眼泪打发出门，去串演各种悲剧。人一离开乡土，就成了失根的兰花，逐浪的浮萍，飞舞的秋蓬，因风四散的蒲公英，但乡土的梦，却永远追随着他们。浪荡乾坤的结果，多数是少年子弟江湖老，黄金、美人、虚名、实惠，都成了竹篮打水一场空。

40.根据选文概括：乡土给人们打下了哪些“童年的烙印”？（不超过28个字）（2分）

41. 既然"金窝银窝，不如家里的草窝"，为什么有些人又要告别家乡？（3分）

七、写作题（40分）

（一）应用文写作（10分）

42. 请根据假定情境写一篇应用文。

　　海南某校学生张某在花样滑冰项目上非常有天赋，并取得了许多优异成绩，为了帮助该生顺利发展，该校经过努力，争取到去黑龙江省一所体育大学的训练机会，请为该生写一份介绍信。

　　要求：文种正确，格式完整，语言简洁、通顺。

（二）文学写作（30分）

43. 根据材料内容，写一篇作文。

　　"每一个不曾起舞的日子都是对生命的辜负"是哲学家尼采的名言，启示我们珍爱生命。当代生存困境引发了人们对"自由""科技""合作"等相关问题的思考。你是如何看待这些问题的？

　　请辩证思考，以"自由"为话题写一篇作文。

　　要求：自拟标题，自选角度，确定立意；明确文体；不要套作，不得抄袭；不得泄露个人信息；不少于800字。

山东省专升本大学语文仿真模拟试题（二）

一、单项选择题（本大题共10小题，每小题1分，共10分）

1. "新月派"代表人物（　　　）提出了"三美理论"，称赞《春江花月夜》是诗人张若虚"以孤篇盖全唐"的作品。

    A. 闻一多　　　　　　　　　　B. 郭沫若

    C. 徐志摩　　　　　　　　　　D. 林语堂

2. 下列作品，不属于老舍长篇小说的是（　　　）。

    A.《月牙儿》　　　　　　　　B.《四世同堂》

    C.《骆驼祥子》　　　　　　　D.《离婚》

3. 李煜的号是（　　　）。

    A. 青莲居士　　　　　　　　　B. 柳泉居士

    C. 莲峰居士　　　　　　　　　D. 香山居士

4. 下列四项，用细节描写南霁云的一项是（　　　）。

    A. 记忆超人　　　　　　　　　B. 拔刀断指

    C. 抽矢射贺兰　　　　　　　　D. 怒则须髯张

5. 下列，不属于上行文的是（　　　）。

    A.《戊午上高宗封事》　　　　B.《谏逐客书》

    C.《报刘一丈书》　　　　　　D.《关于新建教学楼的请示》

6. 以下，与苏秦有关的成语是（　　　）。

    A. 悬梁刺股　　　　　　　　　B. 孺子可教

    C. 贻笑大方　　　　　　　　　D. 东窗事发

7. 归有光所属的文学流派是（　　　）。

    A. 后七子　　　　　　　　　　B. 竟陵派

    C. 唐宋派　　　　　　　　　　D. 公安派

8. "小品圣手"是指（　　　）。

   A. 张岱   B. 汪琬

   C. 周作人   D. 袁宏道

9.《楚辞》最鲜明的特点是（   ）。

   A. 独特的地域文化色彩   B. 独特的时代文化色彩

   C. 独特的政治文化色彩   D. 独特的现实主义色彩

10. 我国现存第一篇文学理论批评专论是（   ）

   A.《典论·论文》   B.《古诗十九首》

   C.《文心雕龙》   D.《乐府诗集》

二、多项选择题（共5小题，每小题2分，共10分）

11. 下列著作中，代表道家思想的是（   ）。

   A.《荀子》   B.《论语》

   C.《列子》   D.《庄子》

12."汉赋四大家"包括（   ）。

   A. 司马相如   B. 班固

   C. 扬雄   D. 张衡

13. 下列著作属于纪传体断代史的史书有（   ）。

   A.《资治通鉴》   B.《汉书》

   C.《三国志》   D.《新五代史》

14. 以下人物，（   ）在编年体史书方面颇有建树。

   A. 孔子   B. 左丘明

   C. 范晔   D. 司马光

15. 下列文化常识，判断正确的有（   ）。

   A. 汪琬，清初学者、散文家，清初散文"三大家"之一。

   B. 古人把夜晚分成五个时段，共五更；每更为一个时辰，即两个小时。如颜真卿《劝学诗》："三更灯火五更鸡，正是男儿读书时。黑发不知勤学早，白首方悔读书迟。"又如李商隐《蝉》："五更疏欲断，一树碧无情。"

   C. 古代科举考试分院试—乡试—会试—殿试四级，殿试一甲前三名为状元、榜眼、探花。

   D."期颐"指100岁；"丈人"是敬称；"下车"指官员初到任；"豆蔻"指女孩；"巾帼"指男子，如"羽扇纶巾"。

三、填空题（每空1分，共10分）

16.议论文三要素中最核心的部分是＿＿＿＿＿＿＿＿＿＿。

17.提出"民贵君轻"思想的是"亚圣"＿＿＿＿＿＿＿＿＿＿。

18.《侍坐》中面对孔子的询问，曾皙描绘了一幅在大自然里沐浴临风，一路醋歌的美丽动人的景象："＿＿＿＿＿＿＿＿＿＿，＿＿＿＿＿＿＿＿＿＿，＿＿＿＿＿＿＿＿＿＿。"

19.鲁迅评《＿＿＿＿＿＿＿＿＿＿》"其文则汪洋辟阖,仪态万方,晚周诸子之作,莫能先也。"赞美《史记》是"＿＿＿＿＿＿＿＿＿＿，＿＿＿＿＿＿＿＿＿＿。"

20."北朝三杰作"指＿＿＿＿＿＿＿＿＿＿、＿＿＿＿＿＿＿＿＿＿、《洛阳伽蓝记》。

四、词语解释题（本大题共5小题，每小题1分，共计5分）

21.古之善读书者，始乎博，终乎约。（《传是楼记》）

22.安见方六七十，如五六十，而非邦也者？（《子路曾皙冉有公西华侍坐》）

23.素善留侯张良（《史记·项羽本纪》）

24.人不难以死免其君（《左传·鞌之战》）

25.责毕收乎？来何疾也！（《冯谖客孟尝君》）

五、翻译题（本大题共3小题，每小题2分，共6分）

26.老吾老，以及人之老；幼吾幼，以及人之幼。（《孟子》）

27.辞多类非而是，多类是而非。是非之经，不可不分。（《察传》）

28.君子疾夫舍曰欲之而必为之辞。（《论语·季氏》）

六、阅读分析题（共19分）

（一）阅读下列古诗，回答问题。

关山月①

李 白

明月出天山，苍茫云海间。

长风几万里，吹度玉门关。

汉下白登②道，胡窥青海湾。

由来征战地，不见有人还。

戍客望边色，思归多苦颜。

高楼当此夜，叹息未应闲。

【注释】①关山月：乐府《横吹曲》调名。《乐府古题要解》："关山月，伤离别也。"②白登，山名，在今山西大同县东，匈奴曾围困刘邦于此。

29.本诗由三幅图画组成，分别是哪三幅图画？分别有何作用？（6分）

（二）阅读下列材料，回答问题。（共13分）

青苔撑起的一片绿意

春日，人们的视野里总是万物葱绿，百花次第开放，一派生机勃勃的景象。

百花繁，万花灿，唯有苔草很少被人提及，因为它实在微小，可以说是微不足道。我却惊讶于这细小低微的青青苔草，它没有茂林的硕大气象，也没有百花的美妙身姿，只是静静地躲藏在不容易被人注视的角落里。但她依然有着茂林一般的风情，百花一样的美丽。

江南民间有句谚语：三月青苔露绿头，四月青苔绿满河。春风拂面之际，青苔们趴在残旧的瓦片上，粘在厚重的砖头间，倚在高高的墙头上，藏匿于苍老的树干中，布满在瘦硬的岩石上，在青石板的夹缝中撑出绿意，在波光潋滟的春江上泼墨、写意……

此时，只要你细心观察，就会发现这些微不足道的青苔，竟是如此有气势。她们一根连着十根，十根连着百根，连绵起伏，渐成气象。无论是断墙残垣，还是悬崖绝壁之上，其它植物都无法落脚，唯有青苔从墙缝里、石缝隙中奋力拱出，四处蔓延着绿意，在荡漾的春风中记录着比石头还硬的倔强。

在岁月的戏台上，青苔似乎错过了《诗经》，却赶上了唐诗宋词的好时光，也融进了明清纷繁的花事。在诗意的年代，青苔倍加受人珍爱，"应怜屐齿印苍苔"，园子的主人因怕满地青苔被人践踏，所以闭门谢客；但有时也夹杂着几分苍凉和凄美，"小庭春老，碧砌红萱草"，青苔似乎总是见不到阳光，只在凄凄惨惨中顽强地生长着。

中国人还喜欢把青苔之绿意融入古画中，使其诗意更加飞扬。最早是"元四家"，后有沈周、唐伯虎、徐渭、程嘉燧、渐江、查士标等。到了清代，苔草在中国画中出现的频次渐多，随心所欲，恣意点苔，笔情墨趣，已臻成熟。尤其是"扬州八怪"中的金农，其画梅善于在粗干上以浓墨点苔，使梅花显得气韵非凡，虽苍老而生机勃发。青苔虽然微小，却点缀出他画中的春色；虽然微不足道，却烘托出画中梅花的冰光雪影。他深爱着"苔花如米小"的气质，把自己也取名为"小善庵主""如来最小者"，可谓青苔知己也。

真正懂得青苔心意之人，应是清代的袁枚先生。"白日不到处，青春恰自来。苔花如米小，也学牡丹开。"他知青苔的气质风度，不流俗、不谄媚、不张扬，却志向远大，生机勃勃，寓微小于浩荡之中。青苔的生存环境是很恶劣的，虽然是"白日不到处"，却是历尽千磨万难，凭着坚忍坚强，冲破困境，焕发出青春的光彩。她虽然看似弱不禁风，却凭着自强不息，争得和百花一样的开放权力。春光因为她们的点缀，显得如此明媚无比；百花有了她们的衬托，更为明艳动人；人世间因为有了她们，更为生机盎然。

我是江南人，我爱着家乡门前残墙上的青苔，绿痕从墙根开始，一直蔓延到墙顶上。我爱着回乡路上青石板夹缝里的青苔，她们一点点，一丛丛，悄无声息地吐着绿，伸展着，变幻着，咻咻地笑着，撑起满眼的绿意。

没有青苔的世界，是寂寞的。

请回答：

30. 文章主要运用了什么写作手法？有何妙处？（4分）

31. 文章最后一句独立成段有何作用？（3分）

32. 请按要求品析语言。（6分）

（1）青苔们趴在残旧的瓦片上，粘在厚重的砖头间，倚在高高的墙头上，藏匿于苍老的树干中，布满在瘦硬的岩石上，在青石板的夹缝中撑出绿意，在波光潋滟的春江上泼墨、写意……（请从句式或者用词的角度进行品析）（4分）

（2）她们一点点，一丛丛，悄无声息地吐着绿，伸展着，变幻着，咻咻地笑着，撑起满眼的绿意。（请从修辞手法的角度进行品析）（3分）

七、作文题（40分）

（一）应用文写作（10分）

33. 根据所提供的情境，写一篇应用文。

鲁东建工集团拟于2020年5月17日上午9时在集团总部办公大楼第二会议室召开安全工作会议，要求各分公司分管安全生产的领导及集团各部门领导参会，会期一天。会上传达市安全生产监督局的有关会议精神，并部署下半年集团安全工作相关事项。

要求：文种正确，标点准确，语句通顺，信息全面，结构完整。不得泄露个人真实信息。

（二）文学写作（30分）

34. 根据材料内容，写一篇作文。

最深的恐惧是对未知的恐惧，面对突发的、陌生的问题及现象，阅读新闻成为一个公民保持知情、消解恐慌、积极防护最简单最有效的办法。然而，人们对"真相"的了解受到各种因素的影响，其中有媒体的报道迟滞或失真、读者的理解偏差、传播的错误……

我们需要培养这样的一批媒介使用者,他们能够时刻警醒:所有经过媒介传播的内容都是高度选择和组织的结果;能够冷静选择，拒绝诱惑；能够超然于信息文本之外，多方求证,不盲从盲信。个人媒体崛起，数字化技术、交互技术对大众的媒介素养提出了更高的要求,以往的"受众"成为匿名的"无冕之王,他们不仅仅要求具备信息接受技能，还要懂得如何利用这种技能传播自己的声音和思想；对新传播技术的掌握，并不意味着技术就能发生正向的效应，新媒介素养应将理性交往作为一种基本素养普及至每一个公民，使这些可能的新媒介使用者具备一种平和的心态、冷静的态度、批判的视角和容纳异见的胸怀回归理性的讨论。

请以"察传"为话题写一篇作文。

要求：自拟标题，自选角度，确定立意；明确文体；不要套作，不得抄袭；不得泄露个人信息；不少于800字。

山东省专升本大学语文仿真模拟试题（三）

一、单项选择题（本大题共10小题，每小题1分，共10分）

1. 在《郑伯克段于鄢》中，大叔先"命西鄙、北鄙贰于己"，后"又收贰为己邑，至于廪延"，这里表现出他的性格特征是（　　　）。

  A. 阴险狠毒   B. 工于心计

  C. 自负自私   D. 贪婪愚昧

2. 柳宗元的《黔之驴》是（　　　）。

  A. 诗歌   B. 小说

  C. 寓言   D. 说明文

3. 下列作品被誉为"孤篇盖全唐"的是（　　　）。

  A.《春江花月夜》   B.《蜀道难》

  C.《琵琶行》   D.《长恨歌》

4. 下列文章属于以驳论为主的奏议的是（　　　）。

  A.《谏逐客书》   B.《驳〈复仇议〉》

  C.《朋党论》   D.《答司马谏议书》

5. "以人为镜，可以知得失"是对（　　　）的高度评价。

  A. 魏征   B. 贾谊

  C. 柳宗元   D. 张良

6. 语句"师陈于鞌"不包含的文言语法现象有（　　　）。

  A. 名词活用为动词   B. 形容词活用为动词

  C. 通假字   D. 状语后置

7. 善于采用"欲擒故纵"论辩手法的先贤是（　　　）。

  A. 孟子   B. 庄子

  C. 孔子   D. 刘向

8. 以下，（　　　）不属于婉约派。

A. 秦少游   B. 周邦彦

C. 宴殊   D. 岳飞

9. 我国第一部辞书是（　　），第一部字典是（　　）。

A.《尔雅》《说文解字》   B.《尔雅》《四库全书》

C.《文心雕龙》《说文解字》   D.《永乐大典》《孙子兵法》

10.《冯谖客孟尝君》写了三次弹铗、营就三窟，这种情节安排的特点是（　　）。

A. 倒叙方式   B. 前后呼应

C. 抑扬交错   D. 一波三折

二、多项选择题（本大题共 5 小题，每小题 2 分，共 10 分）

11. 下列论据，运用例证法来阐析人的认识有限这一观点的有（　　）。

A. 河伯在见到北海若前"以天下之美为尽在己"。

B. 井蛙不可以语于海者，拘于虚也。

C. 计四海之在天地之间也，不似礨空之在大泽乎？计中国之在海内，不似稊米之在大仓乎？号物之数谓之万，人处一焉；人卒九州，谷食之所生，舟车之所通，人处一焉。

D. 五帝之所连，三王之所争

E. 伯夷辞之以为名，仲尼语之以为博

12. （　　）都是道家代表人物。

A. 老子   B. 孟子   C. 庄子

D. 列子   E. 子产

13. 下列文章中具有寓言性质的有（　　）。

A.《寡人之于国也》   B.《秋水》

C.《种树郭橐驼传》   D.《蝜蝂传》

E.《谏逐客书》

14. "公安派"的主要代表人物有（　　）。

A. 袁宗道   B. 袁宏道   C. 袁中道

D. 归有光   E. 汪琬

15. （　　）是中国古代重要的创世神话。

A. 盘古开天   B. 盘庚迁都   C. 夸父逐日

D. 牛郎织女   E. 女娲造人

三、词语解释题（本大题共 10 小题，每小题 1 分，共 10 分）

16. 有动于中，必摇其精。（《秋声赋》）

17. 琬顾谓藏之之难不若守之之难（《传是楼记》）

18. 国势陵夷，不可复振（《戊午上高宗封事》）

19. 国不堪贰，君将若之何？（《左传·郑伯克段于鄢》）

20. 刑于寡妻，至于兄弟，以御于家邦。

21. 则将焉用彼相矣？（《论语》）

22. 承天子之宠光，缀公卿之后。（《送东阳马生序》）

23. 君弟重射，臣能令君胜。（《孙子吴起列传》）

24. 此车一人殿之，可以集事。（《鞌之战》）

25. 强自取柱，柔自取束。（《劝学》）

四、翻译题（本大题共 5 小题，每小题 2 分，共 10 分）

26. 为肥甘不足于口与？轻暖不足于体乎？（《齐桓晋文之事》）

27. 是造物者之无尽藏也，而吾与子所共适。（《前赤壁赋》）

28. 今逐客以资敌国，损民以益雠，内自虚而外树怨于诸侯，求国无危，不可得也。
（《谏逐客书》）

29. 故曰：至人无己，神人无功，圣人无名。（《逍遥游》）

30.《诗》曰：孝子不匮，永锡尔类。（《左传》）

五、阅读分析题（本大题共20分）

（一）（共8分）

阅读《春游湖》，回答问题。

春游湖

双飞燕子几时回？夹岸桃花蘸水开。

春风断桥人不渡，小舟撑出柳阴来。

31."夹岸桃花蘸水开"中的"蘸"字用得好。请做简要分析。（4分）

阅读《早发》，回答问题。

早发

[唐]韦庄

早雾浓于雨，田深黍稻低。出门鸡未唱，过客马频嘶。

树色遥藏店，采声暗傍畦。独吟三十里，城月尚如硅。

32.诗歌题为"早发"，请简要分析全诗是怎样扣住"早"字来写的。（4分）

（二）阅读文章，回答问题（12分）

江南的冬景

郁达夫

江南的地质丰腴而润泽，所以含得住热气，养得住植物；因而长江一带，芦花可以到冬至而不败，红叶亦有时候会保持三个月以上的生命。像钱塘江两岸的乌柏树，红叶落后，还有雪白的桕子着在枝头，一点丛，用照相机照将出来，可以乱梅花之真。草色顶多成了赭色，根边总带点绿意，非但野火烧不尽，就是寒风也吹不倒的。若遇到风和日暖的午后，你一个人肯上冬郊去走走，则青天碧落之下，你不但不感到岁时的肃杀，并且还可以饱觉着一种莫名其妙的含蓄在那里的生气；若是冬天来了，春天也总马上会来的诗人的名句，只有在江南的山野里，最容易体会得到。

说起寒郊的散步，实在是江南的冬日，所给与江南居住者的一种特异的恩惠；在北方的冰天雪地里生长的人，是终他的一生，也决不会有享受这一种清福的机会的。我不知道德国的冬天，比起我们江浙来如何，但从许多作家喜欢以散步一词来做他们的创作题目看来，大约德国南部四季的变迁，总也和我们的江南差不多。

江南河港交流，且又地濒大海，湖沼特多，故空气里时含水分；到得冬天，不时也会下着微雨，而这微雨寒村里的冬霖景象，又是一种说不出的悠闲境界。你试想想，秋收过后，河流边三五家人家会聚在一个小村子里，门对长桥，窗临远阜，这中间又多是树枝槎桠的杂木树林；在这一幅冬日农村的图上，再洒上一层细得同粉也似的白雨，加上一层淡得几不成墨的背景，你说还够不够悠闲？若再要点些景致进去，则门前可以泊一只乌篷小船，茅屋里可以添几个喧哗的酒客，天垂暮了，还可以加一味红黄，在茅屋窗中画上一圈暗示着灯光的月晕。人到了这一个境界，自然会胸襟洒脱起来，终至于得失俱亡，死生不问了。我们总该还记得唐朝那位诗人做的暮雨潇潇江上村的一首绝句罢？诗人到此，连对绿林豪客都客气起来了，这不是江南冬景的迷人又是什么？

一提到雨，也就必然的要想到雪。晚来天欲雪，能饮一杯无？自然是江南日暮的雪景。寒沙梅影路，微雪酒香村，则雪月梅的冬宵三友，会合在一道，在调戏酒姑娘了；柴门闻犬吠，风雪夜归人，是江南雪夜，更深人静后的景况。前村深雪里，昨夜一枝开又到了第二天的早晨，和狗一样喜欢弄雪的村童来报告村景了。诗人的诗句，也许不尽是在江南所写，而做这几句诗的诗人，也许不尽是江南人，但借了这几句诗来描写江南的雪景，岂不直截了当，比我这一支愚劣的笔所写的散文更美丽得多？

33.第①段作者选取了哪些细节来写江南的冬景？其作用是什么？（4分）

34. 第③段划线句人到了这一境界，自然会胸襟洒脱起来，如何理解？（4分）

35. 作者在三四两段写江南的雨、雪之景时，所采用的表现手法有什么不同？请作简要分析。（4分）

六、作文（本大题共 40分）

（一）应用写作（10分）

36. 为迎接冬奥运，华夏文学社面向全社会开展以"冰雪盛会"为主题的征文活动。请以华夏文学社的名义写一篇应用文。

要求：文种准确、格式正确、内容完整，语言简洁。

（二）文学写作（30分）

37. 面对金钱的诱惑，人们很容易迷失自我，金钱往往会破坏人们宝贵的亲情、友情、爱情……

我们应该持有怎样的金钱观呢？

请联系现实生活，写一篇作文。

要求：① 立意自定，题目自拟，除诗歌外，文体不限。

② 不得套作，不得抄袭。

③ 不得透漏个人相关信息。

④ 书写规范，正确使用标点符号。

⑤ 不少于800字。

山东省专升本大学语文仿真模拟试题（四）

一、判断题（每小题1分，共10分）

1. 最能体现"饥者歌其食，劳者歌其事"原则的是《诗经·风》。 （ ）

2. 郭沫若评价莲峰居士"写鬼写妖高人一等，刺贪刺虐入骨三分"。 （ ）

3. 古代神话说太阳神的名字叫望舒，驾着六条无角的龙拉的车子在天空驰骋。东曦指初升的太阳。《促织》："东曦既驾，僵卧长愁。"因弦月如弓，称月为"玉弓"。每月初一叫做"朔"，最后一日称为"晦"。 （ ）

4. 《山海经》《汉书·地理志》《水经注》均为我国古代地理名著。古人以东为左，以西为右，"江左"即江东，如《群英会蒋干中计》："即传令悉召江左英杰与子翼相见。""江南"是对长江以南的总称，所指区域因时而异。如白居易词云："江南好，风景旧曾谙。"王安石诗云："春风又绿江南岸，明月何时照我还。""淮左"即淮水东面，如《扬州慢》"淮左名都，竹西佳处"，扬州在淮水东面。 （ ）

5. 古代士人所学的六项技能是"六艺"，即指礼、乐、射、御、书、数。古人分析汉字的造字方法而归纳出六种类型，即象形、指事、会意、形声、转注、假借，总称"六书"。"六艺经传"之"传"指道家经典著作。 （ ）

6. "千金，重币也。""是皆秦之罪也""此愚者之所以大过也。""客有吹洞箫者"以上四个句子都是判断句。 （ ）

7. "相见欢""醉花阴""沁园春""天净沙"是常见词牌名。"序""记""书"是我国古代常见应用文文体。根据对《钴鉧潭西小丘记》的理解，范仲淹的《岳阳楼记》、欧阳修的《醉翁亭记》、苏轼的《赤壁赋》、李白的《蜀道难》都属于"贬官文化"。 （ ）

8. "稽首"是古代的拜礼，为"九拜"之一。行礼时，施礼者屈膝跪地，左手按右手，拱手于地，头也缓缓至于地。这是九拜中最隆重的拜礼。"辱""忝"是古代常用敬语，多见于外交辞令。 （ ）

9. "姜氏欲之，焉辟害"含通假字；"则祖宗庙社之灵尽污夷狄"属于被动句；"而贼

语以国亡主灭"与"疑畏死而辞服于贼"者是宾语前置句。 （　　）

10. 纪传体是以人物为中心线索来编写的史书体裁，由司马迁首创。《二十四史》全是纪传体。编年体是按年月日先后顺序来记述史实的史书体裁，如《左传》《资治通鉴》。纪事本末体是以历史事件为中心线索来编写的史书体裁。这种体裁在南宋时才出现，如《通鉴纪事本末》《宋史纪事本末》。 （　　）

二、单项选择题（每小题1分，共10分）

11. 我国最早的国别体历史著作是（　　）。

　　A.《尚书》　　　　　　　　B.《左传》

　　C.《国语》　　　　　　　　D.《国事》

12. "郑伯克段于鄢"这件史实出自（　　）。

　　A.《战国策》　　　　　　　B.《春秋》

　　C.《论语》　　　　　　　　D.《孟子》

13.（　　）擅长闲适的"小品文"。

　　A.胡适　　　　　　　　　　B. 林语堂

　　C. 柳宗元　　　　　　　　　D. 余秋雨

14.《长恨歌》"六宫粉黛无颜色"一句中的"无颜色"是指（　　）。

　　A. 没有了颜色　　　　　　　B. 感到没有脸面

　　C.脸色难看　　　　　　　　D. 显得容貌不美

15. 中国文学史上第一位专业文人诗人是（　　）。

　　A. 孔子　　　　　　　　　　B.屈原

　　C.司马迁　　　　　　　　　D. 张若虚

16. 我国清代的一部优秀短篇小说集是（　　）。

　　A.《红楼梦》　　　　　　　B.《三国演义》

　　C.《世说新语》　　　　　　D.《聊斋志异》

17. 余光中《听听那冷雨》写于1974年（　　）。

　　A. 春　　　　　B.夏　　　　　C.秋　　　　　D.冬

18. 海明威因创作《太阳照样升起》一举成名，被视为（　　）。

　　A."黑色幽默"的代表作家　　B."垮掉一代"的代表作家

　　C."迷惘的一代"的代表作家　D."荒诞派"的代表作家

19. "恰三春好处无人见"的修辞手法是（　　）。

　　A. 比喻　　　　　　　　　　B. 夸张

  C. 拟人   D. 拟物

20. 以下加点字，词类活用现象与其他三项不同的是（   ）。

  A. 君王为人不忍   B. 保民而王

  C. 沛公欲王关中   D. 秦地可尽王也

三、词语解释题（每小题1分，共10分）

21. 防民之口，甚于防川。（《召公谏厉王弭谤》）

22. 将三军，使士卒乐死，敌国不敢谋，君孰与起？（《孙子吴起列传》）

23. 是以泰山不让土壤，故能成其大；河海不择细流，故能就其深。（《谏逐客书》）

24. 亟请于武公，公弗许。（《郑伯克段于鄢》）

25. 子路遇荷蓧丈人。（《论语》）

26. 书于石，所以贺兹丘之遭也。（《钴鉧潭西小丘记》）

27. 悬泉瀑布，飞漱其间。（《巫山巫峡》）

28. 人不难以死免其君（《鞌之战》）

29. 不知东方之既白（《前赤壁赋》）

30. 重修岳阳楼，增其旧制。（《岳阳楼记》）

四、翻译题（每小题2分，共10分）

31. 先天下之忧而忧，后天下之乐而乐。（《岳阳楼记》）

32. 无恒产而有恒心者，惟士为能。（《齐桓晋文之事》）

33. 千乘之国，摄乎大国之间，加之以师旅。（《论语》）

34.凡闻言必熟论，其于人必验之以理。（《察传》）

35.是故无冥冥之志者，无昭昭之明；无惛惛之事者，无赫赫之功。（《劝学》）

五、阅读分析题（共20分）

（一）阅读《念奴娇·过洞庭》，回答问题。（7分）

念奴娇·过洞庭①

张孝祥

洞庭青草②，近中秋、更无一点风色。玉界琼田三万顷，著我扁舟一叶。素月分辉，银河共影，表里俱澄澈。怡然心会，妙处难与君说。

应念岭海③经年④，孤光自照，肝胆皆冰雪。短发萧骚⑤襟袖冷，稳泛沧浪空阔。尽挹西江，细斟北斗，万象为宾客。扣舷独啸，不知今夕何夕。

【注释】① 这首词作于孝宗乾道二年（公元1166年），当时，词人因谗言而被贬职，从广西经洞庭湖北归。这首词借洞庭夜月之景，抒写词人的高洁品质和豪迈气概。② 青草：湖名，与洞庭湖相连，在湖南岳阳市西南，总称洞庭湖。③ 岭海：一作岭表。即岭南，两广之地。北有五岭，南有南海，故称岭海。④ 经年：年复一年，几年。

36.请说出本词所使用的修辞手法及其作用。（2分）

37."素月分辉，明河共影，表里俱澄澈"堪称千古名句，请具体分析这几句在表达上的妙处。（2分）

38."尽挹西江，细斟北斗，万象为宾客"一句是如何表现豪迈气概的？请简要赏析。（3分）

（二）阅读"惠子相梁"，回答问题。（9分）

惠子相梁，庄子往见之。或谓惠子曰："庄子来，欲代子相。"于是惠子恐，搜于国中三日三夜。庄子往见之，曰："南方有鸟，其名为鹓鶵，子知之乎？夫鹓鶵发于南海，而飞于北海，非梧桐不止，非练实不食，非醴泉不饮。于是鸱得腐鼠，鹓鶵过之，仰而视之曰：'吓！'今子欲以子之梁国而吓我邪？"

39.庄子是＿＿＿＿＿＿＿＿＿＿（1分）家的代表人物，《庄子》一书留下了许多脍炙人口的成语典故，例如：＿＿＿＿＿＿＿＿＿＿、（1分）望洋兴叹、螳臂当车、涸辙之鲋、朝三暮四、沉鱼落雁等。

40.解释下列句中加点字词。（3分）

① 或谓惠子曰　　　　　　或＿＿＿＿＿＿＿＿＿

② 庄子来，欲代子相　　　相＿＿＿＿＿＿＿＿＿

③ 于是鸱得腐鼠　　　　　于是＿＿＿＿＿＿＿＿＿

41. 庄子在文中将自己比作"＿＿＿＿＿＿＿＿＿"（1分），将惠子比作醉心利禄猜忌君子的"＿＿＿＿＿＿＿＿＿"（1分），把"腐鼠"比作＿＿＿＿＿＿＿＿＿（1分），巧借鸱鹓的故事辛辣地讥讽了惠子（1分）。表现了庄子＿＿＿＿＿＿＿＿＿的品质。（1分）

（三）阅读《月到天心》，回答问题。（4分）

月到天心

林清玄

二十多年前的乡下没有路灯，夜里穿过田野要回到家里，差不多是摸黑的，平常时日，都是借着微明的天光，摸索着回家。

偶尔有星星，就亮了很多，感觉到心里也有星星的光明。

如果是有月亮的时候，心里就整个沉淀下来，丝毫没有了黑夜的恐惧。在南台湾，尤其是夏夜，月亮的光格外有辉煌的光明，能使整条山路都清清楚楚地延展出来。

乡下的月光是很难形容的，它不像太阳的投影是从外面来，它的光明犹如从草树、从街路、从花叶，乃至从屋檐下、墙垣内部微微地渗出，有时会误以为万事万物的本身有着自在的光明。假如夜深有雾，到处都弥漫着清气，当萤火虫成群飞过，仿佛是月光所掉落出来的精灵。

每一种月光下的事物都有了光明，真是好！

更好的是，在月光底下，我们也觉得自己心里有着月亮、有着光明，那光明虽不如阳光温暖，却是清凉的，从头顶的发到脚尖的指甲都感受着月的清凉。

走一段路，抬起头来，月亮总是跟着我们，照着我们。在童年的岁月里，我们心目中的月亮有一种亲切的生命，就如同有人提灯为我们引路一样。我们在路上，月在路上；我们在山顶，月在山顶；我们在江边，月在江中；我们回到家里，月正好在家屋门前。

直到如今，童年看月的景象，以及月光下的乡村都还历历如绘。但对于月之随人却带着一丝迷思，月亮永远跟随我们，到底是错觉还是真实的呢?可以说它既是错觉，也是真实。由于我们知道月亮只有一个，人人却都认为月亮跟随自己，这是错觉；但当月亮伴随我们时，我们感觉到月是唯一的，只为我照耀，这是真实。

长大以后才知道，真正的事实是，每一个人心中有一片月，它是独一无二、光明湛然的，当月亮照耀我们时，它反映着月光，感觉天上的月也是心中的月。在这个世界上，每个人心里都有月亮埋藏，只是自己不知罢了。只有极少数的人，在最黑暗的时刻，仍然放散月的光明，那是知觉到自己就是月亮的人。

这是为什么禅宗把直指人心称为"指月"，指着天上的月教人看，见了月就应忘指；教化人心里都有月的光明，光明显现时就应舍弃教化。无非是标明了人心之月与天边之月是相应的、含容的，所以才说"千江有水千江月，万里无云万里天"，即使江水千条，条条里都有一轮明月。从前读过许多诵月的诗，有一些颇能说出"心中之月"的境界，例如王阳明的《蔽月山房》：

山近月远觉月小，便道此山大于月；

若人有眼大如天，当见山高月更阔。

确实，如果我们能把心眼放开到天一样大，月不就在其中吗?只是一般人心眼小，看起来山就大于月亮了。还有一首是宋朝理学家邵雍写的《清夜吟》：

月到天心处，风来水面时；

一般清意味，料得少人知。

月到天心、风来水面，都有着清凉明净的意味，只有微细的心情才能体会，一般人是不能知道的。

我们看月，如果只看到天上之月，没有见到心灵之月，则月亮只是极短暂的偶遇，哪里谈得上什么永恒之美呢?

所以回到自己，让自己光明吧!

（选自林清玄《星月菩提》）

42.本文主体写的是月，开头第一段为什么要从"抹黑回家"写起?（2分）

43.作者在文中引用了王阳明的《蔽月山房》和邵雍的《清夜吟》两首诗有何作用?（2分）

六、作文（本题共36分）

（一）应用写作（10分）

44.根据提供的情境，写一篇应用文。

　　东山乡原为地处偏远地区的贫困乡，2020年已经完全脱贫。为使全乡人民的生活水平再上新台阶，乡政府决定因地制宜建设285亩茶乡产业园区，以解决回乡群众务工问题。需向上级请求给予产业园区开发设计的科技支持与200万资金支持。

　　要求：文种准确、格式正确、内容完整，语言简洁，可对内容进行适当补充，不超过200字。

（二）文学写作（30分）

45.请准确理解材料内容，联系生活实际，写一篇文章。

　　"守望"一词出自《孟子·滕文公上》："出入相友，守望相助，疾病相扶持。"意思是看守瞭望。我们守望春天，守望明月，守望大海，守望亲情，守望责任，守望未来……守望是信念，是坚守，是期盼。也许，不是每一个守望都能圆满；但是，有了守望，生活就变得深刻，心灵就变得充实，生命就变得丰盈。在守望中，我们拒绝诱惑；在守望中，我们执著追求；在守望中，我们走向成熟……

　　请以"守望"为话题，选好角度，确定立意，写一篇文章。

　　要求：不少于800字；文中不得出现真实的姓名和校名。

参考答案

山东省2021年普通高等教育专升本统一考试
大学语文试题参考答案

一、单项选择题

1. C

解析：C选项，龙山文化（Longshan Culture）泛指黄河中下游地区约新石器时代晚期的一类文化遗存，属铜石并用时代文化。因首次发现于山东省济南市章丘市龙山街道办事处而得名，距今约4600—4000年。大部分龙山文化遗址分布在山东半岛，而陕西、山西、河南、河北、辽东半岛、江苏、湖北等地区也有类似遗址的发现。大汶口文化出现的快轮制陶技术在这一时期得到普遍采用，磨光黑陶数量更多，质量更精，烧出了薄如蛋壳的器物，表面光亮如漆，是中国制陶史上的鼎峰时期。这个文化以许多薄、硬、光、黑的陶器，尤其是蛋壳黑陶（分布日照、济南）最具特色，所以也称它"黑陶文化"。龙山文化晚于仰韶文化，除陶器外，还有大量的石器、骨器和蚌器等。他们以农业为主而兼营狩猎、打鱼、蓄养牲畜。已有骨卜的习惯。且可能已经出现了铜器。历史上夏、商、周的文化渊源，都可能与龙山文化有相当的联系。A选项，三星堆文化遗址位于四川省广汉市西北部，是在西南地区发现的范围最大、延续时间最长、文化内涵最丰富的古城、古国、古蜀文化遗址，被誉为20世纪人类最伟大的考古发现之一、"长江文明之源"。三星堆遗址是公元前16世纪至公元前14世纪世界青铜文明的重要代表，对研究早期国家的进程及宗教意识的发展有重要价值，在人类文明发展史上占有重要地位。它是中国西南地区一处具有区域中心地位的最大的都城遗址。它的发现，为已消逝的古蜀国提供了独特的物证，把四川地区的文明史向前推进了2000多年。B选项，红山文化因首次发现于赤峰红山后而得名。它以西拉沐沦河、老哈河流域为中心，分布面积达20万平方公里，距今五、六千年左右，延续时间达两千年之久。红山文化是中原仰韶文化和北方草原文化在西辽河流域相碰撞而产生的富有生机和创造力的优秀文化，内涵十分丰富，手工业达到了很高的阶段，形成了极具特色的陶器装饰艺术和高度发展的制玉工艺。D选项，仰韶文化是黄河中游地区一种重要的新石器时代彩陶文化，持续时间大约在公元前5000年至前3000年，因1921年首次在河南省三门峡市渑池县仰韶村发现而得名。仰韶文化处于原始的锄耕农业阶段，制陶业比较发达，代表性遗址有仰韶村遗址、半坡遗址、双槐树遗址。

2. B

解析：A选项《湘君》此诗是祭湘君的诗歌，以湘夫人的语气写出，写她久盼湘君不来而产生的思念和怨伤之情；C选项《山鬼》叙述的是一位多情的女山鬼，在山中采灵芝及约会她的恋人；D选项《河伯》讲述的是河伯与女神相恋的故事。

《九歌·国殇》

[先秦]屈原

操吴戈兮被犀甲，车错毂兮短兵接。旌蔽日兮敌若云，矢交坠兮士争先。
凌余阵兮躐余行，左骖殪兮右刃伤。霾两轮兮絷四马，援玉枹兮击鸣鼓。
天时怼兮威灵怒，严杀尽兮弃原野。出不入兮往不反，平原忽兮路超远。
带长剑兮挟秦弓，首身离兮心不惩。诚既勇兮又以武，终刚强兮不可凌。
身既死兮神以灵，魂魄毅兮为鬼雄。

3. A

解析：A选项出自宋代词人柳永所作的"《蝶恋花·伫倚危楼风细细》；B选项出自宋代大文豪欧阳修《蝶恋花·庭院深深深几许》；C选项出自宋代词人黄庭坚所作的《寄黄几复》；D选项出自宋代词人苏轼所作的《题西林壁》。

4. D

解析：A选项出自《三国演义》，长坂坡属于荆山余脉，是其东支南下所形成的冈岭地带，古曰"当阳长坂"，或曰"当阳坂"。长坂坡之战发生于东汉建安十三年，战斗双方是刘备和曹操。曹操率领五千精锐骑兵追击刘备军。刘备军被曹操军击溃，仅有数十骑逃走。此战，刘备辎重军队损失惨重，两个女儿被曹军将领曹纯俘虏。刘备因张飞据水断桥赢得逃亡时间，而甘夫人和刘禅在赵云的保护下幸免于难。战后刘备放弃转往江陵的计划，转为前往江夏和刘表长子刘琦会合。B选项出自文学名著《水浒传》第六回至第九回，北宋年代东京八十万禁军教头林冲，被太尉高俅陷害，发配沧州。高俅又责令解差在野猪林内杀害林冲，不想被林冲的结义兄弟鲁智深搭救。C选项出自《三侠五义》，陷空岛古典名著《三侠五义》中五义（五鼠）居住的地方。

5. C

解析：原著判词："霁月难逢，彩云易散，心比天高，身为下贱，风流灵巧招人怨。寿夭多因诽谤生，多情公子空牵念。"

6. B

解析：A选项，《彷徨》的作者是鲁迅；C选项，《沉沦》的作者是郁达夫；D选项，《子夜》的作者是茅盾。

7. A

解析：新月社成立于1924年，是五四后的一个重要的文化团体。新月社的活动始于1923年的北京，主要成员包括徐志摩、胡适、梁实秋、闻一多、陈源等，多系英美留学生。

8. B

解析：莫言，本名管谟业，1955年2月17日出生于山东高密。其写作风格以"大胆新奇"著称，1980年代中期以一系列乡土作品崛起，充满着"怀乡"以及"怨乡"的复杂情感，被归类为"寻根文学"作家。莫言的作品深受魔幻现实主义影响，写的是发生在山东高密东北乡的"传奇"。莫言在他的小说中构造独特的主观感觉世界，天马行空般的叙述，陌生化的处理，塑造神秘超验的对象世界，带有明显的"先锋"色彩。

1981年，发表处女作短篇小说《春夜雨霏霏》。1985年，因发表中篇小说《透明的红萝卜》而一举成名。1986年，在《人民文学》杂志发表小说《红高粱》引起文坛轰动。1987年，担任电影《红高粱》编剧。1988年，发表长篇小说《天堂蒜薹之歌》。1989年，出版长篇小说《食草家族》。1993年，出版长篇讽刺小说《酒国》。1996年，出版长篇小说《丰乳肥臀》。1999年，出版长篇小说《红树林》。2001年，出版长篇小说《檀香刑》。2003年，出版长篇小说《四十一炮》。2006年，出版长篇小说《生死疲劳》。2009年，出版长篇小说《蛙》。2011年，凭借《蛙》获得茅盾文学奖。2012年，获得诺贝尔文学奖。2016年，当选中国作家协会第九届全国委员会副主席。2019年，创作小说《等待摩西》。2019年，长篇小说《红高粱家族》入选"新中国70年70部长篇小说典藏"。2020年7月31日，出版中短篇小说集《晚熟的人》。2021年4月14日，被香港大学授予荣誉文学博士。

9. D

解析：舒婷，原名龚佩瑜，女，1952年出生于福建石码镇，中国当代女诗人，朦胧诗派的代表人物。A 选项，《致橡树》为舒婷处女作；B 选项，《神女峰》名句"与其在悬崖上展览千年/不如在爱人肩头痛哭一晚"；C 选项，《双桅船》警句"不怕天涯海角/岂在朝朝夕夕/你在我的航程上/我在你的视线里"；D 选项，《祖国啊，我亲爱的祖国》获 1976~1979 年全国中青年诗人优秀作品奖。

10. D

解析：A 选项中托尔斯泰希望接近平民，远离贵族，但其家人多次阻挠，最终毅然与家庭决裂，以 82 岁高龄离家出走；B 选项中"最杰出的浪漫主义作家"错误，托尔斯泰为批判现实主义作家；C 选项泼留希金出自于俄国著名作家果戈理的名著《死魂灵》。

二、填空题

11. 今我来思

诗经·小雅·采薇

采薇采薇，薇亦作止。曰归曰归，岁亦莫止。靡室靡家，猃狁之故。不遑启居，猃狁之故。

采薇采薇，薇亦柔止。曰归曰归，心亦忧止。忧心烈烈，载饥载渴。我戍未定，靡使归聘。

采薇采薇，薇亦刚止。曰归曰归，岁亦阳止。王事靡盬，不遑启处。忧心孔疚，我行不来！

彼尔维何？维常之华。彼路斯何？君子之车。戎车既驾，四牡业业。岂敢定居？一月三捷。

驾彼四牡，四牡骙骙。君子所依，小人所腓。四牡翼翼，象弭鱼服。岂不日戒？猃狁孔棘！

昔我往矣，杨柳依依。今我来思，雨雪霏霏。行道迟迟，载渴载饥。我心伤悲，莫知我哀！

12.《搜神记》

解析：东晋的史学家干宝，志怪小说鼻祖，撰写出我国第一部志怪小说《搜神记》。

《搜神记》是记录古代民间传说中神奇怪异故事的小说集，《干将莫邪》《董永》出自其中。

13. 诗史

解析：杜甫（712 年-770 年），字子美，自号少陵野老，本襄阳人，后徙河南巩县，唐代现实主义诗人，与李白合称"李杜"。杜甫的思想核心是仁政思想，他有"致君尧舜上，再使风俗淳"的宏伟抱负，创作了《登高》《春望》《北征》，以及"三吏"（《新安吏》《潼关吏》和《石壕吏》）"三别"（《新婚别》《无家别》和《垂老别》）等名作，杜甫共有约1500首诗歌被保留了下来，大多集于《杜工部集》。其诗风沉郁顿挫，其诗忧国忧民，把社会动荡不安、民不聊生的场景都写出来，表达了崇高的儒家仁爱精神和强烈的忧患意识，因此他的诗又被称为"诗史"。后人称他为"诗圣"。"诗圣"内涵应该包括两个方面：一是指他的完美人格、醇厚的伦理风范；一是指他精深的诗歌造诣、承前启后的诗坛地位。

14. 开封

解析：宋朝的汴梁是现在的河南省开封市，开封，简称"汴"。《清明上河图》是中国十大传世名画之一，为北宋风俗画，生动记录了中国十二世纪北宋都城东京（又称汴京，今河南开封）的城市面貌和当时社会各阶层人民的生活状况，是北宋时期都城汴京当年繁荣的见证，也是北宋城市经济情况的写照。

15. 刘鹗

解析：刘鹗，清末小说家，代表作《老残游记》。《老残游记》写一个被人称做"老残"的江湖医生"铁英"在游历中的见闻和作为。"老残"是作品中体现作者思想的正面人物。他"摇个串铃"浪迹江湖，以行医糊口，自甘淡泊，不入宦途。但是他关心国家和民族的命运，同情人民群众所遭受的痛苦，是非分明，而且侠胆义肠，尽其所能，解救一些人民疾苦。全书随着"老残"的足迹所至，可以清晰地看到清末山东一带社会生活的面貌。"家家泉水，户户垂杨"这句描写，成为千百年来关于济南风貌的绝世佳唱。

16. 鲁迅/周树人

解析：《再论雷峰塔的倒掉》是鲁迅读了《京报副刊》所载崇轩(胡也频)写给编辑孙伏园的信《雷峰塔倒掉的原因》之后有感而发，于1925年创作的一篇杂文，最初发表于《语丝》周刊。

17. 周朴园

解析：周朴园是曹禺话剧《雷雨》中的主要人物，矿业公司董事长，他是一个带有浓厚的封建特征的资本家，是半殖民地半封建社会里统治势力的代表。周朴园作为脱胎于封建地主阶级的中国第一代资产阶级，他天生地带有地主阶级和资产阶级的两重性。

18.《一只特立独行的猪》

解析：《一只特立独行的猪》全书以王小波文革时期下乡插队时的一个故事为叙述主体，故事主角"猪"是中国散文中非常罕见的表现对象，这个对象的选择其实也说明了作品本身具有一种特立独行的因素。在作者看来人和猪一样，也是只求自由的本性，"它们会自由自在地闲逛，饥则食渴则饮，春天来临时还要谈谈爱情"，无疑，猪所处的这种自然状态，正如人所追求的自由生活一样，是一种自然的要求和生活方式。

19.邮票

解析：诗中通过"小时候""长大后""后来啊""而现在"这几个时序语贯串全诗，借"邮票""船票""坟墓""海峡"这些意象，把抽象的乡愁具体化，概括了诗人漫长的生活历程和对祖国的绵绵怀念。

乡愁

余光中

小时候，乡愁是一枚小小的邮票，我在这头，母亲在那头。

长大后，乡愁是一张窄窄的船票，我在这头，新娘在那头。

后来啊，乡愁是一方矮矮的坟墓，我在外头，母亲在里头。

而现在，乡愁是一湾浅浅的海峡，我在这头，大陆在那头。

20.普罗米修斯

解析：希腊神话中，当时宙斯禁止人类用火，普罗米修斯看到人类生活的困苦，帮人类从奥林匹斯山盗取了火，因此触怒宙斯。宙斯为了惩罚人类，将潘多拉的盒子放到人间。再将普罗米修斯锁在高加索山的悬崖上，每天派一只鹰去吃他的肝，又让他的肝每天重新长上，使他日日承受被恶鹰啄食肝脏的痛苦。

三、释词题

21.亟：屡次，多次　　22.毙：倒下　　23.壅：堵塞

24.与：赞成，赞许　　25.之：去，往，到；这里可以翻译为"飞到"

26.爱：吝啬　　27.督过：督责，责罚　　28.度：估计，揣测

29.季女：最小的女儿　　30.凌：越过

四、翻译题

31.即使没有被四邻侵扰的忧患，然而谋臣与英勇的将士，也不可以不（也一定要）选拔出来供养。

32.因此君子居时必须要选择好的环境，交友必须要选择有道德的人，这就是用来防微杜渐保持其中庸正直的方法（才能够防微杜渐保持其中庸正直）。

33. 如今它被抛弃在这个州（永州），连农夫渔父经过时也会鄙视它，售价（虽然仅仅）四百文，但是却连年卖不出去。

五、阅读分析题

（一）

34. 一、二句对环境的描写，竭力突出自然环境的恶劣。天山脚下寒风劲吹，湖边（"海畔"）冻泥纷纷裂开，梧桐树上的叶子已经落光，枝梢被狂风折断，这均是严酷的自然背景。后两句用浓重的壮美氛围映衬从军将士无所畏惧的精神风貌。皑皑雪山传出高亢嘹亮的笛声，在天山白雪的映衬下，一行红旗正在向峰巅移动。本诗题目为《从军行》，所描写的就是军队于雪山行军之景，一方面表达了自然环境的残酷，另一方面也从侧面写出军人纪律严明，不畏惧自然风雪的气概。

35. 本句话运用了映衬与指代手法（借代、或视听结合）。这两句诗意为：远远听到横笛声却看不到人，要把红旗一直插上白雪覆盖的满天山之顶。只闻其声，不见其人，既表现出行军将士克服艰难险阻的精神，也留给读者无限的遐想空间，文势的跌宕，使末句的动人景象更为显豁地表现出来。

（二）

36. （1）结构上，承上启下。

（2）内容上，与题目"花凋"相互照应，暗示了川嫦的悲剧人生；同时，引出了下文中川嫦在民国时期遗少家庭中的悲惨命运。

37. （1）"郑先生"是一个因循守旧、愚昧麻木、不负责任、不讲卫生的遗少形象。

（2）他不承认民国，自从民国纪元起他就没长过岁数。虽然也知道醇酒妇人和鸦片，心还是孩子的心。他是酒精缸里泡着的孩尸。他连演四十年的一出闹剧，不负责任，生了那么些孩子但是忽略对孩子的关爱；不讲卫生，床前放着痰盂而他偏要将痰吐到拖鞋。

（3）作者通过这一形象的塑造，表达了对以郑先生为代表的遗少群体以及旧礼教的厌恶与不满之情。

38. （1）作者运用了比喻和象征的修辞手法。

（2）生动形象地描绘了郑川嫦在遗少家庭中长期处于压抑冷漠的状态，内心孤独悲凉，逐渐丧失了生活下去的勇气与希望绝望，最终失去了生命。

（3）作者借助比喻和象征的修辞手法，表达了对花季少年绝望悲凉的惋惜同情之情，同时也表达了对以郑先生为代表的遗少群体以及旧礼教的厌恶与不满之情。

六、写作题

39.

【参考答案】

请柬（文种）

XX（称呼"某领导"）：

兹定于五四青年节当晚七点（表述出时间），在××礼堂（表述出地点）举办"庆祝中国共产党成立100周年"文艺晚会（表述内容、目的），（届时）敬请光临。

此致

敬礼（敬语）

团委（署名）

2021年4月26日（日期：5月4日之前某天）

40.

结合社会热点（建党一百年、人价值与社会价值、家国情怀，"三牛精神"、无私奉献、艰苦奋斗、创新开拓，反对"内卷"化倾向，避免没有意义的无效竞争，选择多样精彩的有价值的人生）进行切入。

可以考察的作文主题立意有：个人价值与社会价值（家国情怀）、信心、信念、坚守、坚持、执着、乐观、战胜困难（苦难）、无私、奉献、责任、使命、担当、梦想、追求、选择等。

【范文展示】

身负责任，携梦逆行

身负责任，携梦逆行，是一种积极的态度，让我们充满前进的动力；身负责任，携梦逆行，是一种无畏的选择，让我们扶摇直上九万里；身负责任，携梦逆行，是一种永恒的希望，让我们的人生充满阳光。因此，只有我们身负责任，携梦逆行，才能在最苦的环境里，有最美好的向往。

身负责任，携梦逆行，是一种人生的智慧。哥白尼在教会的强权下毅然站起来，哪怕被处以火刑也依然坚守自己的眼见为实。在那个上帝主宰着一切的时代，他不惧死亡，坚守自己的观察与推论，用实际行动向世人证明了自己的正确坚守。

身负责任，携梦逆行，是一种巨大的勇气。2020年夏天，安徽庐江县遭受百年一遇洪灾。7月22日，庐江县石大圩漫堤决口，约6500人被洪水围困，情况危急。当天，安徽省庐江县消防救援大队政治教导员陈陆带领大队辗转5个乡镇，连续奋战，成功转移群众2665人。在营救过程中，决口突然扩大，救援队员所乘橡皮艇被卷入激流漩涡侧翻，年仅36岁的陈陆英勇牺牲。"放心，我会守好庐江"，是陈陆对父亲的承诺，也是他用生命兑现的对国家和人民的承诺。

身负责任，携梦逆行，是一种民族的精神。"有院士的专业，有战士的勇猛，更有国士的担当。"这是人民日报对钟南山的评价。2003年非典肆虐，67岁的他说"把最重的病人送到我这来"；而武汉疫情虐，八十多岁的他告诉公众"尽量不要去武汉"，自己却登上了前往武汉的高铁。面对未知的艰难，他勇担大任，既有医者仁心的专业技术，也有战士迎难而上的拼搏狠劲。正确的坚守升华了他的人生，也丰富了中华人民伟大的民族之魂。

"身负责任，携梦逆行。"生命是一条流动的长河，一路走来，会遇到大大小小的暗流涌动。只有身负责任，携梦逆行，才能使我们在人生的旅途上越走越远，才能走出属于自己的康庄大道！

山东省2020年普通高等教育专升本统一考试
大学语文试题参考答案

一、单项选择题

题号	1	2	3	4	5	6	7	8	9	10
答案	B	B	D	C	A	A	D	C	C	A

二、填空题

11. 疑义相与析　　　12. 道之所存　　　13. 疏影横斜水清浅

14. 黄冈　　　15. 苟利国家生死以　　　16.《秋夜》

17. 老舍　　　18.《爱尔克的灯光》　　　19.《瓦尔登湖》

20. 卡夫卡

三、释词题

21. 相：辅助　　　22. 药：意动用法，以……为药　　　23. 过：拜访

24. 发：启封、打开　　　25. 谢：谢罪、道歉　　　26. 多：称赞

27. 给：欺骗　　　28. 通知：知晓

29. 陵夷：高地渐平。引申为衰败。　　　30. 购：悬赏征求

四、翻译题

31. 俗话所说的"听到很多道理，便认为没有谁能比得上自己"，说的正是我啊。

32. 颍考叔说："我冒昧地问一下您说的是什么意思？"（郑）庄公告诉了他缘故，并且告诉他自己很后悔（的心情）。

33. 如今世上那些贪得无厌的人，见到钱财就不放过，用来增加他们的家产。

五、阅读分析题

（一）

34. "绕"是环绕的意思。一池碧绿的春水环绕着杏树，预示着勃发的生机。（2分）"绕"字用得精巧，既生动地写出了陂水曲折蜿蜒之流势，又传神地写出了水与花相依相亲的状态。（1分）

35. 三四句融议论与抒情于一体，运用对比、对偶、托物言志的手法，（3分）写出了北陂杏花即便被春风吹得凋谢零落，也胜过南坡杏花被践踏成尘。褒扬北陂杏花品性之美，耐人玩味。诗歌流露出作者对北陂杏花的赞美和欣赏，同时也彰显了诗人刚强耿介、孤芳自赏的自我人格的特征，表达自己的政治理想与高尚情操，宁愿为理想献身也不愿陷身污浊。（2分）

（二）

36. 作者采用对比的手法，通过语言、动作、神态描写，塑造了三个具有鲜明代表性的人物形象，展示了他们对待由主子压迫而造成的悲苦生活的不同态度。（2分）奴才身受主人残酷的剥削压迫，丝毫不想反抗主人的压迫以改变自身处境，是麻木，卑怯的；聪明人倾听奴才诉苦，尽力作出悲悯和同情的样子，但他没有给奴才任何实际的帮助，是伪善、阴险的；傻子为奴才的悲惨生活和主子的残酷剥削而愤愤不平，替奴才将黑暗阴湿的屋子开窗，是爱憎分明、坚决果敢的。（2分）

37. 这是一个受尽苦难，被压迫被剥削而又毫无觉悟的劳动者形象。（1分）他在主人的残酷剥削压迫下过着悲惨的生活，（1分）受尽苦难却又麻木不仁，他一身驯服的奴才骨头，愚昧地忠实于剥削者，没有一点反抗精神。（1分）他是一个被剥削者腐蚀了灵魂的真正的奴才。（1分）

38. 本文借助聪明人、傻子、奴才三个形象，从国民性改造的角度，写出了国民性格的三种类型，（1分）暴露、讽刺了普遍存在于国民中的奴性、卑怯、狡猾、明哲保身等精神弊病，（1分）赞美了傻子的斗争精神和实干态度，（1分）通过对傻子悲剧命运的描写，表现了作者对不觉悟民众的愤懑情绪。（1分）

六、作文

39.

（标题、居中） 寻物启事

正文（另起一行，空两格

一、注明丢失物品的名称、外观、规格、数量、品牌以及丢失的原因、时间、具体地点。

二、注明可送还的地点、联系方式、送还方式。

三、表达谢意的话，可注明酬金。）

落款（发文单位或个人名称

发文日期）

40.

材料大意及解读：生在与前辈完全不一样的时代，经历着前辈们不曾经历的事情，甚至被贴上了"垮掉的一代"的标签。然而，《奔涌吧，后浪！》告诉我们：一个国家最好看的风景，是这个国家的年轻人。

立意参考：

立大志，让我们有奋斗目标，不畏眼前困难。

开视野，让我们不闭门造车，博采众长。

练能力，让我们脚踏实地，不夸夸其谈。

切入角度参考：

1.青春

2.祖国的未来

3.垮掉的一代?

4.奋斗

5.青年的选择

6.年轻是一种态度

7.青年人的担当

山东省2019年普通高等教育专升本统一考试
大学语文试题参考答案

一、单项选择题

题号	1	2	3	4	5	6	7	8	9	10
答案	B	D	A	D	C	C	D	C	B	A

二、填空题

11.《莎菲女士的日记》　　12.唐代散文、古文运动

13.人物、环境、情节　　14.海明威、《老人与海》

15.《伊利亚特》《奥德赛》

三、释词题

16.满足　　17.命名　　18.配偶　　19.从那时以来

20.违犯　　21.杜绝　　22.标准　　23.探问、问候

24.消融、消散　　25.遵守

四、翻译题

26.仓库储备充足了，百姓才懂得礼节；衣食丰足了，百姓才分辨荣辱，统治者的作为合乎法度，"六亲"才得以稳固。

27.我听说官吏在议论驱逐客卿，私下里认为这是错误的。

28.尊敬自己的老人，推及到也尊敬别人的老人；爱护自己的孩子，由此推及到爱护别人的孩子。

29.因此，故意傲慢无礼、言语粗鲁，使他深受挫折、羞辱。

30.圣人没有固定不变的意志，把百姓的心意当作自己的意志。

五、简答题

31.（1）卫律使用"威逼""利诱"的方法：先杀人以"敲山震虎"，又用荣华富贵利诱。苏武义正言辞拒绝。（5分）

（2）李陵是苏武的朋友，他用亲身经历，以情动人。然后现身说法，说汉帝昏庸，家人枉死。但无论如何，苏武都不为所动，持节不屈。（5分）

32.（1）结构严谨、层次清晰；三节三个意境，从写景到抒情；（3分）

（2）运用象征、拟人等多种修辞手法；西风象征革命，秋天拟人化；（4分）

（3）音韵与格律严整。（3分）

六、作文

（略）

山东省2018年普通高等教育专升本统一考试
大学语文试题参考答案

一、单项选择题

题号	1	2	3	4	5	6	7	8	9	10
答案	C	B	A	B	A	D	C	B	D	B

二、填空题

11.《随想录》　　12.象征主义　　13.《围城》　　14.艾青

15.《女神》　　16.《西风颂》　　17.圣地亚哥（桑提亚哥）

18.赫克托尔　　19.纪传体　　20.风骚

三、释词题

21.过：错　　22.使：使者　　23.卒：同"猝"，突然、仓猝

24.恨：遗憾　　25.黄花：菊花　　26.以：用

27.害：祸害、祸患　　28.孔：很　　29.但：只

30.淈：搅浑

四、翻译题

31.一个国家不能有两属的情况（两个国君），现在您打算怎么办?

32.管仲家贫，经常占鲍叔的便宜，但鲍叔始终很好地对待他，不因为这些事而有什么怨言。

33.以天下百姓的快乐为（自己的）快乐，以天下百姓的忧愁为（自己的）忧愁，然而，这样的人还不能称王的，从来没有过。

34.如果能够卑躬屈节地侍奉贤者，屈居下位接受教诲，那么，超出自己才能百倍的人就会光临。

35.善于高飞的黄鹤尚且无法飞过，猿猴要想翻过也愁于攀援。

五、阅读分析题

（一）（10分）

36. 这首诗以白描手法写江南农村初夏时节的景象。前两句着重写景：绿原、白川、子规、烟雨，寥寥几笔就把水乡初夏时特有的景色勾勒了出来。后两句写人，画面上主要突出在水田插秧的农民形象，从而衬托出"乡村四月"劳动的紧张与繁忙。（3分）

37. 植桑养蚕和种植水稻是江南农村的两大农事。诗人用一个"才"和一个"又"串联起这两种劳作，养蚕的工作才刚刚结束，农民又到稻田插秧，正反映了农事劳动的紧张繁忙。（3分）

38. 诗歌的前两句写景，后两句写人。首句写绿油油的山原，白茫茫的水田，为后面两句写采桑养蚕和稻田插秧提供了场景。次句写催促耕种的"子规声"，写对农作物生长十分有利的"如烟雨"，也为写农人的田间劳作埋设了伏笔。"蚕桑"呼应"绿遍山原"，以"插田"呼应"白满川""雨如烟"，"子规声"呼应"闲人少"，使诗意连续，结构完整，勾画出乡村四月农家的忙碌气氛。（4分）

（二）（20分）

39. 答：春天的洋槐既沉稳又不喧哗，花香怡人；夏日的洋槐生机勃发，经得住考验，安详而平静；秋天洋槐树叶金黄、纷纷飘落，痛痛快快利利索索地告别（回归自己）；冬天的洋槐全身无一遮挡，展示着它的挺拔与骄傲（每要点1分）。

40. 答：洋槐最可贵的品质是沉稳、朴实、坚强。写暴风雨中的洋槐更能突出它坚强不屈的品格（2分），表达了作者对洋槐的赞美之情（2分）。

41. 答：（1）跟其它树相比，洋槐绿得迟；（1分）槐花开放令整个世界灿烂而壮丽，花香袭人，充满浓浓的春意。（1分）

（2）新陈代谢是自然规律，金黄的槐树叶落入泥土是一种自然规律，（1分）是新陈代谢，是休养生息，化作春泥更护花，孕育着新的开始。（2分）

42. 答：作者与槐树的"默契"指作者借槐树的四季来感悟生命，表达自己的人生态度（2分，答出"托物言志""咏物抒怀""象征"即可给2分）。灿烂时尽情释放但不失沉稳（1分）（人处顺境时），风雨中岿然不动然而安详平静（1分）（人处逆境时），告别时痛快利索（1分）（人自我发展、自我反省时），孤独时自信潇洒（1分）（人要坚守初心、坚持真理，人被误解冷落时）。

六、作文

（略）

山东省2017年普通高等教育专升本统一考试
大学语文试题参考答案

一、单项选择题

题号	1	2	3	4	5	6	7	8	9	10
答案	D	B	B	C	D	A	B	C	A	D

二、填空题

11. 左丘明　　　　　12. 屈原　　　　　　　13. 李白

14. 王蒙　　　　　　15. 戴望舒　　　　　　16. 培根

17. 伤逝　　　　　　18. 回眸一笑百媚生　　19. 赏心乐事谁家院

20. 难于上青天

三、释词题

21. 原：推究　　　　22. 亟：屡次　　　　　23. 市：买

24. 节：气节　　　　25. 当：守　　　　　　26. 濯：洗

27. 盈：满　　　　　28. 羞：以……为羞　　29. 共：同"拱"，环绕

30. 杜：断绝、制止

四、翻译题

31. 管仲(他)执政的时候，善于把祸患转化为吉祥，将失败转化为成功。

32. 许多东西并不产于秦，然而可当作宝物(利用)的却很多；许多士人都不出生在秦国，可是愿意对秦尽忠心的却不少。

33. 当我出征的时候，杨柳随风飘拂。如今我回来了，大雪漫天飞舞。

34. 自然的大道规律，是减少那些多余的，而补充那些有所不足的。

35. 天下真正具有豪杰气概的人，遇到突发的情形毫不惊慌，当无原因受到别人侮辱时，也不愤怒。

五、阅读分析题

（一）（10分）

36. 这首诗的意境特点是：宁静和谐、闲适散淡。（2分）

37. 诗的首句写渔翁夜钓回来，懒得系船，而让渔船任意飘荡，于是有了"不系船"。第二句"江村月落正堪眠"点明"钓罢归来"的地点、时间及人物的行动、心

情。船停靠在江村，时已深夜，月亮落下去了，人也已经疲倦，该睡觉了，因此连船也懒得系。但是，不系船能安然入睡吗？后两句紧承第二句，回答了上面的问题：夜里即将起风，没有缆住的小船也至多被吹到那长满芦花的浅水边，也没有什么关系。总之，诗的后面三句都是从"不系船"这三字生出的，这三个字正体现出了钓者悠闲的生活情趣和江村宁静优美的景色，所以说"不系船"三字为全诗关键。（4分）

38. 这首诗的特点是以个别写一般，即通过江上钓鱼者的一个细小动作及心理活动，反映江村生活的一个侧面，由小见大，比泛泛描写江村的表面景象更加别具一格地写出了真切而又恬美的意境。诗在申明"不系船"的原因时，不是直笔到底，一览无余，而是巧用"纵然""只在"等关联词，以退为进，深入一步，使诗意曲折深蕴。（4分）

（二）（20分）

39. 答：鸟儿飞行是联翩的、壮阔的；（2分）盲目的、剧烈的；（2分）会更快地消失。（2分）

40. 答：这句话是过渡句，（2分）自然地由"鸟"过渡到"人"，所以文章表面写鸟，实则写人。（1分）

41. 答：（1）这句话说明泉水的价值功用，泉水是智慧的象征，所以知道鸟儿应该飞去的方向。（2分）

（2）这句话是作者感悟到的生命真谛，这里的"美"不仅指自然和美景之美，（1分）更是指人类聆听心灵深处泉水鸣声的自省之美。（1分）

42. 答：泉水清澈恬静，可供飞翔的倦鸟歌息养神，照影照心；心灵的泉水是人们心中的宝镜。（1分）听泉是指人们倾听心灵的泉水，倾听自然的启迪，反省自己的生活，探索生命的真谛，重新明确人生的方向。（3分）作者领悟到的人生真谛包括：要诚实无疚；要谦虚朴素，舍弃清高和偏执；要舍弃自我，真实自然。（3分，每点1分）

六、作文

（略）

山东省2016年普通高等教育专升本统一考试
大学语文试题参考答案

一、选择题

题号	1	2	3	4	5	6	7	8	9	10
答案	A	C	A	D	A	D	D	A	B	C

二、填空题

11.《诗经》　　　　　12.《左传》　　　　　13.风吹草低见牛羊

14.《木兰诗》　　　　15.莫言　　　　　　16.《女神》

17.王蒙　　　　　　18.莎士比亚　　　　19.《公羊传》《谷梁传》

三、释词题

20.畔：通"叛"，背叛　　　　　　21.名：名词动用，出名

22.鉴：镜子　　　　　　　　　　23.师之：把他当做自己的老师

24.厌：满足　　　　　　　　　　25.所以：用来……的

26.载：又　　　　　　　　　　　27.焉：哪里

28.见：表被动　　　　　　　　　29.私：偏爱

四、翻译题

30.丧失气节、玷辱使命，即使活着，还有什么脸面回到汉廷去呢！

31.古语说："要顺势助成君主的美德，纠正挽救他的过错，所以君臣百姓之间能亲密无间。"这大概就是说的管仲吧？

32.怎能让清白的身体去接触世俗尘埃的污染呢？

33.我曾经踮起脚远望，（却）不如登到高处看得广阔。

34.我一向认为把死和生当作一回事是错误的，把长寿和短命等量齐观也是荒谬的。

五、阅读分析题

（一）（10分）

35.首句"草色青青柳色黄"，已经用嫩绿、鹅黄两色把这幅春草丛生、柳丝飘拂的生机盎然的画面点染得十分明媚；次句"桃花历乱李花香"，更用暗笔为这幅画添上嫣红、洁白两色，并以写气图貌之笔传出了花枝披离、花气氤氲的浓春景象，使画面上的春光更加艳冶，春意更加喧闹。

36. 前两句表现春色美好，但是后两句表现春日作者的愁绪无法消除。在艺术手法的运用上，诗人是以前两句反衬后两句，使所要表达的愁恨显得加倍强烈。诗人在这两句里写足了春景，其目的在于从反面衬托出与这良辰美景形成强烈对照的无法消除的深愁苦恨。

37. 诗中"东风不为吹愁云"，不说自己愁重难遣，而怨东风冷漠无情，不为自己遣愁。这在诗思上深一层、曲一层，使诗句有避乎见奇之妙。"春日偏能惹恨长"，不说因愁闷而百无聊赖，产生度日如年之感，却反过来说成是春日惹恨，把恨引长，其立意就更新奇，遣词就更有深意。

（二）（20分）

38. 答："怅惘"是指作者思念什刹海却只能在梦中相见的遗憾。表达了作者感伤怀旧的情绪和浓郁的乡愁情结。

39. 答：① 冬雪皎白，薄冰试步；② 春天温柔，生机盎然；③ 夏天明媚，夕阳辉煌；④ 秋意渐深，秋荷摇曳。

作用：① 具体表现了什刹海景色之美；② 表达了作者对什刹海的喜爱之情。（每答出一点2分）

40.（1）答：指春天来了，什刹海的水充满了春意。

（2）答：指夜晚的什刹海很美，能触发诗人的创作灵感。

41. 答：① 一开始写"我爱水"照应了标题，并与文章的结尾相呼应；② 一开始写"我爱水"，可由眼前之水过渡到故都之水，使行文自然巧妙；③ 文章的主旨是表达作者对什刹海的喜爱和思乡之情，因而写什刹海的篇幅比较多。

六、作文

（略）

山东省2015年普通高等教育专升本统一考试
大学语文试题参考答案

一、选择题

题号	1	2	3	4	5	6	7	8	9	10
答案	C	C	A	A	D	B	D	B	A	B

二、填空题

11. 305

12. 微笑的样子

13. 在这件事上

14. 被动

15. 白居易

16. 老舍

17. 洞庭一角

18. 议论

19. 春之声

20. 雪莱

三、释词题

21. 赶上（祸殃）

22. 成就帝业

23. 流水的源头、平原

24. 离开

25. 吝惜

四、翻译题

26. 姜氏哪里有满足的时候？不如早早地替他安排一个地方。

27. 这恐怕就是他成为子房的原因吧！

28. 国家因此而富裕强盛，百姓也乐于被国家所使用。

29. 现在昭王您果真想要招揽贤士，首先就从我开始。

五、阅读分析题

（一）（10分）

30. 舞台动作提示，行步的样子。（中国戏曲剧本中的"介""科"都是指人物某种动作状态）曲牌名。（各2分）

31. ① 双关："袅晴丝"

② 比喻："春如线""彩云""三春好处"

③ 拟人："没揣菱花，偷人半面。"

④ 倒装："翠生生出落的裙衫儿茜"或"艳晶晶花簪八宝填"

⑤ 夸张："沉鱼落雁鸟惊諠"或"羞花闭月花愁颤"

⑧ 用典："沉鱼落雁"或"羞花闭月"

⑦ 对偶："不提防沉鱼落雁鸟惊諠，则怕的羞花闭月花愁颤。"

（每写出1种修辞并举例得2分，只要写出其中3种并举例即得6分）

（二）（22分）

32. 文学欣赏（鉴赏）的趣味（2分）

"活的趣味"指不断变化发展的鉴赏观，"死的趣味"指一成不变的鉴赏观（各2分）

33.《孟子》《中庸》（各2分）

34. 作者运用"以喻明理""现身说法"等技巧，使论述深入浅出，清楚明了。在阐明惰性的"顽强"与获得新的趣味之不易这一观点时，作者结合个人经验反复阐述，令人倍感亲切，增强了说明力。（6分。结合语句展开具体分析6分）

六、作文

（略）

山东省2014年普通高等教育专升本统一考试
大学语文试题参考答案

一、单项选择题

题号	1	2	3	4	5	6	7	8	9	10	11	12	13	14	15
答案	A	D	A	B	A	B	B	B	D	C	C	A	C	D	A

二、多项选择题

题号	16	17	18	19	20
答案	BCD	ABCD	AC	ACD	BD

三、填空题

21. 巴金、激流　　22. 雨巷　　23.《围城》

24. 艾青　大堰河　　25. 英　　26. 雪莱

27. 张良　　28. 婉约　　29. 反问

30. 买　　31. 杨柳依依　雨雪霏霏　　32. 此恨绵绵无绝期

四、阅读分析题

（一）（15分）

33.论点：客卿对秦国的发展具有巨大作用（2分）

34.论证方法：例证法（2分）

论证效果：首先，作为例证，本段列举的都是秦国历史上的真实事例——秦穆公等"四君"任用外来客卿，使秦国获得极大发展，这充分说明了客卿的巨大作用。接着，再假设"四君"不用客卿，秦国不能强大。从正反两方面论证了观点。（4分）

35.纵，指"合纵"，是战国时期六国诸侯实行的纵向联合、一起对抗秦国的政策，后来被秦国远交近攻的策略破坏。（2分）

36.① 拔：攻占（1分）② 以：凭借（1分）

37.假使这四位国君拒绝客卿、闭门不纳，疏远外来之士而不用，这就不会使秦国得到富强，秦国也不会有强大的威名。（3分）

（二）（8分）

38.郭沫若（1分）"五四"（1分）

39.诗人以奇异的想象和超凡的象征塑造了"天狗"形象，这是一个具有强烈的叛逆精神和狂放的个性追求的形象，是大胆毁灭一切、创造一切的时代精神的生动写照。（2分）

40.① 每行诗均以"我"为主语起笔，具有强烈的主观色彩。诗人把自我的情感熔铸到"天狗"的形象中，直接以"天狗"自比，直抒胸臆，塑造了一个大胆反抗，勇敢叛逆的抒情主体——"我"（即"天狗"）的形象。（2分）② 全诗通体以"我"字领句，从头至尾，构成连珠式排比，层层推进，步步强化，有效地加强了语言气势，渲染了抒情氛围。（2分）

（三）（7分）

41.① 无风时，炊烟在屋顶上空浮动，依依缭绕，经久不散。② 风来时，炊烟则翩然起舞，千姿百态，袅娜绰约。③烟雨朦朦时，炊烟就依依缠绕在瓦楞上、低回在竹林里芭蕉树旁，将整个村庄笼罩上了一层薄纱轻绸。（3分）

42.拟人、比喻（2分）

43.炊烟的姿态柔美，炊烟传递着家庭的温暖和爱。（2分）

五、作文

（略）

山东省2013年普通高等教育专升本统一考试
大学语文试题参考答案

一、单项选择题

题号	1	2	3	4	5	6	7	8	9	10
答案	C	D	D	D	A	A	B	A	A	D

二、填空题

11.《史记》

12.《中庸》《孟子》

13.《孔雀东南飞》《木兰诗》

14.《子虚赋》《上林赋》

15. 高尔基

16. 秋水共长天一色

17. 谢道韫

三、释词题

18. 患：担心、忧虑

19. 濯：洗涤

20. 屈：使动，在这里指丧失

21. 凌：登上

22. 待：等

23. 知：知道、懂得

24. 岂：难道

25. 来：回来，归来

26. 疾：痛恨

27. 安：怎么，哪能

四、翻译题

28. 人生中的祸患常常是从细微的事情中积淀下来的，人的智慧和勇气常常被自己所溺爱的事物所困，难道只有宠爱伶人才会这样吗？

29. 从事物不变的一面看来，万物同我们来说都是永恒的，又有什么可羡慕的呢？

30. 妻子赞美我漂亮，是偏爱我；我的妾赞美我美，是害怕我；客人赞美我美，是有事情要求于我。

31. 身体寄托在天地间还能有多少时候？为什么不随心所欲，听凭自然的生死？

32. 我曾经多次做官，多次都被君主免职，但鲍叔不认为我没有才干，知道我没有遇到好时机。

五、阅读分析题

（一）（10分）

33. 答：作者抓住秋夜、秋声、秋色和秋月等，让读者很自然地感受到秋思。从夜静叶落写起，由沙沙响而感知落叶声，由落叶而感知秋时之声，因夜之愈静，故愈觉寒声之碎。又在空寂的高楼之上，卷起珠帘，观看夜色，千里共月，最易引起相思之情。（意对即可）

34.答：同意。"寒"意为寒冷，"碎"意为破碎．表现寒秋时节，秋叶纷纷坠地的无奈．体现了自己处境孤寒的感受，渲染出寂夜中悲凉寥寞的心情．

35.答：作者写出了酌酒垂泪的愁姿，挑灯倚枕的愁态，攒眉揪心的愁容。肠已愁断，酒无由人，虽未到愁肠，已先化泪，愁更难堪，情更凄切。枕头斜倚，写出了愁人倚枕对灯寂然凝思神态，更加形象，更加生动。怀旧之事，是无法回避的，不是在心头萦绕，就是在眉头攒聚，这愁，在内为愁肠愁心，在外为愁眉愁脸。

（二）（20分）

36.答：雾的主要特点：遮蔽性、模糊性、朦胧美

细节描写的艺术表达作用：① 为了突出雾的特点；② 使文章的内容更加丰富，从而赞美了_____（抒发了、表达了作者对雾的喜爱之情）；③ 行文生动活泼，增强文章的情趣和可读性。④ 承上启下，由对加德满都之雾的喜爱，升华到对朦胧美的感悟。

37.答：在社会生活和科学中都有模糊性。

38.答：① 因为朦胧模糊的东西有时反而更美。② 因为模糊的东西比清晰的东西更能激发观赏者自由的想象，从而增强审美情趣。

39.答：① 开篇点题、欲扬先抑；作者开篇说"不喜欢"雾，为下文作铺垫。② 来到加德满都后，作者开始"喜欢"进而"欣赏"后来"赞美"加德满都的雾景。③ 雾引发了作者的理性思考（雾启发作者思考自然科学与社会科学的朦胧美，感悟幻想、自由想象联想的哲理）。④ 作者最终"陶醉"在雾境的幻象之中（表达对雾、对朦胧美、对自由的高度赞扬之情）。

六、作文

作文提纲

我的中国梦

梦想是石，敲出星星之火；梦想是火，点燃熄灭的灯；梦想是灯，照亮夜行的路，梦想是路，引领我们走向黎明。

中国梦，一个勇敢的梦。

中国梦，一个伟大却切实的梦。

中国梦，一个我要去实现的梦。

再难攀登的山峰上，也会有人的足迹；再崎岖的路，也是人一步一个脚印去丈

量。我们的未来不是梦，我们的中国梦，未来将不只是"梦"！

山东省2012年普通高等教育专升本统一考试
大学语文试题参考答案

一、填空题

1. 国别体

解析：识记类试题，属作家作品类文学常识考察。先秦时期是一个泛文学的时期，真正意义上的文学概念还没有产生。今日所言先秦文学，实际上包含了史学和哲学方面的作品。先秦文学主要有诗歌和散文两大类，诗歌类主要有《诗经》和《楚辞》两个作品集；散文类则包括诸子散文和历史散文两大类。对于历史散文来说，历史著作的著述体例则是一个主要的考查要点。从体类上分，史书可以分为编年体、国别体、纪传体以及纪事本末体。对这一知识点的考查，2006年填空第三小题、2008年填空第二小题、2009年选择题、2011年填空题都有过相关考查，读者可参阅以上真题的解析。

2. 屈原

解析：识记类试题，属作家作品类文学常识考察。屈原和楚辞是专升本考试不可回避的重点之一，2006年以来相关考查比较多，包括对《招魂》和屈原作为"楚辞体"代表作家等知识点的考查等等。《离骚》是屈原的代表作品，高中教材里面已有节选，故考生对此题考查的知识点应该不会陌生。

3. 子君

解析：识记类试题，属对具体作品内容的考查。鲁迅的作品，考试大纲规定的三十五篇选入其小说《伤逝》，另外其《灯下漫笔》前几年也曾有过考查。

《伤逝》是鲁迅唯一一篇以爱情为题材的小说，小说中的子君是小说中的亮点，她对恋爱和婚姻自由的大无畏的追求体现了五四时期个性解放的曙色，也是鲁迅在小说中大大赞赏的，2006年的真题里就有相关内容的考查。同时，子君的身上又表现出五四时期思想尚未完全解放的新女性的较多弱点，包括部分封建意识的残留，这也成为小说悲剧结局的主要原因。总之，子君的形象具有相当的典型性，是这篇课文应该掌握的重点之一。

4. 胡适

解析：识记类试题，属作家作品类文学常识考察。胡适是白话文运动的先锋之一，胡适是积极推动白话诗的先驱者。他1917年发表的《文学改良刍议》，是倡导文学革命的第一篇文章。1916年底，在美国留学的胡适，将其《文学改良刍议》的文稿寄给了陈独秀主编的《新青年》，发表在第2卷5期上。接着，陈独秀在下一期刊出了自己撰写的《文学革命论》进行声援。翌年，1918年5月，鲁迅又在该刊第4卷5期发表了《狂人日记》。于是，中国现代文学迈出了艰辛的第一步。《尝试集》是新文学运动期间第一部以白话写成在《新青年》杂志上发表的诗集，1920年出版，共三编。第一编大多是脱胎于旧诗词的作品，第二、三编在运用自由诗体和音韵节奏的改革等方面作了尝试，是现代文学史上的第一部白话诗集。作品或诅咒封建军阀的黑暗统治和旧礼教的虚伪，或表现个性解放和积极进取精神，或歌颂劳工神圣。胡适无疑是第一位白话诗人。他的《尝试集》充满了矛盾，显示出了从传统诗词中脱胎，蜕变，逐渐寻找、试验新诗形态的艰难过程。

5. 雨巷

解析：识记类试题，属作家作品类文学常识考察。戴望舒的《雨巷》1927年写成，1928年发表。1929年4月，出版了第一本诗集《我的记忆》，这本诗集也是戴望舒早期象征主义诗歌的代表作，其中最为著名的诗篇就是《雨巷》，受到了叶圣陶的极力推荐，盛赞他"替新诗开创了一个新纪元"，成为传诵一时的名作，因此他被誉为雨巷诗人。1932年，《现代》月刊创刊，戴望舒曾在该刊发表许多著、译作。同年11月，戴望舒赴法国，曾在巴黎大学、里昂中法大学肄业或旁听，并继续从事著、译活动。编定诗集《望舒草》于1933年出版。这一阶段的诗作数量较多，艺术上也较成熟，在创作中最具代表意义，他由此成为中国新诗发展史中现代派的代表诗人。

6. 老舍

解析：识记类试题，属作家作品类文学常识考察。由于创作话剧《龙须沟》，老舍被北京市人民政府授予"人民艺术家"的称号。《龙须沟》最初载《北京文艺》1950年创刊号。龙须沟本是北京有名的臭水沟。在旧社会，居住沟边的劳动群众不仅受到瘟疫疾病的威胁，还遭受反动政府和地痞流氓的盘剥欺压。解放后，他们彻底翻了身。人民政府填平龙须沟，修起柏油路，贫民区环境焕然一新。剧本以新旧社会的鲜明对比，歌颂党和人民政府对劳动人民的关怀，塑造了程疯子、赵老头等一些性格鲜明的形象。《龙须沟》语言生动风趣，成功写出社会变革与人们精神面貌变化的关系。

7. 小说

解析：识记理解类试题，属具体作品文体归属类知识考察。王蒙《春之声》是我国较早的比较成功地借鉴意识流手法创作的小说，它打破了以人物、情节、环境为主要要素的传统小说创作模式，在当代文学史上，是开先河的作品。小说成功借鉴意识流的创作手法，借助人物周围诸如声响、晃动、味道、乐曲等信息刺激，让主人公意识流动，产生丰富的联想，进而把那生生不息的、不可扼杀的、浩浩荡荡的生活之流，通过人物心理的旋转得到全景式、对照式的反映。这种手法的运用，突破了时空界限，揭示了主人公的心灵奥秘及时代氛围。

8. 海明威

解析：识记类试题，属作家作品类文学常识考察。《老人与海》是现代美国小说作家海明威创作于1952年的一部中篇小说，也是作者生前发表的最后一部小说。它一经问世，便在国际上引起了强烈的反响，在当时的文学界掀起了一阵"海明威热"。它讲述了古巴老渔夫桑提亚哥在连续八十四天没捕到鱼的情况下，终于独自钓上了一条大马林鱼，但这鱼实在太大，把他的小船在海上拖了三天才筋疲力尽，被他杀死绑在了小船的一边，在归程中一再遭到鲨鱼的袭击，最后回港时只剩下鱼头鱼尾和一条脊骨。它再次向人们证实了海明威作为20世纪美国杰出小说家的不可动摇的地位和卓越的功绩。这篇小说相继获得了1953年美国普利策奖和1954年诺贝尔文学奖。桑提亚哥是海明威所崇尚的完美的人的象征：坚强、宽厚、仁慈、充满爱心，即使在人生的角斗场上失败了，面对不可逆转的命运，他仍然是精神上的强者，是"硬汉子"。"硬汉子"是海明威作品中经常表现的主题，也是作品中常有的人物。他们在外界巨大的压力和厄运打击时，仍然坚强不屈，勇往直前，甚至视死如归，他们尽管失败了，却保持了人的尊严和勇气，有着胜利者的风度。

9. 难于上青天

解析：识记类试题，属名句填空类型试题。"蜀道之难，难于上青天"是李白《蜀道难》一诗中三次重复的主旨句，考生应该不会陌生。这句话在诗中凡三见：开头、中间、结尾各出现一次。这并非简单的重复，因为它每出现一次都给读者带来新的启示，由此自然形成了以主旨句贯穿始终、内容层层深入的格局，使人产生一叹之不足而至于再，再叹之不足而至于三的感受。

10. 人比黄花瘦

解析：识记类试题，属名句填空类型试题。句出李清照《醉花阴》"薄雾浓云愁永昼"，是考试大纲规定的三十五篇之一。"莫道不消魂，帘卷西风，人比黄花瘦"三句是历来为人激赏的名句，2009年大学语文真题阅读题中就有关于这三句赏析的考查，考生可参阅该题的答案与解析。

二、选择题

11. A

解析：识记类试题，属先秦诸子思想流派知识的考查。先秦诸子较著名者约有以下诸家：儒、道、墨、法、阴阳、名、农、杂等，其中儒、道两家对后世的影响尤为明显。先秦儒家的代表人物主要有孔子、孟子和荀子，道家则有老子和庄子。考试大纲规定的三十五篇中，《先秦诸子语录》一课对先秦诸子的治政思想有一个相对集中的介绍，相关文学常识也是考生应该留意的。

12. B

解析：识记类试题，属具体篇目内容的考查。《史记》有《留侯世家》一篇，为秦末辅佐刘邦的著名谋士张良。苏轼《留侯论》即以《留侯世家》中的相关记载与论述生发议论，属于人物史论性质的文章。

13. C

解析：理解识记类试题，属具体篇目历史背景知识的考查。白居易《长恨歌》是以唐玄宗和杨贵妃的历史事实为根据，抒写李杨爱情故事的长诗。全诗形象地叙述了唐玄宗与杨贵妃的爱情悲剧。诗人借历史人物和传说，创造了一个回旋宛转的动人故事，并通过塑造的艺术形象，再现了现实生活的真实。李杨爱情的悲剧直接由安史之乱造成。安史之乱，是中国历史上一次重要事件，是唐朝由盛而衰的转折点。安指安禄山（也指安庆绪），史指史思明（也指史朝义），安史之乱是指他们起兵反对唐朝的一次叛乱。安史之乱自唐玄宗天宝十四年（755年）至唐代宗宝应元年（762年）结束，前后达八年之久。玄武门之变与贞观之治的主角则是李世民：唐高祖武德九年，当时的秦王、唐高祖李渊的次子李世民在都城长安大内皇宫的北宫门——玄武门附近发动了一次流血政变，结果李世民杀死了自己的长兄（当时的皇太子李建成）和四弟（当时的齐王李元吉），得立为新任皇太子，并继承皇帝位，是为唐太宗，年号贞观。"贞观之治"是指中国唐太宗在位期间的清明政治。由于唐太宗能任人廉能，知人善用；广开言路，尊重生命，自我克制，虚心纳谏，重用魏征等诤臣；并采取了一些以农为本，厉行节约，休养生息，文教复兴，完善科举制度等政策，使得社会出现了安定的局面；当时并大力平定外患，并尊重边族风俗，稳固边疆。当时年号为"贞观"，故史称"贞观之治"。宦官专权则是中国古代政治的一个痼疾。从历史上来说，东汉、唐、明三朝，是中国历史宦官专权最严重的时期。东汉中后期后，多由幼主临朝，政权多落人皇太后为首的外戚之中。皇帝成年后，不甘于外戚专权局面，便依靠身边的宦官发动政变，这样，宦官在皇帝支持下形成政治集团而操纵政权。由于宦官没有社会基础，没有政治才干，因而导致政治更加腐败。比较正直的文人官吏和外戚集团起而反对宦官，宦官在皇帝支持下进行反击和镇压，因而导致了党锢之祸，使东汉统治日趋腐败，政局更加混乱。唐代宦官专权是从唐中期开始的。安史之乱后，宦官因拥立有功而权力增大。后来又直接掌握了兵权，宦官开始有恃无恐的干政，连皇帝也任其摆布。

14. C

解析：识记类试题，属作家作品类文学常识的考查。《聊斋志异》，简称《聊斋》，俗名《鬼狐传》，是清代著名小说家蒲松龄创作的一部文言短篇小说集。全书共有短篇小说491篇。题材非常广泛，内容极其丰富，艺术成就很高。作品成功地塑造了众多的艺术典型，人物形象鲜明生动，故事情节曲折离奇，结构布局严谨巧妙，文笔简练，描写细腻，堪称中国古典文言短篇小说之巅峰。

15. D

解析：识记类试题，属作家作品类文学常识的考查。《儒林外史》是由清代小说家吴敬梓创作的章回体长篇小说。小说假托明代，实际反映的是康乾时期科举制度下读书人的功名和生活。作者对生活在封建末世和科举制度下的封建文人群像的成功塑造，以及对吃人的科举、礼教和腐败事态的生动描绘，使小说成为中国古代讽刺文学的典范，也使作者吴敬梓成为中国文学史上批判现实主义的杰出作家之一。钱钟书《围城》刻画了一大批三四十年代的知识分子形象。他们游离于当时的抗日烽火之外，虽然都是留学归来，受到了西方文化的熏陶，但他们没有远大的理想，又缺乏同传统势力和思想斗争的勇气，结果甚至无法把握自己的生活。像主人公方鸿渐、"冷若冰霜、艳若桃李"的苏文纨、庸俗贪财的学术骗子李梅亭、柔顺之下深藏心机的孙柔嘉等……作者以机智的幽默和温情的讽刺，剖析了这群人的个性与道德上的弱点，揭示了他们的精神困境，所以有人评论《围城》是"现代的《儒林外史》"。

16. D

解析：识记类试题，属作家作品类文学常识的考查。朱光潜是中国现代美学奠基人和开拓者之一，考试大纲规定的三十五篇有他的文艺论文《文学的趣味》。

17. B

解析：理解识记类试题，属对具体篇目内容理解与记忆的考查。《洞庭一角》为余秋雨先生《文化苦旅》中的一篇文章，"贬官文化"就出自其中。该词也许非余先生首创，但作为中国文化历史的一种特有现象，"贬官文化"倒是很值得研究的。其价值可以用余先生的一句话来概括：中国文化中极其夺目的一个部位。"贬官文化"首先与当官入仕有关，因为只有做官才可能受贬。有趣的是，我们看到在中国历史上，几乎所有大文人都做官，也几乎都遭贬罢黜。

18. A

解析：理解识记类试题，属对具体篇目内容理解与记忆的考查。本题四个选项涉及考试大纲规定的三十五篇中的四篇课文，全是对课文内容整体或是部分细节的正确或是错误的理解，考查知识相对比较细。选项A是对贾平凹《读书示小妹十八生日书》主要内容的概括，表述正确；选项B中，前半句"在人生态度上，林语堂所欣赏的是一种'闲适的生活'"是对的，但后半句"这种享乐主义的人生态度，在《失败了以后》一文中得到充分体现"却是错误的。《失败了以后》是林语堂的一篇励志文章，自然与他的"享乐主义的人生态度"毫无关涉。选项C中，胡适在《赠与今年的大学毕业生》一文中，并不认为大学生毕业后如果不继续求学，就会走向堕落；而是认为会有堕落的危险，原文说："你们毕业之后，可走的路不出这几条：绝少数的人还可以在国内或国外的研究院继续作学术研究；少数的人可以寻着相当的职业；此外还有做官，办党，革命三条路；此外就是在家享福或者失业闲居了。第一条继续求学之路，我们可以不讨论。走其余几条路的人，都不能没有堕落的危险。"意思非常明白。选项D也是错误的。在《文学的趣味》一文中，朱光潜说："孔子有言：'知之者不如好之者，好之者不如乐之者'，仿佛以为知、好、乐是三层事，一层深一层；其实在文艺方面，第一难关是知，能知就能好，能好就能乐。知、好、乐三种心理活动融为一体，就是欣赏，而欣赏所凭的就是趣味。许多人在文艺趣味上有欠缺，大半由于在知上有欠缺。"不难看出，作者认为，在文学欣赏方面，"知"是最重要的，是"第一难关"，"知"、"好"、"乐"三者并不存在孔子所说的层层深入的情况。仔细阅读作者的语言，则其观点不难看出。而且，孔子的观点也和作者下文中用大量的篇幅对"知上的欠缺"的分析相矛盾，这也是考生应该首先想到的。

19. D

解析：理解识记类试题，属对具体篇目内容理解与记忆的考查。《西风颂》一篇，2006年以来一直没有做过考查，今年是第一次，考查内容也比较细，需要考生对该诗有较为具体的印象。诗的前三节，诗人写西风摧枯拉朽的豪迈气势，"塑造的西风形象威力无穷，可以将一切腐朽的生命——枯叶、黑夜、黑色的雨、冰雹和火焰——扯碎"，说明选项C是正确的。《西风颂》的作者是19世纪英国著名浪漫主义诗人雪莱，这是选项A的内容，无疑也是正确的。选项B所引用"如果冬天来了，春天还会远吗"

是雪莱《西风颂》中最有名的句子，也是全篇的结尾，在革命年代被频频引用，确实具有振奋人心的力量，所以也是对的。只有选项D的表述有问题：从第四节开始，由写景转向抒情，由描写西风的气势转向直抒诗人的胸臆，抒发诗人对西风的热爱和向往，达到情景交融的境界，而中心思想仍然是歌唱西风。第四节回到了诗人自己，他呼唤西风将"我"带走，像树叶、浮云、水波一样，不羁地、自由地浮游于世界。第五节，诗人改用一系列祈愿的句式，表达了要与西风合为一体的决心和勇气。总之，诗的前三节写"西风"，后两段写诗人与西风的应和。诗中并无"以西风自喻"的情况，所以是错误的。

20. B

解析：识记类试题，属作家作品类文学常识的考查。相传为盲人荷马加工整理而成的《荷马史诗》是古希腊最伟大的作品，也是西方文学中的经典。荷马史诗包括《伊利亚特》和《奥德赛》两部分。《伊利亚特》叙述希腊联军围攻小亚细亚的城市特洛伊（Troy）的故事，以希腊联军统帅阿伽门农和勇将阿喀琉斯（或译为阿契里斯）的争吵为中心，集中地描写了战争结束前几十天发生的事件，塑造了阿喀琉斯和赫克托耳两个著名的英雄形象。《奥德赛》叙述伊大卡国王奥德修斯在攻陷特洛伊后归国途中十年漂泊的故事。四个选项中，A和C是生造出来的两个错误选项；D选项《浮士德》是德国诗人歌德的作品。

三、释词题

21. 多次、屡次。

解析：常见文言实词意义的考查是考试大纲规定的考点之一，本题即体现了这一要求。亟有两个读音，相应有两组含义，本题考查其常见义。亟请，多次请求。

22. 被，表示被动。

解析："见"作为助词时，有表被动的用法。三十五篇中这样的例子比较多，如《渔父》、《席方平》等篇都有。

23. 称王

解析："王"作动词时，意为称王，这一用法比较常见。如："然而不王者，未之有也。"（《孟子·梁惠王上》）

24. 假若、假如、如果

解析：三十五篇中，"向使"二字连用表"当初假如"之意，用例较多，如《谏逐客书》："向使四君却客而不内，疏士而不用，是使国无富利之实而秦无强大之名也。"又《驳复仇议》："向使刺谳其诚伪，考正其曲直，原始而求其端，则刑礼之用，判然离矣。""使"单独做解释不多，故考生会稍觉陌生。其他的用例还有："向使三国各爱其地，齐人勿附于秦。"（清·刘开《问说》）"使举国之少年而果为少年也，则吾中国为未来之国，其进步未可量也。"（清·梁启超《少年中国说》）"使无先生相助，岂有我之今日？使能发愤图强，必定前途无量。"

25. 将要、即将

解析："今"作副词用时，有"即将、立刻、马上"之意，本题中《燕昭王求士》中的用例就是。另如："夺项王天下者必沛公也，吾属今为之虏矣！"（《史记·项羽本纪》）

26. 消失、消融、散失

解析："瑞脑消金兽"一句，有"瑞脑销金兽"的译文，向来争论不休。苏教版高中教材中是"瑞脑消金兽"，故以此为标准。

27. 很、非常

解析："孔"作副词，有"很、非常"之意，如：孔亟（甚急）；孔多（很多）；孔明（很完备；很洁净；很鲜明）；孔疚（很痛苦）；孔虔（非常虔诚）；孔圣（很圣明）。

28. 因此、所以

解析：这里首先要明白，"是以见放"是一个宾语前置句，宾语"是"前置；"以"是由于、因为的意思，"是以"就是"以是"，就是"因为这个（原因）"。因为经常这样用，所以"是以"近乎一个固定词语，就是因此的意思。又如："是以先帝简拔以遗陛下。"（《出师表·诸葛亮》）"公（袁可立）出登莱时，莲贼初在金乡，猝与遇，单骑麾之，败糜散去，徐用登师捣其后，是以有兖东之功。"（明黄道周《节寰袁公传》）

29. 趁着

解析："因"作介词时，有"趁着、乘便"之意。如"因利乘便。"（汉·贾谊《过秦论》）"游于三辅，因入京师。"（因，乘便）。（《后汉书·张衡传》）

30. 何为，为什么

解析："胡为"，亦即"为胡"，即"为何"，意为何为，为什么。如《诗·邶风·式微》："微君之故，胡为乎中露？"《礼记·檀弓上》："夫古之人，胡为而死其亲乎？"《汉书·黥布传》："胡为废上计而出下计？"颜师古注："胡，何也。"唐李白《蜀道难》诗："嗟尔远道之人，胡为乎来哉！"宋苏轼《郑州别后马上寄子由》诗："不饮胡为醉兀兀，此心已逐归鞍发。"明高启《赠金华隐者》诗："嗟我胡为在尘网，远望高峰若天壤。"

四、翻译题

31. 秦国的王族、大臣都向秦王进言说："诸侯各国的人来投效秦国，大多不过是为了替其君主在秦国游说离间罢了，请下令把一切外来的客卿驱逐出去。"

解析：该句是《史记·谏逐客书》的原文，但一般的选本中都没有保留这句话，所以在考试大纲规定的三十五篇课文之中也没有这句话。宗室，同一祖宗的贵族，即国君或皇帝的宗族。"言秦王"即"言于秦王"。"游间"，谓以游说进行离间。

32. 管仲执政，善于把祸患化为福祉，使失败转化为成功。

解析：句出《史记·管晏列传》，是考试大纲规定的三十五篇之一。亦可翻译为："管仲掌理政事，善于转祸为福，转败为功。"

33. 屈己之意以侍奉贤者，恭敬地接受教导，那么才能超过自己百倍的人就来了。

解析：句出《战国策·燕昭王求士》，是考试大纲规定的三十五篇之一。句中通假字及部分语词解释：诎：同"屈"。指：通"旨"，意旨。诎指：屈意，屈尊。之：代词，指贤者。北面：老师面向南坐，学生面向北受业，为古代尊师之礼。百己者：才能百倍于自己。

34. 苏武出使匈奴的第二年，李陵投降匈奴，不敢访求苏武。

解析：句出《汉书·苏武传》，是考试大纲规定的三十五篇之一。使：出使；明年：第二年；求：访求、访问、寻找。本题考查的要点主要在于"明年"。

35. 如果以这种处理方式作为刑法的准则并传给后代，那么，追求正义的人就不知道前进的方向，想避开祸害的人就不知道怎样立身行事，以此作为法则行吗？

解析：句出柳宗元《驳复仇议》，是考试大纲规定的三十五篇之一。或可译为："如果用这种做法来示范天下，传于后代，就会使追求正义的人不明方向，躲避灾祸的人不知如何立身于世上。将这种做法视为法典可以吗？"果：如果、假若。

五、阅读分析题

（一）（10分）

36. 明代　汤显祖　《牡丹亭》　杜丽娘

37. 良辰美景奈何天　对偶

38. 这几句唱词集中表现了杜丽娘心情由喜转悲的过程。"原来姹紫嫣红开遍，似这般都付于断井颓垣。"写园中景色以及由此引起的感情波澜：看到烂漫的春景，杜丽娘又惊又喜，产生了强烈的心灵震颤；但想到这无边的烂漫春色却被白白浪费，杜丽娘心中不由生悲。接下来两句"良辰美景奈何天，赏心乐事谁家院！"由触景生情转为直抒胸臆。杜丽娘联想到自己的身世、遭遇以后，从胸中涌出这无限哀怨。

解析：这个阅读题一共设计了三道小题，涉及文学常识、名句填空、修辞分析及片段思想内容分析诸方面的内容，算得上是一道综合性的考查题。不过考查知识皆属基本文学常识和对于课文内容的基本理解，所以不算难。第一问属于文学常识的考查，比较容易得分；考生应该从此题得到启发，平时注意积累此类知识以应对考查，例如王实甫的《西厢记》、孔尚任的《桃花扇》以及洪昇的《长生殿》等相关类型的知识；第二问包括名句填空和该句修辞手法的分析。名句积累是语文学习的基本功，考生当于平时积累；关于修辞，一般应该掌握十多种左右的常见修辞手法。这里将常见的修辞手法附于本小题解析之后，以供参考。第三问属于对指定片段的分析理解。《游园》是《牡丹亭》最脍炙人口的部分，历来受大家喜爱。不仅本题涉及的《红楼梦》第二十三回涉及到相关内容，就是孔尚任《桃花扇》中的"戏中戏"也是演唱课文所选的片段。

《游园》集中体现了杜丽娘青春觉醒的过程，其精彩处在于以细腻的笔触描绘了杜丽娘作为一个天真活泼的少女如何产生了对爱情的自觉的心理过程；题目所及之唱词正反映了杜丽娘来到后花园目睹无处不在的美丽春色时内心的巨大波澜：先是惊叹与喜悦，继之以对美好纯色的惋惜与对以父母为代表的封建家长的不满，最后是感叹与伤感。从表现手法上，作者先是借景抒情，随着主人公情绪的变化，则变为直接抒情，很好的适应了情节和人物的发展。

附：常见的修辞手法。

a. 比喻：

比喻由三部分构成：本体、喻体、比喻词。（比喻和拟人最大的不同在于比喻含有喻体，拟人没有。）作用：将表达的内容说得生动具体形象，给人以鲜明深刻的印象，根据事物的相似点，用具体、浅显、常见的事物对深奥生疏的事物解说，即打比方，帮助人深入理解。比喻的三种类型：明喻、暗喻和借喻：明喻，甲像乙，本体和喻体都出现，常见比喻词有像、似的、好像、如、宛如、好比、犹如等。如：那小姑娘好像一朵花一样。暗喻，甲是乙，本体和喻体都出现，常见比喻词有是、成为。如：那又浓又翠的景色，简直就是一幅青山绿水画。借喻，甲代乙，本体不出现没有比喻词。如：地上射起无数的箭头，房顶上落下万千条瀑布。

b. 比拟：

借助丰富的想像，把物当成人来写，或把人当成物来写，或把甲物当成乙物来写。作用：能启发读者想像，令文章更生动。比拟分为拟人和拟物。

（1）拟人：把物当做人写，赋予物以人的动作、行为、思想、感情、活动，用描写人的词来描写物。作用：把禽兽鸟虫花草树木或其他无生命的事物当成人写，使具体事物人格化，语言生动形象。例句：桃树、杏树、梨树、你不让我，我不让你，都开满了花赶趟儿。（《春》朱自清）感时花溅泪，恨别鸟惊心。（《春望》杜甫）太阳的脸红起来了。（《春》朱自清）

（2）拟物：① 把人比作物，或把此物当作彼物来写。例句：人群不顾一切，涌了上来。在群众的呼喝声中，那个恶霸夹着尾巴逃跑了。② 把甲事物当成乙事物来写。例句：火山发出一声咆哮。月光如流水一般，静静地泻在这一片叶子和花上。（《荷塘月色》朱自清）

c. 夸张：

对事物的性质，特征等故意地夸大或缩小。作用：提示事物本质，烘托气氛，加强渲染力，引起联想效果。夸张可以分为：（1）扩大夸张。对事物形状、性质、特征、作用、程度等加以夸大。例句：柏油路晒化了，甚至铺户门前的铜牌好像也要晒化。（2）缩小夸张对事物形象、性质、特征、作用、程度等加以缩小。例句：只能看到巴掌大的一块天地。（3）超前夸张把后出现的说成先出现，把先出现的说成后出现。例句：她还没有端酒杯，就醉了。

d. 排比：

把三个或以上结构和长度均类似、语气一致、意义相关或相同的句子排列起来。作用：加强语势、语言气氛，使文章的节奏感加强，条理性更好，更利于表达强烈的感情（表达效果）。例句：他们的品质是那样的纯洁和高尚，他们的意志是那样的坚韧和刚强，他们的气质是那样的淳朴和谦逊，他们的胸怀是那样的美丽和宽广。

e. 对偶：

字数相等，结构形式相同，意义对称的一对短语或句子，表达两个相对或相近的意思。作用：整齐匀称，节奏感强，高度概括，易于记忆，有音乐美感。主要方式有：① 正对。上下句意思上相似、相近、相补、相衬的对偶形式。例如：墙上芦苇，头重脚轻根底浅；山间竹笋，嘴尖皮厚腹中空。② 反对。上下句意思上相反或相对的对偶形式。例如：.横眉冷对千夫指，俯首甘为孺子牛。③ 串对（流水对）。上下句意思上具有承接、递进、因果、假设、条件等关系的对偶形式。例句：才饮长江水，又食武昌鱼。

f. 反复：

为了强调某个意思，表达某种感情，有意重复某个词语句子。分为：① 连续反复（中间无其他词语间隔）例句：山谷回音，他刚离去，他刚离去。② 间隔反复（中间有其他的词语）例句：好像失了三省，党国倒愈像一个国，失了东三省谁也不响，党国倒愈像一个国。作用：主要运用在诗文中，起到反复咏叹，表达强烈的情感的作用。同时，反复的修辞手法还可以使诗文的格式整齐有序，而又回环起伏，充满语言美。

g. 设问：

为了引起别人的注意，故意先提出问题，然后自己回答。作用：引起注意，启发读者思考；有助于层次分明，结构紧凑；可以更好地描写人物的思想活动。例句：花儿为什么这样红？首先有它的物质基础。

h. 反问（激问、反诘、诘问）：

用疑问形式表达确定的意思，用肯定形式反问表否定，用否定形式反问表肯定，只问不答，答案暗含在反问句中。作用：加强语气，发人深思，激发读者感情，加深读者印象，增强文中的气势和说服力。例句：我呢，我难道没有应该责备的地方吗？

i. 引用：

引用现成的话（成语、诗句、格言、典故等）来提高语言表达效果，分明引和暗引两种。作用：使论据确凿充分，增强说服力，富启发性，而且语言精炼，含蓄典雅。明引（直接引用）例句：孔子曰："三人行，必有我师。"是故弟子不必如师，师不必贤於弟子。暗引（间接引用）例句：失败乃成功之母，你千万不要气馁。

j. 借代：

不直接说出所要表达的人或事物，而是借用与它有密切相关的人或事物来代替。借代种类：特征代事物、具体代抽象、部分代全体、整体代部分。作用：突出事物的本质特征，增强语言的形象性，使文笔简洁精炼，语言富于变化和幽默感；引人联想，使表达收到形象突出、特点鲜明、具体生动的效果。方法：① 部分代整体。即用事物具有代表性的部分代本体事物。例如：两岸青山相对出，孤帆一片日边来。（《望天门山》）② 特征代本体。即用借体（人或事物）的特征、标志去代替本体事物的名称。例如：圆规一面愤愤的回转身，一面絮絮的说，慢慢向外走去……（《故乡》）③ 具体代抽象。例如：南国烽烟正十年。（《梅岭三章》）④ 工具代本体。例如：等到惊蛰一犁土的季节，十家已有八户亮了囤底，揭不开锅。（《榆钱饭》）⑤ 专名代泛称。用具有典型性的人或事物的专用名称代替本体事物的名称。例如：你们杀死一个李公朴，会有千百万个李公朴站起来！（《最后一次讲演》）

k. 反语：

用与本意相反的词语或句子表达本意，以说反话的方式加强表达效果。有的讽刺揭露，有的表示亲密友好的感情。如：（清国留学生）也有解散辫子，盘得平的，除下帽来，油光可鉴，宛如小姑娘的发髻一般，还要将脖子扭几扭，实在标致极了。

l. 对比：

对比是把两种不同事物或者同一事物的两个方面，放在一起相互比较的一种辞格。例如：有的人活着，他已经死了；有的人死了，他还活着。（臧克家

《有的人》）运用对比，必须对所要表达的事物的矛盾本质有深刻的认识。对比的两种事物或同一事物的两个方面，应该有互相对立的关系，否则是不能构成对比的。

m. 联想：

看到某事物，从而联想到一些事物，也就是想象。例如：太阳出来了，地上好像着了火。

n. 通感：

所谓通感，是利用诸种感觉相互交通的心理现象，以一种感觉来描述表现另一种感觉的修辞方式。作用：通感的运用可以收到令人回味无穷的效果，其表达作用是无可替代的。它能化抽象为形象，让读者更好地理解；它能由此及彼，勾起人们丰富的联想；它能不拘一格，行文活泼；它能准确表达，含意深远；它能充实诗文的意境，构成特殊的艺术美。例如："晨钟云外湿。"（杜甫《夔州雨湿不得上岸作》）以"湿"字形容钟声，所闻之钟声，穿雨而来，穿云而去，故"湿"，触觉与听觉相互沟通。"善哉乎鼓琴，巍巍乎若高山，汤汤乎若流水"

（《吕氏春秋·本味》）听琴声而知志在高山、流水，听觉与视觉相互沟通。

o. 双关：

利用词的多义及同音（或音近）条件，有意使语句有双重意义，言在此而意在彼，就是双关。双关可使语言表达得含蓄、幽默，而且能加深语意，给人以深刻印象。谐音双关。"我失骄杨君失柳，杨柳轻飏直上重霄九。"（"杨"实际上是指杨开慧，"柳"实际上是指柳直荀）"春蚕到死丝方尽，蜡炬成灰泪始干。"（"丝"即"思"的意思，以此来表达男女之间的爱情）语音双关。是一种根据词的多义条件而故意导致言在次而意在彼的修辞方式。这种修辞再歇后语中经常出现。例如：茶壶里煮饺子——有嘴倒不出。老太太抹口红——给你点颜色瞧瞧。

p. 顶真：

顶真也作顶针，用前文的末尾作下文的开头，首尾相连两次以上，使邻近接的语句或片断或章节传下接，首尾蝉联，用符号表示就是"ABC，CDE"。这种修辞手法，叫做顶真，又叫顶针或联珠。运用顶真修辞手法，不但能使句子结构整齐，语气贯通，而且能突出事物之间环环相扣的有机联系。例句：友情是花，引来群群之蝶。友情是蝶，两人翩翩起舞。友情是舞，舞出激情之火。友情是火，永恒地在燃烧。梦想是翅，

飞翔永恒蓝天。梦想是天，遮住茫茫大海。梦想是海，还是小船悠悠。梦想是船，海上乘风破浪。

q.互文：

互文，也叫互辞，是古诗文中常采用的一种修辞方法。在古文中，把属于一个句子（或短语）的意思，分写到两个句子（或短语）里，解释时要把上下句的意思互相补足，就是互文。古语对它的解释是："参互成文，含而见文。"具体地说，它是这样一种形式：上下两句或一句话中的两个部分，看似各说一件事，实则是互相呼应，互相阐发，互相补充，说的是一件事。例如：秦时明月汉时关，烟笼寒水月笼沙。将军百战死，壮士十年归。主人下马客上船，举酒欲饮无管弦。在阅读古代散文作品时，对于一些运用互文手法的句子，如果不进行仔细的思索和体味，往往容易忽略过去。例如：（1）嫣然一笑，惑阳城，迷下蔡。（宋玉《登徒子好色赋》）意为："她微微一笑就迷惑了阳城、下蔡所有的公子哥儿。"（2）子建援牍如口诵，仲宣举笔如宿构。（《文心雕龙·神思》）意为："曹植、王粲铺上纸拿起笔写作时，就象事先写好了背出来一样。"（3）齐魏徭戍，荆韩召募。（李华《吊古战场文》）齐魏荆（楚）韩等战国时期君王为徭役守边而招募兵员。（4）悍吏之来吾乡，叫嚣乎东西，隳突乎南北。（柳宗元《捕蛇者说》）意为："凶暴的差吏来到我们村里，到处叫嚷喧哗，到处骚扰百姓。"这里的"东西南北"泛指"各处"。（5）不以物喜，不以己悲。（范仲《岳阳楼记》）意为："不因外物的影响而悲哀欢喜，也不因为个人处境好坏而欢欣悲伤。"

r.回环：

简单地说回环就是顺读逆读一个样。例如：响水潭中潭水响；黄金谷里谷金黄。佛山香敬香山佛；翁源乳养乳源翁。星岛港迎港岛星。客上天然居，居然天上客；人过大佛寺，寺佛大过人。

s.移情：

为了突出某种强烈的感情，写说者有意识地赋予客观事物一些与自己的感情相一致、但实际上并不存在的特性，这样的修辞手法叫做移情。运用移情修辞手法，首先将主观的感情移到事物上，反过来又用被感染了的事物衬托主观情绪，使物人一体，能够更好地表达人的强烈感情，发挥修辞效果。例如：① 露从今夜白，月是故乡明。（杜甫《月夜忆舍弟》）② 感时花溅泪，恨别鸟惊心。（杜甫《春望》）③ 清渭无情极，愁时独向东。（杜甫《秦州杂诗二十首》）④ 行宫见月伤心色，夜雨闻铃断肠声。（白居易《长恨歌》）⑤ 转朱阁，低绮户，照无眠，不应有恨，何事偏向别时圆？（苏轼《水调歌头》）⑥ 红豆不堪看，满眼相思泪。（牛希济《生查子》）上面例①两句诗的意思是：露从今夜起才特别惨白，月是故乡的才格外明亮。为什么是这样的呢？因为诗人杜甫亲历了安史之乱的大动荡，在国家前途、个人命运不断遭到打击的情况下，不得不于公元前759年秋天弃官到秦州（今甘肃天水）客居。在这凄冷荒漠的边塞小城里，诗人将思念故乡的感情移到露色和月光上，反过来又用被感染了的露色和月光衬托诗人思念故乡的情绪，使事人一体，从而更好的表达了诗人思乡的强烈感情。例②中两句诗的意思是：感叹国家遭逢丧乱，花朵溅滴悲伤的泪；痛恨一家流离分散，鸟儿叫唤惊动忧愁的心。花开鸟叫是自然界的现象，是没有人的情感的，诗人运用移情修辞手法，才能写出这样感人的诗句。例③说渭河水只有在人愁的时候才"独向东"；例④说月亮发出的是一种叫人看了"伤心"的光，铃子摇响的是一种叫人听了"断肠"的声；例⑤说月亮常常在人离别时变圆；例⑥说红豆不是红豆，而是一颗颗"相思泪"。以上各例都是运用移情修辞手法，将人的感情移到事物上。这样人情和事物融为一体，能够更好的表达人的强烈感情。

移情和移就的区别是：移情是将人的主观的感情移到客观的事物上，反过来又用被感染了的客观事物衬托主观情绪，使物人一体，能够更集中地表达强烈感情；移就是甲乙两项事物相关联，就把原属于形容甲事物（或人）的修辞语移来属于乙事物，是一种词语活用的修辞手法。简言之，前者是"移人情及事物"；后者是"移形容，甲事物（或人）的词来形容乙事物。"移情和拟人的区别是：前者是"移人情及事物"；后者是"将物当作人来写"。

t. 呼告：

写文章时，对著不在面前的人或物直接呼唤，并且跟他（它）说起话来，这种修辞手法叫做呼告。运用呼告，能增加抒情效果，加强感染力。例子（1）：硕鼠！硕鼠！无食我黍。《诗经·硕鼠》例子（2）：天啊！为什么你要这样对我？例子（3）：秋，听说你已来到。

（二）（13分）

39.① 霰 xiàn；② 汀 tīng；③ 砧 zhēn

40.穷已：穷尽、终了。 但见：只见、只看见、只看到。

41.《春江花月夜》围绕春、江、花、月、夜五种景物，描绘了一幅雄浑阔大的月夜美景；写景的同时，面对宇宙自然的美及其永恒的叹赏而生发出人生短暂的惆怅，从而写出了作者对宇宙人生的哲理思索；由月下江水的流逝而联想到驾着扁舟在江中飘泊的游子和思念游子的闺中之妇，由此抒写他们之间的深切思念，是为抒情；作者就是这样层层铺垫，将诗情、画意、哲理完美的统一在一起。

42. 首先，《春江花月夜》由春天、夜晚、江水、花树、明月构成了一幅清丽优美的画卷，其中春、江、花、夜只是背景，明月才是诗人极力渲染的意象。在《春》诗中，月的意象美好纯净，月光所极之处，万物无不染上那一份纯净、清幽，体现出春江花月夜的意境美。其次，在结构上，本诗突出月在诸多景物中的统摄作用，以月作为诗歌发展的外在形式的线索，"月升"开始，"月落"结束，首尾呼应，使诗歌成为统一的整体。

解析：本题是阅读理解中分值最大的一道题，同时又是这些年来出现新的知识考查点的真题。在以往的大学语文考试中没有考查过字的读音，本题是第一次，而且占了3分的分值。四个问题中，第一问考查注音，重在平时积累，从命题本身分析，也没有多少难度，没有涉及多音多义字。第二问中，考查语词意义，属于语言知识考查。"穷已"意为穷尽、终了，用例比较多，如：隋薛道衡《和许给事善心戏场转韵》："彻夜龙衔烛，欢笑无穷已。"宋范仲淹《上资政晏侍郎书》："报德之心，亦无穷已。"康有为《大同书》己部第一章："人性愈恶，人道愈坏，相熏相习，无有穷已。""但见"就是"只见"，即只看见、只看到。如李白《怨情》："但见泪痕湿，不知心恨谁。"第三问、第四问都涉及对诗歌本身的理解，属于对诗歌"怎么说"（即具体艺术手法）的考查。情景哲理的完美结合是《春江花月夜》一诗最突出的艺术特色，这一考查不算出格；关于"月"在《春江花月夜》中的统摄作用，可从意境和结构两个方面分析，具体论述参考答案的论述。

（三）（7分）

43. 辽阔无边、荒无人烟、土质贫瘠、气候恶劣。

44. 反衬、烘托和铺垫。

45. 原句为："这个奇怪的勇敢的生命，这个顽强的生命之美，立即激起我心灵强烈的震撼。"

解析：这是一个现代文阅读题，属于细节分析理解与概括能力的考查。第一问、第二问意在考查考生的概括能力和对文中环境描写的作用的分析能力，相对比较简单。对环境特点的概括考生只要总结出答案给出的相应意思而且语言简洁即可，环境描写的作用，一般来说有如下的作用：环境是人物活动的具体场所，它包括社会环境和自然环境（自然景物）。而环境描写是指对人物所处的具体的社会环境和自然环境的描写，包括社会环境描写和自然环境描写（景物描写）。它对表现人物的身份、地位、性格，表达人物心情，渲染气氛都有重要作用。主要有以下几方面：

一、交代事情发生的地点或背景，增加事情的真实性。例如："车窗外是茫茫的大戈壁，没有山，没有水，也没有人烟……"《白杨》首段便交代了地点：使人初步感受到大戈壁的荒凉与贫瘠，为下文爸爸的沉思做了铺垫。另外如《孔已己》中开头对鲁镇酒店的格局的描写也是如此。

二、渲染气氛，烘托人物的心情。例如"天灰蒙蒙的，又阴又冷，长安街两旁的人行道上挤满了男女老少。"《十里长街送总理》一文中的环境描写，渲染了悲哀的气氛，衬托出人们悼念周总理的极其沉痛的心情。另外如《故乡》中对故乡景象的描写，渲染了一种悲凉的气氛。而鲁迅《药》一文结尾一段：时令虽已是清明，然而天气仍"分外寒冷"，"歪歪斜斜"的路旁是"层层叠叠"的丛冢；这里没有生机，只有"支支直立"的枯草发出"一丝发抖的声音"；这里没有啼鸣的黄莺，只有预兆不祥的乌鸦，而且"缩着头，铁铸一般站着"。这里借助环境描写渲染出了坟场阴冷、悲凉的气氛。

三、寄托人物的思想感情。例如《心愿》一文，在点明"我"在一个假日去巴黎的一座街道公园看书之后，交代了"我"周围的环境以及"我"由花丛联想到北京一事，表达了作者思念祖国的思想感情。

四、反映人物的性格或品质。例如《一夜的工作》一文写周总理工作的环境："这是高大的宫殿式的房子，室内陈设极其简单……"可以看出，总理生活多么简朴。又如《穷人》一文中写道"屋外寒风呼啸，汹涌澎湃的海浪……这间渔家的小屋却温暖而舒适。"由此可知，桑娜是个十分勤劳的人。另外如《驿路梨花》中对小茅屋的描写，则写出了人们的热心与善良。

五、推动情节的发展。例如：《曹操煮酒论英雄》中"酒至半酣，忽阴云漠漠，聚雨将至。从人遥指天外龙挂"一句，因为天气的变化，引出了对"龙"的评论，从而推动了情节的发展。另外如《边城》中写道："天已快夜，别的雀子似乎都休息了，只杜鹃叫个不息。石头泥土为白日晒了一整天，草木为白日晒了一整天，到这时节各放散出一种热气。空气中有泥土气味，有草木气味还有各种甲虫类气味。翠翠看着天上的红云，听着渡口飘来生意人的杂乱声音，心中有些儿薄薄的凄凉。"情窦初开的翠翠"在成熟中的生命，觉得好像缺少了什么"，"好像眼见到这个日子过去了，想要在一件新的人事上攀住它，但不成"。翠翠渴望爱情而还没有着落，有孤单失落之感。这时祖父在渡船上忙个不息，顾不上她，杜鹃叫个不息，泥土、草木、各种甲虫类气味，生意人的杂乱声音，更增添了翠翠内心的纷乱和孤独之感，因此她"心中有些薄薄的凄凉"。这里的环境描写成为人物心里活动的契机并映衬着人物的心情，还有推动故事情节发展的作用。

六、深化作品主题。分析小说的主题，离不开对人物和情节的细致分析，也离不开对环境的认真考察。如老舍的《骆驼祥子》中，为了刻画人力车夫祥子的辛苦，揭示旧社会劳动人民的悲惨，作者极力刻画了日烈雨暴的情景。当日烈到人不能忍受的程度，祥子还不得不拉车挣钱；当雨暴到人不能行走的程度，祥子还不得不在雨中挣命。通过这样的环境描写，展现了祥子吃苦耐劳、勤劳的本性，从而揭示了旧社会劳动人民生活的疾苦和悲惨的主题。

第三问属于对片段思想内涵理解的考查，相对也比较简单，只要求从文章中找出原句，读者应该不难找出。如果要做简单概括，那就是：勇敢顽强的生命之美。

六、作文

解析：这是一个材料和命题结合的作文。考生首先应该领会"树有根，水有源。饮水思源，是我们立身处世的根本"的意义，然后由此引申立意，就能写出像样的文章。应该提醒的是，同样的立意有不同的表现形式，考生可以选择自己喜欢的形式。

山东省2011年普通高等教育专升本统一考试
大学语文试题参考答案

一、填空题

1.《春秋》

解析：识记类试题，属作家作品类文学常识考察。《春秋》是我国第一部私修的编年体史书，它打破了西周以来奴隶主贵族对于史学的垄断和控制，因此它在史学史上具有一定的意义。由于孔子开创了私人著书的学术风气，开辟研究近现代史的风气，成为后来诸子百家竞相著书立说的中国历史上的"百家争鸣"的先声。

2.《论语》

解析：识记类试题，属经典文学作品名句考察。这句话出自《论语·子罕》，意思是说，年岁寒冷，然后才知道松树和柏树最后萎谢的道理。比喻只有经过严酷考验，才能识别一个人的品质。凋（或写作"雕"），凋谢；松柏，这里喻栋梁之材。荀子亦以松柏喻君子："岁不寒无以知松柏；事不难无以见君子无日不在是。"（《荀子·大略》）

3. 曹操

解析：识记类试题，属经典文学作品名句考察。这两句出自曹操的《短歌行》，意思是："高山不辞土石才见巍峨，大海不弃涓流才见壮阔。"《短歌行》是曹操创作的一首乐府诗，诗中为后人称道的名句颇多，值得注意。全诗如下："对酒当歌，人生几何？譬如朝露，去日苦多。慨当以慷，忧思难忘。何以解忧？难有杜康。青青子衿，悠悠我心。但为君故，沉吟至今。呦呦鹿鸣，食野之苹。我有嘉宾，鼓瑟吹笙。明明如月，何时可辍？忧从中来，不可断绝。越陌度阡，枉用相存。契阔谈䜩，心念旧恩。月明星稀，乌鹊南飞。绕树三匝，何枝可依？山不厌高，水不厌深。周公吐哺，天下归心。"

4. 李白

解析：识记类试题，属经典文学作品名句考察。这两句诗出自李白的《登金陵凤凰台》，是一首脍炙人口的好诗，不在专升本考试大纲规定的三十五篇之内，这里作为延伸，予以详解。全诗如下："凤凰台上凤凰游，凤去台空江自流。吴宫花草埋幽径，晋代衣冠成古丘。三山半落青天外，一水中分白鹭洲。总为浮云能蔽日，长安不见使人愁。"凤凰台：故址在今南京凤凰山。吴宫：三国时吴国的宫殿。三山：在今江宁县西南，江滨有三峰并峙。二水：当指因白鹭洲而分开的江水。白鹭洲：在南京市西南江中，当即今江心洲。这首诗是作者天宝年间，因被排挤而离开长安，南游金陵时作。在写法上有意仿效崔颢的《黄鹤楼》。此诗自然奇巧，并表现了政治上非常失意的心情。（一说此诗是作者流放夜郎遇赦返回后所作。）诗开头两句写凤凰台的传说，十四字中连用了三个凤字，却不嫌重复，音节流转明快，极其优美。"凤凰台"在金陵凤凰山上，相传南朝刘宋永嘉年间有凤凰集于此山，乃筑台，山和台也由此得名。在封建时代，凤凰是一种祥瑞。当年凤凰来游象征着王朝的兴盛；如今凤去台空，六朝的繁华也一去不复返了，只有长江的水仍然不停地流着，大自然才是永恒的存在！三四句就"凤去台空"这一层意思进一步发挥。三国时的吴和后来的东晋都建都于金陵。诗人感慨万分地说，吴国昔日繁华的宫廷已经荒芜，东晋的一代风流人物也早已进入坟墓。那一时的？赫，在历史上留下了什么有价值的东西呢！诗人没有让自己的感情沉浸在对历史的凭吊之中，他把目光又投向大自然，投向那不尽的江水："三山半落青天外，一水中分白鹭洲。""三山"在金陵西南长江边上，三峰并列，南北相连。陆游《入蜀记》云："三山，自石头及凤凰山望之，杳杳有无中耳。及过其下，距金陵才五十余里。"陆游所说的"杳杳有无中"正好注释"半落青天外"。李白把三山半隐半现、若隐若现的景象写得恰到好处。"白鹭洲"，在金陵西长江中，把长江分割成两道，所以说"一水中分白鹭洲"。这两句诗气象壮丽，对仗工整，是难得的佳句。诗的最后两句，运用比喻的修辞手法，忧君王为奸邪所蒙蔽，忧奸邪为非作歹。

5.但愿人长久

解析：识记类试题，属经典文学作品名句考察。苏轼《水调歌头》："明月几时有？把酒问清天。不知天上宫阙，今夕是何年。我欲乘风归去，又恐琼楼玉宇，高处不胜寒。起舞弄清影，何似在人间！转朱阁，低绮户，照无眠。不应有恨，何事长向别时圆？人有悲欢离合，月有阴晴圆缺，此事古难全。但愿人长久，千里共婵娟。"

6.柳宗元

解析：识记类试题，属文学流派、文学思潮类文学常识考察。唐宋八大家是唐宋时期八大散文作家的合称，即唐代的韩愈、柳宗元和宋代的苏轼、苏洵、苏辙（苏轼、苏洵、苏辙三人，人称三苏）、欧阳修、王安石、曾巩。韩愈、柳宗元是唐代古文运动的领袖，欧阳修是宋代古文运动的领袖，"三苏"等五人是宋代古文运动的核心人物。他们先后掀起的古文革新浪潮，使得散文发展的陈旧面貌焕然一新。

7.闻一多

解析：识记类试题，属文学流派、文学思潮类文学常识考察。现代新诗史上有一个重要的诗歌流派——"新月派"，该诗派受泰戈尔《新月集》影响，以北京的《晨报副刊·诗镌》为阵地，主要成员有闻一多、徐志摩、朱湘、饶孟侃、孙大雨、刘梦苇等诗人。他们不满于"五四"以后"自由诗人"忽视诗艺的作风，提倡新格律诗，主张"理性节制情感"，反对滥情主义和诗的散文化倾向，从理论到实践上对新诗的格律化进行了认真的探索。闻一多在《诗的格律》中提出了著名的"三美"主张，即"音乐美（音节）、绘画美（词藻）、建筑美（节的匀称和句的均齐）"。它是针对当时的新诗形式过分散体化而提出来的。这一主张奠定了新格律学派的理论基础，对新诗的发展做出了一定的贡献。因此新月派又被称为"新格律诗派"。新月派纠正了早期新诗创作过于散文化弱点，也使新诗进入了自主创造的时期。"三美"中的音乐美是指新月派诗歌每节韵脚都不一样，好像音乐一样；建筑美是指诗歌的格式好像建筑一样；绘画美指的是新月派诗歌的每节都是一个可画出的情节。

8.老舍

解析：识记类试题，属作家作品类文学常识考察。老舍，原名舒庆春，字舍予，代表作有长篇小说《骆驼祥子》、《四世同堂》，话剧《茶馆》、《龙须沟》等，曾获得"人民艺术家"的称号。

9.《子夜》

解析：识记类试题，属作家作品类文学常识考察。《子夜》是茅盾著名的长篇小说。在考试大纲规定的三十五篇中没有作品选入，但多次命题，故这里稍作介绍。茅盾原名沈德鸿，字雁冰，浙江嘉兴桐乡人。其作品有长篇小说《子夜》、短篇小说《创造》《林家铺子》、"农村三部曲"（《春蚕》《秋收》《残冬》）。长篇小说《子夜》是茅盾的代表性作品，小说原名《夕阳》，1933年初版印行之时即引起强烈反响。瞿秋白曾撰文评论说："这是中国第一部写实主义的成功的长篇小说"，"一九三三年在将来的文学史上，没有疑问的要记录《子夜》的出版。"小说通过主人公吴荪甫的事业兴衰史与性格发展史，牵动其他多重线索，从而使全篇既展示了丰富多彩的场景，又沿着一个意义指向纵深推进，最终以吴荪甫的悲剧，象征性地暗示了作家对中国社会性质的理性认识："中国没有走向资本主义发展的道路，中国在帝国主义的压迫下，是更加殖民地化了。"另外，其长篇小说《蚀》包括三个略带连续性的中篇：《幻灭》《动摇》、《追求》，以大革命前后某些小资产阶级知识青年的思想动态和生活经历为题材。《幻灭》写的是革命前夕的上海和革命高潮中的武汉。《动摇》写的是大革命时期武汉附近一个小县城的故事。《蚀》的第三部《追求》，意图在于"暴露一九二八年初春的知识分子的病态和迷惘"。其中所写的人物，在革命高潮期间都曾有过一度的亢奋，当革命处于低潮、白色恐怖笼罩全国的时候，他们既不肯与反动派同流合污，但又囿于阶级的局限，认不清自己的正确道路，故虽各有所追求，而最终都不免于失败。

10.余光中

解析：识记类试题，属作家作品类文学常识考察。余光中是当代散文大家，其《乡愁》一诗早已选入中学教材，考试大纲规定的三十五篇有他的《听听那冷雨》。余光中60年代提倡"散文革命"，提出以"弹性"、"密度"、"质料"三要素为标志的现代散文观，并付诸自己的创作实践中，形成意象鲜明多义、字质考究、语法句式多变、结构多姿多彩的风格独具的文体。作品有诗集《舟子的悲歌》、《白玉苦瓜》、《与永恒拔河》等；散文集有《左手的缪斯》、《逍遥游》、《听听那冷雨》等。

二、选择题

11.A

解析：识记类试题，属经典文学作品名句考察。《桃夭》是《诗经·周南》中的一首，也不在考试大纲规定的三十五篇之中。《桃夭》一诗是《诗经》当中脍炙人口的篇章，一直为后人传唱不衰。"桃之夭夭，灼灼其华"两句是《桃夭》中的名句，以鲜艳的桃花比喻新娘的年青娇媚，诗中所描绘的鲜嫩的桃花，纷纷绽蕊，而经过打扮的新嫁娘此刻既兴奋又羞涩，两颊飞红，真有人面桃花，两相辉映的韵味，意境明艳优美，历来为人称道。《桃夭》全篇如下："桃之夭夭，灼灼其华。之子于归，宜其室家。桃之夭夭，有蕡其实。之子于归，宜其家室。桃之夭夭，其叶蓁蓁。之子于归，宜其家人。"

12. D

解析：识记类试题，属经典文学作品名句考察。这道题和填空题中的第二题重复，属于命题的疏漏。具体解说请参填空第二小题解析。

13. A

解析：识记、理解类试题，属作家作品类文学常识考察。《左传》是"《春秋》三传"之一，它以《春秋》的记事为纲，增加了大量的历史事实和传说，叙述了丰富多彩的历史事件，描写了形形色色的历史人物。把《春秋》中的简短记事，发展成为完整的叙事散文。《左传》发展了《春秋》笔法，不再以事件的简略排比或个别字的褒贬来体现作者的思想倾向，而主要是通过对事件过程的生动叙述，人物言行举止的展开描写，来体现其道德评价。《左传》还创立了一种新形式，即在叙事中或叙事结束后直接引入议论，以"君子曰"、"君子是以知"、"孔子曰"等来对事件或人物作出道德伦理评价。这种形式，更鲜明地表现出作者的立场和感情，增强了叙事的感情色彩。《左传》确为先秦散文"叙事之最"，标志着我国叙事散文的成熟。《国语》以记言为主，所记多为朝聘、飨宴、讽谏、辩诘、应对之辞。《战国策》则主要记载谋臣策士游说诸侯或进行谋议论辩时的政治主张和斗争策略。

14. C

解析：识记类试题，属作家作品类文学常识考察。《孔雀东南飞》不在考试大纲规定的三十五篇之中。该诗原题为《古诗为焦仲卿妻作》，是中国文学史上第一部长篇叙事诗，也是汉乐府民歌中最长的一首叙事诗，与《木兰辞》并称乐府诗"双璧"。其创作时间大致是东汉献帝建安年间，作者不详，全诗340多句，1700多字。诗歌叙述了焦仲卿与刘兰芝之间的爱情悲剧，是汉代乐府民歌中最杰出的长篇叙事诗。A、B、D三个选项也都是汉乐府民歌，但不能称作是"最长的叙事诗"。

15. C

解析：识记类试题，属文学思潮、文学流派类文学常识考察。唐代山水田园诗派以反映田园生活、描绘山水景物为主要内容，继承和发展了陶渊明田园诗和谢灵运、谢朓等的山水诗，代表人物有盛唐的王维、孟浩然、储光羲、常建，中唐的韦应物、柳宗元等。他们的作品较多地反映了闲适澹泊的思想情绪，色彩雅淡，意境幽深，多采用五言古体和五言律绝的形式。他们在发掘自然美方面，既能概括地描写雄奇壮阔的景物，又能细致入微地刻画自然事物的动态；在自然景物的观察上别有会心，能够巧妙地捕捉适于表现其生活情趣的种种形象，构成独到的意境，把六朝以后的山水诗向前推进了一步。其中以王维成就为高，他是诗人，又是画家，能以画理通之于诗，诗中有画，画中有诗，对后世影响很大。该题其他三个选项中，"A. 王昌龄"、"B. 岑参"、"D. 高适"都是边塞诗派的代表诗人。

16. B

解析：识记类试题，属经典文学作品名句考察。杜甫的《春望》不在考试大纲规定的三十五篇之内，但很早即被选入中小学语文教材。全诗如下"国破山河在，城春草木深。感时花溅泪，恨别鸟惊心。烽火连三月，家书抵万金。白头搔更短，浑欲不胜簪。""感时花溅泪，恨别鸟惊心"两句，写花因"感时"在溅泪，鸟为"恨别"而惊心。这看似不合理，其实是用了移情法。花、鸟本是自然物，现在由于诗人的特殊心境，把自己的感受移加到它们身上，觉得它们也通人情。花朵含露，是感伤时局在落泪；鸟儿跳跃，是因为生死别离而心绪不宁。这样写，比直抒自己内心意味更浓郁，效果更强烈。如同说"天地含愁，草木同悲"那样，写的就不仅仅是个人的感受，而是表现当时遭受战乱之苦的许多人的共同感受。诗人感时之深，恨别之切，其比喻之妙，实为少见。该题其他几个选项所列，都是杜甫的名篇。《登高》一诗也被选入中小学教材，全诗是："风急天高猿啸哀，渚清沙白鸟飞回。无边落木萧萧下，不尽长江滚滚来。万里悲秋常作客，百年多病独登台。艰难苦恨繁霜鬓，潦倒新停浊酒杯。"《蜀相》："蜀相祠堂何处寻，锦官城外柏森森。映阶碧草自春色，隔叶黄鹂空好音。三顾频烦天下计，两朝开济老臣心。出师未捷身先死，长使英雄泪满襟。"《闻官军收河南河北》："剑外忽传收蓟北，初闻涕泪满衣裳。却看妻子愁何在，漫卷诗书喜欲狂。白日放歌须纵酒，青春作伴好还乡。即从巴峡穿巫峡，便下襄阳向洛阳。"

17. C

解析：识记、理解类试题，属作品人物形象考察。孙行者就是孙悟空，是"四大名著"《三国演义》、《水浒传》、《西游记》、《红楼梦》之一《西游记》中的人物，考生应该不陌生。其余三个选项中，《三国演义》《水浒传》也在"四大名著"之列，《聊斋志异》是清代山东作家蒲松龄的短篇小说集。

18. D

解析：识记类试题，属作家作品类文学常识考察。该题和上一道题知识点上略有重合，可相互参照备考。"四大名著"的作者分别是：《三国演义》，全名《三国志通俗演义》，作者罗贯中；《西游记》作者吴承恩，《水浒传》作者施耐庵，《红楼梦》作者曹雪芹。

19. C

解析：识记类试题，属作家作品类文学常识考察。《西厢记》是我国四大古典戏曲（《西厢记》、《桃花扇》、《牡丹亭》、《长生殿》）之一，作者元代作家王实甫，戏曲写张生和崔莺莺的爱情故事。其余三个选项，《牡丹亭》作者为明代作家汤显祖，《桃花扇》作者为清代作家孔尚任，《窦娥冤》作者为元代作家关汉卿。补充：《长生殿》作者为清代作家洪昇。

20. B

解析：理解类试题，考察对作品人物形象的深入理解。"一千个观众就有一千个哈姆莱特"是莎士比亚的原话，这句话被广泛用来说明莎士比亚塑造的哈姆莱特这个典型人物形象的丰富性和复杂性。同时，从读者的角度看，它也说明，对于作品中的人物，每一个读者因自身因素的影响，都不会有相同的感受。简单地说，就是仁者见仁、智者见智，想法因人而异，没有完全一致的、固定不变的看法。四个选项中，A、C、D三个选项都在展示哈姆莱特形象的典型性和复杂性，分析正确；选项B从读者的角度着眼，但观点是错误的，即使阅读水平再高的读者，对哈姆莱特的认识也不可能相同，这和读者的阅读水平高低没有必然联系，所以是不正确的。

三、释词题

21. 因此

解析：句中"是以"是两个词，并且包含一个常见的语法现象：宾语前置。正常的顺序应该是"以是"。"以"，介词，因为、由于；"是"，代词，这个；"以是"即由于这个（原因）的意思，也就是"因此"。

22. 使……破败（破旧、破烂）

解析：这里着重考察的是词类活用现象。"敝"的本意是破旧、破败，这里是其使动用法：使……破败（破旧、破烂）。

23. 委屈（自己的）旨意

解析：这里主要考察通假字。"诎"通"屈"，使……屈；"指"通"旨"，旨意、想法。"诎指"即委屈（自己的）旨意。此外，该句还有一个语言现象值得考生注意，就是"北面而受学"的"北面"，意思是"面向北"，这里的"面"是动词，"北"是方位名词作状语。

24. 配偶、对象

解析：这是文言实词常用义考察。"窈窕淑女，君子好逑"两句出自《诗经·周南·关雎》，是诗中的名句。句中的"好"，读"hǎo"，就是"好坏"的"好"；"逑"的意思是"匹"，即"配偶、对象"；"好逑"就是"好对象"。

25. 予：孔子的学生，宰予。

解析：这句话出于《论语·公冶长》，在考试大纲规定的三十五篇内容之外。"宰予昼寝，子曰：'朽木不可雕也，粪土之墙不可圬也，于予与何诛！'子曰：'始吾于人也，听其言而信其行；今吾于人也，听其言而观其行。于予与改是。'"宰予，字子我，鲁国人，孔子的学生。粪土，腐土、脏土。圬，涂饰墙壁的工具，这里作动词。诛，责备。于，从。与，语气词。是，这。翻译成白话就是："宰予白天睡觉。孔子说：'腐朽的木头无法雕刻，粪土垒的墙壁无法粉刷。对于宰予这个人，责备还有什么用呢？'孔子说：'起初我对于人，是听了他说的话便相信了他的行为；现在我对于人，听了他讲的话还要观察他的行为。在宰予这里我改变了观察人的方法。'"

26. 拜见

解析：这是文言实词常用义考察。"朝"作动词，即"朝见"、"拜见"。另外，句中还包括宾语前置的语法现象："谁朝而可"即"朝谁而可"。

27. 句末语气助词，表疑问或反诘语气。

解析：这是对部分常用文言虚词的考察，是大纲规定的内容。"为"在古代汉语中意义相当丰富，既可作实词，亦可作虚词。作为虚词，"为"经常以助词的形式出现，表示反诘或感叹语气。本道题来自于《论语》中的《季氏将伐颛臾》，不在大纲规定的三十五篇之列。这里的"为"即表示反诘语气。另外，如《苏武传》中："为降虏于蛮夷，何以汝为见？"句中的"为"，也是句末语气助词，表疑问或反诘语气。"何以汝为见？"一句，包含了两次倒装，正常语序应该是"以何见汝为"。

28. 面对；应该，应当

解析：这是文言实词常用义考察。"对酒当歌，人生几何"两句出自曹操《短歌行》，也不在考试大纲规定的三十五篇之内。有观点认为"当"意与"对"是同义，为"面对"。

29. 使……来，招来

解析：这里着重考察的是词类活用现象，2008年的《大学语文》真题中也出现过。"来"这里属于古代汉语中常见的语言现象："使动用法"。所谓使动用法，是指谓语动词具有"使之怎么样"的意思，即此时谓语动词表示的动作不是主语发出的，而是由宾语发出的。使动用法一般包括名词的使动、动词的使动和形容词的使动三种情况。在动词的使动用法中，动词和它的宾语不是一般的支配与被支配的关系，而是使宾语所代表的人或事产生这个动词所表示的动作行为。一般说来，被活用为使动的动词，多数是不及物动词，不及物动词本来不带宾语，用于使动后，后面就带有宾语。如："无丝竹之乱耳，无案牍之劳形。(《陋室铭》)"这里的"乱"就是使动用法，意思是"使……扰乱"。"劳"就是"使……劳累"。又如："操军方连船舰，首尾相接，可烧而走也。"(《赤壁之战》)这里的"走"也是使动用法："使……逃跑"。名词的使动用法，是指这个名词活用为动词，带了宾语，并且使宾语所代表的人或事物变成这个名词所代表的人或事物。如"文王以百里之壤而臣诸侯。"(《毛遂自荐》)这里的"臣"就是名词的使动用法："使……称臣"。同样的，形容词的使动用法就是形容词带上宾语以后，如果使得宾语具有这个形容词的性质和状态，那么这个形容词则活用为使动词。如："既来之，则安之。"(《季氏将伐颛臾》)这里的"安"就是使动用法："使……安"。又如："大王必欲急臣，臣头今与璧俱碎于柱矣！"(《廉颇蔺相如列传》)这里的"急"意为"使……急"。

30. 私下里

解析：这是文言实词常用义考察。"窃"这里是表示个人意见的谦辞，表示谦敬的语气，意为"私下里"。

四、翻译题

31. 仓库储备充实了，百姓才懂得礼节；衣食丰足了，百姓才能分辨荣辱；统治者的作为合乎礼节法度，六亲才会得以稳固。

解析：(一)"仓廪"即"仓库"，廪，粮仓。相关的用法例如：《诗·周颂·丰年》："亦有高廪，万亿及秭。"《左传·文公十六年》："自庐以往，振廪同食。"《孟子·万章上》："父母使舜完廪。"《旧五代史·梁书·葛从周传》："今燕帅来赴，不可外战，当纵其入壁，聚食困廪，力屈粮尽，必可取也。"(二)"上服度"之"服"，意为"实行、施行"，如《晏子春秋·谏上三》："君身服之，故外无怨治，内无乱行。"《孔子家语·入官》："君子修身反道，察里言而服之。"度，节度、制度、礼度。"上服度"，统治者的行为符合礼法制度。

32. 姜氏有什么满足的？不如趁早给他安排个去处(将她软禁起来)，不让他的势力滋长蔓延。如果蔓延开来，就难于对付了。

解析：这里有两个值得注意的语言现象。一是宾语前置："姜氏何厌之有？"宾语前置这一知识点本书前面有总结，可参看。二是几个古代汉语实词的意思需要正确把握：(一)"厌"在古代汉语中有两种写法，意义各不相同：写作"厌"时，有厌恶之意；写作"餍"，则是满足之意，现代汉语的简化字都用"厌"来表示，所以这里的

"有何厌"译作"有什么满足的"。（二）"滋蔓"在这里是两个动词，即"滋长蔓延"。
（三）"图"，图谋、对付。

33. 这恐怕要责怪你吧？颛臾，先王曾经任命他（的国君）主管祭祀蒙山，而且它
处在我们鲁国的疆域之中，是国家的臣属啊，为什么要攻打它呢？

解析：本题需要注意的是：（一）"无乃尔是过欤"包含一个宾语前置现象，"尔是
过"即"过尔"，句中的"是"复指宾语"尔"，无义；同时，"无乃……与"的句式
意思是："恐怕……吧"。（二）"何以伐为"即"以何伐为"，首先，句子中有宾语前
置，应该注意；其次，"为"，句末语气助词，表疑问或反诘语气。

34. 现在却抛弃百姓来帮助敌国，拒绝人才而让他们去成就其他诸侯的功业，使得
天下的士子后退而不敢向西，停步不进秦国，这就是所说的"帮助盗贼武器并且赠送
给他们粮食"啊。

解析：（一）"黔首"，黔，黑色。古代称平民、老百姓为"黔首"。《礼记·祭义》
云："明命鬼神，以为黔首则。"郑玄注："黔首，谓民也。"孔颖达疏："黔首，谓万
民也。黔，谓黑也。凡人以黑巾覆头，故谓之黔首。"《史记·秦始皇本纪》："二十六
年……更民名曰黔首。"却，拒绝。藉：借给。寇：敌人、入侵者。兵：武器。赍：送
物给人、赠送。（二）"西向"即"向西"，秦在六国之西，故言"西向"，向西行进即
可到达秦国。

35. 孔子说："学习并且不断温习，不是件高兴的事吗？有朋友从远方来，不是件
愉快的事吗？别人不了解我，我也不怨恨，这样的人，难道不是君子吗？"

解析：这是《论语》开篇的一则，中学教材中有选录。句中的"说"是通假字，
通"悦"，即喜悦、高兴的意思。"愠"，愠怒、恼怒、怨恨。

五、阅读分析题

（一）

36. 庄公的用心是：明知共叔段的野心，却纵其欲，养其恶，以使他一步一步走上
叛逆的道路，然后一举除之。

37. 揭示了等级社会统治阶级内部争权夺利斗争的残酷。

38. 中心人物是郑庄公，语言描写（正面描写）其他人物对刻画郑庄公的性格起了
对比反衬的作用。

解析：本题和2007年真题所选课文片段相同，但命题角度略有差异。本题涉及的
要点是：（一）人物心理分析，这是第一个小题的考查要点。语段中，太叔（共叔段）
不断扩张领地制造混乱，郑庄公身边的大臣一个一个的站出来，劝谏郑庄公采取行动，

郑庄公却"不作为"，静观其变，表现出漠不关心的态度。显然，作为一国之君，郑庄公并非真正不关心此事、不关心自己的位置被共叔段取而代之，而是别有用心。那么，他的用心何在呢？从公子吕（子封）的语言中我们不难看出，臣子所担心的是随着领土的扩张，共叔段会获得越来越多民众的支持，势力会越来越大；但是他们没有看到的是，共叔段虽然扩张了领土，却不懂得收买民心、安抚百姓，正如郑庄公所说的："不义不昵"（不行仁义就不会有人亲近），得不到百姓的支持，即使拥有再大的领土，最后的结果只能是自取灭亡。所以说，郑庄公这里是故意纵其欲、养其恶，使共叔段自己走上反叛的道路，这样郑庄公就能够以逸待劳，永远的铲除后患了。（二）语篇思想内容分析。郑庄公和共叔段是亲兄弟，但在权利面前却争得你死我活、势不两立，郑庄公作为哥哥，为了铲除后患，对弟弟的错误做法不教育、不制止；共叔段作为弟弟，不知道尊敬兄长、维护家族利益，却要夺取兄长一国之君的位置，这在整个等级社会具有一定的代表性，展示了统治阶级内部争权夺利斗争的残酷性。（三）塑造人物形象方法分析。语段中一共出现了三个人物，其中共叔段只是作为一个隐性存在出现在人们的视野中，语段通过公子吕和郑庄公的对话，在对比中展示的是郑庄公胸有成竹、深藏不露的特征。而相对于郑庄公的有城府，共叔段的愚蠢、贪婪也从反面丰富了郑庄公的形象。

（二）

39. 本段文字主要运用了场面描写，今昔对比、先扬后抑（欲抑先扬）的表现手法，突出了香市萧条不堪的现状。

40. 这个比喻暗示了整个香市乃至中国农村，在重重压榨之下贫困不堪的情状。

解析：茅盾的《香市》一篇记事散文。发表于1933年。作者在《故乡杂记》一文中说："'香市'就是阴历三月初一起，到十五日止的土地庙的'庙会'式的临时市场。乡下人都来烧香，祈神赐福，保佑蚕好，趁便逛一下。"文章通过对传统"香市"昔盛今衰的对比描绘，从一个侧面形象而又深刻的反映了二十世纪三十年代中国农村经济破产、萧条的情况，揭示了造成这种局面的社会原因，表明了作者对当时中国社会现实的清醒认识。在原文中，作者将今昔两个"香市"的场面摆在一起，两相对比就给人以鲜明的印象。作者先声色俱到的描绘了往昔"香市"红火热闹的场面。昔日的香市，人山人海，将社庙前50、60亩地的大广场挤得满满的，江湖班表演着各种走绳索、弄缸弄瓮等一些杂技，还有髦儿戏等种类繁多，而看客却人海一般。香市的气氛也异常热烈，热闹的骚音在三里路外也听得见。然后，作者倒转笔锋，描绘眼前"香市"的景象：冷清的市面、阴惨的空气、坍塌的戏台，踝露的屋椽子，单调的锣鼓声，处处透着凄凉。来演出的是在上海都有名气的"南洋武术班"，他们表演着技艺高超的精彩节目，但依然门庭冷落，观者寥寥。今昔"香市"不同场面的对比，还运用了反衬的手法。作者一方面着意描写"南洋武术班"的演艺精赞，票价极低，要是放在十多年前，肯定是"挤的满场没个空隙。"本题所选的语段就是作者描写的眼前香市的景象，虽然是写眼前，但却处处在和以前对比，所以是运用了今昔对比的手法，目的在于突出香市的冷落不堪。"屋椽子像瘦人肋骨"一句，表面是写屋椽子的形状，但实际上更深层的寓意是将整个香市、整个中国农村甚至是整个中国比喻为一个瘦弱不堪的病人。联系三十年代中国的具体现状，在帝国主义、封建主义和官僚资本主义的重重压迫和剥削之下，当时的中国正是民生凋敝、贫弱不堪。这个比喻正深刻的揭示出这一社会现状。

（三）

41．"雨巷诗人"

42．主要写了雨巷和丁香般的姑娘两个意象。一是雨巷。梅雨季节，江南的小巷阴沉潮湿，两边是寂寞的人家，间或有人匆匆走过。这一形象具有很强的视觉效果，给人丰富的想像空间。我们可以把它"虚化"为一条"追求之路"，怀着渺茫希望的"我"在雨巷里徘徊不前，让人不禁发问，"我"期待着什么？二是丁香般的姑娘。丁香是古典诗词里常见的意象。丁香花常见白色、紫色两种，外形单薄细弱，往往用来代表孤高、美丽和忧愁。诗人将这种美赋予姑娘，"丁香一样的姑娘"，姑娘即丁香，丁香即姑娘。丁香可以象征诗人心中的理想，这种理想是高洁、美丽的。但这种理想即如丁香或姑娘一样，稍纵即逝，不可把握，给人暂时的安慰，留下的却是永久的怀恋和无限的惆怅。

43．象征与重章叠句（音乐式抒情意境）。诗中"悠长、悠长、又寂寥的雨巷"象征当时社会现实的沉闷压抑，"丁香一样的、结着愁怨的姑娘"则象征作者那朦胧美好又难以追求到的纯洁理想。

解析：《雨巷》是一部分进步青年在痛苦中陷于彷徨迷惘这种心境的反映。戴望舒写这首诗的时候只有二十一二岁。1927年3月，还因宣传革命而被反动当局逮捕拘留过。"四·一二"政变后，他隐居江苏松江，在孤寂中嚼味着"在这个时代做中国人的苦恼"。（《望舒草·序》）他这时候所写的《雨巷》等诗中便自然贮满了彷徨失望和感伤痛苦的情绪。

第41小题是个识记类试题，戴望舒的《雨巷》是考试大纲规定的三十五篇之一。戴望舒是中国现代诗歌史上有代表性的作家，这个知识点考生应不陌生。

第42小题考查对诗歌具体内容的理解。《雨巷》这首诗，主要有两个比喻性或象征性意象，一是雨巷，二是丁香或丁香姑娘。"雨巷"是背景意象。它"悠长"、"寂寥"，在江南梅雨季节，阴沉潮湿，间或有人匆匆走过，两边是寂寞的人家，中间有个独自彳亍的诗人。因为雨，所以诗人撑着油纸伞。油纸伞为诗人遮了一方天地，却让诗人多了一份无法远望的惆怅。伞外的雨空，是心雨的天空。浅黄油纸伞在雨中浸润，让细润的心多了一份浅黄的伤痛。小巷的悠长、沧桑、冷清，恰是诗人寂寥心情的最佳寄寓；悠长、沧桑、冷清的小巷，则虚化为诗人眼前的一条"追求之路"。怀着渺茫希望的诗人在"追求之路"上徘徊不前，让我们不禁心里发问：他到底期待什么？丁香或"丁香"姑娘是心理或精神意象。"丁香"是我国特有的名贵花木，栽培历史悠久，四月花开，花常见白色或紫色两种。丁香花清新淡雅，香气浓郁。丁香花外形单薄细弱，在仲春时节，容易凋谢。在古典诗词中，丁香是愁品，是美丽、孤高、愁怨三位一体的象征。在这里，戴望舒将丁香的美赋予姑娘，"丁香一样的姑娘"，姑娘即丁香，丁香即姑娘。丁香是诗人戴望舒心中的理想，这种理想是高洁、美丽的。但这种理想如丁香或姑娘一样，稍纵即逝，不可把握，给人以短暂的安慰，留下的却是永久的怀恋和无限的惆怅。所以诗人在诗中写道："她飘过／像梦一般地／像梦一般地凄婉迷茫／像梦中飘过／一枝丁香地／我身旁飘过这女郎／她静默地远了、远了／到了颓圮的篱墙／走尽这雨巷／在雨的哀曲里／消了她的颜色／散了她的芬芳／消散了，甚至她的太息般的眼光／丁香般的惆怅。""雨巷"和"丁香或丁香姑娘"这两个重要意象，合化在诗人的人生视线里，表现了诗人美好理想幻灭所带来的痛苦与忧伤。

第43小题考查对诗歌艺术手法的把握。诗中的雨巷是当时沉闷压抑的社会现实的象征，丁香姑娘则是作者理想的象征。

叶圣陶盛赞这首诗"替新诗的音节开了一个新的纪元"，首先看到了《雨巷》运用重章叠句进行抒情的音乐美。《雨巷》全诗共七节。第一节和最后一节除"逢着"改为"飘过"之外，其他语句完全一样。这样起结复现，首尾呼应，同一主调在诗中重复出现，加强了全诗的音乐感，也加重了诗人彷徨和幻灭心境的表现力。整首诗每节六行，每行字数长短不一，参差不齐，而又在行间巧妙地重复脚韵。每节押韵两次到三次，从头至尾没有换韵。全诗句子都较简短，有些短句还切断了词句的关连。而有些相同的字词在韵脚中多次反复出现，如"雨巷""姑娘""芬芳""惆怅""眼光"，有意地使一个音符在人们的听觉中反复。这样就造成了一种回荡的旋律和流畅的节奏。读起来，像一首轻柔而沉思的小夜曲。一个寂寞而痛苦的旋律在全曲中反复回响，萦绕在人的心头。

为了强化全诗的音乐性，诗人还在同一诗节中让同样的字句更迭出现。这种语言上的重现、复沓，像交织在一起的抒情乐章反复重现一样，诵读起来悦耳，和谐，又加重了诗的抒情色彩。开拓了音乐在新诗中表现的新天地。

六、作文

44. 解析：这是一个命题作文，而且要求必须写成议论文，相对话题作文和材料作文，考生自由发挥的空间相对较小。从题目看，这里需要考生聚焦的是"学历"与"能力"的关系，考生只需要对二者的关系予以论述即可，当然也可以延伸至对不合理的社会、教育现象的批评。作为议论文，考生需要注意的是：首先，材料的丰富翔实，用材料说话。其次，语言的准确流畅优美。再次，论述的层次性。

山东省2010年普通高等教育专升本统一考试
大学语文试题参考答案

一、填空题

1.《诗经》

解析：识记类试题，属作家作品类文学常识考查。有关《诗经》的文学常识命题频率较高，2006年真题第14题、2007年真题第3题、2008年真题第1题都是。这一知识点应该掌握的内容请参考之前各题的解析。

2. 谢灵运

解析：识记类试题，属文学思潮、文学流派类文学常识考查。一般认为，山水诗源于南朝（宋）谢灵运。在《诗经》、《楚辞》所经历的漫长年代，还没有出现一首专门描写自然山水为主要内容的诗篇，汉诗中仍未能出现山水之作。只是汉末建安时期，曹操写了一首《观沧海》，这才算是曲终奏雅，为汉以前诗坛献上了唯一的一首完整的山水乐章。真正将自然山水作为一种独立的审美对象，诗人以自然山水为题材写诗，则始于魏晋六朝。魏晋六朝，既是一个干戈纷扰、政治紊乱的时代，又是经学衰落，玄学盛行，思想开放，人性觉醒的时代，这样特殊的社会条件和风气，将诗人带到一个新的天地，看到了远离喧闹的都市和政治风波的自然山水之美，并有了"非必丝与竹，山水有清音"的审美新发现，于是，他们苦闷的精神和悲愤的感情，便在这足以娱情解忧的青山绿水间觅得了可以寄托和安放的处所。山水田园诗又经过了五言诗的曲折经历，到了晋宋时代，终以陶渊明、谢灵运这两位大诗人的出现，而在诗国确立了自己的地位。随着唐诗繁荣局面的到来，山水诗出现了丽日经天的壮观。王维与孟浩然等继承了陶、谢山水田园诗传统，形成了一个与边塞诗派交相辉映的山水田园诗派。

3. 对着

解析：理解类试题，属古代汉语常用词语语义考查。古代汉语中，"当"有对着、向着的意思。如《乐府诗集·横吹曲辞五·木兰诗》："当窗理云鬓，对镜帖花黄。"宋王安石《寄石鼓陈伯庸》诗："鲸鱼无风白日闲，天门当面险难攀。"老舍《全家福》第三幕："我自信是个干干净净的好人，可是就弄得连哭也不敢当着人哭！"

4. 敏捷、敏锐

解析：理解类试题，属古代汉语常用词语语义考查。古代汉语中，"疾"有敏捷、敏锐的意思。如《史记·殷本纪》："帝纣资产辨捷疾，闻见甚敏。"《汉书·枚皋传》："为文疾，受诏辄成，故所赋者多。"《北史·魏收传》："收既轻疾，好声乐，善胡舞。"另，本题于是王维《观猎》中的句子。

5.《诗经·氓》

解析：识记类试题，属具体文学作品记忆的考查。"信誓旦旦"是《诗经·卫风·氓》中的句子，该诗不见于考试大纲规定的三十五篇，但多见于高中语文教材和部分大学语文教材。全诗如下："氓之蚩蚩，抱布贸丝。匪来贸丝，来即我谋。送子涉淇，至于顿丘。匪我愆期，子无良媒。将子无怒，秋以为期。乘彼垝垣，以望复关。不见复关，泣涕涟涟。既见复关，载笑载言。尔卜尔筮，体无咎言。以尔车来，以我贿迁。桑之未落，其叶沃若。于嗟鸠兮，无食桑葚！于嗟女兮，无与士耽！士之耽兮，犹可说也。女之耽兮，不可说也。桑之落矣，其黄而陨。自我徂尔，三岁食贫。淇水汤汤，渐车帷裳。女也不爽，士贰其行。士也罔极，二三其德。三岁为妇，靡室劳矣；夙兴夜寐，靡有朝矣。言既遂矣，至于暴矣。兄弟不知，咥其笑矣。静言思之，躬自悼矣。及尔偕老，老使我怨。淇则有岸，隰则有泮。总角之宴，言笑晏晏。信誓旦旦，不思其反。反是不思，亦已焉哉！"

6. 唯有杜康

解析：识记类试题，属经典作品名句记忆的考查。"慨当以慷，忧思难忘。何以解忧，唯有杜康"是曹操《短歌行》里的句子，该诗已收入高中语文教材。全诗为："对酒当歌，人生几何？譬如朝露，去日苦多。慨当以慷，忧思难忘。何以解忧？唯有杜康。青青子衿，悠悠我心。但为君故，沉吟至今。呦呦鹿鸣，食野之苹。我有嘉宾，鼓瑟吹笙。明明如月，何时可掇？忧从中来，不可断绝。越陌度阡，枉用相存。契阔谈骂，心念旧恩。月明星稀，乌鹊南飞。绕树三匝，何枝可依？山不厌高，水不厌深。周公吐哺，天下归心。"

7. 萧红

解析：识记类试题，属作家作品类文学常识考查。《小城三月》是萧红的最后一部作品。这位正值青春年华的女作家，在写完这部作品不到半年的时间，就离开人世了。《小城三月》讲了一个关于"我"的姨——翠姨的爱情故事，作者以一个家族小辈的角度，用淡淡的笔调、平稳的口气讲述了这样一个无疾而终却又透着无尽悲凉的故事。翠姨处在一个新旧交替的时代，她受到了新文化的冲击，同时又受着中国封建文化的束缚，她想爱而不能爱，她想反抗而无力反抗，最后只能用死来了却她的一生，然而她所爱的人——"我"的堂哥却至翠姨死后也不知其为何而死，这对于为他而死的翠姨不失为一种莫大的悲哀。然而，春天已逝，飘然而过，乃其追溯，难寻其影。在《小城三月》中，我们可以真切地聆听到一个东方女性悲恼的哀歌，在这春的悲哀与爱的祈盼中可谓柔肠寸断，使我们更为深切地感受到那个笼罩一切而又窒息着一切的无边夜幕，感受到作者对于人间爱的憧憬和向往，对于人生的追求与思索。《小城三月》的作者萧红，1911年出生于黑龙江呼兰县。原名张廼莹，笔名悄吟、田娣，是三十年代中国文坛最负盛名的女作家。1930年因反抗封建家庭的迫害离家出走，1933年开始从事文学创作，1934年离开东北，几经颠沛流离，三十一岁早逝于香港。萧红文笔沉郁优雅，擅长勾勒芜杂而生动的生活面貌，作品细腻深刻，委婉而隽永，深受鲁迅、茅盾等名作家激赏。著有《生死场》、《小城三月》、《马伯乐》等作品。

8. 激流三部曲

解析：识记类试题，属作家作品类文学常识考查。巴金是中国现当代文学史上最负盛名的作家之一，其《怀念萧珊》是考试大纲规定的三十五篇之一。巴金的相关知识，请参2007年真题第6题的解析。

9. 散文诗

解析：识记类试题，属作品体裁类文学常识考查。《秋夜》是鲁迅的散文诗集《野草》中的一篇，作于1924年9月。《秋夜》是一篇含蓄隽永的散文诗，它以象征的手法，借景抒情，以物言志，寄托了自己与黑暗势力抗争，在艰难中顽强求索的精神。其思想性、艺术性结合得十分完美。《秋夜》已被选入中学语文教材和大学语文教材。

10. "短篇小说之王"

解析：识记类试题，属作家称誉类文学常识考查。莫泊桑全名居伊·德·莫泊桑（Guy·de·Maupassant），生于1850年，是19世纪后半期法国优秀的批判现实主义作家。

1893年逝世，享年43岁。莫泊桑一生创作了6部长篇小说和359篇中短篇小说，及三部游记，他数量巨大的短篇小说所达到的艺术水平，不仅在法国文学中，而且在世界文坛上，都是卓越超群的，具有某种典范的意义，所以人称"短篇小说之王"。

二、选择题

11. B

解析：理解类试题，属具体作品细节内容的考查。《郑伯克段于鄢》中，"多行不义必自毙"这句话出自郑庄公之口，是他针对共叔段不断扩张领地而做的判断。原文如下：

祭仲曰："都城过百雉，国之害也。先王之制，大都不过参国之一；中，五之一；小，九之一。今京不度，非制也，君将不堪。"公曰："姜氏欲之，焉辟害？"对曰："姜氏何厌之有？不如早为之所，无使滋蔓！蔓，难图也；蔓草犹不可除，况君之宠弟乎？"公曰："多行不义，必自毙，子姑待之。"考生如果对原文比较熟悉，则不难判断。

12. C

解析：识记类试题，属作品评价类文学常识考查。《古诗十九首》是东汉末年一批文人诗作的选辑，最早见于南朝梁代萧统编的《文选》，这十九首诗没有题目，一般拿每首第一句做题目。诗作表现了动荡、黑暗的社会现实，抒发了对命运、人生的悲哀之情。深入浅出的精心构思，情景交融的描写技巧，如话家常的平常语句，丰富饱满的思想感情，形成曲终情显，含蓄动人的艺术风格。刘勰《文心雕龙》称之为"五言诗之冠冕"，钟嵘《诗品》赞它为"天衣无缝一字千金"。《古诗十九首》的基本内容是"游子之歌"和"思妇之辞"，这两方面表现了《古诗十九首》共同的时代主题，也概括了诗作者的共同遭遇。人教版高中语文教材选入《古诗十九首》中的"迢迢牵牛星"一首，全诗如下："迢迢牵牛星，皎皎河汉女。纤纤擢素手，札札弄机杼。终日不成章，泣涕零如雨。河汉清且浅，相去复几许？盈盈一水间，脉脉不得语。"

13. A

解析：理解类试题，属具体作家作品总体认识的考察。李商隐是晚唐最有名的诗人，和杜牧并称"小李杜"。他的"无题诗"数量很多，思想内容上以抒写男女爱情为主，至于深层的思想意义则难以索解，所以元代诗人元好问感叹："诗家总爱西昆好，独恨无人作郑笺。"李商隐的《无题》"相见时难别亦难"一首选入人教版中学语文教材，是考生所熟悉的："相见时难别亦难，东风无力百花残。春蚕到死丝方尽，蜡炬成灰泪始干。晓镜但愁云鬓改，夜吟应觉月光寒。蓬山此去无多路，青鸟殷勤为探看。"

另如"昨夜星辰昨夜风"一首也为人们所熟悉:"昨夜星辰昨夜风,画楼西畔桂堂东。身无彩凤双飞翼,心有灵犀一点通。隔座送钩春酒暖,分曹射覆蜡灯红。嗟余听鼓应官去,走马兰台类转蓬。"

14. B

解析:识记类试题,属文学思想、文学思潮类文学常识考察。李清照(1084—1155),济南章丘(今属山东)人,号易安居士。宋代女词人,婉约词派代表。早期生活优裕,与夫赵明诚共同致力于书画金石的搜集整理。金兵入据中原,流寓南方,境遇孤苦。所作词,前期多写其悠闲生活,后期多悲叹身世,情调感伤,也流露出对中原的怀念。形式上善用白描手法,自辟途径,语言清丽。论词强调协律,崇尚典雅,提出词"别是一家"之说,反对以作诗文之法作词。其诗留存不多,部分篇章感时咏史,情辞慷慨,与其词风不同。有《易安居士文集》《易安词》,已散佚,后人有《漱玉词》辑本。一般认为,苏轼是"以诗为词",辛弃疾是"以文为词"。

15. B

解析:识记类试题,属文学思想、文学思潮类文学常识考察。"唐宋八大家"指唐宋两代八位优秀的散文作家,即唐韩愈、柳宗元,宋欧阳修、曾巩、王安石和苏氏父子。由于他们在古文创作上的杰出成就,明嘉靖间古文家唐顺之编《文编》一书,专门选录八家的作品;与唐顺之同属"唐宋派"的古文家茅坤,又在《文编》的基础上编选《唐宋八大家文钞》一书,风行海内,"唐宋八大家"的名称遂由此产生。八大家之中,韩愈的贡献首先在于他古文理论的完整而明晰。他说"修其辞以明其道"(《争臣论》),把古文写作与儒学、道德、政治和教化联系起来,以纠正骈文写作的远离社会人生。另外,韩愈还有一个很有名的"不平则鸣"(《送孟东野序》)的口号,也就是说,"修辞明道"的实质,不但要将古文与社会现实联系起来,还要言之有物,使散文成为抒发个人或群体生活困顿、悲哀、感愤的工具。在散文语言的除旧创新上,韩愈也下了很大的工夫,他说:"唯陈言之务去。"(《答李翊书》)韩愈的又一贡献即在于他的创作实践。他写了大量优美晓畅的古文,在前代优秀散文之后,为后世读者树立了良好的揣摩学习的样板。正由于此,韩愈被排在八大家之首,这并不是因为唐在宋之前,而是因为他为唐宋古文运动做出的杰出的贡献。

16. A

解析:理解类试题,属具体作品细节内容的考查。《前赤壁赋》是苏轼的一篇作品,是宋神宗元丰五年(1082)苏轼贬谪黄州(今湖北黄冈)时所作的散文。因后来还写过一篇同题的赋,故称此篇为《前赤壁赋》,后来写的那篇为《后赤壁赋》。《前赤壁赋》中的一段为：

苏子愀然，正襟危坐，而问客曰："何为其然也？"客曰："'月明星稀，乌鹊南飞。'此非曹孟德之诗乎？西望夏口，东望武昌，山川相缪，郁乎苍苍，此非孟德之困于周郎者乎？方其破荆州，下江陵，顺流而东也，舳舻千里，旌旗蔽空，酾酒临江，横槊赋诗，固一世之雄也，而今安在哉？况吾与子渔樵于江渚之上，侣鱼虾而友麋鹿，驾一叶之扁舟，举匏樽以相属。寄蜉蝣于天地，渺沧海之一粟。哀吾生之须臾，羡长江之无穷。挟飞仙以遨游，抱明月而长终。知不可乎骤得，托遗响于悲风。"可以看出，这里说的"一世之雄"是曹操。

17. A

解析：理解类试题，属具体作品思想内容的考查。白居易《长恨歌》是根据唐玄宗和杨贵妃的故事写成的一首长诗。《汉宫秋》为元代马致远创作的历史剧。写西汉元帝受匈奴威胁，被迫送爱妃王昭君出塞和亲。大致剧情为：汉元帝因后宫寂寞，听从毛延寿建议，让他到民间选美。王昭君美貌异常，但因不肯贿赂毛延寿，被他在美人图上点上破绽，因此入宫后独处冷宫。汉元帝深夜偶然听到昭君弹琵琶，爱其美色，将她封为明妃，又要将毛延寿斩首。毛延寿逃至匈奴，将昭君画像献给呼韩邪单于，让他向汉王索要昭君为妻。元帝舍不得昭君和番，但满朝文武怯懦自私，无力抵挡匈奴大军入侵，昭君为免刀兵之灾自愿前往，元帝忍痛送行。单于得到昭君后大喜，率兵北去，昭君不舍故国，在汉番交界的黑龙江里投水而死。单于为避免汉朝寻事，将毛延寿送还汉朝处治。汉元帝夜间梦见昭君而惊醒，又听到孤雁哀鸣，伤痛不已，后将毛延寿斩首以祭奠昭君。《西厢记》全名《崔莺莺待月西厢记》，作者王实甫，元代著名杂剧作家。《西厢记》写张生和崔莺莺的爱情故事。《桃花扇》是清初作家孔尚任经十余年苦心创作，三易其稿写出的一部传奇剧本，剧情以明代才子侯方域来江南创"复社"邂逅秦淮歌妓李香君，两人陷入爱河并赠题诗扇为主线，揭露了魏忠贤的亲信阮大铖陷害侯方域，并强将李香君许配他人，李不从而撞头欲自尽血溅诗扇，侯方域的朋友杨龙友利用血点在扇中画出一树桃花……剧作通过男女主人公侯方域（朝宗）和李香君的爱情故事反映明末南明灭亡的历史戏剧。所谓"借离合之情，写兴亡之感，实事实人，有凭有据。"

18. C

解析：识记类试题，属作家作品类文学常识考察。《女神》出版于1921年8月，是郭沫若的第一部新诗集，也是我国现代文学史上一部具有突出成就和巨大影响的新诗集，尽管在《女神》出版以前已经有新诗集出现，但真正以崭新的内容和形式为中国现代诗歌开拓一个新天地的，除《女神》外，在当时却没有第二部。《女神》除序诗外共收诗五十六首，《女神》对于封建藩篱的勇猛冲击，改造社会的强烈要求，追求和赞颂美好理想的无比热力，都鲜明地反映了"五四"革命运动的特征，传达出"五四"时代精神的最强音。这种破旧立新的精神贯穿在《女神》的绝大多数重要篇章中，它正反映出郭沫若在"五四"时期所持的彻底革命的、而非改良的态度。

19. B

解析：理解类试题，属具体作品艺术手法分析考查。托物言志就是通对物品的描写和叙述，表现自己的志向和意愿。采用托物言志法写的文章的特点是用某一物品来比拟或象征某种精神、品格、思想、感情等。要写好这样的文章，就要掌握好"物"与"志"，"物"与"情"的内在联系。首先是物品的主要特点要与自己的志向和意愿有某种相同点和相似点。其次，描述时，自己的志向要以物品的特点为核心，物品要能表达自己的意愿。托物言志的写作方法，最常用的有比喻、拟人、象征等。冰心的这篇文章立意新颖，构思灵巧，在同样以大海为题材的作品中，她创意出奇，通过在院子里乘凉时，姐弟们的对话，为大海塑像。冰心从海轻柔潇洒风姿中，悟出人生的理想境界：像海那样温柔而沉静，像海那样超绝而威严，像海那样既广博精深，又虚怀若谷，使文章的思想内涵得到升华。

20. C

解析：识记类试题，属作家作品类文学常识考察。20世纪40年代，处在战争中的中国分裂为三个地区，小说也因社会背景的影响，形成了国统区小说、沦陷区小说和解放区小说，三者呈各具特色而又互相渗透的局面。代表解放区小说最高成就的是赵树理。他是一个有农民气质的作家，也是继鲁迅之后最了解农民的作家，但不同于鲁迅的主要揭露农民精神上的创伤，赵树理着重表现的是农民思想改造的艰难历程。他在小说的民族化与大众化方面进行了探索，写出了像《小二黑结婚》、《李有才板话》、《李家庄的变迁》等真实反映农民的思想、情感、愿望，符合农民的审美要求，真正为农民所欢迎的通俗乡土小说。赵树理的小说实现了艺术性与大众性比较完美的结合，因此被认为是新型文学发展的方向——"赵树理方向"。

三、释词题

21. 满足

解析：这是文言实词常用义的考察。古代汉语中，"厌"有满足的意思，如《左传·僖公三十年》："夫晋何厌之有！既东封郑，又欲肆其西封。"《史记·刺客列传》："今秦有贪利之心，而欲不可足也。非尽天下之地，臣海内之王者，其意不厌。"《新唐书·周墀传》："墀言：'天下大镇如并、汴者才几，宰之求何可厌！'"宋曾巩《宝月大师塔铭》："而乡邑之人，至于羁旅游客，其归之者，无不厌其意。"明高启《与诗客七人会饮余司马园亭》诗："乱离欢易失，无厌数相过。"清蒲松龄《聊斋志异·雨钱》："（翁）乃顾语秀才：'颇厌君意否？'曰：'足矣。'"

22.边邑

解析：这是文言实词常用义的考察。古代汉语中，"鄙"有边邑、边境的意思，如《公羊传·庄公十九年》："冬，齐人、宋人、陈人伐我西鄙。"何休注："鄙者，边垂之辞。"汉张衡《西京赋》："鬻良杂苦，蚩眩边鄙。"唐韩愈《次邓州界》诗："商颜暮雪逢人少，邓鄙春泥见驿赊。"《明史·刘聚传赞》："其后四镇凉州，威著西鄙。"

23.称王

解析：这是古代汉语词类活用现象的考察，属于名词活用作动词。词类活用的相关知识请参2007年真题第17题的解析。《孟子·齐桓晋文之事章》不在考试大纲规定的三十五篇之内。文章表现了孟子霸道主张王道的仁政思想。他的仁政主张，首先是要给人民一定的产业，使他们能养家活口，安居乐业。然后再以"礼义"来引导民众，加强伦理道理教育，这样就可以实现王道思想。这种主张反映了人民要求摆脱贫困，向往安定生活的愿望，表现了孟子关心民众疾苦、为民请命的精神。

24.下雪

解析：这是古代汉语词类活用现象的考察，属于名词活用作动词。这里的雨，意指"像下雨一样降落"，和"雪"结合在一起，"雨雪"就是"下雪"的意思。如《诗·邶风·北风》："北风其凉，雨雪其雱。"唐段成式《酉阳杂俎·物异》："贞元四年，雨木于陈留，大如指，长寸许。"赵朴初《赴印度过昆明游西山有作》诗之二："眩目天花雨道场。"

25.巧言谄媚的人

解析：这是文言实词常用义的考察。壬人即奸人、佞人，指巧言谄媚、不行正道的人。具体解析请参2008年真题第18题的解析。王安石《答司马谏议书》不在考试大纲规定的三十五篇之内，今附其全文于下："某启：昨日蒙教，窃以为与君实游处相好之日久，而议事每不合，所操之术多异故也。虽欲强聒，终必不蒙见察，故略上报，不复一一自辨。重念蒙君实视遇厚，于反复不宜卤莽，故今具道所以，冀君实或见恕也。盖儒者所争，尤在名实，名实已明，而天下之理得矣。今君实所以见教者，以为侵官、生事、征利、拒谏，以致天下怨谤也。某则以谓：受命于人主，议法度而修之于朝廷，以授之于有司，不为侵官；举先王之政，以兴利除弊，不为生事；为天下理财，不为征利；辟邪说，难壬人，不为拒谏。至于怨诽之多，则固前知其如此也。人习于苟且非一日，士大夫多以不恤国事、同俗自媚于众为善，上乃欲变此，而某不量敌之众寡，欲出力助上以抗之，则众何为而不汹汹然？盘庚之迁，胥怨者民也，非特朝廷士大夫而已。盘庚不为怨者故改其度，度义而后动，是而不见可悔故也。如君实责我以在位久，未能助上大有为，以膏泽斯民，则某知罪矣；如曰今日当一切不事事，守前所为而已，则非某之所敢知。无由会晤，不任区区向往之至。"

四、翻译题

26. 一个国家不能容纳两个君王，您打算怎么办？

解析：文言文的翻译，首先是关键词语的准确翻译，然后是整个句子的准确顺畅。这句中的部分词语需要考生注意：（1）堪，能承受、经得起。如《论语·雍也》："人不堪其忧，回也不改其乐。"宋沈作喆《寓简》卷八："老病废忘，岂堪英俊如此责望！"杨朔《走进太阳里去》："本来是疲劳不堪的队伍一时又来了精神。"（2）贰，两属，属二主。国不堪贰：国家受不了两属的情况。（3）若之何，怎么办。如《尚书·微子》："今尔无指告予，颠隮，若之何其？"《左传·隐公元年》："国不堪贰，君将若之何？"明李贽《自刻〈说书〉序》："既自刻矣，自表暴矣，而终不肯借重于人，倘有罪我者，其又若之何？"

27. 平日里说：没有人了解我的才能。如果有人了解你，那么打算怎么做呢？

解析：首先，句中的部分字词需要准确理解：（1）居，平时、平日里。（2）知，知遇、赏识、了解一个人的才能。如《管子·四称》："君知则仕，不知则已。"南朝梁柳恽《度关山》诗："长安倡家女，出入燕南垂；惟持德自美，本以容见知。"唐岑参《北庭西郊候封大夫受降回军献上》诗："何幸一书生，忽蒙国士知。"宋司马光《辞枢密副使第五札子》："臣亦以受陛下非常之知，不可以全无报效。"（3）或：有的人、有人，这里可以理解为"有一个人"。其次，注意句中的语法现象，这里有两处宾语前置："不吾知"、"何以"。先说说宾语前置的基本规律。文言文中，动词或介词的宾语，一般置于动词或介词之后，但在一定条件下，宾语会前置，其条件是：第一、疑问句中，疑问代词作宾语，宾语前置。这类句子，介词的宾语也是前置的。如："沛公安在？"（《史记·项羽本纪》）这种类型的句子关键是作宾语的疑问代词（像：谁、何、奚、曷、胡、恶、安、焉等）。值得注意的是，介词"以"的宾语比较活跃，即使不是疑问代词，也可以前置。如："余是以记之，以俟观人风者得焉。"（柳宗元《捕蛇者说》）其中的"是"是一般代词，但也前置了。第二、文言否定句中，代词作宾语，宾语前置。这类句子有两点要注意，一是否定句（一般句中必须有不、未、毋、无、莫等否定词）；二是代词作宾语。如："时人莫之许也。"（陈寿《三国志·诸葛亮传》）正常语序应该是"时人莫许之也。"第三、用"之"或"是"把宾语提到动词前，以突出强调宾语。这时的"之"只是宾语前置的标志，没有什么实在意义。如："句读之不知，惑之不解。"（韩愈《师说》）有时，还可以在前置的宾语前加上一个范围副词"唯"，构成"唯……是……"的格式。如："唯利是图"、"唯命是从"等。第四、介词宾语前置的情况除了第一种情况外，还有一种情况，就是方位词、时间词作宾语时，有时也前置；例如："亚父南向坐。"（《史记·项羽本纪》）意思是"亚父面向南坐。"另外，"何以"的组合相对固定，在古汉语中用例较多，意思也相对固定，多数表示"用什么、怎么、怎么办"的意思，如《诗·召南·行露》："谁谓雀无角？何以穿我屋。"《南史·陈后主纪》："监者又言：'叔宝常耽醉，罕有醒时。'隋文帝使节其酒，既而曰：'任其性，不尔何以过日？'"明高启《卧东馆简诸友生》诗："何以度兹运？相晶蹜其常。"明《巡抚登莱右佥都御史袁可立晋秩兵部右侍郎夫妇诰》："况物力罄竭之秋，何以弥呼庚癸？"冰心《寄小读者》八："为着人生，不得不别离，却又禁不起别离，你们何以慰我？"

28. 做了齐国宰相之后，每顿吃饭时只吃一个肉菜，妾不穿丝绸的衣服。

解析：需要注意的字词：（1）既，副词，已经。《尚书·尧典》："克明俊德，以亲九族，九族既睦，平章百姓。"孔安国解释说："既，已也。"南朝宋鲍照《咏白雪》："兰焚石既断，何用恃芳坚。"《初刻拍案惊奇》卷六："既得陇，复望蜀，人之常情。"《太平天国·天父下凡诏书一》："事因假辨妖壮，曲从带兵，现投入新墟妖营，既有七八天矣。"（2）相，本是名词，古官名，是百官之长，后通称宰相。《荀子·王霸》："相者，论列百官之长，要百事之听，以饰朝廷臣下百事之分，度其功劳，论其庆赏，岁终奉其成功以效于君。"《史记·魏世家》："家贫则思良妻，国乱则思良相。"康有为《东事战败联十八省举人上书》诗："海东龙泣舰沈波，上相辎轩出议和。"这里活用作动词，做宰相。（3）重，两个。类似的用法例如：《诗·鲁颂·閟宫》："朱英绿縢，二矛重弓。"郑玄笺："二矛重弓，备折坏也。"高亨注："重弓，每个战士带两张弓。"《墨子·节用中》："黍稷不二，羹胾不重。"重肉即两个肉菜。（4）衣，活用作动词，穿。

29. （他）降低自己的身份，拿出丰厚礼物来招揽人才。

解析：这句要注意的是："卑"，使动用法，"卑身"即"使身卑"，降低自己的身份；厚币，丰厚的礼物，这里指拿出丰厚的礼物。"以招贤者"即"以之招贤者"，以此来招揽（吸引）人才。

30. 我听说过：无论是有国的诸侯或者有家（封地）的大夫，不必担心财富不多，只需担心财富不均；不必担心人民太少，只需担心不安定。

解析：（1）这句出自《论语·季氏第十六篇》，选入中学课本题目是《季氏将伐颛臾》。这里"不患寡而患不均，不患贫而患不安"古本有误，应是"不患贫而患不均，不患寡而患不安"，因为"贫"与"均"是指财富，"寡"与"安"是指人口，下文所说"均无贫"与"和无寡"可以为证。颛臾是鲁君（先王）封的"东蒙主"，如果季氏来抢占，必然引起社会动荡，就要"不安"。（2）国，指诸侯的封地；家，指大夫的封地。

五、阅读分析题

（一）阅读张若虚的《春江花月夜》，然后回答问题。

31. 春、江、花、月、夜。

32. 皎皎空中孤月轮。

33. 江畔何人初见月？江月何年初照人？人生代代无穷已，江月年年只相似。

34.（1）诗前八句春江月夜的美丽景色，为下面的对景抒情打下基础。中间八句由月及人，想到生命短暂、人间常别遗憾，情景相生。最后二十句，诗人用月照、春归、花落、雾漫、月残等景物描写引发思妇游子的相思之情，景与情相互烘染。（2）诗一开篇便勾勒出一幅春江月夜的壮丽画面：江潮连海，月共潮生。这里，江潮浩瀚无垠，仿佛和大海连在一起，气势宏伟；一轮明月随潮涌生，景象壮观。

解析：张若虚《春江花月夜》是考试大纲规定的三十五篇之一，这几年多次命题，考生应该重点掌握。（1）《春江花月夜》全诗紧扣春、江、花、月、夜的背景来写，而又以月为主题。在全诗中犹如一条生命纽带，通贯上下。月在一夜之间经历了升起——高悬——西斜——落下的过程，在月的照耀下，江水、沙滩、天空、原野、枫树、花林、飞霜、白沙、扁舟、高楼、镜台、砧石、长飞的鸿雁、潜跃的鱼龙，不眠的思妇以及漂泊的游子，组成了完整的诗歌形象，展现出一幅充满人生哲理与生活情趣的画卷。（2）2006年4月《中国古代文学作品选》自学考试试题第22题：张若虚《春江花月夜》中用景物起兴，转入描写人物心理的诗句是（　　）A. 春江潮水连海平　B. 皎皎空中孤月轮　C. 白云一片去悠悠　D. 昨夜闲潭梦落花，答案是B。诗中，"皎皎空中孤月轮"之后是诗人面对月亮的心理活动，是他面对恒久存在的月亮而生发的深沉思索。（3）"人生代代无穷已，江月年年只相似。"意为个人的生命是短暂即逝的，而人类的存在则是绵延久长的，因此"代代无穷已"的人生就和"年年只相似"的明月得以共存。这是诗人从大自然的美景中感受到的一种欣慰。虽有对人生短暂的感伤，但并不颓废与绝望，表现了诗人对人生的追求与热爱。（4）以情衬景、以景写情、情景交融是本诗的主要特点，诗第一部分即描写明月照耀下的江水花林景色，以明月的渐渐升起为中心，紧扣题目中春、江、花、月、夜五字逐步展开，最终构成一幅天地一体、色彩绚丽的完整图画，为下面的对景抒情打下基础。第二部分，写江月永照，引发生命短暂；用明月常圆，引发人间常别；通过景与情的对比，抒发了作者月圆人难圆的感叹。最后一部分，主要用月照、春归、花落、雾漫、月残来引发思妇游子的相思之情，在这里，景与情相互烘染，离别之苦显得更加浓重。本诗一开篇首先就题生发，勾勒出一幅春江月夜的壮丽画面：诗人想像自己站在海边，看到江潮连海，月共潮生。江潮浩瀚无垠，仿佛和大海连在一起，气势宏伟。这时一轮明月随潮涌生，景象壮观。接着，诗人的思绪继续扩展，想到月光闪耀的千万里之遥，哪一处春江不在明月朗照之中！诗作气势恢弘、景象壮丽。

（二）

35. ① 新鲜生动的比喻，整齐匀称的对偶。如："想这样子的台北……黑白片子"用一个准确、简洁而奇妙的比喻，把作者对现实的真切的感受表露无遗。"时而淋淋漓漓……也似乎把伞撑着。"读来朗朗上口，有醉人的韵味。② 重重叠叠的字句，参差有致的韵语。作者充分应用双声叠韵，讲究平仄，转换同音异字，创造了音乐美。如："惊蛰一过……走入霏霏令人更想入非非。"

36. "这样"指代"不能扑进她的怀里，被她的裙边扫一扫吧也算是安慰孺慕之情。"

37. ① 是厦门人，多年来却不能居住在厦门，想到台湾与大陆不能统一，那种有家不能回的感觉，真的是一种"嘲弄"。② 尽管不能住在厦门，但一想到厦门街，还是能感受到台湾与祖国丝丝缕缕的联系。山山水水，隔断的是交通，割不断的是那浓浓的乡情，想到这，所以作者说"也算是安慰"。

38. （1）创造了一种醉人的意境美；（2）使语言形象优美。

39. 相关诗作：（宋）志南《绝句》："古木阴中系短蓬，杖藜扶我过桥东。沾衣欲湿杏花雨，吹面不寒杨柳风。"（唐）王维《送元二使安西》："渭城朝雨浥轻尘，客舍青青柳色新。劝君更进一杯酒，西出阳关无故人。"（唐）杜牧《清明》："清明时节雨纷纷，路上行人欲断魂。借问酒家何处有，牧童遥指杏花村。"

（宋）陆游《剑门道中遇微雨》："衣上征尘杂酒痕，远游无处不消魂。此身合是诗人未？细雨骑驴入剑门。"

解析：余光中《听听那冷雨》是现代散文名篇，也是考试大纲规定的三十五篇中的重点篇目，2010、2011两年连续命题，分值都很大。这道题既涉及到阅读的细节，也涉及到文章的整体特征在语篇中的表现，同时也有从语篇向相联系的古诗词的延伸，命题全面，且有一定难度。（1）这一问题不难。整篇文章中，比喻、对偶、拟人都很多，考生在学习时应注意体悟。比喻的作用就是使表达形象逼真，对偶的作用主要在于语言整齐美观，拟人则使事物增加人的感情，使事物更加形象化，更加生动。文中大量使用叠音词写雨，如："先是料料峭峭，继而雨季开始，时而淋淋漓漓，时而淅淅沥沥，天潮潮地湿湿""点点滴滴，滂滂沱沱，滴滴点点滴滴"等，不仅把春雨细密飘洒的特点写得淋漓尽致，渲染了环境气氛，更便于表达作者心中那连绵不尽的缕缕情思，而且使文章的语言具有一种和谐的韵律美。（2）这是一个细节题。代词的作用就是指代，它所指代的内容一般出现在代词位置的前面，极少数会出现在后面；其指代的内容一般可以在文中原原本本的找到，有时候则需要稍作总结，这需要考生细心阅读。事实上，余光中《听听那冷雨》、余秋雨《洞庭一角》中这样的实例不少，考生可自己发现，自己分析。（3）这也是一个细节题。考生应该注意，顺着课文本身的情感思路：对祖国大陆的眷恋之情去推寻。（4）这是《听听那冷雨》全篇的艺术特色之一。文中本身就是一种诗化的言语描述方式，同时又或借用、或化用古诗词入文，增强了语言的表现力，使语言形象生动，含蕴更加丰富，更是创造了一种醉人的意境美。（5）这个问题设置有点难，对考生的古典诗词积淀要求较高。类似的情形在课文中还有几处，应注意积累。一处，原文：中国诗词里"荡胸生层云"，或是"商略黄昏雨"的意趣，是落矶山上难睹的景象。相关诗作：（a）杜甫《望岳》："岱宗夫如何，齐鲁青未了。造化钟神秀，阴阳割昏晓。荡胸生层云，决眦入归鸟。会当凌绝顶，一览众山小。"（b）姜夔《点绛唇》："燕雁无心，太湖西畔随云去。数峰清苦，商略黄昏雨。第四桥边，拟共天随往。今何许？凭栏怀古，残柳参差舞。"二处，原文：不过要领略"白云回望合，青霭入看无"的境界，仍须回来中国。相关诗作：王维《钟南山》："太乙近天都，连山接海隅。白云回望合，青霭入看无。分野中峰变，阴晴众壑殊。欲投人处宿，隔水问樵夫。"三处，原文：一打少年听雨，红烛昏沉。二打中年听雨，客舟中，江阔云低。三打白头听雨在僧庐下。这便是亡宋之痛，一颗敏感心灵的一生，楼上，江上，庙里，用冷冷的雨珠子串成。相关诗作：宋·蒋捷《虞美人·听雨》："少年听雨歌楼上，红烛昏罗帐。壮年听雨客舟中，江阔云低、断雁叫西风。而今听雨僧庐下，鬓已星星也！悲欢离合总无情，一任阶前、点滴到天明。"

六、作文

40. 解析：这是一个话题作文。材料中所提到的对联中，上联强调广纳群言，下联强调杜绝私欲。这里要求以下联为话题，审题比较容易。考生构思时应注意，首先可以联系实际，针对社会上屡见不鲜的腐败现象发论；其次，扩大到人生，做任何事情都要有大局意识，不要以一己之私影响大局的发展；最后，因为论题相对集中，考生想要脱颖而出，就需要在构思立意和谋篇布局上下工夫。立意上在常人的思考上翻出一层，篇章安排上打破常规，就能得到较高的成绩。

山东省2009年普通高等教育专升本统一考试
大学语文试题参考答案

一、填空题

1. 语录　　　　2. 春秋三传　　　　3. 雪耻报仇　　　　4. 洗头

5. 动词　　　　6. 今我来思　　　　7. 怀念萧珊　　　　8. 胡适

9. 雨巷　　　　10. 哈姆雷特

二、选择题

11. C　12. D　13. C　14. B　15. C　16. D　17. C　18. D　19. A　20. A

三、释词题

21. 多：动词"称赞"

22. 羹：有汁的肉

23. 察察：定语后置，"皎洁的"或"洁净的"

24. 兵：武器

25. 毙：跌倒，这里指失败

四、翻译题

26. 王室的差事没个罢，想要休息没闲暇。

27. 虎牢是个险要的城镇，东虢国的国君死在那里。

28. 元庆能不越出礼的规定，尽了孝道并为义而赴死，这一定是个通达事理而明白道义的人。

29. 我听说官吏在商议驱逐客卿之事，私下认为这是错误的。

五、阅读分析题

（一）

30. 通过重九赏菊饮酒在悲秋伤感中表达词人的寂寞与相思情怀。白天的"愁永昼"和夜晚的"凉初透"触发并导致词人"销魂"。

31. 两句中都有"瘦"字，并且都含有对比之意，但表现手法和表达效果又不尽相同。"人比黄花瘦"之句，以人比黄花，不但有形，而且有色，既描绘了憔悴的面色，又刻划了娇弱的体态。用黄花的形色作比，把闺中少妇憔悴、娇弱、病态的形象生动地展现在读者眼前。诗人把"形"与"色"统一于一体，创造了浑然一体的诗词画意。在"绿肥红瘦"一句中，"绿"代替叶，"红"代替花，是两种颜色的对比；"肥"形容雨后的叶子因水份充足而茂盛肥大，"瘦"形容雨后的花朵因不堪雨打而凋谢稀少，是两种状态的对比。本来平平常常的四个字，经词人的搭配组合，竟显得如此色彩鲜明、形象生动，这实在是语言运用上的一个创造。

（二）

32. 选择"雨"作意象是为了表现缠绵悠长的故国之思。题目中的"冷"字有两层含义：（1）突出在春寒料峭里的雨给人的外在的实在的感受。（2）表现作者远离大陆内心产生的凄凉。

33. 这首宋词的作者是蒋捷，词牌名为虞美人。

34. 通过这几段文字可以看出作者在努力开拓散文"可读性"的范围。所谓"读"，不仅染人以目，感人于心，还讲求易诵于口，悦之于耳。为此，他十分注意词语的音韵美，化古求新，别具一格。叠字叠句的用法在他笔下出神入化了，让人一看便不禁吟哦。余光中对李清照的词风是偏爱的，"雨雀仔鳞鳞千瓣的瓦上，由远而近，轻轻重重轻轻"，这句法显然师承《声声慢》，但他更注重的是在继承基础上的发展。看这句，"雨来了，雨来的时候瓦这么说，一片瓦说千亿片瓦说，轻轻地奏吧沉沉地弹，徐徐地扣吧挞挞地打，间间歇歇敲一个雨季"，叠字连绵，表达、动态、声响三番俱出，把"雨"字的质感写活了。作者就是这样凭借非凡的遣词造句的功夫，在典雅流畅的语言中，突出了文章的音乐感和节奏感。

六、作文

（略）

山东省2008年普通高等教育专升本统一考试
大学语文试题参考答案

一、填空题

1. 风、雅、颂　　　　　　　2.《史记》

3. 论点、论据、论证 　　　4.《子夜》

5. 新月、《再别康桥》 　　　6. 人比黄花瘦

7. 海明威 　　　　　　　　8. 汉乐府

9.《牡丹亭》 　　　　　　　10."人民艺术家"

二、单项选择题

11. A　　12. D　　13. A　　14. A　　15. B

三、词语解释

16. 使动用法，使之来。 　　17. 只是，不过。

18. 责难，批驳。 　　　　　19. 使动，使……争斗。

20. 拜访，看望。

四、翻译题

21. 远方的人还不归服，便再完善德政教化来使他们归顺。已经让他们来了，就使他们安居下来。

22. 这就是通常所说的"借武器给敌寇，送粮食给盗贼"的做法。

23. 普通人被侮辱，拔剑而起，挺身上前搏斗，这不能叫作勇敢。

五、阅读分析题

24.（1）这段话驳斥了冉有推卸责任的思想。

（2）单句表层喻义：将季氏比作虎兕，"虎兕出于柙"比喻季氏出兵侵略；将颛臾比作龟玉，"龟玉毁于椟中"比喻颛臾无辜受难。两句整体深层喻义，将冉有、季路比作守柙护椟之人，负有不可推卸的责任。

（3）所用主要修辞手法有：比喻、反问。

25.（1）"我心灵的灯"是作者对新生活的信念和对理想追求的象征。

（2）因为"爱尔克的灯光"在封建家庭、封建制度中已经破灭，而作者在这里看到的是希望之光。

（3）灯光。

六、简析题

26. 苏武出使匈奴，面对威胁利诱坚守节操，历尽艰辛，不辱使命，是一个民族英雄的形象。卫律逼降，他威武不能屈，富贵不能淫；北海牧羊，他克服苦难，进行自救，贫贱不能移。

27.《祝福》描述祥林嫂的悲惨遭遇。她丧夫之后，被迫再嫁，再次丧夫后，为社会所不容。她为了改变自己的命运，去土地庙捐了门槛，但终于还是被判定为有罪，

最后沦为乞丐，在一个阴沉的雪天里，结束了一生。作品通过封建礼教吃人的事实，谴责以鲁四老爷为代表的封建制度，也批判了周围群众对祥林嫂的冷漠和歧视。

七、作文

一类卷36～40分：材料丰富，立意新颖深刻；语言准确优美流畅；结构严谨自然。

二类卷28～35分：材料充实，立意较好；语言准确通顺；结构紧凑连贯。

三类卷21～27分：内容具体，符合题意；语言基本通顺，有些病句；结构完整。

四类卷13～20分：内容空泛，偏离题意；语言不够通顺，病句较多；条理不清。

五类卷12分以下：文不对题；文理不通；结构混乱。

山东省2007年普通高等教育专升本统一考试
大学语文试题参考答案

一、填空题

1. 颔联
2. 环境
3. 西周初年、春秋中叶、305
4. 屈原
5. 戴望舒
6.《雾》、《雨》、《电》
7.《狂人日记》
8. 皎皎空中孤月轮
9. 婉约
10. 文艺复兴

二、单项选择题

11. A　12. B　13. A　14. C　15. A　16. C

三、词语解释

17. 交锋、接触
18. 作动词用，落下的意思（答对意思即可）
19. 做事勤快
20. 悔改
21. 敲击；拍打

四、翻译句子

22. 回想当初出征时，杨柳依依随风吹。如今回来路途中，大雪纷纷满天飞。（意思相近也算正确）

23. 天下有大勇的人，应该是遇到突然发生的事而不惊惧，（1分）无缘无故被别人

诟病而不生气发怒。（2分）（意思相近也算正确）

24.因此，泰山不拒绝土石，所以能成就它的高大，（1分）河海不拒绝小的水流，所以能成就它的深广，（1分）国君不拒绝民众，所以以能使他德行昭著。（1分）（意思相近也算正确）

五、简答题

25.（1）容易满足的奴化心态。（1分）

（2）专制暴力。（2分）

（3）一是人民想做奴隶而不得的时代，一是人民暂时做稳了奴隶的时代。（2分）

26.（1）贪得无厌，狂妄愚蠢。（1分）

（2）采取了宽以养恶、欲擒故纵的策略；这说明他阴险狠毒、工于心计。（2分）

（3）揭露了统治阶级内部矛盾斗争的残酷性。（2分）

六、简析题

27.（1）李白的诗歌，继承了浪漫主义的创作成就，扩大了浪漫主义的表现领域，丰富了浪漫主义的表现手法。（3分）

（2）李白对唐代诗歌的革新也有杰出的贡献。他继承了陈子昂诗歌革新的主张，在理论和实践上使诗歌革新取得了巨大成就。（3分）

（3）李白诗歌对后代影响也极为深远。（2分）

28.（1）象征手法的运用。这是一首采用象征手法，用格律诗写出的象征诗。阴雨的天空象征现实的沉闷，小巷象征前途，姑娘则象征不可即的纯洁理想。（3分）

（2）深远的意境和朦胧的意象。（2分）

（3）受新月派新格律诗的影响，注重诗歌的音乐美、建筑美，特别是在音乐美方面成就突出。（3分）

七、作文

1.立意新颖，语言优美，结构清晰，内容丰富，为一类卷，36~40分。

2.立意准确，主题突出，语言流畅，内容较丰富，为二类卷，30~35分。

3.主题正确，内容表述完整，语言较通顺，文章结构基本合理，为三类卷，24~29分。

4.立意模糊，内容不完整，语言不通顺，结构不清晰，为四类卷，24分以下。

山东省2006年普通高等教育专升本统一考试
大学语文试题参考答案

一、填空题

1.《大堰河，我的保姆》

解析：识记类试题。《大堰河，我的保姆》是艾青的代表作品，该作品收入其诗集《大堰河》中。本题属于作家作品类文学常识题。

2.《史记》

解析：识记类试题。《史记》是一部史学和文学价值都很强的作品，鲁迅的评价正是着眼于这两个方面。在专升本的《大学语文》考试中，《史记》的考察频率较高，作为第一部纪传体史书，《史记》的体例、篇目数量等常识也需要熟记。本题属于作家作品类文学常识题。

3.编年体

解析：识记类试题。如果更严密一点说，《左传》是现存第一部编年体历史著作。从体类上分，史书可以分为编年体、国别体、纪传体以及纪事本末体。《春秋》、《左传》是编年体，《战国策》是国别体，《史记》、《汉书》等是纪传体，《通鉴纪事本末》等是纪事本末体。本题属于作家作品类文学常识题。

4.杨柳依依

解析：识记类试题。《采薇》一篇要求全文背诵，该题即是对课文内容熟悉程度的考察。"昔我往矣，杨柳依依。今我来思，雨雪霏霏"是传颂千古的名句，情景交融，不但要熟记，更要注意其艺术手法。

5.《牡丹亭》

解析：识记类试题。明清传奇作家中，汤显祖是个举足轻重的人物，《牡丹亭》与《西厢记》、《桃花扇》、《长生殿》并称"四大传奇"。汤显祖的"临川四梦"(《还魂记》即《牡丹亭》、《紫钗记》、《南柯记》、《邯郸记》)和以"意趣神色"为主的创作主张也值得注意。

6.林语堂

解析：识记类试题。林语堂是中国现代"论语派"代表作家之一，也是致力于将中国传统文化译介到国外去的翻译家，《京华烟云》是林语堂的代表作品，是用英语创作的，后被翻译成汉语出版。

7. 白居易

解析：识记类试题。白居易是中唐代表诗人之一，以他和元稹为代表的"新乐府运动"是中唐重要的文学运动，"文章合为时而著，歌诗合为事而作"出自于白居易的《与元九书》，是"新乐府运动"的纲领。中唐另一个重要的文学运动就是"古文运动"，其主将是韩愈和柳宗元。

8. 伊利亚特

解析：识记类试题。《荷马史诗》是西方文学的典范之作，其重要性等同于中国的《诗经》。《荷马史诗》包括两部作品：《伊里亚特》和《奥德赛》。阿契里斯（或译阿喀琉斯）和赫克托耳是《伊里亚特》中的两个英雄人物，也是《伊里亚特》中的主要人物。

9. "不要抛弃学问"

10. 《春江花月夜》

解析：识记类试题。张若虚《春江花月夜》是唐代最优秀的诗歌作品之一，曾被后世评价为"孤篇盖全唐"，其重要性可想而知。《春江花月夜》至今传诵的名句多，应注意名句填空之类的试题；另外，该诗的"暗示"等艺术手法也值得详细分析掌握。

二、选择题

11. A

解析：识记类试题。字、号是古代作家作品中应该识记的文学常识之一，古代作家多以字、号行世，如李白即称李太白，白居易。

12. A

解析：理解类试题。"昔我往矣，杨柳依依。今我来思，雨雪霏霏"四句，以乐景衬哀情，情景反衬，在情景的对比中表情达意。

13. A、B

解析：理解类试题。从文章所使用的主要表达方式方面，可以将文章分为记叙文、议论文、说明文、散文、小说、诗歌、戏剧等几种体裁。《谏逐客书》开篇摆出作者自己的观点，以下几段即从不同角度予以论证，主要运用了议论的表达方式，应属于议论文。然而，本文又是李斯呈给秦王嬴政的上书，属于应用文。

14. A、C

解析：本题属于对《诗经》文学常识的考察，《诗经》分为风、雅、颂三部分。一般认为是由于音乐方面的不同特征。同时，《诗经》中完整的305首诗歌亦可根据地域与主题内容进行分类。《诗经》中的"风"，收录周南、召南、邶、鄘、卫、王、郑、齐、魏、唐、秦、陈、桧、曹、豳等十五个地区的诗歌160篇，多是民歌；"雅"，分为《大雅》和《小雅》，多是宫廷宴享或朝会时的乐歌；"颂"则是宗庙祭祀的舞曲歌辞。

15. D

解析：理解类试题。该题相对偏难，考查知识点较偏，属于考试大纲三十五篇以外的内容，考生较难作答。《招魂》是《楚辞》中一篇独具特色的作品，它是模仿民间招魂习俗写成的，其中又包含作者的思想感情。作者存在争议，一说宋玉"哀屈原魂魄放佚"，因而作。但是多主张为屈原作。"外陈四方之恶，内崇楚国之美"呼唤楚王的灵魂回到楚国来。词句极为凄婉，情景交融，对后世伤春传统影响很大。

16. B

解析：识记类试题。海明威二十世纪美国具有巨大影响力的作家，1952年，海明威发表了中篇小说《老人与海》，这是他晚年的力作，也是他最优秀的作品之一，1954年，海明威以此荣获诺贝尔文学奖。

三、词语解释

17. 买　18. 一周年/一整年　19. 可羡　20. 占便宜　21. 苟且获得、苟且偷生

四、翻译

22. 臣从记载上了解到则天皇后执政时，同州下邽县有个叫徐元庆的人，他的父亲徐爽被县尉赵师韫杀了，他最后能亲手杀掉他父亲的仇人，自己捆绑着身体到官府自首。当时的谏官陈子昂建议处以死罪，同时在他家乡立牌坊表扬他，并请朝廷将这种处理办法编入法令，永远作为国家的法律制度。我个人认为他这个建议是错误的。

五、问答题

23. 科学、民主精神，为自由和理想所进行的斗争，美好的理想和光明前途等内容。

24. 前半部分主要讽刺唐玄宗李隆基荒淫误国、昏迷不悟；后半部分歌颂他们真挚的爱情，以及唐玄宗对杨贵妃的深切思念。

25. 席方平是一个不畏强暴、不怕挫折、克服困难，勇敢的同贪官污吏进行斗争的形象。

26. 巴金在文革期间被打成"黑老K"，萧珊因此受牵连，遭受残酷折磨而生病死去，作者这样说表示了深切的怀念，突出了萧珊的死是无辜的，也突出了她死的悲剧性和时代灾难。

27. 哈姆莱特的人文主义精神主要表现在两个方面：一是对神权的蔑视和对于人的赞美，二是对黑暗现实的抨击和对于理想生活的憧憬。

六、理解分析

28. 这话是五四时期觉醒了的女性的宣言。有二层意思：一是因自我意识觉醒而要求把握自己的命运，决定自己的婚姻；二是对于试图干涉她追求爱情的封建守旧势力的勇敢无畏的反叛。

29. 这段话表现了作者常有的爱国恋乡情感，对于祖国文字的深切感情和深刻理解。可以结合上下文理解：作者随后就写到"因为一个方块字是一个天地。太初有字，于是汉族的心灵，祖先的回忆和希望便有了寄托。"

30. 诗中的丁香是一个姣好而忧伤的姑娘的形象，也是作者忧愁感伤情绪的象征。作者将忧愁感伤的情绪寄托在姑娘形象上，借姑娘的形象表现出来；而姑娘也因作者的情绪而具有忧伤的情绪，而变得模糊不清。主观情绪和客观形象融合在一起，铸就了丁香这一意象。

31. 诗人极言蜀道难既是浪漫主义诗人的艺术追求，也是借蜀道言人生，曲折地说明仕途凶险，提醒入蜀友人小心在意。

七、作文

（略）

山东省专升本大学语文仿真模拟试题（一）
参考答案

一、单项选择题

题号	1	2	3	4	5	6	7	8	9	10
答案	B	D	A	B	A	B	A	D	B	B

二、多项选择题

题号	11	12	13	14	15
答案	ABD	CD	AC	ACD	BD

三、填空题

16. 人至察则无徒　　　　17. 予忖度之

18. 《孙子兵法》（或《孙子》）　　19. 夸张

20. 柳宗元　　　　　　　　21.《国语》

22. 风

四、词语解释题

23. 共同、一起

24. 辱没

25. 弯曲，使……弯

26. 举、举着

27. 面对、面向

28. 美景

29. 呈现、呈献、拿出

30. 赠与

五、翻译题

31. 所以，治水的人要开通水道，使它通畅流泻；治民的人也应开导他们，使他们畅所欲言。

32.（人）应当仔细考虑究竟是谁给自己带来了这么多残害，又何必去怨恨这秋声呢？

33. 向老者折腰行鞠躬礼，告诉别人说："我做不到。"这是不肯做，（而不是不能做）。

为长者折取一根树枝（作手杖），告诉别人说："我没有能力做到。"这是不肯做。

34. 宗庙祭祀和诸侯会盟、共同朝见天子之事，不是诸侯的大事又是什么呢？

35. 所以，那些才智能胜任一官的职守，行为能够庇护一乡百姓的，德行能投合一个君王的心意的，能力能够取得全国信任的，他们看待自己，也像上面说的那只小鸟一样。

六、阅读分析题

（一）

36. 答题要点：因为孔子讲求良好的学习方法，（1分）有谦虚的学习态度和大度宽厚的待人胸怀，（1分）所以，学者很敬仰他。

37. 答题要点：运用对比衬托（对比反衬）手法，（1分）表现了司马迁对孔子的敬仰之情，并将孔子作为榜样（1分）。

（二）

38. 借咏春草抒发离愁别绪（1分）。上片写荒园、暮春、残花、细雨，无一字写草，却令人自然联想到草：园既无主，草必与花争春（1分）；花随雨去，草便更盛。如此荒芜之状渲染了浓郁的离别氛围。下片萋萋无数，南北东西路一句描绘了草接天涯，蔓连阡陌的情景，表现了绵绵不尽的离愁（1分）。

39. 描写了枝头稀疏的余花随蒙蒙细雨飘落满地的春色凋零情景（2分）。流露出草盛人稀、无可奈何的惆怅之情，为写离别渲染了凄凉伤感的气氛（2分）。

（三）

40. 父母亲族的爱、家乡的山水草木、悲欢离合的家史、邻里乡情。（2分）

41. 答题要点：寻找理想，追求荣誉，开创事业。（1分）为了维持最低限度的生存要求（1分），答"被父母含着眼泪打发出门"也可。

七、写作题

（一）应用文写作（10分）

42.

介绍信

XX体育大学：

　　兹介绍我校张XX到贵校联系花样滑冰训练相关事宜，请接洽！

　　此致

敬礼

XX校（盖章）

XX年XX月XX日

（二）文学写作（30分）

43.（略）

山东省专升本大学语文仿真模拟试题（二）
参考答案

一、单项选择题

题号	1	2	3	4	5	6	7	8	9	10
答案	A	A	C	B	C	A	C	A	A	A

二、多项选择题

题号	11	12	13	14	15
答案	CD	ABCD	BCD	ABD	ABC

三、填空题

16. 论点　　　　　　　　　　17. 孟子

18. 浴乎沂，风乎舞雩，咏而归。　19.《庄子》　史家之绝唱，无韵之《离骚》

20.《水经注》《齐民要术》

四、词语解释题

21. 简要　　　　　　22. 怎么、哪里　　　23. 与……交好

24. 认为……难，把……当成困难的事情　　　25. 这么、多么

五、翻译题

26. 敬重自己的长辈，推己及人（将心比心）也尊重（孝敬、扶养、赡养）别人的长辈；爱护（抚养、疼爱）自己的孩子，推己及人（将心比心）也爱护别人家的孩子。

27. 有的话像是错的，而实际却是对的；有的话像是对的，但实际却是错的。正确与错误的界线，不能不分清楚。

28. 有道德的人痛恨那种不说自己想去做却偏要编造借口（来搪塞的态度）。

六、阅读分析题

（一）

29. ① 第一幅图画是由诗歌开头四句描绘的，以"明月""天山""长风""玉门关"为特征的万里边塞图。（1分）作用：用雄浑的景象烘托了深沉的思乡之情。（1分）

② 第二幅图画是由中间四句描绘的，以"汉下""胡窥""征战"等为特征的边塞征战图。（1分）作用：在结构上起着承上启下的作用，描写的对象由边塞过渡到战争，由战争过渡到征战者。（1分）

③ 第三幅图是由后四句诗描绘的，是以"戍客""苦颜""高楼""叹息"为特征的戍客思亲图。（1分）作用：点出戍卒与思妇两地相思的痛苦，体现诗歌深远的意境。（1分）

（二）

30. 文章主要运用了托物言志（借物抒情、象征等）的写作手法（1分），通过描写青苔这一形象，委婉含蓄地表达了对青苔及像青苔一样平凡而默默无闻的劳动者的赞美（2分）。（意近即可）

31. 结构上，独立成段，起强调作用，总结全文（1分）。内容上，一语双关，升华

主旨，既突出微不足道的青苔装点了这个世界，给世界带来了生机，又含蓄表达出正因为有了像青苔一样普通劳动者的默默付出，世界才变得生机盎然（2分）。（意近即可）

32.（1）运用排比句式、短句长句结合、参差有致，写出青苔肆意生长在恶劣的环境里，突出青苔顽强的生命力，表达作者对青苔的赞美。

或：这句话用"趴""粘""倚""藏匿""布满""撑出"等动词生动准确地写出青苔生长的环境和情态，突出青苔顽强的生命力，表达作者对青苔的赞美。（4分，意近即可）

（2）运用拟人的修辞手法，生动形象地写出青苔生机盎然的情态，突出青苔不流俗、不谄媚、不张扬，表达作者对青苔的喜爱。（3分，意近即可）

七、作文

33.应用文写作范文

鲁东建工集团关于开展安全工作会议的通知

集团各分公司、各部门：

为强化安全生产意识，巩固本集团近年来安全生产的大好形势，经集团办公会研究，决定召开全集团安全工作会议。现将相关事项通知如下：

一、会议时间：2020年5月17日上午9时，会期一天。

二、会议地点：集团总部办公大楼第二会议室。

三、会议内容：传达市安全生产监督局有关会议精神，部署下半年集团安全工作相关事项。

四、参会人员：各分公司分管安全的领导及安监部主任，集团各部门负责人。

请各单位作好工作安排，准时到会。

特此通知

鲁东建工集团办公室（公章）

2020年5月12日

34.（略）

山东省专升本大学语文仿真模拟试题（三）
参考答案

一、单项选择题

题号	1	2	3	4	5	6	7	8	9	10
答案	D	C	A	B	A	B	A	D	A	D

二、多项选择题

题号	11	12	13	14	15
答案	DE	ACD	BCD	ABC	ACE

三、解释词语题

16. 心，内心

17. 却，反而

18. 衰败，衰退

19. 两属，两个国君

20. 通"型"，典型、典范、榜样

21. 何必，哪里，何需

22. 跟随、追随，跟在别人的后面

23. 只，只管

24. 镇守

25. 断，折断

四、翻译题

26. 是因为好吃的东西不够吃吗？轻暖的衣服不够穿吗？

27. 这是大自然无穷无尽的宝藏，我和你可以共同享有。

28. 如今驱逐宾客来资助敌国，减损百姓来充实对手，内部自己造成空虚而外部在诸侯中构筑怨恨，那要谋求国家没有危难，是不可能的啊。

29. 因此说："至人"忘掉自己，与万物化而为一；"神人"没有有意的作为，无意求功于世间；"圣人"无心汲汲于声名。

30. 《诗经》（《诗经·大雅·既醉》）上说："孝子的心从不衰竭，永远赐福于你的同类。"

五、阅读分析题

（一）

31. 答："蘸"字主要运用了拟人手法，生动形象地写出桃花开得繁密的景象，也写出了桃花娇艳欲滴的美丽。所以在"夹岸桃花蘸水开"这句诗中，"蘸"字用得很好。

32.首联用"早露"直接点题,第二联用"鸡未唱,马频嘶"强调客人起得早,第三联"树色遥,泉声暗"用雾浓突出早,尾联写诗人行"三十里"后月亮依然高挂,可见诗人出发之早。

(二)

33.答:细节:芦花冬至不败、红叶三月不落、乌桕子着在枝头、草色仍带绿意。

作用:这些细节最能表现江南的地质丰腴而润泽形成了江南独特的冬景。

34.答:江南微雨寒村的冬霖景象实在美得诗情画意,人到此境界,当可与自然合一,尘世的碌碌俗务,名利之心,纷争之意,更难立足于此,自然迷人,使人旷达洒脱,不计荣辱得失。

35.答:以画写雨,调动读者的想象能力和艺术积累;以诗写雪,调动读者的文化积累,启发读者思考。把江南的冬天写得如诗似画,增添了文本的雅趣和文化味。

六、作文

(一)应用写作(10分)

36.范例

征稿启事

为反映全社会各系统在抗疫防控中的感人事迹,还原抗疫一线的真情故事,我社现面向全社会开展以"冰雪盛会"为主题的征文活动。

文章必须为原创作品,体裁不限,字数不超过3000字。来稿请投CHINA_HUAXIA@163.com,截稿时间:XX年X月X日。我们将从优秀来稿中评出一二三等奖,并给予奖励。

华夏文学社
XX年X月X日

(二)文学写作(30分)

37.(略)

山东省专升本大学语文仿真模拟试题（四）
参考答案

一、判断题

1. 正确   2. 错误   3. 错误

4. 正确   5. 错误   6. 错误

7. 错误   8. 错误   9. 错误

10. 正确

二、单项选择题

题号	11	12	13	14	15	16	17	18	19	20
答案	C	B	B	D	B	D	A	C	A	A

三、词语解释题

21. 比……严重，比……厉害，超过

22. ……跟……比，谁更厉害（更好）；……与……比，谁更厉害（更好）

23. 拒绝，挑剔

24. 屡次、多次

25. 背、扛

26. 用来……

27. 冲、流、冲荡

28. 以为……难，认为……难，把……看作难事，把……当作困难的事情

29. 变白、变亮

30. 规模

四、翻译题

31. 忧虑在天下人之前，享受在天下人之后。

在天下人的忧愁之先就忧愁，在天下人的快乐之后才快乐。

在天下人担忧之前先担忧，在天下人享乐之后才享乐。

32. 没有固定的产业收入却有固定的道德观念，只有读书人才能做到。

没有固定资产却有高尚的道德观念，只有读书人才能做到。

没有长久可以维持生活的产业而常有善心，只有有志之士才能做到。

33. 一个拥有一千辆兵车的国家，夹在大国之间，加上外国军队的侵犯。

一个拥有一千辆兵车的国家，夹在大国之间，遇到其他诸侯国军队的进攻。

一个拥有一千辆兵车的国家，夹在大国之间，大国派军队侵犯（攻打）它。

34. 凡是听到传闻，都必须深透审察，对于人都必须用理进行检验。

凡是听到传闻一定要深入（仔细、认真）考察，对关于人的议论一定要用道理加以验证。

35. 因此，胸无大志（没有远大的志向），就不会有洞察一切的聪明；没有默默无闻的工作，就不会有显赫卓著的功绩。

所以，没有潜心钻研的精神，就不会有洞察一切的聪明；没有默默无闻的工作，就不会有显赫卓著的功绩。

所以没有深沉的心志，就没有显著的成就；没有埋头苦干的行动，就没有伟大的功绩。

五、阅读分析题

（一）

36. 答：（1）比喻："玉鉴琼田"比喻湖面澄澈明净。（"肝胆皆冰雪"，比喻自己襟怀的坦白。）

（2）夸张："尽吸西江，细斟北斗"，以西江之水为酒，以北斗星为杯，写出了词人的豪情。

（3）对偶："素月分辉，明河共影"，写出了洞庭湖湖天相映，上下交融的景色。（答出任两种修辞及作用即可，4分）

37. 答："素月分辉，明河共影，表里俱澄澈"三句融情于景，情景交融，既是写月夜洞庭的景色，也是作者心迹的写照。作者用"表里俱澄澈"的美景来表现自己"肝胆皆冰雪"的品质，其高洁人格、高尚气节、高远胸襟完全融入月夜洞庭水天一色、皎洁清朗、通体透明的艺术境界之中，一个高风亮节、超尘拔俗的形象跃然纸上。

38. 答：① 选取"西江""北斗""万象"等宏大的意象，凸显豪放之气。（2分）

② 运用奇特的想象，使诗歌气魄宏大。词人化身为万物之神，把西江水作美酒，把北斗星作酒器，以天下万物为宾客，体现出天人合一的超然境界。（2分）（意思相近即可，其他手法如"夸张"等，言之成理即可）

（二）

39. 道　贻笑大方、游刃有余、相濡以沫

40. ① 或：有的人

② 相：名作动，做宰相

③ 于是：在这时

41. 庄子在文中将自己比作的"鹓鶵"，将惠子比作醉心利禄猜忌君子的"鸱"，把"腐鼠"比作功名利禄，巧借鹓鶵的故事辛辣地讥讽了惠子。表现了庄子志向高洁、淡泊名利的品质。（意思对即可）

42. 第一段写摸黑回家，意在引出下文月亮为黑暗中的人和事物带来光明，使"我"内心沉淀不再恐惧；运用衬托手法，凸显月亮及光明对于万事万物的价值和意义。

43. ① 以诗入文，营造出空灵的意境，典雅生动，丰富了文章内容，使文章富有诗意与美感；② 古诗语言简洁、意象优点、寓意深远，借诗表达主旨，灵巧、形象生动。

六、作文

（一）应用写作

44.

东山乡关于建设茶乡产业园区的请示

XX县政府：

2020年，我乡已完全脱贫。为使全乡人民的生活水平再上新台阶，现决定因地制宜建设285亩茶乡产业园区，以解决回乡群众务工问题。为实现上述目标，特恳请给予产业园区开发设计的科技支持并拨给200万资金支持。

以上请示妥否，请批复。

东山乡政府（章）

X年X月X日

（二）文学写作

45.（略）